郑州统计年鉴

ZHENGZHOU STATISTICAL YEARBOOK

2011

(总第十三期 NO.13)

郑 州 市 统 计 局
国家统计局郑州调查队 编

中国统计出版社
China Statistics Press

（京）新登字041号

图书在版编目(CIP)数据

郑州统计年鉴.2011/郑州市统计局，国家统计局郑州调查队编. — 北京:中国统计出版社，2011.7
ISBN 978-7-5037-6255-0/C.2486

Ⅰ. ①郑… Ⅱ. ①郑… ②国… Ⅲ. ①统计资料－郑州市－2011－年鉴 Ⅳ. ①C832.611-54

中国版本图书馆CIP数据核字(2011)第135846号

郑州统计年鉴-2011

作　者/郑州市统计局　国家统计局郑州调查队
责任编辑/陈越月 白雅茜
封面设计/王西海
出版发行/中国统计出版社
通信地址/北京市西城区三里河月坛南街57号
邮　编/100826
电　话/(010)63376907
印　刷/河南新华印刷集团有限公司
开　本/880×1230毫米　1/16
字　数/136.1万字
印　张/30印张
印　数/1-800册
版　别/2011年7月第1版
版　次/2011年7月第1次印刷
书　号/ISBN 978-7-5037-6255-0/C.2486
定　价/300.00元

《郑州统计年鉴——2011》

编委会和编辑人员

一、编委会

主　　任：胡　荃

副 主 任：郑灏东　李德耀　连林昌　张向明　韩彦北　王停军
　　　　　赵广程　祝遵刚　江　滨　芦　珊　张庆华

主　　编：李德耀

副 主 编：连林昌　张向明　韩彦北　王停军　赵广程　祝遵刚
　　　　　江　滨　李良宗　王晓治　芦　珊　张庆华　孙凤华
　　　　　蔡江水　沈立承　郭　莉　孙玉平　孟玲武

编　　委：（以姓氏笔画为序）
　　　　　三凯歌　冯晋东　李海宾　李秋峰　陈　斌　杜九利
　　　　　杨宏革　孟繁丽　张春培　张申英　赵　超　相　湘
　　　　　黄　飞　黄怡琼　程胜先

二、编辑部工作人员

总 编 辑：赵广程

副总编辑：黄　飞　吴晓龙

编　　辑：（以姓氏笔画为序）
　　　　　王二鹏　王明华　王永强　王威风　王秀婵　毛媛媛
　　　　　方　亮　牛晓薇　邓树毅　仝尚贺　田　莉　闫　明
　　　　　李　疆　李秋玲　李东旺　李　楠　李　辉　李国红
　　　　　李万勇　李佳佳　李俊莲　许　坤　刘　杰　刘　伟
　　　　　孙军培　孙　英　杨　虹　辛　奇　沙　莹　孟　缓
　　　　　吴凤喜　宋玉清　宋芙蓉　张明洁　张海英　张运霞
　　　　　张宏瑞　张春雅　张　敬　张　武　张　华　杨军辉
　　　　　陈　坦　陈晓光　易云霞　郑望军　郑　惠　罗燕军
　　　　　庞广寻　尚晓燕　赵　浩　赵　朴　赵　红　郝振峰
　　　　　姚德军　韩　冰　徐文杰　高少峰　耿　雯　曾铸仑
　　　　　蒙晓泽　潘鹏举　魏　祥

责任编辑：陈越月　白雅茜

郑州统计年鉴

编 辑 说 明

一、《郑州统计年鉴—2011》是一部全面反映郑州地区国民经济和社会发展的资料性统计年刊。本书收录了郑州市及所辖县（市）区2010年经济和社会发展各方面大量的统计数据，以及重要年份的主要统计数据，是认识和研究郑州市情、经济社会发展、制定宏观政策、指导工作和进行决策的重要经济类工具书。

二、本年鉴以丰富、翔实的统计资料为主，全面反映了郑州国民经济和社会发展状况。全书分为15部分。即1.综合；2.从业人员和劳动工资；3.固定资产投资；4.价格；5.人民生活；6.城市公用事业和环保；7.农业；8.工业；9.建筑业；10.交通运输和邮电通讯；11.国内贸易；12.对外经济贸易和旅游；13.财政金融；14.教育、科技、文化、卫生和体育；15.企业集团；16.统计工作大事记。各篇末均附有《主要统计指标解释》，对主要统计指标的含义、范围、计算方法作了简要说明。

三、本年鉴中使用的计量单位均采用国际统一标准计量单位；统计口径除特别注明外，均包括郑州市及所辖各县（市）区。资料取自郑州市统计局、农村社会经济调查队、国家统计局郑州调查队及有关部门的统计报表。

四、本年鉴部分数据合计数或相对数不等于分项之和，是由于单位取舍和不同产业的计算误差，部分指标未作机械调整。

五、本年鉴表中的符号使用说明：

“空格”表示该项统计指标数据不详或无该项数据；

“…”表示数据不足本表最小单位；

“#”表示其中的主要项。

目　录

一、综　合

1-1　行政区划(2010年底)……(3)
1-2　主要气象情况(2010年)……(3)
1-3　县(市)、区所辖乡、镇办事处(2010年底)……(4)
1-4　人口(2010年底)……(5)
1-5　国民经济和社会发展总量及速度指标……(6)
1-6　国民经济和社会发展比例和效益指标……(9)
1-7　主要指标年人均水平……(11)
1-8　郑州一日……(11)
1-9　社会总产出(2010年)……(12)
1-10　生产总值(2010年)……(14)
1-11　生产总值指数(2010年)……(16)
1-12　全市法人单位数(按地域划分)(2010年底)……(18)
1-13　基本单位按登记注册类型分组情况(2010年底)……(19)
主要统计指标解释……(20)

二、从业人员和劳动工资

2-1　社会劳动者分布状况(2010年底)……(25)
2-2　法人单位从业人数(按地域划分)(2010年底)……(25)
2-3　分企事业机关、分行业从业人员人数(2010年底)……(26)
2-4　分企事业机关、分行业在岗职工人数(2010年底)……(27)
2-5　分企事业机关、分行业在岗职工工资总额(2010年底)……(28)
2-6　分企事业机关、分行业在岗职工平均工资(2010年)……(29)
2-7　全市及各县(市)区分企事业、机关从业人员人数及劳动报酬(2010年底)……(30)

2-8　全市及各县(市)区国有单位分企事业、机关从业人员人数及劳动报酬(2010年底) …………(33)

2-9　全市及各县(市)区城镇集体单位分企事业从业人员人数及劳动报酬(2010年底) …………(35)

2-10　全市及各县(市)区其他单位分企事业从业人员人数及劳动报酬(2010年底) …………(37)

2-11　全市及各县(市)区分行业从业人员人数及劳动报酬(2010年底) …………(40)

2-12　全市及各县(市)区国有单位分行业从业人员人数及劳动报酬(2010年底) …………(47)

2-13　全市及各县(市)区城镇集体单位分行业从业人员人数及劳动报酬(2010年底) …………(53)

2-14　全市及各县(市)区其他单位分行业从业人员人数及劳动报酬(2010年底) …………(57)

主要统计指标解释 …………(64)

三、固定资产投资及房地产开发

3-1　全社会固定资产投资(2010年) …………(67)

3-2　分县(市)区全社会固定资产投资(2010年) …………(68)

3-3　分产业及行业全社会固定资产投资(2010年) …………(69)

3-4　城镇固定资产投资 …………(70)

3-5　分产业城镇固定资产投资 …………(70)

3-6　分行业城镇固定资产投资资金来源(2010年) …………(71)

3-7　按行业和注册类型分城镇固定资产投资(2010年) …………(74)

3-8　各县(市)区按三次产业分城镇固定资产投资(2010年) …………(80)

3-9　各县(市)区按建设性质分城镇固定资产投资(2010年) …………(81)

3-10　各县(市)区按构成性质分城镇固定资产投资(2010年) …………(82)

3-11　分行业城镇固定资产投资(2010年) …………(83)

3-12　各县(市)区分行业城镇固定资产投资(2010年) …………(86)

3-13　分行业城镇投资项目个数及新增固定资产(2010年) …………(88)

3-14　各县(市)区城镇投资项目个数和在建规模(2010年) …………(91)

3-15　各县(市)区城镇施工、竣工房屋建筑面积及竣工价值(2010年) …………(92)

3-16　农村固定资产投资(2010年) …………(93)

3-17　农户固定资产投资(2010年) …………(94)

3-18　房地产开发企业(单位)财务情况(2010年) …………(96)

3-19　分县(市)区房地产开发企业财务状况(2010 年) …………………………………………………… (97)
3-20　房地产开发与经营(2010 年) ………………………………………………………………………… (99)
3-21　房地产开发企业(单位)施工、销售和空置情况(2010 年) …………………………………… (100)
3-22　分县(市)区按工程用途分房地产开发投资情况(2010 年) ………………………………… (101)
3-23　分县(市)区房地产开发施工房屋面积(2010 年) ……………………………………………… (102)
3-24　分县(市)区房地产开发竣工房屋面积(2010 年) ……………………………………………… (103)
3-25　分县(市)区房地产开发竣工房屋价值(2010 年) ……………………………………………… (104)
3-26　分县(市)区房地产开发商品房屋销售面积(2010 年) ………………………………………… (105)
3-27　分县(市)区房地产开发商品房屋销售额(2010 年) …………………………………………… (106)
主要统计指标解释 ……………………………………………………………………………………………… (107)

四、价　格

4-1　市区居民消费价格指数(2010 年)(以上年价格为 100) ……………………………………… (111)
4-2　市区商品零售价格指数(2010 年)(以上年价格为 100) ……………………………………… (121)
4-3　市区居民消费及零售商品平均价格(2010 年) ………………………………………………… (131)

五、人民生活

5-1　全市及县(市)城镇居民家庭基本情况(2010 年) ………………………………………………… (147)
5-2　全市及县(市)城镇居民家庭每人全年现金收入情况(2010 年) ……………………………… (148)
5-3　全市及县(市)城镇居民家庭每人全年现金支出情况(2010 年) ……………………………… (149)
5-4　全市及县(市)城镇居民家庭年人均消费支出(2010 年) ……………………………………… (150)
5-5　全市及县(市)城镇居民家庭年人均实物收入(2010 年) ……………………………………… (158)
5-6　全市及县(市)城镇居民家庭每百户年末主要耐用消费品拥有量(2010 年底) ……………… (159)
5-7　全市及县(市)城镇居民家庭住房情况(2010 年) ………………………………………………… (160)
5-8　全市按相对收入分的城镇居民家庭生活基本情况(2010 年) ………………………………… (162)
5-9　全市按相对收入分的城镇居民家庭年人均收入情况(2010 年) ……………………………… (163)
5-10　全市按相对收入分的城镇居民家庭年人均支出情况(2010 年) …………………………… (164)

5-11　全市按相对收入分的城镇居民家庭年人均消费情况(2010 年) ………………………………(165)
5-12　全市按人均可支配收入分组的城市居民家庭基本情况(2010 年) ……………………………(170)
5-13　全市按人均可支配收入分组的年人均现金收入情况(2010 年) ………………………………(172)
5-14　全市按人均可支配收入分组的年人均现金支出情况(2010 年) ………………………………(174)
5-15　市区按相对收入分的城镇居民家庭生活基本情况(2010 年) …………………………………(176)
5-16　市区按相对收入分的城镇居民家庭年人均收入情况(2010 年) ………………………………(177)
5-17　市区按相对收入分的城镇居民家庭年人均支出情况(2010 年) ………………………………(178)
5-18　市区按相对收入分的城镇居民家庭年人均消费情况(2010 年) ………………………………(179)
5-19　市内六区城市居民平均每人全年现金收支情况(2010 年) ……………………………………(183)
5-20　市区按月人均可支配收入分组的城市居民家庭基本情况(2010 年) …………………………(184)
5-21　市区按月人均可支配收入分组的年人均现金收入情况(2010 年) ……………………………(186)
5-22　市区按月人均可支配收入分组的年人均现金收支情况(2010 年) ……………………………(188)
5-23　农村居民家庭基本情况(2010 年) ……………………………………………………………(190)
5-24　农民人均总收入纯收入(2010 年) ……………………………………………………………(192)
5-25　农民人均总支出(2010 年) ……………………………………………………………………(194)
5-26　农民人均生活费支出(2010 年) ………………………………………………………………(196)
5-27　农民人均消费品消费量(2010 年) ……………………………………………………………(198)
5-28　农民百户耐用消费品拥有量(2010 年) ………………………………………………………(199)
主要统计指标解释 ……………………………………………………………………………………(200)

六、城市公用事业和环保

6-1　城市设施水平 ………………………………………………………………………………………(203)
6-2　城市建设用地情况 …………………………………………………………………………………(203)
6-3　城市供水、供电情况 ………………………………………………………………………………(204)
6-4　城市燃气及供热 ……………………………………………………………………………………(205)
6-5　市政设施及公共交通 ………………………………………………………………………………(206)
6-6　园林绿化及环境卫生 ………………………………………………………………………………(207)
6-7　城市房屋面积及住宅 ………………………………………………………………………………(208)

6-8　房产市场交易 …………………………………………………………………………………（209）
6-9　工业“三废”排放处理及综合利用情况（2010 年） ……………………………………………（210）
6-10　全市工业污染治理项目建设情况（2010 年） …………………………………………………（211）
6-11　生活、其他污染排放情况及污水处理厂运行情况（2010 年） ………………………………（211）
主要统计指标解释 ……………………………………………………………………………………（212）

七、农　业

7-1　农村基本情况及从业人员（2010 年） ……………………………………………………………（215）
7-2　农业机械、电气、化学、水利情况（2010 年） ………………………………………………（216）
7-3　农业机械主要生产情况（2010 年） ……………………………………………………………（217）
7-4　水果产量（2010 年） ……………………………………………………………………………（219）
7-5　果园面积（2010 年） ……………………………………………………………………………（219）
7-6　林业生产情况（2010 年） ………………………………………………………………………（220）
7-7　渔业生产情况（2010 年） ………………………………………………………………………（220）
7-8　牧业主要产品产量（2010 年） …………………………………………………………………（221）
7-9　农作物主要产品生产情况（2010 年） …………………………………………………………（222）
7-10　农林牧渔业总产值（2010 年） …………………………………………………………………（226）
7-11　农林牧渔业增加值（2010 年） …………………………………………………………………（228）
7-12　主要牲畜年末存栏情况（2010 年） ……………………………………………………………（230）
7-13　全市粮经比 ………………………………………………………………………………………（231）
主要统计指标解释 ……………………………………………………………………………………（232）

八、工　业

8-1　历年工业总产值 …………………………………………………………………………………（235）
8-2　历年工业总产值指数（以 1952 年为 100） ……………………………………………………（236）
8-3　全部工业总产出、总产值及增加值（2010 年） …………………………………………………（237）
8-4　各县（市）、区工业企业单位数（2010 年底） ……………………………………………………（238）

8-5 各县(市)、区工业总产值(2010 年) …… (238)
8-6 各县(市)、区工业增加值(2010 年) …… (239)
8-7 规模以上工业企业单位数、总产值、增加值及销售产值(2010 年) …… (239)
8-8 规模以上工业企业分行业单位数、总产值、增加值及销售产值(2010 年) …… (240)
8-9 各县(市)、区规模以上工业企业单位数(2010 年底) …… (241)
8-10 各县(市)、区规模以上工业总产值(2010 年) …… (241)
8-11 各县(市)、区规模以上工业销售产值(2010 年) …… (242)
8-12 各县(市)、区规模以上工业增加值(2010 年) …… (242)
8-13 历年主要工业产品产量 …… (243)
8-14 各县(市)、区主要工业产品产量(2010 年) …… (244)
8-15 规模以上工业企业全员劳动生产率(2010 年) …… (248)
8-16 各县(市)、区规模以上工业企业全员劳动生产率(2010 年) …… (248)
8-17 规模以上工业企业分行业全员劳动生产率(2010 年) …… (249)
8-18 规模以上工业企业主要经济指标(2010 年) …… (250)
8-19 规模以上工业企业分行业主要经济指标(2010 年) …… (252)
8-20 国有及国有控股工业企业主要经济指标(2010 年) …… (256)
8-21 各县(市)、区规模以上工业企业主要经济指标(2010 年) …… (260)
8-22 各县(市)、区国有及国有控股工业企业主要经济指标(2010 年) …… (261)
8-23 规模以上集体工业企业主要经济指标(2010 年) …… (262)
8-24 各县(市)、区规模以上集体工业企业主要经济指标(2010 年) …… (266)
8-25 规模以上工业企业主要经济效益指标(2010 年) …… (267)
8-26 国有及国有控股工业企业主要经济效益指标(2010 年) …… (268)
8-27 集体工业企业主要经济效益指标(2010 年) …… (269)
8-28 各县(市)区规模以上工业企业主要经济效益指标(2010 年) …… (270)
8-29 各县(市)、区国有及国有控股工业企业主要经济效益指标(2010 年) …… (270)
8-30 各县(市)区集体工业企业主要经济效益指标(2010 年) …… (270)
8-31 工业企业能源购进、消费与库存情况(2010 年) …… (271)
主要统计指标解释 …… (280)

九、建　筑　业

9-1　建筑业生产情况(2010年) ……………………………………………… (285)

9-2　建筑业主要经济指标(2010年) ………………………………………… (287)

9-3　劳务分包建筑企业生产经营情况(2010年) …………………………… (289)

9-4　建筑业企业房屋建筑工程完成情况(2010年) ………………………… (290)

9-5　各县(市)区建筑业企业个数(2010年) ……………………………… (290)

9-6　各县(市)区建筑业合同及承包工程完成情况(2010年) ……………… (291)

9-7　各县(市)区建筑业企业总产值(2010年) …………………………… (291)

9-8　各县(市)区建筑业竣工产值(2010年) ……………………………… (292)

9-9　各县(市)区建筑业全员劳动生产率(2010年) ……………………… (292)

9-10　各县(市)区建筑业房屋建筑施工、竣工面积(2010年) …………… (293)

9-11　各县(市)区建筑业自有机械设备情况(2010年底) ………………… (293)

9-12　各县(市)区建筑业实收资本及资产合计(2010年) ………………… (294)

9-13　各县(市)区建筑业流动资产及固定资产(2010年底) ……………… (294)

9-14　各县(市)区建筑业工程结算收入及负债合计(2010年) …………… (295)

9-15　各县(市)区建筑业利润、利税总额(2010年) ……………………… (295)

主要统计指标解释 ………………………………………………………………… (296)

十、交通运输、邮电通讯

10-1　公路里程、桥梁、涵洞(2010年) ……………………………………… (299)

10-2　民用车辆拥有量(2010年) …………………………………………… (300)

10-3　社会客货运输量(2010年) …………………………………………… (300)

10-4　邮电通信行业基本情况(2010年) …………………………………… (301)

10-5　电话用户情况(2010年底) …………………………………………… (301)

主要统计指标解释 ………………………………………………………………… (302)

十一、国内贸易

11-1　社会消费品零售总额(2010 年) …………………………………………………………… (305)

11-2　分县(市)区社会消费品零售总额(2010 年) ……………………………………………… (305)

11-3　限额以上批发和零售业商品购进、销售、库存总额(2010 年) ………………………… (306)

11-4　分县(市)区限额以上批发和零售业商品购销存总额(2010 年) ……………………… (314)

11-5　分县(市)区限额以上批发和零售企业主要经济指标(2010 年) ……………………… (315)

11-6　限额以上批发和零售业法人企业财务状况(2010 年) …………………………………… (316)

11-7　限额以上住宿和餐饮业法人企业财务状况(2010 年) …………………………………… (340)

11-8　限额以上住宿和餐饮业经营情况(2010 年) ……………………………………………… (352)

11-9　分县(市)区限额以上住宿和餐饮企业主要经济指标(2010 年) ……………………… (356)

11-10　分县(市)区限额以上住宿和餐饮业经营情况(万元)(2010 年) …………………… (357)

11-11　限额以上批发、零售贸易业商品销售类值(2010 年) …………………………………… (358)

11-12　限额以上批发、零售贸易业商品销售量(2010 年) ……………………………………… (359)

11-13　全市批发、零售贸易企业年销售额前 50 名排序(2010 年) …………………………… (360)

主要统计指标解释 ……………………………………………………………………………… (361)

十二、对外经济贸易和旅游

12-1　对外经济贸易 ………………………………………………………………………………… (365)

12-2　郑州市分县(市)、区直接出口总值 ………………………………………………………… (365)

12-3　郑州市分县(市)、区实际使用外资情况表 ………………………………………………… (366)

12-4　向各大洲出口总额 …………………………………………………………………………… (366)

12-5　出口总额分类 ………………………………………………………………………………… (367)

12-6　与郑州市建立友好关系的城市 ……………………………………………………………… (367)

12-7　旅　　游 ……………………………………………………………………………………… (368)

12-8　郑州市出口企业 30 强(2010 年) …………………………………………………………… (369)

主要统计指标解释 ……………………………………………………………………………… (370)

十三、财政金融

13-1　金融机构信贷收支(2010 年底) ……………………………………………… (373)

13-2　金融机构现金收支(2010 年底) ……………………………………………… (374)

13-3　大型银行信贷收支(2010 年底) ……………………………………………… (375)

13-4　农村信用社信贷收支(2010 年底) ……………………………………………… (375)

13-5　财政收入(2010 年) ……………………………………………… (376)

13-6　财政支出(2010 年) ……………………………………………… (382)

主要统计指标解释 ……………………………………………… (396)

十四、教育、文化、卫生和科技

14-1　教育事业主要综合指标(2010 年) ……………………………………………… (399)

14-2　学校教育基本情况(2010 年) ……………………………………………… (400)

14-3　全市教育部门教育经费收入(2010 年) ……………………………………………… (402)

14-4　分县(市、区)教育部门教育经费收入(2010 年) ……………………………………………… (403)

14-5　全市教育部门教育经费支出(2010 年) ……………………………………………… (404)

14-6　分县(市、区)教育部门教育经费支出(2010 年) ……………………………………………… (406)

14-7　艺术表演团体(2010 年) ……………………………………………… (408)

14-8　图书馆、群众艺术馆、文化馆(2010 年) ……………………………………………… (408)

14-9　艺术表演场馆基本情况(2010 年) ……………………………………………… (409)

14-10　文物事业基本情况(2010 年底) ……………………………………………… (409)

14-11　医疗卫生机构基本情况(2010 年)) ……………………………………………… (410)

14-12　医疗机构门诊服务情况(2010 年) ……………………………………………… (411)

14-13　医疗机构住院服务情况(2010 年) ……………………………………………… (412)

14-14　医疗机构病床使用情况(2010 年) ……………………………………………… (413)

14-15　诊所、卫生所、医务室基本情况(2010 年) ……………………………………………… (414)

14-16　医疗卫生机构收入与支出(2010 年) ……………………………………………… (416)

14-17 村卫生室基本情况(2010 年) …… (418)
14-18 分县(市、区)医疗机构收入与支出(2010 年) …… (419)
14-19 规模以上工业企业 R&D 人员情况(2010 年) …… (420)
14-20 规模以上工业企业 R&D 经费情况(2010 年) …… (422)
14-21 规模以上工业企业全部 R&D 项目情况(2010 年) …… (426)
14-22 规模以上工业企业办科技机构情况(2010 年) …… (428)
14-23 规模以上工业企业自主知识产权及相关情况(2010 年) …… (430)
主要统计指标解释 …… (432)

十五、企业集团

15-1 按不同类型分的企业家信心状况(2010 年一季度) …… (435)
15-2 按不同类型分的企业综合经营状况(2010 年一季度) …… (435)
15-3 按不同类型分的企业生产情况(2010 年一季度) …… (436)
15-4 按不同类型分的企业赢利(亏损)状况(2010 年一季度) …… (436)
15-5 按不同类型分的企业流动资金状况(2010 年一季度) …… (437)
15-6 按不同类型分的企业货款拖欠状况(2010 年一季度) …… (437)
15-7 按不同类型分的企业用工状况(2010 年一季度) …… (438)
15-8 按不同类型分的企业固定资产投资状况(2010 年一季度) …… (438)
15-9 按不同类型分的企业产品订货状况(2010 年一季度) …… (439)
15-10 按不同类型分的企业融资状况(2010 年一季度) …… (439)
15-11 按不同类型分的企业家信心状况(2010 年二季度) …… (440)
15-12 按不同类型分的企业综合经营状况(2010 年二季度) …… (440)
15-13 按不同类型分的企业生产状况(2010 年二季度) …… (441)
15-14 按不同类型分的企业赢利(亏损)状况(2010 年二季度) …… (441)
15-15 按不同类型分的企业流动资金状况(2010 年二季度) …… (442)
15-16 按不同类型分的企业货款拖欠状况(2010 年二季度) …… (442)
15-17 按不同类型分的企业用工状况(2010 年二季度) …… (443)
15-18 按不同类型分的企业固定资产投资状况(2010 年二季度) …… (443)

15-19 按不同类型分的企业产品订货状况(2010 年二季度) …………………………………… (444)

15-20 按不同类型分的企业融资状况(2010 年二季度) …………………………………… (444)

15-21 按不同类型分的企业家信心状况(2010 年三季度) …………………………………… (445)

15-22 按不同类型分的企业综合经营状况(2010 年三季度) …………………………………… (445)

15-23 按不同类型分的企业生产状况(2010 年三季度) …………………………………… (446)

15-24 按不同类型分的企业赢利(亏损)状况(2010 年三季度) …………………………………… (446)

15-25 按不同类型分的企业流动资金状况(2010 年三季度) …………………………………… (447)

15-26 按不同类型分的企业货款拖欠状况(2010 年三季度) …………………………………… (447)

15-27 按不同类型分的企业用工状况(2010 年三季度) …………………………………… (448)

15-28 按不同类型分的企业固定资产投资状况(2010 年三季度) …………………………………… (448)

15-29 按不同类型分的企业产品订货状况(2010 年三季度) …………………………………… (449)

15-30 按不同类型分的企业融资状况(2010 年三季度) …………………………………… (449)

15-31 按不同类型分的企业家信心状况(2010 年四季度) …………………………………… (450)

15-32 按不同类型分的企业综合经营状况(2010 年四季度) …………………………………… (450)

15-33 按不同类型分的企业生产状况(2010 年四季度) …………………………………… (451)

15-34 按不同类型分的企业赢利(亏损)状况(2010 年四季度) …………………………………… (451)

15-35 按不同类型分的企业流动资金状况(2010 年四季度) …………………………………… (452)

15-36 按不同类型分的企业货款拖欠状况(2010 年四季度) …………………………………… (452)

15-37 按不同类型分的企业用工状况(2010 年四季度) …………………………………… (453)

15-38 按不同类型分的企业固定资产投资状况(2010 年四季度) …………………………………… (453)

15-39 按不同类型分的企业产品订货状况(2010 年四季度) …………………………………… (454)

15-40 按不同类型分的企业融资状况(2010 年四季度) …………………………………… (454)

十六、统计大事记

一、综　合

1-1 行政区划

（2010 年底）

单位：个

县(市)区	街道办事处	镇	乡	社区	村委会
总　计	**88**	**74**	**19**	**663**	**2273**
市辖区	**69**	**8**	**4**	**551**	**342**
中原区	12			100	46
二七区	13	1	1	132	14
管城区	9	1	2	80	32
金水区	14	2		169	45
上街区	5	1		24	30
惠济区	6	2		9	54
高新开发区		1	1	7	39
经济开发区	3			15	16
郑东新区	5			15	24
郑州航空港区	2				42
县(市)	**19**	**66**	**15**	**112**	**1931**
中牟县	2	13	3	8	418
巩义市	5	15		23	292
荥阳市	2	9	3	14	287
新密市	4	12	2	47	303
新郑市	3	9	3		327
登封市	3	8	4	20	304

1-2 主要气象情况

（2010 年）

指　　标	一月	二月	三月	四月	五月	六月	七月	八月	九月	十月	十一月	十二月
月平均气温	0.9	3.5	8.7	14.0	22.1	27.2	28.5	26.0	21.4	15.7	10.6	5.3
月日照时数	152.7	96.6	126.3	168.5	191.7	199.7	102.6	113.6	81.9	131.4	189.8	172.3
月降水量	0.2	13.2	15.4	54.6	21.6	18.7	152.6	178.6	141.1	2.8	1.5	
月内降水量≥0.1mm 的日数	2	7	7	5	9	4	10	13	10	3	2	
月极端最高气温	16.6	20.7	28.5	29.7	33.7	39.1	39.7	38.6	33.5	28.6	23.4	21.3
出现日期	1	23	19	5	30	17	6	4	17	5	10	1
月极端最低气温	-8.2	-6.4	-3.6	1.7	10.9	16.3	21.2	16.5	10.7	3.8	-1.0	-5.4
出现日期	8	12	9	14	10	5	20	24	23	29	16	25

1-3 县(市)、区所辖乡、镇办事处

(2010 年底)

县(市)区	乡　镇	街道办事处
中原区		林山寨　桐柏路　绿东村　棉纺路　三官庙　建设路　秦岭路　汝河路　中原西路　航海西路　西流湖　须水
二七区	马寨镇　侯寨乡	大学路　五里堡　德化街　解放路　铭功路　嵩山路　长江路　京广南路　一马路　蜜蜂张　福华街　建中街　淮河路
管城区	十八里河镇　南曹乡　圃田乡	北下街　西大街　南关街　城东路　东大街　二里岗　陇海马路　紫荆南路　航海东路
金水区	柳林镇　庙李镇	经八路　花园路　人民路　杜岭　大石桥　南阳路　南阳新村　文化路　丰产路　东风路　北林路　未来路　兴达路、凤凰台
上街区	峡窝镇	济源路　新安路　矿山　中心路　工业路
惠济区	古荥镇　花园口镇	刘寨　老鸦陈　新城　迎宾路　长兴路　大河路
高新开发区	石佛镇　沟赵乡	
经济开发区		潮河　京航　明湖
郑东新区		祭城路　龙子湖　商都路　博学路　如意湖
航空港区		新港　郑港
中牟县	白沙镇　韩寺镇　官渡镇　郑庵镇　狼城岗镇　万滩镇　张庄镇　黄店镇　大孟镇　九龙镇　刘集镇　八岗镇　刁家乡　三官庙乡　姚家乡　雁鸣湖镇	青年路　东风路
巩义市	米河镇　新中镇　小关镇　竹林镇　大峪沟镇　河洛镇　站街镇　康店镇　北山口镇　鲁庄镇　芝田镇　西村镇　回郭镇　夹津口镇　涉村镇	孝义　紫荆路　新华路　杜甫路　永安路
荥阳市	豫龙镇　广武镇　王村镇　汜水镇　高山镇　刘河镇　崔庙镇　贾峪镇　乔楼镇　高村乡　城关乡　金寨回族乡	索河　京城路
新密市	米村镇　牛店镇　平陌镇　超化镇　苟堂镇　大隗镇　刘寨镇　白寨镇　岳村镇　城关镇　来集镇　袁庄乡　曲梁镇　尖山景区管委会(原尖山乡)	新华路　青屏街　西大街　矿区
新郑市	辛店镇　观音寺镇　梨河镇　和庄镇　薛店镇　孟庄镇　龙湖镇　郭店镇　新村镇　城关乡　八千乡　龙王乡	新建路　新华路　新烟
登封市	颍阳镇　大金店镇　卢店镇　告成镇　大冶镇　宣化镇　徐庄镇　东华镇　君召乡　石道乡　白坪乡　唐庄乡	少林　中岳　嵩阳

1-4 人 口

（2010 年底）

县(市)区	年末常住人口（人）	出生人口（人）	死亡人口（人）	出生率（‰）	死亡率（‰）	自然增长率（‰）
郑州市	8660739	80418	35287	9.34	4.10	5.24
中原区	911413	8087	2763	8.95	3.06	5.89
二七区	714983	5709	2069	8.03	2.91	5.12
管城区	651141	5031	1837	7.80	2.85	4.96
金水区	1601999	12664	3358	7.99	2.12	5.87
上街区	132591	942	675	7.17	5.14	2.03
惠济区	271935	3149	842	11.30	3.14	8.16
中牟县	727817	8311	3869	11.46	5.34	6.13
巩义市	808239	7775	4518	9.64	5.60	4.04
荥阳市	613857	6936	3289	11.33	5.37	5.96
新密市	797378	7383	4939	9.27	6.20	3.07
新郑市	760279	7291	3676	9.64	4.86	4.78
登封市	669157	7140	3452	10.70	5.17	5.53

注:根据郑州市人口变动情况,按照国务院第六次全国人口普查领导小组办公室《关于历年总人口数修订与使用的通知》的要求,郑州市 2006 年以来常住人口数核定如下:2006 年 7351902 人,2007 年 7681872 人,2008 年 7990188 人,2009 年 8314757 人。

1-5 国民经济和社会发展总量及速度指标

指　标	单位	1990	1995	2000	2005	2009	2010	2010比2009±%
人口与面积								
人口	万人	557.8	600.3	665.9	716.0	752.1	866.1	15.2
建城区面积	平方公里	112.0	108.3	133.2	262.0	310.0	316.1	2.0
就业								
年末从业人员	万人	317.8	309.9	356.4	407.9	445.2	469.3	5.4
#城镇从业人员	万人	87.3	118.5	112.7	153.4	184.2	198.1	7.5
宏观经济								
国民经济核算								
地区生产总值	亿元	116.4	386.4	728.4	1660.6	3308.5	4040.9	13.0
第一产业	亿元	14.4	28.5	42.4	72.4	103.1	124.6	3.0
第二产业	亿元	62.5	203.5	343.3	872.8	1786.5	2269.9	15.1
第三产业	亿元	39.5	154.3	342.7	715.4	1418.9	1646.4	10.8
固定资产投资								
全社会固定资产投资额	亿元	26.9	165.6	258.4	820.0	2289.1	2757	20.4
城镇投资	亿元	20.0	132.4	159.4	610.2	2002.2	2432.5	21.5
财政								
地方财政一般预算收入	亿元	10.5	17.1	43.6	136.1	301.9	386.8	28.1
地方财政一般预算支出	亿元	6.5	17.8	49.0	136.7	353.1	426.8	20.9
价格总指数								
商品零售价格指数	以上年为100	100.8	110.4	99.1	101.2	100.3	102.7	2.7
居民消费价格指数	以上年为100	101.8	114.5	99.0	102.4	99.8	103	3.0
外商投资								
利用外资								
合同利用外资额	万美元	1132	21086	12860	63766	188896	191632	1.4
实际利用外资额	万美元	768	15020	9211	33549	162400	190015	17.0
产业								
农业								
农林牧渔业总产值	亿元	24.6	51.5	73.2	126.2	184.1	221.4	3.1
粮食总产量	万吨	154.2	140.1	158.7	153.0	166.1	166.7	0.4

1-5 续表 1

指　　标	单位	1990	1995	2000	2005	2009	2010	2010 比 2009±%
工业								
工业总产值	亿元	174.4	647.9	1005.3	2411.5	4395.3	5913.8	18.7
工业增加值	亿元	39.8	87.1	187.5	569.7	1298.5	1599.9	18.0
规模以上工业								
资产总计	亿元	142.3	470.3	749.8	1473.6	3185.0	3898.8	14.4
负债合计	亿元	89.6	328.6	477.5	946.3	1747.9	2134.9	12.5
主营业务收入	亿元	104.6	307.8	530.9	1673.0	4726.6	5942.3	19.2
利税总额	亿元	18.0	37.9	67.2	230.2	780.4	1058.1	25.0
建筑业								
建筑业总产值	亿元	12.7	45.5	106.0	299.4	1126.0	1352.3	20.1
施工房屋面积	万平方米	325	805	1217	2937	7106.6	8876.9	24.9
竣工房屋面积	万平方米	148	306	440	765	2277.8	2601.7	14.2
交通运输								
旅客周转量	亿人公里	69.3	92.0	125.1	189.6	263.4	301.4	14.4
#铁路	亿人公里	46.0	53.0	60.0	80.0	103.2	113.9	10.4
公路	亿人公里	23.3	32.1	56.3	82.7	113.5	137.7	21.3
航空	亿人公里	1.0	6.8	8.8	26.9	46.7	49.8	6.6
货物周转量	亿吨公里	196.2	212.9	226.5	287.7	404.2	479.8	18.7
#铁路	亿吨公里	181.6	181.9	156.2	187.9	192.8	199.4	3.4
公路	亿吨公里	14.7	30.9	70.1	99.4	210.9	279.8	32.7
航空	万吨公里	150	574	1281	3385	5034	5641	12.1
邮电通讯								
邮电业务总量	万元	1.2	8.5	42	108.2	256.2	296.3	15.7
国内商业								
社会消费品零售总额	亿元	47.4	164.1	381.8	706.7	1434.8	1702.1	18.6
批零贸易企业销售额	亿元	44.9	401.0	437.4	1274.3	2311.7	2339.1	1.2
对外贸易和旅游								

1-5 续表2

指　　标	单位	1990	1995	2000	2005	2009	2010	2010比2009±%
直接进出口总值	万美元		16129	19216	110193	297863	452442	51.9
#直接出口总值	万美元	1119	13072	12313	75659	200166	331272	62.8
旅游外汇收入	万美元			4653	7769	12279	13384	11.5
金融								
金融机构各项存款	亿元	86.3	464.4	1215.4	3116.1	6540.3	7990.9	22.2
金融机构各项贷款	亿元	87.0	373.7	881.9	2428.1	4922.2	5717.5	16.2
教育								
在校学生数	万人	84.4	114.9	139.7	191.3	217.4	222.3	2.3
专任教师数	万人	6.2	5.9	7.1	9.4	12.0	12.5	4.2
人民生活								
市区城镇居民人均可支配收入	元	1496	4535	6458	10977	17417	19376	11.2
农村居民人均纯收入	元	692	1555	2912	4774	8121	9225	13.6
城市居民人均居住建筑面积	平方米			19.8	23.0	26.6	28.2	6.0
农村居民人均居住面积	平方米	21.5	23.8	35.4	43.7	49.7	56.0	12.7
城乡居民储蓄余额	亿元	56.1	254.2	565.8	1436.1	2511.2	2911.0	15.9
工资								
在岗职工年平均工资	元	2126.0	5226.0	9017	16694	29837	32779	9.9
卫生								
医疗机构数	个	935	879	688	1637	1437	1347	-6.3
卫生技术人员	个	28410	30590	31137	33568	47004	49519	5.4
医疗床位数	张	20937	22122	24472	29295	42971	47094	9.6
市政建设								
自来水供水量	万吨	23037	32506	28783	30448	35475	37724	6.3
城市集中供热面积	万平方米		851	1383	1777	2051	2261	10.2
用气人口	万人	59.5	107.9	149.2	230	386	439	13.7
城市道路长度	公里	428	563	684	1131	1304	1338	2.6
公共汽(电)车总数	辆	404	728	1342	3077	4427	4788	8.2

注:1、1990年城市居民人均可支配收入以人均生活费收入代替;2、直接进出口总值、直接出口总值统计范围不包括国家部委及省属进出口公司,1995年、1990年为业务统计数,2000年和2003年以来为海关数;3、2001年以后邮电业务总量按2000年可比价格计算,2000年按1990年可比价格计算。

1-6　国民经济和社会发展比例和效益指标

指　　标	单位	1990	1995	2000	2005	2009	2010
就业							
每一就业者负担人口	人	**1.66**	**1.85**	**1.90**	**2.15**	**2.11**	**2.01**
三次产业从业者比例							
第一产业	%	50.1	40.4	41.9	31.5	23.5	21.53
第二产业	%	31.3	32.3	27.0	30.0	34.7	33.83
第三产业	%	18.6	27.3	31.1	38.5	41.8	44.64
城镇登记失业率	%			2.0	3.0	2.1	2.8
宏观经济							
国民经济核算							
三次产业增加值比例							
第一产业	%	12.4	7.4	5.8	4.4	3.1	3.1
第二产业	%	53.7	52.6	47.1	52.5	54	56.2
第三产业	%	33.9	40.0	47.1	43.1	42.9	40.7
人均生产总值	元	2118	6499	11227	23320	44237	47608
固定资产投资							
全社会固定资产占 GDP 比例	%	23.1	42.8	35.5	49.4	69.2	68.2
财政							
地方财政收入占 GDP 比例	%	9.0	4.4	6.5	9.1	13.6	14.6
产业							
工业							
规模以上工业							

1-6　续表

指　　标	单位	1990	1995	2000	2005	2009	2010
产品销售率	%	96.6	96.4	97.4	98.1	97.7	98.2
总资产贡献率	%	30.1	12.8	11.2	18.0	25.7	28.4
增加值率	%	32.4	27.5	33.0	27.8	29.5	27.1
成本费用利润率	%	5.8	3.3	5.2	7.8	12	13.8
资产负债率	%	63.0	69.9	63.7	64.6	54.9	54.8
建筑业							
产值利税率	%	7.39	4.84	3.27	4.57	6.56	8.0
全员劳动生产率	元/人	12902	28440	60305	117785	235651	221621
教育							
适龄儿童入学率	%	99.40	99.71	99.95	100	100	100
学校教师负担人数	人	13.56	19.48	17.20	15.50	18.16	17.8
卫生							
每万人拥有医疗机构数	个	1.68	1.46	1.05	2.29	1.91	1.56
每万人拥有卫生技术人员	人			48.58	46.90	62.5	57.2
每万人拥有医院床位数	张	37.53	36.85	37.42	40.90	57.13	54.4
市政建设							
城市自来水普及率	%		97.6	100	100	100	100
人均公共绿地面积	平方米	2.6	3.2	4.6	8.0	9.7	10.5

1-7 主要指标年人均水平

指　　标	单　位	2000 年	2005 年	2007 年	2008 年	2009 年	2010 年
生产总值	元	11227	23320	34063	40617	44237	47608
地方财政一般预算收入	元	672	1912	3007	3521	4037	4781
社会消费品零售总额	元	5885	9924	13406	16310	19184	21038
在岗职工平均工资	元	8263	16694	23025	26476	29837	32779
城镇居民可支配收入	元	5935	10640	13692	15732	17117	18897
农民人均纯收入	元	2912	4774	6594	7548	8121	9225
城乡居民储蓄存款余额	元	8721	20195	22721	27951	33577	35980
市区居民居住面积	平方米	9.5	23.0	25.1	26	26.6	28.2
城市生活用电量	千瓦时	594	506	689	728	819	747
城市生活用水量	吨	73	81	50.7	54.2	56.1	44.3
市区公共绿地面积	平方米	4.6	8.0	9.2	9.3	9.7	10.5
市区每万人拥有公交车辆	辆	4.8	10.2	12	13.2	13.3	11.2
每万人拥有医疗床位数	张	37.7	41.2	46.3	52.1	57.5	54.4
每万人拥有卫生技术人员	人	48	47.2	54.8	57.1	62.8	57.2

1-8 郑州一日

指　　标	单　位	2000 年	2005 年	2007 年	2008 年	2009 年	2010 年
生产总值	万元	19956	45496	68130	82301	90644	110709
第一产业	万元	1161	1983	2175	2595	2824	3413
第二产业	万元	9405	23913	36016	45456	48945	62189
第三产业	万元	9389	19600	29939	34241	38874	45108
粮食总产量	吨	4348	4192	4504	4527	4550	4567
全社会固定资产投资	万元	7079	22466	37461	48567	62715	75534
社会消费品零售总额	万元	10460	19361	26814	33049	39309	46633
地方财政一般预算收入	万元	1192	3729	6014	7114	8272	10597
货运量	万吨	43.2	65.1	87.0	102.3	46.5	56.5
客运量	万人	35.8	50.2	69.1	77.9	71.5	82.5
邮电业务总量	万元	1161	2963	5268	6233	7019	8118
出口总值	万美元	33.7	207	483	692	548	908
自来水供水量	万吨	79	83	76	88	97	103
售电量	万千瓦小时	2156	3852	5810	7833	8225	9753
接待境外人数	人次	222	573	718	800	879	956

1-9 社会总产出

（2010 年）

单位：万元

项 目	全市	中原区	二七区	管城区	金水区	上街区	惠济区	经济开发区
总产出	**116588142**	**8367979**	**8572141**	**4871919**	**12789661**	**2718659**	**1882284**	**2327832**
第一产业	**2214329**	**20676**	**16126**	**14091**	**35385**	**9824**	**87156**	**12304**
农林牧渔业	2214329	20676	16126	14091	35385	9824	87156	12304
第二产业	**84191108**	**6065606**	**3298046**	**2721200**	**2858340**	**2240048**	**1244460**	**1917084**
工业	74526032	5019706	1704255	2165503	960797	1954372	769171	1260225
采掘业	5423508		73402			380000		
制造业	62592752	3871784	1489037	2165503	960797	1571621	759297	1258124
电力、燃气及水的生产和供应业	6509772	1147922	141816			2751	9874	2101
建筑业	9665076	1045900	1593791	555697	1897543	285676	475289	656859
第三产业	**30182705**	**2281697**	**5257969**	**2136628**	**9895936**	**468787**	**550668**	**398444**
交通运输、仓储和邮政业	6774563	98794	1006817	300046	1414123	53004	76774	36288
信息传输、计算机服务和软件业	1202170	35863	283934	29981	572222	10545	4869	25417
批发和零售业	3838146	340870	2072448	668228	1074523	195129	60719	141578
住宿和餐饮业	2948530	387264	342771	238597	1121298	61927	118724	28545
金融业	3904861	296615	605869	255728	1588711	37730	29953	9952
房地产业	2424540	132516	193581	218060	665707	29262	94321	51440
租赁和商务服务业	1249224	54351	41565	77453	815888	4779	7869	32420
科学研究、技术服务和地质勘查业	1311394	407698	69589	35047	296493	12702	6540	11786
水利、环境和公共设施管理业	153591	7099	5938	10181	43571	1072	17954	148
居民服务和其他服务业	891053	36325	59368	79334	241448	14445	9269	3998
教育	1525964	102262	132812	48761	446173	13490	54194	2972
卫生、社会保障和社会福利业	1241071	107953	246361	61903	438570	5230	11749	5596
文化、体育和娱乐业	735782	30322	36138	25765	646789	1068	6350	4020
公共管理和社会组织	1981816	243765	160778	87544	530420	28404	51383	44284

1-9 续表　　　　　　　　　　　　　　　（2010 年）　　　　　　　　　　　　　　　单位：万元

项　目	高新开发区	中牟县	巩义市	荥阳市	新密市	新郑市	登封市	郑东新区	航空港区
总产出	**3[illegible]24806**	**7411974**	**15775247**	**15070566**	**11528112**	**10826819**	**9618308**	**1434525**	**1148134**
第一产业	**12948**	**793615**	**119309**	**341745**	**226347**	**296614**	**170221**	**22088**	**35632**
农林牧渔业	12948	793615	119309	341745	226347	296614	170221	22088	35632
第二产业	**2[illegible]33218**	**5630726**	**14001140**	**13324086**	**9586043**	**9246614**	**8387052**	**250837**	**612807**
工业	24[illegible]0292	5050045	13526777	13008802	9254356	8792806	8100503	18602	611260
采掘业		157543	501820	133840	1657995	628466	2085107		
制造业	23[illegible]1863	4790904	12416861	12873256	7352218	8127747	5439767	18602	611260
电力、燃气及水的生产和供应业	1[illegible]8429	101598	608096	1706	244143	36593	575629		
建筑业	3[illegible]2926	580681	474363	315284	331687	453808	286549	232235	1547
第三产业	**5[illegible]8640**	**987633**	**1654798**	**1404735**	**1715722**	**1283591**	**1061035**	**1161600**	**499695**
交通运输、仓储和邮政业	3[illegible]1585	252199	766111	518909	764323	461632	379282	8830	431417
信息传输、计算机服务和软件业	7[illegible]754	61432	28786	26014	30687	39577	29440	8141	1270
批发和零售业	6[illegible]395	160490	167393	166753	202912	132771	89885	181700	15987
住宿和餐饮业	6[illegible]144	104813	216634	206016	188793	133460	125286	52930	24368
金融业	3[illegible]878	48243	80583	68020	83376	58104	61616	452446	1632
房地产业	4[illegible]933	91917	146634	91284	104019	66131	65677	242662	2483
租赁和商务服务业	1[illegible]166	20710	6791	13950	12820	7383	32290	19329	1047
科学研究、技术服务和地质勘查业	3[illegible]322	5626	8867	34835	6301	7366	2124	65837	
水利、环境和公共设施管理业	[illegible]012	12958	5188	6272	2170	8989	34299	9002	
居民服务和其他服务业	[illegible]664	20501	25161	17400	17024	20967	13253	7830	7437
教育	3[illegible]109	78708	48789	46966	69835	195810	98597	22278	353
卫生、社会保障和社会福利业	[illegible]480	33039	89211	30827	83715	36602	19440	25813	378
文化、体育和娱乐业	951	2833	5727	7256	2968	5549	3897	4959	15
公共管理和社会组织	1[illegible]247	94164	58923	170233	146779	109250	105949	59843	13308

1-10 生产总值

（2010 年）

单位:万元

项　　目	全市	中原区	二七区	管城区	金水区	上街区	惠济区	经济开发区
地区生产总值	**40408926**	**2316326**	**3008915**	**1974982**	**5877500**	**894617**	**688259**	**699694**
第一产业	**1245598**	**11794**	**7589**	**7631**	**18653**	**5361**	**46075**	**6550**
农林牧渔业	1245598	11794	7589	7631	18653	5361	46075	6550
第二产业	**22699056**	**1064792**	**732817**	**827463**	**890995**	**709576**	**342894**	**492785**
工业	19963698	770894	468802	670200	281540	638157	188425	311364
采掘业	2275851		34485			82992		
制造业	16084004	507917	426276	670200	281540	554398	183949	310876
电力、燃气及水的生产和供应业	1603843	262977	8041			767	4476	488
建筑业	2735358	293898	264015	157263	609455	71419	154469	181421
第三产业	**16464272**	**1239740**	**2268509**	**1139888**	**4967852**	**179680**	**299290**	**200359**
交通运输、仓储和邮政业	2613403	53792	527301	101293	226458	24490	34460	16083
信息传输、计算机服务和软件业	859431	21950	227999	20478	349184	7902	3485	7763
批发和零售业	2494059	208602	446329	330747	645520	30323	24400	78221
住宿和餐饮业	1170118	152726	171937	95662	388330	25379	40928	6420
金融业	2578127	198489	347251	173082	1016131	18905	20851	6966
房地产业	1879295	116153	140280	160379	526841	25338	66508	40882
租赁和商务服务业	531611	30612	22641	45852	355636	3069	4083	10811
科学研究、技术服务和地质勘查业	626665	173127	36152	26844	159970	4445	2980	4435
水利、环境和公共设施管理业	100951	4524	4019	4229	34789	873	10815	63
居民服务和其他服务业	433255	22628	23777	48626	144578	9267	5324	2106
教育	1143652	73117	109968	39760	302885	11458	42293	1837
卫生、社会保障和社会福利业	588846	40273	82813	24968	216152	2286	6900	483
文化、体育和娱乐业	381714	17233	19517	20439	296649	980	4457	2324
公共管理和社会组织	1063145	126514	108525	47529	304729	14965	31806	21965

1-10 续表　　　　　　　　　　　　　（2010年）　　　　　　　　　　　　　单位：万元

项　目	高新开发区	中牟县	巩义市	荥阳市	新密市	新郑市	登封市	郑东新区	航空港区
地区生产总值	**1054650**	**2646387**	**4193120**	**3587562**	**3992392**	**3626568**	**3130280**	**748237**	**275978**
第一产业	**6929**	**452785**	**69098**	**194547**	**128632**	**166395**	**92015**	**11685**	**20082**
农林牧渔业	6929	452785	69098	194547	128632	166395	92015	11685	20082
第二产业	**719277**	**1493909**	**3147028**	**2541252**	**2865830**	**2601002**	**2444970**	**49897**	**156278**
工业	603744	1312156	3005905	2403813	2732301	2462689	2354099	3950	155817
采掘业		43449	173803	50979	724146	181425	843952		
制造业	567843	1248958	2758164	2352459	1967350	2270238	1422290	3950	155817
电力、燃气及水的生产和供应业	35901	19749	73938	375	40805	11026	87857		
建筑业	115533	181753	141123	137439	133529	138313	90871	45947	461
第三产业	**328444**	**699693**	**976994**	**851763**	**997930**	**859171**	**593295**	**686655**	**99618**
交通运输、仓储和邮政业	18429	156667	384583	239503	349916	231466	160047	4980	59611
信息传输、计算机服务和软件业	40764	44578	21549	20854	26796	35809	26073	4205	1139
批发和零售业	31283	116970	132412	136696	121165	115627	74603	49759	10671
住宿和餐饮业	25314	59122	108361	107439	83299	62361	57866	26818	12512
金融业	22300	30858	51823	45194	52932	38724	39909	303610	931
房地产业	40944	73833	116197	72982	83792	59627	58487	193977	2419
租赁和商务服务业	17002	11823	4718	9833	7567	4811	4493	12649	692
科学研究、技术服务和地质勘查业	11877	3299	5131	9917	3956	5760	1729	41559	
水利、环境和公共设施管理业	557	10418	3718	5112	1664	6679	13599	1829	
居民服务和其他服务业	1882	11243	15996	12241	11928	13977	6977	4426	2704
教育	104496	74530	41812	41560	60687	163098	81552	17918	307
卫生、社会保障和社会福利业	2272	26073	45637	18988	64051	26563	14590	8275	348
文化、体育和娱乐业	753	2004	4164	3487	2039	4880	1885	3261	10
公共管理和社会组织	10571	78275	40893	127957	128138	89789	51485	13389	8274

1-11 生产总值指数

（2010 年）

单位:%

项　　目	全市	中原区	二七区	管城区	金水区	上街区	惠济区	经济开发区
地区生产总值	**113.0**	**111.5**	**112.0**	**112.1**	**110.5**	**116.3**	**111.2**	**129.3**
第一产业	**103.0**	**103.4**	**96.9**	**101.6**	**100.4**	**101.7**	**103.4**	**101.5**
农林牧渔业	103.0	103.4	96.9	101.6	100.4	101.7	103.4	101.5
第二产业	**115.1**	**115.0**	**115.8**	**121.0**	**106.2**	**118.5**	**116.4**	**138.4**
工业	115.6	116.7	117.7	123.8	97.5	119.6	120.6	148.4
采掘业	99.4		134.0			110.9		
制造业	118.4	113.8	127.7	123.8	97.5	120.9	122.8	148.4
电力、燃气及水的生产和供应业	104.3	120.0	14.7			100.1	67.2	145.3
建筑业	111.1	110.7	111.9	108.0	111.4	107.4	111.3	121.3
第三产业	**110.8**	**109.0**	**110.7**	**105.9**	**111.4**	**107.6**	**106.8**	**109.8**
交通运输、仓储和邮政业	113.0	105.6	116.7	108.0	114.6	112.2	110.1	109.0
信息传输、计算机服务和软件业	112.7	106.8	104.7	104.7	113.0	105.3	104.7	105.7
批发和零售业	113.5	122.2	109.5	106.4	113.0	108.3	102.1	115.5
住宿和餐饮业	103.3	102.3	103.8	106.6	104.0	102.7	109.5	107.3
金融业	109.9	115.8	115.0	107.2	110.6	95.0	119.8	125.6
房地产业	108.2	102.5	102.2	81.7	114.1	116.1	113.6	103.5
租赁和商务服务业	100.7	82.3	109.0	121.7	109.9	131.0	79.1	113.8
科学研究、技术服务和地质勘查业	130.0	114.0	108.4	113.1	113.6	121.9	105.2	106.6
水利、环境和公共设施管理业	112.9	106.4	111.0	103.2	118.2	110.6	89.0	100.0
居民服务和其他服务业	127.3	89.2	113.4	117.6	131.6	109.4	84.3	113.7
教育	107.5	104.0	115.8	109.0	108.0	100.5	104.5	107.2
卫生、社会保障和社会福利业	120.0	105.3	109.3	104.7	133.7	116.5	106.6	107.2
文化、体育和娱乐业	100.8	101.0	111.8	118.2	103.7	86.8	88.3	115.2
公共管理和社会组织	99.9	105.0	106.2	109.2	102.3	112.0	109.9	101.2

1-11　续表　　（2010 年）　　单位:%

项　目	高新开发区	中牟县	巩义市	荥阳市	新密市	新郑市	登封市	郑东新区	航空港区
地区生产总值	**117.8**	**113.2**	**114.2**	**113.0**	**112.9**	**112.8**	**114.0**	**137.8**	**118.0**
第一产业	**97.7**	**103.4**	**103.1**	**103.0**	**103.2**	**103.2**	**103.0**		
农林牧渔业	97.7	103.4	103.1	103.0	103.2	103.2	103.0		
第二产业	**121.4**	**116.9**	**115.1**	**114.7**	**113.0**	**115.1**	**115.9**	**122.8**	**123.2**
工业	119.8	118.0	115.3	115.1	113.1	115.3	116.4		123.2
采掘业		131.7	116.5	149.5	113.1	117.2	104.0		
制造业	119.8	120.0	115.3	115.8	113.1	115.8	127.1		123.2
电力、燃气及水的生产和供应业	119.8	62.9	114.0	2.2	113.1	56.7	100.7		
建筑业	129.8	111.0	108.1	109.2	110.7	111.8	106.6	122.8	123.5
第三产业	**110.8**	**113.1**	**111.2**	**110.8**	**113.5**	**108.0**	**107.3**	**139.1**	**111.4**
交通运输、仓储和邮政业	110.7	111.8	111.7	113.6	116.2	114.9	109.8	163.5	107.7
信息传输、计算机服务和软件业	118.3	113.2	109.5	104.7	105.9	110.1	115.3	107.5	106.5
批发和零售业	134.9	115.8	113.9	103.8	116.8	113.7	101.5	286.6	131.7
住宿和餐饮业	104.3	140.8	108.2	103.2	119.9	94.3	103.9	114.7	101.8
金融业	119.8	120.4	119.3	115.3	117.6	116.7	120.0	134.3	120.9
房地产业	122.5	102.3	108.2	134.3	117.5	93.9	110.0	135.0	102.4
租赁和商务服务业	89.6	103.1	113.3	103.9	169.8	51.3	126.5	224.8	146.6
科学研究、技术服务和地质勘查业	100.0	100.1	98.7	107.7	101.7	114.0	104.9	117.8	
水利、环境和公共设施管理业	99.8	103.9	106.3	104.8	100.4	109.9	92.2	252.2	
居民服务和其他服务业	103.0	108.7	112.0	114.8	152.3	129.8	95.5	117.5	144.7
教育	107.2	109.7	106.2	102.5	103.9	106.8	104.5	102.7	145.9
卫生、社会保障和社会福利业	120.9	125.9	118.6	103.4	105.1	107.8	108.1		139.2
文化、体育和娱乐业	113.3	118.5	119.5	119.8	112.6	99.2	97.8	127.0	142.9
公共管理和社会组织	100.0	103.5	100.9	113.6	102.1	104.1	103.0	363.6	120.2

1-12　全市法人单位数(按地域划分)

(2010 年底)　　单位:个

行　业	全市	中原区	二七区	管城区	金水区	上街区	惠济区	经济开发区
总　计	**57961**	**3673**	**4113**	**4193**	**19026**	**1059**	**1220**	**1320**
农、林、牧、渔业	856	17	29	16	40	3	50	13
采矿业	591	2	1	1	2	4		3
制 造 业	11210	821	475	204	579	297	320	266
电力、煤气及水的生产和供应业	114	6	3	2	6	2	3	3
建筑业	2760	224	227	184	1340	39	73	110
交通运输、仓储及邮政业	908	41	80	110	228	31	37	36
信息传输、计算机服务和软件业	1560	95	124	84	845	27	37	66
批发和零售业	15634	879	1425	2250	7734	246	157	367
住宿和餐饮业	970	43	111	68	398	24	19	8
金融业	328	11	19	17	205	2	4	14
房地产业	2762	235	290	212	1187	44	73	111
租赁和商务服务业	5835	252	441	405	3830	46	56	138
科学研究、技术服务和地质勘查业	1647	200	136	58	741	14	25	74
水利、环境和公共设施管理业	326	24	24	16	94	13	19	5
居民服务和其他服务业	739	47	78	68	356	19	14	11
教育	2455	190	216	142	384	33	96	19
卫生、社会保障和社会福利业	3015	63	58	47	81	9	60	21
文化、体育和娱乐业	572	36	50	39	253	16	22	10
公共管理和社会组织	5679	487	326	270	723	190	155	45

1-12　续表　　(2010 年底)　　单位:个

行　业	高新开发区	郑东新区	航空港区	中牟县	巩义市	荥阳市	新密市	新郑市	登封市
总　计	1468	1191	303	3150	4173	3270	3838	3279	2685
农、林、牧、渔业	7		9	104	44	192	69	116	147
采矿业	1			3	81	40	267	40	146
制 造 业	720		102	734	2166	1227	1308	1464	527
电力、煤气及水的生产和供应业	5	1	3	10	23	10	11	16	10
建筑业	73	111	5	103	25	79	67	60	40
交通运输、仓储及邮政业	7	14	14	105	45	35	55	46	24
信息传输、计算机服务和软件业	75	35	7	9	21	29	2	35	69
批发和零售业	182	450	19	277	384	330	331	357	246
住宿和餐饮业	1	7	9	34	61	27	23	74	63
金融业	3	26		6	6	4	3	4	4
房地产业	71	171	9	78	57	67	45	61	51
租赁和商务服务业	52	226	6	52	71	62	99	36	63
科学研究、技术服务和地质勘查业	108	74		24	35	58	52	19	29
水利、环境和公共设施管理业	6	7	1	12	27	30	26	14	8
居民服务和其他服务业	10	7	2	21	17	10	16	35	28
教育	45	14	10	250	167	146	375	148	220
卫生、社会保障和社会福利业	36	4	38	690	363	327	509	253	456
文化、体育和娱乐业	1	5		14	42	24	18	21	21
公共管理和社会组织	65	39	69	624	538	573	562	480	533

1-13 基本单位按登记注册类型分组情况

（2010 年底）

单位：个

注册类型	单位数	注册类型	单位数
总　　计	**57961**	私营独资企业	7719
内资企业	**57434**	私营合伙企业	1095
国有企业	5258	私营有限责任公司	21537
集体企业	2149	私营股份有限公司	1092
股份合作企业	303	其他企业	6954
联营企业	80	**港、澳、台商投资企业**	**213**
国有联营企业	18	合资经营企业（港或澳、台资）	91
集体联营企业	35	合作经营企业（港或澳、台资）	9
国有与集体联营企业		港、澳、台商独资经营企业	103
其他联营企业	27	港、澳、台商投资股份有限公司	10
有限责任公司	10204	**外商投资企业**	**314**
国有独资公司	91	中外合资经营企业	168
其他有限责任公司	10113	中外合作经营企业	19
股份有限公司	1043	外资企业	112
私营企业	31443	外商投资股份有限公司	15

主要统计指标解释

生产总值 是一个国家(地区)所有常住单位在一定时期内生产活动的最终成果。地区生产总值有三种表现形态,即价值形态、收入形态和产品形态。从价值形态看,它是所有常住单位在一定时期内所生产的全部货物和服务价值超过同期投入的全部非固定资产货物和服务价值的差额,即所有常住单位的增加值之和;从收入形态看,它是所有常住单位在一定时期内所创造并分配给常住单位和非常住单位的初次分配收入之和;从产品形态看,它是最终使用的货物和服务减去进口货物和服务。在实际核算中,地区生产总值的三种表现形态表现为三种计算方法,即生产法、收入法和支出法。三种方法分别从不同的方面反映地区生产总值及其构成。

平均每年增长速度 在我国计算平均增长速度有两种方法,一种是习惯上经常使用的"水平法",又称几何平均法,是以间隔期最后一年的水平同基期水平对比来计算平均每年增长(或下降)速度。另一种是"累计法",又称代数平均法或方程法,是以间隔期内各年水平的总和同基期水平对比来计算平均每年增长(或下降)速度。在一般正常情况下,两种方法计算的平均每年增长速度比较接近,但在经济发展不平衡,出现大起大落时,两种方法计算的结果差别较大。本《年鉴》内所列的平均每年增长速度,除固定资产投资是用"累计法"计算以外,其余均用"水平法"计算。

企业(单位)登记注册类型 是以在工商行政管理机关登记注册的具有法人资格的各类企业为划分对象。行政机关、事业单位和社会团体及其他经济组织参照执行。本项以工商行政管理部门对企业(单位)登记注册的类型为依据,将企业(单位)登记注册类型分为以下几种:

1. 国有企业是指企业全部资产归国家所有,并按《中华人民共和国企业法人登记管理条例》规定登记注册的非公司制的经济组织。不包括有限责任公司中的国有独资公司。

2. 集体企业是指企业资产归集体所有,并按《中华人民共和国企业法人登记管理条例》规定登记注册的经济组织。

3. 股份合作企业是指以合作制为基础,由企业职工共同出资入股,吸收一定比例的社会资产投资组建,实行自主经营,自负盈亏,共同劳动,民主管理,按劳分配与按股分红相结合的一种集体经济组织。

4. 联营企业是指两个及两个以上相同或不同所有制性质的企业法人或事业单位法人,按自愿、平等、互利的原则,共同投资组成的经济组织。联营企业包括国有联营企业、集体联营企业、国有与集体联营企业和其他联营企业。

5. 有限责任公司是指根据《中华人民共和国登记管理条例》规定登记注册,由两个以上,五十个以下的股东共同出资,每个股东以其所认缴的出资额对公司承担有限责任,公司以其全部资产对其债务承担责任的经济组织。

有限责任公司包括国有独资公司以及其他有限责任公司:

(1)国有独资公司是指国家授权的投资机构或者国家授权的部门单独投资设立的有限责任公司。

(2)其他有限责任公司是指国有独资公司以外的其他有限责任公司。

6. 股份有限公司是指根据《中华人民共和国登记管理条例》规定登记注册,其全部注册资本由等额股份构成并通过发行股票筹集资本,股东以其认购的股份对公司承担有限责任,公司以其全部资产对其债务承担责任的经济组织。

7. 私营企业是指由自然人投资设立或由自然人控股,以雇佣劳动为基础的营利性经济组织。包括按照《公司法》、《合伙企业法》、《私营企业暂行条例》规定登记注册的私营有限责任公司、私营股份有限公司、私营合伙企业和私营独资企业。

(1)私营独资企业是指按《私营企业暂行条例》的规定,由一名自然人投资经营,以雇佣劳动为基础,投资者对企业债务承担无限责任的企业。

(2)私营合伙企业是指按《合伙企业法》或《私营企业暂行条例》的规定,由两个以上自然人按照协议共同投资、共同经营、共负盈亏,以雇佣劳动为基础,对债务承担无限责任的企业。

(3)私营有限责任公司是指按《公司法》、《私营企业暂行条例》的规定,由两个以上自然人投资或由单个自然人控股的有限责任公司。

(4)私营股份有限公司是指按《公司法》的规定,由五个以上自然人投资,或由单个自然人控股的有限公司。

8. 其他内资企业是指上述第1条至第7条之外的其他内资经济组织。

9. 与港澳台商合资经营企业是指港澳台地区投资者与内地的企业依照《中华人民共和国中外合资经营企业法》及有关法律的规定,按合同规定的比例投资设立、分享利润和分担风险的企业。

10. 与港澳台商合作经营企业是指港澳台地区投资者与内地企业依照《中华人民共和国中外合作经营企业法》及有关法律的规定,依照合作合同的约定进行投资或提供条件设立、分配利润和分担风险的企业。

11. 港澳台商独资经营企业是指依照《中华人民共和国外资企业法》及有关法律的规定,在内地由港澳台地区投资者全额投资设立的企业。

12. 港澳台商投资股份有限公司是指根据国家有关规定,经外经贸部依法批准设立,其中港、澳、台商的股本占公司注册资本的比例达25%以上的股份有限公司。凡其中港、澳、台商的股本占公司注册资本的比例小于25%的,属于内资企业中的股份有限公司。

13. 中外合资经营企业是指外国企业或外国人与中国内地企业依照《中华人民共和国中外合资经营企业法》及有关法律的规定,按合同规定的比例投资设立、分享利润和分担风险的企业。

14. 中外合作经营企业是指外国企业或外国人与中国内地企业依照《中华人民共和国中外合作经营企业法》及有关法律的规定,依照合作合同的约定进行投资或提供条件设立、分配利润和分担风险的企业。

15. 外资企业是指依照《中华人民共和国外资企业法》及有关法律的规定,在中国内地由外国投资者全额投资设立的企业。

16. 外商投资股份有限公司是指根据国家有关规定,经外经贸部依法批准设立,其中外资的股本占公司注册资本的比例达25%以上的股份有限公司。凡其中外资股本占公司注册资本的比例小于25%的,属于内资企业中的股份有限公司。机关、事业单位和社会团体参照《企业登记注册类型与代码》,主要按其经费来源和管理方式划分。

具体规定如下:

1. 机关包括国家机关和党政机关,原则上均列为“国有”。但有特殊规定的,如供销社等,则列为“集体”。

2. 事业单位包括经国家机构编制部门和有关业务主管部门批准成立的各类事业单位,不包括实行企业化管理的事业单位。事业单位的划分办法如下:

(1)由国家财政预算拨款或列入财政预算外资金管理以及经费主要来源于国有主管部门或国有上级单位的事业单位,列为“国有”。

(2)经费主要来源于集体单位的事业单位,列为“集体”。

(3)公民个人(或个人合伙)开办的事业单位,列为“私营”。

(4)上述以外的其他事业单位,如果其经费来源不明确,按管理方式进行归类。

3. 社会团体包括经民政部门批准成立以及未纳入社会团体管理条例范围的工会、妇联等各类社会团体。社会团体的划分办法如下:

(1)未纳入民政部社会团体管理条例范围的工会、妇联、共青团、青联、工商联、科协、侨联等社会团体,国家拨款设立的基金会或基金管理组织以及经费主要来源于国有业务主管部门或国有上级单位的社会团体,列为“国有”。

(2)经费主要来源于集体单位的社会团体,列为“集体”。

(3)公民个人(或个人合伙)开办的社会团体,划为“私营”。

(4)上述以外的其他社会团体,如果其经费来源不明确,改按管理方式进行归类。

三次产业 根据社会生产活动历史发展的顺序对产业结构的划分,产品直接取自自然界的部门称为第一产业,对初级产品进行再加工的部门称为第二产业。为生产和消费提供各种服务的部门称为第三产业。它是世界上通用的产业结构分类,但各国的划分不尽一致。我国的三次产业划分是:

第一产业是指农、林、牧、渔业。

第二产业是指采矿业,制造业,电力、燃气及水的生产和供应业,建筑业。

第三产业是指除第一、二产业以外的其他行业。第三产业包括:交通运输、仓储和邮政业,信息传输、计算机服务和软件业,批发和零售业,住宿和餐饮业,金融业,房地产业,租赁和商务服务业,科学研究、技术服务和地质勘查业，水利、环境和公共设施管理业，居民服务和其他服务业，教育，卫生、社会保障和社会福利业，文化、体育和娱乐业，公共管理和社会组织，国际组织。

总产出　总产出是指一定时期内一个国家（或地区）常住单位生产的所有货物和服务的价值，即包括新增价值，也包括转移价值。它反映常住单位生产活动的总规模。总产出按生产者价格计算。

增加值　增加值是指常住单位生产过程创造的新增价值和固定资产的转移价值。它可以按生产法计算，也可以按收入法计算，按生产法计算，它等于总产出减去中间投入；按收入法计算，它等于劳动者报酬、生产税净额、固定资产折旧和营业盈余之和。

人口数　指一定时点、一定地区范围内的有生命的个人的总和。

年度统计的年末人口数是指每年12月31日24时的人口数。年度统计的全国人口总数内未包括台湾省和港澳同胞以及海外华侨人数。

出生率（又称粗出生率）指在一定时期内（通常为一年）平均每千人所出生的人数的比率，一般用千分率表示。计算公式：

$$出生率=\frac{年出生人数}{年平均人数}\times 1000‰$$

出生人数　是指活产婴儿，即胎儿脱离母体时（不管怀孕月数），有过呼吸或其他生命现象。

年平均人数　是指年初、年底人口数的平均数，也可用年中人口数代替。

死亡率（又称粗死亡率）　指在一定时期内（通常为一年）一定地区的死亡人数与同期平均人数（或期中人数）之比，一般用千分率表示。计算公式：

$$死亡率=\frac{年死亡人数}{年平均人数}\times 1000‰$$

人口自然增长率　指在一定时期内（通常为一年）人口自然增加数（出生人数减死亡人数）与该时期内平均人数（或期中人数）之比。一般用千分率表示。计算公式：

$$人口自然增长率=\frac{(本年出生人数-本年死亡人数)}{年平均人数}\times 1000‰$$

人口自然增长率=人口出生率-人口死亡率

二、从业人员和劳动工资

2-1　社会劳动者分布状况

（2010 年底）

指　　标	社会劳动者总数（万人）	人　数（万人）			构　成（%）		
		第一产业	第二产业	第三产业	第一产业	第二产业	第三产业
总计	**469.28**	**101.04**	**158.74**	**209.5**	**21.53**	**33.83**	**44.64**
城镇	198.1	0.39	79.2	118.51	0.2	40.0	59.8
乡村	271.18	100.65	79.54	90.99	37.1	29.3	33.6

2-2　法人单位从业人数（按地域划分）

（2010 年底）

单位：人

行业	全市	中原区	二七区	管城区	金水区	上街区	惠济区	经济开发区	高新开发区	郑东新区	航空港区	中牟县	巩义市	荥阳市	新密市	新郑市	登封市
总　计	**2732954**	**283446**	**232042**	**[illegible]**	**696596**	**57483**	**92979**	**76378**	**86326**	**43353**	**29085**	**142426**	**185902**	**145850**	**187415**	**150909**	**171169**
农、林、牧、渔业	15134	511	329	149	732	13	1021	169	127		365	2727	559	2587	1019	1616	3210
采矿业	199893	74523	937	[illegible]	68	2749		53	3			551	19151	5379	32484	3610	60295
制造业	777834	49374	25226	[illegible]	29994	32283	20278	34364	41236		21472	85027	118361	71954	91043	87133	34504
电力、燃气及水的生产和供应业	62789	11498	25178	995	340	54	535	76	707	8	41	905	2402	2047	2495	1590	13918
建筑业	598417	64090	50815	[illegible]	274742	10622	44718	17731	18378	10597	335	13176	4321	23375	16467	8824	8424
交通运输、仓储和邮政业	79548	3687	25284	[illegible]	16903	1404	1548	1748	236	786	3975	2166	2832	898	2046	3226	1409
信息传输、计算机服务和软件业	25752	812	5046	[illegible]	12598	108	558	1323	2297	871	55	45	205	127	18	274	298
批发和零售业	210248	11575	21971	[illegible]	90345	2051	3256	9846	2404	5549	331	5415	7150	4274	6480	5075	7390
住宿和餐饮业	65269	3739	8025	[illegible]	34940	866	2502	528	400	873	852	843	1887	1177	1407	1279	3370
金融业	54346	2626	2066	[illegible]	40658	9	51	156	392	4149		363	737	289	471	422	498
房地产业	73223	5643	7237	[illegible]	25918	732	2840	3073	3424	4364	154	1190	1327	1106	1367	1006	913
租赁和商务服务业	73836	2806	7269	[illegible]	37889	565	912	2184	1373	9181	42	764	1177	1122	1169	1125	1010
科学研究、技术服务和地质勘查业	64009	16738	6198	[illegible]	23688	265	636	1593	2018	2562		838	605	4074	936	1065	416
水利、环境和公共设施管理业	17585	1965	620	55	4264	419	1662	211	606	333	22	657	768	2716	577	962	1252
居民服务和其他服务业	10262	719	1208	[illegible]	4287	381	378	93	114	45	17	208	233	228	279	518	550
教育	155018	11004	14261	[illegible]	30001	1681	5736	653	10981	1290	199	10819	9523	8722	12181	17423	14429
卫生、社会保障和社会福利业	59792	5255	8570	[illegible]	16782	341	1214	319	217	526	246	3839	4073	3811	4001	4321	3384
文化、体育和娱乐业	31442	2649	3269	[illegible]	19917	144	1038	369	28	210		207	710	682	277	427	757
公共管理和社会组织	158557	14232	18493	[illegible]	32530	2796	4096	1889	1385	2009	979	12684	9881	11282	12698	11013	15142

2-3　分企事业机关、分行业从业人员人数

（2010 年底）

单位：人、%

类　别	合　计	比上年增长	国有	比上年增长	城镇	比上年增长	其他所有制	比上年增长
单位从业人员年末人数	**1084923**	**4.4**	**525559**	**8.2**	**43405**	**-0.1**	**515959**	**1.1**
一、按企事业机关分								
企业	729255	3.4	200274	9.9	34479	-1.8	494502	1.3
事业	258059	7.9	238158	8.0	8864	7.9	11037	4.6
机关	86475	3.9	86226	4.0			249	-12.9
非营利组织	7675		220		29	81.3	7426	-5.7
其他	3459	-7.0	681	146.7	33	-58.8	2745	-18.4
二、按行业分								
农、林、牧、渔业	2276	-12.4	1870	-1.5	33	-52.9	373	-40.8
采矿业	71670	-5.1	55685	2.6	398	-49.8	15587	-23.8
制造业	205449	2.7	16526	-2.7	6792	8.8	182131	3.0
电力、煤气及水的生产和供应业	31125	0.1	20759	71.7	110	0.9	10256	-45.7
建筑业	195667	11.0	41972	41.2	16411	9.1	137284	4.4
交通运输、仓储和邮政业	30010	-0.7	20957	-5.4	863	3.5	8190	13.3
信息传输、计算机服务和软件业	10047	-26.0	4155	8.7	46	-4.2	5846	-39.8
批发和零售业	51368	-2.8	8432	-15.2	3871	-40.1	39065	7.3
住宿和餐饮业	28914	17.2	7444	7.2	1029	0.5	20441	22.3
金融业	41496	6.1	8012	12.4	1696	0.8	31788	4.9
房地产业	24167	16.3	1195	-17.6	311	-16.8	22661	19.6
租赁和商务服务业	21266	-7.1	11397	2.3	2281	16.4	7588	-22.5
科学研究、技术服务和地质勘查业	29558	8.1	20106	9.2	506	17.9	8946	5.2
水利、环境和公共设施业	17530	17.5	15450	13.5	151	586.4	1929	50.1
居民服务和其他服务业	3057	21.4	1197	24.0	126	-48.8	1734	32.7
教育	128109	8.5	106699	9.8	5012	4.7	16398	1.7
卫生、社会保障和社会福利业	52792	8.4	45821	7.9	3542	8.2	3429	14.5
文化、体育和娱乐业	20807	-8.3	19490	-6.3	18	-52.6	1299	-30.0
公共管理和社会组织	119615	3.3	118392	3.1	209		1014	9.5

注:2-3 表至 2-14 表范围为中央和地方各类企业,事业和机关的资料,不包括私营企业、个体共商户和乡镇企业。

2-4 分企事业机关、分行业在岗职工人数

（2010 年底）　　　　　　　　　　　　　　　　单位：人、%

类　别	合　计	比上年增长	国有	比上年增长	城镇集体	比上年增长	其他经济类型	比上年增长
在岗职工年末人数	**1053330**	**5.2**	**513506**	**8.4**	**40740**	**2.0**	**499084**	**2.4**
按企事业机关分								
企业	706396	4.3	195645	9.8	31957	0.7	478794	2.5
事业	251312	8.5	231703	8.4	8722	7.5	10887	10.7
机关	85510	4.6	85266	4.6			244	-14.7
非营利组织	7085	-1.3	216		28	75.0	6841	-4.5
其他	3027	-14.7	676	152.2	33	-58.8	2318	-27.5
按行业分								
农、林、牧、渔业	2275	-12.4	1870	-1.4	33	-52.9	372	-41.0
采矿业	71586	-5.2	55685	2.6	398	-49.8	15503	-24.1
制造业	203923	5.3	16427	-1.8	6758	10.8	180738	5.8
电力、煤气及水的生产和供应业	30808	1.2	20571	78.2	110	0.9	10127	-46.1
建筑业	187311	11.9	40097	37.5	14766	7.2	132448	6.5
交通运输、仓储和邮政业	29062	-2.3	20239	-8.1	862	7.6	7961	15.1
信息传输、计算机服务和软件业	10041	-26.0	4155	8.9	46	-4.2	5840	-39.8
批发和零售业	50520	-1.2	8265	-8.0	3626	-38.5	38629	6.5
住宿和餐饮业	28408	16.4	7423	7.1	891	-10.5	20094	22.0
金融业	34179	5.0	6727	12.2	1692	1.6	25760	3.5
房地产业	23666	17.4	1166	-17.8	311	-8.0	22189	20.5
租赁和商务服务业	20625	-3.8	11350	2.3	1860	165.3	7415	-23.1
科学研究、技术服务和地质勘查业	28882	11.6	19964	10.5	484	20.7	8434	14.1
水利、环境和公共设施业	16436	16.1	14534	12.8	151	586.4	1751	39.3
居民服务和其他服务业	2631	6.5	1159	23.2	126	-48.8	1346	4.9
教育	125300	8.4	105384	9.7	4951	3.7	14965	1.0
卫生、社会保障和社会福利业	51700	8.8	44892	8.0	3448	8.7	3360	19.4
文化、体育和娱乐业	20137	-8.6	18910	-6.3	18	-50.0	1209	-32.6
公共管理和社会组织	115840	4.4	114688	4.1	209		943	

2-5　分企事业机关、分行业在岗职工工资总额

（2010 年底）

单位：千元、%

类　别	合　计	比上年增长	国有	比上年增长	城镇集体	比上年增长	其他经济类型	比上年增长
在岗职工年工资总额	**34039758**	**17.1**	**19098913**	**18.0**	**851721**	**17.0**	**14089124**	**15.9**
按企事业机关分								
企业	21397533	18.8	7383769	25.8	598884	16.2	13414880	15.4
事业	9017288	15.0	8360997	13.6	251931	19.8	404360	48.2
机关	3332762	12.8	3325458	12.9			7304	-0.5
非营利组织	213451	26.8	6569		403	14.8	206479	22.9
其他	78724	-9.1	22120	259.9	503	-57.3	56101	-29.3
按行业分								
农、林、牧、渔业	50375	-3.0	42155	5.7	491	-52.0	7729	-30.0
采矿业	2543246	14.1	2143933	22.8	6225	-55.4	393088	-16.1
制造业	5366901	17.0	586572	5.8	170432	38.0	4609897	18.0
电力、煤气及水的生产和供应业	1309162	19.3	771816	46.3	2632	-20.4	534714	-5.7
建筑业	4831915	33.9	1442597	69.9	218859	29.4	3170459	22.4
交通运输、仓储和邮政业	1011278	25.5	688494	9.7	14580	37.0	308204	83.8
信息传输、计算机服务和软件业	478222	-11.8	201382	21.6	1197	27.5	275643	-26.6
批发和零售业	1315139	16.3	356924	6.8	47548	-47.0	910667	28.8
住宿和餐饮业	558398	19.7	159245	14.5	17359	-10.7	381794	24.0
金融业	2156656	11.2	412913	21.0	56839	5.2	1686904	9.2
房地产业	662080	30.0	45620	14.9	5699	27.0	610761	31.4
租赁和商务服务业	599367	-3.1	377978	1.6	37666	114.7	183723	-19.9
科学研究、技术服务和地质勘查业	1189885	12.9	833330	6.7	16117	73.9	340438	29.1
水利、环境和公共设施业	479534	24.1	429486	17.5	4706	1125.5	45342	120.3
居民服务和其他服务业	77805	28.7	44102	40.8	3700	-33.6	30003	27.4
教育	4662600	18.7	4040495	18.1	157838	18.0	464267	24.1
卫生、社会保障和社会福利业	1665845	21.6	1504800	20.6	83992	19.4	77053	46.6
文化、体育和娱乐业	698820	3.7	667614	7.8	442	-28.7	30764	-43.3
公共管理和社会组织	4382530	9.5	4349457	9.3	5399		27674	22.1

2-6 分企事业机关、分行业在岗职工平均工资

（2010 年）

单位：元、%

类　　别	合　计	比上年增长	国有	比上年增长	城镇集体	比上年增长	其他所有制	比上年增长
在岗职工年平均工资	**32779**	**9.9**	**37475**	**8.5**	**20819**	**11.4**	**28876**	**10.9**
按企事业机关分								
企业	30851	11.7	38119	13.8	18645	11.3	28680	10.1
事业	36147	6.0	36354	4.8	28861	10.6	37646	34.7
机关	39076	7.5	39102	7.4			29934	16.7
非营利组织	30225	26.6			14393	-34.4	30276	26.7
其他	25428	4.2	31919	37.1	15242	4.7	23671	-4.3
按行业分								
农、林、牧、渔业	22085	10.6	22447	7.2	14879	1.8	20889	18.4
采矿业	36543	17.1	39705	17.2	16253	-21.7	25834	5.9
制造业	26515	11.3	35760	9.9	24396	19.3	25751	11.6
电力、煤气及水的生产和供应业	42287	14.1	37514	-15.4	23927	-21.2	52040	61.7
建筑业	26616	13.7	36074	21.0	14914	14.5	24989	8.7
交通运输、仓储和邮政业	34010	22.4	32853	13.8	16382	17.9	39073	51.2
信息传输、计算机服务和软件业	46281	14.6	44821	22.0	26022	33.0	47574	12.3
批发和零售业	26246	15.8	43306	17.3	13117	-13.8	23814	17.7
住宿和餐饮业	19807	3.5	21502	6.6	17035	-12.7	19315	3.4
金融业	67406	7.5	63369	10.4	34261	4.3	70819	7.1
房地产业	28533	9.4	39025	40.1	18685	19.1	28107	7.7
租赁和商务服务业	29660	2.4	34296	1.9	20879	-4.1	24885	3.2
科学研究、技术服务和地质勘查业	41917	1.2	42348	-2.4	33300	48.0	41391	10.6
水利、环境和公共设施业	31470	9.4	32178	7.3	35652	104.3	25777	53.4
居民服务和其他服务业	30180	24.0	38316	15.0	29365	36.5	23061	25.7
教育	37242	9.5	38326	7.6	31713	13.2	31376	23.0
卫生、社会保障和社会福利业	32671	10.5	34030	10.4	24487	8.7	23077	22.1
文化、体育和娱乐业	35111	14.6	35709	16.2	24556	42.6	25874	-14.0
公共管理和社会组织	37903	4.3	37993	4.3			29503	9.8

2-7 全市及各县(市)区分企事业、机关从业人员人数及劳动报酬

(2010 年底)

单位:人

类别	单位从业人员	#女性	在岗职工	其他从业人员	单位从业人员平均人数	在岗职工	其他从业人员	离开本单位仍保留劳动关系的职工	单位从业人员劳动报酬(千元)	在岗职工工资总额	其他从业人员劳动报酬	离开本单位仍保留劳动关系的职工生活费(千元)	在岗职工平均工资(元)
总计	**1084923**	**382544**	**1053330**	**31593**	**1066237**	**1038477**	**27760**	**35083**	**34604212**	**34039758**	**564454**	**268495**	**32779**
中原区	113441	41824	108504	4937	109511	105743	3768	4628	4115430	4047448	67982	38684	38276
二七区	83779	31541	78903	4876	83334	78493	4841	2778	2912117	2833573	78544	41799	36100
管城区	51396	18081	49416	1980	50002	48226	1776	2079	1694274	1646371	47903	16383	34139
金水区	288400	106200	277136	11264	282665	273132	9533	2197	10129479	9920164	209315	20490	36320
上街区	30164	10787	30076	88	30200	30151	49	1496	934006	933105	901	3916	30948
惠济区	35874	11220	34962	912	34293	33330	963	191	836193	812005	24188	1517	24363
中牟县	58807	19322	57383	1424	57405	55986	1419	1234	1598328	1573217	25111	13294	28100
巩义市	58717	19497	56719	1998	58898	57521	1377	2279	1535181	1518037	17144	2958	26391
荥阳市	60577	20659	59994	583	60774	60205	569	599	1548949	1537931	11018	315	25545
新密市	38725	15466	38467	258	38000	37743	257	841	1028757	1024444	4313		27143
新郑市	65763	26057	64736	1027	63687	62671	1016	3176	1810365	1786785	23580	68166	28511
登封市	60733	25713	59533	1200	61435	60233	1202	1187	1414635	1396554	18081	9162	23186
经济开发区	29273	6009	28910	363	29041	28650	391	4779	981094	963490	17604	34571	33630
高新开发区	40315	13049	39840	475	40296	39824	472	2383	1165360	1151316	14044	510	28910
郑东新区	21757	7787	21549	208	21126	20999	127	867	1024190	1019464	4726		48548
企业	**729255**	**223064**	**706396**	**22859**	**712907**	**693570**	**19337**	**32928**	**21829810**	**21397533**	**432277**	**256721**	**30851**
中原区	73664	23225	70397	3267	70668	68484	2184	4576	2349527	2306408	43119	38083	33678
二七区	49863	17861	48148	1715	49372	47638	1734	2443	1711947	1666503	45444	37014	34983
管城区	37422	11127	35613	1809	36258	34645	1613	1990	1158605	1114887	43718	15263	32180
金水区	190299	63659	180281	10018	185171	176762	8409	1862	6016522	5834573	181949	18993	33008
上街区	26052	9071	26005	47	26103	26082	21	1496	777033	776430	603	3916	29769
惠济区	24516	5664	23962	554	23044	22439	605	187	429833	411292	18541	1460	18329
中牟县	36678	9772	35518	1160	35445	34213	1232	996	982135	962097	20038	11825	28121
巩义市	38226	10034	36998	1228	38317	37712	605	2160	966282	956195	10087	2708	25355
荥阳市	36224	8448	35695	529	36398	35879	519	532	827173	817160	10013	279	22775
新密市	17145	4516	16975	170	16451	16281	170	715	397775	394734	3041		24245
新郑市	39269	14223	38823	446	37262	36836	426	3024	960354	953027	7327	68145	25872
登封市	39079	16386	38112	967	39943	39021	922	895	864619	850103	14516	7224	21786
经济开发区	28203	5490	27840	363	28018	27627	391	4779	934972	917368	17604	34571	33205
高新开发区	32201	9660	31744	457	32206	31752	454	2382	868051	854316	13735	510	26906
郑东新区	13212	4596	13083	129	12681	12629	52	522	709128	706586	2542		55949

2-7　续表 1　　（2010 年底）　　单位：人

类　　别	单位从业人员	#女性	在岗职工	其他从业人员	单位从业人员平均人数	在岗职工	其他从业人员	离开本单位仍保留劳动关系的职工	单位从业人员劳动报酬（千元）	在岗职工工资总额	其他从业人员劳动报酬	离开本单位仍保留劳动关系的职工生活费（千元）	在岗职工平均工资（元）
事业	**258059**	**125484**	**251[illegible]2**	**6747**	**256145**	**249459**	**6686**	**1710**	**9108635**	**9017288**	**91347**	**8238**	**36147**
中原区	30899	15495	295[illegible]9	1360	30064	28744	1320	26	1328036	1308834	19202	437	45534
二七区	28740	11744	256[illegible]0	3060	28830	25801	3029	335	976672	944191	32481	4785	36595
管城区	10274	5099	101[illegible]8	106	10071	9973	98	71	388515	386124	2391	922	38717
金水区	72111	33764	714[illegible]	669	71604	70967	637	164	2924362	2908750	15612	614	40987
上街区	2215	1107	21[illegible]5	20	2203	2185	18		81437	81267	170		37193
惠济区	8526	4404	83[illegible]1	145	8410	8265	145	4	295091	292366	2725	57	35374
中牟县	14892	7220	146[illegible]9	193	14747	14628	119	167	424599	422626	1973	668	28892
巩义市	13806	7112	130[illegible]5	741	13898	13155	743	67	379462	372595	6867	202	28323
荥阳市	17706	9936	176[illegible]	46	17732	17690	42	66	509252	508347	905	36	28736
新密市	15852	8882	157[illegible]7	65	15826	15762	64	108	473361	472312	1049		29965
新郑市	16053	8030	158[illegible]7	176	16084	15825	259	142	492909	488538	4371	21	30871
登封市	12930	6710	128[illegible]9	91	12745	12607	138	214	334345	331968	2377	496	26332
经济开发区	342	248	3[illegible]2		328	328			13351	13351			40704
高新开发区	7525	3341	75[illegible]	14	7500	7486	14	1	274753	274506	247		36669
郑东新区	6188	2392	61[illegible]	61	6103	6043	60	345	212490	211513	977		35001
机关	**86475**	**27488**	**855[illegible]**	**965**	**86184**	**85290**	**894**	**396**	**3346921**	**3332762**	**14159**	**3536**	**39076**
中原区	8785	3064	84[illegible]	310	8686	8422	264	26	433941	428280	5661	164	50853
二七区	4409	1491	43[illegible]	58	4383	4341	42		195043	194568	475		44821
管城区	2862	1195	28[illegible]	32	2843	2811	32	18	127005	126477	528	198	44994
金水区	21597	6062	214[illegible]	122	21551	21427	124	171	1074512	1072989	1523	883	50076
上街区	1897	609	18[illegible]	21	1894	1884	10		75536	75408	128		40025
惠济区	2744	1089	25[illegible]	213	2751	2538	213		110257	107335	2922		42291
中牟县	6478	2006	64[illegible]	17	6428	6411	17	71	172089	171925	164	801	26817
巩义市	5453	1598	54[illegible]		5451	5451		4	160515	160515		48	29447
荥阳市	6605	2247	65[illegible]	8	6602	6594	8	1	211404	211304	100		32045
新密市	5425	1841	541[illegible]	7	5421	5414	7	18	152690	152608	82		28188

2-7 续表 2　　　　　　　　　　（2010 年底）　　　　　　　　　　单位：人

类　别	单位从业人员	#女性	在岗职工	其他从业人员	单位从业人员平均人数	在岗职工	其他从业人员	离开本单位仍保留劳动关系的职工	单位从业人员劳动报酬（千元）	在岗职工工资总额	其他从业人员劳动报酬	离开本单位仍保留劳动关系的职工生活费（千元）	在岗职工平均工资（元）
新郑市	8102	2756	8086	16	8077	8061	16	9	271039	270920	119		33609
登封市	8724	2617	8582	142	8747	8605	142	78	215671	214483	1188	1442	24925
经济开发区	728	271	728		695	695			32771	32771			47153
高新开发区	589	48	585	4	590	586	4		22556	22494	62		38386
郑东新区	2077	594	2062	15	2065	2050	15		91892	90685	1207		44237
民间非营利组织	**7675**	**4480**	**7085**	**590**	**7558**	**7062**	**496**		**231427**	**213451**	**17976**		**30225**
二七区	541	306	498	43	527	491	36		20999	20855	144		42475
管城区	787	614	754	33	779	746	33		18749	17483	1266		23436
金水区	2068	1388	2009	59	2022	1973	49		53347	51442	1905		26073
惠济区	9	2	9		9	9			66	66			7333
中牟县	595	197	541	54	621	570	51		14015	11079	2936		19437
巩义市	831	510	831		831	831			23313	23313			28054
荥阳市	42	28	42		42	42			1120	1120			26667
新密市	303	227	287	16	302	286	16		4931	4790	141		16748
新郑市	2283	1026	1898	385	2209	1898	311		85112	73528	11584		38740
郑东新区	216	182	216		216	216			9775	9775			45255
其他	**3459**	**2028**	**3027**	**432**	**3443**	**3096**	**347**	**49**	**87419**	**78724**	**8695**		**25428**
中原区	93	40	93		93	93			3926	3926			42215
二七区	226	139	226		222	222			7456	7456			33586
管城区	51	46	51		51	51			1400	1400			27451
金水区	2325	1327	1929	396	2317	2003	314		60736	52410	8326		26166
惠济区	79	61	79		79	79			946	946			11975
中牟县	164	127	164		164	164			5490	5490			33476
巩义市	401	243	372	29	401	372	29	48	5609	5419	190		14567
新郑市	56	22	52	4	55	51	4	1	951	772	179		15137
郑东新区	64	23	61	3	61	61			905	905			14836

2-8　全市及各县(市、区)国有单位分企事业、机关从业人员人数及劳动报酬

(2010年底)

单位:人

类　别	单位从业人员	#女性	在岗职工	其他从业人员	单位从业人员平均人数	在岗职工	其他从业人员	离开本单位仍保留劳动关系的职工	单位从业人员劳动报酬(千元)	在岗职工工资总额	其他从业人员劳动报酬	离开本单位仍保留劳动关系的职工生活费(千元)	在岗职工平均工资(元)
国有单位	**525559**	**203453**	**513506**	**12053**	**520516**	**509643**	**10873**	**22163**	**19275965**	**19098913**	**177052**	**204072**	**37475**
中原区	61451	25078	58289	3162	60072	57232	2840	1534	2593180	2541151	52029	10173	44401
二七区	50855	18598	47612	3243	50936	47741	3195	2275	1852510	1819846	32664	34863	38119
管城区	18592	8015	18439	153	18417	18271	146	1483	710759	707673	3086	7232	38732
金水区	132333	54233	131186	1147	131487	130370	1117	1289	5423187	5397592	25595	14586	41402
上街区	10674	3715	10612	62	10561	10526	35	1452	362812	362491	321	3581	34438
惠济区	13126	6191	12768	358	13045	12647	398	185	455021	449220	5801	1437	35520
中牟县	25102	9943	24893	209	24940	24795	145	545	759848	757952	1896	6884	30569
巩义市	19556	5924	18163	1393	19577	18811	766	741	571840	563634	8206	1282	29963
荥阳市	28020	12894	27570	450	28040	27594	446	119	821137	813343	7794	202	29475
新密市	22304	10887	22191	113	22257	22143	114	284	689307	686407	2900		30999
新郑市	27765	11831	27335	430	27540	27113	427	2247	944806	938585	6221	65547	34618
登封市	34563	18589	33687	876	34339	33564	775	780	906334	893613	12721	7637	26624
经济开发区	14438	1064	14136	302	14256	13941	315	4502	580471	566946	13525	33804	40668
高新开发区	10904	4041	10825	79	10950	10871	79	13	394344	392169	2175	114	36075
郑东新区	8674	3118	8598	76	8529	8454	75	345	334555	332437	2118		39323
企业	**200274**	**61304**	**195645**	**4629**	**197348**	**193701**	**3647**	**20294**	**7464703**	**7383769**	**80934**	**196895**	**38119**
中原区	21750	6538	20242	1508	21300	20029	1271	1482	828487	801059	27428	9572	39995
二七区	20680	6771	20488	192	20686	20497	189	2117	841124	838341	2783	34426	40901
管城区	6301	2198	6269	32	6324	6292	32	1395	224891	224464	427	6113	35675
金水区	39519	14872	39159	360	39247	38887	360	954	1464416	1456155	8261	13097	37446
上街区	6567	2003	6546	21	6469	6462	7	1452	205910	205887	23	3581	31861
惠济区	2172	856	2142	30	2199	2129	70	185	56274	55208	1066	1437	25931
中牟县	4323	1004	4306	17	4332	4304	28	311	171767	171165	602	5415	39769
巩义市	6755	1038	6085	670	6745	6704	41	687	220501	218851	1650	1215	32645
荥阳市	4936	1595	4540	396	4925	4529	396	52	143641	136852	6789	166	30217
新密市	2810	1244	2753	57	2794	2737	57	188	107561	105162	2399		38422
新郑市	5458	1948	5129	329	5133	4821	312	2096	236209	231690	4519	65526	48058
登封市	14612	10220	13963	649	14543	14040	503	492	400628	391056	9572	5699	27853
经济开发区	13368	545	13066	302	13233	12918	315	4502	534349	520824	13525	33804	40318
高新开发区	2890	694	2829	61	2960	2899	61	12	100437	98571	1866	114	34002
郑东新区	931	446	926	5	888	883	5		52654	52630	24		59604
事业	**238158**	**114287**	**231703**	**6455**	**236316**	**229989**	**6327**	**1473**	**8442636**	**8360997**	**81639**	**3641**	**36354**
中原区	30823	15436	29479	1344	29993	28688	1305	26	1326826	1307886	18940	437	45590
二七区	25582	10203	22589	2993	25687	22723	2964	158	809138	779732	29406	437	34315
管城区	9366	4576	9277	89	9187	9105	82	70	357861	355730	2131	921	39070
金水区	70879	33164	70221	658	70331	69705	626	164	2875470	2860020	15450	606	41030

2-8 续表 （2010 年底） 单位：人

类 别	单位从业人员	#女性	在岗职工	其他从业人员	单位从业人员平均人数	在岗职工	其他从业人员	离开本单位仍保留劳动关系的职工	单位从业人员劳动报酬（千元）	在岗职工工资总额	其他从业人员劳动报酬	离开本单位仍保留劳动关系的职工生活费（千元）	在岗职工平均工资（元）
上街区	2210	1103	2190	20	2198	2180	18		81366	81196	170		37246
惠济区	8210	4246	8095	115	8095	7980	115		288490	286677	1813		35924
中牟县	14168	6831	13993	175	14047	13947	100	163	411422	410292	1130	668	29418
巩义市	7348	3288	6625	723	7381	6656	725	50	190824	184268	6556	19	27684
荥阳市	16479	9052	16433	46	16513	16471	42	66	466092	465187	905	36	28243
新密市	14069	7802	14020	49	14042	13992	50	78	429056	428637	419		30634
新郑市	14175	7115	14092	83	14300	14204	96	142	436634	435100	1534	21	30632
登封市	11227	5752	11142	85	11049	10919	130	210	290035	288074	1961	496	26383
经济开发区	342	248	342		328	328			13351	13351			40704
高新开发区	7425	3299	7411	14	7400	7386	14	1	271351	271104	247		36705
郑东新区	5855	2172	5794	61	5765	5705	60	345	194720	193743	977		33960
机关	**86226**	**27351**	**85266**	**960**	**85935**	**85046**	**889**	**396**	**3339527**	**3325458**	**14069**	**3536**	**39102**
中原区	8785	3064	8475	310	8686	8422	264	26	433941	428280	5661	164	50853
二七区	4409	1491	4351	58	4383	4341	42		195043	194568	475		44821
管城区	2862	1195	2830	32	2843	2811	32	18	127005	126477	528	198	44994
金水区	21537	6019	21415	122	21491	21367	124	171	1071829	1070306	1523	883	50092
上街区	1897	609	1876	21	1894	1884	10		75536	75408	128		40025
惠济区	2744	1089	2531	213	2751	2538	213		110257	107335	2922		42291
中牟县	6478	2006	6461	17	6428	6411	17	71	172089	171925	164	801	26817
巩义市	5453	1598	5453		5451	5451		4	160515	160515		48	29447
荥阳市	6605	2247	6597	8	6602	6594	8	1	211404	211304	100		32045
新密市	5425	1841	5418	7	5421	5414	7	18	152690	152608	82		28188
新郑市	8102	2756	8086	16	8077	8061	16	9	271039	270920	119		33609
登封市	8724	2617	8582	142	8747	8605	142	78	215671	214483	1188	1442	24925
经济开发区	728	271	728		695	695			32771	32771			47153
高新开发区	589	48	585	4	590	586	4		22556	22494	62		38386
郑东新区	1888	500	1878	10	1876	1866	10		87181	86064	1117		46122
民间非营利组织	**220**	**107**	**216**	**4**	**219**	**214**	**5**		**6651**	**6569**	**82**		**30696**
二七区	6	3	6		6	6			125	125			20833
管城区	59	44	59		59	59			956	956			16203
金水区	125	48	123	2	124	122	2		4646	4613	33		37811
新郑市	30	12	28	2	30	27	3		924	875	49		32407
其 他	**681**	**404**	**676**	**5**	**698**	**693**	**5**		**22448**	**22120**	**328**		**31919**
中原区	93	40	93		93	93			3926	3926			42215
二七区	178	130	178		174	174			7080	7080			40690
管城区	4	2	4		4	4			46	46			11500
金水区	273	130	268	5	294	289	5		6826	6498	328		22484
中牟县	133	102	133		133	133			4570	4570			34361

2-9 全市及各县（市）区城镇集体单位分企事业从业人员人数及劳动报酬

（2010 年底）

单位：人

类别	单位从业人员	#女性	在岗职工	其他从业人员	单位从业人员平均人数	在岗职工	其他从业人员	离开本单位仍保留劳动关系的职工	单位从业人员劳动报酬（千元）	在岗职工工资总额	其他从业人员劳动报酬	离开本单位仍保留劳动关系的职工生活费（千元）	在岗职工平均工资（元）
城镇集体	**43405**	**16447**	**4074[illegible]**	**2665**	**42729**	**40910**	**1819**	**3182**	**883000**	**851721**	**31279**	**7836**	**20819**
中原区	3897	1190	268[illegible]	1213	2929	2517	412	55	65772	60879	4893	423	24187
二七区	3037	1387	293[illegible]	107	3017	2925	92	12	64257	61076	3181	84	20881
管城区	2657	805	264[illegible]	16	2629	2614	15	245	87126	86945	181	5279	33261
金水区	2760	1253	262[illegible]	135	2761	2745	16		55773	55528	245		20229
上街区	1738	1048	173[illegible]		1801	1801			56348	56348			31287
惠济区	9745	1491	930[illegible]	445	9211	8766	445	4	133976	117632	16344	57	13419
中牟县	1797	334	138[illegible]	417	1685	1271	414	176	23031	18703	4328		14715
巩义市	7439	4193	720[illegible]	239	7505	7268	237	1270	186148	185271	877	265	25491
荥阳市	2175	1424	217[illegible]		2169	2169		469	39000	39000			17981
新密市	1184	486	118[illegible]	1	1179	1178	1	337	26782	26771	11		22726
新郑市	2895	1160	287[illegible]	17	2979	2965	14	325	70661	70345	316	1570	23725
登封市	3848	1567	377[illegible]	75	4631	4458	173	289	66787	65884	903	158	14779
经济开发区	127	72	12[illegible]		127	127			4068	4068			32031
高新开发区	44	14	4[illegible]		44	44			1117	1117			25386
郑东新区	62	23	6[illegible]		62	62			2154	2154			34742
企业	**34479**	**11119**	**3195[illegible]**	**2522**	**33798**	**32120**	**1678**	**3157**	**625060**	**598884**	**26176**	**7596**	**18645**
中原区	3821	1131	262[illegible]	1197	2858	2461	397	55	64562	59931	4631	423	24352
二七区	2466	1012	242[illegible]	40	2465	2438	27	12	45185	45079	106	84	18490
管城区	1859	322	185[illegible]	8	1855	1847	8	245	61218	61185	33	5279	33127
金水区	2715	1220	258[illegible]	135	2716	2700	16		54320	54075	245		20028
上街区	1733	1044	173[illegible]		1796	1796			56277	56277			31335
惠济区	9424	1331	900[illegible]	415	8891	8476	415		127299	111867	15432		13198
中牟县	1712	299	129[illegible]	417	1600	1186	414	176	21086	16758	4328		14130
巩义市	2034	977	181[illegible]	223	2038	1817	221	1253	31229	30642	587	82	16864
荥阳市	2097	1390	209[illegible]		2089	2089		469	37256	37256			17834

2-9 续表 （2010年底） 单位：人

类别	单位从业人员	#女性	在岗职工	其他从业人员	单位从业人员平均人数			离开本单位仍保留劳动关系的职工	单位从业人员劳动报酬（千元）			离开本单位仍保留劳动关系的职工生活费（千元）	在岗职工平均工资（元）
						在岗职工	其他从业人员			在岗职工工资总额	其他从业人员劳动报酬		
新密市	627	224	626	1	625	624	1	337	7840	7829	11		12546
新郑市	2895	1160	2878	17	2979	2965	14	325	70661	70345	316	1570	23725
登封市	2902	912	2833	69	3692	3527	165	285	41792	41305	487	158	11711
经济开发区	127	72	127		127	127			4068	4068			32031
高新开发区	5	2	5		5	5			113	113			22600
郑东新区	62	23	62		62	62			2154	2154			34742
事业	**8864**	**5292**	**8722**	**142**	**8869**	**8729**	**140**	**25**	**257019**	**251931**	**5088**	**240**	**28861**
中原区	76	59	60	16	71	56	15		1210	948	262		16929
二七区	564	372	497	67	545	480	65		19010	15935	3075		33198
管城区	772	458	765	7	748	742	6		25520	25387	133		34214
金水区	45	33	45		45	45			1453	1453			32289
上街区	5	4	5		5	5			71	71			14200
惠济区	316	158	286	30	315	285	30	4	6601	5689	912	57	19961
中牟县	85	35	85		85	85			1945	1945			22882
巩义市	5381	3210	5365	16	5443	5427	16	17	154524	154234	290	183	28420
荥阳市	78	34	78		80	80			1744	1744			21800
新密市	557	262	557		554	554			18942	18942			34191
登封市	946	655	940	6	939	931	8	4	24995	24579	416		26401
高新开发区	39	12	39		39	39			1004	1004			25744
民间非营利组织	**29**	**27**	**28**	**1**	**29**	**28**	**1**		**418**	**403**	**15**		**14393**
管城区	26	25	25	1	26	25	1		388	373	15		14920
惠济区	3	2	3		3	3			30	30			10000
其他	**33**	**9**	**33**		**33**	**33**			**503**	**503**			**15242**
二七区	7	3	7		7	7			62	62			8857
惠济区	2		2		2	2			46	46			23000
巩义市	24	6	24		24	24			395	395			16458

2-10 全市及各县(市)区其他单位分企事业从业人员人数及劳动报酬

（2010 年底）

单位:人

类　别	单位从业人员	#女性	在岗职工	其他从业人员	单位从业人员平均人数	在岗职工	其他从业人员	离开本单位仍保留劳动关系的职工	单位从业人员劳动报酬(千元)	在岗职工工资总额	其他从业人员劳动报酬	离开本单位仍保留劳动关系的职工生活费(千元)	在岗职工平均工资(元)
其他单位	**515959**	**162644**	**499084**	**16875**	**502992**	**487924**	**15068**	**9738**	**14445247**	**14089124**	**356123**	**56587**	**28876**
中原区	48093	15556	47531	562	46510	45994	516	3039	1456478	1445418	11060	28088	31426
二七区	29887	11556	28361	1526	29381	27827	1554	491	995350	952651	42699	6852	34235
管城区	30147	9261	28336	1811	28956	27341	1615	351	896389	851753	44636	3872	31153
金水区	153307	50714	143325	9982	148417	140017	8400	908	4650519	4467044	183475	5904	31904
上街区	17752	6024	17726	26	17838	17824	14	44	514846	514266	580	335	28852
惠济区	13003	3538	12894	109	12037	11917	120	2	247196	245153	2043	23	20572
中牟县	31908	9045	31110	798	30780	29920	860	513	815449	796562	18887	6410	26623
巩义市	31722	9380	31356	366	31816	31442	374	268	777193	769132	8061	1411	24462
荥阳市	30382	6341	30249	133	30565	30442	123	11	688812	685588	3224	113	22521
新密市	15237	4093	15093	144	14564	14422	142	220	312668	311266	1402		21583
新郑市	35103	13066	34523	580	33168	32593	575	604	794898	777855	17043	1049	23866
登封市	22322	5557	22073	249	22465	22211	254	118	441514	437057	4457	1367	19678
经济开发区	14708	4873	14647	61	14658	14582	76	277	396555	392476	4079	767	26915
高新开发区	29367	8994	28971	396	29302	28909	393	2370	769899	758030	11869	396	26221
郑东新区	13021	4646	12889	132	12535	12483	52	522	687481	684873	2608		54864
企业	**494502**	**150641**	**478794**	**15708**	**481761**	**467749**	**14012**	**9477**	**13740047**	**13414880**	**325167**	**52230**	**28680**
中原区	48093	15556	47531	562	46510	45994	516	3039	1456478	1445418	11060	28088	31426
二七区	26717	10078	25234	1483	26221	24703	1518	314	825638	783083	42555	2504	31700
管城区	29262	8607	27493	1769	28079	26506	1573	350	872496	829238	43258	3871	31285
金水区	148065	47567	138542	9523	143208	135175	8033	908	4497786	4324343	173443	5896	31991

2-10 续表1　　（2010年底）　　单位：人

类别	单位从业人员	#女性	在岗职工	其他从业人员	单位从业人员平均人数	在岗职工	其他从业人员	离开本单位仍保留劳动关系的职工	单位从业人员劳动报酬（千元）	在岗职工工资总额	其他从业人员劳动报酬	离开本单位仍保留劳动关系的职工生活费（千元）	在岗职工平均工资（元）
上街区	17752	6024	17726	26	17838	17824	14	44	514846	514266	580	335	28852
惠济区	12920	3477	12811	109	11954	11834	120	2	246260	244217	2043	23	20637
中牟县	30643	8469	29917	726	29513	28723	790	509	789282	774174	15108	6410	26953
巩义市	29437	8019	29102	335	29534	29191	343	220	714552	706702	7850	1411	24210
荥阳市	29191	5463	29058	133	29384	29261	123	11	646276	643052	3224	113	21976
新密市	13708	3048	13596	112	13032	12920	112	190	282374	281743	631		21807
新郑市	30916	11115	30816	100	29150	29050	100	603	653484	650992	2492	1049	22409
登封市	21565	5254	21316	249	21708	21454	254	118	422199	417742	4457	1367	19472
经济开发区	14708	4873	14647	61	14658	14582	76	277	396555	392476	4079	767	26915
高新开发区	29306	8964	28910	396	29241	28848	393	2370	767501	755632	11869	396	26194
郑东新区	12219	4127	12095	124	11731	11684	47	522	654320	651802	2518		55786
事业	**11037**	**5905**	**10887**	**150**	**10960**	**10741**	**219**	**212**	**408980**	**404360**	**4620**	**4357**	**37646**
二七区	2594	1169	2594		2598	2598		177	148524	148524		4348	57169
管城区	136	65	126	10	136	126	10	1	5134	5007	127	1	39738
金水区	1187	567	1176	11	1228	1217	11		47439	47277	162	8	38847
中牟县	639	354	621	18	615	596	19	4	11232	10389	843		17431
巩义市	1077	614	1075	2	1074	1072	2		34114	34093	21		31803
荥阳市	1149	850	1149		1139	1139			41416	41416			36362
新密市	1226	818	1210	16	1230	1216	14	30	25363	24733	630		20340
新郑市	1878	915	1785	93	1784	1621	163		56275	53438	2837		32966
登封市	757	303	757		757	757			19315	19315			25515
高新开发区	61	30	61		61	61			2398	2398			39311
郑东新区	333	220	333		338	338			17770	17770			52574

2-10　续表 2　　　　（2010 年底）　　　　单位：人

类　别	单位从业人员	#女性	在岗职工	其他从业人员	单位从业人员平均人数	在岗职工	其他从业人员	离开本单位仍保留劳动关系的职工	单位从业人员劳动报酬（千元）	在岗职工工资总额	其他从业人员劳动报酬	离开本单位仍保留劳动关系的职工生活费（千元）	在岗职工平均工资（元）
机关	**249**	**137**	**244**	**5**	**249**	**244**	**5**		**7394**	**7304**	**90**		**29934**
金水区	60	43	60		60	60			2683	2683			44717
郑东新区	189	94	184	5	189	184	5		4711	4621	90		25114
民间非营利组织	**7426**	**4346**	**6841**	**585**	**7310**	**6820**	**490**		**224358**	**206479**	**17879**		**30276**
二七区	535	303	492	43	521	485	36		20874	20730	144		42742
管城区	702	545	670	32	694	662	32		17405	16154	1251		24402
金水区	1943	1340	1886	57	1898	1851	47		48701	46829	1872		25299
惠济区	6		6		6	6			36	36			6000
中牟县	595	197	541	54	621	570	51		14015	11079	2936		19437
巩义市	831	510	831		831	831			23313	23313			28054
荥阳市	42	28	42		42	42			1120	1120			26667
新密市	303	227	287	16	302	286	16		4931	4790	141		16748
新郑市	2253	1014	1870	383	2179	1871	308		84188	72653	11535		38831
郑东新区	216	182	216		216	216			9775	9775			45255
其　他	**2745**	**1615**	**2318**	**427**	**2712**	**2370**	**342**	**49**	**64468**	**56101**	**8367**		**23671**
二七区	41	6	41		41	41			314	314			7659
管城区	47	44	47		47	47			1354	1354			28809
金水区	2052	1197	1661	391	2023	1714	309		53910	45912	7998		26786
惠济区	77	61	77		77	77			900	900			11688
中牟县	31	25	3[illegible]		31	31			920	920			29677
巩义市	377	237	348	29	377	348	29	48	5214	5024	190		14437
新郑市	56	22	52	4	55	51	4	1	951	772	179		15137
郑东新区	64	23	6[illegible]	3	61	61			905	905			14836

2-11 全市及各县(市)区分行业从业人员人数及劳动报酬

(2010 年底)

单位:人

行　业	单位从业人员	#女性	在岗职工	其他从业人员	单位从业人员平均人数	在岗职工	其他从业人员	离开本单位仍保留劳动关系的职工	单位从业人员劳动报酬(千元)	在岗职工工资总额	其他从业人员劳动报酬	离开本单位仍保留劳动关系的职工生活费(千元)	在岗职工平均工资(元)
农、林、牧、渔业	**2276**	**825**	**2275**	**1**	**2282**	**2281**	**1**	**25**	**50387**	**50375**	**12**		**22085**
中原区	130	69	130		130	130			3717	3717			28592
金水区	548	263	547	1	550	549	1		14614	14602	12		26597
上街区	13	2	13		13	13			265	265			20385
惠济区	123	44	123		123	123			3706	3706			30130
中牟县	1086	346	1086		1090	1090		11	19639	19639			18017
巩义市	41	13	41		41	41			1037	1037			25293
新密市	2		2		2	2		11	43	43			21500
新郑市	326	87	326		326	326		3	7270	7270			22301
郑东新区	7	1	7		7	7			96	96			13714
采矿业	**71670**	**12237**	**71586**	**84**	**69680**	**69596**	**84**	**4785**	**2544700**	**2543246**	**1454**	**18327**	**36543**
金水区	7	2	7		10	10			180	180			18000
上街区	183	58	183		183	183			2416	2416			13202
巩义市	11578	1159	11494	84	11383	11299	84	389	288970	287516	1454	1523	25446
荥阳市	2091	304	2091		2078	2078		27	55290	55290		74	26607
新密市	2884	502	2884		2886	2886			75829	75829			26275
新郑市	2185	109	2185		2126	2126			74932	74932			35246
登封市	5540	771	5540		5444	5444			171229	171229			31453
制造业	**205449**	**69356**	**203923**	**1526**	**203968**	**202407**	**1561**	**9691**	**5405621**	**5366901**	**38720**	**93383**	**26515**
中原区	22995	8638	22859	136	22871	22732	139	2619	569175	566488	2687	20646	24920
二七区	9484	2779	9420	64	9400	9334	66	255	221662	221189	473	354	23697
管城区	10070	2236	9727	343	10201	9869	332	458	512314	506025	6289	7155	51274
金水区	10884	4620	10789	95	10950	10915	35		230594	229887	707		21062
上街区	20015	6994	19993	22	20069	20057	12	1410	607109	606588	521	3533	30243
惠济区	4620	1673	4562	58	4396	4286	110	167	78446	77295	1151	1170	18034
中牟县	20815	5348	20787	28	20372	20291	81	357	600008	596088	3920	6300	29377
巩义市	18140	5900	17940	200	18300	18092	208	99	480990	475332	5658		26273
荥阳市	9300	4301	9214	86	9202	9126	76	11	146915	144559	2356	113	15840
新密市	3620	1597	3526	94	3543	3449	94	19	58254	57970	284		16808
新郑市	26328	11053	26232	96	25533	25429	104	1829	628579	625728	2851	53030	24607

2-11 续表1 （2010年底） 单位：人

行业	单位从业人员	#女性	在岗职工	其他从业人员	单位从业人员平均人数	在岗职工	其他从业人员	离开本单位仍保留劳动关系的职工	单位从业人员劳动报酬（千元）	在岗职工工资总额	其他从业人员劳动报酬	离开本单位仍保留劳动关系的职工生活费（千元）	在岗职工平均工资（元）
登封市	12215	2520	12213	2	12184	12177	7	2	219882	219715	167		18043
经济开发区	10647	3575	10606	41	10702	10643	59	79	277566	273984	3582	572	25743
高新开发区	25825	7998	25564	261	25754	25516	238	2382	702153	694079	8074	510	27202
郑东新区	491	124	491		491	491		4	71974	71974			146587
电力、燃气及水的生产和供应业	**31125**	**15886**	**30808**	**317**	**31164**	**30959**	**205**	**982**	**1318907**	**1309162**	**9745**	**15295**	**42287**
中原区	10370	3593	10368	2	10322	10320	2	284	567269	567247	22	4459	54966
二七区	1493	380	1493		1482	1482		43	176269	176269		861	118940
金水区	2655	363	2655		2616	2616			80398	80398			30733
上街区	46	14	35	11	46	46			1852	1852			40261
惠济区	570	193	570		572	572			19700	19700			34441
中牟县	877	351	873	4	858	854	4	103	33267	33145	122	3286	38811
巩义市	1205	425	1205		1194	1194		71	47987	47987		122	40190
荥阳市	709	268	682	27	709	682	27		27273	26717	556		39174
新密市	1582	644	1582		1586	1586		4	59942	59942			37794
新郑市	604	282	604		605	605		246	14554	14554		5200	24056
登封市	9857	9053	9736	121	9857	9857		231	248548	244468	4080	1367	24801
高新开发区	1157	320	1005	152	1317	1145	172		41848	36883	4965		32212
建筑业	**195667**	**24254**	**187311**	**8356**	**187989**	**181539**	**6450**	**7448**	**4985522**	**4831915**	**153607**	**49399**	**26616**
中原区	26643	4618	23791	2852	24077	22264	1813	1320	663681	629748	33933	8236	28285
二七区	8308	1980	8196	112	8267	8159	108	109	274275	271758	2517	1034	33308
管城区	12061	1693	11081	980	11355	10545	810	1099	306720	275151	31569	4634	26093
金水区	64698	6504	61301	3397	62152	59571	2581	50	1630752	1580354	50398	221	26529
上街区	2392	535	2389	3	2389	2389		48	85250	85250		145	35684
惠济区	16405	2592	15993	412	15158	14746	412		254048	238656	15392		16184
中牟县	8457	1654	8365	92	7891	7741	150	2	233318	229083	4235	76	29593
巩义市	1190	81	1166	24	1330	1306	24		26937	26486	451		20280
荥阳市	20271	1554	20268	3	20571	20568	3		498009	497964	45		24211
新密市	6121	373	6120	1	5521	5520	1	22	125973	125957	16		22818
新郑市	5138	857	5134	4	4341	4337	4	137	122779	122705	74	1570	28293
登封市	3310	239	3207	103	4353	4154	199		59604	58347	1257		14046
经济开发区	13922	679	13609	313	13761	13437	324	4661	542601	529251	13350	33483	39388
高新开发区	3572	732	3564	8	3509	3500	9		88309	88083	226		25167
郑东新区	3179	163	3127	52	3314	3302	12		73266	73122	144		22145
交通运输、仓储和邮政业	**30010**	**10453**	**29062**	**948**	**30066**	**29735**	**331**	**4303**	**1016597**	**1011278**	**5319**	**52143**	**34010**
中原区	236	91	236		236	236			6365	6365			26970
二七区	8509	3195	8507	2	8713	8711	2	1949	405228	405203	25	33410	46516
管城区	3310	1222	3300	10	3307	3297	10	418	93596	93469	127	3416	28350
金水区	10616	3873	10613	3	10415	10401	14	1294	375544	375454	90	13568	36098
上街区	487	139	486	1	487	486	1		10447	10438	9		21477
惠济区	428	159	428		429	429		18	12458	12458		267	29040

2-11 续表 2 （2010 年底） 单位：人

行　业	单位从业人员	#女性	在岗职工	其他从业人员	单位从业人员平均人数	在岗职工	其他从业人员	离开本单位仍保留劳动关系的职工	单位从业人员劳动报酬（千元）	在岗职工工资总额	其他从业人员劳动报酬	离开本单位仍保留劳动关系的职工生活费（千元）	在岗职工平均工资（元）
中牟县	895	246	895		893	893		259	11850	11850		612	13270
巩义市	1705	318	1063	642	1707	1691	16	127	31627	31417	210	48	18579
荥阳市	460	215	388	72	459	389	70	8	8739	7912	827	92	20339
新密市	414	170	413	1	420	419	1	76	7356	7345	11		17530
新郑市	1204	328	1204		1282	1282		110	19165	19165		234	14949
登封市	1609	457	1393	216	1590	1374	216	44	27698	24154	3544	496	17579
经济开发区	86	23	85	1	77	76	1		4818	4342	476		57132
高新开发区	29	11	29		29	29			1190	1190			41034
郑东新区	22	6	22		22	22			516	516			23455
信息传输、计算机服务和软件业	**10047**	**2827**	**10041**	**6**	**10339**	**10333**	**6**	**177**	**478347**	**478222**	**125**	**4348**	**46281**
中原区	23	8	23		27	27			848	848			31407
二七区	2550	1039	2550		2556	2556		177	147348	147348		4348	57648
管城区	32	13	32		32	32			559	559			17469
金水区	5606	1135	5601	5	5947	5941	6		266294	266169	125		44802
上街区	129	50	128	1	129	129			3490	3490			27054
巩义市	210	45	210		210	210			5096	5096			24267
荥阳市	105	76	105		105	105			4650	4650			44286
登封市	99	45	99		99	99			1806	1806			18242
经济开发区	659	245	659		621	621			17329	17329			27905
高新开发区	366	88	366		345	345			12836	12836			37206
郑东新区	268	83	268		268	268			18091	18091			67504
批发和零售业	**51368**	**22120**	**50520**	**848**	**50895**	**50108**	**787**	**4359**	**1330705**	**1315139**	**15566**	**18247**	**26246**
中原区	3111	1376	3067	44	3074	3043	31	146	146096	145679	417	2385	47873
二七区	6813	3086	6736	77	6476	6384	92	51	181983	180918	1065	358	28339
管城区	2241	1072	2208	33	2061	2038	23		46324	45722	602		22435
金水区	24050	9802	23638	412	24367	24022	345	281	601802	589525	12277	792	24541
上街区	868	443	859	9	868	860	8	38	18854	18781	73	238	21838
惠济区	312	102	312		317	317		2	5990	5990		23	18896
中牟县	1448	583	1427	21	1425	1395	30	179	29916	29831	85	1512	21384
巩义市	2207	975	1984	223	2211	1988	223	1391	35373	34780	593	121	17495
荥阳市	1342	835	1342		1334	1334		486	30947	30947			23199
新密市	1359	700	1353	6	1369	1363	6	548	25299	25251	48		18526
新郑市	1659	663	1649	10	1533	1526	7	624	43678	43565	113	7031	28548
登封市	2083	1151	2083		2062	2054	8	599	49828	49736	92	5425	24214
经济开发区	2390	777	2389	1	2331	2330	1	14	72668	72644	24	362	31178
高新开发区	342	61	335	7	342	336	6		7920	7797	123		23205
郑东新区	1143	494	1138	5	1125	1118	7		34027	33973	54		30387
住宿和餐饮业	**28914**	**16422**	**28408**	**506**	**28624**	**28192**	**432**	**133**	**564412**	**558398**	**6014**	**255**	**19807**
中原区	2551	1413	2527	24	2513	2489	24	46	61586	61335	251	126	24642
二七区	3660	2077	3508	152	3584	3428	156	12	76282	74020	2262	113	21593
管城区	779	469	778	1	777	776	1		14469	14456	13		18629

行　业	单位从业人员	#女性	在岗职工	其他从业人员	单位从业人员平均人数	在岗职工	其他从业人员	离开本单位仍保留劳动关系的职工	单位从业人员劳动报酬（千元）	在岗职工工资总额	其他从业人员劳动报酬	离开本单位仍保留劳动关系的职工生活费（千元）	在岗职工平均工资（元）
金水区	16503	9146	16202	301	16344	16120	224		329405	326643	2762		20263
上街区	226	153	226		226	226			5019	5019			22208
惠济区	1025	520	1023	2	1018	1016	2		21502	21127	375		20794
中牟县	602	365	582	20	580	561	19	33	7295	7082	213	16	12624
巩义市	602	372	602		604	604		42	8259	8259			13674
荥阳市	149	101	149		149	149			2780	2780			18658
新密市	185	106	183	2	183	181	2		3903	3861	42		21331
新郑市	556	357	552	4	555	551	4		7927	7831	96		14212
登封市	2076	1343	2076		2091	2091			25985	25985			12427
金融业	**41496**	**23720**	**34179**	**7317**	**38509**	**31995**	**6514**	**918**	**2288337**	**2156656**	**131681**	**7997**	**67406**
中原区	2215	1572	2215		2170	2170			125396	125396			57786
二七区	1280	703	1280		1249	1249		24	40761	40761		884	32635
管城区	578	379	578		540	540			24276	24276			44956
金水区	25827	15472	20278	5549	23687	18845	4842	210	1487345	1381254	106091	4284	73296
惠济区	40	20	40		40	40			1680	1680			42000
中牟县	1232	682	706	526	1148	655	493	16	27396	21034	6362	443	32113
巩义市	1018	489	986	32	1009	982	27	29	44179	42683	1496	874	43465
荥阳市	1132	524	805	327	1132	806	326		34870	28908	5962		35866
新密市	808	366	771	37	784	747	37	36	37951	35752	2199		47861
新郑市	1148	584	831	317	1099	807	292	62	43040	39186	3854	1080	48558
登封市	1492	443	964	528	1458	963	495	42	36020	30620	5400	432	31796
经济开发区	23	12	23		22	22			726	726			33000
高新开发区	39	12	39		39	39			1004	1004			25744
郑东新区	4664	2462	4663	1	4132	4130	2	499	383693	383376	317		92827
房地产业	**24167**	**10202**	**23666**	**501**	**23605**	**23204**	**401**	**230**	**670975**	**662080**	**8895**	**1454**	**28533**
中原区	2478	959	2346	132	2427	2355	72	120	81665	80257	1408	1324	34079
二七区	1522	518	1484	38	1538	1500	38		41588	40772	816		27181
管城区	4872	2656	4855	17	4591	4576	15	16	99534	98801	733	59	21591
金水区	8931	3648	8804	127	8879	8737	142		262689	259250	3439		29673
上街区	393	144	393		393	393			7397	7397			18822
惠济区	480	206	459	21	476	453	23		16949	16193	756		35746
中牟县	903	277	849	54	852	809	43		18288	17737	551		21925
巩义市	232	102	215	17	232	215	17	43	3326	3145	181	39	14628
荥阳市	413	164	406	7	404	397	7		10021	9901	120		24940
新密市	85	36	76	9	82	73	9		2693	2452	241		33589
新郑市	188	57	188		176	176		33	5321	5321			30233
登封市	132	48	132		131	131			3057	3057			23336
经济开发区	425	155	420	5	449	445	4	3	17620	17474	146	32	39267
高新开发区	713	416	688	25	709	684	25		8870	8595	275		12566
郑东新区	2400	816	2351	49	2266	2260	6	15	91957	91728	229		40588

行　业	单位从业人员	#女性	在岗职工	其他从业人员	单位从业人员平均人数	在岗职工	其他从业人员	离开本单位仍保留劳动关系的职工	单位从业人员劳动报酬（千元）	在岗职工工资总额	其他从业人员劳动报酬	离开本单位仍保留劳动关系的职工生活费（千元）	在岗职工平均工资（元）
租赁和商务服务业	**21266**	**6768**	**20625**	**641**	**20803**	**20208**	**595**	**197**	**608622**	**599367**	**9255**	**331**	**29660**
中原区	711	371	686	25	694	665	29		26468	26004	464		39104
二七区	3325	1253	3306	19	3328	3309	19		98546	98486	60		29763
管城区	2372	536	2320	52	2338	2287	51		42412	41776	636		18267
金水区	9681	3314	9576	105	9526	9464	62	24	336959	335242	1717	103	35423
上街区	543	166	543		543	543			14233	14233			26212
惠济区	137	35	129	8	136	131	5		3903	3844	59		29344
中牟县	799	146	392	407	773	369	404	129	11566	7192	4374	106	19491
巩义市	666	166	666		666	666		15	9944	9944			14931
荥阳市	580	69	580		571	571			9387	9387			16440
新密市	251	61	251		247	247			5275	5275			21356
新郑市	1122	154	1107	15	897	882	15	7	15995	15656	339		17751
登封市	153	117	153		153	153			1733	1733			11327
经济开发区	46	24	44	2	50	48	2	22	1565	1539	26	122	32063
高新开发区	40	11	40		39	39			1652	1652			42359
郑东新区	840	345	832	8	842	834	8		28984	27404	1580		32859
科学研究、技术服务和地质勘查业	**29558**	**8586**	**28882**	**676**	**29151**	**28387**	**764**	**479**	**1211654**	**1189885**	**21769**	**2073**	**41917**
中原区	7311	2012	7259	52	7204	7130	74	56	398264	394353	3911	1126	55309
二七区	3269	721	2879	390	3150	2760	390	5	123376	114818	8558	28	41601
管城区	545	110	531	14	540	526	14	58	17888	17738	150	890	33722
金水区	12891	4113	12694	197	12737	12473	264	5	493796	485211	8585	29	38901
上街区	213	87	213		213	213			8425	8425			39554
惠济区	276	82	273	3	273	270	3		10108	9969	139		36922
中牟县	256	94	250	6	253	247	6	9	4517	4364	153		17668
巩义市	258	114	258		258	258			6797	6797			26345
荥阳市	228	80	228		223	223			6518	6518			29229
新密市	343	165	343		340	340		1	8844	8844			26012
新郑市	609	146	609		620	620			24181	24181			39002
登封市	7	2	7		7	7			180	180			25714
高新开发区	275	47	271	4	280	276	4	1	8200	8128	72		29449
郑东新区	3077	813	3067	10	3053	3044	9	344	100560	100359	201		32969
水利、环境和公共设施管理业	**17530**	**6738**	**16436**	**1094**	**16357**	**15238**	**1119**	**189**	**490875**	**479534**	**11341**	**83**	**31470**
中原区	2672	1370	2264	408	1961	1547	414		77465	72941	4524		47150
二七区	675	188	529	146	673	528	145		19711	17918	1793		33936
管城区	674	274	674		677	677			21883	21883			32323
金水区	4506	1403	4500	6	4199	4173	26		163264	162780	484		39008
上街区	548	288	548		548	548			12527	12527			22859
惠济区	1270	416	1236	34	1285	1251	34		42218	41878	340		33476
中牟县	1079	309	1079		1078	1078		6	19412	19412		83	18007
巩义市	1057	204	557	500	1057	557	500	10	19771	15571	4200		27955

2-11 续表5 （2010年底） 单位：人

行业	单位从业人员	#女性	在岗职工	其他从业人员	单位从业人员平均人数	在岗职工	其他从业人员	离开本单位仍保留劳动关系的职工	单位从业人员劳动报酬（千元）	在岗职工工资总额	其他从业人员劳动报酬	离开本单位仍保留劳动关系的职工生活费（千元）	在岗职工平均工资（元）
荥阳市	1884	1110	188[illegible]		1880	1880		7	42295	42295			22497
新密市	405	159	40[illegible]		404	404		1	8811	8811			21809
新郑市	432	204	43[illegible]		400	400		13	8245	8245			20613
登封市	1922	655	192[illegible]		1764	1764		152	41609	41609			23588
高新开发区	151	58	15[illegible]		151	151			2599	2599			17212
郑东新区	255	100	25[illegible]		280	280			11065	11065			39518
居民服务和其他服务业	**3057**	**1650**	**263[illegible]**	**426**	**3000**	**2578**	**422**	**7**	**82290**	**77805**	**4485**		**30180**
中原区	108	26	8[illegible]	28	108	80	28		2067	1837	230		22963
二七区	294	85	29[illegible]		295	295			8765	8765			29712
管城区	1058	846	68[illegible]	370	1002	635	367		21363	17696	3667		27868
金水区	1019	466	100[illegible]	13	1021	1009	12		35941	35560	381		35243
上街区	108	67	10[illegible]		108	108			1337	1337			12380
惠济区	42	22	4[illegible]		45	45			610	610			13556
中牟县	46	11	4[illegible]		46	46			1249	1249			27152
巩义市	35	8	3[illegible]		35	35			691	691			19743
荥阳市	116	41	10[illegible]	10	116	106	10		3444	3297	147		31104
新密市	47	7	4[illegible]		46	46		7	1439	1439			31283
新郑市	71	18	6[illegible]	5	65	60	5		1264	1204	60		20067
登封市	31	7	3[illegible]		31	31			1560	1560			50323
郑东新区	82	46	8[illegible]		82	82			2560	2560			31220
教育	**128109**	**71165**	**12530[illegible]**	**2809**	**127853**	**125199**	**2654**	**197**	**4735692**	**4662600**	**73092**	**524**	**37242**
中原区	12761	7079	1215[illegible]	602	12690	12144	546	5	556290	546947	9343	71	45038
二七区	11623	6199	1072[illegible]	903	11683	10790	893	131	427414	395508	31906	283	36655
管城区	4602	2628	452[illegible]	81	4561	4483	78	12	178616	175804	2812	31	39216
金水区	28056	15935	2769[illegible]	357	27943	27586	357	8	1229310	1221296	8014	86	44272
上街区	1312	819	131[illegible]	1	1314	1313	1		54687	54677	10		41643
惠济区	5111	2774	509[illegible]	13	5098	5085	13		185206	184766	440		36335
中牟县	9205	4645	901[illegible]	186	9099	8990	109		276013	271482	4531		30198
巩义市	7871	4789	782[illegible]	45	7954	7910	44	4	234250	233877	373	53	29567
荥阳市	10484	6280	1048[illegible]		10570	10570			330548	330548			31272
新密市	9214	5750	915[illegible]	58	9207	9149	58	2	303447	302929	518		33111
新郑市	11821	5931	1132[illegible]	501	11794	11299	495	35	422459	407794	14665		36091
登封市	7539	4197	749[illegible]	44	7531	7489	42		218915	218572	343		29186
经济开发区	342	248	34[illegible]		328	328			13351	13351			40704
高新开发区	6159	2671	615[illegible]	1	6139	6138	1		230356	230338	18		37527
郑东新区	2009	1220	199[illegible]	17	1942	1925	17		74830	74711	119		38811
卫生、社会保障和社会福利业	**52792**	**30901**	**5170[illegible]**	**1092**	**52007**	**50989**	**1018**	**165**	**1687317**	**1665845**	**21472**	**389**	**32671**
中原区	4578	3102	452[illegible]	57	4541	4484	57	2	166215	165445	770	24	36897
二七区	8511	3936	821[illegible]	298	8403	8130	273	17	258677	254155	4522	27	31261
管城区	2866	1633	282[illegible]	43	2739	2696	43		88384	87607	777		32495
金水区	18222	10984	1788[illegible]	336	17915	17639	276	5	674077	666580	7497	78	37790

2-11 续表6 （2010年底） 单位：人

行业	单位从业人员	#女性	在岗职工	其他从业人员	单位从业人员平均人数	在岗职工	其他从业人员	离开本单位仍保留劳动关系的职工	单位从业人员劳动报酬（千元）	在岗职工工资总额	其他从业人员劳动报酬	离开本单位仍保留劳动关系的职工生活费（千元）	在岗职工平均工资（元）
上街区	411	84	409	2	397	397			13047	13017	30		32788
惠济区	1279	868	1216	63	1166	1103	63	4	32681	31062	1619	57	28161
中牟县	2421	1345	2363	58	2418	2360	58	17	87432	87084	348	16	36900
巩义市	3274	2018	3234	40	3285	3245	40	27	84388	83616	772	130	25768
荥阳市	2518	1571	2478	40	2468	2429	39	11	70231	69326	905	36	28541
新密市	2413	1642	2371	42	2408	2367	41	37	56438	55581	857		23482
新郑市	2688	1769	2638	50	2675	2610	65	7	58687	57331	1356	21	21966
登封市	2833	1593	2791	42	2815	2773	42	38	70664	69009	1655		24886
高新开发区	174	91	170	4	174	170	4		5822	5736	86		33741
郑东新区	604	265	587	17	603	586	17		20574	20296	278		34635
文化、体育和娱乐业	**20807**	**8946**	**20137**	**670**	**20571**	**19903**	**668**	**217**	**709444**	**698820**	**10624**	**668**	**35111**
中原区	2084	1047	1845	239	2110	1861	249	4	67809	63794	4015	123	34279
二七区	606	278	570	36	607	573	34	5	15504	15116	388	99	26380
管城区	150	67	150		145	145			4891	4891			33731
金水区	15049	6248	14862	187	14802	14628	174	146	550328	546429	3899	446	37355
上街区	48	19	48		48	48			1738	1738			36208
惠济区	453	200	400	53	459	406	53		12664	12053	611		29687
中牟县	266	121	266		266	266		6	5494	5494			20654
巩义市	472	157	336	136	475	336	139	28	8700	7332	1368		21821
荥阳市	569	297	569		568	568		2	17827	17827			31386
新密市	351	146	351		345	345		3	7545	7545			21870
新郑市	257	122	249	8	250	242	8	23	5078	5030	48		20785
登封市	319	157	319		319	319			5945	5945			18636
经济开发区	5		5		5	5			79	79			15800
高新开发区	26	17	26		26	26			1035	1035			39808
郑东新区	152	70	141	11	146	135	11		4807	4512	295		33422
公共管理和社会组织	**119615**	**39488**	**115840**	**3775**	**119374**	**115626**	**3748**	**581**	**4423808**	**4382530**	**41278**	**3579**	**37903**
中原区	12464	4480	12128	336	12356	12066	290	26	595054	589047	6007	164	48819
二七区	11857	3124	9218	2639	11930	9305	2625		394728	370569	24159		39825
管城区	5186	2247	5150	36	5136	5104	32	18	221045	220517	528	198	43205
金水区	28651	8909	28478	173	28605	28433	172	174	1366187	1363350	2837	883	47950
上街区	2229	725	2191	38	2226	2199	27		85913	85655	258		38952
惠济区	3303	1314	3058	245	3302	3057	245		134324	131018	3306		42858
中牟县	8420	2799	8398	22	8363	8341	22	107	211668	211451	217	844	25351
巩义市	6956	2162	6901	55	6947	6892	55	4	196859	196471	388	48	28507
荥阳市	8226	2869	8215	11	8235	8224	11	47	249205	249105	100		30290
新密市	8641	3042	8633	8	8627	8619	8	74	239715	239618	97		27801
新郑市	9427	3336	9410	17	9410	9393	17	47	307211	307087	124		32693
登封市	9516	2915	9372	144	9546	9353	193	79	230372	228829	1543	1442	24466
经济开发区	728	271	728		695	695			32771	32771			47153
高新开发区	1447	516	1434	13	1443	1430	13		51566	51361	205		35917
郑东新区	2564	779	2526	38	2553	2515	38	5	107190	105681	1509		42020

2-12 全市及各县（市）区国有单位分行业从业人员人数及劳动报酬

（2010 年底）

单位：人

行　业	单位从业人员	#女性	在岗职工	其他从业人员	单位从业人员平均人数	在岗职工	其他从业人员	离开本单位仍保留劳动关系的职工	单位从业人员劳动报酬（千元）	在岗职工工资总额	其他从业人员劳动报酬	离开本单位仍保留劳动关系的职工生活费（千元）	在岗职工平均工资（元）
农、林、牧、渔业	**1870**	**690**	**1870**		**1878**	**1878**		**14**	**42155**	**42155**			**22447**
中原区	130	69	130		130	130			3717	3717			28592
金水区	428	189	428		430	430			11786	11786			27409
惠济区	90	37	90		90	90			3215	3215			35722
中牟县	888	305	888		894	894			16044	16044			17946
巩义市	6	3	6		6	6			80	80			13333
新密市	2		2		2	2		11	43	43			21500
新郑市	326	87	326		326	326		3	7270	7270			22301
采矿业	**55685**	**10291**	**55685**		**53997**	**53997**		**4684**	**2143933**	**2143933**		**17038**	**39705**
巩义市	3610	268	3610		3611	3611		288	120409	120409		234	33345
荥阳市	2091	304	2091		2078	2078		27	55290	55290		74	26607
登封市	2782	387	2782		2738	2738			92380	92380			33740
制造业	**16526**	**5519**	**16427**	**99**	**16556**	**16403**	**153**	**3607**	**588810**	**586572**	**2238**	**60351**	**35760**
中原区	1663	518	1657	6	1692	1686	6	320	31592	31484	108	1667	18674
二七区	3731	1126	3693	38	3734	3695	39	116	117391	117371	20	12	31765
管城区	1075	372	1075		1089	1089		207	43319	43319		1811	39779
金水区	1964	652	1958	6	2016	2009	7		53573	53508	65		26634
上街区	3931	1361	3931		3838	3838		1404	121860	121860		3436	31751
惠济区	345	95	320	25	382	317	65	167	6482	5930	552	1170	18707
荥阳市	506	158	506		506	506			8464	8464			16727
新郑市	2056	767	2045	11	2017	1998	19	1377	156119	155471	648	52080	77813
经济开发区	430	227	420	10	435	423	12	4	9705	9210	495	61	21773
高新开发区	825	243	822	3	847	842	5	12	40305	39955	350	114	47452
电力、燃气及水的生产和供应业	**20759**	**12466**	**20571**	**188**	**20628**	**20574**	**54**	**517**	**777359**	**771816**	**5543**	**9347**	**37514**
中原区	4035	1569	4035		3989	3989			146966	146966			36843
二七区	1493	380	1493		1482	1482		43	176269	176269		861	118940
金水区	2126	186	2126		2083	2083			64130	64130			30787
上街区	46	14	35	11	46	46			1852	1852			40261
中牟县	576	249	576		548	548		103	21519	21519		3286	39268
巩义市	817	239	817		816	816			40350	40350			49449
荥阳市	393	138	393		393	393			20749	20749			52796
新密市	1329	564	1329		1333	1333		4	50473	50473			37864
新郑市	604	282	604		605	605		246	14554	14554		5200	24056
登封市	9204	8813	9083	121	9204	9204		121	235954	231874	4080		25193
高新开发区	136	32	80	56	129	75	54		4543	3080	1463		41067

2-12 续表1 （2010年底） 单位：人

行业	单位从业人员				单位从业人员平均人数			离开本单位仍保留劳动关系的职工	单位从业人员劳动报酬（千元）			离开本单位仍保留劳动关系的职工生活费（千元）	在岗职工平均工资（元）
		#女性	在岗职工	其他从业人员		在岗职工	其他从业人员			在岗职工工资总额	其他从业人员劳动报酬		
建筑业	**41972**	**5626**	**40097**	**1875**	**41633**	**39990**	**1643**	**6391**	**1485135**	**1442597**	**42538**	**40843**	**36074**
中原区	12045	2198	10565	1480	11662	10419	1243	963	386952	359822	27130	4952	34535
二七区	3721	612	3629	92	3678	3590	88		144223	142226	1997		39617
管城区	2971	631	2971		2991	2991		892	103877	103877		2289	34730
金水区	4292	751	4288	4	4417	4414	3		104740	104668	72		23713
上街区	1929	461	1926	3	1924	1924		48	65180	65180		145	33877
中牟县	2297	297	2294	3	2331	2326	5	2	110141	109852	289	76	47228
新密市	30	4	30		31	31		2	567	567			18290
经济开发区	12797	265	12505	292	12654	12351	303	4484	515381	502351	13030	33381	40673
高新开发区	1890	407	1889	1	1945	1944	1		54074	54054	20		27806
交通运输、仓储和邮政业	**20957**	**7902**	**20239**	**718**	**21058**	**20957**	**101**	**3487**	**689584**	**688494**	**1090**	**50015**	**32853**
中原区	96	33	96		96	96			3753	3753			39094
二七区	5697	2368	5697		5901	5901		1949	208488	208488		33410	35331
管城区	1446	711	1446		1477	1477		296	47588	47588		2013	32219
金水区	8966	3327	8966		8795	8784	11	938	337197	337177	20	12915	38385
上街区	110	34	109	1	110	109	1		2165	2156	9		19780
惠济区	344	143	344		345	345		18	10981	10981		267	31829
中牟县	283	130	283		281	281		117	5870	5870		583	20890
巩义市	1579	278	937	642	1581	1565	16	32	29556	29346	210	5	18751
荥阳市	460	215	388	72	459	389	70	8	8739	7912	827	92	20339
新密市	317	121	317		324	324		49	6137	6137			18941
新郑市	1089	314	1089		1137	1137		42	16989	16989		234	14942
登封市	533	213	530	3	515	512	3	38	10800	10776	24	496	21047
高新开发区	29	11	29		29	29			1190	1190			41034
郑东新区	8	4	8		8	8			131	131			16375
信息传输、计算机服务和软件业	**4155**	**580**	**4155**		**4493**	**4493**			**201382**	**201382**			**44821**
中原区	11	2	11		11	11			553	553			50273
金水区	3897	438	3897		4235	4235			193730	193730			45745
上街区	43	19	43		43	43			643	643			14953
荥阳市	105	76	105		105	105			4650	4650			44286
登封市	99	45	99		99	99			1806	1806			18242
批发和零售业	**8432**	**3566**	**8265**	**167**	**8426**	**8242**	**184**	**1433**	**358769**	**356924**	**1845**	**16826**	**43306**
中原区	611	216	599	12	613	601	12	122	82952	82891	61	2214	137922
二七区	604	178	548	56	597	541	56	9	38649	37985	664	143	70213
管城区	67	55	67		62	62			1026	1026			16548
金水区	3515	1642	3428	87	3511	3424	87	14	87604	86631	973	170	25301

2-12 续表2 （2010年底） 单位：人

行 业	单位从业人员	#女性	在岗职工	其他从业人员	单位从业人员平均人数	在岗职工	其他从业人员	离开本单位仍保留劳动关系的职工	单位从业人员劳动报酬（千元）	在岗职工工资总额	其他从业人员劳动报酬	离开本单位仍保留劳动关系的职工生活费（千元）	在岗职工平均工资（元）
上街区	39	17	33	6	39	33	6		2140	2126	14		64424
惠济区	9	2	9		9	9			126	126			14000
中牟县	573	188	573		573	564	9	134	18902	18902		1459	33514
巩义市	253	56	253		253	253		314	12179	12179		121	48138
荥阳市	269	145	269		269	269		17	14292	14292			53130
新密市	375	188	375		379	379		87	13853	13853			36551
新郑市	802	314	801	1	742	741	1	393	29419	29402	17	6932	39679
登封市	836	323	836		840	832	8	329	34381	34289	92	5425	41213
经济开发区	135	51	135		138	138		14	9167	9167		362	66428
郑东新区	344	191	339	5	401	396	5		14079	14055	24		35492
住宿和餐饮业	**7444**	**4215**	**7423**	**21**	**7428**	**7406**	**22**	**45**	**160134**	**159245**	**889**	**60**	**21502**
中原区	640	375	630	10	640	630	10	38	15010	14881	129	60	23621
二七区	1034	590	1033	1	1014	1013	1		26073	26056	17		25722
金水区	3898	2140	3890	8	3909	3900	9		86164	85796	368		21999
上街区	35	24	35		35	35			458	458			13086
惠济区	1025	520	1023	2	1018	1016	2		21502	21127	375		20794
巩义市	210	134	210		210	210		7	2702	2702			12867
荥阳市	104	71	104		104	104			2180	2180			20962
登封市	498	361	498		498	498			6045	6045			12139
金融业	**8012**	**3996**	**6727**	**1285**	**7735**	**6516**	**1219**	**168**	**435145**	**412913**	**22232**	**2659**	**63369**
中原区	1811	1380	1811		1804	1804			105334	105334			58389
管城区	578	379	578		540	540			24276	24276			44956
金水区	1156	517	1112	44	1091	1051	40		127025	123778	3247		117772
中牟县	257	51	249	8	257	249	8	14	11023	10863	160	431	43627
巩义市	467	163	443	24	457	436	21	29	27394	25984	1410	874	59596
荥阳市	872	423	545	327	872	546	326		25042	19080	5962		34945
新密市	808	366	771	37	784	747	37	36	37951	35752	2199		47861
新郑市	701	367	384	317	673	381	292	62	19910	16056	3854	1080	42142
登封市	988	196	460	528	969	474	495	27	27147	21747	5400	274	45880
郑东新区	374	154	374		288	288			30043	30043			104316
房地产业	**1195**	**454**	**1166**	**29**	**1196**	**1169**	**27**	**47**	**45905**	**45620**	**285**	**714**	**39025**
中原区	340	125	336	4	340	336	4	47	14400	14372	28	714	42774
管城区	71	32	71		72	72			3170	3170			44028
金水区	489	186	464	25	497	474	23		17228	16971	257		35804
上街区	9		9		9	9			172	172			19111
巩义市	53	26	53		53	53			1272	1272			24000
经济开发区	6	2	6		6	6			96	96			16000
高新开发区	9	5	9		9	9			205	205			22778
郑东新区	218	78	218		210	210			9362	9362			44581

2-12 续表 3 （2010 年底） 单位：人

行 业	单位从业人员	#女性	在岗职工	其他从业人员	单位从业人员平均人数	在岗职工	其他从业人员	离开本单位仍保留劳动关系的职工	单位从业人员劳动报酬（千元）	在岗职工工资总额	其他从业人员劳动报酬	离开本单位仍保留劳动关系的职工生活费（千元）	在岗职工平均工资（元）
租赁和商务服务业	**11397**	**3233**	**11350**	**47**	**11067**	**11021**	**46**	**51**	**378635**	**377978**	**657**	**116**	**34296**
中原区	446	227	446		443	443			16520	16520			37291
二七区	3195	1232	3195		3195	3195			96699	96699			30266
管城区	82	25	51	31	82	51	31		1413	1067	346		20922
金水区	4821	1285	4805	16	4730	4715	15	2	217153	216842	311	10	45990
上街区	199	1	199		199	199			3227	3227			16216
惠济区	70	25	70		70	70			3060	3060			43714
中牟县	258	91	258		258	258		34	5770	5770		106	22364
巩义市	554	110	554		554	554		15	7516	7516			13567
荥阳市	541	57	541		532	532			8268	8268			15541
新密市	124	47	124		122	122			3012	3012			24689
新郑市	1069	125	1069		844	844			14834	14834			17576
高新开发区	25	4	25		25	25			983	983			39320
郑东新区	13	4	13		13	13			180	180			13846
科学研究、技术服务和地质勘查业	**20106**	**6396**	**19964**	**142**	**19818**	**19678**	**140**	**429**	**836924**	**833330**	**3594**	**1144**	**42348**
中原区	5781	1767	5765	16	5657	5641	16	9	337746	337508	238	220	59831
二七区	1746	466	1740	6	1626	1620	6	5	48526	48519	7	28	29950
管城区	536	108	522	14	531	517	14	58	17771	17621	150	890	34083
金水区	6946	2547	6860	86	6948	6863	85	2	268725	266052	2673	6	38766
上街区	144	61	144		144	144			5437	5437			37757
惠济区	276	82	273	3	273	270	3		10108	9969	139		36922
中牟县	238	86	232	6	235	229	6	9	4201	4048	153		17677
巩义市	258	114	258		258	258			6797	6797			26345
荥阳市	228	80	228		223	223			6518	6518			29229
新密市	332	158	332		329	329		1	8572	8572			26055
新郑市	609	146	609		620	620			24181	24181			39002
登封市	7	2	7		7	7			180	180			25714
高新开发区	84	16	83	1	84	83	1	1	3422	3389	33		40831
郑东新区	2921	763	2911	10	2883	2874	9	344	94740	94539	201		32895
水利、环境和公共设施管理业	**15450**	**6009**	**14534**	**916**	**14292**	**13347**	**945**	**189**	**438737**	**429486**	**9251**	**83**	**32178**
中原区	2566	1343	2158	408	1871	1457	414		73286	68762	4524		47194
二七区	424	147	418	6	425	420	5		15127	15084	43		35914
管城区	660	270	660		663	663			21530	21530			32474
金水区	4438	1380	4436	2	4131	4105	26		162160	161676	484		39385
上街区	212	88	212		212	212			6496	6496			30642
惠济区	1186	376	1186		1201	1201			41078	41078			34203
中牟县	779	264	779		778	778		6	13331	13331		83	17135
巩义市	1022	188	522	500	1022	522	500	10	18870	14670	4200		28103

2-12 续表 4 （2010 年底） 单位：人

行　　业	单位从业人员	#女性	在岗职工	其他从业人员	单位从业人员平均人数	在岗职工	其他从业人员	离开本单位仍保留劳动关系的职工	单位从业人员劳动报酬（千元）	在岗职工工资总额	其他从业人员劳动报酬	离开本单位仍保留劳动关系的职工生活费（千元）	在岗职工平均工资（元）
荥阳市	1884	1110	1884		1880	1880		7	42295	42295			22497
新密市	376	148	376		375	375		1	8479	8479			22611
新郑市	432	204	432		400	400		13	8245	8245			20613
登封市	1081	338	1081		923	923		152	14495	14495			15704
高新开发区	146	58	146		146	146			2479	2479			16979
郑东新区	244	95	244		265	265			10866	10866			41004
居民服务和其他服务业	**1197**	**451**	**1159**	**38**	**1189**	**1151**	**38**	**7**	**44486**	**44102**	**384**		**38316**
中原区	53	12	25	28	53	25	28		720	490	230		19600
二七区	89	28	89		89	89			4014	4014			45101
管城区	59	18	59		59	59			2829	2829			47949
金水区	773	313	768	5	772	767	5		31315	31221	94		40705
上街区	23	9	23		23	23			345	345			15000
新密市	47	7	47		46	46		7	1439	1439			31283
新郑市	71	18	66	5	65	60	5		1264	1204	60		20067
郑东新区	82	46	82		82	82			2560	2560			31220
教育	**106699**	**58150**	**105384**	**1315**	**106604**	**105425**	**1179**	**190**	**4060674**	**4040495**	**20179**	**435**	**38326**
中原区	12446	6888	11869	577	12382	11860	522	3	549876	540815	9061	35	45600
二七区	8645	4444	8541	104	8739	8640	99	131	319674	317984	1690	283	36804
管城区	3512	1855	3464	48	3493	3448	45	12	144131	142585	1546	31	41353
金水区	25183	13810	24893	290	25050	24754	296	8	1138213	1132856	5357	86	45765
上街区	1266	798	1265	1	1268	1267	1		52139	52129	10		41144
惠济区	5058	2729	5045	13	5045	5032	13		184592	184152	440		36596
中牟县	7933	4064	7819	114	7821	7782	39		249812	249060	752		32005
巩义市	2769	1705	2726	43	2798	2756	42		82618	82266	352		29850
荥阳市	9293	5402	9293		9389	9389			288012	288012			30675
新密市	8019	4962	7977	42	8015	7973	42	2	277872	277495	377		34804
新郑市	7742	4044	7721	21	7885	7865	20	34	283062	282948	114		35976
登封市	6909	3742	6865	44	6901	6859	42		200882	200539	343		29237
经济开发区	342	248	342		328	328			13351	13351			40704
高新开发区	6122	2641	6121	1	6102	6101	1		229155	229137	18		37557
郑东新区	1460	818	1443	17	1388	1371	17		47285	47166	119		34403
卫生、社会保障和社会福利业	**45821**	**26556**	**44892**	**929**	**45077**	**44220**	**857**	**114**	**1522138**	**1504800**	**17338**	**202**	**34030**
中原区	4238	2830	4192	46	4231	4185	46	2	161016	160518	498	24	38356
二七区	8078	3652	7813	265	7984	7742	242	17	248152	244473	3679	27	31577
管城区	2268	1268	2244	24	2147	2123	24		75489	74973	516		35315
金水区	17486	10459	17156	330	17174	16904	270	5	655294	647942	7352	78	38331
上街区	411	84	409	2	397	397			13047	13017	30		32788
惠济区	1046	720	1013	33	934	901	33		28396	27689	707		30731

2-12 续表 5 （2010 年底） 单位:人

行　业	单位从业人员	#女性	在岗职工	其他从业人员	单位从业人员平均人数	在岗职工	其他从业人员	离开本单位仍保留劳动关系的职工	单位从业人员劳动报酬（千元）	在岗职工工资总额	其他从业人员劳动报酬	离开本单位仍保留劳动关系的职工生活费（千元）	在岗职工平均工资（元）
中牟县	2350	1301	2294	56	2347	2291	56	17	86373	86048	325	16	37559
巩义市	604	350	588	16	610	594	16	14	17823	17465	358		29402
荥阳市	2479	1549	2439	40	2427	2388	39	11	69606	68701	905	36	28769
新密市	1761	1209	1735	26	1752	1725	27	7	39036	38809	227		22498
新郑市	2580	1705	2530	50	2566	2501	65	7	56670	55314	1356	21	22117
登封市	1791	1097	1755	36	1780	1746	34	34	45947	44708	1239		25606
高新开发区	174	91	170	4	174	170	4		5822	5736	86		33741
郑东新区	555	241	554	1	554	553	1		19467	19407	60		35094
文化、体育和娱乐业	**19490**	**8356**	**18910**	**580**	**19283**	**18696**	**587**	**217**	**676659**	**667614**	**9045**	**660**	**35709**
中原区	2075	1046	1836	239	2102	1853	249	4	67733	63718	4015	123	34386
二七区	579	264	543	36	580	546	34	5	15023	14635	388	99	26804
管城区	81	44	81		75	75			3295	3295			43933
金水区	13932	5755	13819	113	13718	13609	109	146	521555	518906	2649	438	38130
上街区	48	19	48		48	48			1738	1738			36208
惠济区	374	148	337	37	376	339	37		11157	10875	282		32080
中牟县	266	121	266		266	266		6	5494	5494			20654
巩义市	461	150	325	136	464	325	139	28	8427	7059	1368		21720
荥阳市	569	297	569		568	568		2	17827	17827			31386
新密市	351	146	351		345	345		3	7545	7545			21870
新郑市	257	122	249	8	250	242	8	23	5078	5030	48		20785
登封市	319	157	319		319	319			5945	5945			18636
高新开发区	26	17	26		26	26			1035	1035			39808
郑东新区	152	70	141	11	146	135	11		4807	4512	295		33422
公共管理和社会组织	**118392**	**38997**	**114688**	**3704**	**118158**	**114480**	**3678**	**573**	**4389401**	**4349457**	**39944**	**3579**	**37993**
中原区	12464	4480	12128	336	12356	12066	290	26	595054	589047	6007	164	48819
二七区	11819	3111	9180	2639	11892	9267	2625		394202	370043	24159		39931
管城区	5186	2247	5150	36	5136	5104	32	18	221045	220517	528	198	43205
金水区	28023	8656	27892	131	27980	27849	131	174	1345595	1343922	1673	883	48257
上街区	2229	725	2191	38	2226	2199	27		85913	85655	258		38952
惠济区	3303	1314	3058	245	3302	3057	245		134324	131018	3306		42858
中牟县	8404	2796	8382	22	8351	8329	22	103	211368	211151	217	844	25351
巩义市	6893	2140	6861	32	6884	6852	32	4	195847	195539	308	48	28538
荥阳市	8226	2869	8215	11	8235	8224	11	47	249205	249105	100		30290
新密市	8433	2967	8425	8	8420	8412	8	74	234328	234231	97		27845
新郑市	9427	3336	9410	17	9410	9393	17	47	307211	307087	124		32693
登封市	9516	2915	9372	144	9546	9353	193	79	230372	228829	1543	1442	24466
经济开发区	728	271	728		695	695			32771	32771			47153
高新开发区	1438	516	1425	13	1434	1421	13		51131	50926	205		35838
郑东新区	2303	654	2271	32	2291	2259	32	1	101035	99616	1419		44097

2-13 全市及各县(市)区城镇集体单位分行业从业人员人数及劳动报酬

(2010 年底)

单位:人

行业	单位从业人员	#女性	在岗职工	其他从业人员	单位从业人员平均人数	在岗职工	其他从业人员	离开本单位仍保留劳动关系的职工	单位从业人员劳动报酬(千元)	在岗职工工资总额	其他从业人员劳动报酬	离开本单位仍保留劳动关系的职工生活费(千元)	在岗职工平均工资(元)
农、林、牧、渔业	**33**	**7**	**33**		**33**	**33**			**491**	**491**			**14879**
惠济区	33	7	33		33	33			491	491			14879
采矿业	**398**	**48**	**398**		**383**	**383**			**6225**	**6225**			**16253**
新密市	98	6	98		98	98			2117	2117			21602
登封市	300	42	300		285	285			4108	4108			14414
制造业	**6792**	**3358**	**6758**	**34**	**7021**	**6986**	**35**	**320**	**170873**	**170432**	**441**	**5363**	**24396**
中原区	544	181	531	13	547	534	13		8497	8407	90		15743
二七区	25	10	25		26	25	1	12	608	608		84	24320
管城区	533	214	533		549	549		245	37475	37475		5279	68260
金水区	1139	520	1130	9	1140	1131	9		18265	18166	99		16062
上街区	1568	928	1568		1629	1629			52584	52584			32280
惠济区	104	51	101	3	160	157	3		3084	3044	40		19389
巩义市	145	60	145		145	145		62	2878	2878			19848
荥阳市	866	627	866		866	866			13100	13100			15127
新郑市	1377	648	1368	9	1468	1459	9	1	22794	22582	212		15478
登封市	364	45	364		364	364			7486	7486			20566
经济开发区	122	72	122		122	122			3989	3989			32697
高新开发区	5	2	5		5	5			113	113			22600
电力、燃气及水的生产和供应业	**110**	**28**	**110**		**110**	**110**			**2632**	**2632**			**23927**
惠济区	110	28	110		110	110			2632	2632			23927
建筑业	**16411**	**3259**	**14766**	**1645**	**15616**	**14675**	**941**	**107**	**238487**	**218859**	**19628**	**1947**	**14914**
中原区	2734	699	1574	1160	1793	1433	360	46	37218	33578	3640	377	23432
二七区	2009	790	2009		2009	2009			36162	36162			18000
金水区	145	13	145		149	149			2831	2831			19000
上街区	20	5	20		22	22			591	591			26864
惠济区	9199	1229	8787	412	8610	8198	412		121248	105856	15392		12912
中牟县	864	180	861	3	781	778	3		12599	12522	77		16095
新郑市	709	221	708	1	701	700	1	61	19218	19186	32	1570	27409
登封市	731	122	662	69	1551	1386	165		8620	8133	487		5868
交通运输、仓储和邮政业	**863**	**286**	**862**	**1**	**891**	**890**	**1**	**237**	**14591**	**14580**	**11**	**43**	**16382**
中原区	80	47	80		80	80			1365	1365			17063

2-13 续表 1 （2010 年底） 单位：人

行业	单位从业人员	#女性	在岗职工	其他从业人员	单位从业人员平均人数	在岗职工	其他从业人员	离开本单位仍保留劳动关系的职工	单位从业人员劳动报酬（千元）	在岗职工工资总额	其他从业人员劳动报酬	离开本单位仍保留劳动关系的职工生活费（千元）	在岗职工平均工资（元）
管城区	65	3	65		65	65			1550	1550			23846
金水区	13	8	13		13	13			359	359			27615
上街区	77	58	77		77	77			2470	2470			32078
中牟县	67	14	67		67	67		52	581	581			8672
巩义市	23	8	23		23	23		95	253	253		43	11000
新密市	86	47	85	1	84	83	1	22	877	866	11		10434
新郑市	115	14	115		145	145		68	2176	2176			15007
登封市	337	87	337		337	337			4960	4960			14718
信息传输、计算机服务和软件业	**46**	**15**	**46**		**46**	**46**			**1197**	**1197**			**26022**
金水区	7	1	7		7	7			225	225			32143
巩义市	39	14	39		39	39			972	972			24923
批发和零售业	**3871**	**1826**	**3626**	**245**	**3862**	**3625**	**237**	**2270**	**48254**	**47548**	**706**	**10**	**13117**
中原区	24	13	24		24	24		7	530	530		10	22083
二七区	43	16	43		43	43			268	268			6233
金水区	411	187	406	5	406	406			7466	7466			18389
上街区	23	15	23		23	23			205	205			8913
惠济区	37	14	37		37	37			479	479			12946
中牟县	261	59	247	14	258	244	14	29	2576	2491	85		10209
巩义市	1236	505	1017	219	1243	1024	219	1018	13720	13171	549		12862
荥阳市	926	632	926		918	918		469	13728	13728			14954
新密市	336	161	336		338	338		315	3183	3183			9417
新郑市	181	43	174	7	179	175	4	162	2093	2021	72		11549
登封市	393	181	393		393	393		270	4006	4006			10193
住宿和餐饮业	**1029**	**643**	**891**	**138**	**1029**	**1019**	**10**	**35**	**17478**	**17359**	**119**		**17035**
中原区	38	28	37	1	39	38	1		406	396	10		10421
二七区	194	130	172	22	194	186	8		2689	2593	96		13941
金水区	394	200	279	115	397	396	1		8911	8898	13		22470
巩义市	109	91	109		105	105		35	1176	1176			11200
荥阳市	45	30	45		45	45			600	600			13333
登封市	249	164	249		249	249			3696	3696			14843
金融业	**1696**	**831**	**1692**	**4**	**1661**	**1659**	**2**	**15**	**56877**	**56839**	**38**	**158**	**34261**
金水区	33	9	33		33	33			1732	1732			52485

2-13 续表2 （2010年底） 单位：人

行 业	单位从业人员	#女性	在岗职工	其他从业人员	单位从业人员平均人数	在岗职工	其他从业人员	离开本单位仍保留劳动关系的职工	单位从业人员劳动报酬（千元）	在岗职工工资总额	其他从业人员劳动报酬	离开本单位仍保留劳动关系的职工生活费（千元）	在岗职工平均工资（元）
惠济区	40	20	40		40	40			1680	1680			42000
巩义市	399	231	395	4	400	398	2		11183	11145	38		28003
荥阳市	260	101	260		260	260			9828	9828			37800
新郑市	447	217	447		426	426			23130	23130			54296
登封市	478	241	478		463	463		15	8320	8320		158	17970
高新开发区	39	12	39		39	39			1004	1004			25744
房地产业	**311**	**139**	**311**		**305**	**305**		**76**	**5699**	**5699**		**39**	**18685**
金水区	188	95	188		188	188			3863	3863			20548
上街区	4	2	4		4	4			20	20			5000
巩义市	53	25	53		53	53		43	566	566		39	10679
新郑市	66	17	66		60	60		33	1250	1250			20833
租赁和商务服务业	**2281**	**380**	**1860**	**421**	**2222**	**1804**	**418**	**95**	**41896**	**37666**	**4230**		**20879**
中原区	155	86	153	2	145	143	2		7672	7651	21		53503
二七区	23	9	6	17	23	6	17		120	120			20000
管城区	1217	86	1217		1197	1197			21541	21541			17996
金水区	109	68	107	2	108	106	2		2517	2474	43		23340
上街区	13	11	13		13	13			148	148			11385
中牟县	520	46	120	400	494	97	397	95	5330	1164	4166		12000
巩义市	28	18	28		28	28			590	590			21071
荥阳市	39	12	39		39	39			1119	1119			28692
新密市	127	14	127		125	125			2263	2263			18104
登封市	50	30	50		50	50			596	596			11920
科学研究、技术服务和地质勘查业	**506**	**167**	**484**	**22**	**506**	**484**	**22**		**16997**	**16117**	**880**		**33300**
中原区	73	22	52	21	73	52	21		2795	1925	870		37019
二七区	148	45	147	1	149	148	1		5151	5141	10		34736
金水区	212	70	212		211	211			6625	6625			31398
新密市	11	7	11		11	11			272	272			24727
郑东新区	62	23	62		62	62			2154	2154			34742
水利、环境和公共设施管理业	**151**	**60**	**151**		**132**	**132**			**4706**	**4706**			**35652**
中原区	106	27	106		90	90			4179	4179			46433
二七区	5	4	5		2	2			30	30			15000

2-13 续表3　　（2010年底）　　单位：人

行　业	单位从业人员	#女性	在岗职工	其他从业人员	单位从业人员平均人数	在岗职工	其他从业人员	离开本单位仍保留劳动关系的职工	单位从业人员劳动报酬（千元）	在岗职工工资总额	其他从业人员劳动报酬	离开本单位仍保留劳动关系的职工生活费（千元）	在岗职工平均工资（元）
上街区	28	24	28		28	28			202	202			7214
巩义市	12	5	12		12	12			295	295			24583
居民服务和其他服务业	**126**	**46**	**126**		**126**	**126**			**3700**	**3700**			**29365**
二七区	19	8	19		19	19			157	157			8263
金水区	23	15	23		23	23			576	576			25043
上街区	5	5	5		5	5			128	128			25600
中牟县	46	11	46		46	46			1249	1249			27152
巩义市	2		2		2	2			30	30			15000
登封市	31	7	31		31	31			1560	1560			50323
教育	**5012**	**2997**	**4951**	**61**	**5037**	**4977**	**60**	**6**	**160581**	**157838**	**2743**	**89**	**31713**
中原区	143	87	127	16	138	123	15	2	3110	2848	262	36	23154
二七区	367	234	327	40	363	323	40		13873	11497	2376		35594
管城区	425	235	424	1	404	403	1		16574	16559	15		41089
金水区	86	67	82	4	86	82	4		2403	2313	90		28207
巩义市	3043	1743	3043		3100	3100		4	93905	93905		53	30292
新密市	318	176	318		316	316			12683	12683			40136
登封市	630	455	630		630	630			18033	18033			28624
卫生、社会保障和社会福利业	**3542**	**2271**	**3448**	**94**	**3523**	**3430**	**93**	**21**	**86475**	**83992**	**2483**	**187**	**24487**
二七区	203	140	176	27	188	163	25		5187	4488	699		27534
管城区	417	267	402	15	414	400	14		9986	9820	166		24550
惠济区	209	132	179	30	208	178	30	4	3999	3087	912	57	17343
中牟县	39	24	39		39	39			696	696			17846
巩义市	2350	1493	2334	16	2355	2339	16	13	60580	60290	290	130	25776
荥阳市	39	22	39		41	41			625	625			15244
登封市	285	193	279	6	278	270	8	4	5402	4986	416		18467
文化、体育和娱乐业	**18**	**10**	**18**		**18**	**18**			**442**	**442**			**24556**
惠济区	13	10	13		13	13			363	363			27923
经济开发区	5		5		5	5			79	79			15800
公共管理和社会组织	**209**	**76**	**209**		**208**	**208**			**5399**	**5399**			**25957**
二七区	1	1	1		1	1			12	12			12000
新密市	208	75	208		207	207			5387	5387			26024

2-14 全市及各县(市)区其他单位分行业从业人员人数及劳动报酬

(2010 年底)

单位:人

行业	单位从业人员	#女性	在岗职工	其他从业人员	单位从业人员平均人数	在岗职工	其他从业人员	离开本单位仍保留劳动关系的职工	单位从业人员劳动报酬(千元)	在岗职工工资总额	其他从业人员劳动报酬	离开本单位仍保留劳动关系的职工生活费(千元)	在岗职工平均工资(元)
农、林、牧、渔业	**373**	**128**	**372**	**1**	**371**	**370**	**1**	**11**	**7741**	**7729**	**12**		**20889**
金水区	120	74	119	1	120	119	1		2828	2816	12		23664
上街区	13	2	13		13	13			265	265			20385
中牟县	198	41	198		196	196		11	3595	3595			18342
巩义市	35	10	35		35	35			957	957			27343
郑东新区	7	1	7		7	7			96	96			13714
采矿业	**15587**	**1898**	**15503**	**84**	**15300**	**15216**	**84**	**101**	**394542**	**393088**	**1454**	**1289**	**25834**
金水区	7	2	7		10	10			180	180			18000
上街区	183	58	183		183	183			2416	2416			13202
巩义市	7968	891	7884	84	7772	7688	84	101	168561	167107	1454	1289	21736
新密市	2786	496	2786		2788	2788			73712	73712			26439
新郑市	2185	109	2185		2126	2126			74932	74932			35246
登封市	2458	342	2458		2421	2421			74741	74741			30872
制造业	**182131**	**60479**	**180738**	**1393**	**180391**	**179018**	**1373**	**5764**	**4645938**	**4609897**	**36041**	**27669**	**25751**
中原区	20788	7939	20671	117	20632	20512	120	2299	529086	526597	2489	18979	25673
二七区	5728	1643	5702	26	5640	5614	26	127	103663	103210	453	258	18384
管城区	8462	1650	8119	343	8563	8231	332	6	431520	425231	6289	65	51662
金水区	7781	3448	7701	80	7794	7775	19		158756	158213	543		20349
上街区	14516	4705	14494	22	14602	14590	12	6	432665	432144	521	97	29619
惠济区	4171	1527	4141	30	3854	3812	42		68880	68321	559		17923
中牟县	20815	5348	20787	28	20372	20291	81	357	600008	596088	3920	6300	29377
巩义市	17995	5840	17795	200	18155	17947	208	37	478112	472454	5658		26325
荥阳市	7928	3516	7842	86	7830	7754	76	11	125351	122995	2356	113	15862
新密市	3620	1597	3526	94	3543	3449	94	19	58254	57970	284		16808
新郑市	22895	9638	22819	76	22048	21972	76	451	449666	447675	1991	950	20375
登封市	11851	2475	11849	2	11820	11813	7	2	212396	212229	167		17966
经济开发区	10095	3276	10064	31	10145	10098	47	75	263872	260785	3087	511	25825
高新开发区	24995	7753	24737	258	24902	24669	233	2370	661735	654011	7724	396	26511
郑东新区	491	124	491		491	491		4	71974	71974			146587

2-14 续表1 （2010年底） 单位:人

行业	单位从业人员	#女性	在岗职工	其他从业人员	单位从业人员平均人数	在岗职工	其他从业人员	离开本单位仍保留劳动关系的职工	单位从业人员劳动报酬（千元）	在岗职工工资总额	其他从业人员劳动报酬	离开本单位仍保留劳动关系的职工生活费（千元）	在岗职工平均工资（元）
电力、燃气及水的生产和供应业	**10256**	**3392**	**10127**	**129**	**10426**	**10275**	**151**	**465**	**538916**	**534714**	**4202**	**5948**	**52040**
中原区	6335	2024	6333	2	6333	6331	2	284	420303	420281	22	4459	66385
金水区	529	177	529		533	533			16268	16268			30522
惠济区	460	165	460		462	462			17068	17068			36944
中牟县	301	102	297	4	310	306	4		11748	11626	122		37993
巩义市	388	186	388		378	378		71	7637	7637		122	20204
荥阳市	316	130	289	27	316	289	27		6524	5968	556		20651
新密市	253	80	253		253	253			9469	9469			37427
登封市	653	240	653		653	653		110	12594	12594		1367	19286
高新开发区	1021	288	925	96	1188	1070	118		37305	33803	3502		31592
建筑业	**137284**	**15369**	**132448**	**4836**	**130740**	**126874**	**3866**	**950**	**3261900**	**3170459**	**91441**	**6609**	**24989**
中原区	11864	1721	11652	212	10622	10412	210	311	239511	236348	3163	2907	22700
二七区	2578	578	2558	20	2580	2560	20	109	93890	93370	520	1034	36473
管城区	9090	1062	8110	980	8364	7554	810	207	202843	171274	31569	2345	22673
金水区	60261	5740	56868	3393	57586	55008	2578	50	1523181	1472855	50326	221	26775
上街区	443	69	443		443	443			19479	19479			43971
惠济区	7206	1363	7206		6548	6548			132800	132800			20281
中牟县	5296	1177	5210	86	4779	4637	142		110578	106709	3869		23013
巩义市	1190	81	1166	24	1330	1306	24		26937	26486	451		20280
荥阳市	20271	1554	20268	3	20571	20568	3		498009	497964	45		24211
新密市	6091	369	6090	1	5490	5489	1	20	125406	125390	16		22844
新郑市	4429	636	4426	3	3640	3637	3	76	103561	103519	42		28463
登封市	2579	117	2545	34	2802	2768	34		50984	50214	770		18141
经济开发区	1125	414	1104	21	1107	1086	21	177	27220	26900	320	102	24770
高新开发区	1682	325	1675	7	1564	1556	8		34235	34029	206		21870
郑东新区	3179	163	3127	52	3314	3302	12		73266	73122	144		22145
交通运输、仓储和邮政业	**8190**	**2265**	**7961**	**229**	**8117**	**7888**	**229**	**579**	**312422**	**308204**	**4218**	**2085**	**39073**
中原区	60	11	60		60	60			1247	1247			20783
二七区	2812	827	2810	2	2812	2810	2		196740	196715	25		70005
管城区	1799	508	1789	10	1765	1755	10	122	44458	44331	127	1403	25260

2-14 续表2 （2010年底） 单位：人

行业	单位从业人员				单位从业人员平均人数			离开本单位仍保留劳动关系的职工	单位从业人员劳动报酬（千元）			离开本单位仍保留劳动关系的职工生活费（千元）	在岗职工平均工资（元）
		#女性	在岗职工	其他从业人员		在岗职工	其他从业人员			在岗职工工资总额	其他从业人员劳动报酬		
金水区	1637	538	1634	3	1607	1604	3	356	37988	37918	70	653	23640
上街区	300	47	300		300	300			5812	5812			19373
惠济区	84	16	84		84	84			1477	1477			17583
中牟县	545	102	545		545	545		90	5399	5399		29	9906
巩义市	103	32	103		103	103			1818	1818			17650
新密市	11	2	11		12	12		5	342	342			28500
登封市	739	157	526	213	738	525	213	6	11938	8418	3520		16034
经济开发区	86	23	85	1	77	76	1		4818	4342	476		57132
郑东新区	14	2	14		14	14			385	385			27500
信息传输、计算机服务和软件业	**5846**	**2232**	**5840**	**6**	**5800**	**5794**	**6**	**177**	**275768**	**275643**	**125**	**4348**	**47574**
中原区	12	6	12		16	16			295	295			18438
二七区	2550	1039	2550		2556	2556		177	147348	147348		4348	57648
管城区	32	13	32		32	32			559	559			17469
金水区	1702	696	1697	5	1705	1699	6		72339	72214	125		42504
上街区	86	31	85	1	86	86			2847	2847			33105
巩义市	171	31	171		171	171			4124	4124			24117
经济开发区	659	245	659		621	621			17329	17329			27905
高新开发区	366	88	366		345	345			12836	12836			37206
郑东新区	268	83	268		268	268			18091	18091			67504
批发和零售业	**39065**	**16728**	**38629**	**436**	**38607**	**38241**	**366**	**656**	**923682**	**910667**	**13015**	**1411**	**23814**
中原区	2476	1147	2444	32	2437	2418	19	17	62614	62258	356	161	25748
二七区	6166	2892	6145	21	5836	5800	36	42	143066	142665	401	215	24597
管城区	2174	1017	2141	33	1999	1976	23		45298	44696	602		22619
金水区	20124	7973	19804	320	20450	20192	258	267	506732	495428	11304	622	24536
上街区	806	411	803	3	806	804	2	38	16509	16450	59	238	20460
惠济区	266	86	266		271	271		2	5385	5385		23	19871
中牟县	614	336	607	7	594	587	7	16	8438	8438		53	14375
巩义市	718	414	714	4	715	711	4	59	9474	9430	44		13263
荥阳市	147	58	147		147	147			2927	2927			19912
新密市	648	351	642	6	652	646	6	146	8263	8215	48		12717
新郑市	676	306	674	2	612	610	2	69	12166	12142	24	99	19905

2-14 续表3　　（2010年底）　　单位：人

行业	单位从业人员	#女性	在岗职工	其他从业人员	单位从业人员平均人数	在岗职工	其他从业人员	离开本单位仍保留劳动关系的职工	单位从业人员劳动报酬（千元）	在岗职工工资总额	其他从业人员劳动报酬	离开本单位仍保留劳动关系的职工生活费（千元）	在岗职工平均工资（元）
登封市	854	647	854		829	829			11441	11441			13801
经济开发区	2255	726	2254	1	2193	2192	1		63501	63477	24		28958
高新开发区	342	61	335	7	342	336	6		7920	7797	123		23205
郑东新区	799	303	799		724	722	2		19948	19918	30		27587
住宿和餐饮业	**20441**	**11564**	**20094**	**347**	**20167**	**19767**	**400**	**53**	**386800**	**381794**	**5006**	**195**	**19315**
中原区	1873	1010	1860	13	1834	1821	13	8	46170	46058	112	66	25293
二七区	2432	1357	2303	129	2376	2229	147	12	47520	45371	2149	113	20355
管城区	779	469	778	1	777	776	1		14469	14456	13		18629
金水区	12211	6806	12033	178	12038	11824	214		234330	231949	2381		19617
上街区	191	129	191		191	191			4561	4561			23880
中牟县	602	365	582	20	580	561	19	33	7295	7082	213	16	12624
巩义市	283	147	283		289	289			4381	4381			15159
新密市	185	106	183	2	183	181	2		3903	3861	42		21331
新郑市	556	357	552	4	555	551	4		7927	7831	96		14212
登封市	1329	818	1329		1344	1344			16244	16244			12086
金融业	**31788**	**18893**	**25760**	**6028**	**29113**	**23820**	**5293**	**735**	**1796315**	**1686904**	**109411**	**5180**	**70819**
中原区	404	192	404		366	366			20062	20062			54814
二七区	1280	703	1280		1249	1249		24	40761	40761		884	32635
金水区	24638	14946	19133	5505	22563	17761	4802	210	1358588	1255744	102844	4284	70702
中牟县	975	631	457	518	891	406	485	2	16373	10171	6202	12	25052
巩义市	152	95	148	4	152	148	4		5602	5554	48		37527
登封市	26	6	26		26	26			553	553			21269
经济开发区	23	12	23		22	22			726	726			33000
郑东新区	4290	2308	4289	1	3844	3842	2	499	353650	353333	317		91966
房地产业	**22661**	**9609**	**22189**	**472**	**22104**	**21730**	**374**	**107**	**619371**	**610761**	**8610**	**701**	**28107**
中原区	2138	834	2010	128	2087	2019	68	73	67265	65885	1380	610	32632
二七区	1522	518	1484	38	1538	1500	38		41588	40772	816		27181
管城区	4801	2624	4784	17	4519	4504	15	16	96364	95631	733	59	21232
金水区	8254	3367	8152	102	8194	8075	119		241598	238416	3182		29525
上街区	380	142	380		380	380			7205	7205			18961
惠济区	480	206	459	21	476	453	23		16949	16193	756		35746
中牟县	903	277	849	54	852	809	43		18288	17737	551		21925

（2010年底） 单位：人

行　业	单位从业人员				单位从业人员平均人数			离开本单位仍保留劳动关系的职工	单位从业人员劳动报酬（千元）			离开本单位仍保留劳动关系的职工生活费（千元）	在岗职工平均工资（元）
		#女性	在岗职工	其他从业人员		在岗职工	其他从业人员			在岗职工工资总额	其他从业人员劳动报酬		
巩义市	126	51	109	17	126	109	17		1488	1307	181		11991
荥阳市	413	164	406	7	404	397	7		10021	9901	120		24940
新密市	85	36	76	9	82	73	9		2693	2452	241		33589
新郑市	122	40	122		116	116			4071	4071			35095
登封市	132	48	132		131	131			3057	3057			23336
经济开发区	419	153	414	5	443	439	4	3	17524	17378	146	32	39585
高新开发区	704	411	679	25	700	675	25		8665	8390	275		12430
郑东新区	2182	738	2133	49	2056	2050	6	15	82595	82366	229		40179
租赁和商务服务业	**7588**	**3155**	**7415**	**173**	**7514**	**7383**	**131**	**51**	**188091**	**183723**	**4368**	**215**	**24885**
中原区	110	58	87	23	106	79	27		2276	1833	443		23203
二七区	107	12	105	2	110	108	2		1727	1667	60		15435
管城区	1073	425	1052	21	1059	1039	20		19458	19168	290		18449
金水区	4751	1961	4664	87	4688	4643	45	22	117289	115926	1363	93	24968
上街区	331	154	331		331	331			10858	10858			32804
惠济区	67	10	59	8	66	61	5		843	784	59		12852
中牟县	21	9	14	7	21	14	7		466	258	208		18429
巩义市	84	38	84		84	84			1838	1838			21881
新郑市	53	29	38	15	53	38	15	7	1161	822	339		21632
登封市	103	87	103		103	103			1137	1137			11039
经济开发区	46	24	44	2	50	48	2	22	1565	1539	26	122	32063
高新开发区	15	7	15		14	14			669	669			47786
郑东新区	827	341	819	8	829	821	8		28804	27224	1580		33160
科学研究、技术服务和地质勘查业	**8946**	**2023**	**8434**	**512**	**8827**	**8225**	**602**	**50**	**357733**	**340438**	**17295**	**929**	**41391**
中原区	1457	223	1442	15	1474	1437	37	47	57723	54920	2803	906	38219
二七区	1375	210	992	383	1375	992	383		69699	61158	8541		61651
管城区	9	2	9		9	9			117	117			13000
金水区	5733	1496	5622	111	5578	5399	179	3	218446	212534	5912	23	39365
上街区	69	26	69		69	69			2988	2988			43304
中牟县	18	8	18		18	18			316	316			17556
高新开发区	191	31	188	3	196	193	3		4778	4739	39		24554
郑东新区	94	27	94		108	108			3666	3666			33944

2-14 续表 5　　(2010 年底)　　单位:人

行　业	单位从业人员	#女性	在岗职工	其他从业人员	单位从业人员平均人数	在岗职工	其他从业人员	离开本单位仍保留劳动关系的职工	单位从业人员劳动报酬(千元)	在岗职工工资总额	其他从业人员劳动报酬	离开本单位仍保留劳动关系的职工生活费(千元)	在岗职工平均工资(元)
水利、环境和公共设施管理业	**1929**	**669**	**1751**	**178**	**1933**	**1759**	**174**		**47432**	**45342**	**2090**		**25777**
二七区	246	37	106	140	246	106	140		4554	2804	1750		26453
管城区	14	4	14		14	14			353	353			25214
金水区	68	23	64	4	68	68			1104	1104			16235
上街区	308	176	308		308	308			5829	5829			18925
惠济区	84	40	50	34	84	50	34		1140	800	340		16000
中牟县	300	45	300		300	300			6081	6081			20270
巩义市	23	11	23		23	23			606	606			26348
新密市	29	11	29		29	29			332	332			11448
登封市	841	317	841		841	841			27114	27114			32240
高新开发区	5		5		5	5			120	120			24000
郑东新区	11	5	11		15	15			199	199			13267
居民服务和其他服务业	**1734**	**1153**	**1346**	**388**	**1685**	**1301**	**384**		**34104**	**30003**	**4101**		**23061**
中原区	55	14	55		55	55			1347	1347			24491
二七区	186	49	186		187	187			4594	4594			24567
管城区	999	828	629	370	943	576	367		18534	14867	3667		25811
金水区	223	138	215	8	226	219	7		4050	3763	287		17183
上街区	80	53	80		80	80			864	864			10800
惠济区	42	22	42		45	45			610	610			13556
巩义市	33	8	33		33	33			661	661			20030
荥阳市	116	41	106	10	116	106	10		3444	3297	147		31104
教育	**16398**	**10018**	**14965**	**1433**	**16212**	**14797**	**1415**	**1**	**514437**	**464267**	**50170**		**31376**
中原区	172	104	163	9	170	161	9		3304	3284	20		20398
二七区	2611	1521	1852	759	2581	1827	754		93867	66027	27840		36140
管城区	665	538	633	32	664	632	32		17911	16660	1251		26361
金水区	2787	2058	2724	63	2807	2750	57		88694	86127	2567		31319
上街区	46	21	46		46	46			2548	2548			55391
惠济区	53	45	53		53	53			614	614			11585
中牟县	1272	581	1200	72	1278	1208	70		26201	22422	3779		18561
巩义市	2059	1341	2057	2	2056	2054	2		57727	57706	21		28094
荥阳市	1191	878	1191		1181	1181			42536	42536			36017

行业	单位从业人员	#女性	在岗职工	其他从业人员	单位从业人员平均人数	在岗职工	其他从业人员	离开本单位仍保留劳动关系的职工	单位从业人员劳动报酬（千元）	在岗职工工资总额	其他从业人员劳动报酬	离开本单位仍保留劳动关系的职工生活费（千元）	在岗职工平均工资（元）
新密市	877	612	86[illegible]	16	876	860	16		12892	12751	141		14827
新郑市	4079	1887	359[illegible]	480	3909	3434	475	1	139397	124846	14551		36356
高新开发区	37	30	3[illegible]		37	37			1201	1201			32459
郑东新区	549	402	54[illegible]		554	554			27545	27545			49720
卫生、社会保障和社会福利业	**3429**	**2074**	**336[illegible]**	**69**	**3407**	**3339**	**68**	**30**	**78704**	**77053**	**1651**		**23077**
中原区	340	272	32[illegible]	11	310	299	11		5199	4927	272		16478
二七区	230	144	22[illegible]	6	231	225	6		5338	5194	144		23084
管城区	181	98	17[illegible]	4	178	173	5		2909	2814	95		16266
金水区	736	525	73[illegible]	6	741	735	6		18783	18638	145		25358
惠济区	24	16	2[illegible]		24	24			286	286			11917
中牟县	32	20	3[illegible]	2	32	30	2		363	340	23		11333
巩义市	320	175	31[illegible]	8	320	312	8		5985	5861	124		18785
新密市	652	433	63[illegible]	16	656	642	14	30	17402	16772	630		26125
新郑市	108	64	10[illegible]		109	109			2017	2017			18505
登封市	757	303	75[illegible]		757	757			19315	19315			25515
郑东新区	49	24	[illegible]	16	49	33	16		1107	889	218		26939
文化、体育和娱乐业	**1299**	**580**	**120[illegible]**	**90**	**1270**	**1189**	**81**		**32343**	**30764**	**1579**	**8**	**25874**
中原区	9	1	[illegible]		8	8			76	76			9500
二七区	27	14	[illegible]		27	27			481	481			17815
管城区	69	23	[illegible]		70	70			1596	1596			22800
金水区	1117	493	10[illegible]	74	1084	1019	65		28773	27523	1250	8	27010
惠济区	66	42	5[illegible]	16	70	54	16		1144	815	329		15093
巩义市	11	7	[illegible]		11	11			273	273			24818
公共管理和社会组织	**1014**	**415**	**9[illegible]3**	**71**	**1008**	**938**	**70**	**8**	**29008**	**27674**	**1334**		**29503**
二七区	37	12	[illegible]7		37	37			514	514			13892
金水区	628	253	5[illegible]5	42	625	584	41		20592	19428	1164		33267
中牟县	16	3	[illegible]		12	12		4	300	300			25000
巩义市	63	22	[illegible]	23	63	40	23		1012	932	80		23300
高新开发区	9		[illegible]		9	9			435	435			48333
郑东新区	261	125	2[illegible]5	6	262	256	6	4	6155	6065	90		23691

主要统计指标解释

从业人员　指从事一定社会劳动并取得劳动报酬或经营收入的全部劳动力。包括:1. 全部职工;2. 再就业的离退休人员;3. 私营业主;4. 个体户主;5. 私营和个体从业人员;6. 乡镇企业从业人员;7. 农村从业人员;8. 其他从业人员(包括民办教师、宗教职业者、现役军人等)这一指标反映了一定时期内全部劳动力资源的实际利用情况,是研究我国基本国情国力的重要指标。各单位的从业人员是指在各级国家机关、政党机关、社会团体及企业、事业单位中工作,并取得劳动报酬的全部人员。包括职工、再就业的离退休人员、民办教师以及在各单位中工作的外方人员和港、澳、台方人员。各单位的从业人员反映了各单位实际参加生产或工作的全部劳动力。

在岗职工　指在本单位工作并由单位支付工资的人员,以及有工作岗位,但由于学习、病伤产假等原因暂未工作,仍由单位支付工资的人员。

离岗职工　指由于各种原因,已经离开本人的生产和工作岗位,并不在本单位从事其他工作,但仍与用人单位保留劳动关系的职工。新指标比原来统计指标中的“下岗职工”范围大。即只要符合“离开本单位仍保留劳动关系的职工”就统计为离岗职工。

离开本单位仍保留劳动关系职工的生活费　指离岗职工在离开本单位仍保留劳动关系期间从本单位领取的生活费用。

城镇集体经济单位职工　指在城镇集体经济单位及其管理部门工作,并由其支付工资的各类人员。

其他经济单位职工　指在联营经济、股份制经济、外商投资经济、港、澳、台投资经济单位工作,并由其支付工资的各类人员。

职工工资总额　指各单位在一定时期内直接支付给本单位全部职工的劳动报酬总额。工资总额的计算原则应以直接支付给职工的全部劳动报酬为根据。各单位支付给职工的劳动报酬以及其他根据有关规定支付的工资,不论是计入成本的还是不计入成本的,不论是按国家规定列入计征奖金税项目的,还是未列入计征奖金税项目的,不论是以货币形式支付的还是以实物形式支付的,均包括在工资总额内。

城镇失业人员　指具有本市城镇户口,男年满十六周岁、不满六十周岁,女年满十六周岁、不满五十周岁,有劳动能力,没有职业或者没有经济收入,并要求寻找职业并在当地就业服务机构进行失业登记的人员。主要包括:1. 初中以上各类学校毕(结)业生未继续升学或者就业的人员;2. 经教育行政部门批准退学,且没有就业的人员;3. 与用人单位终止、解除劳动(聘用)合同或者工作关系的人员;4. 被用人单位辞退或者开除;5. 解除劳动教养和刑满释放的人员;6. 符合失业人员定义的其他失业人员。

城镇失业率　是城镇失业人数同城镇在业人数加城镇失业人数之比。计算公式为:

$$\text{城镇失业率}=\frac{\text{城镇失业人数}}{\text{城镇在业人数}+\text{城镇失业人数}}\times 100\%$$

职工平均工资　指企业、事业、机关单位的职工在一定时期内平均每人所得的货币工资额。它表明一定时期职工工资收入的高低程度,是反映职工工资水平的主要指标。计算公式为:

$$\text{职工平均工资}=\frac{\text{报告期实际支付的全部职工工资总额}}{\text{报告期全部职工平均人数}}$$

离休、退休、退职人员　指正式办理了离休、退休、退职手续,并享受相应的离休、退休、退职待遇的人员。

保险福利费用　指企业、事业、机关单位在工资以外实际支付给职工和离休、退休、退职人员个人以及用于集体的劳动保险和福利费用。

专业技术人员　专业技术人员具体指工程技术人员、农业技术人员、科研人员(自然科学研究、社会科学研究及实验技术人员)、卫生技术人员、教学人员(含高等院校、中等专业学校、技工学校、中学、小学)、民用航空飞行技术人员、船舶技术人员、经济人员、会计人员、统计人员、翻译人员、图书资料、档案、文博人员、新闻、出版人员、律师、公证人员、广播电视播音人员、工艺美术人员、体育人员、艺术人员及政工人员。

专业技术管理人员具体指企业、事业单位的领导;企业、事业单位下设的职能机构、企业的生产车间和辅助车间(或附属辅助生产单位)中从事生产、技术、经济管理和政治工作人员。

按照公务员管理或参照公务员管理的人员不统计为专业技术人员。

三、固定资产投资及房地产开发

3-1　全社会固定资产投资

（2010年）　　单位：万元、万平方米

指　　标	总　计	城镇投资	房地产开发	农村投资	农户投资	非农户投资
总　计	**27569763**	**24325289**	**7751607**	**3244474**	**965003**	**2279471**
#住宅投资	6455639	5722909	5557452	732730	660790	71940
按经济类型分						
内资	**25508781**	**22322158**	**6934067**	**3186623**	**965002**	**2221621**
国有经济	4962906	4518390	279958	444516		444516
集体经济	1521830	711660	6625	810170		810170
股份合作	247153	243453	10200	3700		3700
国有联营	17679	17679				
集体联营	8984	8984				
国有与集体联营	1535	1535				
其他联营	41541	17075		24466		24466
国有独资	326460	326460	49319			
其他有限责任公司	8232852	8232852	4180448			
股份有限公司	1590595	1590595	285882			
私营	6010619	5469017	2066966	541602		541602
其他内资	1435352	1184458	54669	250894		250894
港澳台商投资	**934424**	**932424**	**310452**	**2000**		**2000**
合资经营	297059	297059	126955			
合作经营	49314	47314	43714	2000		2000
独　　资	584551	584551	139873			
股份有限	3500	3500				
外商投资	**912988**	**912988**	**507088**			
合资经营	452168	452168	170555			
合作经营	27533	27533	13600			
独　　资	402880	402880	296167			
股份有限	30407	30407	26766			
个体经营	**1178572**	**157719**		**1020853**	**965003**	**55850**
本年新增固定资产	**15591259**	**12648286**	**2328863**	**2942973**	**965003**	**1977970**
本年施工房屋面积	**11870**	**9869**	**6255**	**2001**	**1468**	**533**
#住宅	6379	4858	4583	1521	1379	142
本年竣工房屋面积	**3372**	**1737**	**945**	**1635**	**1488**	**147**
#住宅	2059	819	752	1240	1198	42
本年竣工房屋价值	**1862544**	**1115891**	**1994718**	**746653**	**587520**	**159133**
#住宅	760438	138298	1553385	622140	586045	36095

3-2　分县(市)区全社会固定资产投资

(2010 年)

单位:万元

县(市)区	总　计	城镇投资	房地产开发	农村投资	农户投资	非农户投资
总　　计	**27569763**	**24325289**	**7751607**	**3244474**	**965003**	**2279471**
各区小计	**11638010**	**11251348**	**6692336**	**386662**	**174077**	**212585**
中原区	1041568	984256	889698	57312	14888	42424
二七区	1576175	1517475	1127394	58700		58700
管城区	1418969	1355950	628505	63019	39497	23522
金水区	2748079	2637091	2362943	110988	60125	50863
上街区	573471	562799	119282	10672	483	10189
惠济区	852989	767388	217786	85601	58714	26887
高新开发区	982833	982833	308308			
经济开发区	922794	922424	146788	370	370	
郑东新区	1521132	1521132	891632			
各县(市)小计	**15628712**	**12770900**	**1059271**	**2857812**	**790926**	**2066886**
中牟县	2848229	2314561	144640	533668	198944	334724
巩义市	2543388	2145249	250280	398139	98571	299568
荥阳市	2612231	2140361	134876	471870	93920	377950
新密市	2611954	2146109	113154	465845	126523	339322
新郑市	2872862	2359191	356131	513671	138283	375388
登封市	2140048	1665429	60190	474619	134685	339934

3-3 分产业及行业全社会固定资产投资

（2010 年）

单位：万元

指标	总计	城镇投资	房地产开发	农村投资	农户投资	非农户投资
合计	**27569763**	**24325289**	**7751607**	**3244474**	**965003**	**2279471**
按产业及国民经济行业分						
第一产业	**655435**	**283757**		**371678**	**136530**	**235148**
农林牧渔业服务业	655435	283757		371678	136530	235148
第二产业	**10563849**	**9721151**		**842698**	**82403**	**760295**
工业	10476233	9700736		775497	15202	760295
采矿业	884982	765530		119452		119452
制造业	8853372	8254072		599300	15202	584098
电力煤气及水的生产和供业业	737879	681134		56745		56745
建筑业	87616	20415		67201	67201	
第三产业	**16350479**	**14320381**	**7751607**	**2030098**	**746070**	**1284028**
交通运输、仓储和邮政业	2160362	1900247		260115	104140	155975
信息传输、计算机服务和软件业	102827	100498		2329		2329
批发和零售业	494785	462540		32245		32245
住宿和餐饮业	260227	180317		79910	51180	28730
金融业	29311	29311				
房地产业	9668642	8580423	7751607	1088219	583743	504476
租赁和商务服务业	140984	128078		12906	5906	7000
科学研究、技术服务和地质勘查业	146446	141717		4729		4729
水利、环境和公共设施管理业	1600081	1261842		338239	618	337621
居民服务和其他服务业	50913	40447		10466	483	9983
教育	761239	711593		49646		49646
卫生、社会保障和社会福利业	256857	240187		16670		16670
文化、体育和娱乐业	381870	336719		45151		45151
公共管理和社会组织	203436	113963		89473		89473

3-4 城镇固定资产投资

（2010 年）

单位:万元

指　　标	总　计	指　　标	总　计
投资总额	**24325289**	地方	23609675
按控股情况分		**按构成分**	
国有控股	5582160	建筑安装工程	15202920
集体控股	1770393	设备工器具购置	4770227
港澳台控股	746913	其他费用	4352142
外商控股	784447	**按建设性质分**	
私人及其他控股	15420366	新建	9708016
按资金来源分		扩建	4193516
国家预算内资金	1050587	改建	2332241
国内贷款	2892286	**本年新增固定资产**	**12648786**
债券		**房屋施工面积**	
利用外资	233521	施工面积	98693089
自筹资金	16661237	#住宅	48579494
其他资金	735603	竣工面积	17374576
按隶属关系分		#住宅	8188248
中央	715614		

3-5 分产业城镇固定资产投资

（2010 年）

单位:万元

指　　标	总　计	指　　标	总　计
总　　计	**24325289**	批发和零售业	462540
第一产业	**283757**	住宿和餐饮业	180317
农林牧渔业	283757	金融业	29311
第二产业	**9721151**	房地产业	8580423
工业	9700736	租赁和商务服务业	128078
轻工业	1867891	科学研究、技术服务和地质勘查业	141717
重工业	7832845	水利、环境和公共设施管理业	1261341
能源工业	1324401	居民服务和其他服务业	40447
建筑业	20415	教育	711593
第三产业	**14320381**	卫生、社会保障和社会福利业	240187
交通运输、仓储和邮政业	1993247	文化、体育和娱乐业	336719
信息传输、计算机服务和软件业	100498	公共管理和社会组织	113963

3-6 分行业城镇固定资产投资资金来源

（2010 年）

单位：万元

指　　标	本年资金来源小计	国家预算内资金	国内贷款	利用外资	自筹资金	其他资金来源
总　　计	**26011468**	**1050587**	**2892286**	**233521**	**16661237**	**5173837**
农、林、牧、渔业	**285483**	**13536**	**12426**		**239821**	**19700**
农业	54710		1660		51050	2000
林业	8400	2300			2700	3400
畜牧业	178705		7866		156739	14100
渔业	8882				8882	
农、林、牧、渔服务业	34786	11236	2900		20450	200
工业	**9799524**	**120791**	**768343**	**191621**	**8532947**	**185822**
采矿业	**758287**		**38334**		**709353**	**10600**
煤炭开采和洗选业	668079		28500		628979	10600
黑色金属矿采选业	860				860	
有色金属矿采选业	43660		8444		35216	
非金属矿采选业	45688		1390		44298	
制造业	**8275704**	**109300**	**435915**	**191621**	**7370468**	**168400**
农副食品加工业	184875		6100	31500	141675	5600
食品公司制造业	254161		23100		213368	17693
饮料制造业	163612		10910	34100	117800	802
烟草制造业	35009				35009	
纺织业	124143		1080		119299	3764
纺织服装、鞋、帽制造业	66740				65540	1200
皮革、毛皮、羽毛(绒)及其制造业	27859		900		26959	
木材加工及木、竹、藤、棕、草制品业	122760		23200		95560	4000
家具制造业	179061		27800		148161	3100
造纸及纸制品业	166112		8930		152046	5136
印刷品和记录媒介的复制	131652		11805		109542	10305
文教体育用品制造业	43960				43960	
石油加工、炼焦及核燃料加工业	35012				35012	

3-6 续表1 （2010年） 单位:万元

指　　标	本年资金来源小计	国家预算内资金	国内贷款	利用外资	自筹资金	其他资金来源
化学原料及化学制品制造业	306425		6200	3000	294765	2460
医药制造业	160313		2960		153460	3893
橡胶制品业	18300				18300	
塑料制品业	152184		12806		128506	10872
非金属矿物制品业	1834712		59163		1753072	22477
黑色金属冶炼及压延加工业	307447	4000	5250		289497	8700
有色金属冶炼及压延加工业	838610	5000	82350	6000	745260	
金属制品业	281577		9010		259158	13409
通用设备制造业	634220		4500	3500	624120	2100
专业设备制造业	789015	300	19560	6000	759883	3272
交通运输设备制造业	555601		44095	40521	467418	3567
电气机械及器材制造业	417392		35713		378384	3295
通信设备、计算机及其他电子设备制造业	373327	100000	26643	67000	148129	31555
仪器仪表及文化、办公用机械制造业	29958		5000		24958	
工艺品及其他制造业	39127		7300		21127	10700
废弃资源和废旧材料回收加工业	2540		1540		500	500
电力、燃气及水的生产和供应业	**765533**	**11491**	**294094**		**453126**	**6822**
电力、热力的生产和供应业	670127	5776	291394		369257	3700
燃气生产和供应业	31030				31030	
水的生产和供应业	64376	5715	2700		52839	3122
建筑业	**20181**				**20181**	
房屋和土木工程建筑业	11606				11606	
建筑安装业	7795				7795	
交通运输、仓储和邮政业	**1506786**	**587207**	**321450**		**580452**	**17677**
铁路运输	277975	252500	13474		11501	500
道路运输业	706249	193876	271608		238055	2710
城市公共交通业	183350	130200	12000		41150	
仓储业	216864	3631	24100		174666	14467

3-6 续表2 （2010年） 单位:万元

指　　标	本年资金来源小计	国家预算内资金	国内贷款	利用外资	自筹资金	其他资金来源
邮政业	1200				1200	
信息传输、计算机服务和软件业	**101331**	**9000**	**3150**	**14000**	**75181**	
电信和其他信息传输服务业	47388		3150		44238	
批发和零售业	**446678**		**6535**	**27900**	**398199**	**14044**
批发业	164209		2724		156341	5144
住宿和餐饮业	**180988**		**6600**		**172088**	**2300**
住宿业	127230		4000		123230	
金融业	**28283**				**28083**	**200**
保险业	3000				3000	
房地产业	**10563482**	**21990**	**1181991**		**4587703**	**4771798**
租赁和商务服务业	**121943**	**2830**	**2000**		**116213**	**900**
商务服务业	113863	2830			110133	900
科学研究、技术服务和地质勘查业	**138806**	**5600**	**11049**		**116883**	**5274**
研究与实验发展	21354	800			20554	
地质勘查	51000	4800	1000		43226	1974
水利、环境和公共设施管理业	**1335440**	**166584**	**325234**		**808957**	**34665**
水利管理业	38087	249	12965		24873	
环境管理业	16972				16972	
公共设施管理业	1280381	166335	312269		767112	34665
居民服务业和其他服务业	**42227**	**6230**	**3100**		**32697**	**200**
居民服务业	23049	6230	700		16119	
教育	**729182**	**8615**	**200108**		**441487**	**78972**
卫生、社会保障和社会福利业	**265299**	**57165**	**32800**		**169819**	**5515**
卫生	258585	56714	32800		163556	5515
文化、体育和娱乐业	**334908**	**18653**	**17500**		**278205**	**20550**
文化艺术业	40109	18573			11486	10050
公共管理和社会组织	**110927**	**32386**			**62321**	**16220**
国家机构	98248	32066			49962	16220

3-7 按行业和注册类型

(2010 年)

指标名称	本年完成投资	中央	地方	内资	港澳台
总计	**24325289**	**715614**	**23609675**	**22479877**	**932424**
农、林、牧、渔业	**283757**		**283757**	**283757**	
农业	54750		54750	54750	
林业	8365		8365	8365	
畜牧业	177705		177705	177705	
渔业	8882		8882	8882	
农、林、牧、渔服务业	34055		34055	34055	
工业	**9700736**	**289010**	**9411726**	**8836929**	**490002**
采矿业	765530	1700	763830	734387	31143
煤炭开采和洗选业	675322		675322	644179	31143
黑色金属矿采选业	860		860	860	
有色金属矿采选业	43660	1700	41960	43660	
非金属矿采选业	45688		45688	45688	
制造业	8254072	176355	8077717	7441608	448659
农副食品加工业	185115		185115	142628	10180
食品公司制造业	260881		260881	222273	
饮料制造业	164112		164112	130112	18400
烟草制造业	35049	22109	12940	35049	
纺织业	105443		105443	96263	9180
纺织服装、鞋、帽制造业	66970		66970	63370	3600
皮革、毛皮、羽毛(绒)及其制造业	28100		28100	28100	
木材加工及木、竹、藤、棕、草制品业	122540		122540	122540	
家具制造业	178701		178701	178701	
造纸及纸制品业	164387		164387	164387	
印刷品和记录媒介的复制	139919		139919	138831	1088
文教体育用品制造业	43960		43960	43960	
石油加工、炼焦及核燃料加工业	34512		34512	34512	

分城镇固定资产投资

单位:万元

外商投资	国有控股	集体控股	私人控股	港澳台控股	外商控股	其他控股
912988	**5582160**	**1770393**	**14873063**	**746913**	**784447**	**547303**
	27224	**23340**	**233193**			
	4004	3300	47446			
	7045	1320				
		12520	165185			
			8882			
	16175	6200	11680			
373805	**1092928**	**672101**	**7284356**	**369111**	**276240**	
	93127	265860	406543			
	91427	261460	322435			
			860			
	1700	4400	37560			
			45688			
363805	454930	377451	6792540	358911	266240	
32307	307	41011	105617	10180	28000	
38608			222273	3641	34967	
15600		9343	120769	8400	25600	
	35049					
		29420	66843	9180		
		1900	65070			
			28100			
			122540			
			178701			
			164387			
	702	3000	135129		1088	
			43960			
			34512			

指标名称	本年完成投资	中央	地方	内资	港澳台
化学原料及化学制品制造业	297665		297665	273145	
医药制造业	169837		169837	166672	
橡胶制品业	18300		18300	12800	5500
塑料制品业	149704		149704	149214	490
非金属矿物制品业	1814631	66430	1748201	1758671	31020
黑色金属冶炼及压延加工业	312647		312647	296974	
有色金属冶炼及压延加工业	849853	16076	833777	687666	46725
金属制品业	285362		285362	285362	
通用设备制造业	619288	6250	613038	561747	55852
专业设备制造业	781501	50000	731501	772856	647
交通运输设备制造业	562803	15490	547313	471526	7434
电气机械及器材制造业	421590		421590	341535	80055
通信设备、计算机及其他电子设备制造业	373327		373327	194839	178488
仪器仪表及文化、办公用机械制造业	29958		29958	29958	
工艺品及其他制造业	35377		35377	35377	
废弃资源和废旧材料回收加工业	2540		2540	2540	
电力、燃气及水的生产和供应业	681134	110955	570179	660934	10200
电力、热力的生产和供应业	583537	110955	472582	573537	
燃气生产和供应业	31030		31030	20830	10200
水的生产和供应业	66567		66567	66567	
建筑业	**20415**	**3050**	**17365**	**16870**	
房屋和土木工程建筑业	11840		11840	11840	
建筑安装业	7795	3050	4745	4250	
交通运输、仓储和邮政业	**1993247**	**273124**	**1720123**	**1978350**	**9097**
铁路运输	278735	264974	13761	278735	
道路运输业	973927	1150	972777	973927	
城市公共交通业	381637		381637	381637	
仓储业	221415		221415	212318	9097

单位:万元

外商投资	国有控股	集体控股	私人控股	港澳台控股	外商控股	其他控股
24520		7305	265840		24520	
3165		8785	155887		1165	
		5500	12800			
		3600	145614	490		
24940	72657	197952	1503592	35880	4550	
15673		7600	289374		15673	
115462	41689	10	645967	46725	115462	
	7790		277572			
1689	23810	10537	515400	67852	1689	
7998	169464	6788	597204	647	7398	
83843	27531	41000	487271	873	6128	
	3000	3700	414835	55		
	72931		125408	174988		
			29958			
			35377			
			2540			
10000	544871	28790	85273	10200	10000	
10000	510781	18499	44257		10000	
	1770		17060	10200		
	32320	10291	23956			
3545	**3050**		**17365**			
			11840			
3545	3050		4745			
5800	**1653713**	**32430**	**292207**	**9097**	**5800**	
	278735					
	907010	3430	63487			
	381637					
	27141	29000	156177	9097		

3-7　续表2

指标名称	本年完成投资	中央	地方	内资	港澳台
邮政业	1200		1200	1200	
信息传输、计算机服务和软件业	**100498**		**100498**	**99998**	
电信和其他信息传输服务业	47385		47385	46885	
批发和零售业	**462540**	**10317**	**452223**	**423266**	**24257**
批发业	174870	10317	164553	174870	
住宿和餐饮业	**180317**		**180317**	**180317**	
住宿业	125599		125599	125599	
金融业	**29311**	**1150**	**28161**	**29311**	
保险业	3000		3000	3000	
房地产业	**8580423**	**46749**	**8533674**	**7762883**	**310452**
租赁和商务服务业	**128078**	**11461**	**116617**	**128078**	
商务服务业	119978	11461	108517	119978	
科学研究、技术服务和地质勘查业	**141717**	**19094**	**122623**	**141717**	
研究与实验发展	21449	19094	2355	21449	
地质勘查	49500		49500	49500	
水利、环境和公共设施管理业	**1261341**	**55879**	**1205462**	**1162725**	**98616**
水利管理业	40316	650	39666	40316	
环境管理业	17532		17532	17532	
公共设施管理业	1203493	55229	1148264	1104877	98616
居民服务业和其他服务业	**40447**		**40447**	**40447**	
居民服务业	21049		21049	21049	
教育	**711593**		**711593**	**707070**	
卫生、社会保障和社会福利业	**240187**	**800**	**239387**	**240187**	
卫生	229352	800	228552	229352	
文化、体育和娱乐业	**336719**		**336719**	**334009**	
文化艺术业	42136		42136	39426	
公共管理和社会组织	**113963**	**4980**	**108983**	**113963**	
国家机构	100349	4980	95369	100349	

单位:万元

外商投资	国有控股	集体控股	私人控股	港澳台控股	外商控股	其他控股
	1200					
500	**37003**		**62995**		**500**	
500	37003		9882		500	
15017	**63994**	**44799**	**314473**	**24257**	**15017**	
	51764	9991	113115			
	13465	**310**	**166542**			
	9345		116254			
	15291	**6400**	**7620**			
	3000					
507088	**740166**	**750595**	**5813970**	**245832**	**479657**	**547303**
	38752	**13654**	**75672**			
	38752	13654	67572			
	68860		**72857**			
	20904		545			
	19300		30200			
	955889	**109965**	**96871**	**98616**		
	35746	4570				
	5816		11716			
	914327	105395	85155	98616		
	4230		**36217**			
	4230		16819			
4523	**382000**	**69552**	**255518**		**4523**	
	191390	**17509**	**31288**			
	182968	15991	30393			
2710	**197774**	**14434**	**109691**		**2710**	
2710	18332	8984			2710	
	96431	**15304**	**2228**			
	95871	2800	1678			

3-8 各县(市)区按三次产业分城镇固定资产投资

(2010 年)

单位:万元

指标名称	投资总额	第一产业	第二产业	工业	第三产业
郑州市	**24325289**	**283757**	**9721151**	**9700736**	**14320381**
中原区	984256		23795	23795	960461
二七区	1517475	566	183504	180454	1333405
管城回族区	1355950	1886	231594	222754	1122470
金水区	2637091		19272	19072	2617819
上街区	562799		319746	319746	243053
惠济区	767388	4502	69192	66192	693694
中牟县	2314561	70844	828272	828272	1415445
巩义市	2145249	2200	1566292	1566292	576757
荥阳市	2140361	29164	1690206	1689426	420991
新密市	2146109	3000	1388534	1388534	754575
新郑市	2359191	46965	1215700	1215700	1096526
登封市	1665429	124630	993561	993561	547238
经济开发区	922424		658894	655349	263530
高新开发区	982833		529306	528306	453527
郑东新区	1521132		3283	3283	1517849

3-9 各县(市)区按建设性质分城镇固定资产投资

(2010 年)

单位:万元

指标名称	投资总额	新建	扩建	改建
郑州市	**24325289**	**9708016**	**4193516**	**2332241**
中原区	984256	85819		2126
二七区	1517475	251870	87163	22077
管城回族区	1355950	359076	131256	237113
金水区	2637091	260834		7590
上街区	562799	366955	15682	57175
惠济区	767388	529071	9431	11100
中牟县	2314561	1736499	291048	112294
巩义市	2145249	939423	836355	101991
荥阳市	2140361	909290	966794	118221
新密市	2146109	552913	549751	897794
新郑市	2359191	1140340	511752	248162
登封市	1665429	255447	770032	509425
经济开发区	922424	756699	1578	7173
高新开发区	982833	654775	8875	
郑东新区	1521132	619313	450	

3-10 各县(市)区按构成性质分城镇固定资产投资

(2010 年)

单位:万元

指标名称	投资总额	建筑工程	安装工程	设备工器具购置	其他费用
郑州市	**24325289**	**14859487**	**343433**	**4770227**	**4352142**
中原区	984256	666246	632	24618	292760
二七区	1517475	1160153	9142	146179	202001
管城回族区	1355950	804352	1348	24336	525914
金水区	2637091	1992122	7647	32896	604426
上街区	562799	467063	9423	50734	35579
惠济区	767388	627777	110	11880	127621
中牟县	2314561	1677585	18606	102085	516285
巩义市	2145249	918283	75731	983424	167811
荥阳市	2140361	950322	45581	938780	205678
新密市	2146109	1004436	83265	722890	335518
新郑市	2359191	1555164	4841	344695	454491
登封市	1665429	627813	11164	677699	348753
经济开发区	922424	467298	31514	336216	87396
高新开发区	982833	475759	41428	317255	148391
郑东新区	1521132	1228389	2893	20460	269390

3-11 分行业城镇固定资产投资

（2010 年）

单位:万元

指　　标	本年完成投资	建筑工程	安装工程	设备工器具购置	其他费用	新建	扩建	改建
总计	**24325289**	**14859487**	**343433**	**4770227**	**4352142**	**9708016**	**4193516**	**2332241**
农、林、牧、渔业	**283757**	**163597**	**1147**	**63141**	**55872**	**123501**	**142501**	**13719**
农业	54750	24805	505	12155	17285	22024	27916	4810
林业	8365	4460		340	3565	2400	1945	1320
畜牧业	177705	112255	542	41886	23022	79525	93860	3470
渔业	8882	3702	100	1830	3250	5982	2900	
农、林、牧、渔服务业	34055	18375		6930	8750	13570	15880	4119
工业	**9700736**	**3812618**	**302913**	**4245141**	**1340064**	**4676127**	**3305448**	**1523724**
采矿业	765530	272009	25176	323141	145204	65523	234328	434536
煤炭开采和洗选业	675322	237018	24869	281225	132210	36733	183870	423576
黑色金属矿采选业	860	700			160			860
有色金属矿采选业	43660	22611	249	15534	5266	22260	15800	5600
非金属矿采选业	45688	11680	58	26382	7568	6530	34658	4500
制造业	8254072	3329497	221869	3615026	1087680	4297663	2729409	1062706
农副食品加工业	185115	74137	1404	67646	41928	141652	32928	2000
食品公司制造业	260881	165894	1015	48054	45918	184631	60323	10780
饮料制造业	164112	60620	932	78083	24477	89186	48732	20309
烟草制造业	35049	7875		2500	24674	29049	6000	
纺织业	105443	32597	3630	55098	14118	31885	43588	6660
纺织服装、鞋、帽制造业	66970	30889	1330	23956	10795	35300	26540	4900
皮革、毛皮、羽毛(绒)及其制造业	28100	14057	380	5470	8193	23600	4500	
木材加工及木、竹、藤、棕、草制品业	122540	59743	1240	19780	41777	98120	20920	3500
家具制造业	178701	96641	2580	21136	58344	161101	13000	2000
造纸及纸制品业	164387	44620	15398	91227	13142	42810	50206	67371
印刷品和记录媒介的复制	139919	63580	2264	58305	15770	97235	16654	13050
文教体育用品制造业	43960	13122	1680	20296	8862	12210		31750

指　　标	本年完成投资	建筑工程	安装工程	设备工器具购置	其他费用	新建	扩建	改建
石油加工、炼焦及核燃料加工业	34512	11719	561	19743	2489	12259	20453	1800
化学原料及化学制品制造业	297665	150654	5961	105322	35728	166185	85091	39906
医药制造业	169837	61327	3363	79220	25927	51447	77823	38193
橡胶制品业	18300	9185	226	8889		16500	1800	
塑料制品业	149704	65409	1721	46488	36086	112424	31260	2900
非金属矿物制品业	1814631	758068	40537	797079	218947	578253	601527	589929
黑色金属冶炼及压延加工业	312647	62846	35039	185218	29544	122215	152552	27880
有色金属冶炼及压延加工业	849853	225223	14181	556322	54127	280261	512261	52202
金属制品业	285362	146084	5804	91330	42144	134809	123315	21888
通用设备制造业	619288	267532	9150	303069	39537	333519	262528	22436
专业设备制造业	781501	359205	13735	325092	83469	426552	312358	36069
交通运输设备制造业	562803	248474	13162	210606	90561	378175	115903	65653
电气机械及器材制造业	421590	138358	20142	194713	68377	324727	90323	1030
通信设备、计算机及其他电子设备制造业	373327	128265	24896	174129	46037	364577		500
仪器仪表及文化、办公用机械制造业	29958	12502	1139	15569	748	26608	3280	
工艺品及其他制造业	35377	18711	359	10536	5771	19833	15544	
废弃资源和废旧材料回收加工业	2540	2160	40	150	190	2540		
电力、燃气及水的生产和供应业	681134	211112	55868	306974	107180	312941	341711	26482
电力、热力的生产和供应业	583537	152729	53867	277827	99114	231547	327407	24583
燃气生产和供应业	31030	17261	780	12220	769	27380	3500	150
水的生产和供应业	66567	41122	1221	16927	7297	54014	10804	1749
建筑业	**20415**	**11490**	**29**	**7796**	**1100**	**16585**		
房屋和土木工程建筑业	11840	10150	29	661	1000	11840		
建筑安装业	7795	1340		6355	100	4745		
交通运输、仓储和邮政业	**1993247**	**1673653**	**1174**	**60708**	**257712**	**1452361**	**227613**	**310773**
铁路运输	278735	277735			1000	278735		
道路运输业	973927	900470	47	6506	66904	521432	147453	302542
城市公共交通业	381637	227729		36000	117908	381637		
仓储业	221415	151353	1051	15566	53445	192734	21250	7431

指 标	本年完成投资	建筑工程	安装工程	设备工器具购置	其他费用	新建	扩建	改建
邮政业	1200	1000			200		1200	
信息传输、计算机服务和软件业	**100498**	**70093**	**1075**	**15314**	**14016**	**90091**	**5382**	**5025**
电信和其他信息传输服务业	47385	30646	1075	15314	350	37503	5382	4500
批发和零售业	**462540**	**315480**	**1792**	**38705**	**106563**	**217262**	**103474**	**140830**
批发业	174870	117222	1157	27943	28548	81481	47589	45250
住宿和餐饮业	**180317**	**96946**	**6305**	**44534**	**32532**	**112628**	**45243**	**21616**
住宿业	125599	65229	4136	38287	17947	85588	33763	6248
金融业	**29311**	**23810**	**144**	**1209**	**4148**	**27411**		**1900**
保险业	3000	600			2400	3000		
房地产业	**8580423**	**6368289**	**16199**	**105664**	**2090271**	**729917**	**44069**	**24783**
租赁和商务服务业	**128078**	**52830**	**139**	**21182**	**53927**	**113014**	**15064**	
商务服务业	119978	48484		18417	53077	104914	15064	
科学研究、技术服务和地质勘查业	**141717**	**101018**	**5857**	**12965**	**21877**	**139907**		**1810**
研究与实验发展	21449	16666	310	3015	1458	19639		1810
地质勘查	49500	38780	300	1000	9420	49500		
水利、环境和公共设施管理业	**1261341**	**1020622**	**3347**	**60581**	**176791**	**808689**	**189597**	**226036**
水利管理业	40316	33959	258	2480	3619	16659	3339	15383
环境管理业	17532	11106		2160	4266	12500	3506	1526
公共设施管理业	1203493	975557	3089	55941	168906	779530	182752	209127
居民服务业和其他服务业	**40447**	**26224**	**40**	**10582**	**3601**	**20723**	**10865**	**4129**
居民服务业	21049	15049	30	4067	1903	8123	4747	3449
教育	**711593**	**603739**	**102**	**19501**	**88251**	**591857**	**69235**	**24228**
卫生、社会保障和社会福利业	**240187**	**177305**	**351**	**34235**	**28296**	**186134**	**22519**	**2633**
卫生	229352	168620	351	33534	26847	177917	19901	2633
文化、体育和娱乐业	**336719**	**256343**	**2599**	**18725**	**59052**	**308672**	**8486**	**19561**
文化艺术业	42136	32781		500	8855	40636		1500
公共管理和社会组织	**113963**	**85430**	**220**	**10244**	**18069**	**93137**	**4020**	**11474**
国家机构	100349	79005	220	7455	13669	81726	3120	10791

3-12 各县(市)区分行业城镇

(2010 年)

指标名称	农、林、牧、渔业	采矿业	制造业	电力、燃气及水的生产和供应业	建筑业	交通运输、仓储和邮政业	信息传输、计算机服务和软件业	批发和零售业	住宿和餐饮业
全市	**283757**	**765530**	**8254072**	**681134**	**20415**	**1993247**	**100498**	**462540**	**180317**
中原区			10769	13026				3010	10
二七区	566		151054	29400	3050	10385		23603	13881
管城回族区	1886		222754		8840	117753	525	215731	18416
金水区			17472	1600	200	20694	16300	18314	8220
上街区		5900	282368	31478		2450		11200	11325
惠济区	4502		66192		3000	109822	9110	10276	4440
中牟县	70844		805912	22360		531766	44500	14786	9200
巩义市	2200	48988	1486789	30515		192481		9261	3870
荥阳市	29164	42700	1541550	105176	780	94237		18290	32260
新密市	3000	269689	884268	234577		106472		49929	20930
新郑市	46965	105613	1087440	22647		196340	5382	16979	2300
登封市	124630	292640	520814	180107		60722		38925	48237
经济开发区			649453	5896	3545	9097	1980	9552	
高新开发区			526667	1639	1000	210	22201	13637	310
郑东新区			570	2713		268338	500	9047	6918

固定资产投资

单位：万元

金融业	房地产业	租赁和商务服务业	科学研究、技术服务和地质勘查业	水利、环境和公共设施管理业	居民服务和其他服务业	教育	卫生、社会保障和社会福利业	文化、体育和娱乐业	公共管理和社会组织
29311	**8580423**	**128078**	**141717**	**1261341**	**40447**	**711593**	**240187**	**336719**	**113963**
	936498		5000				8963		6980
	1163430			56824	4230	19594	40338		1120
	704203		11410	4000		12659	10073	12040	15660
1150	2417542			87457		8877	30705	8241	319
	129782			73476	900	5850	600	4300	3170
	276533		20214	189885		60418	2304	10692	
2200	194900	17192	69877	120829	2500	175481	36534	193000	2680
	294810			39465	2250	12810	6460	5450	9900
	230613			6619	5770	22900		5450	4852
6020	189510		15000	285288	960	36776	19538	16423	7729
3000	488698	74604		180945	17063	96659	3323		11233
1900	181098	6380		82233	6774	57606	25366	20417	17580
	146788		4464	47625		8600	6325		29099
	326078	2786	11558	16407		38145	570	21490	135
15041	899940	27116	4194	39727		155218	49088	39216	3506

3-13 分行业城镇投资项目个数及新增固定资产

（2010 年）

单位:万元

指　　标	在建规模	新开工规模	施工项目个数	#本年新开工	本年投产项目个数	本年新增固定资产
总计	**40599194**	**25145040**	**3115**	**2742**	**2456**	**10285065**
农、林、牧、渔业	**323465**	**296246**	**143**	**138**	**134**	**252441**
农业	67635	54946	25	22	23	46919
林业	8365	8365	6	6	6	8365
畜牧业	189205	188355	91	91	89	163095
渔业	21880	8200	5	3	3	6380
农、林、牧、渔服务业	36380	36380	16	16	13	27682
工业	**19024841**	**12097499**	**1833**	**1661**	**1488**	**6576779**
采矿业	1812235	1150983	151	142	101	535080
煤炭开采和洗选业	1706367	1050115	128	120	80	451422
黑色金属矿采选业	860	860	1	1	1	860
有色金属矿采选业	53020	48020	9	8	8	39110
非金属矿采选业	51988	51988	13	13	12	43688
制造业	15099681	10643392	1614	1468	1338	5852075
农副食品加工业	339693	273680	37	33	29	99389
食品公司制造业	545638	343136	58	50	47	211637
饮料制造业	315326	184541	28	25	24	141210
烟草制造业	283900	276000	3	2	2	7164
纺织业	254588	111843	21	20	17	67941
纺织服装、鞋、帽制造业	123211	83670	24	21	17	59370
皮革、毛皮、羽毛(绒)及其制造业	28100	28100	7	7	7	25180
木材加工及木、竹、藤、棕、草制品业	143360	142440	29	28	25	108431
家具制造业	186830	184230	40	40	38	172061
造纸及纸制品业	179437	155877	48	46	39	143751
印刷品和记录媒介的复制	179347	143367	25	23	21	123746
文教体育用品制造业	57060	57060	16	16	14	43540
石油加工、炼焦及核燃料加工业	39213	39213	8	8	7	30492

3-13 续表1 (2010年) 单位:万元

指 标	在建规模	新开工规模	施工项目个数	#本年新开工	本年投产项目个数	本年新增固定资产
化学原料及化学制品制造业	531467	356867	73	65	59	200234
医药制造业	264307	261933	33	33	26	119783
橡胶制品业	24800	12800	5	4	4	7720
塑料制品业	166030	149560	41	39	34	124573
非金属矿物制品业	2929816	1959967	433	408	384	1564153
黑色金属冶炼及压延加工业	539709	327009	35	31	29	210819
有色金属冶炼及压延加工业	1689937	1413932	73	63	55	425677
金属制品业	359194	289120	61	57	51	237020
通用设备制造业	876884	654179	157	143	139	519267
专业设备制造业	1264027	789673	175	154	149	580860
交通运输设备制造业	1843978	985777	69	55	39	158374
电气机械及器材制造业	876032	754042	76	66	57	289179
通信设备、计算机及其他电子设备制造业	962463	588612	24	18	14	134742
仪器仪表及文化、办公用机械制造业	48950	30380	5	3	3	14380
工艺品及其他制造业	43844	43844	9	9	7	28842
废弃资源和废旧材料回收加工业	2540	2540	1	1	1	2540
电力、燃气及水的生产和供应业	2112925	303124	68	51	49	189624
电力、热力的生产和供应业	1940874	207785	39	29	27	107760
燃气生产和供应业	41360	39060	9	8	8	19261
水的生产和供应业	130691	56279	20	14	14	62603
建筑业	**31970**	**14840**	**5**	**3**	**2**	**10758**
房屋和土木工程建筑业	13840	13840	2	2	1	6247
建筑安装业	17350	1000	3	1	1	3740
交通运输、仓储和邮政业	**7336563**	**3454501**	**116**	**97**	**71**	**223704**
铁路运输	887423	141215	3	2	1	11241
道路运输业	2080103	1130300	59	51	38	80921
城市公共交通业	3084460	1564460	5	4	1	1050
仓储业	1002377	531226	33	27	20	65009

指 标	在建规模	开工规模	施工项目个数	#本年新开工	本年投产项目个数	本年新增固定资产
邮政业	1200	1200	1	1	1	1200
信息传输、计算机服务和软件业	**628911**	**481951**	**13**	**8**	**5**	**96845**
电信和其他信息传输服务业	207386	66426	7	3	4	96347
批发和零售业	**905515**	**444462**	**126**	**104**	**106**	**330853**
批发业	264210	117154	46	34	37	130294
住宿和餐饮业	**352815**	**146449**	**79**	**65**	**65**	**198700**
住宿业	254413	90963	35	28	29	167699
金融业	**66398**	**13798**	**9**	**6**	**6**	**13121**
保险业	3000	3000	1	1	1	3000
房地产业	**2063230**	**1199648**	**205**	**175**	**157**	**574990**
租赁和商务服务业	**231508**	**188508**	**14**	**13**	**7**	**513690**
商务服务业	223408	180408	11	10	4	505590
科学研究、技术服务和地质勘查业	**370581**	**132459**	**20**	**10**	**10**	**93823**
研究与实验发展	138310	16810	4	2	3	17600
地质勘查	92300	59600	3	2	2	38824
水利、环境和公共设施管理业	**4899630**	**4403054**	**234**	**209**	**185**	**644759**
水利管理业	86389	13668	15	10	11	45952
环境管理业	32182	9682	8	7	7	11392
公共设施管理业	4781059	4379704	211	192	167	587415
居民服务业和其他服务业	**64338**	**48747**	**26**	**25**	**24**	**26758**
居民服务业	32440	16849	17	16	16	14960
教育	**2026276**	**908936**	**130**	**104**	**89**	**279567**
卫生、社会保障和社会福利业	**660585**	**223117**	**61**	**41**	**31**	**73463**
卫生	631208	202153	51	33	26	69750
文化、体育和娱乐业	**1451092**	**956087**	**54**	**40**	**43**	**294235**
文化艺术业	202090	71890	11	5	6	16140
公共管理和社会组织	**161476**	**134738**	**47**	**43**	**33**	**80579**
国家机构	144172	118254	38	35	26	76475

3-14 各县(市)区城镇投资项目个数和在建规模

(2010年)

单位:万元

指标名称	施工项目个数	#本年新开工	本年投产项目个数	全部建成投产率(%)	计划总投资(万元)	#新开工
全市	**3115**	**2742**	**2456**	**78.8**	**40599194**	**25145040**
中原区	26	12	3	11.5	346460	141353
二七区	59	53	41	59.4	792548	210421
管城区	125	98	98	78.4	1683284	1123087
金水区	68	31	20	29.4	1162194	404544
上街区	119	109	98	82.4	791616	364657
惠济区	58	38	28	48.3	1889421	1444382
中牟县	298	282	218	73.2	5499374	4528357
巩义市	307	281	267	87	2914960	2160740
荥阳市	473	429	431	91.1	3764263	2139975
新密市	393	388	309	78.6	5854177	4812748
新郑市	271	254	231	85.2	3352571	2466188
登封市	634	618	579	91.3	3101987	2539314
经济开发区	68	37	28	41.2	2592517	1137608
高新开发区	143	94	93	65	2085012	881586
郑东新区	57	17	11	19.3	2550100	408984

3-15 各县(市)区城镇施工、竣工房屋建筑面积及竣工价值

(2010年)

单位:平方米、万元

县(市)区	本年施工房屋面积	#住宅	本年竣工房屋面积	#住宅	本年竣工房屋价值	#住宅
全市	**98693089**	**48579494**	**17374576**	**8188248**	**3110609**	**1691683**
中原区	10363763	7713782	1554012	1275056	373903	317934
二七区	7329932	4142993	1571298	1285397	427731	344149
管城区	8231138	5304196	1525529	779530	262401	156377
金水区	20658353	14426338	1656186	1328619	268514	213131
上街区	973654	773906	427643	346507	89892	67785
惠济区	2344412	1805051	145278	89989	17900	11120
中牟县	9537130	2237318	193226	36926	28260	6320
巩义市	2577193	1237226	1309551	699146	196737	116798
荥阳市	7833917	1704933	4412755	605292	574641	120058
新密市	2243200	686557	182181	144310	27470	20195
新郑市	4091222	1597010	1751935	637322	236101	90980
登封市	1065260	562892	218441	179409	32882	30221
经济开发区	4410487	1374790	662469	134515	232836	39459
高新开发区	4822309	1250766	1600628	531252	294544	121145
郑东新区	12211119	3761736	163444	114978	46797	36011

3-16 农村固定资产投资

（2010 年）

单位：万元、平方米

指 标	农村非农户	指 标	农村非农户
完成投资	**2279471**	采矿业	119452
按资金来源分		制造业	584098
国家预算内资金	42059	电力、燃气及水的生产和供应业	56380
国内贷款	104064	交通运输、仓储和邮政业	155475
自筹资金	1936849	信息传输、计算机服务和软件业	2329
其他资金来源	196499	批发和零售业	42245
按工程用途分		住宿和餐饮业	28730
建筑工程	1505932	房地产业	497341
安装工程	16620	租赁和商务服务业	7000
设备工器具购置	406897	科学研究、技术服务和地质勘查业	4729
其他费用	350022	水利、环境和公共设施管理业	335621
本年施工房屋面积	**5328653**	居民服务和其他服务业	9983
住宅	1416280	教育	49646
本年竣工房屋面积	**1465418**	卫生、社会保障和社会福利业	16670
住宅	417884	文化、体育和娱乐业	45151
按投资方向分		公共管理和社会组织	89473
农、林、牧、渔业	235148		

3-17 农户固定

（2010 年）

指　　标	全市	中原区	管城区	金水区	上街区
本年固定资产投资完成额	**965002**	**14889**	**39497**	**60124**	**483**
按投资来源分					
国内贷款	17713		4041		
自筹资金	940519	14889	33436	60124	483
其他资金	6769		2020		
按投资构成分					
建筑工程	739571	14889	39497	54916	
#水利	618				
房屋	727120	14889	39497	54916	
#住宅	660790	14889	39497	54916	
设备工器具购置	220299			5208	
#生产设备	169225			5208	
其它	5132				483
按投资方向分					
农林牧渔业	136530			5208	
制造业	15202				
建筑业	67200			54916	
交通运输仓储和邮政业	104140				
住宿和餐饮业	51180				
房地产业	583743	14889	39497		
租赁和商务服务业	5906				
水利环境和公共设施管理业	618				
居民服务和其他服务业	483				483
按具体投资项目分					
房屋	727120	14889	39497	54916	
#住宅	660790	14889	39497	54916	
设备	220299			5208	
水利	618				
其它	16965				483
本年施工房屋面积	**1468**	**30**	**106**	**110**	
#住宅	1379	30	106	110	
#当年新开工	1269	30	106	110	
本年竣工房屋面积	**1610**	**30**	**106**	**110**	
#住宅	1320	30	106	110	
本年竣工房屋投资完成额	**587520**	**14889**	**39497**	**54916**	
#住宅	586045	14889	39497	54916	

资产投资

单位:万元、万平方米

惠济区	中牟县	巩义市	荥阳市	新密市	新郑市	登封市	经济开发区
58714	**198943**	**98571**	**93920**	**126523**	**138283**	**134685**	**370**
				7771	5902		
58714	198943	93822	93920	118752	132381	134685	370
		4749					
51777	166703	89745	47963	67941	118621	87149	370
						618	
45090	161557	89745	47963	67941	118621	86531	370
45090	161557	89745	47963	51159	117146	38459	370
6937	28887	8804	44683	58582	19662	47536	
6937	28887	8804	19169	58582	19662	21976	
	3354	22	1274				
5781	37386	4394	12742	13102	30984	26934	
				15202			
					12285		
7844		4432	33215	38047		20602	
				3108		48072	
45090	161557	89745	47963	51159	95014	38459	370
				5906			
						618	
45090	161557	89745	47963	67941	118621	86531	370
45090	161557	89745	47963	51159	117146	38459	370
6937	28887	8804	44683	58582	19662	47536	
						618	
6687	8500	22	1274				
84	**363**	**185**	**54**	**101**	**266**	**169**	**1**
84	363	185	54	87	260	100	1
62	363	185		87	266	59	1
84	**363**	**185**	**196**	**101**	**266**	**169**	**1**
84	363	185	54	87	201	100	1
42777	**161228**	**89745**		**43268**	**118621**	**22208**	**370**
42777	161228	89745		43268	117146	22208	370

3-18　房地产开发企业(单位)财务情况

(2010 年)

单位:千元

指标	本年实际	指标	本年实际
年初存货	**67999439**	主营业务税金及附加	4066235
年末资产负债		主营业务利润	9298856
流动资产合计	199461820	其他业务收入	211900
#存货	87148878	其他业务利润	625897
固定资产原价	8386387	销售费用	1467193
累计折旧	2235536	管理费用	3794261
#本年折旧	449676	#税金	250637
资产总计	229841639	#差旅费	89197
负债合计	177295118	#工会经费	11463
所有者权益合计	52546521	财务费用	739169
实收资本	35483881	#利息支出	479237
国家资本	1064674	营业利润	4864464
集体资本	235536	营业外收入	98087
法人资本	19572220	营业外支出	345802
个人资本	10861573	利润总额	4662796
港澳台资本	3053179	应交所得税	1784341
外商资本	696699	劳动、失业保险费	49977
损益及分配		**工资、福利费**	
主营业务收入	47039651	住房公积金及住房补贴	11971
土地转让收入	5113	本年应付工资总额	1174787
商品房屋销售收入	45574870	本年应付福利费总额	81656
房屋出租收入	913290	**全部从业人员年平均人数(人)**	**24690**
其他收入	546378	资产减值损失	11591
主营业务成本	32736443	投资收益	13737

3-19　分县(市)区房地产开发企业财务状况

（2010 年）

单位:千元

县(市)区	实收资本	国家资本	资产总计	累计折旧	本年折旧	负债合计	所有者权益合计	资产负债率(%)
中原区	2235212	99652	24198086	121973	19170	22503071	1695015	93
二七区	3243500	22200	21313216	136160	36140	15563675	5749541	73
管城区	3285437	30718	26683379	518883	62047	22738165	3945214	85.2
金水区	10942460	716104	81720425	582282	110392	61659322	20061103	75.5
上街区	482232	10000	2059991	15147	3648	1528986	531005	74.2
惠济区	1489667		10656574	63367	13440	8923629	1732945	83.7
中牟县	574564	1000	2600281	38540	19649	1791229	809052	68.9
巩义市	695400		2500181	169588	80117	1636629	863552	65.5
荥阳市	582000		2581388	18380	5399	1701187	880201	65.9
新密市	331252		2013647	12818	2700	1417055	596592	70.4
新郑市	841635		3685251	50505	7407	2580035	1105216	70
登封市	621422	20000	1685012	10400	2852	980590	704422	58.2
经济开发区	3881308	10000	11841062	59320	14390	6394268	5446794	54
高新开发区	1188710	50000	6810312	38728	12459	5286592	1523720	77.6
郑东新区	5059063	105000	29462834	399445	59866	22590685	6872149	76.7

3-19 续表 （2010 年） 单位:千元

指标	主营业务收入	土地转让收入	商品房屋销售收入	房屋出租收入	其他收入	主营业务税金及附加	利润总额
中原区	2804911		2710879		94032	235456	-38732
二七区	5617110		5435392	125735	55983	450510	969062
管城区	7171988		6926270	118881	126837	622645	663640
金水区	17059691	5113	16852251	150912	51415	1449272	1056500
上街区	752248		734433	426	17389	54784	91455
惠济区	1237960		1226595	9844	1521	124019	-57443
中牟县	727239		706275	19495	1469	86839	104963
巩义市	1483399		1412729	69550	1120	193800	132835
荥阳市	846724		846724			57662	89011
新密市	606132		604995	1137		44586	104504
新郑市	869652		869406		246	62888	35836
登封市	504190		504190			33951	51311
经济开发区	2015330		2001766	13564		149014	140939
高新开发区	871827		862311	155	9361	75145	116299
郑东新区	4471250		3880654	403591	187005	425664	1202616

3-20 房地产开发与经营

（2010 年）

单位：万元、平方米

指标	总计	指标	总计
计划总投资	**34340676**	**按工程用途分**	
开始建设累计完成投资	**17146886**	住宅	5557452
本年完成投资	**7751607**	#90 平方米以下	1980158
#土地开发投资额	12159	#140 平方米以上	681626
#配套工程投资	15155	#经济适用房	273311
按登记注册类型分		#别墅、高档公寓	98718
内资	**6934067**	办公楼	495677
国有	279958	商业营业用房	802908
集体	6625	其他	895570
股份合作	10200	本年新增固定资产	2328863
有限责任公司	4229767	本年完成土地开发面积	1731170
国有独自公司	49319	待开发土地面积	3961732
其他有限责任公司	4180448	本年土地购置面积	7179456
股份有限公司	285882	本年土地成交价款	1097378
私营	2066966	#拆迁补偿费	62152
其他内资	54669	土地使用权出让金	465814
港澳台商投资	**310452**	**契税**	**15824**
与港澳台商合资经营	126955	**本年资金来源合计**	**11616722**
与港澳台商合作经营	43714	上年末结余资金	1862919
港澳台商独资	139783	本年资金来源小计	9753803
外商投资	**507088**	#省外资金	38744
中外合资经营	184155	国内贷款	1164116
外资企业	296167	#银行贷款	981336
外商投资股份有限公司	26766	#非银行金融机构贷款	182780
按构成分		自筹资金	3835436
建筑工程	5707465	#自有资金	1638514
安装工程	11143	其他资金来源	4754251
设备工器具购置	82663	#定金及预收款	2367143
其他费用	1950336	#个人按揭贷款	1652336
旧建筑物购置费	22640	**本年各项应付款合计**	**967726**
土地购置费	1401018	#工程款	501862

3-21 房地产开发企业(单位)施工、销售和空置情况

(2010 年)

单位:万元、平方米

指　　标	合计	住宅					办公楼	商业营业用房	其他房屋
			90 平米以下住房	140 平米以上住房	经济适用房	别墅、高档公寓			
房屋施工面积	62554859	45827904	18582342	7185985	3432885	783891	4094508	6583347	6049100
#新开工面积	18117745	13151048	4037296	1636859	1317086	47188	1449253	1575942	1941502
房屋竣工面积	9446153	7518635	2894938	978378	286584	32179	358878	791980	776660
#不可销售面积	172341	82551	25307				647	20221	68922
竣工房屋价值	1994718	1553385	631228	206916	36847	11180	82354	192843	166136
出租房屋面积	61531						14411	47120	
商品房销售面积	15587160	14286149	4943525	2204494	788479	143051	509364	596965	194682
#现房销售面积	2737037	2320347	617306	491128	140101	50599	59987	249598	107105
#期房销售面积	12850123	11965802	4326219	1713366	648378	92452	449377	347367	87577
商品房销售额	7727032	6565471	2633584	1244374	201095	94943	475335	598778	87448
#现房销售额	1031767	732843	242915	189272	30421	32023	43013	203783	52128
#期房销售额	6695265	5832628	2390669	1055102	170674	62920	432322	394995	35320
待售面积	1562646	1173189	413722	310954	221	13206	27588	289919	71950
#待售 1-3 年面积	642859	479441	99510	115014			12418	133018	17982
#待售 3 年以上面积	58980	13606		13606		8322	2000	26467	16907

3-22 分县(市)区按工程用途分房地产开发投资情况

(2010 年)

单位:万元

指　　标	本年完成投资	住宅					办公楼	商业营业用房	其他
			90 平米以下住房	140 平米以上住房	经济适用房	别墅、高档公寓			
郑州市	**7751607**	**5557452**	**1980158**	**681626**	**273311**	**98718**	**495677**	**802908**	**895570**
中原区	889698	715810	243323	36822	84160		8004	105860	60024
二七区	1127394	716713	418493	70467	6249		27969	128793	253919
管城区	628505	554856	171193	18512	24305		14706	27680	31263
金水区	2362943	1324599	766974	341996	100849	56447	52863	232020	253461
上街区	119282	75966	22673	17835		16473	400	18940	23976
惠济区	217786	177831	13822	4143	20608	24300	10	29727	10218
中牟县	144640	135570	10755	12150			100	1569	7401
巩义市	250280	145248	62356	57023			71	35975	68986
荥阳市	134876	123381	6520	9588	6306		70	9832	1593
新密市	113154	101865	3847	15761	1805			6774	4515
新郑市	356131	353161	33908	252				1800	1170
登封市	60190	51979	9242	12117		273	10	3006	5195
经济开发区	146788	108197	62258	12975		290	6626	12110	19855
高新开发区	308308	109278	28951	789	29029	835	127538	10819	60673
郑东新区	891632	362998	125843	71196		100	257310	178003	93321

3-23 分县(市)区房地产开发施工房屋面积

(2010 年)

单位:平方米

指　　标	本年完成投资	住宅	90 平米以下住房	140 平米以上住房	经济适用房	别墅、高档公寓	办公楼	商业营业用房	其他
郑州市	**62554859**	**45827904**	**18582342**	**7185985**	**3432885**	**783891**	**4094508**	**6583347**	**6049100**
中原区	9208370	7492796	3759719	744437	1193984		61357	763744	890473
二七区	5965481	4122493	2026933	420521	140102		84750	794279	963959
管城区	6683991	5203096	1946541	711716	273373		261629	639423	579843
金水区	18547851	13688221	6401177	2532982	1211801	545714	871982	2069966	1917682
上街区	856615	726453	289790	68390		24086	5163	107544	16819
惠济区	1734617	1481662	646586	200075	198678	143837	497	120531	131927
中牟县	2160920	2113098	237556	179246			182	19070	28570
巩义市	1369485	1151976	434163	451049			396	157398	59715
荥阳市	1470920	1302453	62988	127654	111602		802	49171	118494
新密市	765689	686557	21546	234242	45263			31803	42607
新郑市	1640455	1597010	210741	33655				11001	32444
登封市	620101	553152	145685	209641		7830	272	33782	32895
经济开发区	1688651	1278761	645286	352926		34380	133608	90225	186057
高新开发区	2604452	1189266	375453	5603	258082	20901	1163549	101858	149779
郑东新区	7237261	3240910	1375178	913848		7143	1510321	1555149	688478

3-24 分县(市)区房地产开发竣工房屋面积

(2010 年)

单位:平方米

指　　标	合计	住宅					办公楼	商业营业用房	其他房屋
			90 平米以下住房	140 平米以上住房	经济适用房	别墅、高档公寓			
郑州市	**9446153**	**7518635**	**2894938**	**978378**	**286584**	**32179**	**358878**	**791980**	**776660**
中原区	1552612	1275056	659502	88430	118768			82943	194613
二七区	1550798	1264897	473906	184313			3200	123186	159515
管城区	1012831	771630	406655	65724				200066	41135
金水区	1656186	1328619	572817	191555	167816		5933	128724	192910
上街区	427643	346507	85654	40296		11278	163	74154	6819
中牟县	36926	36926							
巩义市	788801	655646	303096	222074			396	99441	33318
荥阳市	232489	202812	11136	39993				9303	20374
新密市	167011	144310	871	43158				12505	10196
新郑市	657822	637322	94174	6086					20500
登封市	195651	171669	64818	30754				3408	20574
经济开发区	107948	98511	31865	49144				9127	310
高新开发区	922451	469752	117385			20901	349186	41257	62256
郑东新区	136984	114978	73059	16851				7866	14140

3-25 分县(市)区房地产开发竣工房屋价值

（2010 年）

单位:万元

指　　标	合计	住宅	90 平米以下住房	140 平米以上住房	经济适用房	别墅、高档公寓	办公楼	商业营业用房	其他房屋
郑州市	**1994718**	**1553385**	**631228**	**206916**	**36847**	**11180**	**82354**	**192843**	**166136**
中原区	373423	317934	139170	20557	14252			14313	41176
二七区	421114	337532	134750	49389			512	42858	40212
管城区	207081	155396	101332	12258				41004	10681
金水区	268514	213131	103128	37434	22595		1106	23578	30699
上街区	89892	67785	14326	8633		2820	35	20914	1158
中牟县	6320	6320							
巩义市	138584	110108	52882	40726			55	22391	6030
荥阳市	25963	22318	2869	5255				870	2775
新密市	26240	20195	270	4520				3763	2282
新郑市	101220	90980	11377	1070					10240
登封市	29950	27436	7901	8912				864	1650
经济开发区	36811	32504	10821	13227				4187	120
高新开发区	226649	115735	25933			8360	80646	15535	14733
郑东新区	42957	36011	26469	4935				2566	4380

3-26 分县(市)区房地产开发商品房屋销售面积

（2010 年）

单位:平方米

指　　标	商品房销售面积	现房	期房	住宅	90 平米以下住房	140 平米以上住房	经济适用房	别墅、高档公寓	办公楼	商业营业用房	其他
郑州市	**15587160**	**2737037**	**12850123**	**14286149**	**4943525**	**2204494**	**788479**	**143051**	**509364**	**596965**	**194682**
中原区	1615714	232987	1382727	1575000	710924	119963	273091			33539	7175
二七区	1117968	325576	792392	1002890	451364	164962	642			50357	64721
管城区	1360245	34547	1325698	1305158	728000	126287	54768			55087	
金水区	4450774	733811	3716963	3981055	1622313	809977	274919	67296	191922	239754	38043
上街区	329047	15903[illegible]	170016	317236	100844	41724		24132		8828	2983
惠济区	551232	46837	504395	551002	217916	75472	77353	26509		230	
中牟县	853465	1020[illegible]	843265	853465	70139	111466					
巩义市	532958	27393[illegible]	259027	447261	118290	113556				73173	12524
荥阳市	1101339	19799[illegible]	903344	1081717	25230	50602	75600			17859	1763
新密市	293264	16048[illegible]	132775	271351	6282	137543	32106			12146	9767
新郑市	985888	41602[illegible]	569864	974168	49777	10925				1226	10494
登封市	216560	4439[illegible]	172168	212097	57107	58947				3327	1136
经济开发区	388592	626[illegible]	325992	370994	153270	81012				17288	310
高新开发区	542980	325[illegible]5	510385	448632	109637	8121		20901	37103	11479	45766
郑东新区	1247134	60[illegible]2	1241112	894123	522432	293937		4213	280339	72672	

3-27 分县(市)区房地产开发商品房屋销售额

(2010年)

单位:万元

指　　标	商品房销售面积	现房	期房	住宅	90平米以下住房	140平米以上住房	经济适用房	别墅、高档公寓	办公楼	商业营业用房	其他
郑州市	**7727032**	**1031767**	**6695265**	**6565471**	**2633584**	**1244374**	**201095**	**94943**	**475335**	**598778**	**87448**
中原区	795660	91834	703826	731338	341070	58873	65576			59629	4693
二七区	585831	163130	422701	505831	255424	67176	272			45518	34482
管城区	790678	29570	761108	735482	398313	82684	14023			55137	59
金水区	2650706	362855	2287851	2167317	879680	531839	72910	43974	185735	277987	19667
上街区	82918	35465	47453	77837	19935	18758		14441		4578	503
惠济区	274623	26842	247781	274283	107030	47171	29112	18424		340	
中牟县	222786	2413	220373	222786	18895	24890					
巩义市	178601	97728	80873	125362	32710	30720				51285	1954
荥阳市	269249	42354	226895	263673	6191	11527	15380			5031	545
新密市	74730	31114	43616	67709	1520	38364	3822			3092	3929
新郑市	256248	88848	167400	249267	10133	2837				686	6295
登封市	57431	10417	47014	54599	14536	19733				2615	217
经济开发区	189254	29463	159791	175387	73768	32092				13399	468
高新开发区	216372	12406	203966	176213	50058	3774		9614	18080	7443	14636
郑东新区	1081945	7328	1074617	738387	424321	273936		8490	271520	72038	

主要统计指标解释

固定资产投资额 是以货币表现的建造和购置固定资产活动的工作量,它是反映固定资产投资规模、速度、比例关系和使用方向的综合性指标。全社会固定资产投资包括国有经济单位投资、城乡集体经济单位投资、各种经济类型的单位的投资和城乡居民个人投资。按照我国现行计划管理体制,国有经济单位固定资产投资总额分为基本建设、更新改造、商品房屋建设投资和其他固定资产投资四个部分;城乡集体经济单位投资包括城镇集体所有制单位投资和农村集体所有制单位投资;各种经济类型的单位投资包括联营经济、股份制经济、中外合资经营、中外合作经营、外资、与大陆合资经营、与大陆合作经营、港澳台独资及其他经济类型的单位投资。城镇居民个人投资包括城市、县城、镇、工矿区所辖范围内的个人建房和农村个人建房及购买生产性固定资产的投资。

固定资产投资的资金来源 根据固定资产投资的资金来源不同,分为国家预算内资金、国内贷款、利用外资、自筹资金和其他资金来源。

1. 国家预算内资金 指中央财政和地方财政中由国家统筹安排的基本建设拨款和更新改造拨款,以及中央财政安排的专项拨款中用于基本建设的资金和基本建设拨款改贷款的资金等。

2. 国内贷款 指报告期内企、事业单位向银行及非银行金融机构借入的用于固定资产投资的各种国内贷款。包括银行利用自有资金及吸收的存款发放的贷款、上级主管部门拨入的国内贷款、国家专项贷款(包括煤代油贷款、劳改煤矿专项贷款等)、地方财政专项资金安排的贷款、国内储备贷款、周转贷款等。

3. 利用外资 指报告期内收到的用于固定资产投资的国外资金,包括统借统还、自借自还的国外贷款,中外合资项目中的外资,以及对外发行债券和股票等。国家统借统还的外资指由我国政府出面同外国政府、团体或金融组织签订贷款协议、并负责偿还本息的国外贷款。

4. 自筹资金 指建设单位报告期内收到的,用于进行固定资产投资的上级主管部门、地方和企、事业单位自筹资金。

5. 其他资金来源 指报告期内收到的除以上各种拨款、借款、自筹资金以外,其他用于固定资产投资的资金。

固定资产投资按国民经济行业分 建设项目归哪个行业,按其建成投产后的主要产品或主要用途及社会经济活动性质来确定。基本建设按建设项目划分国民经济行业,更新改造、国有经济单位其他固定资产投资及城镇集体投资根据整个企业、事业单位所属的行业来划分。一般情况下,一个建设项目或一个企业、事业单位只能属于一种国民经济行业。为了更准确地反映国民经济各行业之间的比例关系,联合企业(总厂)所属分厂属于不同行业的,原则上按分厂划分行业。

固定资产投资按建设性质分 建设项目的性质一般分为新建、扩建、改建、迁建、恢复。基本建设按建设项目划分建设性质,更新改造、国有经济单位其他固定资产投资及城镇集体投资按整个企业、事业单位的建设情况确定建设性质。目前基本建设和更新改造是根据我国现行的计划管理体制区分的,所以基本建设和更新改造都可以分别按新建、扩建等划分。

固定资产投资按用途分 固定资产投资按工程的经济用途分为用于为农林牧渔业用、工业建筑业用商业、运输邮电业用、其他五部分的建设,是研究不同用途的固定资产投资之间比例关系的重要指标。基本建设投资、国有经济单位其他固定资产投资及城镇集体投资的用途按单项工程确定,现有企业、事业单位更新改造投资的用途按更新改造项目确定。

固定资产投资按构成分 固定资产投资活动按其工作内容和实现方式分为建筑安装工程,设备、工具、器具购置,其他费用三个部分。

1. 建筑安装工程(建筑工作量)指各种房屋、建筑物的建造工程和各种设备、装置的安装工程。包括各种房屋建造工程,各种用途设备基础和各种工业窑炉的砌筑工程;为施工而进行的各种准备工作和临时工程以及完工后的清理工作等;铁路、道路的铺设,矿井的开凿及石油管道的架设等;水利工程;防空地下建筑等特殊工程;以及各种机械设备的安装工程;为测定安装工程质量,对设备进行的试行工作。在安装工程中,不包括被安装设备本身价值。

2. 设备、工具、器具购置指购置或自制达到固定资产标准的设备、工具、器具的价值,固定资产的标准按财务部门规定。新建单位、扩建单位的新建车间按照设计和计划要求购置或自制的全部设备、工具、器具,不论是否达到固定资产标准均计入“设备、工具、器具购置”中。

3.其他费用指除建筑安装工程和设备、工具、器具购置以外的投资完成额。它包括两种性质的费用,一种是属于增加固定资产的费用,主要有:建设单位管理费,土地、青苗等补偿费和安置补助费、勘察设计费、研究实验费、农林单位牲畜购置费、各种经济林木的营造费、办公和生活家具、器具购置费、引进技术和进口设备项目的其他费用、联合试运转费等;一种是属于不增加固定资产的费用,主要有:施工机械转移费、生产职工培训费、农业开荒费用及报废工程损失费等。

基本建设项目按大中小型划分 基本建设划分大中小型项目原则上应按照上级批准的设计任务书或初步设计所确定的总规模或总投资划分,没有正式批准设计任务书或初步设计的,按国家或省、自治区、直辖市年度基本建设投资计划中所列的总规模或总投资划分。上述两条均不具备的,按本年计划施工工程的建设总规模或总投资划分。生产单一产品的工业项目,按产品的设计能力划分;生产多种产品的工业项目,按其主要产品的设计能力划分。品种繁多,难以按生产能力划分的,按全部计划投资额划分。划分标准以国家颁发的《大中小型建设项目划分标准》依据。国家曾在1958年、1962年、1977年和1979年先后四次修订《大中小型建设项目划分标准》,因此各历史时期的大中型项目数不完全可比。

建筑业统计单位 指从事房屋、构筑物建造和设备安装活动的法人企业。建筑业法人企业应具有建筑业资质并能够独立核算,同时其应具备以下条件:1.依法成立,有自己的名称、组织机构和场所,能够承担民事责任;2.独立拥有和使用资产,承担负债,有权与其他单位签订合同;3.独立核算盈亏,能够编制资产负债表。

施工项目 指报告期内曾进行建筑或安装工程施工活动的建设项目。包括报告期内新开工项目,报告期以前开工跨入报告期继续施工的项目以及报告期施过工并在报告期内全部建设投产或停缓建的项目。

全部建成投产项目工业项目 是指设计文件规定形成生产能力的主体工程及其相应配套的辅助设施全部建成,经负荷试运转,证明具备生产设计规定合格产品的条件,并经过验收鉴定合格或达到竣工验收标准,与生产性工程配套的生产福利设施可以满足近期正常生产的需要,正式移交生产的建设项目。

施工和竣工房屋建筑面积 房屋建筑面积是从房屋外墙线算起的各层平面面积的总和,包括房屋结构(如柱、墙)占用的面积和地下室面积。多层建筑按各自然层面积总和计算,包括房屋内的楼隔层,突出墙面的眺望间、门斗、有柱雨罩的面积。不包括突出墙面结构的构件、艺术装饰等所占的面积,如台阶等。凹阳台、挑阳台按其水平投影面积一半计算建筑面积。

住宅建筑面积 指施工和竣工房屋建筑面积中供居住用的施工和竣工房屋建筑面积。

竣工面积 指在报告期内房屋建筑按照设计要求已全部完工,达到住人和使用条件,经验收鉴定合格,正式移交使用单位的建筑面积。

房屋建筑面积竣工率 指一定时期内房屋竣工面积占同期房屋施工面积的比率。它是从房屋建筑施工速度的角度反映投资效果和建筑业经济效益的指标。

新增固定资产 指通过投资活动所形成的新的固定资产价值。包括已经建成投入生产或交付使用的工程价值和达到固定资产标准的设备、工具、器具的价值及有关应摊入的费用。它是以价值形式表示的固定资产投资成果的综合性指标,可以综合反映不同时期、不同部门、不同地区的固定资产投资成果。

建设项目投产率 指一定时期内全部建成投入生产项目个数占同期正式施工项目个数的比率。它是从项目建设速度的角度反映投资效果的指标。

固定资产交付使用率 指一定时期新增固定资产与同期完成投资额的比率。它是反映各个时期固定资产动用速度,衡量建设过程中投资效果的一个综合性指标。未完工程占用率指年末未完工程累计完成投资额占全年实际完成投资额的比率。它反映未完工程的相对规模,并可从资金占用的角度反映固定资产投资效果。由于未完工程是指已经开工,但尚未建成交付使用的工程,有个跨年度问题,因此未完工程占用率会出现大于1的情况。

实收资本 指企业实际吸收到的所有投资人投入的资金。该指标来源于会计“资产负债表”中“实收资本”项目的期末数。

资产总计 指企业拥有或控制的全部资产,包括活动资产、长期投资、固定资产、无形及递延资产、其他长期资产。该指标来源于会计“资产负债表”中“资产总计”项的期末数。

负债总计 指企业的流动负债和长期负债的合计。

四、价　格

4-1　市区居民消费价格指数(2010 年)

（以上年价格为 100）

类　别	年　度	月份 一	二	三	四	五	六	七	八	九	十	十一	十二
居民消费价格总指数	**103.0**	**102.0**	**103.2**	**101.9**	**102.4**	**101.8**	**101.9**	**102.4**	**103.2**	**103.6**	**104.5**	**105.2**	**104.0**
非食品价格指数	**101.0**	**100.4**	**100.8**	**100.2**	**100.5**	**100.5**	**100.4**	**100.8**	**100.9**	**101.1**	**101.7**	**102.3**	**102.5**
服务项目价格指数	**101.5**	**100.3**	**101.5**	**100.0**	**100.2**	**100.2**	**100.1**	**101.3**	**101.5**	**101.8**	**102.9**	**103.6**	**104.2**
工业品价格指数	**100.7**	**100.5**	**100.3**	**100.4**	**100.7**	**100.7**	**100.7**	**100.4**	**100.4**	**100.5**	**100.9**	**101.4**	**101.4**
扣除食品和能源价格指数	**100.8**	**100.1**	**100.7**	**100.1**	**100.3**	**100.3**	**100.2**	**100.7**	**100.8**	**100.9**	**101.6**	**102.1**	**102.4**
扣除鲜菜鲜果总指数	**102.1**	**100.9**	**101.5**	**100.9**	**101.0**	**101.2**	**101.3**	**101.7**	**102.0**	**102.3**	**103.1**	**104.3**	**104.6**
消费品价格指数	**103.6**	**102.7**	**103.9**	**102.7**	**103.3**	**102.5**	**102.6**	**102.9**	**103.9**	**104.3**	**105.1**	**105.9**	**103.9**
食品	**107.5**	**105.5**	**108.5**	**105.7**	**106.7**	**104.6**	**105.1**	**106.1**	**108.5**	**109.3**	**110.7**	**111.8**	**107.2**
粮食	110.3	109.2	109.8	110.4	109.4	109.4	109.6	109.2	109.1	110.2	110.0	113.4	113.3
大　米	117.1	108.8	111.3	114.1	116.2	116.2	116.9	116.9	116.3	121.4	121.0	121.5	123.8
面　粉	106.1	108.6	106.7	105.2	105.1	104.9	104.9	105.8	107.2	106.4	105.1	106.7	107.0
粮食制品	107.5	109.3	109.6	109.7	106.5	106.4	106.5	105.4	105.3	104.6	105.4	111.9	110.1
其　他	112.1	117.1	118.1	118.2	118.2	118.2	118.2	115.6	110.5	110.5	104.0	101.0	101.0
淀粉	107.3	103.7	105.6	105.6	106.9	106.9	106.9	106.9	106.9	106.9	106.9	108.4	116.4
淀　粉	107.3	103.7	105.6	105.6	106.9	106.9	106.9	106.9	106.9	106.9	106.9	108.4	116.4
干豆类及豆制品	111.7	105.9	106.7	108.3	112.5	115.3	116.2	115.7	115.6	113.2	109.3	110.2	112.1
干　豆	149.2	137.3	138.4	143.2	164.5	178.1	173.0	169.4	167.0	152.6	129.5	127.8	123.8
豆　制　品	102.3	98.8	99.5	100.4	100.4	100.4	102.4	102.8	102.9	103.2	103.7	104.8	108.3
油脂	100.7	95.8	99.2	99.4	99.0	98.3	97.6	97.2	98.4	99.3	102.3	110.8	111.9
食用植物油	101.6	95.0	101.7	101.8	100.1	98.7	97.2	96.6	98.9	100.8	106.1	111.6	111.1
植物油制品	100.0	97.0	96.9	97.1	97.9	97.9	97.9	97.9	97.9	97.7	98.5	109.9	112.9
其　他	92.7	80.3	82.8	82.6	82.2	89.8	93.2	95.2	101.7	105.2	105.0	104.7	101.9
肉禽及其制品	103.6	98.9	100.3	99.0	98.6	100.8	102.3	104.0	106.5	105.8	107.0	110.0	110.7
食用畜肉及副产品	[illegible]	96.1	96.5	95.4	96.1	100.3	102.6	104.0	106.6	104.3	105.9	109.0	110.4
猪　肉	[illegible]	94.8	93.9	92.3	93.7	99.3	102.4	103.8	106.7	103.6	105.6	109.1	109.4
牛　肉	100.5	99.1	102.1	100.8	99.7	100.0	100.0	100.0	100.7	101.0	100.3	100.9	100.8
羊　肉	110.2	101.9	108.2	109.5	109.2	108.7	108.8	109.6	110.5	110.5	110.5	113.5	121.9
畜肉副产品	103.5	95.1	100.5	102.9	100.8	103.5	103.1	103.6	105.0	105.6	106.5	108.2	109.2
其　他	110.2	104.3	113.6	113.6	114.8	114.8	111.1	111.1	111.1	111.1	107.1	107.1	102.9
禽	108.2	105.2	113.1	109.5	103.8	100.8	101.8	107.7	109.8	109.3	108.9	114.6	113.4
鸡	108.2	105.5	114.0	110.0	104.0	100.6	101.8	108.0	109.9	109.3	108.4	114.1	112.9
鸭	107.0	99.6	101.5	102.5	101.3	100.5	100.2	104.4	110.2	110.2	111.9	120.0	122.4

4-1　续表 1

类　别	年　度	月份											
		一	二	三	四	五	六	七	八	九	十	十一	十二
其　他	108.9	107.5	108.1	109.9	105.3	106.5	105.6	105.6	105.6	107.4	116.7	116.7	112.5
加工肉禽	105.8	102.9	104.3	103.9	103.4	103.4	103.7	103.3	104.9	108.5	109.5	110.8	110.3
畜肉制品	104.4	104.0	105.1	104.4	103.7	103.8	104.3	103.6	103.6	104.0	104.8	106.3	105.4
禽制品	107.4	101.7	103.4	103.3	103.0	103.0	103.0	103.0	106.5	114.0	115.1	116.2	116.2
蛋	107.4	103.1	104.2	96.5	93.6	96.5	100.5	107.5	108.2	113.6	115.2	123.1	125.9
鲜蛋	107.9	103.6	104.8	96.3	93.1	96.3	100.7	108.4	109.1	114.7	116.5	124.4	126.6
蛋制品	101.5	98.3	98.3	98.3	98.3	98.3	98.3	98.3	98.3	100.7	102.1	110.4	118.4
水产品	108.5	102.7	110.1	104.8	101.9	100.8	101.1	102.6	102.8	111.3	118.9	122.6	123.9
鱼	107.4	104.3	110.9	105.2	103.9	100.7	100.4	102.9	106.3	108.9	113.5	116.5	117.4
淡水鱼	104.4	102.0	106.7	99.4	97.9	94.3	95.6	98.8	105.3	111.1	115.6	116.4	114.7
海水鱼	110.2	106.3	114.8	110.9	109.7	107.2	105.1	106.7	107.0	106.6	111.7	116.6	119.9
其他水产品	110.0	100.3	109.0	104.0	98.7	100.8	102.0	102.0	97.1	115.0	127.3	132.0	134.0
虾蟹类	101.1	100.6	110.4	101.8	96.4	100.1	102.3	102.3	93.2	92.5	99.9	105.0	108.5
其他	120.9	100.0	107.2	106.9	101.7	101.7	101.7	101.7	101.7	141.4	158.3	163.9	165.0
菜	117.1	120.9	128.9	114.7	126.5	110.8	106.3	113.6	124.6	123.6	134.1	120.0	87.6
鲜　菜	115.4	120.4	129.1	113.2	125.1	107.3	102.8	111.4	123.0	121.9	133.5	118.9	84.9
干菜及菜制品	111.0	106.9	108.8	109.3	109.4	110.6	110.8	114.1	114.1	114.1	114.1	112.6	107.8
薯　类	160.2	151.8	142.5	162.6	179.9	199.5	168.9	156.2	166.4	170.9	159.6	145.5	132.5
调味品	100.2	100.5	101.3	101.3	100.2	100.1	100.8	100.8	99.9	99.5	98.7	99.5	99.8
盐	97.4	101.7	101.7	101.7	98.3	98.3	98.3	98.3	95.8	94.1	92.5	94.2	94.2
酱　油	99.6	100.0	100.0	100.0	100.0	99.2	99.2	99.2	99.2	99.2	99.2	99.2	101.4
醋	100.7	99.4	100.0	100.0	100.0	100.0	101.1	101.1	101.1	101.5	101.5	101.5	100.9
味　精	110.1	104.4	111.2	110.5	110.5	110.5	110.5	110.5	110.5	110.5	109.2	111.1	111.7
其　他	98.9	97.2	97.2	97.2	97.4	97.4	100.0	100.0	100.0	100.0	100.0	100.0	100.0
糖	102.3	103.1	103.3	103.3	103.3	102.8	102.8	102.8	102.4	100.8	101.3	101.6	100.5
食　糖	105.3	105.1	106.1	106.1	105.5	105.5	105.5	105.5	104.0	104.3	106.6	107.7	102.1
糖　果	101.5	103.5	103.5	103.5	103.5	102.3	102.4	102.4	102.4	98.8	98.6	98.6	99.4
巧克力制品	100.3	100.4	100.4	100.4	100.4	100.4	100.4	100.4	100.4	100.4	100.0	100.0	100.0
糖类小食品	100.9	100.0	100.0	100.0	101.2	101.2	101.2	101.2	101.2	101.2	101.2	101.2	101.2
茶及饮料	101.7	99.4	99.1	100.1	101.2	102.2	102.4	102.3	102.4	102.6	102.6	102.7	103.7
茶叶	106.5	100.0	100.0	104.2	108.3	108.3	108.3	108.3	108.3	108.3	108.3	108.3	108.3
茶　叶	106.5	100.0	100.0	104.2	108.3	108.3	108.3	108.3	108.3	108.3	108.3	108.3	108.3
饮料	99.8	99.2	98.7	98.5	98.5	99.9	100.1	100.0	100.1	100.4	100.4	100.6	101.9
固体饮料	101.5	100.3	100.3	100.3	100.1	100.6	101.5	101.5	102.6	102.6	102.4	102.4	103.1
液体饮料	100.2	101.0	100.1	99.8	99.8	99.6	99.8	99.6	99.5	100.0	100.0	100.4	102.4
冷冻饮品	98.0	94.3	94.3	94.3	94.3	100.0	100.0	100.0	100.0	100.0	100.0	100.0	100.0

4-1 续表2

类别	年度	月份											
		一	二	三	四	五	六	七	八	九	十	十一	十二
干鲜瓜果	113.7	108.8	120.0	119.6	114.8	111.0	112.8	107.3	113.7	116.1	110.0	112.6	118.0
鲜瓜果	112.6	107.5	120.6	119.9	114.5	109.9	111.8	104.3	111.8	114.9	107.0	110.7	117.5
干(坚)果	119.8	115.5	119.8	120.6	119.0	119.8	119.2	120.0	120.3	121.2	122.3	119.6	119.8
糕点饼干	101.9	101.0	101.2	101.4	102.0	102.3	103.4	102.8	101.9	101.5	101.5	101.6	101.7
糕点	106.8	103.5	104.3	105.6	107.4	108.5	108.5	108.5	108.5	107.5	107.5	107.5	104.8
饼干	99.5	100.1	100.0	99.6	99.7	99.7	99.8	99.8	98.7	98.3	98.4	98.6	101.0
面包	100.3	100.0	100.0	100.0	100.0	100.0	102.8	101.4	100.0	100.0	100.0	100.0	100.0
液体乳及乳制品	102.0	101.2	100.9	101.0	101.0	101.0	100.7	100.7	100.4	103.0	104.9	104.9	104.6
巴氏杀菌奶或消毒奶	101.8	100.0	100.0	100.0	100.0	100.0	100.0	100.0	100.0	103.7	105.9	105.9	105.9
酸奶	102.9	100.0	100.0	100.8	100.8	100.8	100.8	100.8	100.8	105.3	108.3	108.3	108.3
奶粉	102.7	104.4	104.4	104.4	104.4	104.4	102.9	102.9	101.6	100.1	101.4	101.4	100.0
其他	100.3	104.3	100.0	100.0	100.0	100.0	100.0	100.0	100.0	100.0	100.0	100.0	100.0
在外用膳食品	102.0	101.1	101.1	101.2	101.2	101.2	101.2	101.2	101.2	101.2	101.2	106.1	106.1
主食	102.5	100.0	100.0	100.0	100.0	100.0	100.0	100.0	100.0	100.0	100.0	114.9	114.9
炒菜	100.0	100.0	100.0	100.0	100.0	100.0	100.0	100.0	100.0	100.0	100.0	100.0	100.0
地方小吃	110.5	109.0	109.1	110.1	110.1	110.1	110.1	110.1	110.1	110.1	110.1	113.6	113.6
其他食品	99.8	97.6	97.7	97.8	100.4	99.8	99.8	99.8	99.8	100.4	99.9	101.1	103.0
其他食品	99.8	97.6	97.7	97.8	100.4	99.8	99.8	99.8	99.8	100.4	99.9	101.1	103.0
烟酒及用品	**101.0**	**100.3**	**100.6**	**100.9**	**101.2**	**101.3**	**101.3**	**101.3**	**101.0**	**101.0**	**100.7**	**101.1**	**101.4**
烟草	99.8	98.9	99.0	99.2	100.0	100.0	100.0	100.0	100.0	100.0	100.0	100.0	100.0
国产卷烟	99.7	98.9	98.9	98.9	100.0	100.0	100.0	100.0	100.0	100.0	100.0	100.0	100.0
进口卷烟	99.8	98.8	99.4	100.0	100.0	100.0	100.0	100.0	100.0	100.0	100.0	100.0	100.0
其他	100.0	100.0	100.0	100.0	100.0	100.0	100.0	100.0	100.0	100.0	100.0	100.0	100.0
酒	103.0	102.3	103.0	103.3	103.1	103.4	103.4	103.2	102.5	102.5	102.0	102.9	103.7
白酒	103.6	103.0	103.9	104.2	104.2	104.2	104.2	103.9	102.8	102.9	102.3	103.1	104.4
葡萄酒	102.3	100.1	100.1	100.1	100.1	103.4	103.4	103.4	103.4	103.4	103.4	104.9	101.7
啤酒	100.5	100.5	100.5	101.0	100.0	100.0	100.3	100.1	100.7	100.4	99.9	101.4	101.4
其他	100.0	100.0	100.0	100.0	100.0	100.0	100.0	100.0	100.0	100.0	100.0	100.0	100.0
吸烟、饮酒用品	98.3	100.0	98.1	98.1	98.1	98.1	98.1	98.1	98.1	98.1	98.1	98.1	98.1
吸烟用品	100.0	100.0	100.0	100.0	100.0	100.0	100.0	100.0	100.0	100.0	100.0	100.0	100.0
饮酒用品	97.1	100.0	96.9	96.9	96.9	96.9	96.9	96.9	96.9	96.9	96.9	96.9	96.9
衣着	**100.2**	**100.1**	**100.1**	**100.1**	**100.0**	**100.0**	**100.0**	**100.0**	**100.0**	**100.3**	**100.4**	**100.5**	**100.5**
服装	100.1	100.0	100.0	100.0	99.9	99.9	99.9	99.9	100.0	100.3	100.4	100.4	100.4
男式服装	100.0	100.0	100.0	100.0	99.8	99.8	99.8	99.8	99.8	100.6	100.3	100.4	100.4
大衣	100.0	100.0	100.0	100.0	100.0	100.0	100.0	100.0	100.0	100.0	100.0	100.0	100.0
毛线衣	100.0	100.0	100.0	100.0	100.0	100.0	100.0	100.0	100.0	100.0	100.0	100.0	100.0

4-1 续表3

类别	年度	月份 一	二	三	四	五	六	七	八	九	十	十一	十二
夹克衫	97.4	100.0	100.0	100.0	97.8	97.8	97.8	97.8	97.8	96.5	94.3	94.3	94.3
衬衫	100.2	100.0	100.0	100.0	100.0	100.0	100.0	100.0	100.0	100.7	100.7	100.7	100.7
T恤衫	100.0	100.0	100.0	100.0	100.0	100.0	100.0	100.0	100.0	100.0	100.0	100.0	100.0
裤子	101.4	100.0	100.0	100.0	100.0	100.0	100.0	100.0	100.0	104.3	104.3	104.3	104.3
西服	100.0	100.0	100.0	100.0	100.0	100.0	100.0	100.0	100.0	100.0	100.0	100.0	100.0
运动衫裤	100.5	100.0	100.0	100.0	100.0	100.0	100.0	100.0	100.0	101.4	101.4	101.4	101.4
内衣	100.0	100.0	100.0	100.0	100.0	100.0	100.0	100.0	100.0	100.0	100.0	100.0	100.0
羽绒衣	100.2	100.0	100.0	100.0	100.0	100.0	100.0	100.0	100.0	100.0	100.0	101.4	101.4
其他	100.0	100.0	100.0	100.0	100.0	100.0	100.0	100.0	100.0	100.0	100.0	100.0	100.0
女式服装	100.1	100.0	100.0	100.0	100.0	100.0	100.0	100.0	100.1	100.0	100.5	100.4	100.4
大　衣	100.0	100.0	100.0	100.0	100.0	100.0	100.0	100.0	100.0	100.0	100.0	100.0	100.0
毛线衣	100.4	100.0	100.0	100.0	100.0	100.0	100.0	100.0	100.0	100.0	101.8	101.8	101.8
羽绒衣	100.1	100.0	100.0	100.0	100.0	100.0	100.0	100.0	100.0	100.0	100.0	100.5	100.5
套　装	99.7	100.0	100.0	100.0	100.0	100.0	100.0	100.0	100.0	99.0	99.0	99.0	99.0
衬　衫	100.5	100.0	100.0	100.0	100.0	100.0	100.0	100.0	100.0	100.0	103.7	101.2	101.2
T恤衫	100.0	100.0	100.0	100.0	100.0	100.0	100.0	100.0	100.0	100.0	100.0	100.0	100.0
裙　子	100.0	100.0	100.0	100.0	100.0	100.0	100.0	100.0	100.0	100.0	100.0	100.0	100.0
裤　子	100.3	100.0	100.0	100.0	100.0	100.0	100.0	100.0	100.7	100.7	100.7	100.7	100.7
运动衫裤	100.4	100.0	100.0	100.0	100.0	100.0	100.0	100.0	100.0	101.3	101.3	101.3	101.3
内　衣	100.0	100.0	100.0	100.0	100.0	100.0	100.0	100.0	100.0	100.0	100.0	100.0	100.0
其　他	100.0	100.0	100.0	100.0	100.0	100.0	100.0	100.0	100.0	100.0	100.0	100.0	100.0
儿童服装	100.0	100.0	100.0	100.0	100.0	100.0	100.0	100.0	100.0	100.0	100.0	100.0	100.0
套　装	100.0	100.0	100.0	100.0	100.0	100.0	100.0	100.0	100.0	100.0	100.0	100.0	100.0
裤　子	100.0	100.0	100.0	100.0	100.0	100.0	100.0	100.0	100.0	100.0	100.0	100.0	100.0
裙　子	100.0	100.0	100.0	100.0	100.0	100.0	100.0	100.0	100.0	100.0	100.0	100.0	100.0
其　他	100.0	100.0	100.0	100.0	100.0	100.0	100.0	100.0	100.0	100.0	100.0	100.0	100.0
衣着材料	103.2	100.0	100.0	100.0	100.0	100.0	100.0	100.0	100.0	100.0	100.0	119.2	119.2
棉　布	107.0	100.0	100.0	100.0	100.0	100.0	100.0	100.0	100.0	100.0	100.0	142.2	142.2
棉混纺布	105.6	100.0	100.0	100.0	100.0	100.0	100.0	100.0	100.0	100.0	100.0	133.6	133.6
化纤布	101.4	100.0	100.0	100.0	100.0	100.0	100.0	100.0	100.0	100.0	100.0	108.4	108.4
毛　线	101.2	100.0	100.0	100.0	100.0	100.0	100.0	100.0	100.0	100.0	100.0	107.0	107.0
鞋袜帽	100.0	100.0	100.0	100.0	100.0	100.0	100.0	100.0	100.0	100.0	100.0	100.0	100.0
鞋	100.0	100.0	100.0	100.0	100.0	100.0	100.0	100.0	100.0	100.0	100.0	100.0	100.0
男　鞋	100.0	100.0	100.0	100.0	100.0	100.0	100.0	100.0	100.0	100.0	100.0	100.0	100.0
女　鞋	100.0	100.0	100.0	100.0	100.0	100.0	100.0	100.0	100.0	100.0	100.0	100.0	100.0
童　鞋	100.0	100.0	100.0	100.0	100.0	100.0	100.0	100.0	100.0	100.0	100.0	100.0	100.0

4-1 续表4

类 别	年 度	月份 一	二	三	四	五	六	七	八	九	十	十一	十二
袜子	100.0	100.0	100.0	100.0	100.0	100.0	100.0	100.0	100.0	100.0	100.0	100.0	100.0
男 袜	100.0	100.0	100.0	100.0	100.0	100.0	100.0	100.0	100.0	100.0	100.0	100.0	100.0
女 袜	100.0	100.0	100.0	100.0	100.0	100.0	100.0	100.0	100.0	100.0	100.0	100.0	100.0
帽子	100.3	100.0	100.0	100.0	100.0	100.0	100.0	100.0	100.0	100.0	100.0	100.0	103.6
男 帽	100.0	100.0	100.0	100.0	100.0	100.0	100.0	100.0	100.0	100.0	100.0	100.0	100.0
女 帽	100.4	100.0	100.0	100.0	100.0	100.0	100.0	100.0	100.0	100.0	100.0	100.0	104.5
衣着加工服务费	106.5	105.8	105.8	105.8	105.8	107.0	107.0	107.0	107.0	107.0	107.0	107.0	105.8
缝 纫	100.0	100.0	100.0	100.0	100.0	100.0	100.0	100.0	100.0	100.0	100.0	100.0	100.0
清 洗	110.8	109.7	109.7	109.7	109.7	111.6	111.6	111.6	111.6	111.6	111.6	111.6	109.6
家庭设备用品及维修服务	**99.6**	**99.7**	**99.8**	**99.9**	**99.9**	**99.2**	**99.2**	**99.0**	**99.1**	**99.0**	**99.0**	**99.8**	**101.2**
耐用消费品	98.7	99.7	99.8	99.9	99.8	98.7	98.3	98.0	98.1	98.0	98.0	98.0	98.2
家 具	100.0	100.0	100.0	100.0	100.0	100.0	100.0	100.0	100.0	100.0	100.0	100.0	100.0
柜	100.0	100.0	100.0	100.0	100.0	100.0	100.0	100.0	100.0	100.0	100.0	100.0	100.0
床	100.0	100.0	100.0	100.0	100.0	100.0	100.0	100.0	100.0	100.0	100.0	100.0	100.0
桌	100.0	100.0	100.0	100.0	100.0	100.0	100.0	100.0	100.0	100.0	100.0	100.0	100.0
椅	100.0	100.0	100.0	100.0	100.0	100.0	100.0	100.0	100.0	100.0	100.0	100.0	100.0
沙 发	100.0	100.0	100.0	100.0	100.0	100.0	100.0	100.0	100.0	100.0	100.0	100.0	100.0
其 他	100.0	100.0	100.0	100.0	100.0	100.0	100.0	100.0	100.0	100.0	100.0	100.0	100.0
家庭设备	98.0	99.5	99.6	99.8	99.8	98.0	97.4	97.0	97.1	97.0	97.0	97.0	97.2
洗 衣 机	98.8	100.2	100.0	100.0	100.0	99.2	99.2	96.9	98.6	97.9	97.9	97.9	97.9
电 风 扇	100.0	100.0	100.0	100.0	100.0	100.0	100.0	100.0	100.0	100.0	100.0	100.0	100.0
电冰箱(柜)	96.9	100.0	100.0	100.0	100.0	98.6	94.4	95.6	94.8	94.7	94.8	94.8	94.8
吸排油烟机	101.7	105.8	106.6	105.4	105.4	102.3	99.4	99.4	99.4	99.4	99.4	99.4	99.4
空 调 器	97.3	99.0	99.3	99.7	99.7	96.7	96.8	96.1	96.1	96.1	96.1	96.1	96.1
热 水 器	97.6	97.4	97.4	97.4	97.4	97.4	97.5	97.5	97.5	97.5	97.5	97.5	100.0
微 波 炉	101.1	99.8	99.8	99.8	99.8	99.9	102.0	102.0	102.0	102.0	102.0	102.0	102.0
电 炊 具	99.4	100.0	100.0	100.0	99.2	99.2	99.2	99.2	99.2	99.2	99.2	99.2	99.2
室内装饰品	100.0	100.0	100.0	100.0	100.0	100.0	100.0	100.0	100.0	100.0	100.0	100.0	100.0
纺织装饰品	100.0	100.0	100.0	100.0	100.0	100.0	100.0	100.0	100.0	100.0	100.0	100.0	100.0
装饰灯具	100.0	100.0	100.0	100.0	100.0	100.0	100.0	100.0	100.0	100.0	100.0	100.0	100.0
其 他	100.0	100.0	100.0	100.0	100.0	100.0	100.0	100.0	100.0	100.0	100.0	100.0	100.0
床上用品	100.8	100.0	100.0	100.0	100.0	100.0	100.0	100.0	100.0	100.0	100.0	104.5	104.5
毛 毯	100.4	100.0	100.0	100.0	100.0	100.0	100.0	100.0	100.0	100.0	100.0	102.4	102.4
被 子	100.0	100.0	100.0	100.0	100.0	100.0	100.0	100.0	100.0	100.0	100.0	100.0	100.0
床上套件	101.5	100.0	100.0	100.0	100.0	100.0	100.0	100.0	100.0	100.0	100.0	109.1	109.1
其 他	100.0	100.0	100.0	100.0	100.0	100.0	100.0	100.0	100.0	100.0	100.0	100.0	100.0

4-1 续表5

类别	年度	月份											
		一	二	三	四	五	六	七	八	九	十	十一	十二
家庭日用杂品	99.9	99.4	99.9	99.9	99.9	99.9	99.9	100.0	100.0	100.0	100.0	100.0	100.0
茶具	100.0	100.0	100.0	100.0	100.0	100.0	100.0	100.0	100.0	100.0	100.0	100.0	100.0
餐具	100.0	100.0	100.0	100.0	100.0	100.0	100.0	100.0	100.0	100.0	100.0	100.0	100.0
厨具	100.0	100.1	100.1	100.0	100.0	100.0	100.0	100.0	100.0	100.0	100.0	100.0	100.0
家用手工工具	100.0	100.0	100.0	100.0	100.0	100.0	100.0	100.0	100.0	100.0	100.0	100.0	100.0
洗涤用品	99.6	97.9	99.6	99.6	99.6	99.6	99.6	100.0	100.0	100.0	100.0	100.0	100.0
其他	100.0	100.0	100.0	100.0	100.0	100.0	100.0	100.0	100.0	100.0	100.0	100.0	100.0
家庭服务及加工维修服务	103.0	100.0	100.0	100.0	100.0	100.0	101.8	101.8	101.8	101.8	101.8	107.2	120.2
家庭服务	103.3	100.0	100.0	100.0	100.0	100.0	100.0	100.0	100.0	100.0	100.0	109.0	130.7
加工维修服务	102.6	100.0	100.0	100.0	100.0	100.0	104.4	104.4	104.4	104.4	104.4	104.4	104.4
医疗保健和个人用品	**102.4**	**101.4**	**101.6**	**101.9**	**102.4**	**102.7**	**102.5**	**102.3**	**102.4**	**102.2**	**102.8**	**103.2**	**103.1**
医疗保健	102.5	101.1	101.6	102.0	102.5	102.8	102.5	102.4	102.4	102.4	103.4	103.5	103.2
医疗器具及用品	100.5	99.5	99.5	99.5	101.0	101.0	101.0	101.0	101.0	101.0	100.0	100.0	101.5
医疗器具及用品	100.5	99.5	99.5	99.5	101.0	101.0	101.0	101.0	101.0	101.0	100.0	100.0	101.5
中药材及中成药	112.7	109.6	111.5	111.9	113.4	114.3	111.9	111.1	111.0	110.8	115.6	115.7	114.8
中药材	124.2	125.1	126.5	127.7	129.3	129.3	127.6	124.8	124.8	124.7	117.8	118.7	115.9
中成药	107.5	102.8	104.9	104.9	106.5	107.8	105.1	105.1	104.9	104.7	114.4	114.3	114.3
西药	98.7	97.1	97.2	97.9	98.2	98.5	99.2	99.3	99.3	99.4	99.3	99.4	99.2
抗微生物药	99.8	100.0	100.0	100.0	100.0	100.0	100.0	100.0	100.0	100.0	100.0	99.1	99.1
消化系统用药	98.5	95.5	94.8	95.7	95.5	96.8	99.8	99.8	99.7	99.6	99.5	102.7	102.7
呼吸系统用药	97.5	96.4	96.4	96.4	96.4	96.4	98.3	98.3	98.3	98.3	98.3	98.3	98.3
解热镇痛及非留体抗炎药	98.1	96.0	95.8	95.8	98.1	98.1	99.5	99.5	99.5	99.5	99.5	98.7	97.6
抗肿瘤药	98.9	98.2	99.0	99.0	98.2	98.2	98.2	99.2	99.2	100.0	99.2	99.2	99.2
激素及调节内分泌功能药	107.8	96.9	100.4	109.5	109.5	109.5	109.5	109.7	109.7	109.9	110.1	109.9	109.9
循环系统用药	92.6	92.1	92.1	92.1	92.1	92.1	92.8	92.8	92.8	92.8	92.8	93.2	93.2
神经系统用药	105.9	107.8	106.1	106.9	106.9	108.6	104.4	104.4	104.4	104.4	104.4	106.3	106.3
专科用药	93.3	94.1	93.4	93.3	93.3	93.3	93.3	93.3	93.3	93.3	93.3	92.8	92.8
其他	79.4	91.3	91.3	75.2	75.2	75.2	77.8	77.8	77.8	77.8	77.8	77.8	77.8
保健器具及用品	100.3	100.9	100.9	100.9	100.9	100.9	100.4	100.4	100.4	100.4	99.1	99.1	99.1
保健器具	100.0	100.0	100.0	100.0	100.0	100.0	100.0	100.0	100.0	100.0	100.0	100.0	100.0
滋补保健用品	100.4	101.2	101.2	101.2	101.2	101.2	100.5	100.5	100.5	100.5	98.8	98.8	98.8
医疗保健服务	100.0	100.0	100.0	100.0	100.0	100.0	100.0	100.0	100.0	100.0	100.0	100.0	100.0
挂号费	100.0	100.0	100.0	100.0	100.0	100.0	100.0	100.0	100.0	100.0	100.0	100.0	100.0
注射费	100.0	100.0	100.0	100.0	100.0	100.0	100.0	100.0	100.0	100.0	100.0	100.0	100.0
检查费	100.0	100.0	100.0	100.0	100.0	100.0	100.0	100.0	100.0	100.0	100.0	100.0	100.0
手术费	100.0	100.0	100.0	100.0	100.0	100.0	100.0	100.0	100.0	100.0	100.0	100.0	100.0

4-1 续表6

类别	年度	月份 一	二	三	四	五	六	七	八	九	十	十一	十二
住院费	100.0	100.0	100.0	100.0	100.0	100.0	100.0	100.0	100.0	100.0	100.0	100.0	100.0
理疗费	100.0	100.0	100.0	100.0	100.0	100.0	100.0	100.0	100.0	100.0	100.0	100.0	100.0
化验费	100.0	100.0	100.0	100.0	100.0	100.0	100.0	100.0	100.0	100.0	100.0	100.0	100.0
其他	100.0	100.0	100.0	100.0	100.0	100.0	100.0	100.0	100.0	100.0	100.0	100.0	100.0
个人用品及服务	102.1	102.1	101.5	101.6	102.2	102.6	102.2	102.1	102.3	101.9	101.5	102.6	102.8
化妆美容用品	100.7	100.1	100.1	100.1	101.2	101.1	100.8	101.1	100.6	100.6	100.6	101.1	101.1
化妆美容器具	100.1	100.0	100.0	100.0	100.0	100.0	100.0	100.0	100.0	100.0	100.0	100.5	100.5
美容化妆品	100.0	100.0	100.0	100.0	100.0	100.0	100.0	100.0	100.0	100.0	100.0	100.0	100.0
护肤品	100.0	100.0	100.0	100.0	100.0	100.0	100.0	100.0	100.0	100.0	100.0	100.0	100.0
护发美容品	103.7	100.7	100.7	100.7	106.5	105.7	104.3	105.7	102.9	102.9	102.9	105.7	105.7
清洁化妆用品	99.9	99.9	99.7	99.0	98.9	99.8	100.1	100.0	100.0	99.5	99.9	100.8	100.8
洗发用品	100.4	100.3	100.0	99.7	99.5	100.2	100.2	100.0	100.0	100.0	100.9	101.8	101.8
洗浴用品	99.5	98.8	98.8	98.8	98.8	98.8	100.0	100.0	100.0	100.0	100.0	100.0	100.0
其他	99.4	100.6	100.6	97.7	97.7	100.6	100.0	100.0	100.0	97.7	97.7	100.0	100.0
个人饰品	109.1	110.6	106.3	108.4	110.1	111.9	108.9	108.0	110.0	108.3	109.2	109.6	108.3
首饰	114.7	117.6	110.4	113.9	116.6	119.5	114.3	113.0	116.4	113.3	114.3	114.7	112.6
皮件	100.0	100.0	100.0	100.0	100.0	100.0	100.0	100.0	100.0	100.0	100.0	100.0	100.0
手表	100.0	100.0	100.0	100.0	100.0	100.0	100.0	100.0	100.0	100.0	100.0	100.0	100.0
领带	100.0	100.0	100.0	100.0	100.0	100.0	100.0	100.0	100.0	100.0	100.0	100.0	100.0
其他	100.0	100.0	100.0	100.0	100.0	100.0	100.0	100.0	100.0	100.0	100.0	100.0	100.0
个人服务	102.[illegible]	102.1	102.1	102.1	102.1	102.1	102.1	102.1	102.1	102.1	99.9	102.0	103.2
美容	100.7	101.2	101.2	101.2	101.2	101.2	101.2	101.2	101.2	101.2	100.0	99.0	99.0
理(烫)发	101.9	101.2	101.2	101.2	101.2	101.2	101.2	101.2	101.2	101.2	101.2	104.6	106.3
洗浴	107.[illegible]	112.3	112.3	112.3	112.3	112.3	112.3	112.3	112.3	112.3	94.3	94.3	94.3
其他	101.3	100.0	100.0	100.0	100.0	100.0	100.0	100.0	100.0	100.0	100.0	106.5	109.7
交通和通信	**100.[illegible]**	**99.8**	**100.5**	**100.0**	**100.3**	**100.3**	**100.2**	**99.8**	**99.8**	**99.7**	**99.8**	**99.8**	**99.7**
交通	101.[illegible]	101.2	103.0	101.4	101.2	102.1	101.9	101.3	101.2	100.8	101.1	100.9	100.8
交通工具	101.1	100.9	100.9	100.9	100.9	101.3	102.7	102.7	101.1	100.5	100.5	100.4	100.4
摩托车	103.[illegible]	103.1	103.1	104.1	104.1	104.1	104.1	104.1	104.1	104.1	104.1	100.1	100.1
自行车	102.[illegible]	103.2	103.2	103.2	103.2	104.1	104.1	104.1	100.8	100.8	100.8	100.8	100.8
轿车	98.[illegible]	97.1	97.1	97.1	97.1	97.1	100.0	100.0	100.0	100.0	100.0	100.0	100.0
其他	107.6	111.9	111.9	111.9	111.9	111.9	111.9	111.9	111.9	100.0	100.0	100.0	100.0
车用燃料及零配件	108.3	112.6	113.3	112.7	112.2	113.3	108.0	103.1	106.3	104.2	106.5	105.0	104.7
汽油	114.5	125.9	127.2	125.7	123.9	125.9	115.3	105.8	108.9	105.0	109.6	106.0	105.4
柴油	115.3	126.3	129.7	128.8	126.8	129.3	117.5	105.8	109.8	105.3	109.0	106.7	105.9
零配件	101.7	100.0	100.0	100.0	100.0	100.0	100.0	100.0	104.0	104.0	104.0	104.0	104.0

类别	年度	月份											
		一	二	三	四	五	六	七	八	九	十	十一	十二
其他	100.0	100.0	100.0	100.0	100.0	100.0	100.0	100.0	100.0	100.0	100.0	100.0	100.0
车辆使用及维修费	100.4	100.0	101.3	101.0	100.3	100.3	100.3	100.3	100.3	100.3	100.3	100.3	100.3
驾驶证	100.0	100.0	100.0	100.0	100.0	100.0	100.0	100.0	100.0	100.0	100.0	100.0	100.0
保险费	100.0	100.0	100.0	100.0	100.0	100.0	100.0	100.0	100.0	100.0	100.0	100.0	100.0
停车费	100.0	100.0	100.0	100.0	100.0	100.0	100.0	100.0	100.0	100.0	100.0	100.0	100.0
车辆修理服务费	100.0	100.0	100.0	100.0	100.0	100.0	100.0	100.0	100.0	100.0	100.0	100.0	100.0
其他	108.9	100.0	126.7	120.0	106.7	106.7	106.7	106.7	106.7	106.7	106.7	106.7	106.7
市区公共交通费	100.0	100.0	100.0	100.0	100.0	100.0	100.0	100.0	100.0	100.0	100.0	100.0	100.0
公共汽车票	100.0	100.0	100.0	100.0	100.0	100.0	100.0	100.0	100.0	100.0	100.0	100.0	100.0
出租汽车	100.0	100.0	100.0	100.0	100.0	100.0	100.0	100.0	100.0	100.0	100.0	100.0	100.0
其他	100.0	100.0	100.0	100.0	100.0	100.0	100.0	100.0	100.0	100.0	100.0	100.0	100.0
城市间交通费	99.9	96.9	104.9	97.1	97.0	100.3	100.3	100.3	100.3	100.3	100.3	100.4	100.2
飞机票	102.8	101.4	103.3	103.3	102.8	102.8	102.8	102.8	102.8	102.8	102.8	104.1	102.3
火车票	100.0	100.0	100.0	100.0	100.0	100.0	100.0	100.0	100.0	100.0	100.0	100.0	100.0
长途汽车	97.9	86.8	116.6	86.8	86.8	100.0	100.0	100.0	100.0	100.0	100.0	100.0	100.0
其他	100.0	100.0	100.0	100.0	100.0	100.0	100.0	100.0	100.0	100.0	100.0	100.0	100.0
通信	99.3	99.2	99.3	99.3	99.8	99.5	99.4	99.2	99.2	99.3	99.3	99.3	99.2
通信工具	94.3	92.8	93.5	93.5	98.6	95.6	95.0	93.3	93.3	94.0	94.0	94.0	93.9
固定电话机	100.0	100.0	100.0	100.0	100.0	100.0	100.0	100.0	100.0	100.0	100.0	100.0	100.0
移动电话机	94.1	92.5	93.3	93.3	98.6	95.5	94.9	93.0	93.0	93.8	93.8	93.8	93.7
其他	100.0	100.0	100.0	100.0	100.0	100.0	100.0	100.0	100.0	100.0	100.0	100.0	100.0
通信服务	100.0	100.0	100.0	100.0	100.0	100.0	100.0	100.0	100.0	100.0	100.0	100.0	100.0
移动通信费	100.0	100.0	100.0	100.0	100.0	100.0	100.0	100.0	100.0	100.0	100.0	100.0	100.0
市内电话费	100.0	100.0	100.0	100.0	100.0	100.0	100.0	100.0	100.0	100.0	100.0	100.0	100.0
长途电话费	100.0	100.0	100.0	100.0	100.0	100.0	100.0	100.0	100.0	100.0	100.0	100.0	100.0
月租费	100.0	100.0	100.0	100.0	100.0	100.0	100.0	100.0	100.0	100.0	100.0	100.0	100.0
上网费	100.0	100.0	100.0	100.0	100.0	100.0	100.0	100.0	100.0	100.0	100.0	100.0	100.0
信件邮寄	100.0	100.0	100.0	100.0	100.0	100.0	100.0	100.0	100.0	100.0	100.0	100.0	100.0
包裹邮寄	100.0	100.0	100.0	100.0	100.0	100.0	100.0	100.0	100.0	100.0	100.0	100.0	100.0
其他	100.0	100.0	100.0	100.0	100.0	100.0	100.0	100.0	100.0	100.0	100.0	100.0	100.0
娱乐教育文化用品及服务	**100.3**	**99.8**	**102.3**	**99.0**	**99.5**	**99.6**	**99.4**	**99.7**	**100.5**	**101.2**	**101.1**	**100.6**	**100.6**
文娱用耐用消费品及服务	98.6	97.6	98.1	98.0	98.0	98.7	99.5	99.0	98.7	98.8	98.9	98.9	98.7
电视机	96.0	93.0	93.8	93.8	93.8	96.6	98.6	97.2	96.3	96.3	97.7	97.7	97.7
激光视盘机	100.0	100.0	100.0	100.0	100.0	100.0	100.0	100.0	100.0	100.0	100.0	100.0	100.0
摄像机	99.3	98.7	99.0	99.0	99.0	99.0	99.0	99.0	99.0	100.0	100.0	100.0	100.0
照相机	97.3	96.9	98.4	97.4	97.4	96.7	98.7	98.4	98.0	98.0	95.9	95.9	95.9

4-1 续表 8

类　别	年　度	月份 一	二	三	四	五	六	七	八	九	十	十一	十二
家用音响	100.0	100.0	100.0	100.0	100.0	100.0	100.0	100.0	100.0	100.0	100.0	100.0	100.0
便携式音响	99.5	98.6	98.6	98.6	98.6	100.0	100.0	100.0	100.0	100.0	100.0	100.0	100.0
电　脑	99.9	99.7	100.0	100.0	100.0	100.0	100.0	100.0	100.0	100.0	100.0	100.0	99.5
修理服务	100.0	100.0	100.0	100.0	100.0	100.0	100.0	100.0	100.0	100.0	100.0	100.0	100.0
其　他	96.9	97.4	97.4	97.4	97.4	97.4	100.0	96.2	96.2	96.2	96.2	96.2	94.8
教育	100.1	101.0	100.0	100.0	100.0	100.0	100.0	100.0	100.0	100.0	100.0	100.0	100.0
教材及参考书	100.2	100.0	100.0	100.0	100.0	100.0	100.0	100.0	100.0	100.5	100.5	100.5	100.5
工　具　书	100.0	100.0	100.0	100.0	100.0	100.0	100.0	100.0	100.0	100.0	100.0	100.0	100.0
教　材	100.5	100.0	100.0	100.0	100.0	100.0	100.0	100.0	100.0	101.6	101.6	101.6	101.6
参　考　书	100.0	100.0	100.0	100.0	100.0	100.0	100.0	100.0	100.0	100.0	100.0	100.0	100.0
教育软件	100.0	100.0	100.0	100.0	100.0	100.0	100.0	100.0	100.0	100.0	100.0	100.0	100.0
学杂托幼费	100.1	101.1	100.0	100.0	100.0	100.0	100.0	100.0	100.0	100.0	100.0	100.0	100.0
义务教育杂费	100.0	100.0	100.0	100.0	100.0	100.0	100.0	100.0	100.0	100.0	100.0	100.0	100.0
非义务教育学杂费	100.2	102.0	100.0	100.0	100.0	100.0	100.0	100.0	100.0	100.0	100.0	100.0	100.0
技能培训学费	100.0	100.0	100.0	100.0	100.0	100.0	100.0	100.0	100.0	100.0	100.0	100.0	100.0
托　幼　费	100.0	100.0	100.0	100.0	100.0	100.0	100.0	100.0	100.0	100.0	100.0	100.0	100.0
其　他	100.0	100.0	100.0	100.0	100.0	100.0	100.0	100.0	100.0	100.0	100.0	100.0	100.0
文化娱乐类	98.6	97.8	97.8	97.3	96.8	96.8	96.8	98.1	100.7	100.1	100.5	100.6	100.6
文化娱乐用品	98.8	98.8	98.8	97.9	97.9	97.9	98.2	98.3	98.5	98.5	100.2	100.5	100.5
乐　器	100.0	100.0	100.0	100.0	100.0	100.0	100.0	100.0	100.0	100.0	100.0	100.0	100.0
音响光盘和磁带	92.7	90.5	90.5	90.5	90.5	90.5	90.5	90.5	90.5	90.5	100.0	100.0	100.0
照相胶卷和存储卡	99.4	98.5	98.5	98.5	98.5	98.5	100.0	100.0	100.0	100.0	100.0	100.0	100.0
录像磁带和视盘	100.3	101.9	101.9	101.9	101.9	101.9	100.0	100.0	100.0	100.0	100.0	100.0	100.0
儿童玩具	96.5	100.0	100.0	93.5	93.5	93.5	94.8	95.8	96.8	96.8	96.2	98.5	98.5
纸张本册	101.3	100.0	100.0	100.0	100.0	100.0	100.0	100.0	100.0	100.0	105.1	105.1	105.1
文　具	99.3	100.0	100.0	100.0	100.0	100.0	100.0	100.0	100.0	100.0	99.5	98.7	98.7
体育用品	100.0	100.0	100.0	100.0	100.0	100.0	100.0	100.0	100.0	100.0	100.0	100.0	100.0
其　他	100.0	100.0	100.0	100.0	100.0	100.0	100.0	100.0	100.0	100.0	100.0	100.0	100.0
书报杂志	95.1	91.8	91.8	91.8	91.8	91.8	91.8	91.8	100.0	100.0	100.0	100.0	100.0
书　籍	100.0	100.0	100.0	100.0	100.0	100.0	100.0	100.0	100.0	100.0	100.0	100.0	100.0
报　纸	86.8	79.4	79.4	79.4	79.4	79.4	79.4	79.4	100.0	100.0	100.0	100.0	100.0
杂　志	100.0	100.0	100.0	100.0	100.0	100.0	100.0	100.0	100.0	100.0	100.0	100.0	100.0
文娱费	101.8	102.3	102.2	101.8	100.2	100.2	99.9	104.0	104.5	102.5	101.3	101.3	101.3
电　影　票	107.1	117.0	115.1	115.1	108.2	108.2	104.7	111.7	117.7	98.3	98.3	98.3	98.3
景点门票	111.2	100.0	100.0	100.0	100.0	100.0	100.0	122.5	122.5	122.5	122.5	122.5	122.5
有线电视	100.0	100.0	100.0	100.0	100.0	100.0	100.0	100.0	100.0	100.0	100.0	100.0	100.0

4-1 续表9

类　别	年 度	月份 一	二	三	四	五	六	七	八	九	十	十一	十二
健身活动	97.5	102.0	102.0	100.8	97.4	97.4	97.4	97.4	97.4	97.4	93.6	93.6	93.6
其　他	100.0	100.0	100.0	100.0	100.0	100.0	100.0	100.0	100.0	100.0	100.0	100.0	100.0
旅游	105.0	99.9	122.2	97.7	101.8	101.3	98.9	100.7	104.9	110.7	109.6	105.3	106.3
旅行社收费	105.8	99.9	126.2	97.3	102.2	101.6	98.7	100.8	105.8	112.6	111.2	106.3	107.4
宾馆住宿	100.0	100.0	100.0	100.0	100.0	100.0	100.0	100.0	100.0	100.0	100.0	100.0	100.0
其他住宿	100.0	100.0	100.0	100.0	100.0	100.0	100.0	100.0	100.0	100.0	100.0	100.0	100.0
居住	**102.8**	**101.4**	**100.4**	**100.2**	**100.6**	**100.6**	**100.7**	**102.5**	**102.4**	**102.7**	**105.4**	**107.9**	**108.4**
建房及装修材料	100.3	99.8	99.8	99.8	98.8	98.8	98.8	99.1	99.0	99.1	99.1	105.5	106.3
木　材	100.7	100.0	100.0	100.0	100.0	100.0	100.0	100.0	100.0	100.0	100.0	104.4	104.4
木 地 板	100.0	100.0	100.0	100.0	100.0	100.0	100.0	100.0	100.0	100.0	100.0	100.0	100.0
砖	99.9	102.0	102.0	102.0	98.4	98.4	98.4	98.4	98.4	98.4	98.4	101.9	101.9
水　泥	96.8	92.0	92.0	92.0	91.2	91.2	91.2	92.1	92.0	92.0	92.0	123.6	122.8
涂　料	100.6	100.0	100.0	100.0	100.0	100.0	100.0	100.0	100.0	100.0	100.0	100.0	107.4
胶 合 板	100.3	100.0	100.0	100.0	100.0	100.0	100.0	100.0	100.0	100.0	100.0	100.0	103.5
玻　璃	117.3	116.5	119.0	116.7	111.0	108.4	114.9	122.6	122.6	122.6	122.6	117.7	113.2
粘　胶	108.8	110.1	110.1	110.1	110.1	110.1	107.1	107.1	107.1	108.6	108.6	108.6	108.6
油　漆	105.2	104.8	104.8	104.8	104.8	104.8	104.8	104.8	104.8	104.8	104.8	104.8	109.4
其　他	98.0	100.0	100.0	100.0	97.3	97.3	97.3	97.3	97.3	97.3	97.3	97.3	97.3
租房	102.2	100.0	100.0	100.0	100.0	100.0	100.0	102.6	102.6	102.6	102.6	107.8	107.8
公房房租	100.0	100.0	100.0	100.0	100.0	100.0	100.0	100.0	100.0	100.0	100.0	100.0	100.0
私房房租	102.7	100.0	100.0	100.0	100.0	100.0	100.0	103.2	103.2	103.2	103.2	109.7	109.7
其他费用	100.0	100.0	100.0	100.0	100.0	100.0	100.0	100.0	100.0	100.0	100.0	100.0	100.0
自有住房	103.4	100.0	100.0	100.0	100.0	100.0	100.0	103.6	103.6	103.6	108.4	110.5	111.4
房屋贷款利率	104.2	100.0	100.0	100.0	100.0	100.0	100.0	104.4	104.4	104.4	110.2	112.9	113.9
物业管理费用	100.0	100.0	100.0	100.0	100.0	100.0	100.0	100.0	100.0	100.0	100.0	100.0	100.0
维护修理费用	100.0	100.0	100.0	100.0	100.0	100.0	100.0	100.0	100.0	100.0	100.0	100.0	100.0
其　他	100.0	100.0	100.0	100.0	100.0	100.0	100.0	100.0	100.0	100.0	100.0	100.0	100.0
水、电、燃料	102.4	104.4	101.3	100.7	102.2	102.5	102.6	101.4	101.3	102.2	102.7	104.0	103.7
水	100.0	100.0	100.0	100.0	100.0	100.0	100.0	100.0	100.0	100.0	100.0	100.0	100.0
电	100.0	100.0	100.0	100.0	100.0	100.0	100.0	100.0	100.0	100.0	100.0	100.0	100.0
液化石油气	124.9	121.2	126.9	122.6	134.0	139.2	144.8	132.9	121.9	118.7	114.2	119.3	113.5
管道燃气	101.3	118.8	100.0	100.0	100.0	100.0	100.0	100.0	100.0	100.0	100.0	100.0	100.0
其他燃料	100.6	90.1	88.9	88.9	91.4	91.4	91.4	91.4	97.0	109.4	121.8	125.0	128.1

4-2 市区商品零售价格指数(2010 年)

（以上年价格为 100）

类　别	年　度	月份 一	二	三	四	五	六	七	八	九	十	十一	十二
商品零售价格总指数	**102.7**	**102.4**	**102.6**	**102.1**	**102.8**	**102.5**	**102.0**	**101.6**	**102.5**	**102.8**	**103.6**	**104.2**	**103.4**
食品	**107.5**	**105.2**	**108.2**	**105.7**	**106.4**	**104.7**	**105.2**	**106.2**	**108.3**	**109.4**	**110.6**	**111.6**	**108.0**
粮食	111.1	109.1	109.7	110.3	110.3	110.2	110.5	110.4	110.4	112.1	111.5	113.8	114.4
大　米	117.1	108.8	111.3	114.1	116.2	116.2	116.9	116.9	116.3	121.4	121.0	121.5	123.8
面　粉	106.1	108.6	106.7	105.2	105.1	104.9	104.9	105.8	107.2	106.4	105.1	106.7	107.0
粮食制品	107.5	109.3	109.6	109.7	106.5	106.4	106.5	105.4	105.3	104.6	105.4	111.9	110.1
其　他	112.1	117.1	118.1	118.2	118.2	118.2	118.2	115.6	110.5	110.5	104.0	101.0	101.0
淀粉	107.3	103.7	105.6	105.6	106.9	106.9	106.9	106.9	106.9	106.9	106.9	108.4	116.4
淀　粉	107.3	103.7	105.6	105.6	106.9	106.9	106.9	106.9	106.9	106.9	106.9	108.4	116.4
干豆类及豆制品	111.7	105.9	106.7	108.3	112.5	115.3	116.2	115.7	115.6	113.2	109.3	110.2	112.1
干　豆	149.2	137.3	138.4	143.2	164.5	178.1	173.0	169.4	167.0	152.6	129.5	127.8	123.8
豆　制　品	102.3	98.8	99.5	100.4	100.4	100.4	102.4	102.8	102.9	103.2	103.7	104.8	108.3
油脂	100.6	95.4	98.8	99.0	98.6	98.1	97.5	97.2	98.5	99.4	102.4	110.6	111.7
食用植物油	101.6	95.0	101.7	101.8	100.1	98.7	97.2	96.6	98.9	100.8	106.1	111.6	111.1
植物油制品	100.0	97.0	96.9	97.1	97.9	97.9	97.9	97.9	97.9	97.7	98.5	109.9	112.9
其　他	92.7	80.3	82.8	82.6	82.2	89.8	93.2	95.2	101.7	105.2	105.0	104.7	101.9
肉禽及其制品	103.8	99.1	100.8	99.5	99.1	101.0	102.4	104.0	106.4	105.9	106.8	109.7	110.4
食用畜肉及副产品	102.3	96.5	97.2	96.1	96.8	100.6	102.6	103.9	106.4	104.4	105.7	108.6	109.9
猪　肉	101.1	94.8	93.9	92.3	93.7	99.3	102.4	103.8	106.7	103.6	105.6	109.1	109.4
牛　肉	100.5	99.1	102.1	100.8	99.7	100.0	100.0	100.0	100.7	101.0	100.3	100.9	100.8
羊　肉	110.2	101.9	108.2	109.5	109.2	108.7	108.8	109.6	110.5	110.5	110.5	113.5	121.9
畜肉副产品	103.6	95.1	100.5	102.9	100.8	103.5	103.1	103.6	105.0	105.6	106.5	108.2	109.2
其　他	110.2	104.3	113.6	113.6	114.8	114.8	111.1	111.1	111.1	111.1	107.1	107.1	102.9
禽	108.2	105.2	113.1	109.5	103.8	100.8	101.8	107.7	109.8	109.3	108.9	114.6	113.4
鸡	108.2	105.5	114.0	110.0	104.0	100.6	101.8	108.0	109.9	109.3	108.4	114.1	112.9
鸭	107.0	99.6	101.5	102.5	101.3	100.5	100.2	104.4	110.2	110.2	111.9	120.0	122.4
其　他	108.9	107.5	108.1	109.9	105.3	106.5	105.6	105.6	105.6	107.4	116.7	116.7	112.5
肉禽加工制品	105.3	102.9	104.3	103.9	103.4	103.4	103.7	103.3	104.9	108.5	109.5	110.8	110.3
畜肉制品	104.4	104.0	105.1	104.4	103.7	103.8	104.3	103.6	103.6	104.0	104.8	106.3	105.4
禽制品	107.4	101.7	103.4	103.3	103.0	103.0	103.0	103.0	106.5	114.0	115.1	116.2	116.2
蛋	107.4	103.1	104.2	96.5	93.6	96.5	100.5	107.5	108.2	113.6	115.2	123.1	125.9
鲜　蛋	107.9	103.6	104.8	96.3	93.1	96.3	100.7	108.4	109.1	114.7	116.5	124.4	126.6

4-2 续表 1

类别	年度	月份											
		一	二	三	四	五	六	七	八	九	十	十一	十二
蛋制品	101.5	98.3	98.3	98.3	98.3	98.3	98.3	98.3	98.3	100.7	102.1	110.4	118.4
水产品	109.1	102.6	109.8	104.7	101.8	100.5	100.8	102.4	103.1	113.3	121.3	124.9	126.0
鱼	107.2	104.1	110.5	104.7	103.4	100.2	100.0	102.6	106.3	109.1	113.7	116.4	117.2
淡水鱼	104.4	102.0	106.7	99.4	97.9	94.3	95.6	98.8	105.3	111.1	115.6	116.4	114.7
海水鱼	110.2	106.3	114.8	110.9	109.7	107.2	105.1	106.7	107.0	106.6	111.7	116.6	119.9
其他水产品	112.0	100.3	108.6	104.6	99.3	100.9	101.9	101.9	97.9	119.8	133.1	137.9	139.7
虾蟹类	101.1	100.6	110.4	101.8	96.4	100.1	102.3	102.3	93.2	92.5	99.9	105.0	108.5
其他	120.9	100.0	107.2	106.9	101.7	101.7	101.7	101.7	101.7	141.4	158.3	163.9	165.0
菜	116.9	119.8	127.2	114.5	125.2	111.4	107.6	114.5	124.1	123.2	132.5	119.7	89.5
鲜菜	115.4	120.4	129.1	113.2	125.1	107.3	102.8	111.4	123.0	121.9	133.5	118.9	84.9
干菜及菜制品	111.0	106.9	108.8	109.3	109.4	110.6	110.8	114.1	114.1	114.1	114.1	112.6	107.8
薯类	160.2	151.8	142.5	162.6	179.9	199.5	168.9	156.2	166.4	170.9	159.6	145.5	132.5
调味品	100.2	100.5	101.3	101.3	100.2	100.1	100.8	100.8	99.9	99.5	98.7	99.5	99.8
盐	97.4	101.7	101.7	101.7	98.3	98.3	98.3	98.3	95.8	94.1	92.5	94.2	94.2
酱油	99.6	100.0	100.0	100.0	100.0	99.2	99.2	99.2	99.2	99.2	99.2	99.2	101.4
醋	100.7	99.4	100.0	100.0	100.0	100.0	101.1	101.1	101.1	101.5	101.5	101.5	100.9
味精	110.1	104.4	111.2	110.5	110.5	110.5	110.5	110.5	110.5	110.5	109.2	111.1	111.7
其他	98.9	97.2	97.2	97.2	97.4	97.4	100.0	100.0	100.0	100.0	100.0	100.0	100.0
糖	102.3	103.1	103.3	103.3	103.3	102.8	102.8	102.8	102.4	100.8	101.3	101.6	100.5
食糖	105.3	105.1	106.1	106.1	105.5	105.5	105.5	105.5	104.0	104.3	106.6	107.7	102.1
糖果	101.5	103.5	103.5	103.5	103.5	102.3	102.4	102.4	102.4	98.8	98.6	98.6	99.4
巧克力制品	100.3	100.4	100.4	100.4	100.4	100.4	100.4	100.4	100.4	100.4	100.0	100.0	100.0
糖类小食品	100.9	100.0	100.0	100.0	101.2	101.2	101.2	101.2	101.2	101.2	101.2	101.2	101.2
干鲜瓜果	113.7	108.8	120.0	119.6	114.8	111.0	112.8	107.3	113.7	116.1	110.0	112.6	118.0
鲜瓜果	112.6	107.5	120.6	119.9	114.5	109.9	111.8	104.3	111.8	114.9	107.0	110.7	117.5
干(坚)果	119.8	115.5	119.8	120.6	119.0	119.8	119.2	120.0	120.3	121.2	122.3	119.6	119.8
糕点饼干面包	101.9	101.0	101.2	101.4	102.0	102.3	103.4	102.8	101.9	101.5	101.5	101.6	101.7
糕点	106.8	103.5	104.3	105.6	107.4	108.5	108.5	108.5	108.5	107.5	107.5	107.5	104.8
饼干	99.5	100.1	100.0	99.6	99.7	99.7	99.8	99.8	98.7	98.3	98.4	98.6	101.0
面包	100.3	100.0	100.0	100.0	100.0	100.0	102.8	101.4	100.0	100.0	100.0	100.0	100.0

4-2 续表2

类别	年度	月份											
		一	二	三	四	五	六	七	八	九	十	十一	十二
液体乳及乳制品	102.0	101.2	100.9	101.0	101.0	101.0	100.7	100.7	100.4	103.0	104.9	104.9	104.6
巴氏杀菌奶或消毒奶	101.8	100.0	100.0	100.0	100.0	100.0	100.0	100.0	100.0	103.7	105.9	105.9	105.9
酸奶	102.9	100.0	100.0	100.8	100.8	100.8	100.8	100.8	100.8	105.3	108.3	108.3	108.3
奶粉	102.7	104.4	104.4	104.4	104.4	104.4	102.9	102.9	101.6	100.1	101.4	101.4	100.0
其他	100.3	104.3	100.0	100.0	100.0	100.0	100.0	100.0	100.0	100.0	100.0	100.0	100.0
在外用膳食品	101.8	101.1	101.1	101.2	101.2	101.2	101.2	101.2	101.2	101.2	101.2	104.6	104.6
主食	102.5	100.0	100.0	100.0	100.0	100.0	100.0	100.0	100.0	100.0	100.0	114.9	114.9
炒菜	100.0	100.0	100.0	100.0	100.0	100.0	100.0	100.0	100.0	100.0	100.0	100.0	100.0
地方小吃	110.5	109.0	109.1	110.1	110.1	110.1	110.1	110.1	110.1	110.1	110.1	113.6	113.6
其他食品	99.8	97.6	97.7	97.8	100.4	99.8	99.8	99.8	99.8	100.4	99.9	101.1	103.0
其他食品	99.8	97.6	97.7	97.8	100.4	99.8	99.8	99.8	99.8	100.4	99.9	101.1	103.0
饮料、烟酒	**101.3**	**100.1**	**100.3**	**100.7**	**101.2**	**101.6**	**101.7**	**101.6**	**101.4**	**101.4**	**101.3**	**101.6**	**102.0**
茶及饮料	101.7	99.5	99.1	100.1	101.2	102.2	102.4	102.3	102.4	102.6	102.6	102.7	103.7
茶叶	106.5	100.0	100.0	104.2	108.3	108.3	108.3	108.3	108.3	108.3	108.3	108.3	108.3
茶叶	106.5	100.0	100.0	104.2	108.3	108.3	108.3	108.3	108.3	108.3	108.3	108.3	108.3
饮料	99.9	99.3	98.8	98.6	98.5	99.8	100.1	100.0	100.1	100.4	100.4	100.6	101.9
固体饮料	101.5	100.3	100.3	100.3	100.1	100.6	101.5	101.5	102.6	102.6	102.4	102.4	103.1
液体饮料	100.2	101.0	100.1	99.8	99.8	99.6	99.8	99.6	99.5	100.0	100.0	100.4	102.4
冷冻饮品	98.0	94.3	94.3	94.3	94.3	100.0	100.0	100.0	100.0	100.0	100.0	100.0	100.0
烟草	99.8	98.9	99.0	99.2	100.0	100.0	100.0	100.0	100.0	100.0	100.0	100.0	100.0
国产卷烟	99.7	98.9	98.9	98.9	100.0	100.0	100.0	100.0	100.0	100.0	100.0	100.0	100.0
进口卷烟	99.8	98.8	99.4	100.0	100.0	100.0	100.0	100.0	100.0	100.0	100.0	100.0	100.0
其他	100.0	100.0	100.0	100.0	100.0	100.0	100.0	100.0	100.0	100.0	100.0	100.0	100.0
酒	102.8	102.1	102.7	103.0	102.8	103.2	103.3	103.1	102.5	102.5	102.0	102.9	103.5
白酒	103.6	103.0	103.9	104.2	104.2	104.2	104.2	103.9	102.8	102.9	102.3	103.1	104.4
葡萄酒	102.3	100.1	100.1	100.1	100.1	103.4	103.4	103.4	103.4	103.4	103.4	104.9	101.7
啤酒	100.5	100.5	100.5	101.0	100.0	100.0	100.3	100.1	100.7	100.4	99.9	101.4	101.4
其他	100.0	100.0	100.0	100.0	100.0	100.0	100.0	100.0	100.0	100.0	100.0	100.0	100.0
服装、鞋帽	**100.1**	**100.0**	**100.0**	**100.0**	**99.9**	**99.9**	**99.9**	**99.9**	**100.0**	**100.2**	**100.3**	**100.3**	**100.3**
服装	100.1	100.0	100.0	100.0	99.9	99.9	99.9	99.9	100.0	100.3	100.4	100.4	100.4

4-2 续表3

类　别	年度	月份											
		一	二	三	四	五	六	七	八	九	十	十一	十二
男式服装	100.0	100.0	100.0	100.0	99.8	99.8	99.8	99.8	99.8	100.6	100.3	100.4	100.4
大衣	100.0	100.0	100.0	100.0	100.0	100.0	100.0	100.0	100.0	100.0	100.0	100.0	100.0
毛线衣	100.0	100.0	100.0	100.0	100.0	100.0	100.0	100.0	100.0	100.0	100.0	100.0	100.0
夹克衫	97.4	100.0	100.0	100.0	97.8	97.8	97.8	97.8	97.8	96.5	94.3	94.3	94.3
衬衫	100.2	100.0	100.0	100.0	100.0	100.0	100.0	100.0	100.0	100.7	100.7	100.7	100.7
T恤衫	100.0	100.0	100.0	100.0	100.0	100.0	100.0	100.0	100.0	100.0	100.0	100.0	100.0
裤子	101.4	100.0	100.0	100.0	100.0	100.0	100.0	100.0	100.0	104.3	104.3	104.3	104.3
西服	100.0	100.0	100.0	100.0	100.0	100.0	100.0	100.0	100.0	100.0	100.0	100.0	100.0
运动衫裤	100.5	100.0	100.0	100.0	100.0	100.0	100.0	100.0	100.0	101.4	101.4	101.4	101.4
内衣	100.0	100.0	100.0	100.0	100.0	100.0	100.0	100.0	100.0	100.0	100.0	100.0	100.0
羽绒衣	100.2	100.0	100.0	100.0	100.0	100.0	100.0	100.0	100.0	100.0	100.0	101.4	101.4
其他	100.0	100.0	100.0	100.0	100.0	100.0	100.0	100.0	100.0	100.0	100.0	100.0	100.0
女式服装	100.1	100.0	100.0	100.0	100.0	100.0	100.0	100.0	100.1	100.0	100.5	100.4	100.4
大衣	100.0	100.0	100.0	100.0	100.0	100.0	100.0	100.0	100.0	100.0	100.0	100.0	100.0
毛线衣	100.4	100.0	100.0	100.0	100.0	100.0	100.0	100.0	100.0	100.0	101.8	101.8	101.8
羽绒衣	100.1	100.0	100.0	100.0	100.0	100.0	100.0	100.0	100.0	100.0	100.0	100.5	100.5
套装	99.7	100.0	100.0	100.0	100.0	100.0	100.0	100.0	100.0	99.0	99.0	99.0	99.0
衬衫	100.5	100.0	100.0	100.0	100.0	100.0	100.0	100.0	100.0	100.0	103.7	101.2	101.2
T恤衫	100.0	100.0	100.0	100.0	100.0	100.0	100.0	100.0	100.0	100.0	100.0	100.0	100.0
裙子	100.0	100.0	100.0	100.0	100.0	100.0	100.0	100.0	100.0	100.0	100.0	100.0	100.0
裤子	100.3	100.0	100.0	100.0	100.0	100.0	100.0	100.0	100.7	100.7	100.7	100.7	100.7
运动衫裤	100.4	100.0	100.0	100.0	100.0	100.0	100.0	100.0	100.0	101.3	101.3	101.3	101.3
内衣	100.0	100.0	100.0	100.0	100.0	100.0	100.0	100.0	100.0	100.0	100.0	100.0	100.0
其他	100.0	100.0	100.0	100.0	100.0	100.0	100.0	100.0	100.0	100.0	100.0	100.0	100.0
儿童服装	100.0	100.0	100.0	100.0	100.0	100.0	100.0	100.0	100.0	100.0	100.0	100.0	100.0
套装	100.0	100.0	100.0	100.0	100.0	100.0	100.0	100.0	100.0	100.0	100.0	100.0	100.0
裤子	100.0	100.0	100.0	100.0	100.0	100.0	100.0	100.0	100.0	100.0	100.0	100.0	100.0
裙子	100.0	100.0	100.0	100.0	100.0	100.0	100.0	100.0	100.0	100.0	100.0	100.0	100.0
其他	100.0	100.0	100.0	100.0	100.0	100.0	100.0	100.0	100.0	100.0	100.0	100.0	100.0
鞋袜帽	100.0	100.0	100.0	100.0	100.0	100.0	100.0	100.0	100.0	100.0	100.0	100.0	100.0

4-2 续表4

类别	年度	月份 一	二	三	四	五	六	七	八	九	十	十一	十二
鞋	100.0	100.0	100.0	100.0	100.0	100.0	100.0	100.0	100.0	100.0	100.0	100.0	100.0
男鞋	100.0	100.0	100.0	100.0	100.0	100.0	100.0	100.0	100.0	100.0	100.0	100.0	100.0
女鞋	100.0	100.0	100.0	100.0	100.0	100.0	100.0	100.0	100.0	100.0	100.0	100.0	100.0
童鞋	100.0	100.0	100.0	100.0	100.0	100.0	100.0	100.0	100.0	100.0	100.0	100.0	100.0
袜子	100.0	100.0	100.0	100.0	100.0	100.0	100.0	100.0	100.0	100.0	100.0	100.0	100.0
男袜	100.0	100.0	100.0	100.0	100.0	100.0	100.0	100.0	100.0	100.0	100.0	100.0	100.0
女袜	100.0	100.0	100.0	100.0	100.0	100.0	100.0	100.0	100.0	100.0	100.0	100.0	100.0
帽子	100.3	100.0	100.0	100.0	100.0	100.0	100.0	100.0	100.0	100.0	100.0	100.0	103.6
男帽	100.0	100.0	100.0	100.0	100.0	100.0	100.0	100.0	100.0	100.0	100.0	100.0	100.0
女帽	100.4	100.0	100.0	100.0	100.0	100.0	100.0	100.0	100.0	100.0	100.0	100.0	104.5
其他	100.0	100.0	100.0	100.0	100.0	100.0	100.0	100.0	100.0	100.0	100.0	100.0	100.0
领带	100.0	100.0	100.0	100.0	100.0	100.0	100.0	100.0	100.0	100.0	100.0	100.0	100.0
纺织品	**101.3**	**100.0**	**100.0**	**100.0**	**100.0**	**100.0**	**100.0**	**100.0**	**100.0**	**100.0**	**100.0**	**107.7**	**107.7**
衣着材料	103.2	100.0	100.0	100.0	100.0	100.0	100.0	100.0	100.0	100.0	100.0	119.2	119.2
棉布	107.0	100.0	100.0	100.0	100.0	100.0	100.0	100.0	100.0	100.0	100.0	142.2	142.2
棉混纺布	105.6	100.0	100.0	100.0	100.0	100.0	100.0	100.0	100.0	100.0	100.0	133.6	133.6
化纤布	101.4	100.0	100.0	100.0	100.0	100.0	100.0	100.0	100.0	100.0	100.0	108.4	108.4
毛线	101.2	100.0	100.0	100.0	100.0	100.0	100.0	100.0	100.0	100.0	100.0	107.0	107.0
床上用品	100.8	100.0	100.0	100.0	100.0	100.0	100.0	100.0	100.0	100.0	100.0	104.5	104.5
毛毯	100.4	100.0	100.0	100.0	100.0	100.0	100.0	100.0	100.0	100.0	100.0	102.4	102.4
被子	100.0	100.0	100.0	100.0	100.0	100.0	100.0	100.0	100.0	100.0	100.0	100.0	100.0
床上套件	101.5	100.0	100.0	100.0	100.0	100.0	100.0	100.0	100.0	100.0	100.0	109.1	109.1
其他	100.0	100.0	100.0	100.0	100.0	100.0	100.0	100.0	100.0	100.0	100.0	100.0	100.0
家用电器及音像器材	**98.1**	**98.2**	**98.4**	**98.5**	**98.5**	**98.2**	**98.3**	**97.8**	**97.6**	**97.6**	**97.9**	**97.9**	**98.0**
家庭设备	98.1	99.6	99.7	99.8	99.8	98.2	97.5	97.2	97.2	97.1	97.1	97.1	97.4
洗衣机	98.8	100.2	100.0	100.0	100.0	99.2	99.2	96.9	98.6	97.9	97.9	97.9	97.9
电风扇	100.0	100.0	100.0	100.0	100.0	100.0	100.0	100.0	100.0	100.0	100.0	100.0	100.0
电冰箱(柜)	96.9	100.0	100.0	100.0	100.0	98.6	94.4	95.6	94.8	94.7	94.8	94.8	94.8
吸排油烟机	101.7	105.8	106.6	105.4	105.4	102.3	99.4	99.4	99.4	99.4	99.4	99.4	99.4
空调器	97.3	99.0	99.3	99.7	99.7	96.7	96.8	96.1	96.1	96.1	96.1	96.1	96.1

4-2 续表5

类别	年度	月份											
		一	二	三	四	五	六	七	八	九	十	十一	十二
热水器	97.6	97.4	97.4	97.4	97.4	97.4	97.5	97.5	97.5	97.5	97.5	97.5	100.0
微波炉	101.1	99.8	99.8	99.8	99.8	99.9	102.0	102.0	102.0	102.0	102.0	102.0	102.0
电炊具	99.4	100.0	100.0	100.0	99.2	99.2	99.2	99.2	99.2	99.2	99.2	99.2	99.2
文娱用耐用消费品	98.0	96.5	96.9	96.9	96.9	98.4	99.3	98.5	98.1	98.3	98.9	98.9	98.8
电视机	96.0	93.0	93.8	93.8	93.8	96.6	98.6	97.2	96.3	96.3	97.7	97.7	97.7
激光视盘机	100.0	100.0	100.0	100.0	100.0	100.0	100.0	100.0	100.0	100.0	100.0	100.0	100.0
摄像机	99.3	98.7	99.0	99.0	99.0	99.0	99.0	99.0	99.0	100.0	100.0	100.0	100.0
家用音响设备	100.0	100.0	100.0	100.0	100.0	100.0	100.0	100.0	100.0	100.0	100.0	100.0	100.0
便携式音响	99.5	98.6	98.6	98.6	98.6	100.0	100.0	100.0	100.0	100.0	100.0	100.0	100.0
其他	96.9	97.4	97.4	97.4	97.4	97.4	100.0	96.2	96.2	96.2	96.2	96.2	94.8
音像器材	96.0	96.0	96.0	96.0	96.0	96.0	96.0	96.0	96.0	96.0	96.0	96.0	96.0
专业音响器材	92.7	92.7	92.7	92.7	92.7	92.7	92.7	92.7	92.7	92.7	92.7	92.7	92.7
专业声像器材	100.0	100.0	100.0	100.0	100.0	100.0	100.0	100.0	100.0	100.0	100.0	100.0	100.0
文化办公用品	**99.6**	**98.7**	**98.9**	**99.0**	**99.5**	**99.5**	**99.5**	**99.5**	**99.6**	**99.8**	**101.2**	**100.4**	**100.1**
纸张本册	101.3	100.0	100.0	100.0	100.0	100.0	100.0	100.0	100.0	100.0	105.1	105.1	105.1
文具	99.8	100.0	100.0	100.0	100.0	100.0	100.0	100.0	100.0	100.0	99.5	98.7	98.7
电脑及配件	99.9	99.7	100.0	100.0	100.0	100.0	100.0	100.0	100.0	100.0	100.0	100.0	99.5
打印机及配件	95.8	91.3	91.3	91.3	95.7	95.7	95.7	95.7	96.8	97.8	104.9	97.1	97.1
扫描仪	98.2	97.9	97.9	97.9	97.9	97.9	97.9	97.9	97.9	100.0	100.0	100.0	95.3
复印机	100.0	100.0	100.0	100.0	100.0	100.0	100.0	100.0	100.0	100.0	100.0	100.0	100.0
电子辞典	99.3	95.4	96.9	100.0	100.0	100.0	100.0	100.0	100.0	100.0	100.0	100.0	100.0
计算器	100.0	100.0	100.0	100.0	100.0	100.0	100.0	100.0	100.0	100.0	100.0	100.0	100.0
教学设备	100.0	100.0	100.0	100.0	100.0	100.0	100.0	100.0	100.0	100.0	100.0	100.0	100.0
其他	100.0	100.0	100.0	100.0	100.0	100.0	100.0	100.0	100.0	100.0	100.0	100.0	100.0
日用品	**99.5**	**100.1**	**99.9**	**99.1**	**99.3**	**99.8**	**99.4**	**99.8**	**99.6**	**99.4**	**99.2**	**99.3**	**99.4**
日用百货	100.4	101.2	100.4	99.9	99.4	101.6	101.0	101.6	100.4	99.7	99.4	100.1	100.4
自行车	102.4	103.2	103.2	103.2	103.2	104.1	104.1	104.1	100.8	100.8	100.8	100.8	100.8
雨具	100.4	100.0	100.4	100.0	100.4	100.4	100.4	100.4	100.4	100.4	100.4	100.4	100.4
剃须刀具	100.0	100.0	100.0	100.0	100.0	100.0	100.0	100.0	100.0	100.0	100.0	100.0	100.0
电池	100.0	100.0	100.0	100.0	100.0	100.0	100.0	100.0	100.0	100.0	100.0	100.0	100.0

4-2 续表6

类别	年度	月份 一	二	三	四	五	六	七	八	九	十	十一	十二
卫生纸	93.8	100.0	96.6	96.0	97.7	100.3	97.8	100.1	100.1	99.0	98.4	99.6	100.1
卫生巾	93.9	99.4	99.4	97.9	94.2	99.4	99.4	100.0	100.0	98.8	98.8	100.0	100.0
其他	95.6	100.0	100.0	100.0	88.3	100.0	100.0	94.2	100.0	94.2	88.3	94.2	100.0
日用杂品	99.9	100.0	100.0	100.0	99.7	99.7	100.0	100.0	100.0	100.0	99.7	99.7	100.0
茶具	100.0	100.0	100.0	100.0	100.0	100.0	100.0	100.0	100.0	100.0	100.0	100.0	100.0
餐具	100.0	100.0	100.0	100.0	100.0	100.0	100.0	100.0	100.0	100.0	100.0	100.0	100.0
厨具	100.0	100.1	100.1	100.0	100.0	100.0	100.0	100.0	100.0	100.0	100.0	100.0	100.0
其他	98.0	100.0	100.0	100.0	94.1	94.1	100.0	100.0	100.0	100.0	94.1	94.1	100.0
洗涤用品	98.3	98.3	98.5	97.2	98.7	98.3	98.0	98.4	98.8	98.8	98.8	98.2	98.2
洗衣粉	99.5	100.0	100.0	98.9	98.9	99.5	98.3	100.0	100.0	100.0	100.7	98.8	98.8
肥皂类	98.6	95.6	95.6	96.3	100.0	100.0	100.0	100.0	100.0	100.0	98.9	98.9	98.9
牙膏	96.3	100.0	100.0	95.6	97.7	95.6	95.6	93.9	95.6	95.6	95.6	95.6	95.6
清洁洗涤剂	98.5	96.9	98.1	97.7	97.7	97.7	97.7	99.1	99.6	99.6	99.6	99.6	99.6
其他日用品	99.4	100.9	100.8	99.6	99.6	99.0	98.7	98.9	99.1	99.1	99.0	99.3	99.3
燃气灶具	100.7	107.7	106.4	106.4	106.4	101.1	97.3	97.3	97.3	97.3	97.3	97.3	97.3
儿童玩具	96.5	100.0	100.0	93.5	93.5	93.5	94.8	95.8	96.8	96.8	96.2	98.5	98.5
照明器具	100.0	100.0	100.0	100.0	100.0	100.0	100.0	100.0	100.0	100.0	100.0	100.0	100.0
钟表眼镜及配件	99.9	100.0	100.0	100.0	100.0	100.0	100.0	100.0	100.0	100.0	100.0	99.6	99.6
日用普通饰品	100.0	100.0	100.0	100.0	100.0	100.0	100.0	100.0	100.0	100.0	100.0	100.0	100.0
日用皮革制品	100.0	100.0	100.0	100.0	100.0	100.0	100.0	100.0	100.0	100.0	100.0	100.0	100.0
其他	100.0	100.0	100.0	100.0	100.0	100.0	100.0	100.0	100.0	100.0	100.0	100.0	100.0
体育娱乐用品	**100.0**	**100.0**	**100.0**	**100.0**	**100.0**	**100.0**	**100.0**	**100.0**	**100.0**	**100.0**	**100.0**	**100.0**	**100.0**
体育用品	100.0	100.0	100.0	100.0	100.0	100.0	100.0	100.0	100.0	100.0	100.0	100.0	100.0
球类	100.0	100.0	100.0	100.0	100.0	100.0	100.0	100.0	100.0	100.0	100.0	100.0	100.0
棋牌	100.0	100.0	100.0	100.0	100.0	100.0	100.0	100.0	100.0	100.0	100.0	100.0	100.0
健身器材	100.0	100.0	100.0	100.0	100.0	100.0	100.0	100.0	100.0	100.0	100.0	100.0	100.0
娱乐用品	100.0	100.0	100.0	100.0	100.0	100.0	100.0	100.0	100.0	100.0	100.0	100.0	100.0
游艺器材	100.0	100.0	100.0	100.0	100.0	100.0	100.0	100.0	100.0	100.0	100.0	100.0	100.0
照相器材	100.0	100.0	100.0	100.0	100.0	100.0	100.0	100.0	100.0	100.0	100.0	100.0	100.0
乐器	100.0	100.0	100.0	100.0	100.0	100.0	100.0	100.0	100.0	100.0	100.0	100.0	100.0

4-2 续表 7

类别	年度	月份 一	二	三	四	五	六	七	八	九	十	十一	十二
交通、通信用品	**98.6**	**97.8**	**97.8**	**97.8**	**98.9**	**98.3**	**99.2**	**98.8**	**98.8**	**98.9**	**98.9**	**98.9**	**98.8**
交通运输机械	99.9	99.0	98.9	98.9	98.9	99.1	100.5	100.5	100.5	100.5	100.5	100.5	100.5
轿车	98.8	97.1	97.1	97.1	97.1	97.1	100.0	100.0	100.0	100.0	100.0	100.0	100.0
客车	101.7	101.9	101.2	101.2	101.2	101.9	101.9	101.9	101.9	101.9	101.9	101.9	101.9
货车	100.0	100.0	100.0	100.0	100.0	100.0	100.0	100.0	100.0	100.0	100.0	100.0	100.0
摩托车	103.2	103.1	103.1	104.1	104.1	104.1	104.1	104.1	104.1	104.1	104.1	100.1	100.1
其他	100.0	100.0	100.0	100.0	100.0	100.0	100.0	100.0	100.0	100.0	100.0	100.0	100.0
通信器材	95.4	94.4	95.0	95.0	98.9	96.5	96.0	94.5	94.5	95.1	95.1	95.1	95.0
固定电话机	100.0	100.0	100.0	100.0	100.0	100.0	100.0	100.0	100.0	100.0	100.0	100.0	100.0
移动电话机	94.1	92.5	93.3	93.3	98.6	95.5	94.9	93.0	93.0	93.8	93.8	93.8	93.7
传真机	100.0	100.0	100.0	100.0	100.0	100.0	100.0	100.0	100.0	100.0	100.0	100.0	99.7
其他	100.0	100.0	100.0	100.0	100.0	100.0	100.0	100.0	100.0	100.0	100.0	100.0	100.0
家具	**100.0**	**100.0**	**100.0**	**100.0**	**100.0**	**100.0**	**100.0**	**100.0**	**100.0**	**100.0**	**100.0**	**100.0**	**100.0**
柜	100.0	100.0	100.0	100.0	100.0	100.0	100.0	100.0	100.0	100.0	100.0	100.0	100.0
床	100.0	100.0	100.0	100.0	100.0	100.0	100.0	100.0	100.0	100.0	100.0	100.0	100.0
桌	100.0	100.0	100.0	100.0	100.0	100.0	100.0	100.0	100.0	100.0	100.0	100.0	100.0
椅	100.0	100.0	100.0	100.0	100.0	100.0	100.0	100.0	100.0	100.0	100.0	100.0	100.0
沙发	100.0	100.0	100.0	100.0	100.0	100.0	100.0	100.0	100.0	100.0	100.0	100.0	100.0
其他	100.0	100.0	100.0	100.0	100.0	100.0	100.0	100.0	100.0	100.0	100.0	100.0	100.0
化妆品	**100.5**	**100.3**	**100.3**	**100.3**	**100.9**	**100.8**	**100.6**	**100.7**	**100.3**	**100.4**	**100.2**	**100.6**	**100.8**
护肤品	100.0	100.0	100.0	100.0	100.0	100.0	100.0	100.0	100.0	100.0	100.0	100.0	100.0
美容化妆品	100.0	100.0	100.0	100.0	100.0	100.0	100.0	100.0	100.0	100.0	100.0	100.0	100.0
护发美容品	103.7	100.7	100.7	100.7	106.5	105.7	104.3	105.7	102.9	102.9	102.9	105.7	105.7
清洁化妆用品	99.9	101.1	101.1	101.1	100.0	100.0	100.0	99.1	99.1	100.0	98.7	98.7	100.0
药物美容用品	100.0	100.0	100.0	100.0	100.0	100.0	100.0	100.0	100.0	100.0	100.0	100.0	100.0
金银珠宝	**108.6**	**109.7**	**106.3**	**108.2**	**110.3**	**112.2**	**107.8**	**107.8**	**108.7**	**107.1**	**108.6**	**109.2**	**107.3**
金饰品	108.2	112.5	106.3	106.5	109.1	109.2	108.4	109.4	110.2	107.9	107.5	106.0	105.7
银饰品	100.0	100.0	100.0	100.0	100.0	100.0	100.0	100.0	100.0	100.0	100.0	100.0	100.0
铂金饰品	113.3	111.7	110.3	115.4	116.2	121.7	111.0	110.1	111.1	109.1	113.8	117.0	112.4
其他	100.0	100.0	100.0	100.0	100.0	100.0	100.0	100.0	100.0	100.0	100.0	100.0	100.0

4-2　续表 8

类　　别	年　度	月份 一	二	三	四	五	六	七	八	九	十	十一	十二
中西药品及医疗保健用品	**103.1**	**101.3**	**101.9**	**102.4**	**103.1**	**103.5**	**103.3**	**103.1**	**103.1**	**103.0**	**104.3**	**104.4**	**104.1**
医疗器具及用品	100.5	99.5	99.5	99.5	101.0	101.0	101.0	101.0	101.0	101.0	100.0	100.0	101.5
医疗器具及用品	100.5	99.5	99.5	99.5	101.0	101.0	101.0	101.0	101.0	101.0	100.0	100.0	101.5
中药材及中成药	112.7	109.6	111.5	111.9	113.4	114.3	111.9	111.1	111.0	110.8	115.6	115.7	114.8
中　药　材	124.2	125.1	126.5	127.7	129.3	129.3	127.6	124.8	124.8	124.7	117.8	118.7	115.9
中　成　药	107.5	102.8	104.9	104.9	106.5	107.8	105.1	105.1	104.9	104.7	114.4	114.3	114.3
西药	98.7	97.1	97.2	97.9	98.2	98.5	99.2	99.3	99.3	99.4	99.3	99.4	99.2
抗微生物药	99.8	100.0	100.0	100.0	100.0	100.0	100.0	100.0	100.0	100.0	100.0	99.1	99.1
消化系统用药	98.5	95.5	94.8	95.7	95.5	96.8	99.8	99.8	99.7	99.6	99.5	102.7	102.7
呼吸系统用药	97.5	96.4	96.4	96.4	96.4	96.4	98.3	98.3	98.3	98.3	98.3	98.3	98.3
解热镇痛及非甾体抗炎药	98.1	96.0	95.8	95.8	98.1	98.1	99.5	99.5	99.5	99.5	99.5	98.7	97.6
抗肿瘤药	98.9	98.2	99.0	99.0	98.2	98.2	98.2	99.2	99.2	100.0	99.2	99.2	99.2
激素及调节内分泌功能药	107.8	96.9	100.4	109.5	109.5	109.5	109.5	109.7	109.7	109.9	110.1	109.9	109.9
循环系统用药	92.6	92.1	92.1	92.1	92.1	92.1	92.8	92.8	92.8	92.8	92.8	93.2	93.2
神经系统用药	105.9	107.8	106.1	106.9	106.9	108.6	104.4	104.4	104.4	104.4	104.4	106.3	106.3
专科用药	93.3	94.1	93.4	93.3	93.3	93.3	93.3	93.3	93.3	93.3	93.3	92.8	92.8
其　他	79.4	91.3	91.3	75.2	75.2	75.2	77.8	77.8	77.8	77.8	77.8	77.8	77.8
保健品及器具	100.3	100.9	100.9	100.9	100.9	100.9	100.4	100.4	100.4	100.4	99.1	99.1	99.1
保健器具	100.0	100.0	100.0	100.0	100.0	100.0	100.0	100.0	100.0	100.0	100.0	100.0	100.0
滋补保健用品	100.4	101.2	101.2	101.2	101.2	101.2	100.5	100.5	100.5	100.5	98.8	98.8	98.8
书报杂志及电子出版物	**97.5**	**95.7**	**95.7**	**95.7**	**95.7**	**95.7**	**95.7**	**95.7**	**99.8**	**100.2**	**100.4**	**100.4**	**100.4**
教材及参考书	100.3	100.0	100.0	100.0	100.0	100.0	100.0	100.0	100.0	100.8	100.8	100.8	100.8
工　具　书	100.0	100.0	100.0	100.0	100.0	100.0	100.0	100.0	100.0	100.0	100.0	100.0	100.0
教　材	100.5	100.0	100.0	100.0	100.0	100.0	100.0	100.0	100.0	101.6	101.6	101.6	101.6
参　考　书	100.0	100.0	100.0	100.0	100.0	100.0	100.0	100.0	100.0	100.0	100.0	100.0	100.0
教育软件	100.0	100.0	100.0	100.0	100.0	100.0	100.0	100.0	100.0	100.0	100.0	100.0	100.0
书报杂志	95.1	91.9	91.9	91.9	91.9	91.9	91.9	91.9	100.0	100.0	100.0	100.0	100.0
书　籍	100.0	100.0	100.0	100.0	100.0	100.0	100.0	100.0	100.0	100.0	100.0	100.0	100.0
报　纸	86.8	79.4	79.4	79.4	79.4	79.4	79.4	79.4	100.0	100.0	100.0	100.0	100.0
杂　志	100.0	100.0	100.0	100.0	100.0	100.0	100.0	100.0	100.0	100.0	100.0	100.0	100.0

4-2 续表 9

类 别	年 度	月份 一	二	三	四	五	六	七	八	九	十	十一	十二
电子音像制品	97.2	96.5	96.5	96.5	96.5	96.5	96.2	96.2	96.2	96.2	100.0	100.0	100.0
音响光盘和磁带	92.7	90.5	90.5	90.5	90.5	90.5	90.5	90.5	90.5	90.5	100.0	100.0	100.0
录像磁带和视盘	100.8	101.9	101.9	101.9	101.9	101.9	100.0	100.0	100.0	100.0	100.0	100.0	100.0
计算机软件	100.0	100.0	100.0	100.0	100.0	100.0	100.0	100.0	100.0	100.0	100.0	100.0	100.0
燃料	**108.6**	**116.0**	**110.8**	**110.0**	**111.1**	**112.3**	**107.9**	**102.7**	**104.8**	**104.8**	**108.2**	**108.0**	**107.8**
煤炭及制品	100.6	90.1	88.9	88.9	91.4	91.4	91.4	91.4	97.0	109.4	121.8	125.0	128.1
原 煤	100.6	90.1	88.9	88.9	91.4	91.4	91.4	91.4	97.0	109.4	121.8	125.0	128.1
煤 制 品	100.6	90.1	88.9	88.9	91.4	91.4	91.4	91.4	97.0	109.4	121.8	125.0	128.1
石油及制品	110.5	122.5	116.2	115.1	115.5	117.0	111.5	105.1	106.4	104.2	106.2	105.5	104.7
液化石油气	124.9	121.2	126.9	122.6	134.0	139.2	144.8	132.9	121.9	118.7	114.2	119.3	113.5
管道燃气	101.3	118.8	100.0	100.0	100.0	100.0	100.0	100.0	100.0	100.0	100.0	100.0	100.0
汽 油	114.6	125.9	127.2	125.7	123.9	125.9	115.3	105.8	108.9	105.0	109.6	106.0	105.4
柴 油	115.8	126.3	129.7	128.8	126.8	129.3	117.5	105.8	109.8	105.3	109.0	106.7	105.9
其 他	100.0	100.0	100.0	100.0	100.0	100.0	100.0	100.0	100.0	100.0	100.0	100.0	100.0
建筑材料及五金电料	**102.1**	**100.6**	**99.7**	**101.6**	**103.0**	**103.3**	**100.4**	**100.8**	**101.0**	**101.0**	**101.7**	**105.0**	**106.8**
建筑装璜材料	102.8	100.7	99.5	102.1	104.2	104.7	100.5	101.0	101.3	101.2	102.2	106.9	109.7
木 材	100.7	100.0	100.0	100.0	100.0	100.0	100.0	100.0	100.0	100.0	100.0	104.4	104.4
木 地 板	100.0	100.0	100.0	100.0	100.0	100.0	100.0	100.0	100.0	100.0	100.0	100.0	100.0
钢 材	106.1	100.7	95.4	105.9	117.1	120.2	101.9	101.9	102.4	101.8	105.4	106.7	115.1
砖	99.9	102.0	102.0	102.0	98.4	98.4	98.4	98.4	98.4	98.4	98.4	101.9	101.9
水 泥	96.8	92.0	92.0	92.0	91.2	91.2	91.2	92.1	92.0	92.0	92.0	123.6	122.8
涂 料	100.6	100.0	100.0	100.0	100.0	100.0	100.0	100.0	100.0	100.0	100.0	100.0	107.4
胶 合 板	100.3	100.0	100.0	100.0	100.0	100.0	100.0	100.0	100.0	100.0	100.0	100.0	103.5
玻 璃	117.3	116.5	119.0	116.7	111.0	108.4	114.9	122.6	122.6	122.6	122.6	117.7	113.2
粘 胶	108.8	110.1	110.1	110.1	110.1	110.1	107.1	107.1	107.1	108.6	108.6	108.6	108.6
油 漆	105.2	104.8	104.8	104.8	104.8	104.8	104.8	104.8	104.8	104.8	104.8	104.8	109.4
其 他	98.0	100.0	100.0	100.0	97.3	97.3	97.3	97.3	97.3	97.3	97.3	97.3	97.3
五金电料	100.3	100.3	100.3	100.3	100.3	100.3	100.3	100.3	100.3	100.3	100.3	100.3	100.3
五金工具	100.0	100.0	100.0	100.0	100.0	100.0	100.0	100.0	100.0	100.0	100.0	100.0	100.0
电工电料	100.0	100.0	100.0	100.0	100.0	100.0	100.0	100.0	100.0	100.0	100.0	100.0	100.0
水暖器材	100.9	100.9	100.9	100.9	100.9	100.9	100.9	100.9	100.9	100.9	100.9	100.9	100.9
其 他	100.0	100.0	100.0	100.0	100.0	100.0	100.0	100.0	100.0	100.0	100.0	100.0	100.0

4-3 市区居民消费及零售商品平均价格

（2010 年）

品　名	规　格	单位	本年平均价格（元）	品　名	规　格	单位	本年平均价格（元）
大米	郑州市一等信阳米散装	千克	3.38	其他	郑州猪板油一级	千克	11.83
大米	原阳一等粳米散装	千克	4.42	猪肉	郑州去骨五花猪肉	千克	20.42
面粉	郑州神象特一粉 25 千克袋装	千克	2.81	猪肉	郑州去骨后腿猪肉	千克	20.42
面粉	郑州金苑精制粉 25 千克袋装	千克	2.52	牛肉	郑州牛肉去骨腿肉	千克	30.81
粮食制品	郑州展翔牌精粉挂面 450 克	把	1.72	牛肉	郑州牛肉肋排肉	千克	28.80
粮食制品	郑州三全凌汤圆（黑芝麻）5 个	袋	8.12	羊肉	郑州羊肉去骨统肉	千克	39.78
粮食制品	康师傅红烧牛肉面五连包装	袋	9.93	羊肉	郑州带骨羊排肉	千克	31.51
粮食制品	馒头二两一个	千克	2.94	畜肉副产品	郑州猪肝	千克	12.02
其他	郑州一等小米散装	千克	6.99	畜肉副产品	郑州猪肚	千克	27.48
淀粉	郑州薯类淀粉	千克	6.10	其他	郑州兔肉	千克	15.06
淀粉	禹州红薯粉条	千克	7.94	鸡	郑州活公鸡上等	千克	25.34
干豆	郑州一等黄豆散装	千克	5.88	鸡	郑州白条鸡上等	千克	12.47
干豆	郑州一等绿豆散装	千克	14.66	鸭	郑州活鸭上等	千克	20.36
豆制品	郑州水豆腐	千克	3.13	鸭	半片鸭	千克	9.35
豆制品	郑州豆腐皮	千克	7.02	其他	郑州活鸽子上等	只	19.69
豆制品	郑州豆腐干	千克	5.80	畜肉制品	香肠	千克	29.36
食用植物油	郑州小磨香油	千克	36.49	畜肉制品	郑州五香熟牛肉	千克	60.88
食用植物油	郑州散装大豆油（一级）	千克	9.40	畜肉制品	郑州熟猪头肉	千克	29.08
植物油制品	青岛金龙鱼 5 升大豆油	桶	49.29	禽制品	郑州烧鸡	千克	26.47
植物油制品	青岛金龙鱼 5 升调和油	桶	59.59	禽制品	郑州鸡爪	千克	30.93

4-3 续表1

品　名	规　格	单位	本年平均价格（元）	品　名	规　格	单位	本年平均价格（元）
禽制品	郑州鸡翅	千克	45.38	鲜菜	郑州菜花一等	千克	4.57
鲜蛋	郑州新鲜完整鸡蛋	千克	7.45	鲜菜	郑州生笋一等	千克	3.33
鲜蛋	郑州新鲜完整鹌鹑蛋	千克	11.67	鲜菜	郑州黄瓜一等	千克	4.33
蛋制品	郑州变鸡蛋	十个	5.94	鲜菜	郑州冬瓜一等	千克	2.27
蛋制品	郑州松花蛋	十个	8.31	鲜菜	郑州丝瓜一等	千克	7.49
淡水鱼	郑州鲤鱼0.5千克以上	千克	10.1	鲜菜	郑州西红柿一等	千克	4.64
淡水鱼	郑州鲢鱼0.5千克以上	千克	9.45	鲜菜	郑州茄子一等	千克	5.28
淡水鱼	郑州草鱼0.5千克以上	千克	11.32	鲜菜	郑州罗卜一等	千克	1.97
海水鱼	浙江带鱼0.5千克以上	千克	15.68	鲜菜	郑州胡罗卜一等	千克	3.24
海水鱼	浙江扒皮鱼中等	千克	30.50	鲜菜	郑州菜椒一等	千克	5.67
海水鱼	黄花鱼	千克	22.99	鲜菜	郑州生姜一等	千克	12.5
虾蟹类	河蟹	千克	60.33	鲜菜	郑州豆角一等	千克	6.43
虾蟹类	竹节虾	千克	52.92	鲜菜	郑州洋葱头一等	千克	3.40
虾蟹类	浙江冷冻虾散装	千克	30.84	鲜菜	郑州大葱一等	千克	3.55
其他	浙江鱿鱼一等水发	千克	14.51	鲜菜	郑州尖辣椒一等	千克	4.81
鲜菜	郑州大白菜一等	千克	2.63	鲜菜	郑州蒜苔一等	千克	8.68
鲜菜	郑州洋白菜一等	千克	2.20	鲜菜	郑州莲藕一等	千克	6.19
鲜菜	郑州菠菜一等	千克	5.01	鲜菜	郑州绿豆芽一等	千克	2.50
鲜菜	郑州油菜一等	千克	4.35	鲜菜	郑州西葫芦一等	千克	3.82
鲜菜	郑州芹菜一等	千克	3.12	干菜及菜制品	淮阳甲级黄花菜	千克	32.57
鲜菜	郑州韭菜一等	千克	3.78	干菜及菜制品	柘城甲级干辣椒	千克	22.56

4-3　续表 2

品　名	规　格	单位	本年平均价格（元）	品　名	规　格	单位	本年平均价格（元）
干菜及菜制品	郑州甲级五香大头菜	千克	4.78	固体饮料	上海生牌菊花精 400 克袋装	瓶	11.91
干菜及菜制品	四川甲级乌江牌榨菜	千克	5.18	液体饮料	河北承德露露 240 克罐装	听	2.59
薯类	郑州土豆一等	千克	4.03	液体饮料	王老吉罐装	听	3.60
盐	郑州 500 克加碘精盐	袋	1.15	液体饮料	郑州太古雪碧 1.25 升瓶装	瓶	4.64
酱油	郑州李锦记锦珍老抽瓶装酱油	瓶	6.06	冷冻饮品	天津小神童冰激淋	支	1.00
酱油	郑州海天瓶装老抽酱油	瓶	6.50	冷冻饮品	内蒙伊犁火炬冰激淋	支	2.00
醋	恒顺牌瓶装香醋	瓶	4.45	鲜瓜果	郑州苹果一级	千克	7.05
醋	镇江姜汁瓶装香醋	瓶	3.96	鲜瓜果	郑州梨一级	千克	2.96
味精	周口莲花牌含麸酸纳 99% 味精 500 克袋装	袋	9.08	鲜瓜果	郑州桔子一级	千克	3.14
味精	太太乐味精 250 克袋装	袋	4.27	鲜瓜果	郑州桃子一级	千克	5.26
其他	阿香婆麻辣酱 200 克	瓶	9.76	鲜瓜果	郑州西瓜一级	千克	2.67
食糖	广西白沙糖一级（散）	千克	7.04	鲜瓜果	两广香蕉一级	千克	4.43
食糖	厨大妈红糖 450 克袋装	千克	5.48	鲜瓜果	郑州葡萄一级	千克	7.03
糖果	上海金丝猴奶糖	千克	40.36	鲜瓜果	郑州猕猴桃一级	千克	6.34
糖果	上海话梅硬糖	千克	29.07	干（坚）果	新郑干红枣一级	千克	30.17
巧克力制品	北京德芙牌巧克力板糖 80 克	袋	11.34	干（坚）果	郑州生花生米一级	千克	10.32
糖类小食品	郑州冬瓜条	千克	14.12	干（坚）果	郑州核桃一级	千克	36.33
糖类小食品	郑州糖姜片	千克	16.93	糕点	郑州鸡蛋糕方型	千克	11.32
茶叶	信阳绿茶一级	千克	67.73	糕点	郑州芋头酥	千克	18.14
茶叶	湖南长沙猴王牌花茶 100 克袋装	千克	72.71	糕点	郑州桃酥	千克	12.12
固体饮料	雀巢咖啡 100 克	瓶	37.08	饼干	深圳太平梳打饼干 400 克袋装	袋	10.83

4-3 续表 3

品 名	规 格	单位	本年平均价格（元）	品 名	规 格	单位	本年平均价格（元）
饼干	天津康师傅饼干 3+2 袋装 375 克	袋	10.09	炒菜	酸菜鱼	盘	28.00
饼干	广东嘉士力饼干 800 克袋装	袋	14.38	炒菜	干锅鸡	盘	32.00
面包	郑州切片面包 760 克	袋	6.73	炒菜	木须肉	盘	16.50
面包	郑州圆型普通精粉面包 100 克	袋	1.63	炒菜	香菇菜心	盘	18.50
巴氏杀菌奶或消毒奶	蒙牛纯牛奶 250ml 盒装	盒	2.50	炒菜	蒜蓉菠菜	盘	14.00
				炒菜	糖醋里脊	盘	23.50
巴氏杀菌奶或消毒奶	郑州花花牛巴氏杀菌纯牛奶 221ml 袋装	袋	1.37	地方小吃	炒凉粉	份	3.35
酸奶	郑州花花牛酸奶 200 克袋装	袋	1.36	地方小吃	胡辣汤	碗	1.00
酸奶	蒙牛酸奶 100 克 * 8 盒	盒	1.20	地方小吃	豆腐脑	碗	1.00
奶粉	伊利全脂无糖 400 克奶粉袋装	袋	22.2	其他食品	上海冠生园蜂蜜 500 克瓶装	瓶	17.66
奶粉	雀巢力多精婴儿奶粉 400 克袋装	袋	58.75	其他食品	风风火火锅巴袋装	袋	2.15
其他	蒙牛酸酸乳利乐砖 250ml 盒装	盒	1.80	其他食品	上好佳薯片 60 克袋装	袋	3.04
主食	大米饭二两一碗	碗	1.00	国产卷烟	红旗渠硬盒 20 支	盒	5.00
主食	烩面四两一碗	碗	8.42	国产卷烟	郑州散花 20 支	盒	2.90
主食	油条一两一根	千克	7.92	国产卷烟	许昌帝豪硬盒 20 支	盒	10.00
主食	大肉包子一两一个	千克	6.60	进口卷烟	英国三五牌硬盒 20 支	盒	15.00
主食	拉面	碗	7.17	进口卷烟	韩国爱喜硬盒 20 支	盒	8.00
炒菜	鱼香肉丝	盘	16.50	白酒	烟丝	包	9.99
炒菜	宫爆鸡丁	盘	15.50	白酒	五粮液 52 度瓶装	瓶	708.78
炒菜	西芹百合	盘	21.00	白酒	宋河粮液 46 度瓶装	瓶	59.03
炒菜	烧鲈鱼	盘	58.00	白酒	泸州老窖头曲 52 度瓶装	瓶	55.33

4-3　续表4

品　名	规　格	单位	本年平均价格（元）	品　名	规　格	单位	本年平均价格（元）
葡萄酒	吉林通化红葡萄酒720毫升	瓶	15.43	裤子	福建九牧王男裤	条	374.50
葡萄酒	甘肃张裕干红葡萄酒750毫升	瓶	36.00	西服	金利来男西服	套	4800.00
啤酒	百威啤酒听装365毫升	听	6.17	西服	宁波雅戈尔男西服	套	2595.00
啤酒	青岛啤酒355毫升听装	听	3.76	运动衫裤	广东李宁男运动衫裤	套	199.00
其他	浙江绍兴加饭黄酒斤装	瓶	2.67	运动衫裤	青岛耐克男运动衫裤	套	452.17
吸烟用品	上海青苹果烟灰缸	个	2.73	内衣	康尼雅男圆领内衣(套)	套	278.67
吸烟用品	打火机	个	1.00	内衣	猫人莫代尔圆领男内衣	套	499.00
饮酒用品	酒杯	个	1.00	羽绒衣	雪中飞男羽绒服	件	589.22
饮酒用品	酒壶	个	3.78	羽绒衣	江苏波司登男羽绒服	件	630.22
饮酒用品	玻璃高脚杯	个	3.58	其他	上海宜而爽男背心	件	29.67
大衣	金利来男式大衣	件	3595.00	大衣	渔牌女皮草衣	件	1482.00
大衣	宁波雅戈尔男式大衣	件	2380.00	大衣	宝姿女大衣	件	4899.00
毛线衣	鹿王男式羊绒衫	件	2040.00	毛线衣	鹿王女羊绒衫	件	1695.00
毛线衣	皮尔卡丹男式羊绒背心	件	1378.00	毛线衣	上海春竹女毛线衣	件	845.33
夹克衫	泉州虎都男式夹克衫	件	1154.92	羽绒衣	雪中飞女羽绒衣	件	488.67
夹克衫	宁波雅戈尔男式夹克衫	件	1313.33	羽绒衣	江苏波司登女羽绒服	件	636.44
衬衫	宁波雅戈尔男式衬衫	件	380.00	套装	怡佳咏女套装	套	2586.00
衬衫	福建九牧王男式衬衫	件	422.08	套装	思禾三件套女装	套	1703.33
T恤衫	广东李宁牌男式T恤衫	件	199.00	衬衫	可睐的女衬衫	件	486.25
T恤衫	福建九牧王男式T恤衫	件	860.00	衬衫	上海衣恋女衬衫	件	402.42
裤子	泉州虎都男裤	条	401.33	T恤衫	广东李宁牌女T恤衫	件	199.00

4-3 续表5

品 名	规 格	单位	本年平均价格（元）	品 名	规 格	单位	本年平均价格（元）
T恤衫	广东台山LEE女T恤衫	件	440.00	化纤布	绍兴化纤布(厚)	米	40.33
裙子	安瑞井连衣裙	条	1212.33	化纤布	绍兴化纤布144cm(薄)	米	25.50
裙子	歌力思短裙	条	703.67	毛线	上海恒源祥100%纯毛中粗团线	千克	138.67
裤子	上海衣恋女裤	条	481.64	毛线	河北三利全毛中粗	千克	113.25
裤子	MODA女裤	条	398.67	男鞋	花花公子男皮鞋	双	553.00
运动衫裤	广东李宁女运动衫裤	套	199.00	男鞋	李宁男网球鞋	双	324.00
运动衫裤	青岛耐克女运动衫裤	套	452.50	男鞋	匡威男运动鞋	双	265.00
内衣	黛安芬女内衣	套	388.00	女鞋	百丽女皮鞋	双	599.00
内衣	猫人圆领莫代尔女内衣	套	499.00	女鞋	福建达芙尼女皮凉鞋	双	221.33
其他	上海衣恋女风衣	件	1843.50	女鞋	李宁女运动鞋	双	369.00
套装	上海巴布豆儿童套装	套	378.00	童鞋	上海斯乃那宝宝羊皮童鞋	双	198.00
套装	史努比儿童套装	套	348.00	童鞋	巴布豆童旅游鞋	双	258.00
裤子	梦特娇直筒童裤	条	248.00	童鞋	斯乃那童休闲鞋	双	365.50
裤子	上海巴布豆运动童裤	条	245.00	男袜	皮尔卡丹男袜子(厚)	双	65.00
裙子	梦特娇平直格子童裙	条	274.67	男袜	皮尔卡丹男袜(单)	双	32.67
裙子	巴布豆棉格子童裙	条	213.67	女袜	寓美女袜(厚)	双	18.00
其他	上海衣恋童大衣	件	995.50	女袜	愚美女袜(单)	双	20.33
棉布	新疆白棉布90CM	米	8.67	男帽	郑州华达呢鸭舌男帽	顶	26.67
棉布	上海床单布	米	12.17	男帽	男礼帽	顶	28.67
棉混纺布	郑州白涤棉90CM	米	5.50	女帽	贝蓓女帽	顶	40.40
棉混纺布	山东装饰布160CM	米	26.50	女帽	时装女帽	顶	36.14

4-3　续表6

品　名	规　格	单位	本年平均价格（元）	品　名	规　格	单位	本年平均价格（元）
缝纫	男西服缝纫费	套	406.67	电冰箱（柜）	顺德容声电冰箱 BCD－209S/EA	台	2622.50
缝纫	毛料女裤缝纫费	条	113.33	电冰箱（柜）	新乡新飞电冰箱 BCD－223MC7A	台	2793.49
清洗	男毛料西服干洗费（深色）	套/次	14.08	电冰箱（柜）	青岛海尔电冰柜 BC/BD216SC	台	1717.08
清洗	干洗呢子大衣	件/次	20.75	吸排油烟机	宁波帅康抽油烟机 CXW－200－M312T	台	1641.33
柜	广东东丰实木四门书柜 1.8m＊0.6m＊2.1m	个	2133.33	吸排油烟机	浙江老板抽油烟机 CXW－185－3002B	台	1393.33
柜	成都景上家私板式五门衣柜 2m＊0.6m＊2.2m	个	1966.67	空调器	格力空调 KFR－35GW/Q(3555D)FDNA－N4	台	3159.89
柜	上海红日实木床头柜 0.3m＊0.3m＊0.4m	个	360.00	空调器	广东美的空调 KFR－32GW/BP2DY－M4	台	3036.33
床	成都景上家私板式双人床 1.8m＊2m	张	1786.67	空调器	广东格力空调柜机 KFR－72LW/EI(72568L1)FDNAC2A	台	9266.67
床	成都景上家私板式单人床 1.2m＊2m	张	1316.67	热水器	阿里斯顿电热水器 AL50SH1.5MB	台	1228.00
桌	浙江森海实木餐桌 0.8m＊1.6m	张	1770.00	热水器	广东万和燃气热水器 JSD16－8B	台	1050.00
桌	广东东丰实木老板台 1.8m＊0.8m＊1m	张	1733.33	微波炉	顺德格兰仕微波炉 G80F20CN1L－DG	台	564.67
椅	浙江森海实木椅（普通）	把	160.00	微波炉	广东美的微波炉 EG823LC4－NG	台	680.61
椅	浙江森海实木椅（高档）	把	303.33	电炊具	广东美的电饭煲 YH402C	台	196.50
沙发	成都聚皇真牛皮沙发（1+2+4）	套	11866.67	电炊具	ACA 电烤箱 ATO－M16A	台	698.67
沙发	友春光明木制沙发（1+2+3+2个茶几）	套	7050.00	纺织装饰品	郑州化纤窗帘 3.6m＊2.5m	付	187.00
其他	成都金茂 1.1m＊0.55m 玻璃茶几	件	496.67	纺织装饰品	上海台布 1.8m＊2.0m	件	328.00
洗衣机	青岛海尔洗衣机 XQB50－S918	台	1525.33	装饰灯具	广东 6+1 吸顶灯	个	72.50
洗衣机	青岛海尔洗衣机 XQG50－8866	台	2986.67	装饰灯具	广东 8141 吊灯	个	250.00
洗衣机	无锡小天鹅洗衣机 XQB55－2588G	台	1613.61	其他	广东韦特红玫瑰花瓶	个	102.60
电风扇	广东美的台扇 Z540－6F	台	179.00	毛毯	上海兴洋 2m＊2.3m5 公斤毛毯	条	1417.33
电风扇	先锋落地扇 DD082	台	268.00	毛毯	惠谊双层尖花毛毯 2m＊2.3m	条	1391.11

4-3 续表 7

品 名	规 格	单位	本年平均价格（元）	品 名	规 格	单位	本年平均价格（元）
被子	馨亭单孔双人被 2m＊2.3m	条	336.00	医疗器具及用品	新乡医用透气胶带 1.25cm＊910cm	合	1.53
被子	惠谊全棉春秋十孔双人被 2m＊2.3m	条	390.67	医疗器具及用品	上海注射器 5ML	个	0.55
床上套件	馨亭 2m＊2.3m 印花床上 4 件套	套	399.00	中药材	甘草一级	千克	48.78
床上套件	惠谊 2m＊2.3m 印花床上四件套	套	701.61	中药材	银花一级	千克	510.09
其他	馨亭双面毛巾被 1.5m＊2m	条	499.00	中药材	菊花一级	千克	79.91
茶具	弓箭直身玻璃杯	个	7.85	中药材	陈皮一级	千克	8.68
茶具	海洋花玻璃杯	个	8.38	中药材	黄连一级	千克	210.13
餐具	绿宝古直口碗	只	8.30	中成药	山西亚宝牛黄解毒片 0.25g＊24 片	盒	0.53
餐具	广东俏林铁木筷子(把)	把	8.93	中成药	河北药都银翘解毒片 9g＊10 丸	盒	2.54
厨具	广东阳江十八子锋之皇斩切刀	把	56.00	中成药	广州香雪板兰根冲剂 10g＊20 包袋装	袋	7.04
厨具	荣华时尚夹柄铲	把	15.90	中成药	禹州霍香正气丸 6g＊10 袋	盒	2.75
家用手工工具	河南昌达钢丝钳 8 寸	把	11.70	中成药	广西中华跌打丸 6 克＊6 丸	盒	4.30
家用手工工具	捷科螺丝刀	把	7.20	抗微生物药	广州白云山头孢拉定胶囊 0.25g＊20 粒	盒	10.17
清洁洗涤剂	雕牌全效加浓洗洁精 500 克	瓶	3.83	抗微生物药	广东罗红霉素片 150mg＊6 片	盒	3.66
清洁洗涤剂	广州汰渍净白去渍无磷洗衣粉 560 克	袋	4.30	消化系统用药	杭州雷尼替丁胶囊 50mg＊30 粒	盒	2.24
其他	联通 28CM 料缸(不锈钢盆)	个	19.40	消化系统用药	广东丽珠得乐胶囊 0.3g＊40 粒	盒	24.93
家庭服务	家政服务(钟点工)	小时	20.31	呼吸系统用药	广州化痰片 0.25g＊12 片	盒	2.34
家庭服务	保姆费(看小孩)	月	841.67	呼吸系统用药	海南氨茶碱 0.1g＊100 片	瓶	1.65
加工维修服务	清洗抽油烟机	次	38.61	解热镇痛及非甾体抗炎药	天津芬必得 0.3 克＊10 粒	盒	8.24
加工维修服务	配门琐铜钥匙	把	1.00	解热镇痛及非甾体抗炎药	北京扶他林 25g＊30 片	盒	24.58
医疗器具及用品	山东体温计	个	3.36				

4-3 续表 8

品　名	规　格	单位	本年平均价格（元）	品　名	规　格	单位	本年平均价格（元）
抗肿瘤药	上海甲氨蝶令 2.5mg＊100 片	瓶	18.86	注射费	静脉注射费	次	4.00
抗肿瘤药	江苏环磷酰胺针 0.2g	支	5.08	检查费	检查费（螺旋 CT）	次	220.00
激素及调节内分泌功能药	浙江强的松 5mg＊100 片	瓶	2.80	检查费	检查费（彩色 B 超）	次	80.00
激素及调节内分泌功能药	北京二甲双胍片 0.25g＊48 片	瓶	2.80	手术费	阑尾手术费	次	540.00
				手术费	剖腹产手术费	次	585.33
循环系统用药	常州复方降压片 100 片	瓶	3.60	住院费	普通病房住院费（四人间）	床/天	7.33
循环系统用药	青岛长效心痛定 20mg＊30 片	瓶	16.70	住院费	干部病房住院费（两人间）	床/天	25.00
神经系统用药	郑州尼莫地平 20mg＊50 片	瓶	1.44	理疗费	理疗费（超短波治疗）	次	9.33
神经系统用药	北京硝酸甘油片 0.5mg＊50 片	瓶	2.32	理疗费	针灸（体针）	次	18.00
专科用药	武汉红霉素软膏 10g	支	0.89	化验费	尿常规	次	8.00
专科用药	山西甲硝唑片 0.2g＊21 片	板	0.71	化验费	血脂全项	次	95.50
其他	湖北维生素 C0.1g＊100 片	瓶	1.43	其他	成人预防针	次	14.53
保健器具	北京周林频普仪 W301	台	480.00	化妆美容器具	珠海飞利浦电吹风 HP8200	个	159.00
保健器具	伦世达按摩棒	个	169.00	化妆美容器具	广州眉夹	个	10.96
保健器具	上海健身球	对	15.87	化妆美容器具	珠海飞利浦剃须刀 HQ914	个	379.00
滋补保健用品	北京人参蜂王浆 10mg＊10 支	盒	8.27	化妆美容器具	天津美宝莲眉笔	支	39.00
滋补保健用品	深圳太太静心口服液 15mg＊10 支	盒	29.67	美容化妆品	阿迪达斯香水 50ML	瓶	198.00
滋补保健用品	哈尔滨葡萄糖酸钙口服液 10mg＊12 支	盒	14.73	美容化妆品	天津美宝莲水晶唇美口红	支	49.00
挂号费	主治医师挂号费	次	2.75	护肤品	羽西白玲珑净白莹润乳液	瓶	200.00
挂号费	付主任医师挂号费	次	4.75	护肤品	欧珀莱活性育肤乳液 130ml	瓶	210.00
注射费	肌肉注射费	次	2.50				

4-3 续表 9

品 名	规 格	单位	本年平均价格（元）	品 名	规 格	单位	本年平均价格（元）
护发化妆用品	美涛均衡柔亮焗油膏 500g	瓶	24.48	美容	皮肤护理	次	50.63
护发化妆用品	新丝源橄榄弹力素 365ml	瓶	31.91	美容	绣眉	次	436.00
洗发用品	上海海鸥去屑洗发膏 340 克	瓶	6.58	理（烫）发	男理全活	次	17.27
洗发用品	上海夏士莲黑亮焗油洗焗洗发露 400ML	瓶	22.86	理（烫）发	女短烫发	次	58.83
洗发用品	广州飘柔焗油护理洗发露 400ML	瓶	25.99	洗浴	洗澡	次	10.00
洗浴用品	上海力士嫩白亮彩 125 克香皂	块	3.90	洗浴	搓背	次	7.50
洗浴用品	上海力士滋养娇肤沐浴液 200ml	瓶	10.90	其他	男染发（中等进口药）	次	62.83
洗浴用品	速洁洗澡巾	块	2.94	摩托车	广州五羊 125-3 摩托车	辆	5583.33
其他	洁婷侧吸护围护翼卫生巾 16 片	包	12.79	摩托车	广州广本 G125-3 摩托车	辆	5183.33
首饰	老凤祥黄金千足	克	331.08	自行车	常州小金牛电动自行车	辆	1790.00
首饰	老凤祥铂金饰品 PT950	克	504.46	自行车	哈佛 6.0 自行车	辆	998.00
皮件	广州金利来牌男士皮带	条	178.00	自行车	天津飞鸽 26 型女自行车	辆	396.67
皮件	广东万里马男士公文包	个	625.33	轿车	湖北东风雪铁龙爱丽舍 1.6IRP +型	辆	94800.00
皮件	天津金利来男士皮手套	双	219.00	轿车	桑塔娜志俊 1.8	辆	94800.00
手表	广东飞亚达石英男表	块	608.00	轿车	红旗奔腾 2.0MT	辆	129800.00
手表	瑞士梅花机械女表	块	6400.00	其他	安阳三枪三轮车（24 型 650 * 1000 半轴）	辆	470.00
手表	广东飞亚达机械男表	块	1480.00	汽油	97#乙醇	升	6.75
领带	宁波雅戈尔领带	条	239.00	汽油	93#乙醇	升	6.38
领带	金利来领带	条	338.00	柴油	0#柴油	升	6.28
其他	发夹	个	15.00	柴油	-10#柴油	升	6.68

4-3 续表 10

品 名	规 格	单位	本年平均价格（元）	品 名	规 格	单位	本年平均价格（元）
零配件	许昌 26 型自行车内胎	条	12.71	长途汽车	郑州-北京豪华车(43 座)700 公里长途汽车票	人/公里	0.22
其他	北京 3.5 公升机油(润滑油)	桶	12.2	长途汽车	郑州-北京豪华车(卧)37 铺长途汽车票	人/公里	0.27
驾驶证	大货车 B 证	个	2650.00	其他	郑州-开封出租车单程(富康)	元/次	160.00
驾驶证	小汽车 C 证	个	1975.00	固定电话机	广东 TCL 牌 HCD868(82)电话机	部	81.33
保险费	盗抢险费 25 万以内轿车	年	1010.00	固定电话机	深圳步步高 HWCD007(76)TSD(子母机)电话机	部	298.33
保险费	车损险费 25 万以内轿车	年	2773.00	移动电话机	天津摩托罗拉 A1600 手机	部	1973.59
停车费	小汽车路边停车费	辆/次	3.75	移动电话机	诺基亚 6300 手机	部	952.13
停车费	电动车停车费	辆/次	0.50	移动电话机	诺基亚 N86 手机	部	3338.32
车辆修理服务费	补内胎小孔(自行车)	孔	1.70	传真机	松下传真机 KX-FL613CN	部	1960.00
车辆修理服务费	桑塔纳 2000 型换三芯机油(中等)	次	150.00	移动通信费	联通大众卡(月租 25 元)主叫	分钟	0.20
其他	小汽车清洗费	次	16.33	移动通信费	全球通(带 50 元基本费)主叫	分钟	0.40
公共汽车票	公共汽车九路车单程票(普通车)	张	1.00	市内电话费	住宅固定电话三分钟后	分钟	0.11
公共汽车票	公共汽车成人月票	月	50.00	长途电话费	郑州-北京长途电话费	分钟	0.70
出租汽车	市内出租车起步价(排气量 2.0 以下)	车/公里	3.00	月租费	民用住宅固定电话月租费	月	20.00
出租汽车	市内出租车	车/公里	1.50	上网费	网吧上网费	小时	2.00
其他	机动三轮车运费	车/公里	1.00	上网费	网通宽带	月	100.00
飞机票	郑州-北京(687 公里)飞机票	人/公里	1.12	信件邮寄	信件邮寄费外阜(20g 以内)	封	1.20
飞机票	郑州-广州(1316 公里)飞机票	人/公里	1.10	包裹邮寄	郑州-洛阳投递区(包裹邮寄)不含保价费	千克	3.60
火车票	郑州-北京西 180 次快速空调(座位)火车票	人/公里	0.14	其他	短信(小灵通)	条	0.10
火车票	郑州-北京西 180 次快速空调(卧铺下)火车票	人/公里	0.25	电视机	广东 TCLL32E09 液晶电视机	台	3183.78

4-3　续表 11

品　名	规　格	单位	本年平均价格（元）	品　名	规　格	单位	本年平均价格（元）
电视机	四川长虹等离子彩电 PT42818NHD	台	6393.00	工具书	辞海 16 开（缩印本）	本	260.00
电视机	青岛海信 TLM42V68PK 液晶电视机	台	5551.33	教材	高一语文 32 开（人民教育）普通班	本	7.66
电视机	青岛海信 TLM47V88PK 液晶电视机	台	7529.33	教材	初一语文（人民教育）普通班	本	4.36
激光视盘机	奇声 DVD-8315 激光视盘机	台	428.00	教材	小学一年级语文（人民教育）普通班	本	5.40
激光视盘机	步步高 DVDKD015 影碟机	台	664.67	参考书	小学生优秀作文	本	19.80
摄像机	日本松下 H80 数码摄像机	台	3440.33	参考书	初中生优秀作文	本	19.80
摄像机	上海索尼 XR100E 摄像机	台	5696.33	参考书	高中生优秀作文	本	45.00
照相机	三星 ST550 数码照相机	架	2344.89	教育软件	新概念英语（实践与进步）	册	24.00
照相机	索尼 W220 数码相机	架	1629.17	教育软件	新概念 2 同步讲解辅导	册	298.00
家用音响	山水音响 MC-1309L	台	3155.00	义务教育杂费	小学一年级（杂费、取暖费）	学期	100.00
家用音响	飞利浦家庭影院 HTS3378	台	8355.00	义务教育杂费	初中一年级（杂费、取暖费、信息费）	学期	160.00
便携式音响	OPPO 牌 X1MP3	台	358.00	非义务教育杂费	高中一年级学杂费	学期	212.00
便携式音响	OPPO 牌 S33MP4	台	698.00	非义务教育杂费	中专一年级学费	学年	1900.00
电脑	联想家悦 E360821.5 吋宽屏液晶电脑	台	4579.21	非义务教育杂费	大学专科一年级学杂费	学年	3600.00
电脑	联想 Y450-A76600 笔记本电脑	台	5316.00	技能培训学费	中式烹饪培训	学期	850.00
修理服务	照相机检验费（理光 30SD）	次	100.00	技能培训学费	计算机应用培训	学期	750.00
修理服务	25 寸彩电带摇控检修费	次	60.00	托幼费	公立托幼费	月	350.00
其他	步步高点读机 T800	台	1257.94	托幼费	私立托幼费	月	310.00
工具书	现代汉语词典 32 开	本	78.00	其他	择校费	三年	18000.00
工具书	牛津高阶双解英汉词典	本	108.00	乐器	广州星臣 CG-300 吉它	件	880.00

4-3 续表 12

品　名	规　格	单位	本年平均价格（元）	品　名	规　格	单位	本年平均价格（元）
乐器	珠江 121RG 钢琴	架	13000.00	体育用品	上海红双喜羽毛球拍	付	78.00
乐器	天津雅马哈 KB220 电子琴 61 键	台	2600.00	健身器材	天津祖迪斯两用拉力器	个	35.07
音响光盘和磁带	上海音响光盘 CD(双)	片	9.90	书籍	草房子(32 开)	本	15.00
音响光盘和磁带	广东四海空白磁带	盒	4.50	书籍	淘气包马小跳(四个调皮蛋)32K	本	13.80
照相胶卷和存储卡	金士顿存储卡 SD2G	个	110.00	书籍	操作系统(第三版)	本	55.00
照相胶卷和存储卡	日本富士 100 胶卷	卷	23.97	书籍	十万个为什么 32 开	套	79.20
录像磁带和视盘	索尼录像空白带 180 分	盒	26.50	报纸	大河报	份	0.50
录像磁带和视盘	上海单面 VCD	盒	16.60	报纸	郑州晚报	份	0.50
录像磁带和视盘	广东歌碟 DVD	盒	19.90	报纸	大河文摘报	份	1.00
儿童玩具	上海背包积木儿童玩具	包	27.85	杂志	读者	本	4.00
儿童玩具	广东宏丽达电动火车儿童玩具	盒	12.58	杂志	家庭医生	本	5.00
儿童玩具	上海虹猫蓝兔欢乐谷轨道儿童玩具	盒	79.54	杂志	女友	本	6.00
纸张本册	英语本	本	1.00	电影票	电影票(进口片)	张	36.77
纸张本册	小学六年级完全试卷	张	6.50	电影票	电影票(国产片)	张	38.75
纸张本册	稿纸	本	2.50	景点门票	动物园门票	张	16.00
文具	上海英雄墨水	瓶	3.59	景点门票	世纪欢乐园门票	张	100.00
文具	上海真彩 12 色彩笔	盒	9.44	有线电视	有线电视初装费	次	240.00
文具	上海英雄 616 依金笔	支	12.83	有线电视	郑州有线电视费月租费	月	13.00
体育用品	乔丹成人篮球	个	118.00	健身活动	游泳门票	次	35.56
体育用品	天津祖迪斯足球	个	68.00	健身活动	舞票夜场门票	次	3.33

4-3　续表 13

品　名	规　格	单位	本年平均价格（元）	品　名	规　格	单位	本年平均价格（元）
健身活动	健身	月	348.80	胶合板	河北五合板 1.22m*2.44m	张	32.75
其他	戏曲票	张	50.00	玻璃	洛阳玻璃 5mm	平方米	28.90
旅行社收费	郑州-海南（双飞五日游）	次/人	2254.86	玻璃	洛阳玻璃 8mm	平方米	47.97
旅行社收费	郑州-厦门武夷山（双卧）	次/人	1691.67	粘胶	抚顺哥俩好白乳胶	瓶	11.81
宾馆住宿	三星级宾馆标准间	天/间	298.00	粘胶	广东鱼丁万能胶	瓶	19.89
宾馆住宿	二星级宾馆套房	天/套	180.00	油漆	郑州调和漆	千克	16.75
其他住宿	普通招待所两人间	天/间	90.00	油漆	顺德聚脂漆	千克	56.44
其他住宿	普通宾馆三人间	天/床	40.00	其他	广东佛山中挡瓷片 300mm*450mm	平方米	6.04
木材	河北板材 1.2m*2.44m	张	86.92	公房房租	公房房租一级砖混楼房	平方米	1.70
木材	东北木龙骨白松原木 3cm*5cm	根	4.29	私房房租	私房房租砖混楼房	平方米	10.63
木地板	杭州红润木地板 400mm*900mm（实木）	平方米	265.00	其他费用	卫生费	月	5.00
木地板	湖北奥森木地板 400mm*900mm（强化）	平方米	100.00	物业管理费用	物业管理费小区一级	平方米	0.41
砖	民用砖	块	0.46	维护修理费用	维护修理费用疏通下水道	次	40.00
砖	广州佛山地板砖 300mm*300mm	块	3.11	其他	暖气费	10 平方米/日	1.90
砖	广州佛山地板砖 600mm*600mm	块	17.75	水	居民用水	吨	2.40
水泥	新乡水泥 500 号（42.5 等级）	袋	16.21	电	居民生活用电	度	0.56
水泥	新乡水泥 400 号（32.5 等级）	袋	13.91	液化石油气	液化气	千克	6.75
涂料	郑州 888 涂料（千克）	千克	1.00	管道燃气	天燃气	立方米	1.90
涂料	郑州 106 涂料	千克	0.66	其他燃料	蜂窝煤（12 孔）	块	0.43
胶合板	河北三合板 1.22m*2.44m	张	26.08				

五、人民生活

5-1 全市及县(市)城镇居民家庭基本情况

(2010 年)

指　　标	单位	全市	市区	中牟县	巩义市	荥阳市	新密市	新郑市	登封市
现住房总建筑面积	平方米/人	29.29	27.46	33.1	36.4	37.75	36.94	55.38	59.24
家庭人口数	人	**2.93**	**29.10**	**3.17**	**2.93**	**3.1**	**3.35**	**2.84**	**3.26**
有收入者人数	人	2.17	2.16	1.99	2.04	2.16	2.25	2.1	2.08
就业人口数	人	1.46	1.43	1.49	1.76	1.9	1.66	1.73	1.72
国有经济单位职工人数	人	0.76	0.74	1.03	0.77	1.06	0.45	0.37	0.48
城镇集体经济单位职工人数	人	0.07	0.05	0.09	0.14	0.07	0.24	0.23	0.14
其它经济类型单位职工人数	人	0.12	0.12	0.04	0.23	0.21	0.2	0.25	0.18
城镇个体或私营企业主人数	人	0.16	0.17	0.13	0.15	0.24	0.25	0.29	0.34
城镇个体或私营企业被雇人数	人	0.21	0.20	0.09	0.29	0.2	0.31	0.38	0.58
离退休再就业人数	人	0.04	0.04	0.04	0.01	0.06	0.01	0.01	
其它就业人数	人	0.1	0.11	0.07	0.17	0.06	0.2	0.2	0.01
离退休人数	人	0.69	0.71	0.4	0.25	0.22	0.53	0.31	0.3
其它有收入者人数	人	0.02	0.02	0.09	0.03	0.04	0.07	0.07	0.06
无收入者人数	人	0.76	0.75	1.18	0.89	0.93	1.1	0.74	1.18
在外就学人数	人	0.04	0.02	0.39	0.1	0.16	0.02	0.27	0.34
非家庭人口在家用餐	人次	1.39	0.53	3.75	3.39	5.86	7.46	3.25	5.56
家庭人口在外用餐	人次	3.46	2.13	4.07	10.86	14.23	7.65	7.59	12.27
家庭总收入	元	**20641.25**	**20929.96**	**15652.56**	**17332.72**	**17353.38**	**17020.46**	**17061.14**	**15849.05**
#可支配收入	元	18897.00	19375.81	14509.26	15893.24	15892.42	15890	15892.9	15364.91
家庭总支出	元	**15565.49**	**15234.6**	**12654.55**	**12167.57**	**16391.13**	**15197.76**	**16345.41**	**11828.4**
消费支出	元	**12789.7**	**12587.76**	**9668.3**	**9193.1**	**11901.00**	**12997.34**	**12665.32**	**10195.25**
#服务性消费支出	元	2724.65	2641.14	1902.83	2386.22	3074.65	3348.64	2577.68	2066.64
通过互联网购买商品或服务支出	元	5.44	5.11	0.63	10.45	30.73	14.65		
旅游人次	人次	0.99	1.01	0.8	1.03	1.47	2.45	0.77	1.32
旅游花费总额	元	263.86	304.04	141.01	253.68	245.14	597.81	186.17	180.1
恩格尔系数	%	**33.02**	**33.00**	**30.35**	**30.97**	**29.44**	**31.78**	**29.61**	**33.15**

5-2 全市及县(市)城镇居民家庭每人全年现金收入情况

(2010 年)

单位:元

指　　标	全市	市区	中牟县	巩义市	荥阳市	新密市	新郑市	登封市
期初手存现金	646.47	631.84	2343.71	1466.4	873.64	829.18	1463.7	282.02
家庭总收入	20641.25	20929.96	15652.56	17332.72	17353.38	17020.46	17061.14	15849.05
#可支配收入	18897.00	19375.81	14509.26	15893.24	15892.42	15890	15892.9	15364.91
工资性收入	11975.13	12266.93	10849.13	11755.02	12159.67	9794.74	10415.21	8096.55
工资及补贴收入	11770.41	12145.65	10017.53	11636.1	11717.88	8848.49	9901.52	7410.4
其它劳动收入	204.72	121.28	831.6	118.92	441.8	946.25	513.69	686.15
经营性收入	2120.58	1945.42	1443.92	2824.33	2370.05	2824.66	2763.65	3288.99
财产性收入	256.91	147.04	91.41	263.85	290.92	837.49	988.03	2329.17
利息收入	58.93	35.57	17.13	23.61	53.01	112.01	51.29	10.95
股息与红利收入	21.86	5.24		107.68	145.9	3.92	10.37	
保险收益	0.31				10.61			
其它投资收入	11.33		0.47	61.43	3.23	6.9	83.07	
出租房屋收入	163.35	106.23		71.13	73	711.22	843.3	2318.22
其它财产性收入	1.13		73.81		5.17	3.44		
转移性收入	6288.64	6570.56	3268.11	2489.53	2532.74	3563.57	2894.26	2134.34
养老金或离退休金	5626.47	5971.97	3094.73	1760.64	1673.94	2914.51	2287.92	1706.24
社会救济收入	27.04	39.39	14.59		13.57	0.6	0.85	
#最低生活保障收入	1.09	1.33			13.57		0.85	
保险收入	1.35	0.81	5.57		0.42			
#失业保险金	0.59		5.57					
赡养收入	211.98	166.22	11.75	290.46	112.99	211.58	239.58	178.41
捐赠收入	296.6	261.61	118.11	235.15	616.18	369.45	257.43	170.43
其它转移性收入	5.68	0.01	0.53	13.45	8.88	10.87	1.27	0.8
出售财物收入	70.09	0.73	3.77	3.2	158.08	29.82	529.97	22.26
出售住房收入	52.76							
出售其它物品收入	17.32	0.73	3.77	3.2	158.08	29.82	529.97	22.26
借贷收入	2539.42	2153.26	1714.74	2050.24	4845.31	1199.12	2821.67	376.69
提取储蓄存款	2453.18	2069.24	1203.16	1836.59	4109.79	1187.69	2669.99	370.55
借入款	53.5	75.18	511.58	2.05	58.79	5.97	10.58	
收回借出款	4	1.32		6.83			141.09	6.13
收回投资本金	4.14			204.78	1.26			
其它借贷收入	19.56				675.47			

5-3 全市及县(市)城镇居民家庭每人全年现金支出情况

(2010年)

单位:元

指　　标	全市	市区	中牟县	巩义市	荥阳市	新密市	新郑市	登封市
家庭总支出	15565.49	15234.6	12654.55	12167.57	16391.13	15197.76	16345.41	11828.4
消费性支出	12789.7	12587.76	9668.3	9193.1	11901.92	12997.34	12665.32	10195.25
#服务性消费支出	2724.65	2641.14	1902.83	2386.22	3074.65	3348.64	2577.68	2066.64
通过互联网购买商品或服务支出	5.44	5.11	0.63	10.45	30.73	14.65		
旅游人次	0.99	1.01	0.8	1.03	1.47	2.45	0.77	1.32
旅游花费总额	263.86	304.04	141.01	253.68	245.14	597.81	186.17	180.1
财产性支出	19.86	18.75	0.63	44.74	138.79			0.64
非生产性贷款利息支出	7.53	3.67		10.24	84.34			
其它	12.33	15.08	0.63	34.51	54.45			0.64
转移性支出	1076.37	995.14	1569.18	1654.23	1889.43	1120.3	2033.18	1236.59
交纳所得税	57.85	49.39	22.61	42.42	13.91	6.91	45.05	9.76
捐赠支出	786.97	737.59	1120.39	737.01	1419.27	1024.24	1321.5	834.9
购买彩票	4.72	2.58	1.62	8.43	8.09	3.11	1.2	27.79
赡养支出	124.65	80.69	417.47	683.69	344.26	61.49	632.03	306.77
#在外就学子女费用	52.03	24.45	375.88	592.7	152.46	14.33	545.11	247.91
各种非储蓄性保险支出	52.49	57.05		122.45	82.18	9.19	15.78	44.53
#车辆保险支出	2.19	1.04		28.16	27.65	4.12	8.47	11.35
其它转移性支出	49.69	67.84	7.1	60.24	21.73	15.35	17.62	12.83
社会保障支出	1385.51	1429.82	1097.85	1275.49	1362.91	1071.16	1018.44	395.93
个人交纳的养老基金	577.71	608.24	321.24	566.09	472.93	485.62	398.67	162.59
个人交纳的住房公积金	571.95	577.21	454.21	574.48	614.25	339.68	501.69	191.98
个人交纳的医疗基金	205.15	216.85	199.76	119.95	206.95	209.67	93.43	32.36
个人交纳的失业基金	28.61	27.50	19.8	14.97	59.4	15.91	24.59	3.69
其它社会保障支出	2.09	0.02	102.83		9.38	20.28	0.07	5.32
购房与建房支出	294.05	203.14	318.59		1098.07	8.96	628.47	
购房	290.25	203.14	318.59		1098.07		458.55	
借贷支出	6225.89	6122.56	4932.87	6970.51	5562.02	1968.24	871.22	2732.61
存入储蓄款	6016.38	5953.21	4831.37	6412.36	4773.33	1887.4	836.84	2595.8
借出款	12.18	8.05	20.21	313.99	12.27			
归还借款	83.77	41.13	35.62	185.46	205.76	71.64		98.16
储蓄性保险支出	26.14	24.97		23.89	82.09	7.85	34.38	38.65
购买有价证券	2.69	5.38				1.34		
其它投资支出	0.18				6.93			
归还住房贷款	76.13	89.83	34.43	34.81	237.14			
其它借贷支出	6.42		11.24		244.49			

5-4 全市及县(市)城镇居民家庭年人均消费支出

(2010 年)

指　标	单位	全市	市区	中牟县	巩义市	荥阳市	新密市	新郑市	登封市
消费支出	**元**	**12789.7**	**12587.76**	**9668.3**	**9193.1**	**11901.00**	**12997.34**	**12665.32**	**10195.25**
#服务性消费支出	**元**	**2724.65**	**2641.14**	**1902.83**	**2386.22**	**3074.65**	**3348.64**	**2577.68**	**2066.64**
通过互联网购买商品或服务支出	元	5.44	5.11	0.63	10.45	30.73	14.65		
旅游人次	人次	0.99	1.01	0.8	1.03	1.47	2.45	0.77	1.32
旅游花费总额	元	263.86	304.04	141.01	253.68	245.14	597.81	186.17	180.1
食品	**元**	**4223.4**	**4153.98**	**2933.95**	**2847.46**	**3504.21**	**4130.52**	**3749.62**	**3379.33**
粮油类	元	674.78	681.26	383.95	473.97	463.29	569.61	745.85	712.33
粮食	元	434.71	441.83	233.86	296.75	262.42	301.53	461.63	467.2
大米	元/千克	4.35	4.32	4.19	4.69	4.56	4.63	4.49	4.56
数量	千克	22.18	23.28	11.12	10.76	10.89	10.69	13.46	13.32
金额	元	96.41	100.65	46.64	50.45	49.65	49.51	60.4	60.77
面粉	元/千克	3	3.06	2.49	2.64	2.85	2.82	2.6	2.65
数量	千克	18.84	17.62	25.63	23.58	9.32	10.74	30.58	34.54
金额	元	56.57	53.95	63.87	62.17	26.59	30.31	79.66	91.63
其它粮食及制品	元	281.73	287.23	123.34	184.13	186.17	221.71	321.57	314.8
淀粉及薯类	元	48.05	49.39	0.87	31.84	44.68	50.89	53.71	51.58
干豆类及豆制品	元	71.65	11.05	87.29	61.32	73.45	81.74	80.41	78.2
油脂类	元	120.37	120.01	61.94	84.06	82.75	135.45	150.1	115.35
食用植物油.单价	元/千克	15.05	15.08	18.06	11.88	12.58	14.54	14.64	14.83
数量	千克	8	7.96	3.43	7.07	6.58	9.31	10.19	7.78
金额	元	120.35	120.01	61.94	84.06	82.75	135.4	149.19	115.35
食用动物油	元	0.02					0.04	0.91	
肉禽蛋水产品类	元	940.34	962.51	583.04	531.69	588.41	494.75	842.53	570.2
肉类	元	554.96	559.35	315.39	348.21	372.43	319.9	556.42	382.58
猪肉	元/千克	20.28	20.27	19	19.85	19.38	20.85	19.11	20.24
数量	千克	14.06	13.79	9.53	8.16	10.79	8.19	17.57	10.62
金额	元	285.23	279.51	181.05	161.98	209.22	170.8	335.83	214.91
牛肉	元/千克	29.24	28.76	25.81	26.86	33.1	31.91	32.71	25.17
数量	千克	2.03	2.28	0.04	0.59	0.52	0.09	0.42	0.06
金额	元	59.22	65.62	0.96	15.79	17.34	2.89	13.81	1.55
羊肉	元/千克	30.95	30.53	24.2	30.96	33.03	33.5	34.39	24.45
数量	千克	1.85	2.06	0.3	0.97	0.68	0.59	1.61	0.37
金额	元	57.25	63.01	7.22	30.15	22.49	19.75	55.27	9.02
其它肉及制品	元	153.27	151.21	126.16	140.29	123.37	126.47	151.5	157.1
禽类	元	147.04	154.28	112.02	63.86	77.13	62.58	90.69	61.13
鸡	元/千克	14.79	14.69	12.6	14.94	12.95	13.81	14.16	13.87
数量	千克	4.78	5.31	2.9	1.52	1.88	1.22	4.07	0.71
金额	元	70.67	78.07	36.55	22.74	24.41	16.85	57.59	9.9

5-4 续表1 (2010年)

指 标	单位	全市	市区	中牟县	巩义市	荥阳市	新密市	新郑市	登封市
鸭	元/千克	12.82	12.96	12.51	8.24	10.75	14.38	13.59	17.75
数量	千克	0.78	0.71	0.37	0.1	0.05	0.06	0.09	0.01
金额	元	9.94	9.2	4.57	0.82	0.54	0.83	1.16	0.11
其它禽类及制品	元	66.43	67.01	70.9	40.3	52.18	44.9	31.94	51.12
蛋类	元	109.31	110.4	99.98	84.91	103.89	80.7	117.76	93.46
鲜蛋	元/千克	7.46	7.46	7.5	7.38	7.41	7.11	7.34	7.03
数量	千克	13.61	13.69	13.11	10.81	13.12	10.7	15.42	12.57
金额	元	101.47	102.14	98.29	79.85	97.17	76.12	113.13	88.44
蛋制品	元	7.85	8.26	1.69	5.06	6.72	4.58	4.63	5.02
水产品类	元	129.02	138.48	55.66	34.7	34.96	31.57	77.67	33.03
鱼	元/千克	14.06	13.99	12.38	12.05	13.18	12.35	11.96	13.15
数量	千克	5.38	5.79	3.33	1.41	1.45	1.85	4.33	1.42
金额	元	75.62	81.01	41.19	16.97	19.15	22.82	51.78	18.71
虾	元/千克	32.11	31.64	23.57	29.34	28.12	36.33	29.66	25.28
数量	千克	1.01	1.11	0.09	0.25	0.17	0.09	0.38	0.13
金额	元	32.57	35.05	2.16	7.2	4.9	3.37	11.39	3.25
其它水产品及制品	元	20.84	22.42	12.32	10.54	10.92	5.37	14.51	11.07
蔬菜类	元	492.25	499.74	312.81	323.98	316.04	329.25	490.37	460.01
鲜菜	元/千克	3.37	3.43	2.96	2.83	2.91	2.92	3.1	2.82
数量	千克	135.28	134.99	104.38	107.13	104.97	102.14	149.68	152.58
金额	元	455.3	463.03	309.3	302.94	305.48	298.35	463.33	430.54
干菜	元	25.71	27.78	3.4	13.1	5.51	25.21	22.83	15.82
菜制品	元	11.24	8.93	0.1	7.95	5.05	5.69	4.2	13.64
调味品	元	80.34	80.82	54.57	46.05	53.17	47.31	80.43	76.13
糖烟酒饮料类	元	536.36	506.63	320.47	188.32	293.6	1202.61	576.07	460.15
糖类	元	30.23	29.4	20.3	24.34	24.03	36.14	36.95	35.3
烟草类	元	196.31	174.52	110.79	55.93	114.03	398.54	318.26	204.56
酒类	元	183.68	175.81	109.02	35.27	55.8	469.34	117.88	105.33
白酒	元/千克	67.56	64.15	38.84	60.77	40.89	273.38	48.69	78.87
数量	千克	2.24	2.24	2.64	0.39	1.04	1.64	1.95	0.65
金额	元	151.31	143.76	102.49	23.44	42.54	449.07	95.07	51.17
果酒	元/千克	51.14	51.12	24	25.77	49.36	4.67	9.56	53.26
数量	千克	0.19	0.23		0.08	0.04	0.01	0.21	0.16
金额	元	9.86	11.92	0.04	2.13	2.14	0.06	2.01	8.33
啤酒	元/千克	5.11	4.95	7.54	5.42	4.05	4.94	4.02	9.94
数量	千克	3.17	2.98	0.86	1.68	2.58	3.25	4.77	4.61

5-4 续表 2　　(2010 年)

指　标	单位	全市	市区	中牟县	巩义市	荥阳市	新密市	新郑市	登封市
金额	元	16.2	14.75	6.47	9.13	10.46	16.04	19.16	45.82
其它酒	元	6.31	5.39	0.02	0.57	0.67	4.16	1.65	0.01
饮料	元	126.14	126.9	80.36	72.78	99.73	298.6	102.98	114.95
碳酸饮料	元/千克	5.36	5.56		3.91	5.11	6.24	5.37	6.76
数量	千克	3.68	3.74		0.62	1.66	1.08	2.74	1.03
金额	元	19.74	20.77		2.43	8.48	6.72	14.73	6.98
瓶装饮用水	元/千克	1.71	1.66	2	1.05	1.17	1.36	0.73	2.57
数量	千克	4.23	4.14	0.02	5.26	4.91	9.53	10.71	3.3
金额	元	7.21	6.88	0.05	5.54	5.74	12.94	7.82	8.48
茶叶	元/千克	170.54	181.43	219.39	196.46	167.82	537.09	157.99	96.24
数量	千克	0.27	0.28	0.03	0.04	0.06	0.4	0.18	0.13
金额	元	45.28	50.26	6.03	8.72	10.3	213.07	28.31	12.78
其它饮料	元	53.91	48.98	74.28	56.1	75.21	65.87	52.13	86.71
干鲜瓜果类	元	375.57	370.41	237.98	311	311.73	315.47	331.95	283.66
鲜果	元/千克	5.12	5.16	3.87	4.51	4.88	4.91	4.27	4.62
数量	千克	41.74	41.64	25.63	32.99	37.29	33.21	43.07	36.27
金额	元	213.8	214.83	99.29	148.92	181.89	162.94	183.94	167.59
鲜瓜	元/千克	1.7	1.71	2.03	1.8	1.62	1.73	1.33	1.64
数量	千克	24.33	22.59	21.82	17.18	24.78	36.82	34.7	21.54
金额	元	41.36	38.72	44.39	30.89	40.16	63.53	46.32	35.35
其它干鲜瓜果类及制品	元	120.42	116.87	94.3	131.2	89.69	89	101.69	80.72
糕点、奶及奶制品	元	269.91	264.22	205.62	234.37	303.67	187.48	248.93	306.08
糕点	元/千克	14.37	14.39	13.59	16.79	13.54	12.31	14.37	13.3
数量	千克	6.2	6.13	0.56	4.98	7.39	4.86	4.4	8.1
金额	元	89.11	88.26	7.68	83.55	100.02	59.87	63.17	107.64
奶及奶制品	元	180.8	175.96	197.94	150.82	203.65	127.62	185.76	198.44
鲜乳品	元/千克	6.36	6.58	5.28	7.95	5.89	5.62	8.09	9.4
数量	千克	16.71	16.86	0.44	11.47	13.48	4.69	9.94	5.63
金额	元	106.29	111.04	2.3	91.24	79.37	26.36	80.43	52.97
奶粉	元/千克	84.34	83.03	115.92	124.48	95.45	124.84	76.04	83.01
数量	千克	0.28	0.27	0.3	0.16	0.47	0.12	0.24	0.65
金额	元	23.82	22.34	34.37	20.01	44.67	14.53	18	54.29
酸奶	元/千克	5.66	5.57	4.92	6.68	5.9	4.33	5.63	9.02
数量	千克	5.6	5.45	0.08	4.77	11.19	3.14	9.53	2.8
金额	元	31.67	30.34	0.39	31.87	66.07	13.61	53.68	25.28
其它奶制品	元	19.02	12.24	160.88	7.69	13.54	73.11	33.66	65.9

5-4 续表3 （2010年）

指　　标	单位	全市	市区	中牟县	巩义市	荥阳市	新密市	新郑市	登封市
其它食品	元	97.38	98.55	324.77	17.74	65.45	60.86	10.84	42.13
饮食服务	元	756.47	689.83	510.74	720.34	1108.85	923.17	422.65	468.64
食品加工服务费	元	0.98	0.57	2.71	1.3	0.37	0.33	5.11	0.87
在外饮食	元	755.49	689.25	508.03	719.04	1108.48	922.84	417.54	467.77
衣着	**元**	**1864.71**	**1886.4**	**1336.79**	**1588.07**	**1795.93**	**1685.64**	**1527.89**	**1547.18**
服装	元/件	144.93	152.5	134.71	127.38	113.36	121	121.66	115.37
数量	件	9.1	8.65	7.62	9.41	12.09	10.13	9.2	9.13
金额	元	1318.81	1319.88	1026.89	1198.58	1370.83	1225.35	1119.49	1053.22
衣着材料	元	7.85	8.46	0.69	3.36	5.82	0.57	0.95	4
鞋类	元/双	135	141.18	104.67	113.6	93.33	101.62	96.61	103.68
数量	双	3.59	3.57	2.39	3.13	3.9	4.03	3.76	4.13
金额	元	483.97	504	250.21	355.15	363.57	409.21	363.28	427.77
其它衣着用品	元	46.92	48.82	40.24	24.45	43.31	40.47	33.6	55.72
衣着加工服务费	元	7.17	5.24	18.75	6.53	12.4	10.04	10.57	6.48
居住	**元**	**1026.99**	**984.21**	**870.32**	**943.56**	**1038.15**	**1096.69**	**1548.79**	**863.81**
住房	元	229.11	205.05	342.37	218.48	288.45	472.01	698.92	142.85
租赁房房租	元	28.39	23.42	14.46	26.45	23.31	6.87	275.13	
住房装潢支出	元	152.01	136.16	82.43	107.22	244.99	332.05	168.33	124.31
维修用建筑材料	元	45.47	45.37	219.14	10.76	19.77	118.82	237.69	4.19
其他住房支出	元	3.24	0.1	26.34	74.05	0.39	14.27	17.77	14.36
水电燃料及其它	元	728.84	709.49	480.65	663.78	654.68	552.32	789.93	683.78
水	元/吨	2.39	2.40	1.88	2.32	2.34	2.89	2.21	2.26
数量	吨	37.49	38.86	31.97	24.88	27.03	27.98	42	16.01
金额	元	89.62	93.21	60	57.65	63.17	80.85	92.68	36.18
电	元/度	0.56	0.56	0.6	0.56	0.58	0.57	0.57	0.57
数量	度	620.53	591.13	420.96	565.1	594.46	633.47	796.76	711.99
金额	元	348.58	331.32	251.31	316.66	345.27	360.61	452.92	406.01
燃料	元	163.38	165.14	156.1	162.6	143.39	110.22	146.22	241.59
煤炭	元/千克	0.65	0.63	0.52	0.63	0.72	0.59	0.6	0.67
数量	千克	19.33	12.11	11.49	102.13	19.54	30.96	49.93	183.79
金额	元	12.48	7.63	6.01	64.13	14.13	18.15	29.78	123.17
液化石油气	元/千克	5.74	5.59	6.34	7.26	6.02	5.07	6.03	5.91
数量	千克	2.81	1.48	4.47	2.09	8.74	17.23	14.63	18.61
金额	元	16.14	8.26	28.32	15.14	52.61	87.31	88.2	109.92
管道天然气	元/立方米	1.9		1.81			2.5	1.65	3
数量	立方米	67.94		64.53			0.84	14.16	2.7

5-4　续表 4　（2010 年）

指　　标	单位	全市	市区	中牟县	巩义市	荥阳市	新密市	新郑市	登封市
金额	元	129.09		116.94			2.09	23.42	8.1
其它燃料	元	0.09	0.01	3.16			0.51	1.59	0.01
取暖费	元	108.31	103.06	13.24	69.03	21.03	0.36	43.34	
其它相关支出	元	18.95	16.76		57.83	81.83	0.28	54.77	
居住服务费	元	69.04	69.67	47.31	61.3	95.02	72.37	59.93	37.17
物业管理费	元	56.38	60.67	30.28	41.06	55.11	10.06	11.12	13.5
维修服务费	元	10.35	6.89	16.74	11.2	37.48	55.77	48.5	19.9
其它居住服务费	元	2.31	2.22	0.29	9.04	2.43	6.54	0.3	3.77
家庭设备用品及服务	**元**	**1164.27**	**1192.19**	**651.44**	**625.98**	**1018.56**	**1056.7**	**1006.3**	**1025.75**
耐用消费品	元	557.8	557.19	303.56	309.45	560.9	619.23	603.27	586.84
家具	元	131.58	106.5		29.81	135.67	206.65	365.22	120.51
家庭设备	元	426.22	450.7	303.56	279.64	425.23	412.58	238.05	466.33
洗衣机	元/台	2214.52	2254.59		1729.33	2703.31	1878.25	2371.33	1413.6
数量	台	7.92	8.13		3	13	8	6	5
金额	元	59.75	62.96		17.71	113.52	44.85	50.19	21.68
电冰箱	元/台	2400.97	2419.13	2000	1800	3528	2433.33	2729.5	1886.67
数量	台	5.21	5.69	1	2	5	3	2	3
金额	元	42.64	47.26	6.32	12.29	56.98	21.79	19.26	17.36
微波炉	元/台	598.49	598.46			676	912.5	520	600
数量	台	2.31	3.05			3	2	3	1
金额	元	4.72	6.28			6.55	5.45	5.5	1.84
空调器	元/台	2298.77	2201.46		3185.67	2851.42	3893.13	2109.6	2824.75
数量	台	12.36	12.97		12	12	16	10	12
金额	元	96.84	98.09		130.47	110.53	185.94	74.41	103.98
淋浴热水器	元/台	1413.82	1446.53		1321.43	1204	1822.86	1833.33	2459.67
数量	台	5.62	5.15		7	7	7	3	6
金额	元	27.07	25.58		31.57	27.22	38.09	19.4	45.27
消毒碗柜	元/台	855.95	1000			0			
数量	台	0.23	0.27						
金额	元	0.67	0.92						
其它家庭设备	元	193.56	208.16	297.25	87.61	110.43	116.46	69.29	276.2
室内装饰品	元	29.13	28.82	3.34	12.88	77.17	24.35	11.48	1.32
床上用品	元	115.85	109.69	41.27	64.54	83.27	85.9	92.12	100.7
家庭日用杂品	元	420.99	451.85	287.54	215.92	275.88	290.98	288.05	255.66
家具材料	元	10.95	13.96		0.33	0.62	5.42	1.27	6.13
家庭服务	元	29.55	30.68	15.73	22.85	20.72	30.81	10.1	75.1

5-4 续表 5 （2010 年）

指 标	单位	全市	市区	中牟县	巩义市	荥阳市	新密市	新郑市	登封市
家政服务	元	13.23	14.55	1.81	11.69	8.22	7.04	0.81	24.54
加工维修服务费	元	16.33	16.13	13.92	11.16	12.5	23.77	9.29	50.56
医疗保健	元	**1045.82**	**1013.67**	**681.54**	**954.57**	**740.13**	**973.86**	**741.11**	**691.21**
医疗器具	元	8.89	9.15	4.5	1.05	20.6	8.07	0.07	0.21
保健器具	元	22.76	18.61		20.95	5.76	3.38	3.98	0.01
药品费	元	551.38	489.77	574.57	543.89	478.48	486.85	356.2	428.91
滋补保健品	元	91.54	93.64	91.8	26.93	25.25	133.23	31.38	69.99
医疗费	元	363.62	399.15	3.09	361.39	209.76	316.51	334.87	184.8
其它医疗保健支出	元	7.63	3.36	7.58	0.36	0.28	25.83	14.61	7.28
交通和通讯	元	**1621.28**	**1591.47**	**1894.85**	**913.13**	**1724.26**	**1685.77**	**2142.27**	**1320**
交通	元	933.69	924.26	1419.07	321.99	1052.9	826.42	1404.63	651.72
家庭交通工具	元	657.04	664.12	1000.29	14.44	597.12	446.51	1120.63	229.22
摩托车	元/辆	3419.14						4000	2800
数量	辆	0.04						1	1
金额	元	0.5						14.11	8.59
助力车	元/辆	2195.79	2160.55	2000	1725	1854.67	2407.5	2120	2320
数量	辆	4.96	5.93	1	2	6	4	7	17
金额	元	37.1	44.03	6.32	11.77	35.95	28.75	52.35	120.98
家用汽车	元/辆	115176.95	145072.5	145000		42250	46433.33	73662.5	29000
数量	辆	1.53	1.2	2		4	3	4	1
金额	元	600.85	599.85	915.79		545.9	415.82	1039.33	88.96
其它交通工具	元	18.6	20.23	78.19	2.66	15.28	1.95	14.84	10.69
车辆用燃料及零配件	元	115.47	103.66	165.4	138.91	241.69	84.41	139.85	293.5
燃料	元	98.85	88.46	165.26	118.37	211.21	79.38	125.44	284.07
零配件	元	12.29	10.48	0.14	7.31	30.47	1.58	13.76	6.19
其它	元	4.32	4.71		13.24	0.01	3.45	0.65	3.25
交通工具服务支出	元	34.05	19.5	131.45	32.83	88.86	108.41	54.44	57.82
维修费	元	19.59	13.11	131.39	19.27	45.76	96.76	34.24	49.64
车辆使用税费	元	9.65	3.09		11.29	30.85	9.57	0.99	0.31
其它车辆使用费用	元	4.8	3.29	0.06	2.28	12.25	2.08	19.21	7.87
交通费	元	127.13	136.98	121.92	135.8	125.22	187.08	89.71	71.18
飞机	元	15.5	20.5		9.11	6.2	70.9	9.66	6.22
火车	元	36.64	40.61		35.24	35.65	26.86	19.26	3.77
长途汽车	元	12.34	11.95	1.93	13.54	25.1	25.18	19.4	20.55
市内公共交通	元	26.82	25.04	0.03	60.57	13.98	23.38	7.29	22.58
出租汽车费	元	34.32	38.87	56.79	16.99	33.6	38.18	28.75	10.72

5-4　续表6　　　　　　　　　　（2010年）

指　　标	单位	全市	市区	中牟县	巩义市	荥阳市	新密市	新郑市	登封市
其它交通费	元	1.52	0.01	63.16	0.35	10.69	2.58	5.35	7.35
通信	元	687.59	667.22	475.78	591.14	671.36	859.35	737.64	668.27
通信工具	元	111.08	105.55	55.19	124.91	120.93	256.89	166.72	107.82
电话机	元/部	236.87	262.5		131.5	79	680	779	374.17
数量	部	5.87	6.10		4	3	3	2	6
金额	元	4.74	5.5		1.8	0.77	6.09	5.5	6.89
移动电话	元/部	1058.59	1006.02	954.53	1039.85	746.67	1611	1171.95	1027.13
数量	部	29.3	28.86	17	34	49	51	39	32
金额	元	105.73	99.72	51.24	120.67	118.18	245.26	161.22	100.82
其它通信工具	元	0.6	0.33	3.95	2.45	1.99	5.54		0.11
通信服务	元	576.51	561.67	420.59	466.22	550.42	602.46	570.93	560.46
电信费	元	564.35	556.03	418.89	463.84	544.11	598.86	567.26	558.84
#上网费	元	90.14	86.52	47.21	94.2	122.96	72.05	61.58	55.26
邮费	元	9.23	1.88		0.62	3.66	0.21	0.38	0.27
其它通信服务费	元	2.93	3.76	1.71	1.76	2.65	3.39	3.28	1.35
教育文化娱乐服务	**元**	**1314.94**	**1243.83**	**1014.94**	**965.24**	**1520.41**	**1658.43**	**1455.76**	**992.75**
文化娱乐用品	元	429.68	427.19	294.1	224.85	417.62	506.07	720.33	314.63
彩色电视机	元/台	4356.03	4480.17		2575	4153.9	5109.14	3300	2655.58
数量	台	6.26	6.85		2	10	7	2	10
金额	元	92.96	105.34		17.58	134.18	106.76	23.28	81.46
家用电脑	元	104.13	92.31	76.45	87.38	111.49	175.16	56.85	126.5
购买整机	元/台	3828.95	3967.5	3891.67	3553.29	2627.5	3942.86	3987.5	4582.22
数量	台	7.45	6.24	6	7	12	14	4	9
金额	元	97.25	85.03	73.74	84.89	101.85	164.78	56.26	126.5
计算机外部设备	元	1.3	0.47	2.72	0.9	7.2	7.96		
各种零配件及耗材	元	5.57	6.8		1.58	2.44	2.43	0.59	
照相机	元/架	2430.54	2725.63	3635	1965	1236.25	1625	2705	2210
数量	架	2.99	2.93	1	2	4	2	6	1
金额	元	24.76	27.39	11.48	13.41	15.97	9.7	57.25	6.78
其它中高档乐器	元/件	22014.52			300	900		88000	
数量	件	0.09			1	2		1	
金额	元	6.82			1.02	5.81		310.41	
健身器材	元/件	2628.8	671.96				2092.5	22300	
数量	件	0.55	0.57				2	2	
金额	元	4.92	1.32				12.49	157.32	
电子辞典	元/部	924.86	759.28			1600	1253.33	2800	800

5-4 续表7　　　　(2010年)

指　　标	单位	全市	市区	中牟县	巩义市	荥阳市	新密市	新郑市	登封市
数量	部	1.89	2.15			1	3	1	1
金额	元	5.94	5.6			5.17	11.22	9.88	2.45
音像制品及软件	元	4.15	3.25		4.02	1.58	2.16	0.16	6.1
体育用品	元	7.94	8.88	0.22	6.44	4.6	1.64	3.3	1.3
书报杂志	元	66.71	70.76	7.49	17.36	19.6	19.4	12.98	19.02
纸张文具	元	14.13	14.06	86.23	13.36	18.05	19.48	5.14	13.9
其它文娱用品	元	88.97	90.5	112.23	64.28	99.39	49.55	71.84	56.57
文化娱乐服务	元	377.17	406.04	413.78	424.4	333.22	643.13	236.56	254.86
参观游览	元	102.82	103.78	355.95	10.71	32.56	510.99	47.8	2.93
健身活动	元	12.69	11.98	4.42	9.15	11.18	0.22	0.42	
团体旅游	元	176.7	201.03		312.14	224.48	66.14	123.81	176.66
其它文娱活动	元	81.65	85.78	50.66	83.6	57.09	61.8	58.64	75.28
文娱用品修理服务费	元	3.31	3.04	2.75	8.81	7.91	3.98	5.89	
教育	元	508.08	410.61	307.05	315.98	769.57	509.23	498.87	423.26
教材	元	27.19	25.04	1.2	25.56	91.8	38.76	12.22	11.62
课本及参考书	元	25.03	22.96	1.2	25.56	91.8	23.24	7.17	11.53
教育软件	元	0.58	0.52				1.08	1.94	0.09
其它教材	元	1.59	1.57				14.44	3.11	
教育费用	元	480.89	385.57	305.85	290.42	677.77	470.48	486.65	411.63
非义务教育学杂费	元	155.22	116.37	5.05	9.22	334.64	190.99	235.32	173.44
义务教育学杂费	元	1.03					37.47		
托幼费	元	70.75	69.91	7.02	42.9	68.01	25.87	15.17	70.76
成人教育费	元	30.49	22.76	8.53	58.4	123.62	1.49	37.02	11.04
家教费	元	16.68	16.2	1.45	3.07	6.47	20.3	55.49	7.06
培训班	元	149.29	117.91	283.8	145.6	97.12	158.25	36.86	91.81
学校住宿费	元	26.98	27.44		8.53	42.64	17.76	8.47	28.13
其它教育费用	元	30.44	14.96		22.7	5.27	18.34	98.34	29.4
其它商品和服务	**元**	**528.3**	**521.99**	**284.46**	**355.1**	**560.27**	**709.74**	**493.58**	**375.22**
其它商品	元	336.69	381.43	164.27	200.8	274.92	403.83	326.02	252.56
金银珠宝饰品	元	101.16	80.59	21.6	37.24	69.39	167.99	99.89	43.47
手表	元/只	796.72	974.52	25	2700	65	557.43	760	148.6
数量	只	0.02	0.02		0.01	0.04	0.02		0.05
金额	元	17.83	18.44	0.08	18.43	2.73	11.65	2.68	6.84
理发美容用具	元	7.35	8.27		2.02	1.39	1.52	1.5	
化妆品	元	139.01	134.94	128.29	117.89	146.37	115.8	162.26	145.57
其它杂品	元	71.35	76.19	14.31	25.22	55.04	106.87	59.69	56.69
服务	元	191.6	203.56	120.19	154.3	285.35	305.91	167.57	122.66
旅馆住宿费	元	10.14	13.04		6.07	20.65	4.13	0.53	1.99
理发洗澡费	元	88.66	82.06	67.46	98.75	124.86	139.87	125.66	106.86
美容费	元	31.4	30.55	49.89	22.26	35.5	139.27	34.82	10.33
其它服务	元	61.4	77.91	2.84	27.22	104.34	22.64	6.56	3.48

5-5 全市及县(市)城镇居民家庭年人均实物收入

(2010 年)　　单位:元

指　标	全市	市区	中牟县	巩义市	荥阳市	新密市	新郑市	登封市
非现金(实物与服务)收入总计	**162.77**	**111.85**	**177.75**	**312.43**	**389.21**	**131.64**	**99.54**	**98.66**
食品	**72.79**	**55.93**	**84.41**	**122.07**	**226.28**	**91.66**	**69.44**	**76.35**
粮油类	17.01	11.94	15.27	24.55	67.44	24.43	29.41	21.9
肉禽蛋水产品类	7.66	5.61	4.84	9.13	25.26	7.79	6.97	10.88
蔬菜类	2.64	1.9	1.44	3.76	8.64	0.65	1.03	0.44
糖烟酒饮料类	17.75	12.64	11.18	21	26.02	22.26	15.99	11.2
干鲜瓜果类	7.68	6.72	2.67	5.76	25.3	5.67	5.21	13.8
糕点、奶及奶制品	10.25	7.82	6.11	26.14	40.82	20.73	9.54	15.55
其它食品	4.17	3.35	42.9	4.45	6.83	9.17	0.53	1.84
饮食服务	5.63	5.95		27.28	25.97	0.96	0.77	0.74
衣着	**3.62**	**1.49**		**9.01**	**31.3**	**3.55**	**4.27**	**9.21**
居住	**0.28**	**0.31**			**0.16**	**0.36**		
住房	0.04	0.12						
水电燃料及其它	0.09				0.16			
家庭设备用品及服务	**2.03**	**2.30**		**4.44**	**13.91**	**1.5**	**1.87**	
医疗保健	**67.93**	**40.98**	**60.33**	**114.29**	**44.34**	**13.35**	**23.43**	**7.83**
#医疗基金.合计	5.78	17.21				6.41		
保健用品	0.03							
药品费	42.42	19.07	10.76	28.37	42.32	12.75	10.63	5.97
滋补保健品	2.99	4.21			1.94		9.35	1.31
医疗费	20.01	15.52	49.57	0.66	0.08	0.6	1.16	0.55
其它医疗保健	2.48	2.07		85.26			2.29	
交通和通讯	**5.41**	**3.42**		**20.49**	**10.09**			
交通	2.17	3.32		8.21	9.61			
通信	3.24	0.1		12.29	0.48			
教育文化娱乐服务	**4.11**	**1.38**		**25.3**	**50.55**	**0.28**		
文化娱乐用品	2.69	0.55		17.96	33.08	0.07		
文化娱乐服务	1.25	0.63		7.34	16.18	0.21		
教育	0.17	0.21			1.29			
其它商品和服务	**6.61**	**6.02**	**33**	**16.84**	**12.57**	**20.94**	**0.53**	**5.26**

5-6　全市及县(市)城镇居民家庭每百户年末主要耐用消费品拥有量

(2010年底)

指　　标	单位	全市	市区	中牟县	巩义市	荥阳市	新密市	新郑市	登封市
摩托车	辆	7.6	2.54	24	30	32.69	17	39	90
助力车	辆	52.34	56.38	27	11	72.12	6	35	23
家用汽车	辆	11.42	10.48	12	16	13.46	24	10	12
洗衣机	台	97.53	97.46	99	103	104.81	105	100	101
电冰箱	台	98.23	99.54	88	96	102.88	88	89	82
彩色电视机	台	126.29	123.78	118	126	147.12	149	139	150
家用电脑	台	68.81	68.38	48	87	80.77	67	42	56
组合音响	套	18.14	15.14	24	16	27.88	28	16	20
摄像机	架	9.32	9.91	4	4	9.62	21	7	3
照相机	架	46.82	46.88	30	39	44.23	48	17	32
钢琴	架	2.94	2.12	2	1	2.88	8	2	2
其它中高档乐器	件	2.87	2.19	6	2	8.65	8	3	2
微波炉	台	59.8	62.56	31	42	56.73	43	39	19
空调器	台	136.13	134.94	95	173	192.31	136	94	103
淋浴热水器	台	88.87	92.71	89	50	75.96	76	68	34
消毒碗柜	台	9.53	9.84	9	11	17.31	17	8	11
洗碗机	台	0.09	0.13		1	0.96			
健身器材	套	4.41	3.84	1	3	6.73	23	4	1
固定电话	部	74.66	75.83	68	62	43.27	62	60	68
移动电话	部	171.68	126.51	178	236	254.81	236	174	215

5-7 全市及县(市)城镇居民家庭住房情况

(2010 年)

指　　标	单位	全市	市区	中牟县	巩义市	荥阳市	新密市	新郑市	登封市
家庭居住人口	人	2.93	2.91	3.16	2.93	3.06	3.35	2.82	3.26
现住房总建筑面积	平方米/人	29.29	27.46	33.1	36.4	37.75	36.94	55.38	59.24
房屋产权(合计)									
租赁公房	%	3.14	3.61	1	5	0.96			
租赁私房	%	2.05	1.91	1		1.92		1	
原有私房	%	2.86		3	1			51	79
房改私房	%	68.52	74.77	48	23	15.38	2	17	
商品房	%	21.37	17.78	39	64	81.73	98	25	21
其它	%	2.06	1.91	8	7			6	
住宅建筑式样(合计)									
四居室	%	3.7	2.65	10	14	13.46	29	14	4
三居室	%	40.02	39.15	62	67	75	53	24	19
二居室	%	48.16	52.86	18	9	9.62	8	8	1
一居室	%	3.69	4.73	1		0.96	2		
普通楼房	%	4.16	0.61	5	9	0.96	6	49	73
平房及其它	%	0.27		4	1		2	5	3
建筑年份	%	17.54	17.59	14.86	14.02	13.63	14.52	15.01	15.57
装修状况									
有装修	%	55.68	57.27	33	50	68.27	40	25	29
未装修	%	44.32	42.73	67	50	31.73	60	75	71
如果装修过最近一次装修年份	年	5.38	5.39	2.57	3.24	5.37	3.43	2.13	1.72
如果装修过最近一次装修花费	元	12249.96	12943.09	3850	16640	20701.92	7420	4726.4	8240
现有住房按市场价估计值	元	259383.8	279807.4	101485	145700	155192.31	100150	180280	343400
租赁房房租	元	219.61	219.91	48	56.4	226.8	8	178	
自有房房租折算	元	8838.8	9511.23	3037.68	4012.32	6906.03	4331.5	5759.52	6967.44
购房时间	年	11.38	11.71	10.61	10.74	10.45	12.74	5.95	1.85
购房总金额	元	71207.97	73287.3	57161	86419.77	81836.54	68200	42603.44	24908
购房实际支出金额	元	70242.9	72118.48	56638	85879.77	81711.54	68000	41471	24888
饮水情况									
自来水	%	90.52	94.38	82	85	76.92	66	92	19
矿泉水	%	4.34	4.14	1	2	0.96	12	2	8
纯净水	%	4	1.48	16	13	22.12	21	6	19

5-7　续表　　　　　　　　　　　　　　（2010 年）

指　　标	单位	全市	市区	中牟县	巩义市	荥阳市	新密市	新郑市	登封市
井、河水	%	1.13		1					54
其它	%	0.01					1		
用水情况									
独用自来水	%	98.46	100	100	97	99.04	100	100	30
公用自来水	%	0.13			3	0.96			2
井、河水	%	1.41							68
卫生设备									
有厕所浴室	%	90.11	92.53	89	48	94.23	76	74	77
有厕所无浴室	%	9.57	7.17	10	48	4.81	24	26	23
公用	%	0.32	0.3	1	4	0.96			
取暖设备									
空调设备	%	29.88	31.32	12	34	47.12	50	32	16
暖气	%	46.56	47.3	29	19	16.35	6	11	1
其它	%	23.57	21.38	59	47	36.54	44	57	83
炊用燃料使用情况									
煤炭	%	3.85	1.41	24	12	5.77		7	61
罐装液化石油气	%	16.11	8.9	39	32	51.92	97	86	37
管道煤气	%	2.86	1.13		52	42.31			
管道天然气	%	76.7	8.95	36			3	4	2
其他燃料	%	0.48	0.61	1	4			3	
除了现住房,还有几处其它住房	套	0.09	0.06	0.09	0.12	0.13	0.27	0.39	0.48
出租房	套	0.05	0.04	0.03	0.06	0.07	0.23	0.31	0.48
#建筑面积	平方米	4.59	3.09	2.03	6.26	5.07	22.62	29.41	36.72
偶尔居住房	套	0.02	0.01	0.02	0.05	0.05	0.04	0.02	
#建筑面积	平方米	1.77	1.26	1.63	5.7	4.94	3.82	1.8	
其它用途房	套	0.02	0.01	0.04	0.01	0.01		0.05	
#建筑面积	平方米	1.34	0.97	3.18	0.5	0.72		8.5	

5-8 全市按相对收入分的城镇居民家庭生活基本情况

（2010 年）

指 标	单位	合计	最低10%	更低5%	低10%	较低20%	中间20%	较高20%	高10%	最高10%	更高5%
调查户数	户	1200	120.67	61	120	241	240.08	239.75	120	118.5	58.5
现住房总建筑面积	平方米/人	29.29	23.12	23.27	24.52	24.89	26.84	30.18	35.89	41.36	49.18
家庭人口数	人	2.93	3.21	3.1	3.47	3.29	3.11	2.85	2.52	2.34	2.14
有收入者人数	人	2.17	1.65	1.36	2.11	2.19	2.32	2.3	2.13	2.09	2.02
就业人口数	人	1.46	1.34	1.02	1.54	1.6	1.62	1.45	1.2	1.4	1.31
国有经济单位职工人数	人	0.76	0.54	0.47	0.72	0.78	0.89	0.78	0.57	0.85	0.81
城镇集体经济单位职工人数	人	0.07	0.05	0.03	0.11	0.1	0.08	0.06	0.04	0.02	0.03
其它经济类型单位职工人数	人	0.12	0.12	0.12	0.19	0.1	0.18	0.11	0.05	0.11	0.06
城镇个体或私营企业主人数	人	0.16	0.18	0.08	0.17	0.14	0.14	0.14	0.22	0.21	0.15
城镇个体或私营企业被雇人数	人	0.21	0.23	0.2	0.25	0.36	0.17	0.2	0.22	0.08	0.13
离退休再就业人数	人	0.04			0.01	0.01	0.01	0.08	0.02	0.1	0.1
其它就业人数	人	0.1	0.21	0.11	0.09	0.12	0.15	0.07	0.08	0.03	0.03
离退休人数	人	0.69	0.24	0.25	0.54	0.56	0.68	0.84	0.92	0.68	0.71
其它有收入者人数	人	0.02	0.07	0.09	0.02	0.04	0.02	0.01	0.01	0.01	0.01
无收入者人数	人	0.76	1.56	1.74	1.37	1.1	0.8	0.56	0.4	0.24	0.12
在外就学人数	人	0.04	0.02	0.01	0.03	0.04	0.04	0.04	0.05	0.03	0.02
非家庭人口在家用餐	人次	1.39	1.16	0.68	0.97	1.25	1.92	1.08	1.79	1.39	1.01
家庭人口在外用餐	人次	3.46	2.34	1.73	2.56	3.09	4.01	3.29	3.95	4.18	4.74
家庭总收入	元	20641.25	8084.06	6383.13	11419.63	14607.79	18097.55	22774.07	28180.26	40712.96	48815.19
#可支配收入	元	18897.00	7088.75	5555.35	10483.88	13364.55	16536.5	21231.63	26198.04	38395.57	46006.83
家庭总支出	元	15565.49	7562.1	6294.73	9347.41	11060.47	15488.43	15820.46	20938.89	28842.9	33935.83
消费支出	元	12789.7	6209.31	5314.15	7926.94	9225.76	12910.34	13258.32	17205.56	22302.48	24778.72
#服务性消费支出	元	2724.65	1246.28	798.51	1875.32	1937.81	2941.74	2592.33	3624.93	4917.72	5401.46
通过互联网购买商品或服务支出	元	5.44	3.52		0.47	2.27	2.73	3.95	3.75	26.79	56.08
旅游人次	人次	0.99	0.58	0.33	0.97	1.11	0.78	0.96	1.21	1.29	1.32
旅游花费总额	元	263.86	86.26	53.54	115.35	176.66	222.68	233.19	355.75	736.54	822.31

5-9 全市按相对收入分的城镇居民家庭年人均收入情况

（2010 年）

单位：元

指 标	合计	最低10%	更低5%	低10%	较低20%	中间20%	较高20%	高10%	最高10%	更高5%
期初手存现金	646.47	284.46	251.12	346.2	456.03	683.86	795.06	677.75	1055.91	1379.73
家庭总收入	20641.25	3084.06	6383.13	11419.63	14607.79	18097.55	22774.07	28180.26	40712.96	48815.19
#可支配收入	18897.00	7088.75	5555.35	10483.88	13364.55	16536.5	21231.63	26198.04	38395.57	46006.83
工资性收入	11975.13	5792.71	4299.31	6978.1	9556.51	11803.74	13453	13605.79	20523.77	23387.35
工资及补贴收入	11770.41	5688.22	4205.97	6888.01	9314.48	11647.58	13329.16	13366.95	19940.64	22661.82
其它劳动收入	204.72	104.49	93.33	90.09	242.02	156.16	123.85	238.85	583.13	725.53
经营性收入	2120.58	748.95	325.81	1466.35	1128.95	1327.76	1786.81	3311.29	6430.18	7690.55
财产性收入	256.91	36.37	23.12	85.27	126.55	209.45	247.69	633.64	521.94	575.62
利息收入	58.93	16.65	13.38	23.98	25.57	71.25	44.34	98.61	148.19	216
股息与红利收入	21.86	2.44	5.31	1.06	4.8	8.6	25.36	36.75	84.54	46.74
保险收益	0.31				0.72		0.78			
其它投资收入	11.33	3.36	3.85	2.8	2.45	14.34	16.57	20.64	11.77	24.8
出租房屋收入	163.35	13.92	0.58	56.07	88.95	115.03	159.67	477.11	277.44	288.08
其它财产性收入	1.13			1.37	4.05	0.23	0.97	0.53		
转移性收入	6288.64	1506.04	1734.9	2889.9	3795.78	4756.6	7286.56	10629.54	13237.07	17161.67
养老金或离退休金	5625.47	1078.6	1234.09	2572.42	3480.08	4304.26	6683.75	9540.08	11433.99	14644.6
社会救济收入	27.04	175.42	287.5	51.54	17.11	8.96	6.06	0.09	9.69	1.68
#最低生活保障收入	1.09	7.41	16.12	3.89	0.11		0.16		0.21	
辞退金	0.37					1.87				
赔偿收入	2.19	0.62	1.35				8.6			
保险收入	1.35				0.07	2.01		3.33	5.58	7.71
#失业保险金	0.59					2.01			1.92	
赡养收入	211.98	48.52	54.37	53.86	57.96	91.61	250.87	753.51	307.86	308.61
捐赠收入	296.16	125.94	77.16	118.57	173.6	270.5	263.27	235.86	980.49	1448.89
提取住房公积金	39.19			27.33		2.97			350.22	637.54
其它转移性收入	5.68	0.98	0.91	2.34	0.91	0.75	0.11	0.92	47.29	
出售财物收入	70.09	4.9	9.39	4.08	2.63	2.36	53.81	1.97	523.41	1063.09
出售住房收入	52.76								503.92	1062.17
出售其它物品收入	17.32	4.9	9.39	4.08	2.63	2.36	53.81	1.97	19.49	0.92
借贷收入	2539.42	1020.03	1217.12	1139.96	1034.48	3254.67	2273.57	3032.16	6185.13	8349.8
提取储蓄存款	2453.18	980.77	1216.61	1132.25	1001.38	3250.73	2028.93	3016.56	6055.63	8077.99
借入款	53.5	3.86	0.51	6.15	28.44	0.31	168.86	14.18	42.39	89.35
收回借出款	4	35.4		1.46		3.56		1.28		
兑售有价证券	4.14						0.13		39.22	82.67
收回投资本金	5.05				0.03	0.08		0.14	47.89	99.79
其它借贷收入	19.55			0.1	4.63		75.65			

5-10　全市按相对收入分的城镇居民家庭年人均支出情况

（2010 年）

单位：元

指　　标	合计	最低10%	更低5%	低10%	较低20%	中间20%	较高20%	高10%	最高10%	更高5%
家庭总支出	15565.49	7562.1	6294.73	9347.41	11060.47	15488.43	15820.46	20938.89	28842.9	33935.83
消费性支出	12789.7	6209.31	5314.15	7926.94	9225.76	12910.34	13258.32	17205.56	22302.48	24778.72
#服务性消费支出	2724.65	1246.28	798.51	1875.32	1937.81	2941.74	2592.33	3624.93	4917.72	5401.46
通过互联网购买商品或服务支出	5.44	3.52		0.47	2.27	2.73	3.95	3.75	26.79	56.08
旅游人次	0.99	0.58	0.33	0.97	1.11	0.78	0.96	1.21	1.29	1.32
旅游花费总额	263.86	86.26	53.54	115.35	176.66	222.68	233.19	355.75	736.54	822.31
财产性支出	19.86			0.17	4.95	12.44	19.42	21.78	90.24	189.54
非生产性贷款利息支出	7.53			0.17	4.9	3.06	11.82	20.27	9.72	19.82
其它	12.33				0.05	9.38	7.6	1.51	80.52	169.72
转移性支出	1076.37	433.73	232.77	563.62	671.96	1014.72	1023.56	1649.48	2353.41	2859.54
交纳所得税	57.85	0.3	0.45	15.23	19.39	45.72	62.97	139.02	131.08	146.28
捐赠支出	786.97	325.99	166.94	453.34	524.4	752.68	737.85	1209.79	1625.03	1819.52
购买彩票	4.72	4.04	7.63	1.83	3.69	7.12	6.58	2.72	2.64	4.81
赡养支出	124.65	75.96	37.21	48.16	103.61	153.98	113	154.86	209.61	204.65
#在外就学子女费用	52.03	39.46	11.38	23.14	42.98	49.95	50.96	82.63	78.13	54.01
各种非储蓄性保险支出	52.49	5.29	4.17	7.82	14.02	36.75	71.22	4.19	226.09	395
#车辆保险支出	2.19	2.02		0.81	0.34	1.91	1.67	0.7	9.77	15.59
其它转移性支出	49.69	22.14	16.37	37.24	6.84	18.47	31.93	138.89	158.96	289.28
社会保障支出	1385.51	919.06	747.81	856.68	1157.79	1441.66	1405.57	1747.46	2084.35	2549.44
个人交纳的养老基金	577.71	549.33	385.86	475.69	553.79	627.79	544.63	712.78	578.98	653.76
个人交纳的住房公积金	571.95	221.24	292.23	218.75	377.09	564.94	654.07	752.5	1119.3	1475.25
个人交纳的医疗基金	205.15	125.97	58.8	132.1	191.68	216.61	185.13	245.41	343.14	381.76
个人交纳的失业基金	28.61	22.52	10.91	28.34	28.73	30.11	20.62	36.3	41.97	36.64
其它社会保障支出	2.09			1.81	6.5	2.21	1.12	0.46	0.96	2.02
购房与建房支出	294.05					109.27	113.59	314.62	2012.42	3558.58
购房	290.25					109.27	98.94	314.62	2010.97	3555.53
借贷支出	6225.89	906.34	565.89	2030.26	3385.91	4638.86	7596.78	8458.61	16261.25	21582.57
存入储蓄款	6016.38	885.09	530.99	2014.04	3344.87	4354.99	7406.14	8222.06	15581.19	20435.16
借出款	12.18				0.46		24.08	3.52	54.86	69.3
归还借款	83.77	16.67	34.85	2.39	20.47	225.18	11.47	89.32	213.07	444.97
储蓄性保险支出	26.14	4.44		8.37	9.31	26.54	15.8	11.79	124.76	108.84
购买有价证券	2.69				0.09		0.03	8.21	17.1	27.72
其它投资支出	0.18	0.12	0.05	0.5	0.1	0.52				
归还住房贷款	76.13			0.68	10.62	30.89	114.32	108.17	270.27	496.58
归还汽车贷款	0.38						1.54			
其它借贷支出	6.42	0.03		4.27		0.73	16.88	15.52		

5-11 全市按相对收入分的城镇居民家庭年人均消费情况

（2010 年）

指　　标	单位	合计	最低10%	#更低5%	低10%	较低20%	中间20%	较高20%	高10%	最高10%	#更高5%
消费支出	元	**12789.7**	**6209.31**	**5314.15**	**7926.94**	**9225.76**	**12910.34**	**13258.32**	**17205.56**	**22302.48**	**24778.72**
#服务性消费支出	元	2724.65	1246.28	798.51	1875.32	1937.81	2941.74	2592.33	3624.93	4917.72	5401.46
食品	元	**4223.4**	**2465.82**	**2233.09**	**2800.58**	**3614.33**	**4164.4**	**4474.98**	**5847.78**	**5766.2**	**6139.23**
粮油类	元	674.78	536.47	570.22	520.77	640.77	663.3	701.3	832.92	779.53	821.16
粮食	元	434.71	339.72	356.62	343.32	431.79	435.05	442.55	529.66	485.02	496.91
淀粉及薯类	元	48.05	41.38	44.94	37.99	40.66	46.85	51.09	58.05	58.96	76.9
干豆类及豆制品	元	71.65	54.27	50.79	53.67	69.07	67.86	82.88	80.81	77.55	83.41
油脂类	元	120.37	101.09	117.87	85.8	99.25	113.54	124.77	164.4	157.99	163.94
肉禽蛋水产品类	元	940.34	613.67	523.26	666.14	898	949.33	1010.78	1164.73	1112.77	1234.39
肉类	元	554.96	348.99	292.86	392.56	546.25	575.86	589.46	662.24	656.33	717.04
禽类	元	147.04	94.31	81.78	105.97	137.23	144.72	158.11	198.31	168.85	172.13
蛋类	元	109.31	83.85	81.42	89.89	102.05	99.68	125.68	126.93	120.43	147.53
水产品类	元	129.02	86.52	67.2	77.72	112.48	129.07	137.53	177.25	167.16	197.69
蔬菜类	元	492.25	391.19	413.9	389.56	472.78	482.04	513.65	579.18	579.28	631.11
鲜菜	元/千克	3.37	3.18	2.97	3.14	3.35	3.33	3.39	3.38	3.68	3.66
数量	千克	135.28	115.18	129.51	116.71	131.83	134.57	139.37	156.45	144.15	158.75
金额	元	455.3	366.59	385	366.98	441.45	447.67	471.99	529.11	530.07	581.37
干菜	元	25.71	17.38	19.16	13.26	23.69	22.91	31.04	30.55	34.75	34.36
菜制品	元	11.24	7.22	9.73	9.32	7.63	11.45	10.62	19.52	14.45	15.37
调味品	元	80.34	60.9	65.63	60.02	76.27	78.19	80.74	104.96	99.19	104.19
糖烟酒饮料类	元	536.36	208.39	145.45	316.3	373.01	536.32	574.28	984.74	710.94	687.19
糖类	元	30.23	16.97	16.55	20.25	26.96	27.17	33.41	43.72	39.7	35.94
烟草类	元	196.31	80.21	59.75	96.56	146.97	207.93	217.03	345.22	236.25	249.91
酒类	元	183.68	58.75	31.39	114.17	108.4	189.59	198.61	364.52	234.48	181.97
饮料	元	126.14	52.46	37.77	85.32	90.68	111.63	125.22	231.27	200.5	219.37
干鲜瓜果类	元	375.57	203.25	187.94	247.98	314.81	373.04	405.2	513.5	521.36	583.88
鲜果	元/千克	5.12	4.38	4.15	4.67	4.66	5.33	5.24	5.17	5.59	5.9
数量	千克	41.74	26.7	25.55	29.9	37.1	40.62	45.7	54.93	51.35	50.9
金额	元	213.8	116.86	106.14	139.77	172.85	216.58	239.4	283.92	286.91	300.15
鲜瓜	元/千克	1.7	1.48	1.48	1.64	1.69	1.7	1.7	1.74	1.84	1.83
数量	千克	24.33	18.37	17.04	22.65	23.94	23.75	24.25	32.27	24.49	27.63
金额	元	41.36	27.27	25.3	37.04	40.53	40.48	41.16	56.32	44.93	50.52
其它干鲜瓜果类及制品	元	120.42	59.11	56.5	71.16	101.43	115.99	124.64	173.27	189.52	233.21
糕点、奶及奶制品	元	269.91	166.35	121.43	165.84	219.06	250.17	311.11	380.01	355.69	378.54
糕点	元/千克	14.37	13.53	11.39	13.61	14.32	15.32	14	13.37	15.99	16.1
数量	千克	6.2	4.14	3.84	4.14	5.17	5.35	6.95	9.7	7.62	7.63

5-11 续表 1 （2010 年）

指　　标	单位	合计	最低10%	#更低5%	低10%	较低20%	中间20%	较高20%	高10%	最高10%	#更高5%
金额	元	89.11	56.01	43.75	56.42	74.04	81.95	97.39	129.71	121.81	122.83
奶及奶制品	元	180.8	110.34	77.68	109.43	145.02	168.22	213.72	250.3	233.89	255.71
其它食品	元	97.38	31.08	27.61	66.34	68	99.75	87.16	173	167.94	218.9
饮食服务	元	756.47	254.53	177.65	367.63	551.63	732.24	790.76	1114.73	1439.5	1479.88
食品加工服务费	元	0.98	0.19	0.11	0.2	0.63	0.91	1.7	1.74	0.56	0.37
在外饮食	元	755.49	254.34	177.54	367.42	550.99	731.33	789.06	1112.99	1438.94	1479.51
衣着	**元**	**1864.71**	**1009.73**	**808.86**	**1225.92**	**1374.85**	**1722.03**	**2013.9**	**2444.01**	**3229.28**	**3195.17**
服装	元/件	144.93	90.6	74.83	115.27	119.97	141.06	158.9	150.58	189.89	182.88
数量	件	9.1	7.73	7.52	7.21	8.04	8.79	9.01	11.21	12.23	12.5
金额	元	1318.81	700.39	562.74	831.4	964.55	1240.28	1431.18	1688.25	2323.24	2285.57
衣着材料	元	7.85	2.45	1.54	3.8	6.73	9.4	7.6	13.19	9.93	2.34
鞋类	元/双	135	83.92	64.25	114.53	116.15	130.9	149.5	136.96	175.23	182.88
数量	双	3.59	3.36	3.37	3.22	3.06	3.22	3.49	4.77	4.6	4.29
金额	元	483.97	282.14	216.49	369.13	355.04	421.88	522.08	653.85	805.6	784.34
其它衣着用品	元	46.92	21.21	22.98	18.24	40.5	44.66	46.16	80.76	75.74	99.9
衣着加工服务费	元	7.17	3.54	5.11	3.35	8.02	5.81	6.9	7.96	14.77	23.02
居住	**元**	**1026.99**	**558.32**	**537.74**	**681.14**	**696.16**	**983.82**	**1048.73**	**1544.29**	**1739.55**	**2256.91**
住房	元	229.11	28.53	22.71	64.72	84.8	221.36	224.71	477.64	538.16	817.63
租赁房房租	元	28.39	6.7	3.91	12.88	4.74	61.66	30.77	13.52	44.28	73.62
住房装潢支出	元	152.01	15.11	17.01	11.77	59.39	128.44	128.36	342.3	441.94	662.33
维修用建筑材料	元	45.47	5.74	1.79	39.86	19.02	30.49	60.82	120.37	38.77	81.69
其他住房支出	元	3.24	0.99		0.21	1.65	0.78	4.76	1.44	13.17	
水电燃料及其它	元	728.84	499.99	480.95	547.36	573.69	700.2	741.71	971.88	1097.17	1308.49
水	元/吨	2.39	2.4	2.41	2.4	2.4	2.38	2.39	2.37	2.4	2.4
数量	吨	37.49	27.71	27.19	29.62	30.35	33.54	39.54	50.87	52.62	61.19
金额	元	89.62	66.61	65.42	71.23	72.73	79.95	94.33	120.71	126.52	146.78
电	元/度	0.56	0.56	0.56	0.56	0.56	0.56	0.56	0.56	0.56	0.56
数量	度	620.53	481.54	432.29	539.47	535.01	564.02	625.49	849.83	800.07	997.75
金额	元	348.58	270.31	242.63	303.57	301.32	317.65	350.82	476.44	448.71	559.23
燃料	元	163.38	140.24	135.84	145.57	137.29	166.14	172.15	180.7	195.24	206.57
煤炭	元/千克	0.65	0.61	0.6	0.6	0.62	0.67	0.71	0.64	0.64	0.71
数量	千克	19.33	30.94	44.26	32.85	22.36	21.99	12.9	17.13	5.18	5.61
金额	元	12.48	18.92	26.64	19.83	13.93	14.81	9.18	10.91	3.31	3.96
液化石油气	元/千克	5.74	5.68	5.6	5.74	5.65	5.92	5.7	5.68	5.76	5.69
数量	千克	2.81	3.27	2.5	3.56	2.61	2.83	2.8	3.28	1.55	1.42
金额	元	16.14	18.58	14.01	20.43	14.77	16.75	15.97	18.63	8.94	8.08
管道天然气	元/立方米	1.9	1.91	1.9	1.9	1.9	1.9	1.9	1.9	1.9	1.9

5-11 续表2 (2010年)

指　　标	单位	合计	最低10%	#更低5%	低10%	较低20%	中间20%	较高20%	高10%	最高10%	#更高5%
数量	立方米	67.94	50.33	46.02	53.87	53.83	68.48	74.59	77.19	90.89	98.15
金额	元	129.09	95.89	87.57	102.27	102.19	130.09	141.52	146.95	172.81	186.45
其它燃料	元	0.09	0.09	0.19		0.02	0.21	0.11	0.08		
取暖费	元	108.31	1.82		23.56	57.45	122.78	98.01	168.99	287.46	313.31
其它相关支出	元	18.95	21	37.06	3.43	4.9	13.68	26.41	25.04	39.24	82.6
居住服务费	元	69.04	29.8	34.08	69.06	37.67	62.25	82.3	94.77	104.22	130.79
物业管理费	元	56.38	26.02	33.33	49.02	29.98	55.1	68.85	70.92	86.55	119.6
维修服务费	元	10.35	3.41	0.35	18.83	5.03	5.44	10.75	20.24	14.45	9.95
其它居住服务费	元	2.31	0.36	0.4	1.21	2.66	1.71	2.7	3.61	3.21	1.24
家庭设备用品及服务	**元**	**1164.27**	**548.02**	**597.23**	**630.06**	**744.04**	**926.4**	**1206.13**	**2106.64**	**2191.01**	**2495.17**
耐用消费品	元	557.8	224.76	298.84	249.34	290.54	422.44	549.07	1087.42	1259.19	1512.55
家具	元	131.58	81.27	65.19	34.41	38.64	72.88	94.18	377.33	352.98	372.26
家庭设备	元	426.22	143.5	233.65	214.93	251.9	349.56	454.89	710.09	906.21	1140.29
洗衣机	元/台	2214.52	1933.7	2330	2990.36	2109.17	2011.06	1732.45	2617.28	2917.08	2893.35
数量	台	7.92	3.65	5.82	1.86	6.73	7.65	9.19	12.01	9.54	12.45
金额	元	59.75	22.04	43.72	16.02	43.14	49.4	55.82	124.49	119.08	168.53
电冰箱	元/台	2400.97	1578.09		4076.33	2180.76	2705.88	1820.39	2324.44	2694.46	2295.51
数量	台	5.21	0.57		2.47	0.62	4.17	5.14	12.48	9.42	12.42
金额	元	42.64	2.8		28.96	4.13	36.25	32.77	114.9	108.62	133.38
微波炉	元/台	598.49			411.73	478.43	316.51	532.61	709.53	770.67	655.77
数量	台	2.31			2.49	0.29	1.53	2.77	2.15	6.16	8.7
金额	元	4.72			2.95	0.42	1.55	5.17	6.04	20.31	26.7
空调器	元/台	2298.77	2278.86	2231.86	2986.95	2930.52	2121.12	2012.26	3251.83	2293.91	2223.91
数量	台	12.36	11.02	19.67	11.65	5.2	13.35	17.59	5.25	16.62	22.11
金额	元	96.84	78.34	141.6	100.17	46.32	90.94	124.01	67.57	163.13	230.09
淋浴热水器	元/台	1413.82	850		1051.67	1673.62	1451.52	1306.98	1248.66	1637.73	1657.5
数量	台	5.62	1.38		3.32	5.92	6.9	6.44	5.43	6.03	6.39
金额	元	27.07	3.65		10.04	30.11	32.15	29.5	26.87	42.25	49.57
消毒碗柜	元/台	855.95					200			1000	1000
数量	台	0.23					0.23			1.44	2.78
金额	元	0.67					0.14			6.17	13
室内装饰品	元	29.13	9.14	7.33	2.87	31.08	22.29	30.63	77.43	26.64	13.32
床上用品	元	115.85	47.23	44.73	88.05	92.15	86.09	127.28	182.32	194.59	167.38
家庭日用杂品	元	420.99	251.1	229.15	252.22	308.88	368.86	457.12	701.59	613.45	678.05
家具材料	元	10.95			8.07	3.97	8.43	25.5	12.83	1.52	0.21
家庭服务	元	29.55	15.79	17.18	29.52	17.42	18.29	16.53	45.04	95.62	123.68
家政服务	元	13.23	1.83	2.88	23.4	7.4	2.57	3.87	9.54	67.94	93.18

5-11 续表3 (2010年)

指 标	单位	合计	最低10%	#更低5%	低10%	较低20%	中间20%	较高20%	高10%	最高10%	#更高5%
加工维修服务费	元	16.33	13.96	14.3	6.11	10.01	15.72	12.66	35.5	27.68	30.5
医疗保健	**元**	**1045.82**	**358.46**	**347.43**	**580.61**	**632.49**	**839.16**	**1268.87**	**1219.06**	**2354.56**	**2012.09**
医疗器具	元	8.89	0.44	0.58	1	1.46	21.09	8.04	2.79	20.02	7.79
保健器具	元	22.76	1.46		1.02	8.08	14.18	39.64	37.22	44.07	48.51
药品费	元	551.38	256.13	301.34	348.94	413.4	439.57	623.16	646.69	1133.78	867.99
滋补保健品	元	91.54	13.75	4.9	43.32	35.14	94.68	96.45	85.38	275.41	237.63
医疗费	元	363.62	84.26	38.49	182.8	168.73	268.25	485.66	443.27	866.63	828.13
其它医疗保健支出	元	7.63	2.42	2.12	3.53	5.68	1.4	15.91	3.7	14.65	22.04
交通和通讯	**元**	**1621.28**	**559.51**	**382.29**	**697.75**	**839.43**	**2063.09**	**1547.53**	**1519.24**	**4002.02**	**5238.69**
交通	元	933.69	151.46	78.54	185.5	254.77	1343.19	913.18	637.29	2898.13	4120.84
家庭交通工具	元	657.04	56.53	17.99	23.49	83.37	1059.38	691.73	123.84	2329.51	3275.12
车辆用燃料及零配件	元	115.47	23.71	15.6	46.15	69.03	112.99	97.49	276.97	208.16	327.2
交通工具服务支出	元	34.05	11.9	6.97	15.21	17.09	46.61	33.8	64.2	41.99	40.35
交通费	元	127.13	59.31	37.98	100.65	85.29	124.2	90.17	172.29	318.47	478.18
通信	元	687.59	408.05	303.75	512.25	584.66	719.9	634.35	881.95	1103.88	1117.85
通信工具	元	111.08	9.76	7.88	75.61	93.07	95.82	95.31	191.99	237.53	278.24
通信服务	元	576.51	398.3	295.87	436.64	491.59	624.08	539.04	689.96	866.36	839.61
教育文化娱乐服务	**元**	**1314.94**	**556.28**	**313.09**	**970.4**	**1036.33**	**1569.25**	**1188.55**	**1691.57**	**2121.73**	**2499.13**
文化娱乐用品	元	429.68	104.14	73.9	308.91	332.26	372.48	494.8	597.26	738.26	970.35
彩色电视机	元/台	4356.03	2575	2575	2591.23	4138.59	3031.04	5272.77	4003.99	6153.55	4389.29
数量	台	6.26	0.51	1.08	4.28	5.79	7.15	5.28	10.74	7.84	8.1
金额	元	92.96	4.13	8.97	31.91	72.85	69.61	97.63	170.32	206.46	166.37
家用电脑	元	104.13	8.43	0.4	93.27	87.04	109.39	123.22	96.27	171.48	340.28
(1)购买整机	元/台	3828.95	4198.57		4270.79	4006.04	3532.79	3606.31	3727.13	4415.03	4395.49
数量	台	7.45	0.58		7.44	6.83	8.9	9.34	5.71	8.17	15.14
金额	元	97.25	7.56		91.48	83.13	100.97	118.06	84.3	154.43	311.52
计算机外部设备	元	1.3	0.18	0.4	0.89	0.94	3.53	0.77	0.23	1.39	2.92
各种零配件及耗材	元	5.57	0.69		0.9	2.98	4.89	4.39	11.75	15.66	25.84
照相机	元/架	2430.54	1300		1798.5	2126.74	1994.58	2926.4	1090	2748.83	2663.83
数量	架	2.99	0.31		2.85	1.91	3.17	5.58	1.62	1.86	3.26
金额	元	24.76	1.26		14.77	12.35	20.29	57.19	7	21.86	40.59
其它中高档乐器	元/件	22014.52					300	42750		300	
数量	件	0.09					0.13	0.18		0.15	
金额	元	6.82					0.13	27.27		0.2	
健身器材	元/件	2628.8			18600		385		3493.6	694.2	477.08
数量	件	0.55			0.27		0.08		1.92	2.07	3.39
金额	元	4.92			14.48		0.1		26.56	6.16	7.57

(2010年)

指　　标	单位	合计	最低10%	#更低5%	低10%	较低20%	中间20%	较高20%	高10%	最高10%	#更高5%
电子辞典	元/部	924.86				596.18	1304.63	1484.94	818	388.99	
数量	部	1.89				2.47	3.52	0.85	1.96	3.2	
金额	元	5.94				4.47	14.75	4.42	6.34	5.33	
音像制品及软件	元	4.15	0.85	1.51	1.95	0.45	4.13	3.13	3.27	17.97	9.51
体育用品	元	7.94	1.29	1.95	4.13	4.76	1.99	14.1	9.4	16.81	19.9
书报杂志	元	66.71	47.84	29.24	64.2	56.57	52.11	63.93	89.14	110.98	133.92
纸张文具	元	14.13	7.48	4.78	8.03	17.47	13.36	14.98	15.02	18.61	21.41
其它文娱用品	元	88.97	32.85	27.03	76.07	74.71	76.18	77.9	149.33	157.08	230.75
文化娱乐服务	元	377.17	154.81	85.1	178.06	250.73	326.28	328.02	599.33	922.55	1007.14
参观游览	元	102.82	39.84	20.79	58.99	77.55	87.43	95.2	119.63	263.45	208.87
健身活动	元	12.69	9.34		3.36	2.6	4.59	7.45	21.49	58.23	15.98
团体旅游	元	176.7	70.88	34.81	62.86	109.75	162.56	149.82	310.42	425.16	514.99
其它文娱活动	元	81.65	34.34	28.89	50.72	59.74	68.07	73.65	135.43	172.01	259.55
文娱用品修理服务费	元	3.31	0.41	0.62	2.14	1.08	3.64	1.89	12.35	3.72	7.76
教育	元	508.08	297.34	154.09	483.43	453.34	870.48	365.73	494.98	460.92	521.64
教材	元	27.19	36.22	22.07	19.22	26.89	39.01	23.15	17.01	25.64	32.63
教育费用	元	480.89	261.11	132.02	464.21	426.45	831.48	342.58	477.97	435.28	489
非义务教育学杂费	元	155.22	60.23	12.56	100.97	174.15	331.8	96.92	54.43	165.24	135.08
义务教育学杂费	元	1.03			2.14	3.31	0.65	0.45	0.47		
托幼费	元	70.75	60.58	17.9	162.31	24.53	90.64	31.52	160.92	29.04	18.46
成人教育费	元	30.49	27.31	31.55	46.68	35.12	24.21	19.27	29.72	50.11	76.21
家教费	元	16.68	5.39	0.26	12.65	24.6	22.43	12.49	14.23	19.08	12.28
培训班	元	149.29	88.91	61.53	116.11	117.6	233.45	131.65	152.1	159.79	237.31
学校住宿费	元	26.98	6.4		18.03	37.31	33.75	27.29	46.96	2.33	2.5
其它教育费用	元	30.44	12.3	8.22	5.32	9.84	94.55	22.98	19.15	9.68	7.17
其它商品和服务	元	**528.3**	**153.16**	**94.42**	**340.49**	**288.13**	**642.2**	**509.63**	**832.98**	**898.14**	**942.33**
其它商品	元	336.69	65.81	48.32	146.16	157.94	487.34	320.63	511.52	587.39	579.43
金银珠宝饰品	元	101.16	1.68	0.61	62.58	21.48	252.79	71.94	91.72	136.35	104.89
手表	元/只	796.72	30.74	30	55.32	952.66	2674.1	471.11	566.22	444.23	1061.38
数量	只	0.02	0.01		0.01	0.02	0.01	0.03	0.05	0.03	0.02
金额	元	17.83	0.17	0.09	0.4	15.13	37.97	13.85	28.51	13.42	19.2
理发美容用具	元	7.35	0.33	0.6	0.25	2.19	4.61	7.08	17.65	22.81	25.99
化妆品	元	139.01	38.61	35.48	49.23	83.75	139.56	134.27	247.94	288.1	276.45
其它杂品	元	71.35	25.03	11.54	33.7	35.39	52.42	93.5	125.7	126.71	152.9
服务	元	191.6	87.35	46.11	194.33	130.19	154.86	189	321.46	310.74	362.9
旅馆住宿费	元	10.14	1.5		3.69	2.66	4.45	9.7	13.04	43.44	43.03
理发洗澡费	元	88.66	73.22	41.47	62.89	84.9	82.44	86.18	122.87	113.41	133.82
美容费	元	31.4	3.89	2.71	7.04	15.19	29.41	26.55	72.7	74.43	45.44
其它服务	元	61.4	8.73	1.92	120.72	27.44	38.56	66.57	112.86	79.46	140.61

5-12 全市按人均可支配收入分

（2010年）

指　标	单位	合计	400元以下	400—800元	800—1000元
调查户数	户	1200	32.25	169.08	143.08
现住房总建筑面积	平方米/人	29.29	28.76	26.19	27.98
家庭人口数	人	2.93	2.88	3.29	3.23
有收入者人数	人	2.17	1.5	1.89	2.11
就业人口数	人	1.46	1.27	1.43	1.59
国有经济单位职工人数	人	0.76	0.62	0.62	0.86
城镇集体经济单位职工人数	人	0.07	0.07	0.07	0.1
其它经济类型单位职工人数	人	0.12	0.13	0.13	0.15
城镇个体或私营企业主人数	人	0.16	0.11	0.22	0.1
城镇个体或私营企业被雇人数	人	0.21	0.22	0.24	0.26
离退休再就业人数	人	0.04		0.01	0.02
其它就业人数	人	0.1	0.12	0.15	0.1
离退休人数	人	0.69	0.21	0.42	0.5
其它有收入者人数	人	0.02	0.02	0.04	0.02
无收入者人数	人	0.76	1.38	1.4	1.12
在外就学人数	人	0.04	0.02	0.04	0.03
非家庭人口在家用餐	人次	1.39	1.16	1.59	1.34
家庭人口在外用餐	人次	3.46	2.52	2.89	3
家庭总收入	元	20641.25	4713.93	8630.5	12048.5
#可支配收入	元	18897.00	3134.12	7556.07	10860.62
家庭总支出	元	15565.49	9566.3	9038.39	10389.95
消费支出	元	12789.7	7675.02	7576.62	8693.71
#服务性消费支出	元	2724.65	1713.9	1644.15	1830.96
通过互联网购买商品或服务支出	人次	5.44		2.35	2.54
旅游人次	元	0.99	0.47	0.78	0.86
旅游花费总额	人次	263.86	67.37	120	182.96

组的城市居民家庭基本情况

1000—1500 元	1500—2000 元	2000—2500 元	2500—3000 元	3000—4000 元	4000—5000 元	5000 元以上
370.25	230.33	124.58	59.33	44.83	15.58	10.67
25.64	29.78	31.2	31.75	36.11	54.76	53.09
3.15	2.89	2.7	2.64	2.24	1.83	2.3
2.31	2.3	2.19	2.23	2.03	1.76	2.03
1.56	1.46	1.38	1.47	1.33	0.98	1.29
0.78	0.79	0.74	0.84	0.75	0.49	0.84
0.09	0.06	0.03	0.02	0.04	0.07	0.11
0.15	0.1	0.1	0.08	0.1	0.09	0.1
0.14	0.18	0.15	0.21	0.22	0.12	0.16
0.25	0.17	0.22	0.19	0.08	0.09	0.04
0.03	0.05	0.06	0.08	0.09	0.08	0.03
0.11	0.1	0.08	0.05	0.04	0.04	0.01
0.73	0.82	0.8	0.73	0.67	0.76	0.7
0.03	0.02	0.01	0.03	0.02	0.02	0.03
0.83	0.59	0.5	0.41	0.21	0.07	0.27
0.04	0.04	0.04	0.05	0.01	0.03	0.05
1.18	1.44	1.41	1.49	1.2	1.72	3.98
3.14	3.76	3.6	3.82	4.89	4.25	5.7
16297.39	22511.71	28437.93	34634.7	43098.28	55266.21	108369.73
14952.1	20867.57	26627.28	32599.41	40597.77	53409.29	105734.26
12660.99	16978.35	19040.46	24057.06	31975.11	37131.31	49697.21
10412.81	14215.15	15806.67	20387.21	24396.16	31416.75	28178.01
2341.33	2789.29	3325.13	4543.11	5039.08	7008.09	7283.24
4.34	2.5	1.44	1	71.11	5.84	
0.89	0.98	1.26	1.42	1.59	0.68	0.31
135.7	352.22	273.02	558.63	742.28	1304.02	214.28

5-13 全市按人均可支配收入

（2010 年）

指　标	合计	400 元以下	400—800 元	800—1000 元	1000—1500 元
期初手存现金	646.47	276.74	346.69	560.19	623.36
家庭总收入	20641.25	4713.93	8630.5	12048.5	16297.39
#可支配收入	18897.00	3134.12	7556.07	10860.62	14952.1
工资性收入	11975.13	3706.47	5485.06	8576.78	10130.04
工资及补贴收入	11770.41	3648.92	5419.99	8462.8	10013.7
其它劳动收入	204.72	57.55	65.07	113.97	116.33
经营性收入	2120.58	413.11	1023.05	709.96	1285.4
财产性收入	256.91	64.73	49.07	58.11	128.51
利息收入	58.93	35.88	25.95	23.03	33.85
股息与红利收入	21.86	6.84	0.39	0.35	
保险收益	0.31				0.28
其它投资收入	11.33		0.67	1.29	2.09
出租房屋收入	163.35	22.02	22.06	32.94	92.29
其它财产性收入	1.13			0.5	0.01
转移性收入	6288.64	529.62	2073.32	2703.65	4753.44
养老金或离退休金	5626.47	405.25	1830.55	2550.88	4536.79
社会救济收入	27.04	14.17	129.07	21.12	14.23
#最低生活保障收入	1.09	12.38	2.79	3.22	0.2
辞退金	0.37				
赔偿收入	2.19		0.4		
保险收入	1.35			0.1	1.38
#失业保险金	0.59				1.38
赡养收入	211.98	0.89	31.89	14.22	32.58
捐赠收入	296.6	13.78	13.73	42.21	94.15
其它转移性收入	5.68	0.77	0.27	0.44	0.93
出售财物收入	70.09	9.47	2.47	3.05	16.99
出售住房收入	52.76				
出售其它物品收入	17.32	9.47	2.47	3.05	16.99
借贷收入	2539.42	4899.59	1933.23	1407.08	1504.42
提取储蓄存款	2453.18	4807.36	1901.36	1351.62	1386.95
借入款	53.5	59.81	8.83	34.29	114.47
收回借出款	4		23.04		2.93
收回投资本金	4.14				
其它借贷收入	19.56	32.42		21.12	

分组的年人均现金收入情况

单位:元

1500—2000 元	2000—2500 元	2500—3000 元	3000—4000 元	4000—5000 元	5000 元以上
780.69	654.[illegible]5	873.84	713.86	1334.44	2360.25
22511.71	28437.[illegible]3	34634.7	43098.28	55266.21	108369.73
20867.57	26627.[illegible]8	32599.41	40597.77	53409.29	105734.26
13113.57	16592.[illegible]7	19204.18	20968.64	24822.43	38131.47
12920.31	16432.[illegible]1	18617.6	20430.8	24299.98	34075.77
193.26	160.[illegible]7	586.58	537.83	522.44	4055.69
2229.07	2419.[illegible]2	3832.64	5690.92	4165.87	38830.15
197.8	306.[illegible]9	893.71	967.25	1478.35	2659.34
36.4	75.[illegible]4	181.58	231.66	231.11	444.04
12.14	1[illegible]3	24.99	109.24	277.97	1179.72
	0.33	0.65	3.89		
2.74	20.35	1.34	151.24	11.64	183.06
145.71	194.[illegible]2	685.14	454.74	957.62	852.52
0.82	2.[illegible]4		16.47		
6971.27	9119.15	10704.16	15471.48	24799.56	28748.77
6593.48	8284.15	9612.59	11871.87	21198.36	11681.59
6.65	13.74		1.51		41.16
0.21					
1.71					
		37.91			
0.45	2.88	0.85	1.35		56.9
0.45	[illegible].04	0.85	1.35		
80.78	42[illegible].28	415.53	1605.17	1764	2594.81
198.89	30[illegible].76	525.88	1716.22	1702.24	9367.68
1.55	[illegible].47		126.39		
44.83	[illegible]7[illegible]	3.43	1354.06	121.77	
			1353.38		
44.83	[illegible]7[illegible]	3.43	0.68	121.77	
2968.94	208[illegible].0[illegible]	4400.71	6773.77	9383.23	9510.34
2843.52	207[illegible].95	4400.71	6530.92	9383.23	8900.13
47.12	[illegible].13		113.84		
0.64					
0.15					610.21
77.51					

5-14 全市按人均可支配

（2010 年）

指　　标	合计	400 元以下	400—800 元	800—1000 元	1000—1500 元
家庭总支出	15565.49	9566.3	9038.39	10389.95	12660.99
消费性支出	12789.7	7675.02	7576.62	8693.71	10412.81
财产性支出	19.86		1	5.89	10.32
非生产性贷款利息支出	7.53		1	5.89	4.21
其它	12.33				6.12
转移性支出	1076.37	558.35	473.65	599.2	843.49
交纳所得税	57.85	152.11	19.9	26.37	21.51
捐赠支出	786.97	361.44	353.31	495.13	640.56
购买彩票	4.72	8.38	1.13	8.47	4.12
赡养支出	124.65	25.17	76.36	54.47	132.9
#在外就学子女费用	52.03	17.73	32.72	16.54	61.65
各种非储蓄性保险支出	52.49	4.92	3.22	6.78	25.86
#车辆保险支出	2.19	3.42	1.31		1.48
其它转移性支出	49.69	6.33	19.73	7.99	18.54
社会保障支出	1385.51	1332.94	987.12	1091.15	1250.39
个人交纳的养老基金	577.71	715.9	518.37	536.69	549.1
个人交纳的住房公积金	571.95	359.28	297.88	345.32	476.85
个人交纳的医疗基金	205.15	210.71	140.62	171.44	197.72
个人交纳的失业基金	28.61	27.49	23.63	35.31	25.88
其它社会保障支出	2.09	19.56	6.62	2.4	0.84
购房与建房支出	294.05				143.97
购房	290.25				143.97
借贷支出	6225.89	1563.31	1275.75	2362.08	4357.82
存入储蓄款	6016.38	1500.07	1198.22	2226.07	4249.04
借出款	12.18				1.13
归还借款	83.77	59.46	63.5	101.81	49.47
储蓄性保险支出	26.14	3.7	8.82	13.99	22.44
购买有价证券	2.69		0.05	0.08	0.01
其它投资支出	0.18	0.09	0.13	1.09	0.08
归还住房贷款	76.13		5.01	19.04	35.15
归还汽车贷款	0.38				
其它借贷支出	6.42		0.02		0.5
期末手存现金	2118.83	1253.55	1097.61	1826.69	1643.16

收入分组的年人均现金支出情况

单位:元

1500—2000 元	2000—2500 元	2500—3000 元	3000—4000 元	4000—5000 元	5000 元以上
16978.35	19040.46	24057.06	31975.11	37131.31	49697.21
14215.15	15806.57	20387.21	24396.16	31416.75	28178.01
23.29	3.5	11.82	248.71	2.28	50.6
16.04	2.45	11.82	21.44	2.28	45.48
7.25	1.04		227.28		5.11
1110.6	1504.09	1612.65	2048.67	4166.24	6756.17
71.36	107.65	87.83	138.2	175.92	203.91
811.42	1062.71	1106.74	1351.33	3440.68	4463.47
6.79	4.46	2.4	1.48	4.18	7.3
110.54	174.55	193.19	134.31	462.84	383.01
50.69	63.23	87.08	50.79	145.81	57.95
73.76	50.47	98.65	377.32		214.12
3.01	0.55	1.44	8.2		60.19
36.74	104.15	123.85	46.03	82.62	1484.37
1497.43	1617.12	1868.28	2263.15	1546.04	2334.14
579.78	634.14	666.1	700	540.38	617.73
681.69	727.36	879.59	1209.75	653.21	1392.74
205.25	230.96	291.4	308.71	307.55	280.53
30.02	24.46	30.68	43.82	42.86	41.17
0.69	0.19	0.52	0.89	2.04	1.97
131.89	109.08	177.1	3018.43		12378.29
114.87	109.08	174.41	3018.43		12378.29
6960.08	8701.5	10960.45	15724.15	23106.55	61393.41
6702.81	8519.66	10550.62	15155	21783.41	59597.7
28.28	1.91		53.31	3.19	511.5
36.25	123.04	92.19	103.18	1050.87	463.17
17.95	17.14	28.42	114.32	186.46	377.45
0.13	6.8		35.32		61.38
0.1					
139.88	29.97	284.97	263.03	63.85	382.21
1.79					
25.31	2.96	4.26		18.76	
2315.83	2704.54	3279.57	3405.7	4637.59	4490.62

5-15 市区按相对收入分的城镇居民家庭生活基本情况

（2010 年）

指　　标	单位	合计	最低10%	#更低5%	低10%	较低20%	中间20%	较高20%	高10%	最高10%	#更高5%
可支配收入	元	19375.81	7362.07	5795.9	10926.43	14410.58	18811.25	23279.16	29156.3	40668.91	46208.94
家庭总支出	元	15234.6	7185.32	6590.36	9852.29	12399.3	15124.68	15666.47	22151.35	32393.92	34631.18
#消费支出	元	12587.76	5931.59	5607.08	8510.39	10385.61	12860.29	12958.37	18439.66	24782.89	28030.4
#服务性消费支出	元	2641.14	1154.18	839.2	1878.72	2089.53	2761.93	2483.29	4265.01	5460.85	6500.21
旅游人次	次/百人	1.01	0.84	0.53	0.56	1.19	0.49	1.39	1.08	1.35	0.45
旅游花费	元/百人	304.04	81.86	101.5	97.05	276.93	171.52	255.17	674.59	1001.91	1052.48
家庭人口数	人	2.91	3.12	3.06	3.3	3.39	2.89	2.85	2.52	2.09	1.81
有收入者人数	人	2.16	1.68	1.36	2.15	2.35	2.28	2.24	2.1	1.93	1.75
就业人口数	人	1.43	1.35	1.04	1.46	1.58	1.4	1.52	1.26	1.24	0.9
国有经济单位职工人数	人	0.74	0.56	0.57	0.83	0.83	0.65	0.76	0.67	0.82	0.63
城镇集体经济单位职工人数	人	0.05	0.03	0.01	0.06	0.11	0.04	0.05		0.03	0.06
其它经济类型单位职工人数	人	0.12	0.1	0.11	0.22	0.16	0.12	0.09	0.08	0.06	0.06
城镇个体或私营企业主人数	人	0.17	0.22	0.11	0.11	0.06	0.2	0.23	0.21	0.14	0.06
城镇个体或私营企业被雇人数	人	0.2	0.2	0.18	0.2	0.24	0.21	0.23	0.14	0.12	
离退休再就业人数	人	0.04				0.03	0.03	0.07	0.08	0.05	0.05
其它就业人数	人	0.11	0.23	0.06	0.03	0.14	0.16	0.09	0.07	0.03	0.06
离退休人数	人	0.71	0.29	0.26	0.67	0.73	0.87	0.72	0.82	0.69	0.84
其它有收入者人数	人	0.02	0.05	0.06	0.02	0.04	0.01	0.01	0.02		
无收入者人数	人	0.75	1.44	1.7	1.15	1.04	0.61	0.61	0.42	0.16	0.06
非家庭人口在家用餐	人次	0.53	0.94	0.34	0.17	0.24	0.69	0.58	0.49	0.6	0.5
家庭人口在外用餐	人次	2.13	0.9	0.56	1.1	1.13	2.18	2.66	2.95	3.97	4.53

5-16 市区按相对收入分的城镇居民家庭年人均收入情况

（2010 年）

单位:元

指　　标	合计	最低10%	#更低5%	低10%	较低20%	中间20%	较高20%	高10%	最高10%	#更高5%
期初手存现金	631.84	130.15	115.08	230	488.26	619.76	902.24	795.75	1363.39	1011.2
家庭总收入	209[illegible].96	8389.7	6701.74	11809.86	15833.76	20179.02	25213.05	30974.6	43362.03	49018.95
#可支配收入	193[illegible]5.81	7362.07	5795.9	10926.43	14410.58	18811.25	23279.16	29156.3	40668.91	46208.94
工资性收入	122[illegible]5.93	5711.02	4603.92	7384.69	10450.99	11204.68	15078.92	15996.89	23668.54	21548.58
工资及补贴收入	121[illegible]5.65	5698.64	4603.92	7348.71	10315.46	11167.69	14990.49	15928.23	22972.52	20852.9
其他劳动收入	121.28	12.39		35.98	135.53	36.99	88.43	68.66	696.02	695.68
经营净收入	194[illegible].42	880.53	353.06	776.25	569.7	2356.49	2895.61	3875.96	3070.16	1619.61
财产性收入	14[illegible].04	15.28	16.39	45.51	42.52	75.22	304.48	262.81	388.2	621.5
利息收入	3[illegible].57	14.57	14.95	19.82	15.81	28.86	27.94	22.72	190.19	165.25
股息与红利收入	5.24	0.71	1.44		0.27	14.96	10.11	0.43		
出租房屋收入	106.23			25.69	26.44	31.4	266.43	239.65	198.01	456.25
转移性收入	6[illegible]70.56	1782.86	1728.37	3603.41	4770.55	6542.64	6934.04	10838.94	16235.13	25229.25
养老金或离退休金	5[illegible]71.97	1279.41	1272.64	3340.04	4498.89	6021.85	6532.69	9650.09	14095.55	22197.43
社会救济收入	[illegible]9.39	253.25	295.68	17.99	27.84	0.62	10.78	30.38	1.51	3.47
#最低生活保障收入	1.33			10.85		0.62		0.76		
辞退金	0.69					3.48				
赔偿收入	3.13					15.7				
赡养收入	1[illegible]6.22			71.41	39.3	184.24	173.45	712.41	196.19	244.74
捐赠收入	2[illegible]1.61	171.11	75.09	79.25	143.09	243.51	143.68	339.16	1221.61	2648.87
提取住房公积金	51.8			35.78					608.69	
记帐补贴	[illegible]4.94	79.1	84.96	58.94	61.44	73.21	72.1	100.75	111.58	134.74
其它转移性收入	0.01					0.03				
出售财物收入	0.73			4	0.31		1.08	0.2		
出售其它物品收入	0.73			4	0.31		1.08	0.2		
借贷收入	[illegible]53.26	785.18	1186.55	1134.29	2123.26	2503.76	722.36	2939.94	7384.23	6897.23
提取储蓄存款	[illegible]69.24	785.18	1186.55	1134.29	2098.85	2159.35	722.36	2915.97	7284.55	6677.71
借入款	75.18				24.42	337.8		23.97	4.4	
收回借出款	1.32					6.62				
兑售有价证券	7.52								95.27	219.53

5-17 市区按相对收入分的城镇居民家庭年人均支出情况

（2010 年）

单位：元

指　　标	合计	最低10%	#更低5%	低10%	较低20%	中间20%	较高20%	高10%	最高10%	#更高5%
家庭总支出	15234.6	7185.32	6590.36	9852.29	12399.3	15124.68	15666.47	22151.35	32393.92	34631.18
消费性支出	12587.76	5931.59	5607.08	8510.39	10385.61	12860.29	12958.37	18439.66	24782.89	28030.4
财产性支出	18.75				2.99	12.61	13.85		161.17	4.66
非生产性贷款利息支出	3.67				1.55	1.83	10.84		9.2	3.14
其他	15.08				1.44	10.78	3.02		151.97	1.52
转移性支出	995.14	305.93	162.4	524.69	655.9	852.31	955.62	2060.79	2759.54	4119.93
交纳所得税	49.39	0.72		7.28	6.94	25.68	123.16	66.65	135.41	199.08
#来自工资性收入的个税	45.33	0.72		7.28	6.92	25.38	111.59	63.09	119.08	161.46
来自经营净收入的个税	3.95					0.3	11.12	3.56	16.33	37.62
捐赠支出	737.59	229.98	98.72	448.11	517.06	624.76	659.15	1717.38	1812.7	2544.71
购买彩票	2.58	4.29	8.29	0.12	4.53	1.58	2.74	1.87	1.09	0.37
赡养支出	80.69	46.13	38.56	20.17	84.45	86.1	78.52	70.35	200.01	215.83
#在外就学子女费用	24.45				10.13	36.97	51.83	26.72	23.28	
各种非储蓄性保险支出	57.05			1.39	35.68	55.41	52.09	10.85	333.91	621.48
#车辆保险支出	1.04						2.29	6.5		
其他转移性支出	67.84	24.81	16.83	47.61	7.24	58.78	39.97	193.69	276.42	538.47
社会保障支出	1429.82	947.81	820.88	817.22	1354.8	1268.89	1738.62	1650.91	2446.12	2476.18
个人交纳的养老基金	608.24	556.14	387.5	451.19	629.29	594.91	676.14	673.41	612.43	703.1
个人交纳的住房公积金	577.21	238.39	346.49	198.24	463.31	477.43	788.04	684.62	1427.8	1394.72
个人交纳的医疗基金	216.85	129.48	75.31	138.61	226.98	177.63	249.38	257.08	377.98	329.6
个人交纳的失业基金	27.5	23.8	11.58	29.17	35.13	18.92	25.06	35.79	27.91	48.77
购房与建房支出	203.14					130.58			2244.2	
购房	203.14					130.58			2244.2	
借贷支出	6122.56	1129.77	488.72	1829.35	4023.48	5846.89	8134.8	9488.98	15969.97	19253.81
存入储蓄款	5953.21	1129.77	488.72	1819.9	4020.61	5619.67	8032.74	9294.73	14900.28	17722.26
借出款	8.05				0.48	13.64			66.16	152.45
归还借款	41.13			3.71	2.39	23.33	2.03	132.43	299.1	679.03
储蓄性保险支出	24.97			5.75		19.11	21.75	24	177.01	93.33
购买有价证券	5.38							37.82	26.46	60.98
归还住房贷款	89.83					171.15	78.28		500.95	545.76
期末手存现金	2196.6	949.83	869.66	1227.49	1886.85	2115.02	2961.99	2618.2	3734.21	3018.25

5-18 市区按相对收入分的城镇居民家庭年人均消费情况

（2010 年）

指　　标	单位	合计	最低10%	#更低5%	低10%	较低20%	中间20%	较高20%	高10%	最高10%	#更高5%
消费支出	**元**	[illegible]	**5931.59**	**5607.08**	**8510.39**	**10385.61**	**12860.29**	**12958.37**	**18439.66**	**24782.89**	**28030.4**
#服务性消费支出	元	[illegible]	1154.18	839.2	1878.72	2089.53	2761.93	2433.29	4265.01	5460.85	6500.21
食品	**元**	[illegible]	**2391.88**	**2319.38**	**3037.79**	**3527.39**	**4400.73**	**4621.84**	**5400.32**	**6478.72**	**7324.23**
粮油类	元	681.26	536.45	592.65	559.15	652.65	717.28	710.43	724.89	898.82	1100.55
粮食	元	441.83	346.58	376.34	367.74	449.74	455.62	452.27	467.39	553.78	635.25
淀粉及薯类	元	[illegible]	43.52	48.46	42.09	41.79	50.05	54.46	48.83	73.6	122.34
干豆类及豆制品	元	[illegible]	50.1	49.15	60.6	66.64	82.25	73.62	66.85	81.62	106.82
油脂类	元	[illegible]	96.26	118.7	88.72	94.49	129.37	130.07	141.83	189.81	236.14
肉禽蛋水产品类	元	[illegible]	630.46	577.63	833.26	867.56	1069.37	1009.96	1109	1279.46	1566.91
肉类	元	[illegible]	347.35	316.26	480.55	521.48	630.79	575.62	623.29	754.86	863.22
禽类	元	[illegible]	104.64	89.74	145	135.68	169.1	164.11	185.97	185.41	224.89
水产品类	元	[illegible]	99.56	87.85	110.15	111.98	151.06	148.73	181.93	194.5	278.16
蔬菜类	元	499.74	401.75	427.63	430.89	461.22	541.38	518.02	520.21	651.87	837.76
鲜菜	元/千克	3.43	3.26	3.16	3.16	3.38	3.43	3.48	3.57	3.75	3.64
数量	千克	134.99	116.27	125.75	127.32	128.23	145.41	136	134.1	160.6	209.23
金额	元	463.03	379.32	397.23	401.79	432.99	498.7	473.8	478.59	602.83	762.53
干菜	元	27.78	16.07	20.54	18.94	21.86	35.59	33.9	30.79	32.31	48.86
菜制品	元	[illegible]	6.36	9.86	10.16	6.37	7.09	10.32	10.83	16.73	26.37
调味品	元	[illegible]	57.03	64.92	69.82	73.09	87.14	81.8	100.09	108.5	138.4
糖烟酒饮料类	元	[illegible]	192.39	168.35	307.41	362.73	490.71	691.07	800.84	818.67	796.55
糖类	元	29.4	16.31	13.17	21.64	23.39	31.58	36.6	42.68	34.66	35.47
烟草类	元	[illegible]	74.08	76.56	107.22	131.8	153.53	232.32	264.71	317.46	297.51
酒类	元	[illegible]	56.02	45.26	99.63	131.17	183.59	248.03	280.02	235.51	203.41
饮料	元	126.9	45.97	33.37	78.92	76.37	122.02	174.11	213.42	231.03	260.16
干鲜瓜果类	元	[illegible]	201.92	171.34	262.13	289.29	401.06	433.63	485.52	591.93	835.62
鲜果	元/千克	5.16	4.52	4.34	4.74	4.73	5.43	5.26	5.18	5.87	5.87
数量	千克	[illegible]	25.22	21.1	31.59	36.41	42.81	49.43	53.91	54.32	68.28
金额	元	[illegible]	114.03	91.69	149.76	172.27	232.57	259.79	279.33	318.83	401.05
鲜瓜	元/千克	1.71	1.52	1.47	1.59	1.66	1.77	1.77	1.71	1.91	1.78
数量	千克	22.59	17.84	15.77	22.12	21.39	21.78	24.1	26.6	26.41	37.37
金额	元	38.72	27.16	23.18	35.15	35.44	38.45	42.75	45.36	50.56	66.36
其它干鲜瓜果类及制品	元	116.87	60.73	56.47	77.22	81.58	130.04	131.1	160.82	222.54	368.21
糕点、奶及奶制品	元	254.22	157.55	120.81	164.53	205.15	292.26	316.11	365.34	383.4	463.47

5-18 续表 1 （2010 年）

指　　标	单位	合计	最低10%	#更低5%	低10%	较低20%	中间20%	较高20%	高10%	最高10%	#更高5%
糕点	元/千克	14.39	13.47	11.13	13	15.52	14.26	13.45	15.38	15.62	16.61
数量	千克	6.13	3.98	3.67	4.47	4.65	6.51	7.56	8.9	7.58	8.21
金额	元	88.26	53.58	40.82	58.04	72.22	92.78	101.72	136.89	118.44	136.34
奶及奶制品	元	175.96	103.97	79.99	106.49	132.93	199.48	214.4	228.45	264.96	327.13
其它食品	元	98.55	24.14	21.32	42.1	76.64	90.15	120.61	155.71	233.07	305.95
饮食服务	元	689.83	190.17	174.72	368.5	539.05	711.37	740.21	1138.72	1513	1279.01
食品加工服务费	元	0.57			0.13	0.07	0.73	0.59	2.87	0.34	0.78
在外饮食	元	689.25	190.17	174.72	368.37	538.98	710.63	739.62	1135.85	1512.67	1278.23
衣着	**元**	**1886.4**	**934.24**	**944.47**	**1415.61**	**1344.15**	**1733.29**	**2251.16**	**2833.32**	**3660.42**	**3664.58**
服装	元/件	152.5	88.13	91.66	124.98	130.91	158.97	168.02	172.38	194.59	173.35
数量	件	8.65	7.22	6.92	7.62	7.23	7.5	9.46	11.68	13.36	15.28
金额	元	1319.88	636.41	634.11	951.74	946.86	1191.85	1589.71	2012.77	2598.96	2648.9
衣着材料	元	8.46	2.39	1.31	3.46	10.3	8.44	7.41	17.34	11.03	2.81
鞋类	元/双	141.18	86.88	78.84	128.91	117.61	147.09	146.99	161.47	195.54	168.53
数量	双	3.57	3.17	3.59	3.42	2.88	3.27	4.02	4.53	4.77	4.98
金额	元	504	275.45	283.2	440.25	338.28	480.29	590.18	731.91	932.54	840.07
其它衣着用品	元	48.82	16.54	20.76	17.57	45.12	49.7	58.38	67.22	95.85	126.76
衣着加工服务费	元	5.24	3.46	5.09	2.59	3.59	3.01	5.48	4.07	22.04	46.03
居住	**元**	**984.21**	**556.93**	**541.26**	**650.71**	**732.32**	**878.27**	**1052.19**	**1583.33**	**2119.48**	**2253.62**
住房	元	205.05	7.74	0.68	15.32	191.1	59.52	215.47	555.1	711.13	368.43
租赁房房租	元	23.42	4.02	0.68	13.06	6.76	38.22	25.02	23.82	67	127.14
住房装潢支出	元	136.16				154.52	17.97	117.04	334.02	576.72	217.09
维修用建筑材料	元	45.37	3.73		2.26	29.82	3.34	73.34	196.3	67.4	24.2
其它住房支出	元	0.1						0.08	0.96		
水电燃料及其它	元	709.49	514.29	504.3	575.72	505.03	741.21	745.33	945.33	1277.98	1677.31
水	元/吨	2.4	2.42	2.42	2.42	2.4	2.4	2.39	2.36	2.41	2.4
数量	吨	38.86	32.36	30.66	31.29	28.26	41.19	43.18	48.69	58.91	70.68
金额	元	93.21	78.45	74.12	75.66	67.81	98.77	103.39	115.1	141.76	169.92
电	元/度	0.56	0.56	0.56	0.56	0.56	0.56	0.56	0.56	0.56	0.56
数量	度	591.13	496.81	441.45	569.18	427.29	559.9	670.84	727.97	918.53	1274.39
金额	元	331.32	278.19	247.2	319.27	239.5	314.14	375.73	407.88	514.86	713.66
燃料	元	165.14	137.08	141.18	151.4	129.73	197.42	171.13	182.26	202.45	276.88
煤炭	元/千克	0.63	0.6	0.6	0.6	0.6	0.75	0.6			
数量	千克	12.11	18.14	36.87	29.23	10.08	12.87	11.46			
金额	元	7.63	10.88	22.12	17.41	6.05	9.59	6.91			

5-18 续表2 （2010年）

指 标	单位	合计	最低10%	#更低5%	低10%	较低20%	中间20%	较高20%	高10%	最高10%	#更高5%
罐装液化石油气	元/千克	[illegible]	5.21	5	6.07	5.53	5.34	5.7	5.75		
数量	千克	[illegible]	1.12	0.25	0.89	1.08	1.63	1.92	3.55		
金额	元	[illegible]	5.81	1.26	5.42	5.99	8.71	10.95	20.41		
管道天然气	元/立方米	1.9	1.9	1.91	1.9	1.9	1.9	1.9	1.91	1.9	1.9
数量	立方米	[illegible]	63.23	61.74	67.46	61.62	92.52	79.62	81.63	104.9	141.87
金额	元	[illegible]	120.3	117.62	128.29	117.1	175.76	151.13	155.68	199.29	269.59
其它燃料	元	[illegible]				0.03					
取暖费	元	[illegible]			28.4	67.99	113.15	73.92	231.16	344.97	440.34
其它相关支出	元	[illegible]	20.57	41.81	0.99		17.73	21.16	8.94	73.94	76.51
居住服务费	元	[illegible]	34.9	36.28	59.67	36.19	77.54	91.38	82.9	130.37	207.88
物业管理费	元	[illegible]	31.47	36.01	51.24	32.1	72.59	80.05	54.16	115.95	184.26
维修服务费	元	[illegible]	3.21		6.78	2.44	3.88	9.09	19.01	12.68	22.12
其它居住服务费	元	[illegible]	0.22	0.27	1.66	1.65	1.07	2.24	9.73	1.74	1.5
家庭设备用品及服务	**元**	[illegible]	**539.24**	**632.53**	**721.06**	**801.2**	**1004.49**	**1332.81**	**2608.4**	**2308.95**	**3076.32**
耐用消费品	元	[illegible]	220.8	278.5	259.63	372.87	347.93	571.12	1530.52	1326.91	1662.52
家具	元	[illegible]	85.14	55.52	26.88	54.75	27.16	64.84	432.99	333.64	605.56
家庭设备	元	[illegible]	135.65	222.98	232.75	318.11	320.77	506.28	1097.53	993.27	1056.96
室内装饰品	元	[illegible]	6.66	1.85	43.14	7.84	24.14	42.16	81.35	15.98	24.8
床上用品	元	[illegible]	43.86	61	102.7	58.45	97.8	146.56	238.4	139.37	200.46
家庭日用杂品	元	[illegible]	251.18	273.13	299.82	334.94	481.95	534.44	658.8	722.77	965.46
家具材料	元	[illegible]			10.45	10.46	33.1	15.17	9.41	0.2	0.46
家庭服务	元	[illegible]	16.75	18.05	5.32	16.63	19.57	23.35	89.92	103.72	222.62
家政服务	元	[illegible]	1.98	3.4	0.12	4.77	5.88	3.59	63.58	74.02	166.02
加工维修服务费	元	[illegible]	14.76	14.65	5.2	11.87	13.69	19.77	26.34	29.71	56.6
医疗保健	**元**	[illegible]	**307.16**	**359.21**	**710.68**	**739.36**	**1351.64**	**681.65**	**1811.05**	**2242.15**	**3209.5**
医疗器具	元	9.15			2.14	26.02	0.78	8.27	0.08	17.16	13.78
保健器具	元	18.61	2.2	4.46	8.45	19.28	11.36	19.08	36.77	48.99	109.85
药品费	元	[illegible]	249.78	334.29	433.35	435.26	466.13	412.33	686.65	1076.91	1379.96
滋补保健品	元	[illegible]	9.78	5.37	55.62	42.88	113.22	68.56	253.5	235.1	267.61
医疗费	元	[illegible]	44.26	15.09	208.82	214.09	759.88	173.18	825.06	842.2	1394.16
其它医疗保健支出	元	[illegible]	1.15		2.3	1.82	0.27	0.23	8.99	21.79	44.12
交通和通讯	**元**	[illegible]	**506.33**	**383.35**	**726.95**	**1720.85**	**1813.98**	**1129.14**	**1528.38**	**4531.08**	**4893.56**
交通	元	[illegible]	94.92	59.41	189.66	1162.65	1153.81	449.31	532.76	3429.04	3713.53
家庭交通工具	元	[illegible]	11.5		18.79	974.39	1016.1	104.75	176.92	2634.55	2798.06
车辆用燃料及零配件	元	103.66	12.66		33.34	66.7	52.89	190.24	116.29	307.9	208.87

5-18 续表3 （2010年）

指标	单位	合计	最低10%	#更低5%	低10%	较低20%	中间20%	较高20%	高10%	最高10%	#更高5%
交通工具服务支出	元	19.5	4.61	1.81	14.88	12.95	10.76	33.39	35.92	31.05	17.04
交通费	元	136.98	66.15	57.61	122.65	108.61	74.06	120.92	203.63	455.54	689.57
通信	元	667.22	411.41	323.93	537.29	558.2	660.16	679.84	995.63	1102.04	1180.03
通信工具	元	105.55	10.25		58.6	82.56	83.08	98.75	266.47	254.35	274.38
通信服务	元	561.67	401.16	323.93	478.69	475.64	577.09	581.09	729.16	847.69	905.65
教育文化娱乐服务	**元**	**1243.83**	**514.97**	**326.87**	**921.77**	**1082.38**	**1166.59**	**1271.15**	**1819.39**	**2569.31**	**2485.29**
文化娱乐用品	元	427.19	130	74.26	284.32	313.86	493.3	475.49	560.63	882.58	799.94
文化娱乐服务	元	406.04	156.62	135.75	134.21	339.31	257.41	396.15	853.73	1189.9	1376.74
参观游览	元	103.78	35.82	24.54	35.9	91.13	60.48	125.22	109.16	366.5	145.81
健身活动	元	11.98	11.16	4.73	5.7	2.13	8.98	9.32	32.73	40.42	14.64
团体旅游	元	201.03	68.61	79.21	46.74	182.95	117.14	181.44	528.04	533.89	906.07
其它文娱活动	元	85.78	41.03	27.26	45.01	62.63	68.66	71.32	178.72	241.9	298.03
文娱用品修理服务费	元	3.46			0.87	0.47	2.15	8.86	5.09	7.19	12.2
教育	元	410.61	228.35	116.86	503.24	429.2	415.88	399.5	405.04	496.82	308.61
教材	元	25.04	34.68	18.03	23.01	19.56	19.56	31.7	14.96	37.87	23.31
教育费用	元	385.57	193.67	98.83	480.23	409.65	396.32	367.8	390.07	458.96	285.3
其它商品和服务	**元**	**521.99**	**180.83**	**100.02**	**325.8**	**437.95**	**511.3**	**618.43**	**855.47**	**872.8**	**1123.32**
其它商品	元	318.43	47.32	41.3	151.52	303.22	326.46	370.14	533.13	547.78	621.96
金银珠宝饰品	元	80.59			64.24	115.69	109.91	55.44	89.58	92.74	92.98
手表	元/只	974.52				2661.78	362.19	277.65	182.06	338.2	
数量	只	0.02				0.02	0.01	0.03	0.02	0.04	
金额	元	18.44				66.08	5.05	7.96	3.98	12.35	
理发美容用具	元	8.27			0.55	4.96	9.64	6.19	10.63	38.04	26.16
化妆品	元	134.94	30.95	26.78	48.79	79.15	115.51	195.29	296.82	254.32	295.83
其它杂品	元	76.19	16.37	14.52	37.95	37.34	86.35	105.26	132.12	150.33	206.98
服务	元	203.56	133.51	58.72	174.28	134.73	184.85	248.29	322.33	325.02	501.36
旅馆住宿费	元	13.04			4.98	1.34	12.5	8.17	49.06	47.8	39.58
理发洗澡费	元	82.06	68.11	55.16	63.22	68.25	78.84	94.78	107.2	111.06	184.36
美容费	元	30.55	2.58	2.86	0.15	16.37	24.35	49.56	96.38	40.6	38.5
其它服务	元	77.91	62.82	0.7	105.93	48.77	69.17	95.78	69.69	125.57	238.92

5-19 市内六区城市居民平均每人全年现金收支情况

（2010 年）

指　　标	单位	中原区	二七区	管城区	金水区	上街区	惠济区
调查户数	户	100	100	100	160	80	60
可支配收入	元	17446.00	18127.09	17361.42	22696.00	22216.29	14809.67
旅游人次	次/百人	1.54	0.68	0.73	0.79	1.6	
旅游花费	元/百人	252.87	274.92	408.6	211.94	475.79	
家庭总收入	元	18808.93	19219.65	18516	24803.21	24078.68	16424.47
工资性收入	元	10034.36	10968.61	10891.89	14844.11	13121.68	10116.43
经营净收入	元	1813	2049.96	1218.81	2373.25	3311.11	1414.02
财产性收入	元	82.08	61.56	312.03	253.56	270.9	214.18
转移性收入	元	6879.49	6139.52	6093.26	7332.29	7374.98	4679.84
出售财物收入	元	0.18	1.11	3.61	0.47	1569.83	0.93
借贷收入	元	1315.97	1999.8	2753.01	3805.2	2651.05	1569.05
家庭总支出	元	12346.2	13180.89	14760.78	19786.86	20204.74	11574.51
消费性支出	元	10402.92	11265.66	12203.18	16265.2	14090.33	9315.07
#服务性消费支出	元	1977.98	2424.78	3116.49	3367.8	3097.09	2031.21
食品	元	4025.92	3408.22	4416.97	5119.25	4368.67	3332.11
衣着	元	1459.77	1470.88	1724.44	2523.34	2242.73	1340.73
居住	元	962.07	1026.38	955.8	1120	709.31	912.33
家庭设备用品及服务	元	1155.77	741.58	1151.45	1540.87	1096.35	893.5
医疗保健	元	700.39	1272.41	1317.03	1136.23	1621.32	559
交通和通讯	元	749.23	1696.05	1008.05	2447.01	1518.02	1094.96
教育文化娱乐服务	元	993.7	1306.69	1262.81	1607.12	1294.09	875.87
其它商品和服务	元	356.07	343.44	366.64	771.37	1239.83	306.57
财产性支出	元	0.97	65.87	15.76	2.08	3.62	27.6
转移性支出	元	682.85	828.63	1024.7	1249.23	1886.39	827.29
社会保障支出	元	1259.46	1020.73	1037.07	1900.11	1726.52	1404.55
购房与建房支出	元			480.07	370.24	2497.89	
借贷支出	元	5712.81	6216.48	6005.48	7496.23	7039.81	6146.4

5-20 市区按月人均可支配收入

（2010年）

指　　标	单位	合计	400元以下	400—800元	800—1000元
可支配收入	元	19375.81	3686.33	7652.84	10911.87
家庭总支出	元	15234.6	6585.02	7923.53	9535.07
#消费支出	元	12587.76	5593.29	6577.64	8126.07
#服务性消费支出	元	2641.14	1030.89	1421.04	1600.64
旅游人次	次/百人	1.01	0.58	0.86	0.83
旅游花费	元/百人	304.04	74.62	102.11	201.09
家庭人口数	人	2.91	2.76	3.25	3.25
有收入者人数	人	2.16	1.3	1.84	2.14
就业人口数	人	1.43	1.06	1.39	1.57
国有经济单位职工人数	人	0.74	0.44	0.6	0.91
城镇集体经济单位职工人数	人	0.05	0.04	0.04	0.06
其他经济类型单位职工人数	人	0.12	0.12	0.12	0.21
城镇个体或私营企业主人数	人	0.17	0.16	0.25	0.06
城镇个体或私营企业被雇人数	人	0.2	0.18	0.2	0.23
离退休再就业人数	人	0.04			0.02
其他就业人数	人	0.11	0.13	0.17	0.08
离退休人数	人	0.71	0.24	0.41	0.54
其他有收入者人数	人	0.02		0.04	0.02
无收入者人数	人	0.75	1.46	1.41	1.12
在外就学人数	人	0.02		0.03	0.01
非家庭人口在家用餐	人次	0.53	0.44	0.66	0.31
家庭人口在外用餐	人次	2.13	0.62	0.96	1

分组的城市居民家庭基本情况

1000—1500 元	1500—2000 元	2000—2500 元	2500—3000 元	3000—4000 元	4000—5000 元	5000 元以上
15054.97	20932.53	26708.11	32713.09	40986.43	53935.49	83576.09
12257.47	16694.02	19496.54	21843.45	30940.56	39888.01	67527.22
10016.81	14135.5	16129.71	18188.69	25832.84	33291.61	31646.81
2258.43	2636.57	3402.5	4440.92	5223.81	7694.37	8931.44
0.89	0.85	1.53	1.36	1.93	0.81	
128.69	392.67	318.65	623.99	996.04	2206.37	
3.16	2.91	2.78	2.64	2.21	1.72	2.02
2.34	2.27	2.24	2.21	2.02	1.67	1.78
1.5	1.46	1.41	1.45	1.36	0.77	1.14
0.73	0.79	0.7	0.81	0.84	0.37	0.76
0.09	0.05	0.02	0.01	0.01	0.09	0.16
0.16	0.09	0.11	0.05	0.05	0.07	0.15
0.12	0.18	0.19	0.25	0.26	0.08	
0.23	0.17	0.27	0.19	0.05	0.12	0.03
0.03	0.06	0.03	0.08	0.1	0.04	0.02
0.14	0.13	0.09	0.06	0.05	0.01	0.01
0.81	0.79	0.81	0.73	0.64	0.88	0.63
0.03	0.02	0.02	0.02	0.01	0.01	0.01
0.82	0.54	0.54	0.43	0.19	0.05	0.24
0.02	0.02	0.02	0.05		0.01	
0.41	0.46	0.65	0.64	0.67	0.86	3.82
1.45	2.56	2.8	3.07	4.6	4.05	5.38

5-21　市区按月人均可支配收入

（2010 年）

指　　标	合计	400 元以下	400—800 元	800—1000 元	1000—1500 元
家庭总收入	20929.96	4471.36	8759.94	12007.44	16453.19
#可支配收入	19375.81	3686.33	7652.84	10911.87	15054.97
工资性收入	12266.93	3392.38	5428.69	8621.14	10140.95
工资及补贴收入	12145.65	3392.38	5418.71	8577.86	10050.03
其他劳动收入	121.28		9.97	43.28	90.93
经营净收入	1945.42	472.35	1009.82	478.7	1055.2
财产性收入	147.04	1.74	11.7	15.95	50.42
利息收入	35.57	1.74	11.07	9.62	20.72
股息与红利收入	5.24		0.63	0.58	
出租房屋收入	106.23			5.75	29.7
转移性收入	6570.56	604.9	2309.74	2891.65	5206.62
养老金或离退休金	5971.97	475.16	2025.65	2736.53	5003.01
社会救济收入	39.39		201.58	36.74	21.87
#最低生活保障收入	1.33			10.14	0.61
辞退金	0.69				
赔偿收入	3.13				
保险收入	0.81				
赡养收入	166.22		7.15	11.63	26.59
捐赠收入	261.61	26.86	11.63	36.17	88.12
提取住房公积金	51.8				
记帐补贴	74.94	102.89	63.73	70.59	67.02
其它转移性收入	0.01				
出售财物收入	0.73		0.14	4.11	0.67
出售其它物品收入	0.73		0.14	4.11	0.67
借贷收入	2153.26	1872.43	916.46	973.08	1353.17
提取储蓄存款	2069.24	1756.87	916.46	931.74	1127.8
借入款	75.18	115.56		41.34	220.64
收回借出款	1.32				4.73
兑售有价证券	7.52				

分组的年人均现金收入情况

单位:元

1500—2000元	2000—2500元	2500—3000元	3000—4000元	4000—5000元	5000元以上
22642.98	28628.54	34901.02	43877.17	55678.76	86720.91
20932.53	26708.[illegible]1	32713.09	40986.43	53935.49	83576.09
13555.34	16570.[illegible]3	18573.31	22009.83	22859.13	49579.16
13458.09	16621.[illegible]9	18253.67	21744.73	22408.64	44375.99
97.25	49.[illegible]1	319.64	265.11	450.49	5203.17
2224.63	2967.[illegible]4	4675.48	6299.4	2496.75	
115.87	137.[illegible]5	830.16	536.23	1334.1	374.96
18.5	39.[illegible]4	86.66	225.88	311.08	194.69
4.71	21.[illegible]4	24.54		2.86	
92.66	77.[illegible]7	718.95	310.35	1020.16	180.27
6747.14	8852.[illegible]6	10822.07	15031.7	28988.78	36766.79
6374.08	8139.[illegible]5	10033.71	12298.16	26163.87	13238.12
10.74	21.[illegible]5				155.75
0.58					
3.02					
		55.33			
	6.55				
85.62	341.23	288.03	1127.68	1206.96	3229.29
185.84	257.21	368.11	1501.99	1468.53	11118.34
16.43					8902.32
71.39	86.17	76.89	103.89	149.43	122.97
0.03					
0.41			0.47		
0.41			0.47		
2826.54	235[illegible].[illegible]	2087.2	6686.49	11076.29	14514.66
2796.26	235[illegible].[illegible]	2087.2	6482.44	11076.29	14514.66
30.28					
			204.06		

5-22 市区按月人均可支配收入

（2010 年）

指　　标	合计	400 元以下	400—800 元	800—1000 元	1000—1500 元
家庭总支出	15234.6	6585.02	7923.53	9535.07	12257.47
消费支出	12587.76	5593.29	6577.64	8126.07	10016.81
#服务性消费支出	2641.14	1030.89	1421.04	1600.64	2258.43
食品	4153.98	2412.29	2565.27	2967.3	3851.93
衣着	1886.4	808.62	962.25	1388.34	1482.33
居住	984.21	595.44	551.1	664.88	747.99
家庭设备用品及服务	1192.19	386.47	657.18	763.87	718.11
医疗保健	1013.67	477.4	335.66	597.03	981.07
交通和通讯	1591.47	409.86	593.17	669.4	864.78
教育文化娱乐服务	1243.83	401.97	761.12	828.87	933.12
其它商品和服务	521.99	101.23	151.89	246.39	437.48
财产性支出	18.75				12.37
转移性支出	995.14	320.67	304.55	389.6	734.43
交纳所得税	49.39	11.08	2.04	5.58	19.12
捐赠支出	737.59	291.07	240.25	323.9	582.94
购买彩票	2.58	14.79	1.41	5.1	1.73
赡养支出	80.69		34.78	45.44	90.74
#在外就学子女费用	24.45			3.39	22.84
各种非储蓄性保险支出	57.05			1.95	18.32
#车辆保险支出	1.04				
其他转移性支出	67.84	3.73	26.08	7.62	21.58
社会保障支出	1429.82	671.06	1041.33	1019.4	1312.08
个人交纳的养老基金	608.24	470.81	603.65	505.05	612.72
个人交纳的住房公积金	577.21	141.12	263.51	308.36	450.61
个人交纳的医疗基金	216.85	43.1	148.19	168.32	220.37
个人交纳的失业基金	27.5	16.04	25.97	37.51	28.39
购房与建房支出	203.14				181.78
借贷支出	6122.56	638.05	1152.83	2296.04	4283.19
存入储蓄款	5953.21	638.05	1123.09	2286.21	4231.71
借出款	8.05				0.38
归还借款	41.13		29.74	3.85	4.12
储蓄性保险支出	24.97			5.98	10.9
购买有价证券	5.38				
归还住房贷款	89.83				36.08

分组的年人均现金收支情况

单位:元

1500—2000 元	2000—2500 元	2500—3000 元	3000—4000 元	4000—5000 元	5000 元以上
16694.02	19496.54	21843.45	30940.56	39888.01	67527.22
14135.5	16129.71	18188.69	25832.84	33291.61	31646.81
2636.57	3402.5	4440.92	5223.81	7694.37	8931.44
4389.16	5206.75	5306.32	6297.04	8164.87	7847.11
2018.02	2494.94	3064.72	3886.79	3498.12	3887.91
1099.25	1302.97	997.61	2332.44	2615.28	4445.14
1208.26	2139.73	1578.28	3628.84	1901.27	2518.52
935.81	1090.53	2415.05	1782.45	2941.68	4184.16
2679.77	1202.13	1942	4776.68	9185.39	2766.66
1299.68	1773.13	1924.63	2482.49	3942.17	2815.38
505.54	919.42	960.08	646.11	1042.82	3181.92
10.92	0.75	5.63	330.57	2.11	14.13
977.55	1435.03	1603.66	2134.3	5134.46	9857.44
69.01	114	65.57	144.02	134.01	429.99
717.95	1020.03	1147.59	1271.73	4323.57	6301.85
2.83	2.88	1.73	0.49	0.84	
63.75	82.7	142.71	65.73	556.42	391.51
35.34	38.61	32.74		139.42	
77.52	75.97	47.62	591.55		10.3
2.06			15.38		
46.48	139.45	198.44	60.78	119.62	2723.79
1570.06	1720.27	2045.47	2642.84	1459.84	2591.86
605.87	683.77	725.56	804.22	519.14	523.53
717.19	752.16	984.03	1442.73	635.75	1684.63
219.48	262.77	313.78	356.18	277.81	337.29
27.53	21.57	22.1	39.71	27.14	46.41
	210.78				23416.98
6904.79	8901.91	11373.44	16185.91	23829.95	28227.91
6705.21	8786.97	10839.27	15635.13	22089.81	25952.14
11.85					967.64
12.46	41.55	114.78	53.85	1463.92	
21.12	17.19	38.94	172.2	165.49	669.48
0.37	20.39		56.68		116.12
153.78	35.32	380.46	268.05	110.74	522.53

5-23 农村居民

（2010年）

指　　标	单位	全市	中原区	二七区	管城区	金水区
调查户数	户	930	50	50	50	50
常住人口	人	3613	181	188	196	213
#整半劳动力	人	2574	128	136	135	153
男劳动力人数	人	1363	69	73	69	80
劳动力文化程度						
文盲半文盲	人	44	3	1		1
小学程度	人	239	18	30	14	14
初中程度	人	1451	51	68	82	92
高中程度	人	568	36	18	30	23
中专程度	人	144	10	15	2	10
大专以上程度	人	128	10	4	7	13
劳动力就业情况						
一产业就业劳动力	人	990	30	41	48	50
二产业就业劳动力	人	498	19	6	15	3
三产业就业劳动力	人	1044	76	60	71	100
劳动力就业地点						
乡内就业劳动力	人	2305	125	104	134	148
县内乡外就业劳动力	人	79				5
省内县外就业劳动力	人	102		3		
国内省外就业劳动力	人	46				
年内人均新建(购)住房面积	平方米	3.62	17.68		20.94	4.55
#钢筋混凝土结构面积	平方米	3.57	17.68		20.94	4.55
砖木结构面积	平方米	0.06				
年内人均新建(购)住房价值	元	1788.34	8348.07		7849.03	4046.95
人均新建楼房面积	平方米	3.43	17.68		20.94	4.55
年末人均拥有住房面积	平方米	55.95	111.70	63.56	141.68	152.63
#钢筋混凝土结构面积	平方米	48.40	106.56	56.73	141.61	150.28
砖木结构面积	平方米	7.33	5.14	6.84	0.08	2.35

家庭基本情况

单位:元

上街区	惠济区	中牟县	巩义市	荥阳市	新密市	新郑市	登封市
30	50	150	100	100	100	100	100
95	194	627	407	360	401	347	404
69	147	390	283	280	295	268	290
35	78	209	150	149	152	142	157
	8	9	2	1	5	2	12
3	8	45	16	8	15	21	47
40	68	225	150	196	160	179	140
16	31	93	94	46	76	37	68
1	23	10	9	21	19	10	14
9	9	8	12	8	20	19	9
8	84	277	113	70	63	99	107
14	24	17	104	91	77	78	50
47	39	96	66	116	155	91	127
69	136	336	259	203	286	230	275
		5	8	33	3	20	5
	11	37	5	25	5	13	3
		12	11	16	1	5	1
	6.20	5.60	1.63	4.39	0.51	4.15	0.84
	6.20	5.35	1.63	4.39	0.41	4.15	0.84
		0.26			0.10		
	2835.05	2505.26	967.22	1850.00	598.50	2262.25	272.28
	6.20	5.35	1.51	4.39		4.15	0.50
66.84	83.59	46.39	43.98	48.77	44.26	53.74	49.85
66.32	81.11	40.89	38.43	48.47	13.61	53.34	45.72
0.53	2.47	5.40	4.45	0.30	30.66	0.40	3.96

5-24 农民人均

（2010 年）

指　　标	全市总计	中原区	二七区	管城区	金水区
总收入	**12893.82**	**13190.79**	**13595.32**	**15648.86**	**13942.12**
工资性收入	**4075.98**	**2117.49**	**4959.00**	**4780.66**	**1814.44**
在非企业组织中劳动得到	269.95	29.83	267.77	74.93	206.57
在本乡地域内劳动得到的	3084.24	2087.66	4198.88	4629.21	1536.50
常住人口外出从业得到的	721.79		492.35	76.53	71.36
家庭经营收入	**7670.19**	**6055.22**	**5400.19**	**8923.21**	**4349.16**
农业收入	2278.65	299.89	312.77	2001.15	656.54
林业收入	63.20		106.95	190.45	
牧业收入	2219.47	731.50	1126.82	162.28	378.66
渔业收入	306.99				2778.75
工业收入	998.15	2838.88		2971.38	
建筑业收入	151.20			255.10	421.19
交通、运输、邮电业收入	813.11	1882.30	3795.31	1274.02	44.98
批发、零售贸易、餐饮业收入	587.85	143.65	58.34	2006.89	54.74
社会服务业收入	93.45	159.00		61.94	
文教卫生业收入	61.42				
其他家庭经营收入	96.69				14.30
财产性收入	**644.48**	**4533.80**	**2350.73**	**1851.18**	**7093.43**
土地征用补偿	113.81	328.55	27.66	194.75	1447.18
转移性收入	**503.17**	**484.28**	**885.41**	**93.79**	**685.09**
家庭非常住人口寄回和带回	28.02			0.46	
城市亲友赠送	36.24	3.87			
农村亲友赠送	125.86	46.80	8.51	34.18	35.12
退耕还林还草补贴收入	22.46		697.87		
粮食直接补贴收入	37.22	31.14	0.53	38.74	29.84
可支配收入	**8898.57**	**10144.24**	**10761.78**	**11621.72**	**11121.14**
纯收入	**9225.48**	**10297.39**	**10970.02**	**11676.00**	**11720.00**

总收入纯收入

单位:元

上街区	惠济区	中牟县	巩义市	荥阳市	新密市	新郑市	登封市
11161.01	**14562.49**	**124[illegible]8.16**	**13202.11**	**12513.88**	**13167.55**	**14085.90**	**11001.72**
7121.83	**4506.24**	**23[illegible]0.98**	**5478.06**	**4193.87**	**4332.25**	**3386.40**	**5058.36**
696.47	362.96	4[illegible]4.81	118.35	259.64	501.62	280.56	59.55
6425.36	3660.65	6[illegible]6.76	4632.03	2212.87	3562.48	2334.66	4844.87
	482.63	12[illegible]9.41	727.68	1721.37	268.15	771.17	153.94
2670.76	**7428.76**	**97[illegible]4.67**	**6877.92**	**7263.34**	**7801.59**	**10200.92**	**5523.96**
1271.82	3439.62	5[illegible]71.75	1117.25	2325.45	661.62	2850.34	1728.24
31.58	10.32	32.73	7.99	64.29	134.40	100.59	12.01
52.63	116.34	1[illegible]21.39	3895.80	2386.08	1400.72	5030.85	1202.96
	1782.45	[illegible]02.39					57.61
	456.51	[illegible]52.25	1169.16	422.88	2497.18	495.55	996.59
257.89		[illegible]99.17	2.16			669.34	76.99
475.79	597.45	[illegible]33.68	195.19	692.79	1463.44	476.77	1186.64
423.16	949.92	[illegible]43.45	403.44	361.27	1490.67	356.72	214.26
102.11	74.66		31.52	368.03	153.56	38.76	40.69
13.68		39.75		248.35		182.01	7.18
42.11	1.49	238.12	55.41	394.20			0.79
681.23	**1711.03**	**55.32**	**414.78**	**282.28**	**164.90**	**181.32**	**175.56**
489.60	771.26		27.65	59.22	58.52		6.71
687.18	**916.46**	**287.19**	**431.36**	**774.39**	**868.81**	**317.27**	**243.84**
52.63	3.61	1.59	12.78	162.22	23.19	11.24	
52.63		1.01	47.08	216.46	6.76		0.74
	277.95	19.90	16.88	92.77	534.67	40.81	54.62
39.92	0.12	2.62	0.37	30.17	37.62	5.26	44.71
61.63	67.79	67.36	16.90	18.01	21.58	45.16	47.93
9849.40	**10660.40**	**8210.10**	**9207.24**	**8393.74**	**8832.89**	**9251.96**	**7794.60**
10156.94	**11269.76**	**8488.95**	**9514.16**	**9050.01**	**9003.00**	**9458.01**	**8136.06**

5-25 农民人均

（2010年）

指　标	全市	中原区	二七区	管城区	金水区
总支出	**10879.42**	**14526.71**	**5630.23**	**16200.77**	**10997.03**
家庭经营费用支出	**3159.00**	**2121.04**	**2463.59**	**3543.01**	**1921.35**
农业生产支出	618.96	72.57	62.19	519.71	151.50
林业生产支出	23.44	0.76	12.63	68.28	71.64
牧业生产支出	1296.80	355.16	189.77	93.90	221.63
渔业生产支出	177.65				1467.19
工业生产支出	489.39	993.92		1505.69	
建筑业支出	48.38			132.65	2.35
交通、运输和邮电业支出	295.68	632.82	2199.00	429.21	7.04
批发、零售贸易、餐饮	133.36	29.28		771.99	
社会服务业支出	23.20	36.20		21.58	
文教卫生业支出	22.75				
其他家庭经营支出	29.41	0.33			
购置生产用固定资产支出	**930.05**	**1.10**		**8.67**	**23.39**
税费支出	**46.26**	**22.10**		**93.62**	**3.05**
第二产业税	32.63	11.05		52.81	
第三产业税	7.86	11.05		40.82	
其他各种收费	5.76				3.05
生活消费支出	**6254.00**	**12185.50**	**2949.89**	**12467.00**	**8415.21**
财产性支出	**13.60**	**0.76**			**165.14**
转移性支出	**439.08**	**196.20**	**216.76**	**88.47**	**468.83**
寄给和带给家庭非常住人口	99.39				
赠送农村亲友	235.71	127.95	184.16	32.14	141.98
赠送城市亲友	15.78				

总支出

单位:元

上街区	惠济区	中牟县	巩义市	荥阳市	新密市	新郑市	登封市
7206.45	**14325.59**	**10745.65**	**8969.71**	**10281.61**	**11706.65**	**10719.67**	**11345.35**
700.94	**2869.13**	**3633.07**	**3412.00**	**3060.17**	**3004.34**	**4324.17**	**2229.33**
322.64	871.44	1454.86	304.25	622.74	242.30	819.14	462.85
24.34	11.14	26.62	1.77	35.09	27.56	40.60	4.13
31.89	53.45	604.60	2512.87	1426.51	973.23	2887.01	507.41
	508.68	683.41					12.38
	503.40	50.73	467.77	209.84	1207.67	257.33	629.96
		147.21	0.22			154.40	15.35
109.42	153.81	418.56	83.22	200.90	358.51	81.19	559.10
155.81	757.53	241.06	33.75	64.42	169.89	44.67	35.51
9.47	9.68		8.16	126.30	25.18	3.17	2.57
7.37		5.10		139.65		36.66	
40.00		0.92		234.71			0.07
32.74	**1382.96**	**495.06**	**6.97**	**932.33**	**1709.62**	**419.89**	**2605.89**
3.47		**21.53**	**95.82**	**65.06**	**47.38**	**4.96**	**61.88**
		15.15	71.25	14.94	41.65	2.19	61.88
		6.38	24.57	5.83	4.49	2.77	
3.47				44.28	1.25		
6039.97	**8984.64**	**5221.80**	**5130.78**	**5475.01**	**6200.64**	**5653.58**	**6040.76**
		19.62		**19.51**	**7.11**	**11.47**	
307.54	**887.32**	**279.13**	**323.80**	**729.53**	**697.67**	**235.39**	**395.98**
2.53	177.22	52.19	0.49	189.15	39.50	141.07	264.97
31.41	232.43	124.71	292.22	309.05	592.15	41.59	105.62
40.59	6.29	1.24		116.77	3.74		

5-26 农民人均

(2010 年)

指　标	全市	中原区	二七区	管城区	金水区
生活消费支出	6254.00	12185.50	2949.89	12467.00	8415.21
#货币性消费	6057.79	12146.72	2822.50	12352.60	8362.45
食品性消费	1889.43	1782.65	1221.44	2014.49	2151.40
#货币性消费	1693.22	1743.87	1094.06	1900.10	2098.64
食品消费品支出	1399.81	1537.64	786.68	1686.10	1724.60
食品消费服务性支出	489.62	245.02	434.77	328.39	426.80
衣着消费支出	425.95	300.73	266.27	734.77	608.67
#货币性消费	425.95	300.73	266.27	734.77	608.67
居住消费支出	2066.34	8850.67	166.04	7609.65	1569.87
#货币性消费	2066.34	8850.67	166.04	7609.65	1569.87
居住消费品支出	1615.26	6508.54	49.75	6209.47	1087.85
居住消费服务性支出	451.09	2342.13	116.28	1400.18	482.02
家庭设备用品及服务	358.34	225.30	111.65	318.70	561.38
#货币性消费	358.34	225.30	111.65	318.70	561.38
交通和通讯消费支出	641.22	280.71	289.99	612.46	1781.42
#货币性消费	641.22	280.71	289.99	612.46	1781.42
交通和通讯用品支出	422.78	105.96	113.25	400.27	1516.48
交通和通讯服务消费支出	218.44	174.76	176.74	212.19	264.94
文教娱乐用品及服务支出	381.94	312.03	283.86	524.01	832.18
#货币性消费	381.94	312.03	283.86	524.01	832.18
文化教育娱乐用品支出	110.50	59.36	98.45	148.54	276.08
教育服务消费支出	225.06	230.49	127.40	304.97	394.17
文化娱乐服务消费支出	46.39	22.18	58.01	70.51	161.93
医疗保健消费支出	365.85	373.81	289.49	320.62	659.11
#货币性消费	365.85	373.81	289.49	320.62	659.11
医药卫生保健用品支出	72.52	87.00	84.79	52.21	145.03
医疗保健服务消费支出	293.33	286.81	204.70	268.41	514.08
其他商品和服务消费总支出	124.92	59.61	321.15	332.29	251.18
#货币性消费	124.92	59.61	321.15	332.29	251.18
其他商品性支出	79.06	37.00	99.14	167.79	209.65
其他消费服务支出	45.87	22.62	222.01	164.50	41.52

生活费支出

单位:元

上街区	惠济区	中牟县	巩义市	荥阳市	新密市	新郑市	登封市
6039.97	8984.64	6221.80	5130.78	5475.01	6200.64	5653.58	6040.76
5814.64	8920.78	6076.93	4955.43	5256.54	6006.12	5396.88	5729.69
1442.74	1678.10	1759.24	1712.83	1808.39	2273.20	1698.19	2126.57
1217.40	1614.24	1614.37	1537.48	1589.92	2078.68	1441.50	1815.50
1249.10	1355.28	1333.96	1288.36	1196.61	1650.16	1299.65	1512.54
193.64	322.82	425.28	424.48	611.78	623.04	398.54	614.04
448.44	398.86	241.43	469.14	449.46	539.55	329.76	475.49
448.44	398.86	241.43	469.14	449.46	539.55	329.76	475.49
662.50	3724.71	2961.00	1531.66	1710.90	1098.44	1486.04	1606.06
662.50	3724.71	2961.00	1531.66	1710.90	1098.44	1486.04	1606.06
167.46	2933.76	2737.72	1232.46	1429.05	723.41	799.23	1222.95
495.03	790.95	223.28	299.21	281.85	375.03	686.81	383.11
301.78	1012.80	216.42	301.32	302.66	539.06	330.80	295.01
301.78	1012.80	216.42	301.32	302.66	539.06	330.80	295.01
1428.81	1062.46	514.55	368.60	413.09	567.15	1021.21	678.66
1428.81	1062.46	514.55	368.60	413.09	567.15	1021.21	678.66
1103.31	793.38	410.35	199.64	233.36	212.14	847.37	370.65
325.50	269.08	104.20	168.96	179.73	355.01	173.84	308.02
1242.06	651.11	248.44	380.63	394.54	441.19	233.49	348.66
1242.06	651.11	248.44	380.63	394.54	441.19	233.49	348.66
344.08	94.77	32.07	136.63	145.19	108.94	120.70	81.20
839.39	481.70	204.21	190.05	191.00	270.05	77.53	243.74
58.58	74.64	12.15	53.95	58.35	62.19	35.26	23.71
391.30	377.30	213.01	317.55	337.26	492.08	462.66	328.39
391.30	377.30	213.01	317.55	337.26	492.08	462.66	328.39
64.70	31.68	28.37	14.31	77.53	120.47	103.86	98.13
326.61	345.62	184.64	303.23	259.73	371.61	358.81	230.26
122.34	79.31	67.72	49.06	58.71	249.98	91.42	181.92
122.34	79.31	67.72	49.06	58.71	249.98	91.42	181.92
17.98	27.03	44.62	20.17	31.38	169.34	79.85	108.46
104.37	52.29	23.10	28.88	27.33	80.64	11.56	73.46

5-27 农民人均消费品消费量

（2010 年）

单位:公斤

指　　标	全市	中原区	二七区	管城区	金水区	上街区
粮食	172.28	188.39	120.67	159.16	82.44	127.25
#小麦	117.32	36.16	47.83	99.35	46.61	108.39
稻谷	17.35	65.42	11.66	41.35	20.28	4.38
玉米	21.73	37.12	42.38	15.94	3.60	7.29
蔬菜及菜制品	89.10	103.92	61.73	87.97	69.15	53.15
油脂类	8.35	8.52	3.37	5.54	9.25	6.41
#植物油	8.34	8.52	3.32	5.54	9.25	6.41
动物油			0.05			
肉禽及其制品	13.92	16.45	9.38	24.24	20.29	12.29
#猪肉	8.35	10.12	7.48	16.27	10.97	9.99
牛肉	0.62	0.50	0.22	1.13	2.12	0.49
羊肉	0.40	0.38	0.13	0.30	1.32	0.51
家禽	1.14	0.98	0.86	6.41	3.17	0.34
其他肉禽及制品	3.40	4.47	0.70	0.13	2.71	0.96
蛋类及蛋制品	8.61	13.43	6.41	8.55	9.99	7.14
奶和奶制品	7.32	5.12	1.70	21.38	4.77	8.28
水产品	1.26	2.34	1.95	2.02	3.83	1.62
食糖	1.12	0.59	0.34	0.42	0.60	1.02
酒	4.64	2.56	5.31	3.02	7.81	3.61
水果	16.05	16.84	14.56	8.18	19.49	7.73

5-27　续表

（2010 年）

单位:公斤

指　　标	惠济区	中牟县	巩义市	荥阳市	新密市	新郑市	登封市
粮食	152.92	179.78	151.13	160.46	166.35	156.05	251.47
#小麦	124.03	136.81	136.78	109.84	110.64	106.82	130.99
稻谷	14.42	4.43	10.10	25.95	15.55	6.90	34.75
玉米	2.62	27.40	0.57	8.79	17.33	19.12	65.81
蔬菜及菜制品	73.67	80.72	76.29	98.20	114.41	86.01	91.09
油脂类	4.95	5.71	9.86	8.95	8.79	7.29	10.96
#植物油	4.88	5.71	9.86	8.95	8.79	7.28	10.96
动物油	0.07					0.01	
肉禽及其制品	17.74	11.04	13.67	10.90	12.95	15.82	15.49
#猪肉	12.48	8.21	6.55	7.01	8.64	8.88	7.83
牛肉	0.72	0.09	0.59	0.64	1.08	0.29	0.64
羊肉	0.25	0.06	0.24	0.54	0.96	0.02	0.44
家禽	1.89	1.46	0.40	0.16	0.48	2.93	0.30
其他肉禽及制品	2.39	1.22	5.89	2.55	1.79	3.69	6.28
蛋类及蛋制品	11.24	6.28	8.72	10.29	9.25	7.61	8.35
奶和奶制品	8.43	9.61	6.60	8.20	5.13	9.84	3.78
水产品	1.11	1.51	1.06	1.68	0.96	0.86	0.63
食糖	0.43	0.39	2.27	0.51	1.35	0.77	1.75
酒	6.31	7.43	3.40	1.96	3.56	3.85	6.59
水果	17.45	10.18	16.36	18.12	21.21	15.67	15.83

5-28 农民百户耐用消费品拥有量

（2010 年）

指　标	单位	全市总计	中原区	二七区	管城区	金水区	上街区
洗衣机	台	108	100	90	102	128	103
电冰箱	台	73	98	30	92	108	93
空调机	台	70	80	22	88	148	93
抽油烟机	台	17	38	14	8	78	27
吸尘器	台	2				4	7
微波炉	台	17	20	4	26	56	17
热水器	台	33	30	6	38	70	57
自行车	辆	118	210	142	160	140	167
摩托车	辆	64	40	52	4	30	100
汽车(生活用)	辆	10	12	2	16	42	23
电话机	部	50	90	64	36	42	53
移动电话	部	207	168	90	194	274	237
彩色电视机	台	130	140	112	132	138	127
黑白电视机	台	2	2	8			
摄像机	台	3	2		12	6	
影碟机	台	52	42	48	46	60	70
照相机	架	17	42	8	14	36	17
家用计算机	台	27	50	10	32	62	50
中高档乐器	件	2	4				3

5-28 续表　　（2010 年）

指　标	单位	惠济区	中牟县	巩义市	荥阳市	新密市	新郑市	登封市
洗衣机	台	106	99	110	101	104	102	144
电冰箱	台	94	39	85	68	86	59	84
空调机	台	96	25	90	57	92	25	104
抽油烟机	台	22	1	17	7	21	2	25
吸尘器	台	4	3	3	1	3		
微波炉	台	32	11	10	9	20	10	16
热水器	台	50	20	31	30	46	28	30
自行车	辆	170	143	107	136	15	113	49
摩托车	辆	56	37	66	93	103	68	92
汽车(生活用)	辆	10	7	8	4	9	6	9
电话机	部	54	36	88	32	39	44	45
移动电话	部	246	144	212	251	330	142	215
彩色电视机	台	128	109	139	129	143	110	159
黑白电视机	台	2	3		6		2	4
摄像机	台			2		6	2	10
影碟机	台	52	18	56	65	74	31	86
照相机	架	26	3	17	13	33	1	22
家用计算机	台	34	4	28	30	27	13	37
中高档乐器	件	2		2	2	10	1	3

主要统计指标解释

城镇居民家庭就业人口　指城镇居民从事社会劳动并取得劳动报酬或经营收入的人口。就业人口包括通过国家统筹规划和指导由劳动部门介绍就业，自愿组织起来就业和自谋职业等方式，在国有制、集体所有制、中外合资、中外合、外资在华独资的企事业单位和私营企业单位工作或从事个体劳动的有固定性职业或临时性职业的人口。被聘用和留用的离退休人员也计入就业人口。

城镇居民家庭可支配收入　指被调查城镇居民家庭在支付个人所得税和社会保障支出之后，所余下的收入。

城镇居民家庭生活费收入　指调查户可用于最终消费支出和其他非义务性支出以及储蓄的总和，即居民家庭可用来自由支配的收入。它是家庭总收入扣除缴纳的所得税、个人交纳的社会保障费以及调查户的记帐补贴后收入。

城镇居民家庭消费性支出　指被调查的城镇居民家庭用于日常生活的全部支出，包括购买商品支出和文化生活、服务等非商品性支出。共分八类：食品、衣着、设备用品及服务、医疗保健、交通和通讯、娱乐文教服务、居住、杂项商品和服务。不论自用的或赠送亲友的都包括在内。不包括罚没、丢失款和缴纳的各种税款（如个人所得税、牌照税、房产税等），也不包括个体劳动者生产经营过程中发生的各项费用。

农村居民家庭常住人口　指全年经常在家或在家居住 6 个月以上，而且经济和生活与本户连成一体的人口。外出从业人员在外居住时间虽然在 6 个月以上，但收入主要带回家中，经济与本户连成一体，仍视为家庭常住人口；在家居住，生活和本户连成一体的国家职工、退休人员也为家庭常住人口。但是现役军人、中专及以上（走读生除外）的在校学生，以及常年在外（不包括探亲、看病等）且已有稳定的职业与居住场所的外出从业人员，不应当作家庭常住人口。

农民总收入　指农村住户年内从各种来源得到的全部实际收入（包括现金收入和实物收入）。由工资性收入、家庭经营收入、财产性收入和转移性收入四部分组成。

（一）工资性收入：指受雇于单位或个人，出卖劳动而得到的收入。包括在乡村组织中等非企业组织中劳动得到的收入、在企业劳动得到的收入、常住人口外出务工收入和其他单位劳动得到的收入。

（二）家庭经营收入：指农村住户从事各项生产的收入，包括种植业收入、林业收入、牧业收入、渔业收入、工业收入、建筑业收入、交通运输业收入、批发和零售贸易餐饮业收入、社会服务业收入和文教卫生业和其他家庭经营收入。

（三）财产性收入：指金融资产或有形非生产性资产的所有者向其他机构单位提供资金或将有形非生产性资产供其支配，作为回报而从中获得的收入。

（四）转移性收入：指农村住户和住户成员无须付出任何对应物而获得的货物、服务、资金或资产所有权等，不包括无偿提供的用于固定资本形成的资金。一般情况下，指农村住户在二次分配中的所有收入。

农民可支配收入　指农村住户可用于最终消费支出和其他非义务性支出以及储蓄的总和。是总收入扣除相对应的各项费用性支出后，归农民所有或支配的收入。计算公式为：

农村住户可支配收入＝农村居民家庭总收入－家庭经营费用支出－税费支出－生产性固定资产折旧－财产性支出－转移性支出。

农民总支出　指农村住户全年用于生产、生活和再分配的全部支出。包括家庭经营费用支出、购置生产用固定资产支出、生产性固定资产折旧、税费支出、生活消费支出、财产性支出和转移性支出。

农民生活消费支出　指农民家庭年内用于物质生活和精神生活方面的消费支出。它直接反映农民的生活水平，是研究农民消费结构变化的基本指标。

它包括食品、衣着、居住、家庭设备用品及服务、医疗保健、交通和通讯、文化教育娱乐用品及服务、其他商品和服务等八大类支出。

六、城市公用事业和环保

6-1 城市设施水平

指　　标	计量单位	2009 年	2010 年
人口密度	人/平方公里	10060	11386
人均住宅使用面积	平方米	20.6	22.5
人均住宅居住面积	平方米	13.7	14.1
人均日生活用水量	升	114.8	106.0
用水普及率	%	100.0	100.0
每万人拥有公共交通车辆	标台	15.0	16.0
燃气普及率	%	88.0	88.5
人均拥有道路面积	平方米	6.9	6.3
排水管道密度	公里/平方公里	8.6	8.6
污水处理率	%	97.2	97.2
人均公园绿地面积	平方米	6.3	6.2
建成区绿地率	%	29.2	29.9
建成区绿化覆盖率	%	34.5	34.9
垃圾粪便无害化处理率	%	86.8	89.6

6-2 城市建设用地情况

指　　标	计量单位	2009 年	2010 年
城市市区面积	平方公里	1010.3	1010.3
建成区面积	平方公里	336.7	342.7
#城市建设用地面积	平方公里	296.4	315.7
#工业	平方公里	42.3	35.7
仓库	平方公里	13.5	13.6
对外交通	平方公里	21.4	12.8
居住	平方公里	74.8	79.7
公共设施	平方公里	42.9	55.7
道路广场	平方公里	36.5	39.1
市政公共设施	平方公里	13.2	13.3
绿地	平方公里	50.1	64.1
特殊用地	平方公里	1.7	1.7
本年征用土地面积	平方公里	7.0	19.4

6-3 城市供水、供电情况

指　　标	计量单位	2009 年	2010 年
供水			
水厂数	个	6	6
自来水综合生产能力	万立方米/日	124	124
#地下水	万立方米/日	51	51
供水管道长度	公里	2516	2568
全年供水总量	万立方米	35475	37724
#生产用水	万立方米	8999	10455
生活用水	万立方米	18508	18965
#家庭用量	万立方米	12521	12971
用水人口	万人	442	500
节约用水			
取水量	万立方米	24297	28356
生产用水重复利用量	万立方米	73542	83600
节约用水量	万立方米	3200	3300
供电			
公用配电线路长度	公里	12773	13266
全年销售总量	亿千瓦时	300.2	356
#生活用电	亿千瓦时	27	32
售给居民每千度电售价	元	498.9	499.5

6-4　城市燃气及供热

指　　标	计量单位	2009 年	2010 年
液化石油气			
储气能力	吨	970	970
外购气量	吨	65100	65900
供气总量	吨	64800	65700
#家庭用量	吨	47120	47310
用气家庭户数	户	330000	242980
用气人口数	万人	55	71
天然气			
储气能力	万立方米	240	240
供气总量	万立方米	47610	52171
#家庭用量	万立方米	14638	16592
用气家庭户数	户	874149	1000180
用气人口数	万人	331	368
输送管道长度	公里	3155	3339
供热能力			
蒸汽	吨/小时	868	868
热水	兆瓦	1296	1296
供热总量			
蒸汽	万吉焦	215	216
热水	万吉焦	683	724
管道长度			
蒸汽	公里	199	199
热水	公里	930	964
集中供热面积	万平方米	2051	2261
#住宅	万平方米	1445	1679

6-5 市政设施及公共交通

指　　标	计量单位	2009 年	2010 年
实有铺装道路长度	公里	1304	1338
实有铺装道路面积	万平方米	3052	3158
人行道面积	万平方米	668	687
实有桥梁数	座	175	179
#立交桥	座	44	44
路灯盏数	盏	63660	64459
排水管道长度	公里	2880	2939
污水年排放量	万立方米	31031	32065
污水处理厂	座	4	4
处理能力	万立方米/日	84	94
污水年处理量	万立方米	30155	31167
防洪堤长度	公里	58	58
公共汽、电车运营车数	辆	4427	4788
公共汽车数	辆	4242	4684
无轨电车数	辆	81	
标准运营车数	标台	5264	5748
运营线路网长度	公里	1314	1305.7
全年客运总量	万人次	78282	82610
实有出租汽车数	辆	10607	10607

6-6 园林绿化及环境卫生

名　称	单位	2009 年	2010 年
绿化覆盖面积	公顷	12673	13332
#建成区	公顷	11628	11952
园林绿地面积	公顷	10299	11033
#建成区	公顷	9835	10266
公园绿地面积	公顷	2772	3095
公园个数	个	59	59
公园面积	公顷	1685	1730
实际清扫面积	万平方米	3143	3338
生活垃圾清运量	万吨	131	147
垃圾无害化处理厂(场)	座	2	2
无害化处理能力	吨/日	3450	4700
公厕数量	座	929	936
市容环卫专用车辆总数	台	401	424

6-7 城市房屋面积及住宅

名　　称	计量单位	2009 年	2010 年
实有房屋建筑面积	万平方米	15682	16753
直管房	万平方米	49.95	48.34
#物业管理房	万平方米	6000	9123
实有住宅建筑面积	万平方米	9480	9551
直管房	万平方米	46.25	44.42
私房	万平方米	8225	8655
实有住宅使用面积	万平方米	6690	7638
实有住宅居住面积	万平方米	4740	4776
居住人口	万人	330.1	339.1
解决缺房户数	户	16016	13904
本年房屋减少建筑面积	万平方米	35.11	47.86
#住宅	万平方米	20.6	29.22

6-8 房产市场交易

名　　称	单　位	2009 年	2010 年
房产买卖			
成交面积	万平方米	1426.9	1151.1
#住宅	万平方米	1259.6	969.9
办公用房	万平方米	63.1	92.9
商服用房	万平方米	97.1	83.8
成交金额	万元	6587334	7065400
#住宅	万元	5427161	5369200
办公用房	万元	330359	793778
商服用房	万元	800425	883375
房产租赁			
出租面积	万平方米	413.4	450
#住宅	万平方米	129.9	147.4
办公用房	万平方米	101	99.6
商服用房	万平方米	182.4	203
租金收入	万元	311128	391084
#住宅	万元	38988	53154
办公用房	万元	81600	97230
商服用房	万元	190400	240700
向个人出售住宅			
新建住宅出售			
面积	万平方米	998.6	964.3
销售额	万元	4573530	5342710
旧住宅出售			
面积	万平方米	261.0	269.4
销售额	万元	853630	1101647

6-9 工业“三废”排放处理及综合利用情况

（2010 年）

指　　标	单位	数量
工业废水排放量	**万吨**	**13483.5**
工业废水排放达标量	万吨	13234.1
工业废气排放总量	**万标立方米**	**31649861.0**
燃料燃烧过程中废气排放量	万标立方米	21848483.0
生产工艺过程中废气排放量	万标立方米	9801378.0
工业二氧化硫排放量	**吨**	**116857.0**
燃料燃烧过程中排放量	吨	110009.8
生产工艺过程中排放量	吨	6847.2
工业烟尘排放量	**吨**	**45011.2**
工业烟尘去除量	**吨**	**3555304.6**
工业粉尘排放量	**吨**	**31418.5**
工业粉尘去除量	**吨**	**679244.5**
工业固体废物产生量、排放及处理利用情况		
工业固体废物产生量	万吨	958.9
工业固体废物综合利用量	万吨	810.9
工业固体废物处置量	万吨	147.9
工业锅炉	**台/蒸吨**	**570/24754.4**
烟尘排放达标的	台/蒸吨	570/24754.4
工业炉窑数	**座**	**1442**
烟尘排放达标的	座	1441
其他		
汇总工业企业数	个	594
汇总工业企业工业总产值	万元	11769314.7
汇总工业企业环保人员数	人	1740
“三废”综合利用产品产值	万元	64147.8

注：数据来源于市环保局。

6-10　全市工业污染治理项目建设情况

（2010 年）

指　　标	单位	数量	指　　标	单位	数量
工业企业数	**个**	**34**	**施工项目本年投资来源**	**万元**	**10547.1**
施工项目总数	**个**	**45**	政府其他补助	万元	70
废水治理项目	个	15	企业自筹	万元	10477.1
废气治理项目	个	22	**竣工项目数**	**个**	**40**
噪声治理项目	个	1	废水治理项目	个	14
其他治理项目	个	7	废气治理项目	个	19
施工项目完成投资额	**万元**	**10547.1**	噪声治理项目	个	1
废水治理项目	万元	5277	其他治理项目	个	6
废气治理项目	万元	4813.3	**竣工项目新增设计处理能力**		
噪声治理项目	万元	20	治理废水	吨/日	12690
其他治理项目	万元	436.8	治理废气	万标立方米/时	53.9

6-11　生活、其他污染排放情况及污水处理厂运行情况

（2010 年）

指　　标	单位	数值	指　　标	单位	数值
污染排放			**煤炭消费总量**	**万吨**	**2257.7**
城镇生活污水排放量	万吨	39498.0	工业煤炭消费量	万吨	2092.8
城镇生活污水中 COD 产生量	吨	130770.0	生活及其他煤炭消费量	万吨	164.9
城镇生活污水中 COD 排放量	吨	36174.2	**污水处理厂运行情况**		
城镇生活污水中 COD 去除量	吨	94595.9	污水处理厂数	座	11
城镇生活污水中氨氮产生量	吨	13077.0	污水处理能力	万吨/日	101.5
城镇生活污水中氨氮排放量	吨	6055.7	污水年处理量	万吨	33020.0
城镇生活污水中氨氮去除量	吨	7021.3	处理工业污水量	万吨	859.7
生活及其他 S02 排放量	吨	15743.0	化学需氧量去除量	吨	92286.5
生活及其他烟尘排放量	吨	14026.0	本年运行费用	万元	26373.8

注：数据来源于市环保局。

主要统计指标解释

年底自来水生产能力　指年底城建部门管理的自来水厂和自备水源的社会单位取水、净化、送水、出厂输水干管等环节的实际生产能力。

年底供水管道长度　指从送水泵到用户水表之间所有管道的长度。

全年供水总量　指公用自来水厂和自备水源的社会单位全年的供水总量,包括有效供水量及损失水量。

生活用水量　指居民日常生活与公共福利设施的用水量。包括居民、饮食店、旅馆、医院、理发店、浴池、洗衣店、游泳池、商店、学校、机关、部队等单位的用水量。

城市人口用水普及率　指城市用水的非农业人口数(不包括临时人口和流动人口)与城市非农业人口总数之比。计算公式:

$$用水普及率=\frac{城市用水的非农业人口数}{城市非农业人口数}\times 100\%$$

全年供气总量　指全年售给各类用户的全部煤气量。包括工业用量、家庭用量和其他用量。

城市供热管道长度　指热电厂、热力公司和达到标准的集中采暖锅炉房管理的集中供热热源到用户之间的全部供气、供热水的管道长度。

年底实有铺装道路长度　指除土路外,路面经过铺装宽度在3.5米以上的道路,包括高级、次高级道路和普通道路。

城市桥梁　指城市范围内,修建在河道上的桥梁和道路与道路立交、道路跨越铁路的立交桥,以及人行天桥。包括永久性桥和半永久性桥,不包括临时性桥、铁路桥、涵洞。

城市下水道总长度　指所有排水总管、干管、支管及暗渠、检查井、连接井进出水口等长度之和。

营运线路长度　指设置的固定营运线路长度,包括郊区营运线路长度。不包括临时行驶的线路长度。

城市园林绿地面积　指城市公共绿地、专用绿地、生产绿地、防护绿地、郊区风景名胜区的全部面积。

公共绿地　指供游览休息的各种公园、动物园、植物园、陵园以及花园、游园和供游览休息用的林荫道绿地、广场绿地。不包括一般栽植的人行道及林荫道的面积。

工业废气排放总量　指企业燃料燃烧和生产工艺过程中产生的各种排入空气的含有污染物的气体的总量,以标准状态下每年万标立方米表示。

工业固体废物产生量　指工业企业在生产过程中产生的固体状、半固体状和高浓度液体状废弃物的总量,包括冶炼废渣、粉煤灰、炉渣、煤矸石、化工废渣、尾矿、放射性废渣和其它废渣等;不包括矿山开采的剥离废石和掘进废石(煤矸石和呈酸性或碱性的废石除外)。酸性或碱性废石是指采掘的废石其流经水、雨淋水PH值小于4或PH值大于10.5者。

工业固体废物处置量　指以符合环境保护要求的方式将固体废物放置在不再回取的场所的固体废物量,如填埋、焚烧、经封场处理的专业贮存场(库)、深层灌注、回填矿井等(包括当年处置往年的堆存量)。

工业废水排放量　指报告期内经过企业厂区所有排放口排到企业外部的工业废水量。包括生产废水、外排的直接冷却水、超标排放的矿井地下水和与工业废水混排的厂区生活污水,不包括外排的间接冷却水(清污不分流的间接冷却水应计算在废水排放量内)。

七、农 业

7-1 农村基本情况及从业人员

（2010 年）

指　　标	单位	总计	中原区	二七区	管城区	金水区	上街区	惠济区
农村基层组织情况								
乡镇个数	个	92		2	3	2	1	2
#镇个数	个	73		1	1	2	1	2
村民委员会个数	个	2237	46	14	35	62	30	54
乡村人口从业人员								
乡村户数	万户	106.00	2.35	0.61	1.98	3.35	1.39	3.83
乡村人口数	万人	408.05	9.04	2.84	7.82	13.06	4.53	13.78
乡村从业人员数	万人	233.24	4.06	2.39	3.69	7.15	2.37	7.93
按性别分								
#男劳动力	万人	126.08	2.20	1.26	1.95	3.64	1.20	4.30
女劳动力	万人	107.16	1.87	1.13	1.75	3.51	1.17	3.64
按行业分								
农业从业人员	万人	99.04	0.62	0.69	1.51	3.05	0.59	4.28
工业从业人员	万人	60.41	1.66	0.31	0.66	0.42	0.82	0.88
建筑业从业人员	万人	21.28	0.31	0.19	0.29	0.65	0.27	0.63
交通仓储邮电运输业人员	万人	13.82	0.22	0.21	0.27	0.45	0.12	0.32
信息传输计算机软件业	万人	1.83	0.04	0.01	0.06	0.13	0.01	0.08
批发零售业从业人员	万人	14.23	0.26	0.15	0.19	0.51	0.19	0.51
住宿餐饮业从业人员	万人	8.63	0.58	0.12	0.13	0.73	0.17	0.44
其它行业从业人员	万人	14.01	0.38	0.71	0.58	1.20	0.20	0.79

注:乡镇数不包括县(市)所在地的城关镇。

7-1　续表

指　　标	单位	中牟县	巩义市	荥阳市	新密市	新郑市	登封市	经济开发区	高新开发区
农村基层组织情况									
乡镇个数	个	16	15	12	12	12	13		2
#镇个数	个	13	15	9	10	9	9		1
村民委员会个数	个	429	292	287	303	327	303	16	39
乡村人口从业人员									
乡村户数	万户	15.38	17.25	13.27	15.81	13.43	13.94	1.12	2.28
乡村人口数	万人	63.30	64.43	48.40	61.22	50.79	55.49	4.65	8.69
乡村从业人员数	万人	39.21	31.37	31.16	31.22	32.41	33.40	2.42	4.45
按性别分									
#男劳动力	万人	20.76	17.48	16.49	17.20	17.53	18.40	1.28	2.38
女劳动力	万人	18.44	13.89	14.66	14.02	14.88	14.99	1.14	2.07
按行业分									
农业从业人员	万人	24.35	8.10	13.00	8.75	16.55	14.04	1.39	2.13
工业从业人员	万人	3.94	14.18	8.68	11.08	6.15	10.59	0.26	0.77
建筑业从业人员	万人	3.86	2.44	3.30	2.95	3.36	2.29	0.29	0.45
交通仓储邮电运输业人员	万人	1.86	1.89	1.68	2.76	2.04	1.63	0.12	0.26
信息传输计算机软件业	万人	0.29	0.15	0.14	0.32	0.17	0.34	0.02	0.05
批发零售业从业人员	万人	2.62	1.85	1.93	2.08	1.92	1.69	0.10	0.23
住宿餐饮业从业人员	万人	1.16	1.04	0.91	1.16	0.78	1.21	0.05	0.15
其它行业从业人员	万人	1.15	1.72	1.52	2.12	1.46	1.60	0.18	0.40

注:乡镇数不包括县(市)所在地的城关镇。

7-2 农业机械、电气、化学、水利情况

（2010 年）

指　标	单位	合计	中原区	二七区	管城区	金水区	上街区	惠济区	中牟县
农业机械化情况									
实际机耕面积	千公顷	237.92	2.20	1.50	2.53	4.50	2.10	6.51	63.74
当年机播面积	千公顷	323.44	2.02	1.40	2.82	6.50	2.90	4.55	66.50
当年机收面积	千公顷	246.42	2.30	1.47	3.38	6.00	2.81	4.02	45.75
农村用电量	**万千瓦时**	**406729**	**13207**	**4187**	**6151**	**19795**	**3747**	**7314**	**25863**
农用化肥施用量									
按折纯量计算	吨	227211	1849	1949	2263	4420	2741	4579	56544
氮肥	吨	80560	237	752	760	1412	745	1693	17513
磷肥	吨	42614	123	492	274	762	174	636	11799
钾肥	吨	20173	24	142	43	403	116	330	7563
复合肥	吨	83864	1465	563	1186	1843	1706	1920	19669
农田水利化情况									
有效灌溉面积	千公顷	196.03	1.65	2.03	4.14	2.39	1.55	6.23	56.58
机电井数量	眼	46524	334	737	1660	1309	248	3078	14988

7-2　续表

指　标	单位	巩义市	荥阳市	新密市	新郑市	登封市	经济开发区	高新开发区	郑东新区	航空港区
农业机械化情况										
实际机耕面积	千公顷	28.00	34.50	29.17	38.30	24.87				
当年机播面积	千公顷	39.10	50.56	53.63	60.70	32.77				
当年机收面积	千公顷	30.87	40.01	39.29	42.90	27.62				
农村用电量	**万千瓦时**	**132569**	**29909**	**73213**	**41442**	**40922**	**2785**	**5624**		
农用化肥施用量										
按折纯量计算	吨	32819	29072	26132	37792	17938	2267	6846		
氮肥	吨	15756	12252	8594	14234	4308	493	1811		
磷肥	吨	6099	7184	5809	3986	4021	288	967		
钾肥	吨	1843	1884	1098	3749	2550	88	340		
复合肥	吨	9121	7752	10631	15823	7059	1398	3728		
农田水利化情况										
有效灌溉面积	千公顷	15.36	28.12	20.24	29.53	15.08	1.94	3.87	1.31	6.01
机电井数量	眼	1589	5817	2505	8118	1554	1800	1311	476	1000

7-3 农业机械主要生产情况

（2010 年）

指　　标	单位	总计	中原区	二七区	管城区	金水区	上街区	惠济区	中牟县	巩义市	荥阳市	新密市	新郑市	登封市
农业机械总动力	**万千瓦**	**504.34**	**2.74**	**8.81**	**7.75**	**10.31**	**3.69**	**11.61**	**98.32**	**55.40**	**73.84**	**87.05**	**88.57**	**56.23**
拖拉机及配套机械														
拖拉机	万台	12.50	0.01	0.06	0.05	0.04	0.08	0.05	5.40	1.52	0.46	0.85	1.76	2.22
	万千瓦	154.42	0.50	0.94	1.08	0.55	1.58	1.63	56.58	16.73	8.41	17.41	21.91	27.12
大中型拖拉机	万台	1.00	0.01	0.01	0.02	0.01	0.03	0.03	0.27	0.14	0.12	0.13	0.17	0.06
	万千瓦	43.50	0.47	0.37	0.66	0.38	1.01	1.49	10.31	5.30	4.29	8.14	7.94	3.14
小型拖拉机	万台	11.50		0.05	0.04	0.03	0.05	0.02	5.13	1.38	0.33	0.72	1.59	2.16
	万千瓦	110.92	0.03	0.57	0.42	0.17	0.57	0.14	46.27	11.42	4.12	9.27	13.97	23.98
拖拉机配套农具	万部	19.18	0.03	0.16	0.12	0.06	0.12	0.13	7.61	1.91	1.05	0.79	2.84	4.36
种植业机械														
耕整地及种植业机械														
机引犁	万台	8.03	0.01	0.10	0.04	0.01	0.01	0.03	4.00	0.85	0.43	0.22	0.91	1.42
机引耙	万台	7.24	0.01	0.02	0.03	0.01	0.01		3.96	0.43	0.43	0.20	0.80	1.34
播种机	万台	2.43		0.01	0.01	0.02	0.03	0.01	0.15	0.31	0.17	0.18	0.38	1.15
化肥深施机	万台	0.24		0.01					0.14	0.02	0.01	0.01	0.03	0.03
秸杆粉碎还田机	万台	0.72	0.01		0.01	0.02	0.01	0.02	0.11	0.05	0.13	0.13	0.20	0.04
农用排灌动力机械														
排灌动力机械	万台	8.76	0.05	0.07	0.33	0.36	0.05	0.29	1.31	0.42	0.75	1.15	1.33	2.65
	万千瓦	71.56	0.80	1.22	1.95	2.11	0.70	1.29	7.22	4.73	10.47	17.25	8.84	14.98
#柴油机	万台	1.27		0.01	0.04	0.10	0.01		0.65	0.01	0.08	0.06		0.31
	万千瓦	12.35		0.09	0.37	0.90	0.01		5.25	0.06	0.88	0.61		4.18
电动机	万台	7.49	0.05	0.06	0.29	0.26	0.04	0.29	0.66	0.42	0.67	1.09	1.33	2.34
	万千瓦	59.21	0.80	1.14	1.58	1.21	0.69	1.29	1.97	4.67	9.59	16.64	8.84	10.80
农用水泵	万台	9.98	0.05	0.08	0.29	0.40	0.04	0.29	4.88	0.43	0.59	0.42	1.33	1.19
节水喷灌机械	万套	0.42		0.01			0.01			0.01	0.09	0.03	0.04	0.22
植保机械														
机动喷雾（粉）机	万台	1.06		0.02	0.01	0.01	0.01	0.01	0.04	0.05	0.07	0.09	0.71	0.04
	万千瓦	2.87		0.21	0.04	0.01	0.01	0.03	0.09	0.06	0.22	0.09	1.86	0.25
收获机械														
联合收获机	万台	0.52	0.01		0.01	0.01		0.01	0.07	0.06	0.07	0.11	0.11	0.05
	万千瓦	25.54	0.30	0.16	0.42	0.61	0.25	0.75	3.19	1.88	3.50	7.94	4.62	1.91

7-3　续表　　（2010 年底）

指　　标	单位	总计	中原区	二七区	管城区	金水区	上街区	惠济区	中牟县	巩义市	荥阳市	新密市	新郑市	登封市
脱粒烘干机械														
机动脱粒机	万台	3.32	0.01	0.04	0.01	0.04	0.01		0.13	1.10	0.31	0.43	0.11	1.14
农副产品加工机械														
动力机械	万台	4.98	0.01	0.04	0.07		0.04	0.02	0.94	1.41	0.77	0.98	0.36	0.33
	万千瓦	36.07	0.04	0.40	0.61		0.25	0.20	3.58	5.92	5.24	14.73	2.77	2.34
#柴油机	万台	0.06									0.04	0.02		
	万千瓦	0.75								0.01	0.39	0.36		
电动机	万台	4.91	0.01	0.04	0.07		0.04	0.02	0.94	1.41	0.73	0.96	0.36	0.33
	万千瓦	35.32	0.04	0.40	0.61		0.25	0.20	3.58	5.91	4.85	14.37	2.77	2.34
加工作业机械														
粮食加工机械	万台	2.15	0.01	0.03	0.07		0.03	0.01	0.32	0.33	0.32	0.50	0.28	0.25
棉花加工机械	万台	0.18					0.02		0.03	0.01	0.04	0.04	0.02	0.02
油料加工机械	万台	0.31		0.01			0.01		0.05	0.01	0.04	0.07	0.05	0.06
运输机械														
农用运输车	万辆	11.82	0.06	0.28	0.29	0.40	0.05	0.38	2.32	0.55	2.89	1.25	2.87	0.48
	万千瓦	165.70	0.83	3.95	3.19	4.40	0.77	5.23	24.83	10.88	43.95	22.85	39.10	5.73
#三轮运输车	万辆	9.84	0.06	0.14	0.27	0.30	0.03	0.31	2.32	0.35	2.61	0.85	2.42	0.20
	万千瓦	114.16	0.74	1.47	2.97	3.30	0.37	3.51	24.83	3.83	31.08	12.73	27.46	1.87
低速载货汽车	万辆	1.98	0.01	0.14	0.02	0.10	0.02	0.07		0.20	0.28	0.41	0.46	0.28
	万千瓦	51.54	0.09	2.48	0.22	1.10	0.40	1.71		7.06	12.87	10.13	11.63	3.86

7-4 水果产量

（2010年）　　　　单位：吨

指　　标	总计	中原区	二七区	管城区	金水区	上街区	惠济区	中牟县	巩义市	荥阳市	新密市	新郑市	登封市	经济开发区	高新开发区
水果产量	**300065**	**1130**	**9527**	**2308**	**1877**	**2127**	**2662**	**75145**	**24416**	**35894**	**17017**	**99747**	**24611**	**3384**	**220**
苹果	65809	108	154	136	470	544	277	17127	14440	7771	5619	8802	10109	252	
#红富士	35827	78	75	82			262	9514	12422	3612	243	3485	6054		
国光	3508	30	28	54			15	1220	449	1165	27	262	258		
梨	22650	3	808	376	444	1147	692	9377	1643	1827	1812	2209	2073	239	
#雪花梨	7134	3	341	74	314		6	4508	448		39	695	687	19	
鸭梨	2703		452	302			490	52	157			20	1230		
其它	211606	1019	8565	1796	963	436	1693	48641	8333	26296	9586	88736	12429	2893	220
#桃子	41386	834	467	1199	320	215	170	13337	2881	5945	2292	8703	2192	2611	220
猕猴桃	605		23						46	532			4		
葡萄	38296	33	7772	201	511	221	927	5078	2114	1597	5892	12528	1422		
红枣	77859	152	115	396	17		36	22408	319	155	94	53690	195	282	
柿子	18137		85		115		260	3860	1797	10829	409	181	598		

7-5 果园面积

（2010年）　　　　单位：千公顷

指　　标	总计	中原区	二七区	管城区	金水区	上街区	惠济区	中牟县	巩义市	荥阳市	新密市	新郑市	登封市	经济开发区	高新开发区
果园面积	**25.40**	**0.12**	**0.53**	**0.62**	**0.33**	**0.08**	**0.21**	**6.90**	**1.93**	**2.45**	**1.16**	**8.69**	**2.11**	**0.21**	**0.01**
苹果园	4.12	0.01	0.04	0.02	0.02	0.03	0.03	0.97	1.22	0.40	0.51	0.35	0.53	0.01	
梨园	1.66		0.05	0.03	0.05	0.04	0.03	0.74	0.18	0.11	0.12	0.17	0.13	0.01	
桃园	2.75	0.09	0.04	0.30	0.08	0.01	0.01	0.84	0.23	0.33	0.17	0.40	0.24		0.01
猕猴桃园	0.04								0.02	0.01					
葡萄园	2.10	0.01	0.32	0.02	0.07	0.01	0.08	0.21	0.09	0.08	0.32	0.60	0.30		
枣园	10.76	0.01	0.07	0.24	0.04		0.02	3.52	0.03	0.01	0.02	6.57	0.22	0.02	
柿园	0.91		0.02		0.01		0.04	0.22	0.16	0.15	0.02	0.03	0.26		

7-6 林业生产情况

（2010 年）

单位：公顷

县(市)区	当年造林面积	用材林	经济林	四旁植树(万株)	育苗面积	幼林抚育实际面积	成林抚育面积
总计	**11725**	**1273**	**1727**	**658.5**	**1654**	**38723**	**23060**
中原区	6	6		45	120		
二七区	7				80		
管城区	13	13		20	7		
金水区					204	1000	
上街区	36			6	10		
惠济区	76				287	76	
中牟县	1970	144	513	186	260	11074	21745
巩义市	1806	900	100		56	573	
荥阳市	1748		364		214	16667	
新密市	1351		111	25	158	5333	842
新郑市	1187			16.5	178	4000	
登封市	3525	210	639	360	80		473

7-7 渔业生产情况

（2010 年）

指　　标	单位	合计	二七区	管城区	金水区	惠济区	中牟县	巩义市	荥阳市	新密市	新郑市	登封市
水产品总产量	**吨**	**135017**	**188**	**150**	**25522**	**22667**	**69030**	**980**	**12701**	**817**	**723**	**2239**
#鱼类产量	吨	134895	188	150	25522	22657	68983	972	12649	817	723	2234
虾蟹类产量	吨	62				5	47	5				5
#养殖产量	吨	134954	188	150	25522	22659	69030	952	12679	817	723	2234
天然捕捞产量	吨	63				8		28	22			5
养殖面积	**公顷**	**9001**	**13**	**35**	**1486**	**1019**	**3304**	**93**	**1071**	**408**	**247**	**1325**
池塘	公顷	6825	13	6	1486	1019	3304	67	801	78	48	3
水库	公顷	2172		29				26	269	328	199	1321
河沟	公顷	2								2		

7-8　牧业主要产品产量

（2010 年）

指　　标	单位	合计	中原区	二七区	管城区	金水区	上街区	惠济区	中牟县	巩义市	荥阳市	新密市	新郑市	登封市	经济开发区	高新开发区
猪当年出栏头数	万头	201.88	2.[illegible]6	1.51	2.67	4.17	0.54	4.03	47.42	23.92	38.31	15.75	36.59	18.61	3.71	1.80
牛当年出栏头数	万头	14.00	0.[illegible]8	0.03	0.10	0.12	0.03	0.31	5.55	0.72	2.73	0.94	0.71	2.50	0.11	0.07
羊当年出栏只数	万只	54.49	0.[illegible]9	0.06	0.34	0.25	0.02	0.31	32.98	2.25	4.76	2.23	5.49	5.29	0.26	0.05
禽当年出栏只数	万只	4220.87	4[illegible]50	55.41	32.55	8.86	16.31	270.90	750.92	194.14	776.08	398.79	1386.52	243.11	15.50	25.28
肉类总产量	吨	237772	2[illegible]46	1889	2445	3291	841	6593	62442	23105	43013	18946	44399	22742	3310	2110
#猪肉产量	吨	154500	[illegible]06	1139	1900	3000	393	2920	37770	18500	28416	11577	27214	15003	2934	1628
牛肉产量	吨	21197	82	41	132	160	40	420	9316	988	3930	1100	1001	3730	148	109
羊肉产量	吨	7043	22	8	42	31	1	37	4197	306	724	269	676	695	33	7
禽肉产量	吨	48983	436	700	370	99	192	3206	9435	2351	9038	4528	15319	2764	180	365
兔肉产量	吨	3136			1	1		10	542	524	580	1052	132	294		
奶类总产量	吨	464879	5200	3166	1900	52200	625	30397	165084	5019	121863	26420	44796	4632	1000	1577
#牛奶产量	吨	423000	6200	2913	1900	52120	625	29907	165084	5019	84489	22838	44696	4632	1000	1577
山羊毛产量	公斤	59436								7000		34000	3133	15303		
绵羊毛产量	公斤	235541							82175	4000	5000	100000	4887	39479		
蜂蜜产量	公斤	706931							353	61000	318000	325000	1111	1467		
禽蛋产量	吨	209000	870	6759	975	174	4202	5788	28772	9359	68379	25466	38105	19923	90	138

7-9 农作物主要

（2010 年）

指　　标	总计	中原区	二七区	管城区	金水区	上街区
农作物总播种面积	**509.75**	**6.02**	**2.44**	**4.39**	**8.40**	**3.30**
粮食作物播种面积	**361.80**	**3.24**	**1.54**	**2.68**	**7.91**	**3.01**
总产量	1666862	15248	5368	13017	37548	15500
夏收粮食播种面积	176.37	1.74	0.79	1.52	3.93	1.42
总产量	799349	8131	2432	7579	18574	7260
秋收粮食播种面积	185.43	1.50	0.75	1.15	3.98	1.59
总产量	867513	7117	2936	5438	18974	8240
谷物合计播种面积	332.60	3.21	1.43	2.57	7.26	2.96
总产量	1551072	15177	5227	12695	36069	15232
稻谷播种面积	1.27				0.02	
总产量	8642				118	
小麦播种面积	176.37	1.74	0.79	1.52	3.93	1.42
总产量	799349	8131	2432	7579	18574	7260
玉米播种面积	152.82	1.47	0.64	1.05	3.31	1.50
总产量	737733	7046	2795	5116	17361	7873
谷子播种面积	2.03					0.05
总产量	4232					98
高粱播种面积	0.05					
总产量	85					
其它谷物播种面积	0.07					
总产量	1031				16	
豆类合计播种面积	15.14	0.02	0.10	0.08	0.64	0.02
总产量	29781	44	119	216	1311	40

产品生产情况

单位：千公顷、吨

惠济区	中牟县	巩义市	荥阳市	新密市	新郑市	登封市	经济开发区	高新开发区
12.57	**131.30**	**50.57**	**76.84**	**64.55**	**80.67**	**57.53**	**3.50**	**7.65**
4.71	**60.88**	**44.78**	**60.70**	**55.02**	**58.37**	**49.82**	**2.55**	**6.60**
26936	353680	156822	322042	207928	291041	177951	11188	32593
2.50	26.44	22.66	30.57	26.95	30.38	22.77	1.37	3.32
14517	156127	79213	165797	100457	148220	67605	6320	17117
2.21	34.44	22.12	30.13	28.07	27.98	27.04	1.18	3.29
12419	197553	77609	156245	107471	142821	110346	4868	15476
4.59	53.70	42.31	56.68	50.34	55.46	43.05	2.43	6.59
26497	319733	151287	306326	198134	280660	140797	10681	32556
0.20	0.86		0.20					
1290	6034		1200					
2.50	26.44	22.66	30.57	26.95	30.38	22.77	1.37	3.32
14517	156127	79213	165797	100457	148220	67605	6320	17117
1.89	26.40	18.78	25.14	23.28	24.88	20.13	1.07	3.28
10690	157572	70704	137538	97439	131805	71991	4361	15439
0.85	0.77	0.11	0.15	0.10				
		1362	1791	238	549	194		
					0.05			
					85			
		0.02				0.05		
		8				1007		
0.08	3.28	1.30	1.97	2.79	1.35	3.50		0.01
184	7313	1209	2608	3763	2683	10255		37

7-9　续表　　　　　　　　　　　　　　　　　　（2010 年）

指　　标	总计	中原区	二七区	管城区	金水区	上街区
大豆播种面积	12.63	0.01	0.07	0.08	0.64	0.01
总产量	23440	28	74	216	1310	15
绿豆播种面积	2.49	0.01	0.03			0.01
总产量	2681	16	28		1	24
红小豆播种面积	0.03					
总产量	22					
红薯播种面积	14.06	0.01	0.01	0.02		0.03
总产量	86009	27	22	106	168	229
油料合计播种面积	**53.37**	**0.90**	**0.47**	**0.57**	**0.08**	**0.21**
总产量	190179	1821	710	1500	103	268
花生播种面积	40.92	0.47	0.28	0.47	0.04	0.09
总产量	173414	1288	536	1373	71	185
油菜籽播种面积	10.82	0.43	0.19	0.10	0.04	0.06
总产量	14840	528	168	127	32	25
芝麻播种面积	1.61		0.01			0.05
总产量	1880	5	7			59
向日葵播种面积	0.02					
总产量	45					
棉花播种面积	**4.70**					
总产量	4050	1			7	
烟叶播种面积	**0.98**					
总产量	2078					
药材播种面积	**0.48**					
蔬菜（含菜用瓜）播种面积	**76.10**	**1.63**	**0.43**	**0.88**	**0.40**	**0.08**
总产量	2832760	59450	10463	40637	11801	4549
瓜类（果用瓜）播种面积	**10.56**	**0.09**		**0.26**	**0.01**	
总产量	430329	1539		3676	174	
#西瓜播种面积	9.43	0.07		0.03	0.01	
总产量	396722	1310		405	170	
其他作物播种面积	**1.76**	**0.15**				

单位:千公顷、吨

惠济区	中牟县	巩义市	荥阳市	新密市	新郑市	登封市	经济开发区	高新开发区
0.08	3.28	0.78	1.27	2.25	1.22	2.93		0.01
184	7313	749	1788	3289	2415	6023		37
		0.52	0.70	0.54	0.13	0.54		
		450	820	474	268	600		
						0.02		
		4				18		
0.04	3.91	1.17	2.05	1.89	1.56	3.27	0.11	
255	26634	4325	13108	6031	7698	26899	507	
0.47	**20.88**	**3.62**	**5.30**	**3.81**	**12.58**	**3.56**	**0.65**	**0.25**
1795	98976	4959	13189	10323	49157	4487	2175	716
0.38	18.38	2.05	3.32	2.05	10.83	1.66	0.65	0.24
1653	93838	3969	10263	7536	46723	3108	2175	698
0.06	2.42	1.13	1.46	1.55	1.61	1.77		0.02
86	5010	635	2248	2503	2210	1250		18
0.01	0.08	0.44	0.52	0.21	0.14	0.14		
11	128	355	678	284	224	129		
0.02								
45								
0.24	**2.77**	**0.57**	**0.47**	**0.04**	**0.06**	**0.56**		
129	2385	461	519	34	53	461		
						0.98		
						2078		
0.11		**0.01**	**0.12**	**0.25**				
6.83	**38.45**	**1.09**	**9.78**	**4.93**	**8.79**	**1.99**	**0.06**	**0.75**
249111	1371724	46183	400036	205439	324024	87528	1085	20730
0.09	**7.93**	**0.42**	**0.11**	**0.16**	**0.70**	**0.48**	**0.24**	**0.05**
2750	353210	7390	4024	4965	25214	13977	12175	1233
0.09	7.46	0.40	0.10	0.07	0.58	0.42	0.16	0.04
2680	333373	7202	3813	2739	22660	12176	9100	1094
0.13	**0.39**	**0.09**	**0.36**	**0.34**	**0.18**	**0.13**		

7-10 农林牧

（2010 年）

指　　标	全　市	中原区	二七区	管城区	金水区	上街区
农林牧渔业总产值	**2214329**	**20676**	**16126**	**16961**	**54605**	**9824**
农业	**1248865**	**12203**	**6083**	**10575**	**10578**	**5313**
谷物及其他作物	519701	3893	1433	3386	7188	4088
谷物	281919	2754	944	2313	6539	3576
#小麦	149478	1521	455	1417	3473	1358
稻谷	1815				25	
玉米	129103	1233	489	895	3038	1378
薯类	45354	8	6	30	48	66
油料	97941	894	356	762	50	173
#花生	89482	665	277	708	37	95
油菜籽	6292	224	71	54	14	11
豆类	12349	23	55	84	508	25
棉花	12364	3			21	3
烟草	3053					
其他农作物	66721	211	72	197	21	245
蔬菜园艺作物	592268	7883	931	5494	2908	637
蔬菜（含菜用瓜）	579308	7883	931	5415	1935	591
花卉	7774			71		
水果、坚果、饮料和香料作物	134046	427	3719	1695	482	588
水果（含果用瓜）	125378	427	3549	1695	482	588
#苹果	10135	17	24	21	72	84
梨	6297	1	225	105	123	319
坚果	6666		170			
香料作物	2002					
中草药材	2850					
林业	**27927**	**808**	**295**	**153**	**1517**	**489**
林木的培育和种植	21873	777	295	80	1418	453
竹木采运	6054	31		73	99	36
牧业	**798091**	**7054**	**8823**	**5952**	**23979**	**4022**
牲畜饲养	280087	2528	1530	1579	18830	258
牛的饲养	84788	328	164	527	640	26
羊的饲养	29267	92	33	174	130	13
其他牲畜饲养	3333		3			
奶产品	158059	2108	1076	657	18061	219
猪的饲养	252718	3445	1863	3108	4907	464
家禽饲养	199979	1081	5424	1076	241	3300
肉禽	54514	471	732	399	120	156
禽蛋	145465	610	4692	677	121	3144
狩猎和捕捉动物	9208					
其他畜牧业	56099		6	189		
渔业	**111403**	**98**	**85**	**113**	**18381**	
鱼类	110509	98	85	113	18381	
虾蟹类	276					
其他	614					
农林牧渔服务业	28043	513	840	168	150	

渔业总产值

单位:万元

惠济区	中牟县	巩义市	荥阳市	新密市	新郑市	登封市	经济开发区	高新开发区
87156	**803365**	**119309**	**341745**	**226347**	**322496**	**170222**	**11698**	**12948**
39454	**484888**	**52539**	**139634**	**115879**	**179919**	**69742**	**5839**	**8687**
7639	132000	37163	72564	51971	91899	47283	3379	6700
4857	58038	27609	55875	35910	50970	25502	1945	5903
2715	29196	14816	31004	18785	27717	12642	1182	3201
271	1267		252					
1871	27575	12373	24069	17052	23066	12598	763	2702
73	7644	1242	3762	1731	2209	7720	145	
920	50691	2723	7024	5275	25302	2281	1122	368
853	48420	2048	5296	3889	24109	1604	1122	360
36	2124	259	953	1061	937	530		8
71	2830	629	1302	1626	1134	4052		14
394	7281	1407	440	103	583	1407		
						3053		
1324	5516	3553	4161	7326	11701	3268	167	415
30150	301128	6985	55799	47677	45885	13696	103	1867
30108	301128	5323	53637	35585	45804	11955	103	1867
		255	1219	1361		1095		
891	51760	7903	8421	8631	42135	8411	2357	120
891	51760	6151	6200	5042	42135	5086	2357	120
43	2638	2224	1197	865	1356	1557	39	
192	2607	457	508	504	614	576	66	
		1670	2151	2669		2935		
		82	70	920		390		
774		488	2850	7600		352		
4394	**7572**	**4514**	**3292**	**10329**	**6617**	**8455**		
4345	5615	2485	3164	9836	6583	3586		
49	1957	729	128	493	34	129		
24984	**244561**	**58811**	**184311**	**88415**	**132448**	**83927**	**5838**	**4195**
12326	114472	7512	70107	28231	33747	24453	1106	1002
1824	37264	3935	15720	5472	4001	14940	591	436
154	17429	1271	3006	1204	2807	2887	138	30
	2496	258	106	5479	53	2036	37	
10348	57119	1737	41433	8983	15499	1644	340	536
4776	61781	30261	46480	22804	44514	24541	4476	2663
7865	30653	8306	57430	24354	50569	31721	256	530
3848	10588	1808	9895	6686	17840	3978	194	434
4017	20065	6498	47535	17668	32729	17743	62	96
			2982	6286				
17	37655	12732	7312	6740	3618	3212		
17924	**59464**	**1146**	**10211**	**1074**	**572**	**2098**		
17907	59391	903	10153	703	572	1775		
5	73	9		6		16		
12		234	58	365		307		
400	6880	2300	4297	10650	2940	6000	21	66

7-11 农林牧

（2010 年）

指标		全市	中原区	二七区	管城区	金水区
合计	农林牧渔业总产值	2214329	20676	16126	16961	54604
	中间消耗	968731	8882	8537	7776	25820
	增加值	1245598	11794	7589	9185	28784
	固定资产折旧	68783	651	2345	715	6871
	劳动者报酬	1111255	10522	1053	8390	21791
	生产补贴	29872	283	113		700
	营业盈余	95432	904	4304	80	822
农业	总产值	1248865	12203	6083	10575	10578
	中间消耗	522413	5199	3224	4789	4320
	中间物质消耗	447158	5199	2848	3873	3942
	生产服务支出	75255		376	916	377
	增加值	726452	7004	2859	5786	6258
林业	总产值	27927	808	295	153	1517
	中间消耗	10852	281	156	68	281
	中间物质消耗	9534	281	129	52	231
	生产服务支出	1319		27	16	50
	增加值	17075	527	139	85	1236
牧业	总产值	798091	7054	8823	5952	23979
	中间消耗	373770	3156	4676	2814	11724
	中间物质消耗	328101	3060	4050	2612	10291
	生产服务支出	45670	96	626	202	1433
	增加值	424321	3898	4147	3138	12255
渔业	总产值	111403	98	85	113	18381
	中间消耗	51066	48	36	50	9411
	中间物质消耗	46353	48	23	48	8543
	生产服务支出	4712		13	2	868
	增加值	60337	50	49	63	8970
农林牧渔服务业	总产值	28043	513	840	168	150
	中间消耗	10630	198	445	55	85
	增加值	17413	315	395	113	65

渔业增加值

单位:万元

上街区	惠济区	中牟县	巩义市	荥阳市	新密市	新郑市	登封市	经济开发区	高新开发区
9824	87156	803365	119309	341745	226347	322496	170222	11698	12948
4463	41081	345016	50211	147198	97715	141582	78207	5148	6019
5361	46075	458348	69098	194547	128632	180914	92014	6550	6929
296	11417	25310	3887	9963	7508	8469	5342	362	383
4275	33990	408913	57582	184717	121147	167590	69011	5844	6182
268	698	10992	1185	1326	5129	4823	6890	157	166
522	1366	35117	3314	1193	5106	9678	24552	502	531
5313	39454	484888	52539	139634	115879	179919	69742	5839	8687
2398	18668	208502	22114	60182	39904	75533	30687	2418	3901
2169	17922	131918	21514	56629	35830	57801	29148	2069	3339
229	747	76584	500	3553	4074	17733	1539	348	562
2915	20786	276386	30425	79452	75975	104386	39055	3421	4786
489	4394	7572	4514	3292	10329	6617	8455		
235	1824	4361	1900	1419	3830	2124	3213		
179	1784	3224	1750	1303	3352	1930	2695		
56	41	1137	150	116	478	194	518		
254	2570	3210	2514	1873	6499	4493	5242		
4022	24984	244561	53810	184311	88415	132448	83927	5838	4195
1830	11921	102682	24754	79387	47594	62457	40599	2722	2093
1564	11042	73535	23254	68263	45091	60810	36813	2390	1838
266	879	29147	1500	11124	2503	1648	3786	333	256
2192	13063	141879	34056	104924	40821	69991	43328	3116	2102
	17924	59464	1146	10211	1074	572	2098		
	8478	26670	478	4426	470	289	1008		
	8081	21945	428	3838	408	214	738		
	398	4725	51	588	62	75	270		
	9446	32794	668	5785	604	283	1090		
	400	6880	2300	4297	10650	2940	6000	21	66
	190	2801	965	1784	5917	1179	2700	8	25
	210	4079	1335	2513	4733	1761	3300	13	41

7-12 主要牲畜年末存栏情况

（2010 年）

单位：万头（只）

指　　标	合计	中原区	二七区	管城区	金水区	上街区	惠济区	中牟县	巩义市	荥阳市	新密市	新郑市	登封市	经济开发区	高新开发区
大牲畜年末总头数	**28.63**	**0.23**	**0.12**	**0.10**	**1.05**	**0.01**	**0.83**	**12.69**	**0.85**	**2.98**	**2.13**	**3.65**	**3.57**	**0.19**	**0.20**
牛年末总头数	27.64	0.23	0.12	0.10	1.05	0.01	0.83	12.14	0.80	2.83	2.04	3.60	3.51	0.17	0.20
肉牛年末总头数	14.89	0.01	0.02	0.01	0.07		0.11	8.21	0.34	1.04	1.12	1.71	2.10	0.09	0.09
奶牛年末总头数	9.18	0.22	0.10	0.09	0.98	0.01	0.72	3.70	0.16	1.54	0.45	0.95	0.11	0.08	0.08
役用牛年末总头数	3.56		0.01					0.23	0.30	0.25	0.47	0.95	1.30	0.01	0.03
马年末存栏数	0.14							0.04	0.01	0.03	0.02		0.03		
驴年末存栏数	0.63							0.38	0.02	0.08	0.06	0.04	0.03	0.02	
骡年末存栏数	0.22							0.13	0.02	0.04	0.01	0.01			
猪年末总头数	158.43	1.74	1.27	1.50	3.56	0.40	2.10	40.30	17.65	22.85	18.04	29.70	17.00	1.70	0.63
能繁殖母猪	18.89	0.19	0.10	0.03	0.35	0.03	0.16	5.10	1.93	3.53	1.84	3.36	1.81	0.26	0.19
羊年末总只数	50.00	0.08	0.14	0.22	0.25	0.01	0.25	27.99	2.67	8.37	2.95	3.20	3.72	0.06	0.08
山羊年末总只数	44.69	0.08	0.14	0.22	0.19	0.01	0.18	26.51	2.26	7.86	2.43	2.10	2.61	0.04	0.06
绵羊年末总只数	5.31				0.07		0.07	1.48	0.40	0.51	0.52	1.11	1.12	0.01	0.02
家禽期末存栏数	**3107.60**	**18.20**	**55.24**	**15.90**	**3.63**	**30.01**	**144.46**	**463.53**	**107.98**	**619.97**	**331.61**	**1009.17**	**294.12**	**5.65**	**8.13**
兔期末总只数	**100.55**		**0.08**	**0.01**	**0.05**		**0.13**	**29.59**	**5.77**	**23.59**	**20.71**	**3.14**	**17.53**		

7-13　全市粮经比

单位:%

县(市)区	1995 年	2000 年	2004 年	2005 年	2006 年	2007 年	2008 年	2009 年	2010 年
全　市	**79.8:20.2**	**74.9:25 1**	**68.5:31.5**	**69.0:31.0**	**69.5:30.5**	**70.0:30.0**	**70.5:29.5**	**70.9:29.0**	**70.9:29.1**
中原区		59.0:41.0	50.1:49.9	51.3:48.7	51.7:48.3	53.6:46.4	55.0:55.0	55.4:44.6	53.8:46.2
二七区		73.4:26.6	60.4:39.6	59.9:40.1	62.1:37.9	62.4:37.6	67.3:32.7	65.6:34.4	63.0:37.0
管城区	79.0:21.0	76.4:23.6	53.3:46.7	55.2:44.8	55.3:44.7	58.3:41.7	60.4:39.6	64.8:25.2	60.9:39.1
金水区		87.9:12.1	79.7:20.3	83.5:16.5	87.5:12.5	90.4:9.6	91.9:8.1	93.2:6.8	94.1:5.9
上街区	46.1:53.9	66.7:33.3	56.5:43.5	86.8:13.2	88.0:12.0	87.3:12.7	88.0:12.0	91.5:8.5	91.2:8.8
惠济区		48.8:51.2	35.2:64.8	36.9:63.1	38.9:61.1	36.7:63.3	39.2:60.8	38.0:62.0	37.4:62.6
中牟县	65.9:34.1	56.6:43.4	47.2:52.8	47.3:52.7	45.4:54.6	45.1:54.9	45.1:54.9	46.1:53.9	46.4:53.6
巩义市	89.0:11.0	90.0:10.0	86.2:13.8	86.6;13.4	88.1:11.9	89.0:11.0	89.2:10.8	88.8:11.2	88.4:11.6
荥阳市	84.9:15.1	82.3:17.7	75.0:25.0	74.8:25.2	76.4:23.6	77.9:22.1	79.5:20.5	78.4:21.6	79.0:21.0
新密市	88.7:11.3	86.6:13.4	85.5:14.5	86.2:13.8	85.7:14.3	85.3:14.7	86.1:13.9	85.8:14.2	85.1:14.9
新郑市	78.6:21.4	71.8:28.2	70.4:29.6	71.0:29.0	71.4:28.6	72.3:27.7	72.9:27.1	71.9:28.1	72.2:27.8
登封市	86.1:13.9	84.8:15.2	81.4:18.6	81.4:18.6	82.4:17.6	84.9:15.1	83.5:16.5	87.3:12.8	86.5:13.5
经济开发区			66.7:33.3	64.2:35.8	64.0:36.0	75.2:24.8	70.7:29.3	73.6:26.4	72.8:27.2
高新开发区			73.1:26.9	76.2:23.8	78.4:21.6	80.9:19.1	82.6:17.4	84.1:15.9	86.2:13.8

主要统计指标解释

农林牧渔业总产值 是以货币表现的农林牧渔业全部产品的总量和对农林牧渔业生产活动进行的各种支持性服务活动的价值,它反映一定时期内农业生产的总规模和总成果。

农林牧渔五业统计范围是:1. 种植业:包括粮、棉、油、糖料、麻类、烟叶、蔬菜、药材、瓜类、采集野生植物和其他农作物的种植以及茶园、桑园、果园的生产经营。

2. 林业:包括林木的栽培、林产品的采集和竹木采伐。

3. 牧业:包括除渔业以外的一切动物饲养和放牧及捕猎野兽。

4. 渔业:包括水生动物和海藻类植物养殖和捕捞。

5. 农林牧渔服务业:包括农林牧渔服务业营业收入。

农业总产值的计算方法通常是以农林牧渔业产品的产量乘以该项单位价格而得该项产品产值。少数生产周期较长,当年没有产品或产品不易统计的则采用间接方法匡算产值。五业产品产值之和即为农业总产值。

农业增加值 指各单位生产经营或劳务活动提供最终产品的货币表现,即本单位或本行业对社会所做的贡献。农业增加值是社会各经济单位,即企业、事业单位和行政单位及个体经营户在报告期内生产经营和业务活动最终成果的货币表现。

农业增加值主要采用生产法和分配法(收入法)两种方法计算。

农作物种植业 包括谷物、豆类、薯类、棉、油料、糖料、麻类、烟叶、蔬菜、药材、瓜类和其他农作物的种植,以及茶园、桑园、果园的生产经营。

其他农业 包括采集野生植物的果实、纤维、树胶、树脂、油料以及柴草、野生药材、菌类等。

粮食产量 指全社会的产量。包括国有经济经营的、集体统一经营的和农民家庭经营的粮食产量,还包括工矿企业家属办的农场和其他生产单位的产量。粮食除包括稻谷、小麦、玉米、高粱、谷子及其他杂粮外,还包括薯类和大豆。其产量计算方法,豆类按去豆荚后的干豆计算;薯类(包括甘薯和马铃薯,不包括芋头和木薯)1963 年以前按每 4 公斤鲜薯折 1 公斤粮食计算,从 1964 年开始及以后改为按 5 公斤鲜薯折 1 公斤粮食计算。郑州辖区作为蔬菜的薯类(如:马铃薯等)按鲜品计算,并且不做为粮食统计。其他粮食一律按脱粒后的原粮计算。

油料产量 指全部油料作物的生产量。包括花生、油菜籽、芝麻、向日葵籽、胡麻籽(亚麻籽)和其他油料。不包括大豆,也不包括木本油料和野生油料。花生以带壳干花生计算。

水产品产量 指人工养殖的水产品和天然生长的水产品的捕捞量。包括海水的鱼类、虾蟹类、贝类和藻类以及内陆水域的鱼类、虾蟹类和贝类,不包括淡水生植物。

猪、牛、羊肉产量 指当年出栏并已屠宰后除去头蹄下水 后带骨肉(即胴体重)的重量。

耕地面积 指年初可以用来种植农作物、经常进行耕锄的田地,除包括熟地、当年新开荒地、连续撩荒未满三年的耕地和当年的休闲地(轮歇地)外,还包括以种植农作物为主并附带种植桑树、茶树、果树和其他林木的土地,以及沿海、沿湖地区已围垦利用的“海涂”、“湖田”等面积。但不包括属于专业性的桑园、茶园、果园、果木苗圃、林地、芦苇地、天然或人工草地面积。

农作物播种面积 指实际播种或移植有农作物的面积,凡是实际种植有农作物的面积,不论种植在耕地上还是种植在非耕地上,均包括在农作物播种面积中,同时还包括因遭灾而重新改种和补种的农作物面积,种一公顷算一公顷。

农用化肥施用量 指本年内实际用于农业生产的化肥数量。包括氮肥、磷肥、钾肥和复合肥。化肥施用量要求按折纯量计算数量。折纯法化肥施用量是把氮肥、磷肥和钾肥分别按含氮、含五氧化二磷、含氧化钾的百分之百有效成份计算。复合肥按其所含主要成分折算。

农业机械总动力 指主要用于农、林、牧、渔业的各种动力机械的动力总和。包括耕作机械、排灌机械、收获机械、农产品加工机械、运输机械、植物保护机械、牧业机械、林业机械、渔业机械和其他农业机械〔内燃机按引擎马力折成瓦(特)计算,电动机按功率折成瓦(特)计算〕。不包括专门用于乡、镇、村、组办工业、基本建设、非农业运输、科学试验和教学等非农业生产方面用的动力机械与作业机械。

八、工　业

8-1　历年工业总产值

单位：万元

年份	总产值	国有企业	集体企业	城乡个体	其他各种经济类型	轻工业	重工业
1949	2391					1442	949
1952	9245					5920	3325
1957	39610					31164	8446
1962	52525					36771	15754
1965	106270					78153	28117
1970	183222					100343	82879
1975	246211					129373	116838
1978	320288					172370	147918
1979	370045					202538	167507
1980	402306					237482	164823
1981	437552					267258	170294
1982	461194					269036	192158
1983	505017					284771	220246
1984	582897					307364	275533
1985	701472	451080	188981	61320	91	352272	349200
1986	776624	471644	201654	103104	222	376233	400391
1987	962439	572500	255739	133200	1000	455922	506517
1988	1296981	718879	378715	196431	2956	583835	713146
1989	1599014	879788	486687	228480	4059	654211	944803
1990	1744453	936757	532972	265956	8768	713715	1030738
1991	2063844	1025336	687014	340414	11080	823051	1240793
1992	2672758	1208014	932739	488193	43812	1016999	1655759
1993	3693136	1419814	1378271	747666	147385	1278879	2414257
1994	4803181	1459319	1755649	1061093	527120	1747437	3055774
1995	6479164	1799927	2188574	1711875	778788	2127630	4351534
1995	[6058858]	[1602463]	[2054439]	[1711875]	[690081]	[1940774]	[4118084]
1996	7919258	1832055	2738886	2019137	1329180	2362282	5556976
1997	8886488	1765398	3026673	2429311	1665106	2668548	6217940
1998	8777675	1260921	2462846	2478534	2575374	2753908	6023767
1999	8872394	1881049	2474148	2470286	2046911	2508519	6363875
2000	10052967	2066754	2686440	2885928	2413845	2900651	7152316
2001	11127574	2245285	2905406	3158835	2818047	3255391	7872183
2002	12122694	2265787	2660012	3346219	3850676	3355980	8766694
2003	14808572	3481702	2565446	3720254	5041170	3615378	11193194
2004	18788506	3324293	2779359	4199844	8485010	4355337	14433169
2005	24115175	4477743	3675587	4333800	11628045	5446798	18668377
2006	30724463	5594102	3176892	4936300	17017169	6717501	24006962
2007	39449890	6039166	2668328	5558403	25183993	8386083	31063808
2008	49300297	7226804	3714302	6024272	32334919	10485343	38814954
2009	53508157	8274604	1016578	7031736	37185239	12289258	41218899
2010	67943895	11977551	1204497	6351282	48410565	13954697	53989198

注：1. 本表按当年价格计算。

2. 1995 年以前为原规定括号内及 1996 年始为新规定。

3. 1999 年及以后国有企业为国有及国有控股企业。

8-2 历年工业总产值指数

（以1952年为100）

年份	总产值	国有企业	集体企业	城乡个体	其他各种经济类型	轻工业	重工业
1949	25.9					24.4	28.5
1952	100.0					100.0	100.0
1957	499.8					614.0	2963.3
1962	660.5					722.0	550.7
1965	1333.5					1531.4	980.9
1970	2291.5					1959.6	2881.7
1975	3054.8					2506.4	4030.2
1978	3955.3					3321.2	5082.9
1979	4562.8					3895.5	5749.6
1980	4954.7					4661.3	5865.4
1981	5369.9					5121.7	5810.4
1982	5655.5					5151.6	6551.1
1983	6193.0					5453.0	7508.9
1984	6937.8					5712.4	9117.4
1985	8097.0	100.0	100.0	100.0		6349.4	11206.1
1986	8891.7	104.6	106.7	163.5		6724.0	12748.6
1987	10068.7	116.7	135.3	172.8		7776.1	14147.7
1988	12274.4	130.7	200.4	243.0		8924.8	18234.7
1989	13415.9	135.8	257.5	268.3		9299.6	20933.4
1990	14636.7	140.1	281.9	308.0	100.0	10145.9	22838.4
1991	17081.1	149.4	363.4	395.7	127.6	11272.1	27862.8
1992	20804.8	166.3	493.5	550.1	501.7	13098.1	35246.5
1993	26713.3	174.1	729.4	767.9	1588.5	15901.1	47195.0
1994	30399.7	152.2	920.3	926.8	4848.0	17888.8	54179.9
1995	35506.9	164.7	1238.7	1254.0	6442.9	19767.1	65666.0
1996	42324.2	171.6	1651.2	1432.1	6713.6	21506.6	82148.2
1997	48588.2	165.8	1824.6	1722.8	8163.7	24367.0	92170.3
1998	50240.2	124.0	1554.6	1827.9	13225.2	26413.8	93737.2
1999	53321.5	194.2	1640.1	1913.8	11043.0	25263.2	103981.2
2000	58760.3	209.3	1736.9	2149.2	12710.5	27001.3	116084.6
2001	63913.5	222.6	1795.6	2329.1	14971.7	28575.5	127739.5
2002	70304.9	245.8	1788.4	2466.5	18385.2	29575.6	144090.2
2003	83142.6	299.6	2152.2	2606.6	23047.7	31104.7	177562.4
2004	98357.7	331.4	2490.1	2783.8	29915.9	35023.9	213252.4
2005	117153.9	351.9	3091.7	3323.9	36850.4	41027.0	255284.4
2006	140467.5	397.8	3765.4	3583.2	46486.8	50081.7	304120.3
2007	171595.1	442.2	3934.8	3945.1	60795.4	58996.2	375497.3
2008	199805.3	483.6	4333.0	4201.5	73635.4	70081.6	434976.1
2009	219586.0	464.3	4324.3	4655.3	83649.8	74847.1	481953.5
2010	255917.4	559.6	4537.0	4799.6	98584.9	82895.5	569451.1

8-3 全部工业总产出、总产值及增加值

(2010 年)

项　　目	单位数（个）	工业总产出（万元）	工业总产值（万元）	工业增加值（万元）
总　计	**64927**	**82268627**	**79582882**	**19960165**
按轻重工业分				
轻工业	13406	17113678	16536735	5398929
重工业	51521	65154949	63046147	14561236
按登记注册类型分				
国有及国有控股	1396	20580117	20032441	4554930
集体工业	925	1216745	1161956	320004
城乡个体工业	54649	6351282	6351282	1730357
其他各种经济类型	7957	54120483	52037203	13354874
年主营业务收入 500 万元以上工业	**2720**	**73388706**	**70776611**	**17560965**
按轻重工业分				
轻工业	661	14516737	13956858	4704341
重工业	2059	58871969	56819753	12856624
按登记注册类型分				
国有及国有控股	131	20532786	19986488	4542353
集体工业	92	1148072	1095284	302194
其他各种经济类型	2497	51707848	49694839	12716418
年主营业务收入 500 万元以下工业	**62207**	**8879921**	**8806271**	**2399200**
按轻重工业分				
轻工业	12745	2596941	2579877	694588
重工业	49462	6282980	6226394	1704612
按登记注册类型分				
国有及国有控股	1265	47331	45953	12577
集体工业	833	68673	66672	17810
城乡个体工业	54649	6351282	6351282	1730357
其他各种经济类型	5460	2412635	2342364	638456

注：本表工业总产出、总产值、增加值包含河南中烟工业公司和河南电力公司的全口径统计数据。

8-4 各县(市)、区工业企业单位数

(2010 年底)

单位:个

县(市)区	合 计	规 模 以上企业	规 模 以下企业	城 乡 个体企业	大型 企业	中型 企业	小型 企业
全 市	**64927**	**2720**	**7558**	**54649**	**28**	**287**	**64612**
中原区	2020	72	619	1329	3	14	2003
二七区	1106	125	261	720	1	13	1092
管城区	1414	33	116	1265	2	7	1405
金水区	582	53	321	208	1	6	575
上街区	583	95	158	330	3	7	573
惠济区	836	49	185	602	1	2	833
中牟县	11029	247	434	10348	1	17	11011
巩义市	8719	396	1535	6788	3	27	8689
荥阳市	8203	369	704	7130	1	38	8164
新密市	7864	441	1114	6309		46	7818
新郑市	14138	321	1215	12602	2	32	14104
登封市	7188	272	319	6597	6	52	7130
经济开发区	423	94	127	202		7	416
高新开发区	817	148	450	219		18	799

8-5 各县(市)、区工业总产值

(2010 年)

单位:万元

县(市)区	合 计	规 模 以上企业	规 模 以下企业	城 乡 个体企业	轻工业	重工业	大型 企业	中型 企业	小型 企业
全 市	**67943895**	**59137624**	**2454989**	**6351282**	**13954697**	**53989198**	**13372563**	**17082668**	**37488664**
中原区	3160977	2984278	115638	61061	194970	2966007	2173295	443533	544149
二七区	1474775	1399633	55820	19322	514184	960591	157601	725563	591611
管城区	2086824	2041708	19703	25413	660892	1425932	1795642	179973	111209
金水区	1040933	988445	49582	2907	842713	198221	490021	339260	211653
上街区	2205143	2148162	27125	29856	44119	2161025	969009	201429	1034706
惠济区	758944	693723	49396	15825	443627	315317	166455	210566	381923
中牟县	5810455	4640157	159268	1011029	1927394	3883061	1287359	648749	3874347
巩义市	11676191	10214677	532074	929440	699803	10976388	2111392	2785479	6779320
荥阳市	9577393	8094282	257973	1225138	1324839	8252554	192939	2197897	7186557
新密市	8583954	7174464	326442	1083048	2201670	6382284	603369	2142870	5837715
新郑市	9496638	7789052	445332	1262254	3815732	5680906	1030887	2269917	6195834
登封市	8069705	7189476	207031	673198	328405	7741301	1865101	3040512	3164093
经济开发区	1268436	1225867	34641	7928	302639	965797	33506	774120	460810
高新开发区	2486102	2373065	108470	4567	434230	2051872	315352	1122801	1047949

8-6 各县(市)、区工业增加值

(2010 年)

县(市)区	全部工业增加值(万元)	规模以上工业增加值(万元)	规模以下工业增加值(万元)	城乡个体工业增加值(万元)
全　市	**18398564**	**15999364**	**668843**	**1730357**
中原区	770944	725356	29834	15754
二七区	468780	448257	15245	5277
管城区	670149	658377	5141	6631
金水区	285473	271977	12749	747
上街区	638163	624050	6718	7395
惠济区	188431	171655	12705	4070
中牟县	1312173	1000992	42349	268831
巩义市	3005808	2588974	151751	265082
荥阳市	2403774	2020094	66737	316942
新密市	2732276	2299347	100268	332661
新郑市	2618510	2178565	111644	328301
登封市	2354047	2089503	62221	202323
经济开发区	311348	301354	8132	1861
高新开发区	603740	574950	27627	1163

注:1. 本表按当年价格计算。2. 规模以上工业是指全部年主营业务收入 500 万元及以上的法人工业企业。3. 规模以下工业是指年主营业务收入 500 万元以下的工业企业。

8-7 规模以上工业企业单位数、总产值、增加值及销售产值

(2010 年)

项　　目	单位数(个)	工　业总产值(万元)	工业总产值指数(上年=100)	工　业增加值(万元)	工业销售产值(万元)
总　　计	**2720**	**59137624**	**118.7**	**15999364**	**58093160**
#国有及国有控股企业	131	11931598	120.6	2980753	11794005
集体企业	92	1137825	105.0	302194	1129578
港澳台商投资企业	62	1954664	113.7	514750	1920828
外商投资企业	83	4201611	125.7	919291	3946658
按轻重工业分					
轻工业	661	11374820	112.5	3532741	11259140
以农产品为原料	493	9333424	110.4	2874174	9232390
以非农产品为原料	168	2041396	122.0	658567	2026750
重工业	2059	47762804	120.3	12466624	46834020
采掘工业	232	4384111	104.5	1955180	4354289
原料工业	356	14110482	110.5	2612834	13791987
加工工业	1471	29268211	120.6	7898610	28687744
按企业规模分					
大型工业	28	13372563	118.8	2457814	13008225
中型工业	287	17082668	108.5	4900439	16749787
小型工业	2405	28682393	125.3	8641112	28335148

注:本表工业总产值、增加值、销售产值按当年价格计算,指数按可比价计算。

8-8 规模以上工业企业分行业单位数、总产值、增加值及销售产值

（2010 年）

行业	单位数（个）	工业总产值（万元）	工业增加值（万元）	工业销售产值（万元）
总计	**2720**	**59137624**	**15999364**	**58093160**
煤炭开采和洗选业	189	3442017	1679913	3418097
黑色金属矿采选业	5	29974	11101	29560
有色金属矿采选业	13	348706	86100	347131
非金属矿采选业	16	400149	130486	396547
农副食品加工业	98	1872086	422300	1848015
食品制造业	84	2108595	550134	2087229
饮料制造业	28	595803	182472	592971
烟草制品业	3	933790	679651	937194
纺织业	37	417744	118931	406361
纺织服装、鞋、帽制造业	55	666218	184980	655951
皮革、毛皮、羽毛（绒）及其制品业	7	36533	10490	32185
木材加工及木、竹、藤、棕、草制品业	22	259002	68706	256583
家具制造业	27	275444	78806	274773
造纸及纸制品业	92	1758863	465209	1747995
印刷业和记录媒介的复制	56	517499	141866	528181
文教体育用品制造业	6	45486	11989	45353
石油加工、炼焦及核燃料加工业	7	144760	47964	145507
化学原料及化学制品制造业	154	2039890	539530	2044751
医药制造业	56	878796	278684	858172
化学纤维制造业	4	56056	15706	56061
橡胶制品业	18	254638	51838	249103
塑料制品业	60	629894	182979	628220
非金属矿物制品业	800	14770979	4540054	14563497
黑色金属冶炼及压延加工业	61	1755568	538413	1733175
有色金属冶炼及压延加工业	105	5761466	916826	5470262
金属制品业	86	1638001	320416	1615082
通用设备制造业	139	2563217	751895	2501357
专用设备制造业	206	4338664	1042048	4211494
交通运输设备制造业	77	4182363	888758	4066079
电气机械及器材制造业	101	1346544	318551	1332274
通信设备、计算机及其他电子设备制造业	26	320145	68490	292898
仪器仪表及文化、办公用机械制造业	23	167349	42683	165894
工艺品及其他制造业	15	398446	138396	381490
废弃资源和废旧材料回收加工业	1	5111	1633	5230
电力、热力的生产和供应业	24	3958442	417428	3950539
燃气生产和供应业	9	163263	47577	162951
水的生产和供应业	10	56123	26361	54998

8-9 各县(市)、区规模以上工业企业单位数

(2010 年底)

单位:个

县(市)区	合计	#国有及国有控股	#集体	#港澳台投资	#外商投资	轻工业	重工业	#大型	#中型
全市	**2720**	**131**	**92**	**62**	**83**	**661**	**2059**	**28**	**287**
中原区	72	15	1	2	3	17	55	3	14
二七区	125	11	2	1	4	42	83	1	13
管城区	33	8	5	3		15	18	2	7
金水区	53	8	3	5	6	35	18	1	6
上街区	95	[illegible]	2	1	2	4	91	3	7
惠济区	49	4	6	2	3	18	31	1	2
中牟县	247	[illegible]	4	1	6	120	127	1	17
巩义市	396	[illegible]	11	2	5	17	379	3	27
荥阳市	369	9	29	5	6	56	313	1	38
新密市	441	[illegible]	10	2	2	95	346		46
新郑市	321	5	7	8	13	149	172	2	32
登封市	272	4	8	4	3	18	254	6	52
经济开发区	94	13	2	14	15	32	62		7
高新开发区	148	19	2	12	15	43	105		18

8-10 各县(市)、区规模以上工业总产值

(2010 年)

单位:万元

县(市)区	合计	#国有及国有控股	#集体	#港澳台投资	#外商投资	轻工业	重工业	#大型	#中型
全市	**59137624**	**1193159[illegible]**	**1137825**	**1954664**	**4201611**	**11374820**	**47762804**	**13372563**	**17082668**
中原区	2984278	19409[illegible]	9277	192976	45294	143857	2840421	2173295	443533
二七区	1399633	347853	10329	1452	234261	488391	911242	157601	725563
管城区	2041708	4321[illegible]7	32584	53494		632666	1409042	1795642	179973
金水区	988445	1214[illegible]1	4376	5236	14990	819315	169130	490021	339260
上街区	2148162	10510[illegible]4	40718	2928	79702	32857	2115305	969009	201429
惠济区	693723	2085[illegible]4	52923	166455	78217	414353	279370	166455	210566
中牟县	4640157	10731[illegible]1	57273		1049561	1382866	3257291	1287359	648749
巩义市	10214677	487[illegible]49	17471	334720	1600112	337381	9877296	2111392	2785479
荥阳市	8094282	225[illegible]36	341609	153275	161982	1165310	6928972	192939	2197897
新密市	7174464	705[illegible]42	111822	29025	9803	1834755	5339709	603369	2142870
新郑市	7789052	2697[illegible]74	232904	465478	112202	3162013	4627039	1030887	2269917
登封市	7189476	1758[illegible]54	214740	247156	118278	264294	6925182	1865101	3040512
经济开发区	1225867	261[illegible]13	10961	137005	359164	282534	943333	33506	774120
高新开发区	2373065	390[illegible]97	839	165465	338046	414230	1958835	315352	1122801

注:本表按当年价格计算。

8-11 各县(市)、区规模以上工业销售产值

(2010 年)

县(市)区	合计	#国有及国有控股	#集体	#港澳台投资	#外商投资	轻工业	重工业	#大型	#中型
全 市	**58093160**	**11794005**	**1129578**	**1920828**	**3946658**	**11259140**	**46834020**	**13008225**	**16749787**
中原区	2887331	1889969	9277	192976	43900	140899	2746432	2112660	422664
二七区	1363799	344595	12445	1452	228385	469482	894317	156085	705445
管城区	2004310	477963	32830	51729		633296	1371014	1764982	171465
金水区	998696	128957	3431	5123	21568	834474	164222	487000	349463
上街区	2146735	1052639	47195	2928	79794	32383	2114352	970992	199262
惠济区	670703	190864	50493	167114	80428	414082	256621	167114	195981
中牟县	4600938	1069880	56835		1046010	1372448	3228490	1279960	641469
巩义市	9860631	486508	17180	329023	1377163	317060	9543571	1900202	2741310
荥阳市	8023853	226057	330490	142019	152400	1149449	6874404	192083	2173191
新密市	7132922	702758	112474	30383	9077	1824705	5308217	601897	2130056
新郑市	7698666	2655776	232760	441961	111728	3122192	4576474	1033361	2208584
登封市	7086807	1745337	213158	244123	114612	262504	6824303	1849710	3007567
经济开发区	1187029	260190	10173	136888	354958	275326	911703	31989	758417
高新开发区	2253460	385234	839	175110	326635	410841	1842619	282912	1044914

注:本表按当年价格计算。

8-12 各县(市)、区规模以上工业增加值

(2010 年)

单位:万元

县(市)区	合计	#国有及国有控股	#集体	#港澳台投资	#外商投资	轻工业	重工业	#大型	#中型
全 市	**15999364**	**2980753**	**306260**	**514750**	**919121**	**3532741**	**12466624**	**2457814**	**4900439**
中原区	725356	388729	3777	51673	20150	75521	649836	171282	347488
二七区	448257	98775	987	456	69081	143112	305146	68501	219100
管城区	658377	602119	12286	11234		364521	293856	279873	358487
金水区	271977	43433	4546	2649	96204	203294	68683	106010	49659
上街区	624050	192734	15505	1303	29531	14329	609721	133986	131559
惠济区	171655	8776	1239	39816	22797	96794	74861	39816	27437
中牟县	1000992	216533	3359		218436	308982	692010	208597	212811
巩义市	2588974	76221	100169	98879	215639	131086	2457889	256163	709224
荥阳市	2020094	27276	52671	29056	34511	284308	1735787	40112	477702
新密市	2299347	257275	35559	8361	3114	480921	1818426	244658	561758
新郑市	2178565	380063	28196	77971	41114	998605	1179961	139660	919461
登封市	2089503	538691	50764	56342	30850	43913	2045590	616588	591081
经济开发区	301354	43789		82071	46973	85539	215815		85567
高新开发区	574950	126606	261	76912	79639	108534	466416	18297	250015

注:本表按当年价格计算。

8-13 历年主要工业产品产量

产品名称	计量单位	1978 年	1980 年	1985 年	1990 年	1995 年	2000 年	2005 年	2010 年
原煤	万吨	863	897	1352	1628	2220	1830	6217	5963
配混合饲料	吨		5319	33381	53277	65580	215885	651306	1481061
方便面	吨						68514	204948	444810
啤酒	千升			6685	69301	141565	381084	415622	560364
软饮料	吨		1590	13624	16084	44677	63745	254923	2166474
卷烟	万支	24301[illegible]5	3504465	4431545	4560685	4763115	4286600	4083850	5723744
纱	吨	766[illegible]5	85174	79366	88264	88391	69194	83531	40975
布	万米	418[illegible]6	44804	38904	40510	40981	23391	24647	81715
印染布	万米	150[illegible]6	19188	13210	8758	20321	14620	23949	62277
服装	万件		1529	1730	2260	1619	1132	2974	10950
人造板	立方米		1548	5622	3788	196849	51276	104698	155128
家具	件		232101	659500	721200	494176	99407	71838	1966255
机制纸机制纸板	吨	26[illegible]40	36380	92237	67370	353613	923175	1834159	2601669
硫酸	吨	5[illegible]39	8939	13321	28207	133400	93872	89962	171219
盐酸	吨		16129	31573	43597	64340	81140	97750	10743
烧碱	吨	14[illegible]18	19665	26157	39702	90905	98771	106890	
纯碱	吨	1[illegible]41		11059	25057	94300	88799	281734	
化学农药	吨			435	768	1976	2684	5016	14048
中成药	吨	[illegible]22	895	1851	1322	1763	3276	3972	3941
化学肥料	吨	89[illegible]75	37836	34013	79752	117152	156862	138056	83456
塑料制品	吨			15210	18997	55574	58394	75224	1126294
水泥	万吨	38	55	119	227	737	932	1538	2096
工业陶瓷	万件							8844	47209
日用玻璃制品	吨		17049	32002	26344	72692	21017	6005	36100
磨具	吨	1[illegible]426	15525	18006	19329	41958	52096	48011	93988
粗钢	吨	2[illegible]755	37114	44666	59252	129927	16368	98261	173311
成品钢材	吨		19087	44666	74061	154566	140913	1596871	3770185
原铝(电解铝)	吨	1[illegible]636	28975	33796	40282	59323	157612	492674	583932
氧化铝	吨	40[illegible]200	406000	533000	600630	665680	965904	1713791	2217922
阀门	吨		584	1669	9717	38565	31939	98544	799041
小型拖拉机	台	3623	13954	34090	59661	41916	15048	3732	3569
汽车	辆	695	1577	1625	1043	16187	7689	35855	225196
变压器	千伏安	540660	368803	624600	501100	941719	1698622	1262716	2473135
电力电缆	千米	2513	3533	6318	7853	5732	7801	5758	83450
发电量	万千瓦小时	1[illegible]3304	110609	106411	183327	656946	851185	2045602	2927631
供热量	万百万千焦		451	468	464	1901	2862	3355	2851
自来水生产量	万吨		13127	17570	19435	30119	26079	24936	29368

注:2010 年卷烟产量含河南中烟二业有限责任公司,郑州地区卷烟产量为 5723744 万支。

8-14　各县(市)、区

(2010年)

产品名称	单位	全市	市直	中原区	二七区	管城区	金水区	上街区
原煤	吨	59630148	21844450					
小麦粉	吨	1679633			8824	165452	526300	
饲料	吨	1481061			56230	99883	63439	
精制食用植物油	吨	352539						
速冻米面食品	吨	1005700			24333		409912	
方便面	吨	444810			83147	4775	181048	
饮料酒	千升	571601				278591	99543	
白酒	千升	7894						
啤酒	千升	560364				278591	99543	
软饮料	吨	2166474			572082			
卷烟	万支	5723744			2924589			
纱	吨	40975		4055				
布	万米	81715		1132				
印染布	万米	62277		12152				
服装	万件	10950		502	109	7	647	
人造板	立方米	155128					21905	
家具	件	1966255		40259	8930	35429		
机制纸及机制纸板	吨	2601669						
润滑油	吨	60958			1345			
硫酸(折100%)	吨	171219						
盐酸(含量31%以上)	吨	10743						
合成氨	吨	217810	65998					
农用氮、磷、钾化学肥料总计	吨	83456	50847					
氮肥(折含N100%)	吨	77836	50847					
磷肥(折合P205100%)	吨	5620						
化学农药　原药	吨	14048				2990		
涂料	吨	35649			2270			
中成药	吨	3941			220			
化学纤维	吨	33222						
塑料制品	吨	1126294		12339	2641	88	1480	148

主要工业产品产量

惠济区	中牟县	巩义市	荥阳市	新密市	新郑市	登封市	经济开发区	高新开发区
		424206[illegible]	573262	9836273	982214	22151882		
	91277		374782	80539	312868	119591		
262991	353468				185622		251962	207466
	23741		70910		257888			
328066	27250				214082		2057	
				11442	164398			
	7294	20158	40718	2178	123119			
	4836		880	2178				
		20158	38953		123119			
	234622	207528	223389		264050	258421		406382
					2924589			
	2077				22386		12457	
			80263					320
2935	5910		38411					2869
	1128	145	2374	4884	907			246
	85863		19682			27678		
	1878580	3057						
	120714		39835	2441120				
								59613
		39516	120594	11109				
			10743					
			58189		93623			
		5620	26989					
			26989					
		5620						
	11058							
4070	7062		12368				9877	
	6		698		157			2860
	17346	2437			12397			1042
11110	1005891	2006	6682		49403		7286	27220

8-14 续表 (2010 年)

产品名称	单位	全市	市直	中原区	二七区	管城区	金水区	上街区
水泥	万吨	2096	142					79
卫生陶瓷制品	万件	165						
工业陶瓷	万件	47209						
耐火材料制品	吨	18076813			108521			
磨具	吨	93988		27171	1767			
粗钢	吨	173311	13841		159470			
钢材	吨	3770185		215024	449742			
焊接钢管	吨	436066		104673	46245			
铁合金	吨	590086						
原铝(电解铝)	吨	583932						
铝材	吨	1927813		42450	944			
氧化铝	吨	2217922						1792400
工业锅炉	蒸发量吨	3448			5			
泵	台	207557				173		21414
阀门	吨	799041				2		171690
采矿专用设备	吨	637185	359492		63			
水泥专用设备	吨	2140					1923	
小型拖拉机	台	3569					2768	
汽车	辆	225196				40653		
载货汽车	辆	53726						
客车	辆	129878				40653		
改装汽车	辆	17799				1241		
变压器	千伏安	2473135		407670				
电力电缆	公里	83450			35925		157	
通信及电子网络用电缆	公里	571896					35015	
电线	公里	1381554					913	224499
发电量	万千瓦小时	2927631	42087	595842				91657
供电量	万千瓦小时	5354164	3656817					
供热量	万百万千焦	2851		731	531			1067
自来水生产量	万立方米	29368		24976				

惠济区	中牟县	巩义市	荥阳市	新密市	新郑市	登封市	经济 开发区	高新 开发区
	180	517	319	139	102	618		
			7		158			
		15735	31275					149
		7773134	1816	8825601		1367691		
4453		47830	12138				92	537
138655	419338	293158	382406		1804385	7342		60134
132550					137714			14884
		285757				304309		
		403013	31343			149576		
		1448846	109114			107872		218587
						425522		
								3443
		1990	183190					790
			625826					1523
		2095	141998	1973		1380		130184
		217						
801								
	140925		2026				41592	
	53726							
	87199		2026					
	3412		10300		2846			
	397726			206568	742629		411300	307242
		3125					2791	41452
		126126	410755					
		1033473						117669
	53278	672355	14461	320103		776438		361410
	81571	302271	213753	168448	208600	722705		
	59		40			121		303
	684	724	478	1062	525	444	476	

8-15 规模以上工业企业全员劳动生产率

（2010 年）

单位:元/人·年

项目	合计	#国有及国有控股	#集体	#港澳台投资	#外商投资
全市	**234525**	**155637**	**236980**	**144256**	**314735**
按企业规模分					
大型企业	115141	132373		40219	520462
中型企业	237499	242771	146646	395721	133376
小型企业	329302	135008	288713	185526	384697
按轻重工业分					
轻工业	237129	246849	133334	150230	315135
以农产品为原料	247302	325327	168091	176861	299837
以非农产品为原	201034	52246	74269	91212	412181
重工业	233798	138266	296470	141261	314560
采掘工业	133655	98390	218161		
原料工业	242495	108506	170832	283253	243711
加工工业	282913	279716	349304	101375	400356

8-16 各县（市）、区规模以上工业企业全员劳动生产率

（2010 年）

单位:元/人·年

县（市）区	合计	#国有及国有控股	#集体	#港澳台投资	#外商投资	轻工业	重工业	大型	中型	小型
全市	**234525**	**155637**	**236980**	**144256**	**314735**	**237129**	**233798**	**115141**	**237499**	**329302**
中原区	208131	216177	157392	236489	248453	80094	255619	104836	274001	354290
二七区	224443	156092	18450	41491	315296	193446	242680	183550	282309	189475
管城区	412621	460391	157114	344613		584169	302446	272409	896442	118939
金水区	173212	86245	109537	103473	616689	182934	149669	166263	86938	321827
上街区	215531	99661	98506	160864	440103	301655	214095	73120	366766	509023
惠济区	160156	34280	12821	139705	121065	144189	186919	139705	74617	249111
中牟县	214557	493579	81932		658933	200131	221692	189427	273536	208020
巩义市	324453	43366	488389	796128	220874	450002	319696	116454	304519	470496
荥阳市	323873	62559	154462	352621	527694	240267	343448	192291	238470	373191
新密市	211972	85853	290511	244465	91317	205812	213664	86629	173989	311384
新郑市	293346	139544	72204	192425	222237	284844	300949	94942	479936	277104
登封市	191411	160039	263299	261569	315112	196567	191304	138084	131112	453898
经济开发区	99710	226887		48632	143386	160788	86662		99555	301042
高新开发区	166358	194928	52280	175397	262401	94806	201798	23261	196970	218996

8-17 规模以上工业企业分行业全员劳动生产率

（2010 年）

单位：元/人·年

行　业	合计	#国有及国有控股	#集体	#港澳台投　资	#外商投资
全　市	**234525**	**155637**	**236980**	**144256**	**314735**
煤炭开采和洗选业	122805	95850	190484		
黑色金属矿采选业	649234	227573			
有色金属矿采选业	198205	112789			
非金属矿采选业	464531		266989		
农副食品加工业	290002	8177	191824	301585	586332
食品制造业	191872	29078		172126	430611
饮料制造业	183186		132856	143345	321824
烟草制品业	1121721	1208061	360198		
纺织业	123180	31108		85798	192552
纺织服装、鞋、帽制造业	115447		57339	24944	334130
皮革、毛皮、羽毛(绒)及其制品业	115024				69092
木材加工及木、竹、藤、棕、草制品业	208580				38079
家具制造业	260343				
造纸及纸制品业	250652		194386	254125	
印刷业和记录媒介的复制	146088	52969	33184	76110	320418
文教体育用品制造业	244678				
石油加工、炼焦及核燃料加工业	425208	612289	23803		
化学原料及化学制品制造业	269886	31575	21786	45761	184122
医药制造业	237137	57869	130996		372869
化学纤维制造业	282482			48839	
橡胶制品业	213062				276667
塑料制品业	242613	113262	316099	267504	254135
非金属矿物制品业	330958	112442	713276	421098	358875
黑色金属冶炼及压延加工业	459397	20065		430619	181028
有色金属冶炼及压延加工业	232768	122689		343111	200703
金属制品业	209299	102168	27419		83922
通用设备制造业	334384	130644	376803		94611
专用设备制造业	268645	167141	184143	397769	185290
交通运输设备制造业	269697	610121	32137	10594	563017
电气机械及器材制造业	247880	36060	527863	21668	
通信设备、计算机及其他电子设备制造业	35408	140896	620092	5697	11874
仪器仪表及文化、办公用机械制造业	102260	18406		187564	
工艺品及其他制造业	375564				
废弃资源和废旧材料回收加工业	408150				
电力、热力的生产和供应业	148821	107070		211311	287531
燃气生产和供应业	219550	184989			
水的生产和供应业	46889	53123			100217

8-18 规模以上工业

（2010年）

指　　标	合　计	#国有及国有控股	#集体
企业单位数(个)	2720	131	92
#亏损企业	167	13	4
资产总计	38987699	13448640	574045
应收帐款	3587908	835349	84386
存货	3802437	1537073	64649
#产成品	1188775	316556	28744
负债合计	21348982	8974421	275602
主营业务收入	59423126	12611971	1120946
#主营业务成本	47972218	10436815	886587
营业费用	1660663	225288	32563
主营业务税金及附加	813932	521674	7176
管理费用	1688950	627984	29506
财务费用	539267	172989	5656
#利息支出	482258	163733	5054
利润总额	7154753	716020	166663
亏损企业亏损额	219580	95281	1093
利税总额	10580780	1783992	226626
本年应交增值税	2612095	546298	52788
平均从业人数(人)	682203	191520	16300

企业主要经济指标

单位:万元

#股份制工业	#外商及港澳台投资	按轻重工业分 轻工业	重工业	按企业规模分 大型企业	中型企业	小型企业
1793	145	661	2059	28	287	2405
110	31	53	114	6	31	130
21585046	5563742	5917465	33070234	14936335	11761447	12289917
2447677	438321	528959	3058948	1001449	1248227	1338232
2359944	610939	987627	2814810	1700701	1033505	1068231
774489	151971	251244	937531	350032	355193	483550
10899276	3737091	2808672	18540310	10048781	6652916	4647285
34771693	5689574	11383053	48040073	13748945	17162445	28511735
27536923	4735073	8852448	39119770	11180069	14181821	22610328
1068003	242857	394344	1266319	392504	478980	789179
637732	49669	463505	350427	506976	116808	190147
975530	173753	302839	1386112	643728	478923	566300
246198	106195	60892	478375	231078	155276	152913
207503	98411	54704	427554	220510	137208	124540
4643499	394441	1391639	5763115	891104	1979864	4283785
147980	37778	28093	191487	80482	70541	68557
6888529	625043	2415022	8165758	1956187	2784032	5840561
1607297	180932	559879	2052216	558106	687359	1366630
393176	64886	148980	533223	213461	206335	262407

8-19 规模以上工业企业

（2010 年）

项　　目	企业单位数（个）	资产总计	应收帐款	存货	#产成品
总　　计	**2720**	**38987699**	**3587908**	**3802437**	**1188775**
按轻重工业分					
轻工业	661	5917465	528959	987627	251244
以农产品为原料	493	4764890	428511	880432	203256
以非农产品为原料	168	1152575	100449	107196	47988
重工业	2059	33070234	3058948	2814810	937531
采掘工业	232	5703246	239010	348336	87441
原料工业	356	11863844	651285	880398	189954
加工工业	1471	15503144	2168654	1586075	660135
按企业规模分					
大型企业	28	14936335	1001449	1700701	350032
中型企业	287	11761447	1248227	1033505	355193
小型企业	2405	12289917	1338232	1068231	483550
按行业分					
煤炭开采和洗选业	189	5099123	211550	256137	68120
黑色金属矿采选业	5	11528	553	747	747
有色金属矿采选业	13	237554	5148	83737	14851
非金属矿采选业	16	123006	6673	4803	3712
农副食品加工业	98	620725	34585	86629	40174
食品制造业	84	1339564	174068	222491	64648
饮料制造业	28	291609	24781	48393	15097
烟草制品业	3	703066	44613	327301	2293
纺织业	37	400849	15683	35686	15806
纺织服装、鞋、帽制造业	55	222182	22415	25277	10305

分行业主要经济指标

单位:万元

负债合计	主营业务收　　入	营业费用	主营业务税金及附加	利润总额	利税总额	全部从业人员平均人数(人)
21348982	**59423126**	**1660663**	**813932**	**7154753**	**10580780**	**682203**
2808672	11383053	394344	463505	1391639	2415022	148980
2014319	116221	2237362	9312223	319301	453554	1102488
400704	32759	571310	2070830	75042	9950	289151
8165758	533223	18540310	48040073	1266319	350427	5763115
1356870	146286	3017666	5132591	74912	64785	954094
1202558	107748	8444574	13914456	151667	43731	760839
5606329	279189	7078071	28993026	1039740	241911	4048181
10048781	13748945	392504	506976	891104	1956187	213461
2784032	206335	6652916	17162445	478980	116808	1979864
5840561	262407	4647285	28511735	789179	190147	4283785
2771082	4158129	61155	54922	764010	1104532	136795
11026	171	904	29561	341	102	9796
118934	346357	2060	5170	52995	81051	4344
20624	393656	4230	2876	95595	122164	2809
278077	1871674	30665	5857	193461	250330	14562
685580	2091562	113023	5302	225167	307659	28672
161125	635883	59695	13836	65956	109009	9961
343462	932604	20932	413964	89590	609312	6059
263170	408533	7632	1984	43523	61577	9655
89889	667237	15097	1808	71860	102503	16023

项　　目	企　业单位数（个）	资产总计	应收帐款	存货	#产成品
皮革、毛皮、羽毛（绒）及其制品业	7	21091	1601	11114	6816
木材加工及木、竹、藤、棕、草制品业	22	76540	10905	10655	4695
家具制造业	27	86736	10616	8778	4353
造纸及纸制品业	92	567410	47764	63345	31665
印刷业和记录媒介的复制	56	379066	40596	42210	14564
文教体育用品制造业	6	13084	1283	2190	892
石油加工、炼焦及核燃料加工业	7	51824	3441	16560	2869
化学原料及化学制品制造业	154	817953	79715	89939	48692
医药制造业	56	493646	44528	61109	23178
化学纤维制造业	4	28726	1690	6368	4010
橡胶制品业	18	62058	7481	4055	2593
塑料制品业	60	274799	32664	19787	6661
非金属矿物制品业	800	5980625	762499	386047	208379
黑色金属冶炼及压延加工业	61	904356	93881	102612	37931
有色金属冶炼及压延加工业	105	4603802	236066	526428	95816
金属制品业	86	894282	134230	114404	44525
通用设备制造业	139	997655	154825	113005	58080
专用设备制造业	206	2536947	340219	356322	137437
交通运输设备制造业	77	3890720	521972	423571	140158
电气机械及器材制造业	101	800457	139656	100151	43104
通信设备、计算机及其他电子设备制造业	26	733578	97363	73554	13992
仪器仪表及文化、办公用机械制造业	23	230630	66787	29270	8343
工艺品及其他制造业	15	84523	10397	9082	4645
废弃资源和废旧材料回收加工业	1	1740	182	21	21
电力、热力的生产和供应业	24	4933994	186933	137114	9575
燃气生产和供应业	9	232035	15087	2912	12
水的生产和供应业	10	240216	5462	632	16

单位:万元

负债合计	主营业务收入	营业费用	主营业务税金及附加	利润总额	利税总额	全部从业人员平均人数(人)
12417	35681	861	93	9047	10198	912
19523	259236	5306	1346	41103	53842	3294
26685	269837	5246	2004	45498	59606	3027
196185	1799418	45369	5856	296540	405655	18560
136883	521727	8673	2411	57491	87592	9711
4876	45187	455	221	6858	9176	490
35764	147052	3506	800	13865	19906	1128
355387	2049467	42495	12015	262417	371595	19991
235940	850745	26924	4101	129032	173033	11752
17877	56475	141	96	9028	10368	556
25241	249644	2753	1205	30686	42285	2433
115662	616542	10986	3721	91533	134216	7542
2247649	14784147	556431	127892	2382996	3280537	137179
613062	1727085	23711	8340	146387	213014	11720
3174844	5518319	56869	9546	293443	466299	39388
463110	1582309	30759	8064	193023	265020	15309
405580	2516381	53548	15801	336854	463644	22486
1098764	4219517	151147	27438	566177	771655	38789
2277691	4186968	194764	56598	393159	573242	32954
344743	1333726	27557	4730	141668	190298	12851
469255	313837	19985	1905	37344	52567	19343
103226	163317	13400	1066	35532	45926	4174
31931	400004	39017	1594	61911	83798	3685
2	5111	989	66	869	999	40
3950295	3976947	13411	9189	-57242	9509	28049
106122	204888	7126	1716	31699	38098	2167
147424	54312	4406	300	-14116	-10459	5622

8-20 国有及国有控股

（2010 年）

项目	企业单位数（个）	资产总计	应收帐款	存货	#产成品
总　计	**131**	**13448640**	**835349**	**1537073**	**316556**
按轻重工业分					
轻工业	31	1903856	103213	458115	30054
以农产品为原料	21	1579657	86548	443739	23498
以非农产品为原料	10	324199	16665	14375	6556
重工业	100	11544784	732136	1078959	286503
采掘工业	18	3526218	72140	311216	68525
原料工业	22	5051756	210010	281016	55378
加工工业	60	2966810	449986	486727	162600
按企业规模分					
大型企业	16	9895068	463879	1134480	198330
中型企业	36	2581954	260009	270360	90610
小型企业	79	971619	111461	132233	27616
按行业分					
煤炭开采和洗选业	14	3184950	57895	226391	54527
黑色金属矿采选业	1	1988	375	371	371
有色金属矿采选业	1	148901		81940	13615
非金属矿采选业	1	2743	11	14	13
农副食品加工业	3	117044	6154	10957	3564
食品制造业	1	250483	15858	53232	1473
饮料制造业	2	19681	1313	1843	623
烟草制品业	4	694872	43263	325086	734
纺织业	1	208231	3938	17920	9413
造纸及纸制品业	1	38074	2346	4234	1958
印刷业和记录媒介的复制	10	137999	6864	18829	4175

工业企业主要经济指标

单位：万元

负债合计	主营业务收入	营业费用	主营业务税金及附加	利润总额	利税总额	全部从业人员平均人数(人)
8974421	**12611971**	**225288**	**521674**	**716020**	**1783992**	**191520**
2214943	53220	418894	225482	806015	30639	1039541
857957	1934844	43236	417559	208443	770089	21834
181584	280098	9985	1335	17039	35927	8805
7934880	10397029	172067	102780	490538	977976	160881
2252789	2627043	24871	37606	242916	454309	82823
3916672	5005608	32840	15270	4862	121088	45200
1765419	2764377	114356	49904	242761	402579	32858
8348739	152634	490594	397439	1279074	134540	6691341
1651320	2698252	49462	22242	159167	254245	39951
631760	1564980	23191	8838	159414	250673	17029
2321119	17726	34557	217493	410371	78173	2088967
294	7415	231	13	1225	1370	96
76403	141082		1404	-3144	9545	2684
87	2972	291	18	357	523	78
48459	389168	3850	1182	37473	50362	2592
212645	192508	8843	445	39642	45574	4483
11642	31658	3416	104	148	1642	1017
337094	919475	20932	413885	88984	607889	5442
165124	67725	1009	85	2259	3187	2804
10365	134190	435	538	21633	28051	807
25539	184798	2046	1123	18758	31903	3703

项　　目	企业单位数(个)	资产总计	应收帐款	存货	#产成品
石油加工、炼焦及核燃料加工业	2	29072	2040	15667	2472
化学原料及化学制品制造业	3	141385	7239	18616	10638
医药制造业	2	172363	14348	23889	7470
塑料制品业	2	6421	1158	478	189
非金属矿物制品业	13	430373	42101	52518	12437
黑色金属冶炼及压延加工业	1	304530	41365	19397	13010
有色金属冶炼及压延加工业	4	1062493	49557	116645	24021
金属制品业	2	57293	8282	6384	1623
通用设备制造业	8	129373	32942	20712	11563
专用设备制造业	13	1226317	195912	206060	68611
交通运输设备制造业	13	1118811	143452	169917	49761
电气机械及器材制造业	5	80680	17909	12861	7703
通信设备、计算机及其他电子设备制造业	3	33557	5613	8414	4130
仪器仪表及文化、办公用机械制造业	1	31269	4740	8282	2890
电力、热力的生产和供应业	13	3422738	113997	113365	9575
燃气生产和供应业	1	187636	13858	2501	
水的生产和供应业	6	209364	2819	553	

单位:万元

负债合计	主营业务收入	营业费用	主营业务税金及附加	利润总额	利税总额	全部从业人员平均人数(人)
22332	67887	3185	419	1980	3814	363
97964	187242	3082	873	15841	25945	2358
75444	131390	7304	607	14673	22816	3586
1516	32302	80	65	4186	6619	366
228340	384374	11366	2963	31699	51917	10170
212868	559372	1815	1642	35014	54423	2202
893226	611671	13132	2695	-57650	-29810	13207
34548	80114	1418	614	10723	13330	965
71388	193930	3131	969	15967	22974	2239
622410	688255	19400	3742	104156	142137	10395
770798	1359623	75104	42253	67086	154166	9928
46737	94666	1778	422	11392	16723	1583
14267	18829	1420	143	3390	5309	703
17096	12607	710	2	1923	1944	710
2665024	3601580	12869	9044	19486	81421	24449
87039	154456	6624	1615	26984	32500	1792
136805	41565	4093	254	-15658	-12652	4625

8-21 各县(市)、区规模以上工业企业主要经济指标

(2010 年)

单位:万元

县(市)区	企业单位数(个)	资产总计	应收帐款	存货	#产成品	负债合计
全市	**2720**	**38987699**	**3587908**	**3802437**	**1188775**	**21348982**
中原区	72	3166046	296588	252041	104667	2128791
二七区	125	1317986	139403	145365	49068	835152
管城区	33	1263835	173465	333155	82791	749258
金水区	53	660553	120647	135998	60205	378471
上街区	95	1871395	112085	248067	58315	1343486
惠济区	49	470860	103043	70622	12531	282428
中牟县	247	2341309	210674	250023	80424	1282516
巩义市	396	5584916	345059	547813	159610	3257606
荥阳市	369	3243851	180670	276056	157390	1115549
新密市	441	4972945	230316	271164	107736	2340714
新郑市	321	3674280	261650	448467	108384	1676059
登封市	272	5103290	631337	244001	59148	2806254
经济开发区	94	1612213	214656	172752	38658	1018756
高新开发区	148	3358703	552867	375714	101224	1911520

8-21 续表

(2010 年)

单位:万元

县(市)区	主营业务收入	营业费用	主营业务税金及附加	利润总额	利税总额	全部从业人员平均人数
全市	**59423126**	**1660663**	**813932**	**7154753**	**10580780**	**682203**
中原区	2939231	60164	11207	155889	228182	35253
二七区	1378679	43745	4138	76370	104294	23288
管城区	2047864	91321	217501	151160	464417	15956
金水区	1011895	69185	2771	24307	43109	15702
上街区	2197569	39779	16377	-2584	104005	28954
惠济区	637830	23649	1181	21808	33215	10718
中牟县	4543851	129722	46790	535648	773669	46654
巩义市	9803636	366856	50278	969379	1478488	79795
荥阳市	8141419	124615	48378	1203922	1582274	62373
新密市	7726266	216334	40438	1318095	1794901	108474
新郑市	7757187	144726	255319	1105565	1867599	74266
登封市	7315607	174994	92021	1193848	1558366	109163
经济开发区	1222517	45944	15194	143225	184975	30223
高新开发区	2442079	127091	8904	241654	328182	34561

8-22 各县(市)、区国有及国有控股工业企业主要经济指标

(2010 年)

单位:万元

县(市)区	企业单位数(个)	资产总计	应收帐款	存货	#产成品	负债合计
全市	**131**	**13448640**	**835349**	**1537073**	**316556**	**8974421**
中原区	15	2300623	181460	134389	57320	1486960
二七区	11	725010	53239	42446	6233	517558
管城区	8	410512	30722	178385	14411	224305
金水区	8	209624	16945	43276	12950	99178
上街区	8	1531497	52431	205450	39871	1175024
惠济区	4	112548	28561	18929	2002	78505
中牟县	6	788678	47899	130166	35898	551645
巩义市	7	685069	34225	11616	5661	440029
荥阳市	9	129459	11356	18211	14204	74870
新密市	8	1307774	20356	105578	23272	902285
新郑市	6	1760363	125560	324824	51159	1095113
登封市	4	2230019	85995	154971	23995	1466485
经济开发区	13	242253	49464	45497		172780
高新开发区	19	669694	81689	92136	20957	467262

8-22 续表

(2010 年)

单位:万元

县(市)区	主营业务收入	营业费用	主营业务税金及附加	利润总额	利税总额	全部从业人员
全市	**12611971**	**225288**	**521674**	**716020**	**1783992**	**191520**
中原区	1921070	24886	8699	111266	156223	18384
二七区	393699	2821	2563	14601	27170	9644
管城区	482267	12324	202273	42702	297244	4123
金水区	133386	7480	538	819	6490	5036
上街区	1118403	14746	6602	-59241	-14005	19339
惠济区	179782	3471	406	5887	8149	2560
中牟县	971358	65553	28587	15339	77652	4387
巩义市	521831	10262	2745	68461	99931	17576
荥阳市	288297	3849	1080	15820	26107	4360
新密市	1059451	7776	14100	41822	115453	29967
新郑市	2705756	37028	221564	279127	648275	27236
登封市	1921128	14411	12999	118422	214191	33660
经济开发区	243651	6457	13376	38680	59785	1930
高新开发区	414396	11687	2707	5850	26223	6495

8-23 规模以上集体工业

（2010 年）

项 目	企业单位数（个）	资产总计	应收帐款	存货	#产成品
总 计	**92**	**574045**	**103148**	**64649**	**28744**
按轻重工业分					
轻工业	19	137923	15713	17136	7028
以农产品为原料	16	69451	6467	9895	3280
以非农产品为原料	3	68472	9246	7242	3748
重工业	73	436122	87435	47513	21716
采掘工业	17	27640	2690	3138	2007
原材料工业	7	71590	16987	7860	1452
加工工业	49	336892	67758	36515	18258
按企业规模分					
中型企业	10	208000	53082	22093	10505
小型企业	82	366045	50066	42556	18239
按行业分					
煤炭开采和洗选业	16	18492	734	1397	1135
非金属矿采选业	1	9148	1956	1741	872
农副食品加工业	3	11106	559	2170	549
饮料制造业	2	7388	290	1649	201
烟草制品业	1	8195	1349	2216	1559
纺织业	1	1179	10	490	47
纺织服装、鞋、帽制造业	1	1310	311	86	81

企业主要经济指标

单位：万元

负债合计	主营业务收　　入	营业费用	主营业务税金及附加	利润总额	利税总额	全部从业人员平均人数（人）
275602	**1120946**	**32563**	**7176**	**166663**	**226626**	**16300**
70198	342414	9332	1125	51200	67421	5944
29912	216944	7647	631	30375	41260	3742
40287	125470	1685	494	20825	26161	2202
205404	778532	23231	6050	115463	159205	10356
12372	41877	1757	603	6748	10493	774
34065	104909	6681	380	17326	23280	2497
158968	631746	14793	5067	91389	125432	7085
106576	398612	13028	2973	55050	73714	7269
169026	722334	19535	4202	111613	152912	9031
2215	4518	494	8304	19210	170	521
4068	22667	1587	82	4533	5975	280
2977	40926	355	82	2392	3021	529
6420	21753	1623	40	2407	5412	306
6368	13129		79	607	1423	617
794	530		1	1	14	60
833	15807	184	16	159	192	729

项目	企业单位数（个）	资产总计	应收帐款	存货	#产成品
造纸及纸制品业	4	28756	1602	1625	561
印刷业和记录媒介的复制	6	31959	5774	5945	3488
石油加工、炼焦及核燃料加工业	1	611	371	53	
化学原料及化学制品制造业	5	49597	7881	8076	4319
医药制造业	1	41115	4884	2362	253
塑料制品业	4	25881	1448	546	146
非金属矿物制品业	20	144083	39034	6539	2809
金属制品业	6	49298	7565	1675	714
通用设备制造业	8	53761	5774	10268	2856
专用设备制造业	4	17166	3111	2413	1250
交通运输设备制造业	2	30672	8504	5535	3375
电气机械及器材制造业	4	38234	11618	8934	4120
通信设备、计算机及其他电子设备制造业	1	3483	364	933	409
水的生产和供应业	1	2614	8		

单位:万元

负债合计	主营业务收　　入	营业费用	主营业务税金及附加	利润总额	利税总额	全部从业人员平均人数(人)
6787	99732	5105	301	21406	26592	993
12129	56390	477	316	7764	11070	1263
254	1449	8	13	16	29	152
39488	48876	1790	127	2820	4651	2846
32581	70789	1224	177	12545	14491	1156
2172	47865	660	386	7946	12110	474
55538	240874	8705	2431	50506	63001	2297
27807	92565	310	517	12681	17679	690
13649	180969	3622	1173	25629	35922	1343
9246	55738	4194	295	5660	8726	707
17428	39257	1225	555	4923	7556	795
27281	43354	1153	58	1852	3592	351
815	8450	173	2	637	649	65
664	617		4	-35	7	153

8-24 各县(市)、区规模以上集体工业企业主要经济指标

(2010 年)　　单位:万元

县(市)区	企业单位数(个)	资产总计	应收帐款	存货	#产成品	负债合计
全市	**92**	**574045**	**103148**	**64649**	**28744**	**275602**
中原区	1	4633	288	1448		6370
二七区	2	23419	5623	5167	3231	13692
管城区	5	33271	4366	6500	2950	19337
金水区	3	1392	518	244	59	1018
上街区	2	41590	16746	9376	3940	31356
惠济区	6	20934	3915	3997	716	11619
中牟县	4	11556	2042	1543	792	1264
巩义市	11	13313	1436	709	442	8431
荥阳市	29	124794	9661	13477	4325	50914
新密市	10	47145	2093	2555	1228	7646
新郑市	7	126411	12998	10900	7388	68433
登封市	8	117248	42293	6828	2819	52450
经济开发区	2	6801	779	1451	807	872
高新开发区	2	1539	390	455	49	2202

8-24　续表　　(2010 年)　　单位:万元

县(市)区	主营业务收入	营业费用	主营业务税金及附加	利润总额	利税总额	全部从业人员
全市	**1120946**	**32563**	**7176**	**166663**	**226626**	**16300**
中原区	9100	1616	32	−223	145	240
二七区	11130	600	80	71	801	535
管城区	34812	119	195	4151	6157	782
金水区	3432	5	25	34	247	415
上街区	46189	1529	112	1604	3642	1574
惠济区	44495	391	105	491	1106	966
中牟县	56835	881	240	10220	15220	410
巩义市	17247	355	395	2740	4436	673
荥阳市	330005	8175	1618	49386	65250	3410
新密市	115721	8443	239	20119	25563	1224
新郑市	227594	2158	1434	30271	44728	3905
登封市	213377	8104	2685	47054	58437	1928
经济开发区	10171	173	15	757	900	188
高新开发区	839	14	1	−12	−4	50

8-25　规模以上工业企业主要经济效益指标

（2010 年）

单位：%

项　　目	总资产贡献率	成本费用利润率	资　产负债率	产　品销售率
总　　计	**28.38**	**13.80**	**54.76**	**98.23**
按轻重工业分				
轻工业	41.74	14.48	47.46	98.98
以农产品为原料	43.16	14.07	46.96	98.92
以非农产品为原料	35.85	16.29	49.57	99.28
重工业	25.99	13.64	56.06	98.06
采掘工业	24.69	23.45	52.91	99.32
原材料工业	12.24	5.76	71.18	97.74
加工工业	36.98	16.21	45.66	98.02
按企业规模分				
大型企业	14.57	7.16	67.28	97.28
中型企业	24.84	12.94	56.57	98.05
小型企业	48.54	17.76	37.81	98.79
按行业分				
煤炭开采和洗选业	22.60	23.18	54.34	99.31
黑色金属矿采选业	100.79	49.82	7.84	98.62
有色金属矿采选业	34.98	18.40	50.07	99.55
非金属矿采选业	100.19	32.36	16.77	99.10
农副食品加工业	41.37	11.50	44.80	98.71
食品制造业	23.85	11.86	51.18	98.99
饮料制造业	38.30	11.87	55.25	99.52
烟草制品业	87.41	20.50	48.85	100.36
纺织业	16.79	11.62	65.65	97.28
纺织服装、鞋、帽制造业	47.04	11.95	40.46	98.46
皮革、毛皮、羽毛(绒)及其制品业	48.50	33.21	58.87	88.10
木材加工及木、竹、藤、棕、草制品业	71.37	19.04	25.51	99.07
家具制造业	69.68	20.59	30.77	99.76
造纸及纸制品业	71.97	19.77	34.58	99.38
印刷业和记录媒介的复制	23.81	12.34	36.11	102.06
文教体育用品制造业	70.59	17.89	37.26	99.71
石油加工、炼焦及核燃料加工业	39.97	10.53	69.01	100.52
化学原料及化学制品制造业	46.32	14.82	43.45	100.24
医药制造业	36.13	17.94	47.80	97.65
化学纤维制造业	36.39	19.07	62.23	100.01
橡胶制品业	68.78	14.13	40.67	97.83
塑料制品业	49.61	17.50	42.09	99.73
非金属矿物制品业	56.21	19.29	37.58	98.60
黑色金属冶炼及压延加工业	24.54	9.25	67.79	98.72
有色金属冶炼及压延加工业	12.16	5.60	68.96	94.95
金属制品业	30.65	13.65	51.79	98.60
通用设备制造业	47.29	15.46	40.65	97.59
专用设备制造业	30.88	15.41	43.31	97.07
交通运输设备制造业	15.11	10.26	58.54	97.22
电气机械及器材制造业	24.34	11.89	43.07	98.94
通信设备、计算机及其他电子设备制造业	7.85	13.30	63.97	91.49
仪器仪表及文化、办公用机械制造业	20.87	26.39	44.76	99.13
工艺品及其他制造业	101.03	18.53	37.78	95.74
废弃资源和废旧材料回收加工业	58.41	20.80	0.13	102.33
电力、热力的生产和供应业	2.79	-1.41	80.06	99.80
燃气生产和供应业	16.34	18.65	45.74	99.81
水的生产和供应业	-2.40	-19.67	61.37	97.99

8-26　国有及国有控股工业企业主要经济效益指标

（2010 年）

单位：%

项　　目	总资产贡献率	成本费用利润率	资　产负债率	产　品销售率
总　　计	**14.48**	**6.25**	**66.73**	**98.85**
按轻重工业分				
轻工业	43.28	13.90	54.60	99.92
以农产品为原料	49.58	15.36	54.31	100.14
以非农产品为原料	12.62	6.41	56.01	98.37
重工业	9.73	4.98	68.73	98.60
采掘工业	13.85	10.59	63.89	99.67
原材料工业	4.40	0.10	77.53	99.41
加工工业	13.93	9.70	59.51	96.54
按企业规模分				
大型企业	14.23	5.30	67.62	99.26
中型企业	10.67	6.22	63.96	97.85
小型企业	27.19	11.39	65.02	98.51
按行业分				
煤炭开采和洗选业	13.96	10.77	65.59	99.56
黑色金属矿采选业	72.22	19.84	14.78	99.64
有色金属矿采选业	6.41	-2.20	51.31	100.60
非金属矿采选业	19.29	13.74	3.15	99.38
农副食品加工业	43.93	10.64	41.40	98.72
食品制造业	18.85	21.21	84.89	102.12
饮料制造业	9.68	0.47	59.15	98.84
烟草制品业	88.23	20.96	48.51	100.42
纺织业	3.28	3.38	79.30	91.05
造纸及纸制品业	73.83	19.45	27.22	98.95
印刷业和记录媒介的复制	23.23	11.21	18.51	105.01
石油加工、炼焦及核燃料加工业	15.62	3.03	76.81	103.39
化学原料及化学制品制造业	19.60	9.06	69.29	98.87
医药制造业	14.22	12.50	43.77	95.95
塑料制品业	103.19	14.92	23.61	100.03
非金属矿物制品业	12.39	8.43	53.06	95.23
黑色金属冶炼及压延加工业	18.05	6.70	69.90	96.04
有色金属冶炼及压延加工业	-1.60	-8.62	84.07	99.52
金属制品业	24.05	15.58	60.30	97.06
通用设备制造业	17.87	9.26	55.18	95.50
专用设备制造业	11.86	17.46	50.75	93.66
交通运输设备制造业	14.23	5.33	68.89	98.80
电气机械及器材制造业	21.18	13.70	57.93	97.55
通信设备、计算机及其他电子设备制造业	15.85	21.42	42.51	88.72
仪器仪表及文化、办公用机械制造业	7.15	18.11	54.68	103.57
电力、热力的生产和供应业	4.87	0.54	77.86	99.84
燃气生产和供应业	17.16	21.69	46.39	100.00
水的生产和供应业	-4.06	-25.97	65.34	97.38

8-27 集体工业企业主要经济效益指标

(2010 年)

单位:%

项目	总资产贡献率	成本费用利润率	资产负债率	产品销售率
总计	**40.36**	**17.46**	**48.01**	**99.28**
按轻重工业分				
轻工业	49.73	17.64	50.90	99.34
以农产品为原料	60.64	16.36	43.07	99.52
以非农产品为原料	38.67	19.92	58.84	99.03
重工业	37.40	17.39	47.10	99.25
采掘工业	38.64	19.05	44.76	101.78
原材料工业	33.13	19.74	47.58	99.30
加工工业	38.20	16.89	47.19	99.08
按企业规模分				
中型企业	36.40	15.98	51.24	98.81
小型企业	42.61	18.30	46.18	99.54
按行业分				
煤炭开采和洗选业	25.31	12.75	44.90	103.80
非金属矿采选业	65.57	25.11	44.47	100.13
农副食品加工业	27.74	6.29	26.81	98.12
饮料制造业	73.33	12.46	86.90	98.41
烟草制品业	18.30	4.88	77.71	96.53
纺织业	2.66	0.19	67.31	100.00
纺织服装、鞋、帽制造业	17.18	1.02	63.59	100.12
造纸及纸制品业	94.73	27.43	23.60	100.21
印刷业和记录媒介的复制	34.68	15.95	37.95	101.12
石油加工、炼焦及核燃料加工业	4.68	1.11	41.64	100.00
化学原料及化学制品制造业	9.44	5.92	79.62	100.17
医药制造业	35.99	21.66	79.24	98.11
塑料制品业	47.28	20.10	8.39	99.08
非金属矿物制品业	44.61	26.87	38.55	99.01
金属制品业	36.32	15.96	56.41	100.19
通用设备制造业	67.50	16.32	25.39	96.43
专用设备制造业	54.65	11.52	53.86	92.74
交通运输设备制造业	26.84	14.29	56.82	101.30
电气机械及器材制造业	10.30	4.31	71.35	117.52
通信设备、计算机及其他电子设备制造业	18.62	8.16	23.40	93.89
水的生产和供应业	0.25	-3.71	25.41	100.00

8-28　各县(市)区规模以上工业企业主要经济效益指标

(2010 年)

单位:%

县(市)区	总资产贡献率	成本费用利润率	资　产负债率	产　品销售率
全　市	**28.38**	**13.80**	**54.76**	**98.23**
中原区	8.05	5.09	67.75	95.25
二七区	9.40	6.60	60.11	97.00
管城区	37.07	9.01	59.28	98.17
金水区	9.33	2.53	56.22	101.44
上街区	7.25	-0.20	69.21	99.92
惠济区	7.42	3.56	59.98	96.68
中牟县	34.13	13.47	54.78	99.15
巩义市	28.46	10.91	58.33	96.53
荥阳市	49.51	17.32	34.39	99.13
新密市	45.88	23.43	39.74	99.39
新郑市	54.41	17.47	44.18	98.83
登封市	35.32	20.96	52.98	98.52
经济开发区	12.05	13.18	63.19	96.83
高新开发区	11.17	10.85	56.72	94.95

8-29　各县(市)、区国有及国有控股工业企业主要经济效益指标

(2010 年)

单位:%

县(市)区	总资产贡献率	成本费用利润率	资　产负债率	产　品销售率
全　市	**14.48**	**6.25**	**66.73**	**98.85**
中原区	5.60	7.19	58.53	93.65
二七区	4.27	6.46	68.31	97.77
管城区	73.03	17.70	54.64	99.14
金水区	4.87	-0.10	25.16	119.26
上街区	-0.25	-7.13	74.48	100.22
惠济区	7.60	3.36	69.75	91.52
中牟县	10.01	1.65	69.95	99.70
巩义市	14.76	15.40	64.23	99.70
荥阳市	20.62	5.71	57.83	100.14
新密市	7.94	2.42	61.63	99.20
新郑市	41.44	12.99	61.23	98.41
登封市	12.17	7.24	64.33	99.14
经济开发区	24.69	20.19	71.32	99.61
高新开发区	6.47	1.47	71.62	99.40

8-30　各县(市)区集体工业企业主要经济效益指标

(2010 年)

单位:%

县(市)区	总资产贡献率	成本费用利润率	资　产负债率	产　品销售率
全　市	**40.36**	**17.46**	**48.01**	**99.28**
中原区	3.12	-2.39	137.50	100.00
二七区	5.33	0.61	58.47	120.48
管城区	18.90	13.49	58.12	100.76
金水区	17.74	1.01	73.10	78.40
上街区	9.27	3.46	75.39	115.91
惠济区	5.62	1.13	55.50	95.41
中牟县	132.18	22.04	10.94	99.23
巩义市	34.91	19.15	63.33	98.34
荥阳市	53.11	17.54	40.80	96.75
新密市	54.56	20.94	16.22	100.58
新郑市	35.98	15.38	54.14	99.94
登封市	51.51	28.76	44.73	99.26
经济开发区	13.24	8.02	12.82	92.81
高新开发区	1.04	-1.43	143.07	100.00

8-31 工业企业能源购进、消费与库存情况

（2010 年）

行业	计量单位	年初库存量	购进量		消费量			年末库存量
			实物量	金额（千元）	合计	工业生产消费	非工业生产消费	
原煤	**吨**	**1348008**	**27321572**	**16602330**	**26655503**	**26568393**	**87110**	**1735429**
采矿业	吨	21728	1176261	627623	1237729	1169236	68493	10846
煤炭开采和洗选业	吨	21698	1159136	617360	1220604	1162122	58482	10816
黑色金属矿采选业	吨	10	1668	932	1668	1668		10
有色金属矿采选业	吨	20	15008	8965	15008	4997	10011	20
非金属矿采选业	吨		449	366	449	449		
制造业	吨	411675	11597974	7313022	11266434	11249273	17161	761183
农副食品加工业	吨	1175	55025	37460	55649	55585	64	312
食品制造业	吨	10366	206912	127642	202300	197548	4752	14206
饮料制造业	吨	2471	79787	48700	80438	80434	4	1838
烟草制品业	吨	213	774	497	979	979		8
纺织业	吨	5311	26172	14591	23760	23691	69	7362
纺织服装、鞋、帽制造业	吨	51	51256	33663	51256	51170	86	51
皮革、毛皮、羽毛(绒)等	吨		358	229	358	358		
木材加工及木、竹、藤等	吨	32	741	511	753	687	66	19
家具制造业	吨	17	172	90	179	123	56	10
造纸及纸制品业	吨	4825	618961	355018	618621	618501	120	4673
印刷业和记录媒介的复制	吨	1015	15790	9423	16555	16473	82	50
石油加工炼焦及核燃料	吨	6	2340	1397	2341	2297	44	5
化学原料及化学制品制造	吨	12264	419905	375567	423326	423144	182	8571
医药制造业	吨	3420	42365	27126	42293	41968	325	3395
化学纤维制造业	吨		1034	513	1034	1034		
橡胶制品业	吨	357	24105	17863	24318	24318		144
塑料制品业	吨	15	26195	15230	26596	26531	65	15
非金属矿物制品业	吨	101886	4427181	3184165	4390167	4385384	4783	139058
黑色金属冶炼及压延	吨	6949	269819	184551	255468	255257	211	21333
有色金属冶炼及压延	吨	238060	5033338	2680169	4757296	4756884	412	534320
金属制品业	吨	9197	132934	80693	125099	124978	121	16988
通用设备制造业	吨	2010	47147	35064	48051	48003	48	1078
专用设备制造业	吨	3122	37478	32565	38957	38793	164	1354
交通运输设备制造业	吨	7830	64772	39257	66296	62884	3412	6301
电气机械及器材制造业	吨	212	7460	6964	7571	7557	14	30
通信设备、计算机及其他	吨	834	3073	2009	3907	1833	2074	
仪器仪表及文化、办公用	吨	2	1315	796	1325	1325		3
工艺品及其他制造业	吨	35	1566	1266	1543	1535	8	59
电力、燃气及水的生产等	吨	914605	14547338	8661685	14151339	14149884	1455	963400
电力、热力的生产和供应	吨	914557	14547272	8661635	14151245	14149860	1385	963380

行业	计量单位	年初库存量	购进量		消费量			年末库存量
			实物量	金额（千元）	合计	工业生产消费	非工业生产消费	
水的生产和供应业	吨	48	66	51	94	24	70	20
洗精煤	**吨**	**2802**	**30534**	**30791**	**30664**	**30664**		**2268**
制造业	吨	502	7817	9210	7847	7847		68
造纸及纸制品业	吨		2500	3500	2500	2500		
非金属矿物制品业	吨	502	5317	5710	5347	5347		68
电力、燃气及水的生产等	吨	2300	22717	21581	22817	22817		2200
电力、热力的生产和供应	吨	2300	22717	21581	22817	22817		2200
其他洗煤	**吨**	**260**	**3293**	**2659**	**3293**	**3293**		
制造业	吨	260	3293	2659	3293	3293		
农副食品加工业	吨		623	374	623	623		
有色金属冶炼及压延	吨	260	2670	2285	2670	2670		
煤制品	**吨**	**114**	**1674**	**1172**	**1680**	**1675**	**5**	**120**
制造业	吨	114	1674	1172	1680	1675	5	120
农副食品加工业	吨	8	85	51	85	85		
非金属矿物制品业	吨		1115	772	1046	1046		90
金属制品业	吨	70	195	120	259	259		6
通用设备制造业	吨	24	138	132	152	147	5	10
交通运输设备制造业	吨	13	141	98	138	138		14
型煤	**吨**		**22**	**12**	**22**	**22**		
制造业	吨		22	12	22	22		
非金属矿物制品业	吨		22	12	22	22		
煤粉	**吨**	**107**	**1563**	**1107**	**1570**	**1565**	**5**	**120**
制造业	吨	107	1563	1107	1570	1565	5	120
非金属矿物制品业	吨		1093	760	1024	1024		90
金属制品业	吨	70	195	120	259	259		6
通用设备制造业	吨	24	138	132	152	147	5	10
交通运输设备制造业	吨	13	137	96	135	135		14
焦炭	**吨**	**9512**	**605021**	**969270**	**607709**	**607681**	**28**	**6362**
采矿业	吨		220	132	220	220		
煤炭开采和洗选业	吨		220	132	220	220		
制造业	吨	9495	604777	969102	607463	607461	2	6347
农副食品加工业	吨		2	1	2		2	
纺织服装、鞋、帽制造业	吨		118	163	118	118		
化学原料及化学制品制造	吨		1310	1303	1267	1267		53
医药制造业	吨		108	136	68	68		40
非金属矿物制品业	吨	29	81056	77099	80807	80807		278
黑色金属冶炼及压延	吨	7627	483631	824608	484650	484650		5669

8-31　续表 2　（2010 年）

行业	计量单位	年初库存量	购进量		消费量			年末库存量
			实物量	金额（千元）	合计	工业生产消费	非工业生产消费	
有色金属冶炼及压延	吨	1750	15013	17088	17105	17105		125
通用设备制造业	吨	89	18564	38847	18471	18471		182
专用设备制造业	吨		4971	9845	4971	4971		
交通运输设备制造业	吨		5	11	5	5		
电力、燃气及水的生产等	吨	17	24	36	26		26	15
水的生产和供应业	吨	17	24	36	26		26	15
其他焦化产品	**吨**		**132802**	**110025**	**130802**	**130802**		**2000**
制造业	吨		845	1424	845	845		
非金属矿物制品业	吨		845	1424	845	845		
电力、燃气及水的生产等	吨		131957	108601	129957	129957		2000
电力、热力的生产和供应	吨		131957	108601	129957	129957		2000
其他煤气	**万立方米**		**7228**	**111980**	**7901**	**7855**	**46**	
采矿业	万立方米				673	673		
煤炭开采和洗选业	万立方米				673	673		
制造业	万立方米		7228	111980	7228	7182	46	
饮料制造业	万立方米		424	7982	424	423	1	
非金属矿物制品业	万立方米		1483	20877	1483	1483		
有色金属冶炼及压延	万立方米		4952	78936	4952	4907	45	
金属制品业	万立方米		292	3129	292	292		
通用设备制造业	万立方米		10	120	10	10		
电气机械及器材制造业	万立方米		67	936	67	67		
天然气	**万立方米**		**81634**	**1392285**	**81634**	**80888**	**746**	
制造业	万立方米		32529	593531	32529	32503	26	
农副食品加工业	万立方米		141	2926	141	141		
食品制造业	万立方米		125	3012	125	118	7	
饮料制造业	万立方米		170	4447	170	167	3	
烟草制品业	万立方米		722	19246	722	720	2	
纺织业	万立方米		107	2849	107	107		
纺织服装、鞋、帽制造业	万立方米		60	1068	60	60		
印刷业和记录媒介的复制	万立方米		10	246	10	10		
石油加工炼焦及核燃料	万立方米		5	130	5	5		
医药制造业	万立方米		31	618	31	31		
塑料制品业	万立方米		23	520	23	23		
非金属矿物制品业	万立方米		3195	72133	3195	3194	1	
有色金属冶炼及压延	万立方米		23866	388714	23866	23866		
金属制品业	万立方米		626	9427	626	626		
通用设备制造业	万立方米		14	388	14	12	2	

8-31 续表 3 (2010 年)

行业	计量单位	年初库存量	购进量		消费量			年末库存量
			实物量	金额（千元）	合计	工业生产消费	非工业生产消费	
专用设备制造业	万立方米		90	2439	90	79	11	
交通运输设备制造业	万立方米		627	18877	627	627		
电气机械及器材制造业	万立方米		42	1112	42	42		
通信设备、计算机及其他	万立方米		2674	65379	2674	2674		
电力、燃气及水的生产等	万立方米		49105	798754	49105	48385	720	
电力、热力的生产和供应	万立方米		48267	781935	48267	48257	10	
燃气生产和供应业	万立方米		837	16804	837	128	709	
水的生产和供应业	万立方米		1	14	1		1	
液化天然气	**吨**		**1482**	**5420**	**1482**	**1482**		
采矿业	吨		17	90	17	17		
煤炭开采和洗选业	吨		17	90	17	17		
制造业	吨		1465	5330	1465	1465		
饮料制造业	吨		7	46	7	7		
医药制造业	吨		2	11	2	2		
非金属矿物制品业	吨		263	1074	263	263		
金属制品业	吨		1134	3875	1134	1134		
通用设备制造业	吨		19	107	19	19		
交通运输设备制造业	吨		34	192	34	34		
电气机械及器材制造业	吨		6	26	6	6		
原油	**吨**		**446**	**3286**	**446**	**446**		
制造业	吨		446	3286	446	446		
纺织服装、鞋、帽制造业	吨		11	56	11	11		
化学原料及化学制品制造	吨		7	54	7	7		
非金属矿物制品业	吨		7	27	7	7		
电气机械及器材制造业	吨		421	3149	421	421		
汽油	**吨**	**276**	**85810**	**601039**	**85877**	**76689**	**9188**	**269**
采矿业	吨	123	4537	33631	4559	3556	1003	102
煤炭开采和洗选业	吨	36	3530	26742	3551	2551	1000	16
黑色金属矿采选业	吨		35	257	35	35		
有色金属矿采选业	吨	87	877	5945	878	878		86
非金属矿采选业	吨		95	688	96	92	4	
制造业	吨	151	77480	534999	77525	70118	7407	166
农副食品加工业	吨	1	3821	25594	3820	3406	414	1
食品制造业	吨		4074	27432	4075	3998	77	
饮料制造业	吨		391	2636	391	326	65	
烟草制品业	吨		160	1417	160	137	23	
纺织业	吨		1295	8728	1296	1271	25	4

行业	计量单位	年初库存量	购进量		消费量			年末库存量
			实物量	金额（千元）	合计	工业生产消费	非工业生产消费	
纺织服装、鞋、帽制造业	吨	2	625	4475	626	355	271	2
皮革、毛皮、羽毛(绒)等	吨		76	642	76	74	2	
木材加工及木、竹、藤等	吨		231	1555	231	184	47	
家具制造业	吨		337	2152	336	274	62	
造纸及纸制品业	吨	2	2589	18035	2591	1915	676	
印刷业和记录媒介的复制	吨	8	2537	17654	2537	2416	121	1
文教体育用品制造业	吨		14	70	14	14		
石油加工炼焦及核燃料	吨		2421	18084	2421	2402	19	
化学原料及化学制品制造	吨	68	6593	41642	6641	6423	218	17
医药制造业	吨		7831	55517	7831	7724	107	
化学纤维制造业	吨		80	595	80	80		
橡胶制品业	吨		976	7110	976	976		
塑料制品业	吨		3050	21967	3099	2930	169	
非金属矿物制品业	吨	1	15043	99408	15040	11672	3368	4
黑色金属冶炼及压延	吨		11156	83026	11156	11130	26	
有色金属冶炼及压延	吨	41	1618	10913	1578	1347	231	93
金属制品业	吨		1530	9938	1530	1353	177	
通用设备制造业	吨	3	2325	15695	2321	2082	239	7
专用设备制造业	吨	5	3302	23600	3310	2849	461	
交通运输设备制造业	吨	21	2254	15436	2240	2189	51	35
电气机械及器材制造业	吨		1739	11658	1737	1446	291	2
通信设备、计算机及其他	吨		536	3601	536	383	153	
仪器仪表及文化、办公用	吨		279	2130	279	275	4	
工艺品及其他制造业	吨		598	4289	598	488	110	
电力、燃气及水的生产等	吨	2	3792	32409	3793	3015	778	1
电力、热力的生产和供应	吨		3126	26982	3126	2414	712	
燃气生产和供应业	吨		297	2501	297	281	16	
水的生产和供应业	吨	2	370	2927	371	320	51	1
煤油	**吨**	**51**	**191**	**1349**	**190**	**179**	**11**	**53**
制造业	吨	51	184	1313	182	179	5	53
印刷业和记录媒介的复制	吨	1	5	21	5		5	1
非金属矿物制品业	吨	1	10	48	10	10		1
有色金属冶炼及压延	吨	49	139	999	138	138		50
专用设备制造业	吨		8	49	8	8		
交通运输设备制造业	吨		23	194	22	22		1
电力、燃气及水的生产等	吨		7	36	7		7	
电力、热力的生产和供应	吨		7	36	7		7	

8-31　续表5　　（2010年）

行　　业	计量单位	年初库存量	购进量		消费量			年末库存量
			实物量	金额（千元）	合计	工业生产消费	非工业生产消费	
柴油	**吨**	**2585**	**64327**	**431827**	**63578**	**60671**	**2907**	**2180**
采矿业	吨	386	7437	48123	7500	7236	264	323
煤炭开采和洗选业	吨		5034	33030	4996	4822	174	38
有色金属矿采选业	吨	386	1846	11304	1947	1947		285
非金属矿采选业	吨		557	3789	557	467	90	
制造业	吨	537	51524	348120	50222	48065	2157	682
农副食品加工业	吨		1540	11480	1540	1527	13	
食品制造业	吨	150	3042	21078	3111	2996	115	
饮料制造业	吨	1	1068	7633	1068	1068		1
烟草制品业	吨		418	2751	418	405	13	
纺织业	吨	3	666	4603	669	669		2
纺织服装、鞋、帽制造业	吨		31	204	31	20	11	
木材加工及木、竹、藤等	吨		47	289	47	20	27	
家具制造业	吨		123	769	123	97	26	
造纸及纸制品业	吨	1	573	4129	573	562	11	
印刷业和记录媒介的复制	吨	2	741	5308	741	739	2	
石油加工炼焦及核燃料	吨	46	2877	20895	2892	2886	6	31
化学原料及化学制品制造	吨	2	1225	8821	1226	1156	70	1
医药制造业	吨		1811	13369	1811	1788	23	
橡胶制品业	吨		9	64	9	9		
塑料制品业	吨		494	3362	494	490	4	
非金属矿物制品业	吨	43	20634	137870	20663	19455	1208	26
黑色金属冶炼及压延	吨	5	4309	29609	4299	4264	35	15
有色金属冶炼及压延	吨	197	3689	21988	2273	2053	220	551
金属制品业	吨	13	241	1583	252	234	18	2
通用设备制造业	吨	2	605	4233	603	599	4	4
专用设备制造业	吨	41	2662	18368	2682	2366	316	6
交通运输设备制造业	吨	24	4141	25966	4128	4105	23	37
电气机械及器材制造业	吨	1	385	2401	373	373		
通信设备、计算机及其他	吨	9	123	811	126	123	3	5
仪器仪表及文化、办公用	吨		36	276	36	33	3	
工艺品及其他制造业	吨		34	261	34	29	5	
电力、燃气及水的生产等	吨	1662	5366	35584	5857	5371	486	1175
电力、热力的生产和供应	吨	1656	4862	31546	5353	4870	483	1169
燃气生产和供应业	吨		297	2542	297	297		
水的生产和供应业	吨	6	207	1495	207	204	3	6
燃料油	**吨**	**9111**	**103626**	**354369**	**96251**	**96251**		**15781**

（2010 年）

行业	计量单位	年初库存量	购进量		消费量			年末库存量
			实物量	金额（千元）	合计	工业生产消费	非工业生产消费	
制造业	吨	9111	103616	354346	96241	96241		15781
农副食品加工业	吨		1801	7000	1801	1801		
饮料制造业	吨	12			12	12		
医药制造业	吨		59	425	55	55		4
非金属矿物制品业	吨	851	6283	21481	6517	6517		617
有色金属冶炼及压延	吨	8246	95437	325269	87819	87819		15159
金属制品业	吨	3	27	131	28	28		2
仪器仪表及文化、办公用	吨		9	40	9	9		
电力、燃气及水的生产等	吨		10	21	10	10		
电力、热力的生产和供应	吨		10	21	10	10		
液化石油气	**吨**	**32**	**4067**	**21741**	**4007**	**4001**	**6**	**87**
制造业	吨	32	4031	21546	3971	3969	2	87
印刷业和记录媒介的复制	吨		13	74	13	13		
非金属矿物制品业	吨	8	1330	6418	1333	1333		5
有色金属冶炼及压延	吨		260	982	260	260		
金属制品业	吨		174	1068	174	174		
通用设备制造业	吨		56	426	56	56		
专用设备制造业	吨	24	1964	11608	1964	1962	2	1
通信设备、计算机及其他	吨		233	969	170	170		82
电力、燃气及水的生产等	吨		37	195	36	32	4	
电力、热力的生产和供应	吨		32	190	32	32		
水的生产和供应业	吨		4	5	4		4	
其他石油制品	**吨**	**7758**	**358907**	**608857**	**344679**	**344635**	**44**	**21974**
制造业	吨	7675	334235	558559	322991	322947	44	18907
非金属矿物制品业	吨		43217	83527	42817	42817		401
有色金属冶炼及压延	吨	7644	287807	456928	276950	276950		18501
金属制品业	吨		37	520	37	37		
通用设备制造业	吨		2311	6871	2311	2311		
专用设备制造业	吨	31	863	10712	877	833	44	5
电力、燃气及水的生产等	吨	83	24672	50298	21688	21688		3067
电力、热力的生产和供应	吨	83	24672	50298	21688	21688		3067
高炉煤气	**万立方米**		**3210**	**638**	**3210**	**3210**		
电力、燃气及水的生产等	万立方米		3210	638	3210	3210		
电力、热力的生产和供应	万立方米		3210	638	3210	3210		
热力	**百万千焦**		**2201358**	**107354**	**13051344**	**12459371**	**591973**	
制造业	百万千焦		995603	59124	11845588	11253615	591973	
农副食品加工业	百万千焦		340379	19640	340379	340379		

8-31 续表 7　　　　(2010 年)

行业	计量单位	年初库存量	购进量		消费量			年末库存量
			实物量	金额（千元）	合计	工业生产消费	非工业生产消费	
食品制造业	百万千焦		22396	1707	22396	22396		
饮料制造业	百万千焦		50862	3874	50862	50862		
烟草制品业	百万千焦		73393	4074	73393	73393		
纺织业	百万千焦		61914	2729	61914	61914		
纺织服装、鞋、帽制造业	百万千焦		12495	964	12495	12495		
印刷业和记录媒介的复制	百万千焦		7259	565	7259	7259		
化学原料及化学制品制造	百万千焦		3010	212	3010	3010		
医药制造业	百万千焦		19491	3543	19491	19490	1	
非金属矿物制品业	百万千焦		1141	86	766379	765238	1141	
黑色金属冶炼及压延	百万千焦		10815	818	9977	9977		
有色金属冶炼及压延	百万千焦				10085584	9503612	581972	
金属制品业	百万千焦		4365	203	4365	1450	2915	
专用设备制造业	百万千焦		201137	10668	201137	195193	5944	
交通运输设备制造业	百万千焦		186947	10040	186947	186947		
电力、燃气及水的生产等	百万千焦		1205755	48230	1205755	1205755		
电力、热力的生产和供应	百万千焦		1205755	48230	1205755	1205755		
电力	**万千瓦时**		**2874089**	**16617665**	**3681124**	**3662104**	**19020**	
采矿业	万千瓦时		220319	1319692	230373	218097	12276	
煤炭开采和洗选业	万千瓦时		207883	1234794	217937	206105	11832	
黑色金属矿采选业	万千瓦时		585	4056	585	585		
有色金属矿采选业	万千瓦时		4482	31245	4482	4038	444	
非金属矿采选业	万千瓦时		7369	49598	7369	7369		
制造业	万千瓦时		2156322	12996700	2853474	2848591	4883	
农副食品加工业	万千瓦时		33671	216647	33670	33588	82	
食品制造业	万千瓦时		34088	217615	34092	33745	347	
饮料制造业	万千瓦时		20870	131050	20870	20859	11	
烟草制品业	万千瓦时		4611	33513	4611	4601	10	
纺织业	万千瓦时		19740	130355	19740	19633	107	
纺织服装、鞋、帽制造业	万千瓦时		9783	69004	9783	9756	27	
皮革、毛皮、羽毛(绒)等	万千瓦时		261	1951	261	261		
木材加工及木、竹、藤等	万千瓦时		4410	31305	4410	4388	22	
家具制造业	万千瓦时		2611	18336	2611	2589	22	
造纸及纸制品业	万千瓦时		82392	582037	82392	82392		
印刷业和记录媒介的复制	万千瓦时		10569	71603	10569	10323	246	
文教体育用品制造业	万千瓦时		868	5799	868	867	1	
石油加工炼焦及核燃料	万千瓦时		2442	17265	2442	2440	2	
化学原料及化学制品制造	万千瓦时		97542	547804	97542	97234	308	

8-31 续表8 （2010年）

行业	计量单位	年初库存量	购进量		消费量			年末库存量
			实物量	金额（千元）	合计	工业生产消费	非工业生产消费	
医药制造业	万千瓦时		23885	165196	23885	23722	163	
化学纤维制造业	万千瓦时		847	5196	847	847		
橡胶制品业	万千瓦时		3584	21796	3585	3583	2	
塑料制品业	万千瓦时		18854	122124	18853	18800	53	
非金属矿物制品业	万千瓦时		939673	5718613	942526	941459	1067	
黑色金属冶炼及压延	万千瓦时		226228	1354368	226227	225679	548	
有色金属冶炼及压延	万千瓦时		382488	1972629	1076760	1075852	908	
金属制品业	万千瓦时		40222	245250	40222	40051	171	
通用设备制造业	万千瓦时		37333	248132	37356	37259	97	
专用设备制造业	万千瓦时		84246	570652	84246	83931	315	
交通运输设备制造业	万千瓦时		31539	209731	31540	31275	265	
电气机械及器材制造业	万千瓦时		19721	127907	19721	19697	24	
通信设备、计算机及其他	万千瓦时		13117	87468	13117	13064	53	
仪器仪表及文化、办公用	万千瓦时		826	5891	825	803	22	
工艺品及其他制造业	万千瓦时		9867	67221	9867	9856	11	
废弃资源和废旧材料回收	万千瓦时		35	242	35	35		
电力、燃气及水的生产等	万千瓦时		497448	2301273	597276	595416	1860	
电力、热力的生产和供应	万千瓦时		483074	2201721	582902	581552	1350	
燃气生产和供应业	万千瓦时		2531	18440	2531	2522	9	
水的生产和供应业	万千瓦时		11843	81113	11843	11342	501	
其他燃料	**吨标准煤**		**84179**	**6020**	**84179**	**84179**		
制造业	吨标准煤		2504	6000	2504	2504		
非金属矿物制品业	吨标准煤		2504	6000	2504	2504		
电力、燃气及水的生产等	吨标准煤		81675	20	81675	81675		
电力、热力的生产和供应	吨标准煤		81675	20	81675	81675		
工业废料	**吨标准煤**		**2504**	**6000**	**2504**	**2504**		
制造业	吨标准煤		2504	6000	2504	2504		
非金属矿物制品业	吨标准煤		2504	6000	2504	2504		
城市固体垃圾	**吨标准煤**		**81675**	**20**	**81675**	**81675**		
电力、燃气及水的生产等	吨标准煤		81675	20	81675	81675		
电力、热力的生产和供应	吨标准煤		81675	20	81675	81675		

主要统计指标解释

按照国家统计方法制度规定,1998 年独立核算工业统计范围由原乡及乡以上调整为全部国有及年销售收入 500 万元以上非国有工业企业(即新口径)。2007 年起为规模以上工业企业,即年主营业务收入在 500 万元以上的法人工业企业。同时,统计分类中的原经济组织类型分组相应地调整为按企业登记注册类型分组。

工业 指从事自然资源的开采,对采掘品和农产品进行加工和再加工的物质生产部门。具体包括:1. 对自然资源的开采,如采矿、晒盐、森林采伐等(但不包括禽兽捕猎和水产捕捞);2. 对农副产品的加工、再加工,如粮油加工、食品加工、轧花、缫丝、纺织、制革等;3. 对采掘品的加工、再加工,如炼铁、炼钢、化工生产、石油加工、机器制造、木材加工等,以及电力、自来水、煤气的生产和供应等;4. 对工业品的修理、翻新,如机器设备的修理,交通运输工具(包括小卧车)的修理等。1984 年以前农村的村及村以下办工业归属农业,1984 年以后划归工业。

工业统计调查单位工业统计调查单位分为两类:独立核算法人工业企业和工业活动单位。

1. 独立核算法人工业企业是指从事工业生产经营活动的单位。独立核算法人工业企业应同时具备以下条件:(1)依法成立,有自己的名称、组织机构和场所,能够承担民事责任;(2)独立拥有和使用资产,承担负债,有权与其他单位签订合同;(3)独立核算盈亏,并能够编制资产负债表。

2. 工业活动单位是指在一个场所从事一种或主要从事一种工业生产活动的经济单位。它包括独立核算工业企业按主营业务活动(即工业生产活动)划分的主营业务活动单位和非工业企业所属的工业生产活动单位(即原非独立核算工业生产单位)。工业活动单位,一般应同时具备以下三个条件:(1)具有一个场所,从事一种或主要从事一种工业活动;(2)单独组织工业生产、经营或业务活动;(3)单独核算收入和支出。

重工业 指为国民经济各部门提供物质技术基础的主要生产资料的工业。按其生产性质和产品用途,可以分为下列三类:1. 采掘(伐)工业,是指对自然资源的开采,包括石油开采、煤炭开采、金属矿开采、非金属矿开采和木材采伐等工业;2. 原材料工业,指向国民经济各部门提供基本材料、动力和燃料的工业。包括金属冶炼及加工、炼焦及焦炭化学、化工原料、水泥、人造板以及电力、石油和煤炭加工业等工业;3. 加工工业,是指对工业原材料进行再加工制造的工业。包括装备国民经济各部门的机械设备制造工业、金属结构、水泥制品等工业,以及为农业提供的生产资料如化肥、农药等工业。

根据上述划分原则,修理业中以重工业产品为修理作业对象的划为重工业,反之划为轻工业。

工业增加值 指工业行业在报告期内以货币表现的工业生产活动的最终成果。

固定资产原值 指企业在建造、购置、安装、改建、技术改造某项固定资产时所支出的全部货币总额。它一般包括买价、包装费、运杂费和安装费等。

流动资产 指可以在一年或者超过一年的一个营业周期内变现或者耗用的资产,包括现金及各种存款、短期投资、应收及预付货款、存货等。

工业成本利润率 指在一定时期内实现的利润与成本费用之比,是反映工业生产成本及费用投入的经济效益指标,同时也是反映降低成本的经济效益的指标。计算公式:工业成本费用

$$利润率(\%)=\frac{利润总额}{成本费用总额}\times 100\%$$

工业增加值率 指在一定时期内工业增加值占同期工业总产值的比重,反映降低中间消耗的经济效益,计算公式:

$$工业增加值率(\%)=\frac{工业增加值(现价)}{工业总产值(现价)}\times 100\%$$

流动资产周转次数 指在一定时期内流动资产完成的周转次数,反映流动资产的周转速度。计算公式:

$$流动资产周转次数=\frac{报告期现价工业销售产值}{报告期现价工业总产值}\times 100\%$$

全员劳动生产率 指根据产品的价值量指标计算的平均每个职工在单位时间内的产品生产量。是

考核企业经济活动的重要指标，是企业生产技术水平、经营管理水平、职工技术熟练程度和劳动积极性的综合表现。目前我国的全员劳动生产率是将工业企业的工业增加值除以同一时期全部职工的平均人数来计算的。计算公式：

$$全员劳动生产率=\frac{工业增加值}{全部职工平均人数}\times 100\%$$

总资产贡献率 该指标反映企业全部资产的获利能力，是企业经营业绩和管理水平的集中体现，是评价和考核企业盈利能力的核心指标。计算公式为：

$$总资产贡献率=(利润总额+税金总额+利息支出)/平均资产总额\times\frac{12}{累计月数}$$

#税金总额为产品销售税金及附加与应交增值税之和；平均资产总额为期初期末资产总计的算术平均值。

资本保值增值率 该指标反映企业净资产的变动状况，是企业发展能力的集中体现。计算公式为：

资本保值增值率=报告期期末所有者权益/上年同期期末所有者权益

所有者权益等于资产总计减负债总计。

资产负债率 该指标既反映企业经营风险的大小，也反映企业利用债权人提供的资金从事经营活动的能力。计算公式为：

资产负债率=负债总额/资产总额

产品销售率 该指标反映工业产品已实现销售的程度，是分析工业产销衔接情况、研究工业产品满足社会需求的指标。计算公式为：

产品销售率=工业销售产值/工业总产值(现价)

主营业务收入 指企业销售产品的销售收入和提供劳务等主要经营业务取得的业务收入总额。

主营业务成本 指企业销售产品和提供劳务等主要经营业务的实际成本。

营业费用 指企业在报告期内在产品销售和提供工业性劳务等主要经营业务过程中所发生的各项费用，包括运输费、装卸费、包装费、保险费、展览费、广告费，以及为销售本企业产品而专设的销售机构的职工工资、福利费、业务费等经常费用。

主营业务税金及附加指企业在报告期销售产品和提供工业性劳务等应负担的销售税金及附加，包括产品税、增值税、营业税、城市维护建设税、资源税和教育费附加。

利润总额 指企业在报告期内实现的利润，反映企业最终的财务成果。亏损以"—"表示，计算公式为：

利润总额=营业利润+投资收益+补贴收入+营业外收入-营业外支出+以前年度损益调整

利税总额 指企业产品销售税金及附加和利润总额之和。

资本金 指企业在工商行政管理部门登记的注册资金合计。企业资本金按投资主体可分为国家资本金、法人资本金、个人资本金和外商资本金等。资本金合计包括企业各种投资主体注册的全部资本金。

总资产 指企业拥有或控制的全部资产。包括流动资产、长期投资、固定资产、无形及递延资产、其他资产等，即为企业资产负债表的资产总计项。

1. 流动资产指企业可以在一年内或者超过一年的一个生产周期内变现或耗用的资产合计。包括现金及各种存款、短期投资、应收及预付款项、存货等。

2. 固定资产指企业固定资产净值、固定资产清理、在建工程、待处理固定资产损失所占用的资金合计。

3. 无形资产指企业长期使用而没有实物形态的资产。包括专利权、非专利技术、商标权、著作权、土地使用权、商誉等。

总负债 指企业承担并需要偿还的全部债务。包括流动负债和长期负债等。即为企业资产负债表的负债合计项。

1. 流动负债指企业在一年内或者超过一年的一个营业周期内需要偿还的债务合计，其中包括短期借款、应付及预收款项、应付工资、应交税金和应交利润等。

2. 长期负债指企业在一年以上或者超过一年的一个生产周期以上需要偿还的债务合计，其中包括长期借款、应付债务、长期应付款项等。

所有者权益 指企业投资人对企业净资产的所有权。企业净资产等于企业全部资产减去全部负债后的余额，其中包括投资者对企业的最初投入，以及公积金、盈余公积金和未分配利润，对股份制企业即为股东权益。

能源生产总量 指一定时期内，全国一次能源生产量的总和。该指标是观察全国能源生产水平、规模、构成和发展速度的总量指标。一次能源生产量包括原煤、原油、天然气、水电、核能及其他动力能（如风能、地热能等）发电量，不包括低热值燃料生产量、生物质能、太阳能等的利用和由一次能源加工转换而成的二次能源产量。

能源消费总量 指一定时期内，全国各行业和居民生活消费的各种能源的总和。该指标是观察能源消费水平、构成和增长速度的总量指标。能源消费总量包括原煤和原油及其制品、天然气、电力，不包括低热值燃料、生物质能和太阳能等的利用。能源消费总量分为终端能源消费量、能源加工转换损失量和能源损失量三部分。

九、建　筑　业

9-1 建筑业生产情况

（2010年）

指　　标	合　计	内资企业	国有	集体	港澳台投资企业	外商投资企业
建筑业企业个数(个)	1250	1242	35	23	4	4
签订的合同额(千元)	271217777	270489297	36480504	1597346	605834	122646
上年结转合同额	91795656	91429852	14496279	549905	324844	40960
本年新签合同额	179422121	179059445	21984225	1047441	280990	81686
承包工程完成情况(千元)						
直接从建设单位承揽工程完成的产值	133767918	133392343	18255563	1005424	293249	82326
自行完成施工产值	133030903	132655838	17998633	1005424	292739	82326
分包出去工程的产值	737015	736505	256930		510	
从建设单位以外承揽工程完成的产值	2201597	2201547	373390		50	
建筑业总产值(千元)	135232500	134857385	18372023	1005424	292789	82326
#装饰装修产值	9149575	9100109	2900	20290	17720	31746
建筑工程产值	115246854	114903540	12905856	777461	271068	72246
安装工程产值	15684982	15653689	5136119	153744	21713	9580
其他产值	4300664	4300156	330048	74219	8	500
竣工产值(千元)	61897802	61523145	6073651	798622	292781	81876
计算建筑业劳动生产率的平均人数(人)	610197	607776	59753	9676	1755	666
年末从业人数(人)	584181	581593	50250	7684	1864	724
#工程技术人员	84904	83934	7162	1393	845	125
全员劳动生产率						
按总产值计算(元/人)	221621	221887	307466	103909	166831	123613
房屋建筑施工面积(平方米)	88768885	88284527	4626734	815471	484358	
#本年新开工面积	45088687	44831250	2201535	453066	257437	
#实行投标承包面积	82495430	82011072	4463484	758363	484358	
#本年新开工	43143766	42886329	2198235	397108	257437	
房屋建筑竣工面积(平方米)	26016521	25532163	921730	549663	484358	
房屋竣工率(%)	29.31	28.92	19.92	67.40	100.00	
招投标率						
按房屋施工面积计算(%)	92.93	92.89	96.47	93.00	100.00	
年末自有施工机械设备(净值)(千元)	6080930	6079885	739380	79967	5	1040
年末自有施工机械设备(总台数)(台)	150634	150452	21180	2562	25	157
年末自有施工机械设备(总功率)(千瓦)	3323236	3323013	454149	30839	8	215
技术装备率(元/人)	10409	10454	14714	10407	3	1436
动力装备率(千瓦/人)	5.69	5.71	9.04	4.01		0.30

注:本表统计范围为具有建筑业资质等级的所有独立核算的建筑业企业(下同)。

指　　标	合　计	房屋和土木工程建筑业	房屋工程建筑	土木工程建筑	建筑安装业	建筑装饰业	其他建筑业
建筑业企业个数(个)	1250	385	196	189	295	393	177
签订的合同额(千元)	271217777	218857559	98894111	119963448	41199040	5455169	5706009
上年结转合同额	91795656	77579851	33728464	43851387	12109390	958150	1148265
本年新签合同额	179422121	141277708	65165647	76112061	29089650	4497019	4557744
承包工程完成情况(千元)							
直接从建设单位承揽工程完成的产值	133767918	105901381	54291120	51610261	18777505	4902477	4186555
自行完成施工产值	133030903	105397912	53937115	51460797	18551833	4897453	4183705
分包出去工程的产值	737015	503469	354005	149464	225672	5024	2850
从建设单位以外承揽工程完成的产值	2201597	1336992	261719	1075273	689181	81929	93495
建筑业总产值(千元)	135232500	106734904	54198834	52536070	19241014	4979382	4277200
#装饰装修产值	9149575	4157567	986797	3170770	984389	3943945	63674
建筑工程产值	115246854	97209980	49805441	47404539	11955984	3259572	2821318
安装工程产值	15684982	7068331	3277274	3791057	6956382	768151	892118
其他产值	4300664	2456593	1116119	1340474	328648	951659	563764
竣工产值(千元)	61897802	48228940	29161836	19067104	7724147	3409747	2534968
计算建筑业劳动生产率的平均人数(人)	610197	457263	274402	182861	100433	30453	22048
年末从业人数(人)	584181	447130	326890	120240	84519	30721	21811
#工程技术人员	84904	58525	32958	25567	14016	6075	6288
全员劳动生产率按总产值计算(元/人)	221621	233421	197516	287301	191581	163510	193995
房屋建筑施工面积(平方米)	88768885	74586877	72881120	1705757	13784953		397055
#本年新开工面积	45088687	37832735	36818303	1014432	6956112		299840
#实行投标承包面积	82495430	68670642	67163421	1507221	13460862		363926
#本年新开工	43143766	35981297	35024635	956662	6887603		274866
房屋建筑竣工面积(平方米)	26016521	23327750	22109450	1218300	2380290		308481
房屋竣工率(%)	29.31	31.28	30.34	71.42	17.27		77.69
招投标率按房屋施工面积计算(%)	92.93	92.07	92.15	88.36	97.65		91.66
年末自有施工机械设备(净值)(千元)	6080930	4927349	1744252	3183097	706777	148410	298394
年末自有施工机械设备(总台数)(台)	150634	101680	65914	35766	27540	12354	9060
年末自有施工机械设备(总功率)(千瓦)	3323236	2664162	1240740	1423422	362978	127444	168652
技术装备率(元/人)	10409	11020	5336	26473	8362	4831	13681
动力装备率(千瓦/人)	5.69	5.96	3.80	11.84	4.29	4.15	7.73

9-2 建筑业主要经济指标

（2010 年）

单位：千元

指　　标	合　计	内资企业	国有	集体	港澳台投资企业	外商投资企业
资产合计	**101542926**	**101045655**	**15098275**	**733085**	**146373**	**350898**
流动资产合计	79165630	78916883	11732709	528625	130769	117978
#存　货	19957194	19858381	2449417	96228	83232	15581
固定资产合计	16399651	16161917	2587330	174752	13154	224580
固定资产原价	20427584	20128477	4267965	236971	30671	268436
#生产经营用	15191583	14914867	2856715	166461	19149	257567
累计折旧	6750041	6669879	1946188	71496	17897	62265
#本年折旧	1825712	1793415	360015	10098	1543	30754
在建工程	1993405	1978342	162288	5285		15063
无形及递延资产小计	2607865	2599475	524980	17439	2450	5940
#无形资产	2298983	2296516	346607	14152	2450	17
负债合计	65063151	64827829	11602526	370417	64428	170894
流动负债合计	62941367	62731147	11313553	368002	64428	145792
长期负债合计	2121784	2096682	288973	2415		25102
所有者权益合计	36479775	36217826	3495749	362668	81945	180004
#实收资本	24848987	24767243	2035976	263500	35136	46608
#国家资本	2929712	2929712	1925976			
#集体资本	619914	619914		261000		
#法人资本	8635113	8609883	110000	2500	14630	10600
#个人资本	12606464	12604464			1000	1000
#港澳台资本	22776	3270			19506	
#外商资本	35008					35008
工程结算收入	131618566	131116142	18147042	1253408	292782	209642
工程结算成本	114386503	114009751	15796717	1113694	256589	120163
工程结算税金及附加	4653274	4637941	577277	36113	8880	6453
工程结算利润	10433780	10327664	1770122	100547	23235	82881
其他业务收入	1284811	1284635	262026	4526	9	167
其他业务利润	184004	183828	15539	4087	9	167
管理费用	4631307	4600863	884855	47757	9205	21239
#税　金	257340	254851	18706	1056	1901	588
#财产保险费	23546	23486	1156	294		60
财务费用	589249	585046	76961	1264	456	3747
#利息支出	379634	379448	59935	381	183	3
营业利润	5373695	5302050	798937	55613	13583	58062
利润总额	4901012	4875520	767383	52222	13599	11893
应交所得税	1061616	1056051	80067	12095	3094	2471
应付利润	1811044	1799302	81871	24263	9200	2542
劳动、失业保险费	356599	356287	71292	934	312	
养老保险和医疗保险费	1128273	1121479	219046	6386	6641	153
住房公积金及住房补贴	390953	390953	98260	3403		
本年应付工资总额（贷方累计发生额）	18471376	18422253	2106239	310960	34073	15050
本年应付福利费总额（贷方累计发生额）	734618	733764	92901	13257	184	670
应收工程款	11372653	11358012	2996844	100213	4641	10000
#竣工工程	4009618	3998238	782758	75000	1380	10000
亏损企业个数	130	129	5		1	

单位:千元

指标	合计	房屋和土木工程建筑业	房屋工程建筑	土木工程建筑	建筑安装业	建筑装饰业	其他建筑业
资产合计	**101542926**	**76517697**	**27362515**	**49155182**	**16281394**	**4506565**	**4237270**
流动资产合计	79165630	60846387	19908161	40938226	11539442	3618770	3161031
#存　货	19957194	16425441	4692639	11732802	2068440	767599	695714
固定资产合计	16399651	11850199	4928052	6922147	2959821	668900	920731
固定资产原价	20427584	15126945	5362468	9764477	3325483	774620	1200536
#生产经营用	15191583	11935676	4149616	7786060	1870979	461221	923707
累计折旧	6750041	4972134	1439478	3532656	1118382	252285	407240
#本年折旧	1825712	1446309	408230	1038079	235878	61520	82005
在建工程	1993405	1174103	848989	325114	646260	89732	83310
无形及递延资产小计	2607865	2234371	1567973	666398	327466	21149	24879
#无形资产	2298983	1985451	1490310	495141	289271	6419	17842
负债合计	65063151	53592767	15168638	38424129	8336517	1376907	1756960
流动负债合计	62941367	51672983	14581868	37091115	8225790	1347752	1694842
长期负债合计	2121784	1919784	586770	1333014	110727	29155	62118
所有者权益合计	36479775	22924930	12193877	10731053	7944877	3129658	2480310
#实收资本	24848987	15615709	8312141	7303568	4918652	2375573	1939053
国家资本	2929712	2172589	546970	1625619	453029	43993	260101
集体资本	619914	444380	261534	182846	111254	23000	41280
法人资本	8635113	5311614	2234428	3077186	2258016	515319	550164
个人资本	12606464	7656526	5269209	2387317	2087820	1777880	1084238
港澳台资本	22776	10000		10000	8533	973	3270
外商资本	35008	20600		20600		14408	
工程结算收入	131618566	103601707	51363025	52238682	18812901	5042805	4161153
工程结算成本	114386503	90710249	44943745	45766504	16178325	4066957	3430972
工程结算税金及附加	4653274	3706047	1666843	2039204	623129	175461	148637
工程结算利润	10433780	7329631	2982438	4347193	1862157	725210	516782
其他业务收入	1284811	674493	317050	357443	386134	33617	190567
其他业务利润	184004	120884	51832	69052	26365	11842	24913
管理费用	4631307	3071794	1033000	2038794	926903	325858	306752
#税　金	257340	176913	80423	96490	44249	22214	13964
财产保险费	23546	15324	7159	8165	3891	2920	1411
财务费用	589249	497936	116807	381129	63860	18435	9018
#利息支出	379634	328960	59738	269222	33392	11095	6187
营业利润	5373695	3883665	1875501	2008164	872830	391218	225982
利润总额	4901012	3409169	1536293	1872876	885215	371714	234914
应交所得税	1061616	721588	371028	350560	196728	82439	60861
应付利润	1811044	1071318	587331	483987	459690	180291	99745
劳动、失业保险费	356599	309819	84027	225792	34522	3539	8719
养老保险和医疗保险费	1128273	982599	159346	823253	120563	9803	15308
住房公积金及住房补贴	390953	320854	31580	289274	60876	4603	4620
本年应付工资总额(贷方累计发生额)	18471376	14651494	7623532	7027962	2562131	678418	579333
本年应付福利费总额(贷方累计发生额)	734618	544698	313077	231621	140688	27338	21894
应收工程款	11372653	8371854	4293233	4078621	2019163	493381	488255
#竣工工程	4009618	2343463	1268420	1075043	1105737	366628	193790
亏损企业个数	130	33	13	20	31	45	21

9-3 劳务分包建筑企业生产经营情况

（2010 年）

单位：千元、人

指标名称	总计	内资企业	私营企业
企业个数	171	171	109
建筑业总产值	1448166	1448166	864786
#装饰装修产值	86706	86706	79166
计算建筑业劳动生产率的平均人数	38543	38543	29211
年末从业人数	36485	36485	30123
#管理人员	2686	2686	2157
工程技术人员	2797	2797	1911
现场施工工人	29605	29605	25401
固定资产原价	61860	61860	46883
本年折旧	8701	8701	6233
资产总计	519914	519914	365070
负债合计	139265	139265	78979
实收资本	235327	235327	167415
#国家资本	1006	1006	
集体资本	2780	2780	
法人资本	38619	38619	28860
个人资本	192922	192922	138555
营业收入	1339876	1339876	785488
#主营业务收入（工程结算收入）	1336655	1336655	783536
主营业务成本（工程结算成本）	1176170	1176170	657303
主营业务税金及附加（工程结算税金及附加）	29356	29356	23515
费用合计（营业费用、管理费用、财务费用）	92861	92861	74548
营业利润	60148	60148	48159
利润总额	58463	58463	47616
从业人员劳动报酬	560919	560919	408743
劳动、失业保险费	10026	10026	3680
住房公积金及住房补贴	2016	2016	1322
全部从业人员年平均人数	40182	40182	30702

9-4　建筑业企业房屋建筑工程完成情况

（2010 年）

单位:万平方米

指　　标	2009 年	2010 年
合　计	**2388.59**	**2861.17**
厂房、仓库	334.27	273.98
住宅	1379.25	1761.62
办公用房	260.28	298.28
批发和零售用房	11.45	20.57
住宿和餐饮用房	23.17	17.37
居民服务业用房	16.16	16.98
教育用房	102.03	155.21
文化、体育和娱乐用房	22.02	58.21
卫生医疗用房	60.06	95.54
科研用房	8.28	24.93
其他用房	171.63	138.49

9-5　各县(市)区建筑业企业个数

（2010 年）

县(市)区	企业个数（个）			年末从业人数(人)	计算劳动生产率的平均人数（人）		
		国有控股	集体控股			国有控股	集体控股
郑州市	**1250**	**42**	**26**	**584181**	**610197**	**84688**	**10451**
中原区	122	8	4	77530	75787	15863	2896
二七区	120	7	3	47947	60172	12991	850
管城区	88	4		30432	29564	4075	
金水区	558	10	3	222518	188998	16867	632
上街区	22	2	1	9354	8363	1833	31
惠济区	49	2	2	44857	37194	154	452
中牟县	23	2	1	11473	10268	2201	180
巩义市	14		1	4121	5352		563
荥阳市	18	1	1	21503	22571	220	122
新密市	30		1	14382	12862		160
新郑市	27		6	8732	13231		2841
登封市	21		3	7904	7771		1724
经济开发区	52	3		27017	54120	12319	
高新开发区	52	3		34148	59639	18165	
郑东新区	51			21934	24007		
航空港区	3			329	298		

9-6 各县(市)区建筑业合同及承包工程完成情况

(2010 年)

单位:万元

县(市)区	签定的合同额	上年结转合同额	本年新签合同额	直接从建设单位承揽工程完成产值	自行完成施工产值	分包出去工程产值	从建设单位以外承揽工程完成产值
郑州市	**27121777.7**	**9179565.6**	**17942212.1**	**13376791.8**	**13303090.3**	**73701.5**	**220159.7**
中原区	2532295.3	719041.8	1813253.5	1617289.6	1592568.8	24720.8	44614.7
二七区	2917713.8	1489017.2	1428696.6	1519146.3	1517144.0	2002.3	76647.0
管城区	1450790.4	723595.2	727195.2	676990.2	662089.9	14900.3	1156.0
金水区	8379081.8	2744850.7	5634231.1	4095745.6	4084691.4	11054.2	27765.5
上街区	250330.5	75386.7	174943.8	220650.5	202504.6	18145.9	417.2
惠济区	1474624.8	433537.8	1041087.0	806930.8	806930.8		1361.7
中牟县	563784.1	161414.3	402369.8	307529.5	307529.5		1991.0
巩义市	185929.0	59806.9	126122.1	92417.4	92417.4		
荥阳市	474783.0	165065.9	309717.1	296524.9	296524.9		
新密市	310014.9	92442.2	217572.7	215765.5	215660.5	105.0	5699.1
新郑市	295941.0	53715.0	242226.0	227880.5	227880.5		
登封市	108227.8	30384.1	77843.7	72478.5	72478.5		
经济开发区	3904991.5	541682.5	3363309.0	1545674.3	1545674.3		
高新开发区	3531519.5	1577914.7	1953604.8	1210039.5	1207346.5	2693.0	40775.6
郑东新区	737394.6	310598.6	426796.0	468882.2	468802.2	80.0	19731.9
航空港区	4355.7	1112.0	3243.7	2846.5	2846.5		

9-7 各县(市)区建筑业企业总产值

(2010 年)

单位:万元

县(市)区	总产值	国有控股	集体控股	建筑工程产 值	国有控股	集体控股
郑州市	**13523250**	**2501793**	**118351.5**	**11524685.4**	**1950592.3**	**95555.2**
中原区	1637183.5	477808.6	14838.1	1149227.3	219979.1	14838.1
二七区	1593791	609703.1	7312.7	1405323.5	563063.2	4282
管城区	663245.9	144154.7		609018.3	131707.3	
金水区	4112456.9	393907.4	15686.2	3547922.5	370656.9	14678.2
上街区	202921.8	68387.8	460.5	137169.6	38084.8	460.5
惠济区	808292.5	1439.2	4059	666740.2	605	4059
中牟县	309520.5	129000	4391.6	163479.9	11020	
巩义市	92417.4		13500	74562		13500
荥阳市	296524.9	3006	2151	274903.1		2151
新密市	221359.6		995	196302		120
新郑市	227880.5		32261.6	206377.7		23648
登封市	72478.5		22695.8	55874.2		17818.4
经济开发区	1545674.3	306428.8		1490312.4	305090.1	
高新开发区	1248122.1	367957.4		1072325.4	310385.9	
郑东新区	488534.1			472300.8		
航空港区	2846.5			2846.5		

9-8 各县(市)区建筑业竣工产值

(2010年)

单位:万元

县(市)区	竣工产值	国有控股	集体控股
郑州市	**6189780.2**	**961816.1**	**82221.2**
中原区	796356.6	166853.4	11664
二七区	643632.3	207499.4	4525.9
管城区	316180.8	20807.4	
金水区	2099912.8	202945	14439.4
上街区	148335	52406.1	460.5
惠济区	482963.3	605	15515
中牟县	186701.7	52541	4391.6
巩义市	56717.3		2198
荥阳市	95520.9		161
新密市	176627.7		995
新郑市	180910		16802.8
登封市	35488.6		11068
经济开发区	352972.3	51484.3	
高新开发区	488500.2	206674.5	
郑东新区	126114.2		
航空港区	2846.5		

9-9 各县(市)区建筑业全员劳动生产率

(2010年)

单位:元/人

县(市)区	按总产值计算全员劳动生产率	国有	集体
郑州市	**221621**	**295413**	**113244**
中原区	216024	301209	51237
二七区	264873	469327	86032
管城区	224342	353754	
金水区	217593	233537	248199
上街区	242642	373092	148548
惠济区	217318	93455	89801
中牟县	301442	586097	243978
巩义市	172678		239787
荥阳市	131374	136636	176311
新密市	172104		62188
新郑市	172232		113557
登封市	93268		131646
经济开发区	285601	248745	
高新开发区	209280	202564	
郑东新区	203497		
航空港区	95520		

9-10 各县(市)区建筑业房屋建筑施工、竣工面积

(2010 年)

单位:平方米

县(市)区	施工面积	国有控股	集体控股	竣工面积	国有控股	集体控股
郑州市	**88768885**	**5585130**	**1083216**	**26016521**	**1105024**	**573257**
中原区	13718655	674625	148030	3582131	112132	130030
二七区	3590138	64066	2000	1223019		2000
管城区	6009129			1421517		
金水区	38495901	4179484	134619	10553188	806301	134619
上街区	1095868	14145		331096	14145	
惠济区	11316410	3300	261840	3380654	3300	181607
中牟县	1390261			831582		
巩义市	1791904		237902	541639		22534
荥阳市	3813427		29843	951117		1060
新密市	1950205			1154756		
新郑市	1383972		69186	840704		49524
登封市	659155		199796	338961		51883
经济开发区	824640	646864		239433	166500	
高新开发区	282288	2646		81107	2646	
郑东新区	2392992			526677		
航空港区	53940			18940		

9-11 各县(市)区建筑业自有机械设备情况

(2010 年底)

单位:千瓦、万元

县(市)区	总功率	国有	集体	自有设备净值	国有	集体
郑州市	**3323236**	**535212**	**35043**	**608093**	**92516.4**	**8271.3**
中原区	473874	117866	8197	74340.7	24033.6	1004.8
二七区	251316	93511	580	53178.3	17610.9	40.8
管城区	208630	83057		25089.9	9577.5	
金水区	933282	61445	1525	147358.1	7900.8	499.8
上街区	43872	21636	2	7430.3	5942.6	8.1
惠济区	233771	1613	3860	25348	514	1165.8
中牟县	141616	54937	100	12774.3	542.1	5.1
巩义市	51974		2386	5318.2		158.5
荥阳市	108517	3081	1463	14152.1	228.3	103.3
新密市	83819			4492		
新郑市	68216		9570	13020.5		2666.1
登封市	47817		7360	7186.3		2619
经济开发区	391395	35318		124081.7	6301	
高新开发区	233201	62748		75785.1	19865.6	
郑东新区	50435			18118.6		
航空港区	1500			418.9		

9-12 各县(市)区建筑业实收资本及资产合计

(2010 年)

单位:万元

县(市)区	实收资本	国有控股	集体控股	资产合计	国有控股	集体控股
郑州市	**2484898.7**	**239660.7**	**29622**	**10154292.6**	**2111599.9**	**79711.2**
中原区	262122.3	49386.2	5023	1056216.2	381947.4	8739.9
二七区	263865.9	45098.5	1348	1563165.4	519777.7	7667.8
管城区	139294.8	20510		526096.1	141874.1	
金水区	909386.4	29034.5	4000	2721020.2	289021.2	9300.2
上街区	39833.6	15277	400	138420.5	58771.4	1329.8
惠济区	114738.8	1539.4	2603.6	318931	1759.2	6953.8
中牟县	65884.8	28716.6	823.6	247381.4	163048.5	3151.4
巩义市	31136.5		2366	86538.4		5335.6
荥阳市	43965.2	240.6	606	96933.2	1737.8	813.5
新密市	42575.4		550	155986.7		1131
新郑市	49811.7		6499.4	155631.9		24020.8
登封市	19774.2		5402.4	39002.4		11267.4
经济开发区	246173.3	30641.9		1850622.7	218263.8	
高新开发区	117772	19216		907563.3	335398.8	
郑东新区	136913.8			284150		
航空港区	1650			6633.2		

9-13 各县(市)区建筑业流动资产及固定资产

(2010 年底)

单位:万元

县(市)区	流动资产合计	国有控股	集体控股	固定资产合计	国有控股	集体控股
郑州市	**7916563**	**1709563.7**	**56229.7**	**1639965.1**	**292029.9**	**20510.7**
中原区	786032.1	292122.4	5800.8	166288.2	69602.7	2445.5
二七区	1303990.6	430028.2	6864.7	156010	43209.5	802.1
管城区	407315.9	117692.3		75168.9	21099.1	
金水区	1992531.9	203846	7530	489153.7	72823	1690.2
上街区	109855.2	45033.5	761.1	20543.8	13551.8	95.7
惠济区	222121.3	778.3	5065.8	73045.2	931.4	1677.5
中牟县	197811.2	139140.2	2928.3	43203.1	23477.8	203.1
巩义市	45996.1		2744.3	39569.8		2591.3
荥阳市	65942.4	1331	387.2	29251.6	397.6	426.3
新密市	119735.2		420	35929.3		630
新郑市	116220.1		18927.2	36381.6		4301.1
登封市	19865		4800.3	16287.1		5647.9
经济开发区	1556286.8	191624.1		266073.2	12420.7	
高新开发区	762047	287967.7		116715.2	34516.3	
郑东新区	207675.3			72848.1		
航空港区	3136.9			3496.3		

9-14 各县(市)区建筑业工程结算收入及负债合计

(2010 年)

单位:万元

县(市)区	工程结算收入	国有控股	集体控股	负债合计	国有控股	集体控股
郑州市	**13161856.6**	**2507823.7**	**149477.1**	**6506315.1**	**1704583.1**	**40061.6**
中原区	1602193.8	500737	18516.8	681654.8	313072.4	3344.1
二七区	1550178.6	544483.3	7806.2	1204857.3	445298.5	4738.2
管城区	632779.7	114028.4		348146.5	121550.7	
金水区	4105166.4	398711.6	13279.7	1299468.1	158289.8	4999.7
上街区	154002.8	59944	460.5	84715	43147	929.8
惠济区	770015.6	1412.7	27542.7	135978.9	333.1	1871.6
中牟县	298255.9	154259.1	4391.6	169598.9	132110	2204.3
巩义市	93491.5		21230.9	38264.9		2812.4
荥阳市	279120.8	1815.2	2151	37468.9	1396.3	207.5
新密市	188723.5		995	92392.7		188
新郑市	201749.2		31724.3	70091.9		14947.3
登封市	58998.9		21378.4	12744.3		3818.7
经济开发区	1491132.2	306428.8		1505457.5	185620.9	
高新开发区	1310443	426003.6		741143.6	303764.4	
郑东新区	420110.8			83062.8		
航空港区	5493.9			1269		

9-15 各县(市)区建筑业利润、利税总额

(2010 年)

单位:万元

县(市)区	利润总额	国有控股	集体控股	利税总额	国有控股	集体控股
郑州市	**490101.2**	**86656.7**	**5601.3**	**981162.6**	**166418.1**	**10135**
中原区	54648.2	7760.7	264.5	109322.1	23936.7	884.6
二七区	38338.1	11813.5	655.2	91468.8	26535.5	949.2
管城区	13058.6	966.3		34818.8	4730.2	
金水区	148503.9	6624.3	111.4	289225.4	20907.8	556
上街区	5769.3	1042.3	8.5	10202.9	2292.5	23.1
惠济区	33476.7	105.6	1272	60864.5	149.9	2189.1
中牟县	78446.5	57420.9	39.9	90131.2	63245.8	187.1
巩义市	4933.2		215	8947.9		932.5
荥阳市	6849.9	27.9	96.8	15943	98.9	170.1
新密市	11362.6		35	19005.8		78
新郑市	12739.2		713.8	19207.6		1360.7
登封市	4751.1		2189.2	6813.7		2804.6
经济开发区	31200.9	736.6		122431.1	10878.2	
高新开发区	18895.7	158.6		60756	13642.6	
郑东新区	26686.4			41485		
航空港区	440.9			538.8		

主要统计指标解释

建筑业统计单位 指从事房屋、构筑物建造和设备安装活动的法人企业。建筑业法人企业应同时具备的条件是:①依法成立,有自己的名称、组织机构和场所,能够承担民事责任;②独立拥有和使用资产,承担负债,有权与其他单位签订合同;③独立核算盈亏,能够编制资产负债表。

建筑业总产值(即自行完成施工产值) 是以货币表现的建筑安装企业在一定时期内生产的建筑业产品的总和。建筑业总产值包括:

(1)建筑工程产值:指列入建筑工程预算内的各种工程价值。

(2)设备安装工程产值:指设备安装工程价值,不包括被安装设备本身价值。

(3)房屋、构筑物修理产值:指房屋、构筑物修理所完成的价值,但不包括被修理房屋、构筑物本身的价值和生产设备的修理价值。

(4)非标准设备制造产值:指加工制造没有定型的、非标准的生产设备的加工费和原材料价值,以及附属加工厂为本企业承建工程制作的非标准设备的价值。

建筑业增加值 指建筑业企业在报告期内以货币表现的建筑业生产经营活动的最终成果。目前建筑业增加值采用分配法(收入法)计算,即从收入的角度出发,根据生产要素在生产过程中应得的收入份额计算。具体计算公式为:

建筑业增加值=本年提取的固定资产折旧+应付工资+应付福利费+管理费用中的劳动待业保险金、税金+工程结算税金及附加+工程结算利润

房屋建筑施工面积 指在报告期内施工的全部房屋建筑面积,包括本期新开工的房屋面积、上期施工跨入本期继续施工的房屋面积、上期停缓建在本期恢复施工的房屋面积、本期竣工的房屋面积及本期施工后又停缓建的房屋面积。

房屋建筑竣工面积 指在报告期内房屋建筑按照设计要求全部完工,达到了住人和使用条件,经验收鉴定合格,正式移交使用单位的房屋建筑面积。

自有机械设备年末总台数 指归本企业所有,属于本企业固定资产的生产性机械设备年末总台数。包括施工机械、生产设备、运输设备以及其他设备。

自有机械设备年末总功率 指本企业自有施工机械、生产设备、运输设备以及其他设备等列为在册固定资产的生产性机械设备年末总功率,按设定能力或查定能力计算。包括机械本身的动力和为该机械服务的单独动力设备,如电动机等。计算单位用千瓦,动力换算可按 1 马力=0.735 千瓦折合成千瓦数。电焊机、变压器、锅炉不计算动力。

工程结算收入 指企业承包工程实现的工程价款结算收入,以及向发包单位收取的除工程价款以外的按规定列作营业收入的各种款项,如临时设施费、劳动保险费、施工机械调迁费等以及向发包单位收取的各种索赔款。

工程结算利润 指已结算工程实现的利润,如亏损以“-”号表示。计算公式为:

工程结算利润=工程结算收入-工程结算成本-工程结算税金及附加

企业总收入 指与企业生产经营直接有关的各项收入,包括工程结算收入和其他业务收入。计算公式为:

企业总收入=工程结算收入+其他业务收入

十、交通运输、邮电通讯

10-1 公路里程、桥梁、涵洞

（2010 年）

指　　标	单位	合计	国道	省道	县道	乡道	专用道	村道
公路里程	**公里**	**11928**	**260**	**591**	**1009**	**3901**	**221**	**5946**
高速公路		54		54				
一级公路	公里	73	68	6				
二级公路	公里	1667	192	451	683	262	6	73
三级公路	公里	1616		69	259	966	168	154
四级公路	公里	6550		12	61	2508	44	3925
等外公路	公里	1968			6	164	3	1795
按路面等级分	**公里**	**11928**	**260**	**591**	**1009**	**3901**	**221**	**5946**
有铺装路面	公里	6270	226	485	700	2058	131	2669
简易铺装路面	公里	3537	34	103	303	1660	87	1450
无铺装路面	公里	2021		4	6	182	3	1827
养护里程	**公里**	**11847**	**242**	**527**	**1009**	**3901**	**221**	**5946**
专用道班养护	公里	1779	242	527	1009			
#油路养护	公里	1779	242	527	1009			
群众养护	公里	10068				3901	221	5946
公路绿化里程	**公里**	**5019**	**240**	**414**	**905**	**2374**	**154**	**932**
涵洞	**米**	**59136**	**7556**	**11449**	**13184**	**17494**	**1467**	**7987**
	道	5802	275	508	958	2480	175	1406
隧道	**米**	**3211**			**863**	**1493**	**465**	**390**
	座	14			2	6	2	4
桥梁总计	**米**	**4053[illegible]**	**6789**	**7899**	**6729**	**11486**	**684**	**6943**
	座	105[illegible]	61	142	166	382	21	282
永久性桥梁	米	4046[illegible]	6789	7899	6729	11423	684	6943
	座	105[illegible]	61	142	166	380	21	282
半永久性桥梁	米	[illegible]				63		
	座	2				2		
大中桥	米	27520	5173	6620	5180	7005	397	3145
	座	3[illegible]2	38	62	71	112	5	54
#大桥	米	128[illegible]9	3694	4073	2065	2239	185	573
	座	53	13	15	8	16	1	5
危险桥	米	59[illegible]9		269	850	2977		1855
	座	2[illegible]4		8	24	125		77

注：1. 郑少高速公路 53.6 公里未按行政区划分段计算里程。2. 公路道车里程，中牟县 1604 公里，巩义 2054 公里，荥阳市 1616 公里，新密市 2141 公里，新郑市 1550 公里，登封市 1873 公里，上街区 168 公里。

10-2 民用车辆拥有量

（2010 年）

单位:辆

指　　标	总　计	营运	非营运	#个人
合　计	**1506724**	**291595**	**1215129**	**1186511**
汽车	**963010**	**164753**	**798257**	**777605**
载客汽车	759450	28182	731268	635547
#大型	12703	9826	2877	878
中型	10002	2711	7291	3876
小型	675391	15525	659866	578931
微型	61354	120	61234	51862
#轿车	462829	15375	447454	402406
载货汽车	118009	90688	27321	61722
#重型	34503	31677	2826	15053
中型	20594	18129	2465	12879
轻型	61506	40098	21408	33291
微型	1406	784	622	499
#普通载货	41444	27213	14231	27389
其它汽车	85551	45883	39668	80336
#三轮汽车	53118	24685	28433	52191
低速货车	25851	19718	6133	25042
电车	**71**	**59**	**12**	
无轨	71	59	12	
摩托车	**410561**	**701**	**409860**	**406614**
普通	405996	700	405296	402069
轻便	4565	1	4564	4545
拖拉机	**124983**	**118427**	**6556**	**22**
大中型	9981	9981		
小型方向盘式	61518	58011	3507	22
挂车	**8095**	**7654**	**441**	**2269**
其他类型车	**4**	**1**	**3**	**1**

补充资料:机动车驾驶员:1725434 人,其中:汽车驾驶员:1632187 人。

10-3 社会客货运输量

（2010 年）

指　　标	单位	总　计	铁路	航空	公路	天然气管道
货运量	万吨	20636	3099	4	17496	37
货运周转量	万吨公里	4797894	1993896	5641	2798321	37
客运量	万人	30121	2934	418	26769	
客运周转量	万人公里	3013977	1139462	497747	1376768	
换算周转量	万吨公里	6110842	3133358	41450	2935998	37

注:1. 天然气管道外购量:52171 万立方;2. 换算货运量周转量:36.5 万吨;3. 换算比例 0.7 千克。

10-4 邮电通信行业基本情况

（2010 年）

指标名称	计量单位	本年实际	指标名称	计量单位	本年实际
局所及通信网络			**本地网内区间电话通话量**	**万次**	**6965**
营业网点	处	415	本地网内区内电话通话量	万次	441597
#邮政局所	处	261	本地网内拨号上网通话量	万次	3110
邮政信筒信箱	个	600	固定传统长途电话通话时长	万分钟	46908
邮路条数	条	103	移动电话通话时长合计（含本地）	万分钟	3967386
邮路总长度	公里	67948	IP 电话通话时长	万分钟	28245
#汽车邮路	公里	27679	移动短信业务量	亿条	20
铁路邮路	公里	7545	移动电话年末用户	万户	872
航空邮路		32724	#3G 移动电话用户	万户	40
农村投递线路总长度	公里	13416	本年移动电话新增用户	万户	255
通信业务量			**固定本地电话年末用户**	**万户**	**265**
邮电业务总量（2000 年不变价）	万元	2963194	#公用电话用户	万户	27
邮政业务总量	万元	89832	城市电话用户	万户	224
电信业务总量	万元	2873362	其中住宅电话用户	万户	152
函件	万件	5827	农村电话用户	万户	40
包裹	万件	65	#住宅电话用户	万户	32
汇票	万笔	206	互联网宽带接入用户	万户	145
快递	万件	600	**电信主要通信能力**		
订销报刊期发数	万份	111	光缆线路长度	公里	24436
#期刊数	万份	45	固定长途电话交换机容量	万门	4800
订销报刊累计数	万份	15312	局用电话交换机容量	万门	158
#期刊数	万份	803	移动电话交换机容量	万门	1672

注：邮政业务总量不包括邮政储蓄银行数据，和上年不可比。

10-5 电话用户情况

（2010 年底）

县（市）区	计量单位	移动电话用户期末数	本地电话用户期末数
市区	户	6502316	1876627
上街区	户	92736	54301
中牟县	户	290551	93790
巩义市	户	383144	152614
荥阳市	户	299532	109902
新密市	户	415124	131535
新郑市	户	410885	129556
登封市	户	331109	99932

主要统计指标解释

公路里程 指在一定时期内实际达到《公路工程技术标准 JTJ01—88》规定的等级公路，并经公路主管部门正式验收交付使用的公路里程数。其计算单位为：km。它包括大中城市的郊区公路以及通过小城镇街道部分的公路里程，也包括桥梁、渡口的长度，但不包括大中城市的街道、厂矿、林区生产用道和农业生产用道的里程。两条或多条公路共同经由同一路段，只计算一次，不得重复计算里程长度。公路里程是反映公路建设发展规模的重要指标，也是计算运输网密度等指标的基础资料。

货(客)运量 指在一定时期内，各运输部门实际运送的货物(旅客)数量。是反映运输业为国民经济和人民生活服务的数量指标，也是制定和检查运输生产计划，研究运输发展规模和速度的重要指标。货运按吨计算，客运按人计算。货物不论运输距离长短，货物类别，均按实际重量统计；旅客不论里程远近或票价多少，均按一人一次作为客运量统计。半价票、小孩票也按一人统计。

货物(旅客)周转量 指在一定时期内，由各种运输工具运送的货物(旅客)数量与其相应运输距离的乘积之总和，是反映运输业生产总成果的重要指标，也是编制和检查运输生产计划，计算运输效率、劳动生产率以及核算运输单位成本的主要基础资料。通常以吨公里和人公里为计算单位。计算货物周转量通常按发出站到达站之间的最短距离，也就是计费距离计算。

邮电业务总量 指以货币表现的邮电部门用于传递信息和提供其他邮电服务的总数量。它综合反映了一定时期邮电工作的总成果，是研究邮电业务量构成和发展趋势的重要指标。根据邮电管理体制不同，分为中央国营业务总量和地方国营业务总量。它用各种邮电分类业务量，如函件件数、电报份数、长话张数、市内电话和农村电话的年均户数、订销报刊累计份数等，分别乘以相应的平均单价(不变价)，加总后再加上出租电路和设备的收入、代用户维护电话交换机和线路等设备的收入、其他业务收入求得。

十一、国内贸易

11-1 社会消费品零售总额

（2010 年）

单位:万元

类 别	合 计	贸易餐饮企业	贸易餐饮个体	其 他
社会消费品零售总额	**17021009**	**8655410**	**8124929**	**240670**
按销售单位所在地分				
城镇	15524324	8477079	6888872	158373
乡村	1495685	178331	1236057	82297
按行业分				
批发业	1660231	1085261	574970	
零售业	12417508	7133791	5283717	
住宿业	187135	134373	52762	
餐饮业	2515465	301985	2213480	
其他	240670			240670

注:2010 年社会消费品零售总额定报数据为 16780339 万元。

11-2 分县(市)区社会消费品零售总额

（2010 年）

单位:万元

县(市)区	合 计	批发零售业	住宿餐饮业	其他
中原区	1172497	960498	187941	24058
二七区	1993051	1693348	276743	22960
管城区	1740501	1511078	221623	7800
金水区	4670946	3788167	847779	35000
上街区	270360	231167	39193	
惠济区	434030	352065	80445	1520
中牟县	757764	617407	121886	18471
巩义市	1256884	1002452	234428	20004
荥阳市	1039237	731765	274972	32500
新密市	1154056	906718	226924	20414
新郑市	1096489	883275	182014	31200
登封市	891763	640187	233976	17600

11-3 限额以上批发和零售业商品

（2010 年）

指　　标	法人企业（个）	同行业附营产业活动单位（个）	外行业附营产业活动单位（个）	大个体（个）	年末从业人员（人）
限额以上总计	**1140**	**3321**	**5**	**213**	**89345**
批发	**533**	**954**	**1**	**4**	**34559**
#国有及国有控股	71	360			11517
#个体				4	43
按登记注册类型分组					
内资企业	**526**	**941**	**1**		**33778**
国有企业	48	124			7707
集体企业	11	76			962
股份合作企业	1	1			37
有限责任公司	231	282			13445
国有独资公司	3	3			55
其他有限责任公司	228	279			13390
股份有限公司	15	228	1		2140
私营企业	217	227			9342
私营独资企业	14	14			2674
私营合伙企业	3	3			37
私营有限责任公司	189	199			6334
私营股份有限公司	11	11			297
其他企业	3	3			145
港、澳、台商投资企业	**4**	**10**			**621**
合资经营企业(港或澳、台资)	1	7			120
港、澳、台商独资经营企业	3	3			501
外商投资企业	**3**	**3**			**117**
中外合资经营企业	1	1			42
中外合作经营企业	1	1			53
外商投资股份有限公司	1	1			22
按国民经济行业分组					
批发业	**533**	**954**	**1**	**4**	**34559**
农畜产品批发	**37**	**38**	**1**		**1659**
谷物、豆及薯类批发	10	10			489
种子、饲料批发	12	12			735
棉、麻批发	10	11			249
其他农畜产品批发	5	5	1		186
食品、饮料及烟草制品批发	**43**	**46**			**5356**
米、面制品及食用油批发	18	19			1648
糕点、糖果及糖批发	3	3			136
肉、禽、蛋及水产品批发	2	2			198
盐及调味品批发	5	7			494
饮料及茶叶批发	7	7			280
烟草制品批发	2	2			1811
其他食品批发	6	6			789
纺织、服装及日用品批发	**38**	**38**		**1**	**1785**
纺织品、针织品及原料批发	14	14			599
服装批发	16	16			731
鞋帽批发	1	1			27
化妆品及卫生用品批发	4	4		1	214
其他日用品批发	3	3			214

本表统计范围为：包含限额以上法人，限额以上个体户和非批发零售企业附营的限额以上产业活动单位。

购进、销售、库存总额

单位:万元

商品购进总额	#进口	销售总额	批发额	#出口	零售额	年末商品库存总额	年末零售营业面积(平方米)
25033210	**737759**	**23391080**	**15679940**	**648538**	**7711140**	**1741788**	**3284242**
18419303	**443265**	**16196188**	**15450634**	**648538**	**745554**	**1091848**	**805684**
10556960	8611	7750101	7111422	157330	638679	352380	75501
8174		6955	6955			2179	200
18258210	**443265**	**16016938**	**15286602**	**648538**	**730336**	**1080627**	**805347**
3751396	8578	4413693	4257300	84806	156393	120298	306055
82959		96339	95704		635	2070	950
2000		2318	2318			15	
6227027	41376	6752583	6638444	366611	114139	401653	29351
56038	33	61678	61678	17217		4664	
6170989	41343	6690905	6576767	349394	114139	396989	29351
5518191	1496	1815483	1383650	6180	431833	252359	448344
2638782	391815	2897732	2870396	190940	27336	300434	20647
81595		95393	93064		2330	6796	659
12670		14934	14934			951	
2432448	373956	2676658	2651653	185495	25006	267951	19928
112069	17859	110746	110746	5445		24737	60
37855		38791	38791			3798	
52843		**58042**	**53633**		**4409**	**4681**	**37**
42212		43891	39482		4409	4233	37
10631		14151	14151			449	
100076		**114252**	**103443**		**10809**	**4360**	**100**
49582		50856	50856			558	
2155		3075	3075			939	
48339		60322	49512		10809	2863	100
18419303	**443265**	**16196188**	**15450634**	**648538**	**745554**	**1091848**	**805684**
615874	**293673**	**673673**	**668449**	**21775**	**5224**	**153798**	**850**
81891		85075	85075	752		11514	
84014	1582	118268	113044		5224	28800	200
88540		94255	94255	4171		18462	650
361429	292091	376075	376075	16852		95022	
805874	**596**	**1043020**	**1035425**	**11936**	**7595**	**64467**	**945**
130033	541	155294	153622	3525	1673	19447	95
31061		36838	30953		5885	6156	750
7444		9131	9131			2055	
17349		22912	22875		37	697	100
20350	55	24319	24319			4217	
514144		696594	696594	8411		26992	
85494		97932	97932			4903	
614731	**36894**	**662176**	**649923**	**224062**	**12253**	**45034**	**4369**
338214	28530	366484	366484	154206		9841	200
153411		156724	155280	45110	1444	27949	3890
3807		3586	3586			1824	
76902		89485	78676		10809	5067	200
42398	8364	45897	45897	24746		352	79

11-3 续表1 （2010年）

指　　标	法人企业（个）	同行业附营产业活动单位（个）	外行业附营产业活动单位（个）	大个体（个）	年末从业人员（人）
文化、体育用品及器材批发	**15**	**15**			**881**
文具用品批发	4	4			104
图书批发	2	2			448
音像制品及电子出版物批发	1	1			15
首饰、工艺品及收藏品批发	1	1			40
其他文化用品批发	7	7			274
医药及医疗器材批发	**41**	**66**			**3962**
西药批发	17	41			1961
中药材及中成药批发	17	18			1665
医疗用品及器材批发	7	7			336
矿产品、建材及化工产品批发	**199**	**562**		**3**	**11817**
煤炭及制品批发	32	33			4786
石油及制品批发	18	302			2943
非金属矿及制品批发	12	13			354
金属及金属矿批发	57	57		1	1207
建材批发	33	33		2	1363
化肥批发	9	86			233
农药批发	2	2			29
其他化工产品批发	36	36			902
机械设备、五金交电及电子产品批发	**137**	**165**			**8191**
农业机械批发	3	4			78
汽车、摩托车及零配件批发	30	31			1573
五金、交电批发	12	12			254
家用电器批发	12	17			1841
计算机、软件及辅助设备批发	23	42			878
通讯及广播电视设备批发	7	7			263
其他机械设备及电子产品批发	50	52			3304
贸易经纪与代理	**1**	**1**			**8**
贸易经纪与代理	1	1			8
其他批发	**22**	**23**			**900**
再生物资回收与批发	4	4			160
其他未列明的批发	18	19			740
零售	**607**	**2367**	**4**	**209**	**54780**
#国有及国有控股	24	139			2012
#个体				209	3909
按登记注册类型分组					
内资企业	**589**	**2328**	**4**		**44683**
国有企业	18	139	2		1922
集体企业	84	1058			3806
股份合作企业	3	7			36
联营企业	1	1			36
其他联营企业	1	1			36
有限责任公司	205	649	1		21871
国有独资公司	1	1			49
其他有限责任公司	204	648	1		21822
股份有限公司	20	22			3058
私营企业	255	449	1		13808

单位:万元

商品购进总额	#进口	销售总额	批发额	#出口	零售额	年末商品库存总额	年末零售营业面积（平方米）
306756	**61**	**418374**	**402537**	**13825**	**15837**	**44142**	**6781**
101152	61	106590	98536		8055	4129	40
104006		201329	195497		5832	30459	6000
4660		5367	5367			443	
13039		17927	17927	13825		1587	
83899		87160	85210		1950	7525	741
1480960	**15425**	**1576646**	**1558244**	**238**	**18402**	**124551**	**5951**
688340		723024	719066		3958	59281	1282
579605		627625	613181		14444	45537	4669
213016	15425	225997	225997	238		19733	
11059120	**61023**	**7893949**	**7293733**	**194292**	**600217**	**382032**	**757275**
1797273		2038470	2036052		2418	29852	1300
5976120	10440	2335307	1745224	70	590083	218519	746295
174842	21198	187119	187119	113847		9488	4300
1158126		1247758	1247758	23536		42453	360
1363893	2816	1416347	1410890	9921	5457	44271	1320
140104		164335	162076		2259	7635	3700
20613		21935	21935			3747	
428150	26569	482678	482678	46919		26067	
3323677	**5209**	**3676110**	**3595148**	**121354**	**80962**	**258698**	**28076**
9263		9551	8927		625	1673	3356
545138	1818	572404	551816	12026	20588	56374	13378
41022		43776	43716	1812	60	5617	220
1064170		1136762	1132357	4948	4405	56824	8135
228490	33	244317	234089	8806	10228	14339	1245
98905		99793	99690		103	8540	187
1336689	3358	1569506	1524554	93761	44953	115330	1555
2003		**2369**	**2369**	**2369**		**109**	**100**
2003		2369	2369	2369		109	100
210310	**30384**	**249872**	**244806**	**58686**	**5065**	**19018**	**1337**
37847		43394	43394			504	
172463	30384	206477	201412	58686	5065	18514	1337
6613907	**294494**	**7194893**	**229306**		**6965586**	**649940**	**2478558**
105731		115326	6535		108791	17789	66565
125295		135552	4593		130959	15601	147645
5516515	**246139**	**6021112**	**202992**		**5818120**	**575036**	**2026756**
58569		61650	1431		60219	13480	46469
297905		309588	65737		243851	25355	158261
11109		11801	476		11325	386	800
1182		1181			1181	90	2000
1182		1181			1181	90	2000
3121408	130701	3342926	88909		3254017	309227	1211548
2034		1853			1853	412	800
3119374	130701	3341073	88909		3252164	308815	1210748
132937		139712	4		139708	9191	116895
1889549	115438	2149436	46436		2103001	216763	477133

指　　标	法人企业（个）	同行业附营产业活动单位（个）	外行业附营产业活动单位（个）	大个体（个）	年末从业人员（人）
私营独资企业	23	31			1090
私营合伙企业	1	1			5
私营有限责任公司	223	407	1		12544
私营股份有限公司	8	10			169
其他企业	3	3			146
港、澳、台商投资企业	**3**	**18**			**3637**
合资经营企业(港或澳、台资)	2	10			437
港、澳、台商独资经营企业	1	8			3200
外商投资企业	**15**	**21**			**2551**
中外合资经营企业	5	6			1093
外资企业	5	10			828
外商投资股份有限公司	5	5			630
按国民经济行业分组					
零售业	**607**	**2367**	**4**	**209**	**54780**
综合零售	**141**	**1287**	**1**	**31**	**22283**
百货零售	74	635		20	12659
超级市场零售	21	172		7	7664
其他综合零售	46	480	1	4	1960
食品、饮料及烟草制品专门零售	**21**	**69**	**1**	**15**	**1437**
粮油零售	1	4			42
糕点、面包零售	1	8		1	116
肉、禽、蛋及水产品零售	10	48		1	717
饮料及茶叶零售	5	5		2	164
其他食品零售	4	4	1	11	398
纺织、服装及日用品专门零售	**57**	**130**	**1**	**85**	**4301**
纺织品及针织品零售	8	10		2	373
服装零售	31	65		56	2790
鞋帽零售	6	8	1	7	268
钟表、眼镜零售	2	13		1	322
化妆品及卫生用品零售	2	2		2	50
其他日用品零售	8	32		17	498
文化、体育用品及器材专门零售	**19**	**56**		**8**	**1154**
文具用品零售	2	2			33
体育用品零售	1	1			31
图书零售	9	43		1	840
珠宝首饰零售	4	7		7	200
工艺美术品及收藏品零售	2	2			38
照相器材零售	1	1			12
医药及医疗器材专门零售	**29**	**345**		**3**	**3197**
药品零售	22	337		3	3060
医疗用品及器材零售	7	8			137
汽车、摩托车、燃料及零配件专门零售	**194**	**210**	**1**	**20**	**12378**
汽车零售	159	162		8	11363
汽车零配件零售	5	5			233
摩托车及零配件零售	5	6		11	212
机动车燃料零售	25	37	1	1	570

单位:万元

商品购进总额	#进口	销售总额	批发额	#出口	零售额	年末商品库存总额	年末零售营业面积（平方米）
56094		57845	6143		51702	6529	42795
530		622			622	102	90
1819171	115318	2074314	40292		2034022	209276	427892
13754	120	16655			16655	856	6356
3858		4820			4820	544	13650
576014	**48355**	**573784**			**573784**	**18285**	**179022**
76043	48355	75009			75009	7743	4494
499972		498775			498775	10542	174528
396083		**464444**	**21721**		**442723**	**41018**	**125135**
74427		122777			122777	12684	28636
94209		103909			103909	10217	78915
227447		237759	21721		216037	18118	17584
6613907	**294494**	**7194893**	**229306**		**6965586**	**649940**	**2478558**
1451876		**1588271**	**70922**		**1517349**	**115994**	**1152377**
1052158		1137637	50835		1086802	69553	733787
269979		314738	507		314231	36258	335345
129739		135895	19580		116315	10183	83245
66673		**76570**	**6943**		**69627**	**8149**	**54486**
2500		2655			2655	20	3200
1092		1608			1608	171	2245
28729		30851	486		30365	1329	20706
21706		27867	5732		22135	4355	15820
12646		13589	725		12864	2274	12515
307574		**342397**	**18077**		**324319**	**56552**	**127871**
19715		21355	1080		20275	5471	8569
203870		228197	15608		212589	30329	99983
16924		18435	652		17783	2038	6438
22715		28732			28732	13334	5157
14876		13517			13517	2163	690
29474		32161	737		31424	3217	7034
58750		**63938**	**4565**		**59374**	**17567**	**27316**
2546		2857	259		2598	319	110
500		610			610	20	186
40590		41206	1431		39775	12687	21482
12670		16357	2013		14344	3267	4931
2292		2723	862		1861	1188	487
152		185			185	87	120
141597	**744**	**168039**	**255**		**167785**	**21240**	**67786**
133870		159810	255		159555	19136	66101
7727	744	8229			8229	2105	1685
3788628	**293354**	**4094654**	**72113**		**4022542**	**331964**	**525848**
3635886	293354	3932804	57935		3874869	319432	477659
51377		52885			52885	3815	4757
45524		48600	12210		36391	4445	10030
55842		60365	1968		58397	4272	33402

指　　标	法人企业（个）	同行业附营产业活动单位（个）	外行业附营产业活动单位（个）	大个体（个）	年末从业人员（人）
家用电器及电子产品专门零售	**106**	**225**		**13**	**8105**
家用电器零售	37	83		13	5470
计算机、软件及辅助设备零售	44	59			935
通信设备零售	14	72			1504
其他电子产品零售	11	11			196
五金、家具及室内装修材料专门零售	**21**	**26**		**33**	**1586**
五金零售	11	14		2	699
家具零售	6	8		27	649
其他室内装修材料零售	4	4		4	238
无店铺及其他零售	**19**	**19**		**1**	**339**
流动货摊零售				1	15
生活用燃料零售	5	5			126
旧货零售	1	1			5
其他未列明的零售	13	13			193
按零售业态分组					
有店铺零售	607	2367			50527
食杂店	2	2		3	29
便利店	15	186		4	586
折扣店					
超市	12	123		21	3849
大型超市	20	57		2	4528
仓储会员店					
百货店	91	955		6	9346
#加油站					
专业店	413	927		117	29810
专卖店	43	98		41	4190
家居建材商店				9	119
购物中心	7	15		4	1901
厂家直销中心	4	4		2	78

单位:万元

商品购进总额	#进口	销售总额	批发额	#出口	零售额	年末商品库存总额	年末零售营业面积（平方米）
700325		**749715**	**50739**		**698977**	**86945**	**375940**
442540		467993	8632		459361	67467	278667
107702		117181	10376		106805	10976	7126
132757		144574	30345		114230	7076	40012
17327		19968	1386		18582	1426	50135
68424	**336**	**74630**	**4461**		**70169**	**7578**	**132689**
32174		34357	4069		30288	2968	6841
21719		25506			25506	3722	89825
14531	336	14767	392		14375	889	36023
30061	**60**	**36679**	**1233**		**35446**	**3951**	**14245**
810		792	102		690	32	4000
5061		6690	103		6587	306	5180
3042		3124	1028		2096	32	199
21148	60	26073			26073	3581	4866
6482959	294494	7053529	224713		6828816	634054	2322413
7896		8984	2247		6737	1581	1300
48675		52143	8294		43849	1944	25034
114856	213	120453	1784		118669	17928	189489
196910		200993			200993	16735	192857
821806		885443	61187		824256	53058	481885
4289675	156347	4755478	141995		4613483	453587	1282638
908556	137935	926769	13305		913464	81873	118688
3530		3890			3890	698	13135
205148		222832			222832	20586	140662
11203		12097	494		11603	1666	24370

11-4 分县(市)区限额以上批发和零售业商品购销存总额

(2010 年)

单位:万元

县(市)区	购进总额	#进口	销售总额	批发	#出口	零售	年末库存额
中原区	2204055	32527	2423659	1887525	79152	536134	129480
二七区	1388298	15234	1558206	746004	2369	812202	119823
管城区	2054613	56548	3083430	1971776		1111654	177811
金水区	6065331	465552	6707795	3799349	444683	2908446	571148
上街区	150552	53	172727	131956	39830	40770	10312
惠济区	466743	25319	453815	75809		378006	53602
中牟县	976889		1191031	1047574		143457	25922
巩义市	118108		123256	46409		76848	15742
荥阳市	86410		85391	21505		63886	10698
新密市	529816		563032	472852		90180	20343
新郑市	367101		407280	292181		115098	53051
登封市	170656		173444	42867		130577	7754
经济开发区	2502336	33	2673928	2208973	8806	464955	216291
高新开发区	285518		314590	303940	13370	10650	17982
郑东新区	7614190	142493	3407773	2594271	60328	813502	303258
航空港区	52594		51724	42003		9721	8571

注:本表数据为按法人在地统计。

11-5 分县(市)区限额以上批发和零售企业主要经济指标

（2010 年） 单位:万元

县(市)区	流动资产合计	#存货	固定资产原价	资产总计	所有者权益	#实收资本	主营业务收入
中原区	529159	83231	76233	646986	199836	44097	2062988
二七区	392533	92400	58377	481546	82656	78474	1198637
管城区	934409	163882	148245	1159397	128300	86585	2688274
金水区	2456365	7[illegible]2458	356630	3199737	595458	533169	5726243
上街区	12408	2427	1950	20464	5559	4972	140352
惠济区	168889	50485	11927	183576	22202	19925	389345
中牟县	73848	16668	11230	95306	17467	18525	908083
巩义市	27625	2644	10229	58013	24273	16089	97441
荥阳市	21929	8504	6638	28899	6858	5894	72454
新密市	112210	16226	25152	165996	39376	31558	480792
新郑市	67238	22161	29975	95062	19903	22035	290225
登封市	39254	12553	16883	59953	28651	19486	168388
经济开发区	919166	176171	50063	1045993	151141	88104	2288710
高新开发区	155573	22141	11055	174661	54517	33471	277855
郑东新区	737958	246728	114587	927299	448645	704112	2912258
航空港区	53306	7829	23818	75166	34207	57826	39791

11-5 续表 （2010 年） 单位:万元

县(市)区	主营业务成本	主营业务税金及附加	主营业务利润	管理费用	#税金	利润总额	应缴增值税
中原区	1839637	3[illegible]910	187440	62800	1633	96305	12387
二七区	1077381	5941	117315	49574	1009	17967	23365
管城区	2512877	2[illegible]188	154210	29762	1117	41387	22457
金水区	5369566	5075	350601	138952	3352	56792	80095
上街区	99592	784	39976	2244	105	25049	603
惠济区	366587	224	22533	6506	145	1900	2188
中牟县	848528	861	58694	7293	546	237	7722
巩义市	86466	373	10601	2291	159	6189	1235
荥阳市	67852	251	4351	1674	131	624	617
新密市	443056	1589	36148	7027	480	16399	6179
新郑市	276435	1045	12745	6008	349	−406	4849
登封市	139891	3080	25417	2783	337	13731	1265
经济开发区	2166802	1613	120295	42921	1031	35671	20165
高新开发区	252940	87	24828	7626	274	6336	1102
郑东新区	2776060	6673	129525	77528	2547	−18889	17039
航空港区	28471	150	11170	2688	193	1051	621

注:本表数据为按法人在地统计。

11-6 限额以上批发和零售业法人企业财务状况

（2010 年）

单位:万元

指标	法人企业个数	执行《2006 年企业会计准则》企业数	年初存货	流动资产合计	#应收账款	存货	流动资产年平均余额	长期投资合计	固定资产合计
总计	**1140**	**478**	**1124717**	**6701868**	**889234**	**1636507**	**6033278**	**433731**	**658863**
批发	**533**	**244**	**694376**	**4544622**	**747507**	**1104019**	**3902338**	**366283**	**384338**
#国有及国有控股	71	46	281558	1270504	285655	296685	1034484	118043	240954
按登记注册类型分组									
内资企业	**526**	**238**	**689002**	**4493228**	**741978**	**1095438**	**3854039**	**365282**	**383948**
国有企业	48	33	126531	739385	175690	97969	599099	68421	139566
集体企业	11	5	503	26148	489	901	24184	980	1835
股份合作企业	1		11	239	103	15	314		79
有限责任公司	228	108	236958	2052767	357408	341850	1807806	175072	91203
国有独资公司	3	2	4702	28073	7623	11038	17592	11687	5535
其他有限责任公司	225	106	232256	2024694	349785	330813	1790214	163385	85668
股份有限公司	15	11	150518	407801	56384	191236	325350	27777	95278
私营企业	220	80	172837	1239793	147319	459792	1074519	93033	55858
私营独资企业	15	8	11921	65302	5172	13941	47162	1110	16783
私营合伙企业	4	1	827	4998	3938	326	4616	649	999
私营有限责任公司	190	66	152198	1037508	132696	424987	903467	34467	33315
私营股份有限公司	11	5	7891	131985	5513	20537	119274	56807	4761
其他企业	3	1	1642	27095	4584	3675	22768		129
港、澳、台商投资企业	**4**	**3**	**3229**	**8438**	**2065**	**4432**	**8435**	**1001**	**185**
合资经营企业(港或澳、台资)	1		2895	7530	1404	4233	7679	1001	116
港、澳、台商独资经营企业	3	3	334	908	661	199	756		69
外商投资企业	**3**	**3**	**2146**	**42957**	**3464**	**4149**	**39864**		**204**
中外合资经营企业	1	1	372	27011	1594	477	26423		85
中外合作经营企业	1	1	604	2957	470	809	2746		56
外商投资股份有限公司	1	1	1170	12989	1400	2863	10695		64
按国民经济行业分组									
批发业	**533**	**244**	**694376**	**4544622**	**747507**	**1104019**	**3902338**	**366283**	**384338**
农畜产品批发	**37**	**22**	**63641**	**549317**	**39660**	**315666**	**507181**	**82427**	**29727**
谷物、豆及薯类批发	10	7	8360	41221	1904	11484	51855	11926	8904
种子、饲料批发	12	7	30271	90968	5809	33779	85227	150	9869
棉、麻批发	10	6	9179	133595	3835	17323	142479	68111	8480
其他农畜产品批发	5	2	15832	283532	28112	253080	227620	2241	2474
食品、饮料及烟草制品批发	**43**	**17**	**58365**	**335113**	**20818**	**60376**	**311715**	**38557**	**74374**
米、面制品及食用油批发	18	7	26295	91721	8337	19331	91018	22946	20439
糕点、糖果及糖批发	3	1	3809	20508	727	5285	17342	982	1727
肉、禽、蛋及水产品批发	2		1647	3266	896	2288	2977		48
盐及调味品批发	5	3	1916	4908	609	2036	5037	90	1158
饮料及茶叶批发	7	3	2860	13176	864	2901	13567	65	176
烟草制品批发	2	2	17399	155952	4650	24047	137267	13537	37118
其他食品批发	6	1	4441	45583	4735	4488	44508	937	13709

注:本表数据为按法人在地统计。

11-6　续表 1　　　　(2010 年)　　　　单位:万元

指　　标	法人企业个数	执行《2006 年企业会计准则》企业数	年初存货	流动资产合计	#应收账款	存货	流动资产年平均余额	长期投资合计	固定资产合计
纺织、服装及日用品批发	**38**	**15**	**36425**	**226860**	**27894**	**41398**	**192929**	**7230**	**13358**
纺织品、针织品及原料批发	14	7	19897	134815	4942	8653	114641	4689	7435
服装批发	16	4	11582	62465	20407	25493	56778	1707	2338
鞋帽批发	1		1043	2249	393	1569	2084		53
化妆品及卫生用品批发	4	3	1781	15426	1612	3810	12065		198
其他日用品批发	3	1	2122	11905	540	1873	7361	834	3335
文化、体育用品及器材批发	**15**	**7**	**43153**	**149805**	**57457**	**21306**	**145407**	**1628**	**50308**
文具用品批发	4	2	2877	52440	4467	3752	47282	1046	385
图书批发	2	1	31806	60665	42405	9610	60249		45498
音像制品及电子出版物批发	1		598	3315	2711	285	3475		24
首饰、工艺品及收藏品批发	1	1	2411	1302	74	1079	2223		247
其他文化用品批发	7	3	5461	32082	7799	6579	32178	582	4155
医药及医疗器材批发	**41**	**14**	**86577**	**525928**	**271036**	**103955**	**459617**	**6198**	**15021**
西药批发	17	8	51285	210631	90880	55057	187120	174	8051
中药材及中成药批发	17	3	26138	207508	115906	31112	184460	6025	4136
医疗用品及器材批发	7	3	9155	107788	64251	17786	88037		2834
矿产品、建材及化工产品批发	**199**	**104**	**252284**	**1548477**	**205312**	**315509**	**1273103**	**149492**	**174020**
煤炭及制品批发	32	14	17229	266790	90567	19159	176796	42607	19065
石油及制品批发	18	10	143664	393946	14998	181413	332306	28498	107588
非金属矿及制品批发	12	6	6966	35725	12505	7824	36202	1845	3619
金属及金属矿批发	57	31	28815	382119	34782	42119	301482	36571	22183
建材批发	33	20	31958	296920	33991	28879	279540	37719	8080
化肥批发	9		8005	48757	550	8153	47611	1495	6876
农药批发	2	2	1462	6066		4205	5398		13
其他化工产品批发	36	21	14186	118154	17920	23756	93768	758	6598
机械设备、五金交电及电子产品批发	**137**	**56**	**138268**	**1148334**	**114251**	**221687**	**957339**	**78144**	**22851**
农业机械批发	3		1224	3068	52	1454	3375		41
汽车、摩托车及零配件批发	30	14	34441	164858	10439	52520	141404	7091	5383
五金、交电批发	12	6	4972	34455	9419	5308	30004	800	650
家用电器批发	12	5	48592	564519	16126	59630	440539	32341	2798
计算机、软件及辅助设备批发	23	2	13006	61216	13270	13068	58409	30355	3113
通讯及广播电视设备批发	7	4	3239	38903	7741	9243	45052	5124	1062
其他机械设备及电子产品批发	50	25	32793	281315	57204	80465	238557	2434	9804
贸易经纪与代理	**1**	**1**	**265**	**493**	**291**	**93**	**790**		**25**
贸易经纪与代理	1	1	265	493	291	93	790		25
其他批发	**22**	**8**	**15399**	**60297**	**10788**	**24029**	**54256**	**2607**	**4654**
再生物资回收与批发	4	4	1201	6246	1783	697	6999	2507	2186
其他未列明的批发	18	4	14199	54050	9005	23332	47257	100	2468
零售	**607**	**234**	**430341**	**2157245**	**141728**	**532488**	**2130940**	**67448**	**274525**
#国有及国有控股	24	11	12197	37412	6067	13510	35615	218	13498

11-6 续表2　　(2010年)　　单位:万元

指　　标	法人企业个数	执行《2006年企业会计准则》企业数	年初存货	流动资产合计	#应收账款	存货	流动资产年平均余额	长期投资合计	固定资产合计
按登记注册类型分组									
内资企业	**589**	**223**	**383930**	**1815639**	**122241**	**474509**	**1806296**	**63792**	**176253**
国有企业	17	8	9272	21387	4531	9686	20054	17	11074
集体企业	84	25	14476	35487	5325	8389	32680	7287	11343
股份合作企业	2	1	177	539	9	106	410		125
联营企业	1	1	23	128		83	31		
其他联营企业	1	1	23	128		83	31		
有限责任公司	201	93	168316	937846	47201	251702	1081087	9663	88363
国有独资公司	1	1	232	834	325	229	667		629
其他有限责任公司	200	92	168084	937013	46875	251473	1080420	9663	87734
股份有限公司	22	8	9669	65405	2559	15398	52317	13939	23223
私营企业	258	84	181210	747748	61810	187634	614410	32887	41260
私营独资企业	25	11	8874	21704	2441	5946	17126	35	2667
私营合伙企业	1	1	21	77	22	20	77		4
私营有限责任公司	224	68	166846	722548	59021	180713	594161	32853	38200
私营股份有限公司	8	4	5469	3419	326	956	3046		389
其他企业	4	3	787	7099	807	1512	5308		866
港、澳、台商投资企业	**3**	**2**	**9812**	**247974**	**16716**	**20623**	**242500**		**83858**
合资经营企业(港或澳、台资)	2	1	774	12409	1003	7414	6935		5222
港、澳、台商独资经营企业	1	1	9038	235564	15713	13210	235564		78635
外商投资企业	**15**	**9**	**36599**	**93633**	**2772**	**37356**	**82145**	**3656**	**14415**
中外合资经营企业	5	3	10908	17602	363	11728	12123	728	9721
外资企业	5	4	9966	19342	766	8920	13142		3050
外商投资股份有限公司	5	2	15725	56689	1643	16708	56880	2929	1644
按国民经济行业分组									
零售业	**607**	**234**	**430341**	**2157245**	**141728**	**532488**	**2130940**	**67448**	**274525**
综合零售	**141**	**50**	**57604**	**457416**	**24812**	**60488**	**423394**	**21120**	**151530**
百货零售	74	32	22996	368026	20516	28247	348839	19999	123749
超级市场零售	21	9	22191	68394	1342	24404	54798	928	21447
其他综合零售	46	9	12417	20996	2954	7838	19756	194	6334
食品、饮料及烟草制品专门零售	**21**	**10**	**3842**	**16734**	**1075**	**4907**	**14585**	**3655**	**5868**
粮油零售	1		420	428		36	420		
糕点、面包零售	1	1	62	226	92	59	206		66
肉、禽、蛋及水产品零售	10	4	580	6234	446	998	4253	3454	3936
饮料及茶叶零售	5	2	2442	8341	465	3750	8204	201	347
其他食品零售	4	3	338	1505	72	64	1502		1519
纺织、服装及日用品专门零售	**57**	**34**	**31615**	**91901**	**14258**	**43596**	**79191**	**3730**	**5628**
纺织品及针织品零售	8	3	2758	9535	2009	3469	8654		246
服装零售	31	19	15912	51650	9153	22585	41841	236	4053
鞋帽零售	6	5	992	5803	806	976	5278		92
钟表、眼镜零售	2	1	8989	16402	307	12449	15804		418
化妆品及卫生用品零售	2	1	2011	3716	281	2995	3590		30
其他日用品零售	8	5	953	4794	1701	1122	4024	3494	789

11-6 续表 3 （2010 年） 单位：万元

指　标	法人企业个数	执行《2006 年企业会计准则》企业数	年初存货	流动资产合计	#应收账款	存货	流动资产年平均余额	长期投资合计	固定资产合计
文化、体育用品及器材专门零售	**19**	**7**	**13115**	**32711**	**6941**	**12545**	**25193**	**62**	**11144**
文具用品零售	2		374	591	58	309	674		19
体育用品零售	1	1	4	128	36		212		50
图书零售	9	5	8613	20269	5787	8591	18528	62	10361
珠宝首饰零售	4	1	2796	9390	568	2418	3487		674
工艺美术品及收藏品零售	2		1264	2016	389	1140	2267		40
照相器材零售	1		65	317	104	87	26		
医药及医疗器材专门零售	**29**	**11**	**16823**	**54083**	**13719**	**19427**	**50007**	**207**	**9269**
药品零售	22	9	15670	47441	11457	17189	44338	207	9110
医疗用品及器材零售	7	2	1153	6642	2262	2238	5669		159
汽车、摩托车、燃料及零配件专门零售	**194**	**75**	**222140**	**1128198**	**52037**	**303874**	**1184661**	**35543**	**74416**
汽车零售	159	62	214293	1092586	48050	294666	941375	34831	66917
汽车零配件零售	5	1	2011	10996	659	3583	10468		268
摩托车及零配件零售	5	2	3135	7598	969	2543	7494		121
机动车燃料零售	25	10	2702	17019	2359	3082	225325	711	7110
家用电器及电子产品专门零售	**106**	**32**	**59382**	**335046**	**19824**	**81029**	**323359**	**1579**	**10829**
家用电器零售	37	18	38086	250022	2654	60877	243016	537	7706
计算机、软件及辅助设备零售	44	7	10446	34325	11183	11523	26693	632	634
通信设备零售	14	4	9648	41495	2955	7303	46176	410	875
其他电子产品零售	11	3	1202	9204	3033	1325	7474		1614
五金、家具及室内装修材料专门零售	**21**	**9**	**22984**	**27322**	**5051**	**3022**	**17434**	**1152**	**2466**
五金零售	11	6	1409	5613	3497	1327	4458	185	1014
家具零售	6	2	19978	17609	533	1084	10278	967	993
其他室内装修材料零售	4	1	1597	4100	1022	612	2698		460
无店铺及其他零售	**19**	**6**	**2836**	**13835**	**4010**	**3602**	**13117**	**400**	**3376**
生活用燃料零售	5	2	317	3776	364	650	3770		2564
旧货零售	1	1	9	447	8	32	425		1
其他未列明的零售	13	3	2510	9612	3639	2920	8921	400	811
按零售业态分组									
有店铺零售	**607**	**234**	**430341**	**2157245**	**141728**	**532488**	**2130940**	**67448**	**274525**
食杂店	2	1	157	264	45	12	264	1	381
便利店	15	3	938	3775	864	747	3851	45	2119
超市	13	5	14703	30042	1774	15172	24718	200	6541
大型超市	21	7	12529	59819	3764	13587	55441		11107
百货店	90	33	16770	62637	5257	10785	52791	10787	36013
专业店	414	154	330817	1499356	100647	408848	1523139	54553	113814
专卖店	40	25	36394	215593	12018	64940	190089		22667
购物中心	8	5	12955	282620	16997	17383	278289	1863	81852
厂家直销中心	4	1	5079	3138	362	1015	2358		31

指　　标	固定资产原价	累计折旧	#本年折旧	资产总计	流动负债合计	#应付账款	长期负债合计	负债合计	所有者权益合计	#实收资本
总计	**952989**	**294126**	**53978**	**8418052**	**6254631**	**1269493**	**148729**	**6559002**	**1859050**	**1764322**
批发	**550689**	**166351**	**28913**	**5628043**	**4083783**	**833085**	**84493**	**4237842**	**1390201**	**1368239**
#国有及国有控股	327305	86351	16191	1783456	956410	321997	32740	1012160	771295	806459
按登记注册类型分组										
内资企业	**549861**	**165913**	**28799**	**5574469**	**4043916**	**824815**	**84493**	**4197540**	**1376929**	**1357287**
国有企业	190686	51120	10127	1008672	601777	231383	31827	638520	370152	149836
集体企业	2639	803	29	29800	26228	553	56	26731	3069	3289
股份合作企业	79			371				171	200	100
有限责任公司	155241	64038	8421	2442879	2051993	329048	22394	2087396	355484	350638
国有独资公司	9179	3644	399	45874	14488	8031		14488	31386	8158
其他有限责任公司	146063	60394	8022	2397005	2037506	321017	22394	2072908	324097	342480
股份有限公司	122379	27102	5031	622944	229168	61514	1857	249261	373683	634418
私营企业	78564	22706	5154	1439822	1110842	201535	28358	1171554	268268	215349
私营独资企业	19882	3099	1250	85739	42416	6538	613	55831	29907	9177
私营合伙企业	1739	740	32	6713	5259	2294		5942	771	1006
私营有限责任公司	50240	16925	3534	1135849	930569	178008	2845	952283	183566	141021
私营股份有限公司	6703	1942	338	211521	132597	14694	24900	157498	54024	64145
其他企业	273	144	37	29981	23908	783		23908	6073	3658
港、澳、台商投资企业	**411**	**226**	**63**	**10071**	**7274**	**2666**		**7708**	**2363**	**2374**
合资经营企业（港或澳、台资）	278	162	36	8659	5357	1686		5357	3302	2000
港、澳、台商独资经营企业	133	64	27	1413	1917	980		2351	−938	374
外商投资企业	**416**	**212**	**52**	**43502**	**32593**	**5604**		**32593**	**10909**	**8579**
中外合资经营企业	189	104	21	27209	25556	2024		25556	1653	2072
中外合作经营企业	117	61	12	3159	298	105		298	2861	112
外商投资股份有限公司	110	46	20	13134	6739	3475		6739	6395	6395
按国民经济行业分组										
批发业	**550689**	**166351**	**28913**	**5628043**	**4083783**	**833085**	**84493**	**4237842**	**1390201**	**1368239**
农畜产品批发	**60256**	**30529**	**1297**	**747344**	**562212**	**86930**	**33866**	**597158**	**150186**	**121247**
谷物、豆及薯类批发	11335	2430	272	64970	40624	307	7768	48741	16230	13381
种子、饲料批发	13079	3211	534	111476	54526	15915	730	55690	55786	19460
棉、麻批发	32550	24070	333	282363	184144	3943	25368	209774	72590	85981
其他农畜产品批发	3292	818	158	288535	282918	66766		282953	5581	2426
食品、饮料及烟草制品批发	**102934**	**28561**	**6085**	**475173**	**206359**	**27906**	**6034**	**219656**	**255516**	**73412**
米、面制品及食用油批发	25963	5524	970	148519	77449	7747	5288	89955	58564	55707
糕点、糖果及糖批发	2505	778	118	24242	17642	1858		17642	6599	1651
肉、禽、蛋及水产品批发	247	199	22	3324	3028	2251		3028	295	323
盐及调味品批发	2178	1020	118	8178	4370	1683	177	4547	3631	819
饮料及茶叶批发	368	192	56	13439	11610	827	569	12220	1220	1237
烟草制品批发	56203	19086	3759	217244	62424	12716		62429	154814	5886
其他食品批发	15472	1763	1042	60228	29835	824		29835	30394	7789

指　　标	固定资产原价	累计折旧	#本年折旧	资产总计	流动负债合计	#应付账款	长期负债合计	负债合计	所有者权益合计	#实收资本
纺织、服装及日用品批发	**18270**	**4911**	**1776**	**252635**	**207897**	**40503**	**708**	**216461**	**36174**	**34684**
纺织品、针织品及原料批发	9814	2380	403	149615	132930	10018	50	133926	15689	16152
服装批发	3556	1218	301	68888	48204	17565	657	54861	14027	7790
鞋帽批发	112	59	2	2319	2650	2172		2650	-331	50
化妆品及卫生用品批发	354	157	48	15705	9784	4082		9784	5921	7145
其他日用品批发	4433	1098	1023	16108	14329	6667		15239	869	3548
文化、体育用品及器材批发	**66112**	**15804**	**3132**	**214689**	**140607**	**77222**	**434**	**141041**	**73648**	**27506**
文具用品批发	583	198	47	53986	49082	15585		49082	4904	5673
图书批发	58914	13416	2696	114767	62359	50793	434	62793	51973	14710
音像制品及电子出版物批发	67	43	43	3801	2393	2393		2393	1408	500
首饰、工艺品及收藏品批发	520	273	18	1549	1305	1146		1305	244	310
其他文化用品批发	6029	1874	328	40587	25468	7305		25468	15119	6313
医药及医疗器材批发	**23114**	**8094**	**1658**	**562381**	**439797**	**184748**	**6339**	**451000**	**111381**	**80669**
西药批发	12447	4396	822	221263	179490	61383	5499	186014	35249	27483
中药材及中成药批发	7310	3173	557	229020	178450	85873	841	179290	49730	43038
医疗用品及器材批发	3358	524	279	112098	81858	37492		85696	26402	10148
矿产品、建材及化工产品批发	**238031**	**64011**	**11847**	**2009117**	**1334019**	**244850**	**35322**	**1403891**	**605226**	**902347**
煤炭及制品批发	26383	7318	1567	334397	230386	89578	5439	249228	85169	55239
石油及制品批发	145350	37762	6301	617822	246452	27805	552	265098	352724	652536
非金属矿及制品批发	7019	3401	407	57348	34793	13853	8883	44386	12962	8858
金属及金属矿批发	31013	8830	1501	456408	384974	20386	5537	391887	64522	58997
建材批发	11350	3271	1296	349922	287213	57550	8700	296542	53380	46749
化肥批发	7802	926	126	57895	44765	8880	6211	50976	6919	54537
农药批发	69	56	12	6080	4797	3075		4797	1283	800
其他化工产品批发	9045	2447	639	129245	100639	23722		100977	28268	24631
机械设备、五金交电及电子产品批发	**35165**	**12314**	**2475**	**1293738**	**1144707**	**162104**	**1742**	**1151385**	**142353**	**116648**
农业机械批发	49	8	2	3113	2680	100		2680	433	582
汽车、摩托车及零配件批发	9581	4198	557	185409	143567	23351		145391	40018	28277
五金、交电批发	1559	909	127	36124	28899	4844		29418	6706	6270
家用电器批发	3279	482	206	621620	591181	25102	203	591384	30237	7007
计算机、软件及辅助设备批发	4038	925	125	95522	65913	8799	595	67174	28348	19714
通讯及广播电视设备批发	1563	501	79	47855	35552	2750		35552	12303	14900
其他机械设备及电子产品批发	15096	5292	1379	304095	276916	97158	944	279786	24309	39897
贸易经纪与代理	**38**	**13**	**4**	**534**	**266**	**28**		**266**	**268**	**301**
贸易经纪与代理	38	13	4	534	266	28		266	268	301
其他批发	**6768**	**2114**	**640**	**72432**	**47919**	**8794**	**48**	**56985**	**15447**	**11426**
再生物资回收与批发	2867	681	238	11048	7712	1546	48	7762	3286	3759
其他未列明的批发	3901	1433	402	61384	40207	7248		49223	12161	7667
零售	**402300**	**127775**	**25064**	**2790010**	**2170849**	**436408**	**64235**	**2321161**	**468849**	**396082**
#国有及国有控股	19317	5819	706	53918	32465	18247	1455	37434	16484	13320

指　　标	固定资产原价	累计折旧	#本年折旧	资产总计	流动负债合计	#应付账款	长期负债合计	负债合计	所有者权益合计	#实收资本
按登记注册类型分组										
内资企业	**268366**	**92113**	**16667**	**2275592**	**1769640**	**283393**	**61875**	**1916822**	**358771**	**329384**
国有企业	15823	4748	475	35151	20848	15342	1360	24982	10169	4897
集体企业	14505	3162	155	63034	33290	3348	4664	41083	21951	21498
股份合作企业	225	100	30	948	45	45		420	528	290
联营企业				135				19	117	135
其他联营企业				135				19	117	135
有限责任公司	132675	44311	9562	1098910	908528	126906	16948	960290	138620	125033
国有独资公司	919	290	45	1463	370	317	94	465	998	300
其他有限责任公司	131755	44021	9517	1097447	908158	126589	16854	959825	137623	124733
股份有限公司	38861	15639	1633	122324	70502	14608	34139	107811	14513	14748
私营企业	65273	24013	4753	944746	729570	122385	4764	775361	169386	160632
私营独资企业	3791	1125	275	26563	15256	2386	732	16577	9986	6427
私营合伙企业	4	1		135				35	100	100
私营有限责任公司	60784	22584	4431	913274	713009	119997	4032	757203	156072	150787
私营股份有限公司	694	304	47	4775	1305	2		1546	3229	3318
其他企业	1006	140	60	10344	6856	759		6856	3488	2151
港、澳、台商投资企业	**107362**	**23505**	**5975**	**395131**	**305013**	**133977**	**2340**	**307353**	**87778**	**44480**
合资经营企业(港或澳、台资)	5831	609	470	19364	15030	5847	2340	17370	1994	2300
港、澳、台商独资经营企业	101531	22896	5505	375768	289984	128130		289984	85784	42180
外商投资企业	**26572**	**12157**	**2422**	**119286**	**96195**	**19039**	**21**	**96986**	**22301**	**22218**
中外合资经营企业	19157	9436	1741	30338	26252	9731		26252	4086	9860
外资企业	4132	1082	479	25945	24413	6104	21	25204	742	7292
外商投资股份有限公司	3283	1639	202	63003	45530	3204		45530	17473	5066
按国民经济行业分组										
零售业	**402300**	**127775**	**25064**	**2790010**	**2170849**	**436408**	**64235**	**2321161**	**468849**	**396082**
综合零售	**221096**	**69566**	**12434**	**737286**	**591107**	**197006**	**40396**	**638903**	**98383**	**109754**
百货零售	168703	44955	8330	601175	464687	164084	38563	506807	94368	78609
超级市场零售	44139	22691	4000	104225	112562	31385	280	115714	-11489	19049
其他综合零售	8254	1920	104	31887	13857	1537	1554	16382	15504	12097
食品、饮料及烟草制品专门零售	**9491**	**3624**	**391**	**30606**	**13322**	**1816**	**9936**	**24549**	**6058**	**5478**
粮油零售				784				282	502	60
糕点、面包零售	171	105	37	291	269	152		269	23	98
肉、禽、蛋及水产品零售	6728	2792	162	17431	6128	455	9936	16180	1251	2595
饮料及茶叶零售	621	274	58	9012	6335	966		6809	2203	561
其他食品零售	1971	453	134	3088	591	243		1009	2079	2164
纺织、服装及日用品专门零售	**8445**	**2818**	**635**	**111879**	**102110**	**25560**	**6134**	**109084**	**2795**	**19872**
纺织品及针织品零售	468	222	40	10403	9245	4408	200	9757	646	767
服装零售	6076	2023	437	62483	68549	15599	4933	74007	-11523	8656
鞋帽零售	120	29	15	6477	1991	1042		1991	4486	3802
钟表、眼镜零售	698	280	84	18647	13189	3420		13193	5454	3010
化妆品及卫生用品零售	43	13	7	4523	4035	1	12	4047	475	226
其他日用品零售	1039	251	51	9346	5101	1090	988	6089	3256	3411

指　　标	固定资产原价	累计折旧	#本年折旧	资产总计	流动负债合计	#应付账款	长期负债合计	负债合计	所有者权益合计	#实收资本
文化、体育用品及器材专门零售	**15401**	**4257**	**545**	**45830**	**30675**	**15919**	**1293**	**32388**	**13442**	**6271**
文具用品零售	37	18	3	610	482	105		482	128	161
体育用品零售	137	86		200				170	30	100
图书零售	14129	3768	460	31948	18613	13929	1293	19906	12042	3157
珠宝首饰零售	959	285	69	10436	9484	678		9734	703	2250
工艺美术品及收藏品零售	140	100	12	2071	1820	1180		1820	251	303
照相器材零售				566	277	28		277	289	300
医药及医疗器材专门零售	**12819**	**3551**	**887**	**65148**	**42394**	**20394**	**455**	**49490**	**15658**	**13361**
药品零售	12496	3386	852	58347	37211	16718	89	43941	14406	11900
医疗用品及器材零售	323	165	36	6801	5183	3676	366	5549	1252	1461
汽车、摩托车、燃料及零配件专门零售	**109397**	**34981**	**8334**	**1371727**	**1050903**	**126798**	**5342**	**1113953**	**257773**	**182098**
汽车零售	98978	32062	8053	1325039	1015941	111881	4802	1077526	247513	172219
汽车零配件零售	380	111	27	11575	10196	152		10196	1379	851
摩托车及零配件零售	227	106	45	7720	3816	659		4121	3599	2749
机动车燃料零售	9812	2702	209	27393	20950	14105	541	22110	5282	6279
家用电器及电子产品专门零售	**15750**	**4921**	**1249**	**363472**	**302188**	**40164**	**546**	**308648**	**54824**	**44544**
家用电器零售	10892	3187	992	271077	245551	27144	509	247896	23181	15549
计算机、软件及辅助设备零售	1603	968	88	36756	16411	4661		20081	16676	18719
通信设备零售	1330	454	63	43501	35006	5124	37	35345	8156	6151
其他电子产品零售	1926	312	107	12138	5220	3235		5325	6812	4124
五金、家具及室内装修材料专门零售	**5514**	**3047**	**518**	**45586**	**28745**	**4662**		**34103**	**11483**	**9772**
五金零售	1437	424	54	13391	3515	2587		6028	7363	3860
家具零售	1553	560	22	27592	18991	90		21837	5755	2281
其他室内装修材料零售	2524	2064	443	4603	6238	1984		6238	-1635	3631
无店铺及其他零售	**4387**	**1011**	**71**	**18477**	**9405**	**4090**	**133**	**10044**	**8433**	**4933**
生活用燃料零售	3285	721	37	7196	2785	1089		3290	3906	920
旧货零售	3	2		448	345			345	102	102
其他未列明的零售	1099	288	34	10833	6275	3001	133	6408	4425	3911
按零售业态分组										
有店铺零售	**402300**	**127775**	**25064**	**2790010**	**2170849**	**436408**	**64235**	**2321161**	**468849**	**396082**
食杂店	393	12		647	154	1	238	418	229	199
便利店	2803	684	39	6922	5214	680	342	5574	1348	1742
超市	15684	9143	2643	41336	66826	19840	229	67741	-26405	8102
大型超市	20478	9370	594	80005	52860	13542	743	57337	22668	10144
百货店	47387	11375	1348	131608	80076	10205	18559	102703	28906	34203
专业店	178269	64455	12057	1802119	1374644	182109	40780	1492117	310001	257916
专卖店	30703	8036	2522	294286	243824	68245	2775	247158	47128	32641
购物中心	106534	24682	5856	429762	345292	141528	570	346134	83628	49934
厂家直销中心	50	19	6	3326	1959	258		1979	1347	1202

11-6 续表8 (2010年) 单位:万元

指标	国家资本	集体资本	法人资本	个人资本	港澳台资本	外商资本	主营业务收入	主营业务成本	主营业务税金及附加	主营业务利润
总计	**818881**	**77496**	**307819**	**490982**	**44474**	**24670**	**19741837**	**18352142**	**83844**	**1305852**
批发	**804763**	**55387**	**151618**	**348542**	**974**	**6956**	**13921839**	**12999956**	**69271**	**852612**
#国有及国有控股	799529	360	4962	1607			6648080	6181959	45007	421113
按登记注册类型分组										
内资企业	**803294**	**55387**	**150064**	**348542**			**13764852**	**12868485**	**69215**	**827152**
国有企业	149066		70	700			3784001	3518969	37385	227647
集体企业	72	3056	55	106			72179	66347	271	5562
股份合作企业		51	49				2250	2023	2	225
有限责任公司	35526	52279	102331	160503			5832477	5502905	21605	307968
国有独资公司	8158						53996	46920	21	7055
其他有限责任公司	27368	52279	102331	160503			5778482	5455985	21584	300913
股份有限公司	618337	1	9626	6453			1499552	1362538	6315	130699
私营企业	294		36183	178872			2539728	2383259	3613	152857
私营独资企业			5710	3467			110419	95482	787	14151
私营合伙企业			130	876			16982	15859	15	1108
私营有限责任公司	294		30342	110384			2315692	2188562	2658	124473
私营股份有限公司				64145			96635	83357	153	13125
其他企业			1750	1908			34664	32446	24	2195
港、澳、台商投资企业	**1400**				**974**		**50097**	**46015**	**13**	**4068**
合资经营企业(港或澳、台资)	1400				600		37282	34765	13	2503
港、澳、台商独资经营企业					374		12816	11251		1565
外商投资企业	**69**		**1554**			**6956**	**106890**	**85456**	**43**	**21392**
中外合资经营企业			1554			518	43467	42273		1194
中外合作经营企业	69					43	2628	1944	1	683
外商投资股份有限公司						6395	60795	41239	42	19515
按国民经济行业分组										
批发业	**804763**	**55387**	**151618**	**348542**	**974**	**6956**	**13921839**	**12999956**	**69271**	**852612**
农畜产品批发	**17052**	**24452**	**5918**	**73602**	**224**		**536770**	**495986**	**289**	**40495**
谷物、豆及薯类批发	11921	760	300	400			76006	75405	15	586
种子、饲料批发	4750		4304	10182	224		114527	86380	15	28133
棉、麻批发	181	23521	169	62110			83106	75414	228	7464
其他农畜产品批发	200	171	1145	910			263132	258788	32	4312
食品、饮料及烟草制品批发	**60215**	**1000**	**7602**	**4545**	**50**		**889066**	**690276**	**35661**	**163129**
米、面制品及食用油批发	53710		151	1796	50		122152	115770	488	5894
糕点、糖果及糖批发			1051	600			32294	25393	119	6781
肉、禽、蛋及水产品批发				323			7899	7087	7	805
盐及调味品批发	619			200			20224	14666	65	5494
饮料及茶叶批发			311	926			20579	17897	53	2630
烟草制品批发	5886						602164	441244	34722	126199
其他食品批发		1000	6089	700			83754	68220	208	15326

(2010 年)

单位:万元

指　　标	国家资本	集体资本	法人资本	个人资本	港澳台资本	外商资本	主营业务收入	主营业务成本	主营业务税金及附加	主营业务利润
纺织、服装及日用品批发	**6211**	**1307**	**6025**	**14603**	**100**	**6438**	**583195**	**535212**	**333**	**47651**
纺织品、针织品及原料批发	2708	945	1460	11039			320580	307112	75	13394
服装批发	69	362	4515	2802		43	136125	125398	178	10549
鞋帽批发			50				3065	2731	2	333
化妆品及卫生用品批发				650	100	6395	84136	63249	50	20837
其他日用品批发	3435			113			39289	36722	28	2538
文化、体育用品及器材批发	**20210**	**180**	**2316**	**4282**		**518**	**363627**	**338072**	**468**	**25087**
文具用品批发			2054	3101		518	91103	89139	21	1943
图书批发	14510			200			178107	161364	245	16498
音像制品及电子出版物批发	500						4587	2683	7	1897
首饰、工艺品及收藏品批发		180		130			15323	14988	2	333
其他文化用品批发	5200		262	851			74507	69899	193	4416
医药及医疗器材批发	**6018**	**20**	**48847**	**25784**			**1362270**	**1298143**	**5533**	**58594**
西药批发	72	20	24851	2540			620837	595210	1374	24252
中药材及中成药批发	5946		16249	20843			547549	518011	3986	25552
医疗用品及器材批发			7747	2401			193884	184923	173	8789
矿产品、建材及化工产品批发	**676925**	**27325**	**46390**	**151708**			**6748847**	**6422596**	**13254**	**312996**
煤炭及制品批发	11488		5506	38245			1747199	1684265	2961	59974
石油及制品批发	632758		7150	12628			1997749	1856798	6446	134506
非金属矿及制品批发	4451		249	4157			165920	138540	780	26600
金属及金属矿批发	19321	15000	7704	16972			1068500	1031451	1258	35791
建材批发	7606	10000	15231	13912			1210360	1180600	1513	28247
化肥批发		2324	1930	50283			127378	126427	11	939
农药批发			176	624			18645	17861		784
其他化工产品批发	1300	1	8443	14887			413096	386654	287	26155
机械设备、五金交电及电子产品批发	**15532**	**1000**	**31994**	**67522**	**600**		**3221824**	**3016544**	**13422**	**191859**
农业机械批发			52	530			8665	8371	3	291
汽车、摩托车及零配件批发	300		11094	16883			500606	479686	1336	19584
五金、交电批发			1391	4879			37396	34657	33	2707
家用电器批发		100	4400	2507			1038032	972144	10520	55368
计算机、软件及辅助设备批发	8460		3158	7496	600		209999	201945	162	7891
通讯及广播电视设备批发	165		2500	12235			83957	80671	33	3253
其他机械设备及电子产品批发	6607	900	9399	22992			1343168	1239070	1334	102764
贸易经纪与代理				**301**			**2025**	**1956**		**69**
贸易经纪与代理				301			2025	1956		69
其他批发	**2601**	**103**	**2526**	**6196**			**214215**	**201170**	**312**	**12734**
再生物资回收与批发	2481	103	975	200			37089	35440	205	1444
其他未列明的批发	120		1551	5996			177126	165729	107	11289
零售	**14118**	**22109**	**156201**	**142440**	**43500**	**17714**	**5819998**	**5352186**	**14572**	**453240**
#国有及国有控股	13272		48				92649	75681	650	16318

(2010年) 单位:万元

指　　标	国家资本	集体资本	法人资本	个人资本	港澳台资本	外商资本	主营业务收入	主营业务成本	主营业务税金及附加	主营业务利润
按登记注册类型分组										
内资企业	**14118**	**21643**	**151810**	**140814**		**1000**	**4921269**	**4547531**	**13747**	**359992**
国有企业	4897						51833	42625	358	8851
集体企业		13402	9	8087			218711	195848	2589	20274
股份合作企业		250	30	10			7573	6976	18	580
联营企业		135					1009	829	59	121
其他联营企业		135					1009	829	59	121
有限责任公司	5275	4231	62732	51795		1000	2624503	2423691	5429	195383
国有独资公司	300						1537	1218		319
其他有限责任公司	4975	4231	62732	51795		1000	2622967	2422473	5429	195065
股份有限公司	3946	2825	5835	2143			169487	153461	490	15536
私营企业		800	81654	78179			1818121	1696826	4764	116531
私营独资企业			2665	3762			60998	51197	299	9501
私营合伙企业				100			532	506	20	6
私营有限责任公司		800	76786	73202			1741518	1632267	4330	104922
私营股份有限公司			2203	1115			15074	12856	115	2102
其他企业			1551	600			30031	27275	39	2716
港、澳、台商投资企业			**980**		**43500**		**499712**	**435740**	**674**	**63298**
合资经营企业(港或澳、台资)			980		1320		72227	66270	5	5953
港、澳、台商独资经营企业					42180		427484	369470	669	57345
外商投资企业		**466**	**3412**	**1626**		**16714**	**399017**	**368915**	**152**	**29950**
中外合资经营企业			3212	640		6008	104914	95066	25	9824
外资企业			200			7092	89098	79003	78	10017
外商投资股份有限公司		466		986		3614	205006	194847	50	10110
按国民经济行业分组										
零售业	**14118**	**22109**	**156201**	**142440**	**43500**	**17714**	**5819998**	**5352186**	**14572**	**453240**
综合零售	**1553**	**15366**	**30359**	**11423**	**42180**	**8873**	**1141974**	**998265**	**6417**	**137292**
百货零售	1087	5983	15826	8541	42180	4992	760122	662429	3914	93779
超级市场零售		518	13626	1024		3881	257928	231106	558	26264
其他综合零售	466	8865	907	1858			123924	104730	1945	17249
食品、饮料及烟草制品专门零售	**2091**	**228**	**1167**	**1992**			**60524**	**48374**	**477**	**11674**
粮油零售	60						2650	1795	100	755
糕点、面包零售			98				947	549	3	394
肉、禽、蛋及水产品零售	66	228	760	1541			27955	24859	264	2833
饮料及茶叶零售	90		120	351			23910	17822	96	5992
其他食品零售	1875		189	100			5062	3349	13	1700
纺织、服装及日用品专门零售	**3050**	**613**	**8020**	**8069**	**120**		**237102**	**210545**	**1071**	**25486**
纺织品及针织品零售	50		98	619			16417	14646	15	1756
服装零售		425	3994	4117	120		156074	139750	922	15402
鞋帽零售	3000		602	200			11603	10549	12	1042
钟表、眼镜零售			3000	10			24550	19017	67	5466
化妆品及卫生用品零售			100	126			11951	11314	28	609
其他日用品零售		188	226	2997			16507	15269	26	1212

指　　标	国家资本	集体资本	法人资本	个人资本	港澳台资本	外商资本	主营业务收入	主营业务成本	主营业务税金及附加	主营业务利润
文化、体育用品及器材专门零售	**2355**	**102**	**2910**	**904**			**49282**	**41511**	**266**	**7505**
文具用品零售			110	51			2442	2276	2	164
体育用品零售			100				521	435	2	85
图书零售	2355	102	700				36484	30506	56	5922
珠宝首饰零售			2000	250			7342	6131	204	1007
工艺美术品及收藏品零售				303			2335	2033	2	299
照相器材零售				300			158	130		28
医药及医疗器材专门零售	**849**	**1248**	**9754**	**1510**			**143316**	**125657**	**389**	**17269**
药品零售	849	1248	8643	1160			136462	119820	378	16264
医疗用品及器材零售			1111	350			6854	5838	11	1006
汽车、摩托车、燃料及零配件专门零售	**20**	**4126**	**81457**	**86953**	**1200**	**8342**	**3462949**	**3284720**	**3790**	**174438**
汽车零售		4066	76658	81953	1200	8342	3331396	3163730	3572	164094
汽车零配件零售			751	100			45201	42770	25	2406
摩托车及零配件零售			2149	600			36761	34491	21	2248
机动车燃料零售	20	60	1898	4301			49591	43729	172	5690
家用电器及电子产品专门零售	**1200**	**80**	**19291**	**23473**		**500**	**641351**	**575162**	**1147**	**65043**
家用电器零售		80	11705	3264		500	392864	343177	615	49073
计算机、软件及辅助设备零售	1200		2573	14946			99107	95042	115	3950
通信设备零售			3170	2981			131871	121620	384	9866
其他电子产品零售			1843	2281			17509	15323	33	2154
五金、家具及室内装修材料专门零售	**3000**	**343**	**1829**	**4600**			**50835**	**39202**	**855**	**10778**
五金零售		208	202	3450			29952	24229	540	5184
家具零售		135	1026	1120			10447	6468	282	3696
其他室内装修材料零售	3000		601	30			10436	8505	33	1898
无店铺及其他零售		**2**	**1414**	**3517**			**32666**	**28751**	**161**	**3754**
生活用燃料零售			110	810			6524	5481	35	1009
旧货零售			101	1			2672	2582	3	88
其他未列明的零售		2	1203	2706			23470	20688	124	2657
按零售业态分组										
有店铺零售	**14118**	**22109**	**156201**	**142440**	**43500**	**17714**	**5819998**	**5352186**	**14572**	**453240**
食杂店		96		103			7115	5918	6	1192
便利店	285	1193		264			49643	41649	887	7108
超市	100	218	7420	364			113913	99408	341	14164
大型超市		300	8454	1390			193166	171961	562	20644
百货店	2188	12118	7679	12219			227484	200862	2188	24434
专业店	8245	8007	119673	107561		14430	3944611	3673945	7878	262788
专卖店	300	38	11974	19009	1320		752227	700977	575	50675
购物中心	3000	139	700	630	42180	3285	522303	449756	2108	70439
厂家直销中心			301	901			9536	7711	29	1796

指标	其他业务收入	其他业务利润	营业费用	管理费用	#税金	差旅费	工会经费	财务费用	#利息支出	营业利润
总计	**214416**	**149147**	**630425**	**447676**	**13407**	**17185**	**2960**	**68464**	**36755**	**308434**
批发	**73559**	**25014**	**372130**	**273374**	**8824**	**11542**	**1909**	**46190**	**25924**	**185932**
#国有及国有控股	43245	10320	152341	165032	5050	3666	1261	18229	8098	95831
按登记注册类型分组										
内资企业	**73196**	**24705**	**357089**	**271827**	**8768**	**11501**	**1898**	**45940**	**25703**	**177001**
国有企业	13376	7700	50164	87036	3184	1978	863	4345	3088	93803
集体企业	1050	340	5945	703	39	29	15	140	26	-887
股份合作企业			123	76	13	1		23	23	4
有限责任公司	43524	11451	173417	79716	2670	4065	508	14685	7426	51601
国有独资公司	241	227	2606	1959	77	48	24	201	-12	2516
其他有限责任公司	43283	11224	170811	77758	2593	4017	484	14484	7438	49084
股份有限公司	290	-1762	42844	69425	1303	1707	295	11893	4925	4776
私营企业	14956	6975	84368	33683	1556	3646	213	14726	10200	27055
私营独资企业	499	499	9396	3921	316	142	16	581	-21	753
私营合伙企业	19	16	812	327	18	54	1	-1	-2	-14
私营有限责任公司	14185	6216	71721	27779	1100	3383	192	9514	5686	21674
私营股份有限公司	253	244	2439	1656	123	68	4	4632	4538	4643
其他企业			229	1188	4	76	4	128	15	649
港、澳、台商投资企业			**1522**	**882**	**18**	**18**	**5**	**87**	**87**	**1577**
合资经营企业(港或澳、台资)			780	612	16		5	87	87	1024
港、澳、台商独资经营企业			742	270	2	17				553
外商投资企业	**363**	**310**	**13518**	**666**	**38**	**23**	**6**	**163**	**134**	**7354**
中外合资经营企业			661	210	14	12	6	162	137	160
中外合作经营企业	358	304	184	3	1			1		799
外商投资股份有限公司	5	5	12673	453	23	11			-3	6394
按国民经济行业分组										
批发业	**73559**	**25014**	**372130**	**273374**	**8824**	**11542**	**1909**	**46190**	**25924**	**185932**
农畜产品批发	**1962**	**1893**	**13287**	**14889**	**512**	**628**	**72**	**7100**	**6541**	**7112**
谷物、豆及薯类批发	366	359	1719	2747	27	79	14	781	526	-4303
种子、饲料批发	82	82	7876	8865	228	459	44	287	213	11187
棉、麻批发	765	703	1539	2614	207	66	9	5027	4812	-1013
其他农畜产品批发	750	750	2153	663	51	24	5	1005	990	1241
食品、饮料及烟草制品批发	**2587**	**1718**	**31812**	**55825**	**1352**	**667**	**477**	**3110**	**1809**	**74100**
米、面制品及食用油批发	1150	1070	3444	6945	98	84	29	2724	2252	-6149
糕点、糖果及糖批发			880	1380	62			182		4340
肉、禽、蛋及水产品批发			589	247	1	1	2			-31
盐及调味品批发	59	50	2039	2535	58	26	25	41	22	929
饮料及茶叶批发	45	45	1563	757	14	56	4	130	98	225
烟草制品批发	363	300	11003	41410	968	437	398	-588	-588	74674
其他食品批发	970	254	12294	2552	153	63	20	623	26	112

11-6 续表 13　　（2010 年）　　单位:万元

指　　标	其他业务收入	其他业务利润	营业费用	管理费用	#税金	差旅费	工会经费	财务费用	#利息支出	营业利润
纺织、服装及日用品批发	**1986**	**1409**	**27117**	**8601**	**169**	**598**	**45**	**2574**	**2203**	**10769**
纺织品、针织品及原料批发	1040	522	6499	2677	99	267	25	2042	1722	2698
服装批发	404	350	5199	3310	40	293	14	429	396	1962
鞋帽批发	3		482	136	1	5	1	−5	−5	−280
化妆品及卫生用品批发	5	5	13408	684	25	25	2	5	1	6745
其他日用品批发	534	532	1529	1794	4	7	3	104	89	−356
文化、体育用品及器材批发	**2993**	**2604**	**8418**	**10142**	**613**	**208**	**57**	**816**	**728**	**8316**
文具用品批发			1134	639	26	43	7	196	138	−25
图书批发	1936	1637	5616	6855	447	50	28	352	352	5313
音像制品及电子出版物批发	1		260	70		16	6	1	−1	1566
首饰、工艺品及收藏品批发			215	98	2	77		9		11
其他文化用品批发	1056	967	1193	2480	138	22	17	258	239	1451
医药及医疗器材批发	**1682**	**1469**	**18789**	**17567**	**383**	**1246**	**66**	**5539**	**2801**	**18167**
西药批发	1365	1178	6721	7777	197	514	28	1765	1388	9168
中药材及中成药批发	163	151	9374	7249	125	437	29	3091	889	5990
医疗用品及器材批发	154	140	2695	2542	61	294	9	684	524	3009
矿产品、建材及化工产品批发	**22945**	**8905**	**125798**	**117194**	**4197**	**4072**	**807**	**23730**	**11011**	**55178**
煤炭及制品批发	7965	4585	21319	15915	1267	562	153	1239	435	26086
石油及制品批发	6155	−565	59524	66383	1530	1507	465	14700	6232	−6666
非金属矿及制品批发	1448	982	5080	5374	96	161	43	198	−8	16930
金属及金属矿批发	3271	2359	15063	8720	595	783	24	4313	3071	10054
建材批发	2879	450	7818	13579	488	810	87	2198	882	5102
化肥批发	310	263	1986	1264	122	15		357	−84	−2405
农药批发			402	154	3	9		21	21	206
其他化工产品批发	918	832	14605	5806	97	225	35	705	461	5871
机械设备、五金交电及电子产品批发	**39113**	**6729**	**137686**	**45640**	**1535**	**3814**	**370**	**2111**	**49**	**13150**
农业机械批发			182	112	2	21	1	2	1	−5
汽车、摩托车及零配件批发	3643	2918	11673	6628	196	1310	40	−126	−224	4328
五金、交电批发	20		1246	1123	12	91	3	121	−10	217
家用电器批发	2852	−317	35865	17292	307	628	2	−216	−294	2109
计算机、软件及辅助设备批发	943	818	3350	2802	75	88	101	501	188	2056
通讯及广播电视设备批发	70	66	802	1225	304	129	4	846	46	447
其他机械设备及电子产品批发	31586	3244	84568	16459	640	1547	220	984	343	3998
贸易经纪与代理			**27**	**40**	**1**	**2**		**−1**	**−1**	**2**
贸易经纪与代理			27	40	1	2		−1	−1	2
其他批发	**292**	**288**	**9196**	**3476**	**62**	**307**	**16**	**1211**	**785**	**−862**
再生物资回收与批发	60	60	1519	843	13	24	3	273	227	−1131
其他未列明的批发	232	228	7677	2633	49	283	13	938	558	270
零售	**140857**	**124133**	**258296**	**174302**	**4583**	**5644**	**1051**	**22274**	**10831**	**122502**
#国有及国有控股	3298	2887	7009	6980	330	70	62	373	93	4842

指　标	其他业务收入	其他业务利润	营业费用	管理费用	#税金	差旅费	工会经费	财务费用	#利息支出	营业利润
按登记注册类型分组										
内资企业	**105998**	**92328**	**222662**	**138219**	**3672**	**4884**	**781**	**20705**	**10765**	**70734**
国有企业	702	296	3299	3668	166	63	59	163	106	2017
集体企业	1174	1040	4842	3623	330	172	21	346	100	12503
股份合作企业			191	90	12	11	1	42	2	257
联营企业			16	30	1					75
其他联营企业			16	30	1					75
有限责任公司	75780	69407	134716	80076	1347	2071	353	8373	3612	41625
国有独资公司	66	63	155	224	14		3	–2	–2	4
其他有限责任公司	75714	69344	134561	79852	1333	2071	350	8375	3614	41621
股份有限公司	8976	5631	8291	10414	253	186	47	1589	932	873
私营企业	19364	15952	69099	40064	1511	2369	296	10158	6003	13163
私营独资企业	280	272	1908	1241	96	70	2	224	179	6400
私营合伙企业				5		4				1
私营有限责任公司	19082	15679	66917	38339	1403	2295	287	9923	5824	5422
私营股份有限公司	2	1	274	479	11	1	7	10		1340
其他企业	2	2	2208	253	52	12	4	33	11	223
港、澳、台商投资企业	**30120**	**27147**	**12942**	**29591**	**801**	**608**	**176**	**1395**	**224**	**46517**
合资经营企业（港或澳、台资）	76	76	3644	1559	8	115		289	217	538
港、澳、台商独资经营企业	30044	27071	9298	28032	793	493	176	1107	7	45980
外商投资企业	**4739**	**4658**	**22692**	**6492**	**110**	**152**	**94**	**174**	**–158**	**5251**
中外合资经营企业	3970	3958	9261	2547	49	54	68	106	13	1868
外资企业	174	149	9993	2079	46	29	14	96		–2002
外商投资股份有限公司	596	551	3437	1867	16	69	12	–29	–171	5385
按国民经济行业分组										
零售业	**140857**	**124133**	**258296**	**174302**	**4583**	**5644**	**1051**	**22274**	**10831**	**122502**
综合零售	**97356**	**88618**	**87185**	**74659**	**1749**	**899**	**438**	**5341**	**1732**	**58725**
百货零售	67461	60294	39717	62818	1427	709	287	4989	1844	46549
超级市场零售	29182	27979	43999	9396	159	137	129	128	–151	720
其他综合零售	713	345	3469	2444	163	53	22	224	40	11457
食品、饮料及烟草制品专门零售	**1435**	**1320**	**5070**	**1758**	**113**	**48**	**21**	**314**	**60**	**5852**
粮油零售			60	18	1		2	13		664
糕点、面包零售			261	65	1	10	5			69
肉、禽、蛋及水产品零售	1435	1320	2068	1090	83	6	14	61	57	934
饮料及茶叶零售			2178	430	10	16		165	4	3219
其他食品零售			503	155	18	16		75		967
纺织、服装及日用品专门零售	**5818**	**5560**	**20787**	**14692**	**141**	**660**	**59**	**1164**	**306**	**–5596**
纺织品及针织品零售			959	512	3	52	6	10		275
服装零售	5387	5222	16846	12186	80	504	37	703	–15	–9112
鞋帽零售			464	158	2	4		1		419
钟表、眼镜零售			1799	627	11	31	2	362	258	2677
化妆品及卫生用品零售	420	334	94	804	4	24		4		40
其他日用品零售	11	5	625	404	41	45	14	85	62	104

指　　标	其他业务收入	其他业务利润	营业费用	管理费用	#税金	差旅费	工会经费	财务费用	#利息支出	营业利润
文化、体育用品及器材专门零售	**950**	**846**	**3359**	**4046**	**174**	**88**	**44**	**339**	**114**	**607**
文具用品零售			53	93	2	7				19
体育用品零售			56	19		10		1		9
图书零售	540	461	2776	3048	147	62	44	34	14	526
珠宝首饰零售	406	381	288	770	25		1	289	90	41
工艺美术品及收藏品零售			172	97	1	9		14	10	17
照相器材零售	5	5	15	21						-3
医药及医疗器材专门零售	**344**	**254**	**9686**	**4448**	**95**	**378**	**72**	**535**	**398**	**2854**
药品零售	343	252	9114	3944	93	194	68	534	399	2924
医疗用品及器材零售	1	1	572	504	2	185	4	1	-1	-71
汽车、摩托车、燃料及零配件专门零售	**9668**	**6351**	**86930**	**53866**	**1770**	**3101**	**331**	**13519**	**7787**	**26476**
汽车零售	8496	5701	82885	50800	1698	2840	308	13273	7700	22837
汽车零配件零售	9	6	940	556	1	5		34		883
摩托车及零配件零售	210	210	402	799	17	104	4	64	43	1193
机动车燃料零售	953	434	2702	1711	55	154	19	148	44	1563
家用电器及电子产品专门零售	**22294**	**18684**	**39360**	**17160**	**467**	**326**	**77**	**818**	**302**	**26388**
家用电器零售	19828	16522	29085	11602	284	182	50	851	533	24058
计算机、软件及辅助设备零售	555	270	1551	2342	97	62	10	97	35	230
通信设备零售	1911	1891	8312	1531	65	23	14	-143	-267	2058
其他电子产品零售			413	1686	21	59	3	13		42
五金、家具及室内装修材料专门零售	**2962**	**2473**	**4634**	**1849**	**30**	**17**	**4**	**182**	**93**	**6586**
五金零售	84	84	733	414	18	2	1	8		4112
家具零售	2706	2260	1746	1090	11	13	2	179	156	2941
其他室内装修材料零售	172	130	2154	345	1	2		-5	-64	-467
无店铺及其他零售	**30**	**28**	**1286**	**1824**	**45**	**127**	**4**	**62**	**38**	**610**
生活用燃料零售			77	534	20	9	2	1		397
旧货零售			72	17	1					-1
其他未列明的零售	30	28	1136	1273	23	117	1	61	38	214
按零售业态分组										
有店铺零售	**140857**	**124133**	**258296**	**174302**	**4583**	**5644**	**1051**	**22274**	**10831**	**122502**
食杂店			370	138	4	11				684
便利店	404	134	1757	1116	38	3	6	34	26	4335
超市	7454	7132	19670	4319	134	97	69	1	-121	-2693
大型超市	18237	17300	26194	5821	64	127	108	639	331	5289
百货店	12627	11357	14287	9359	536	219	48	2185	1203	9962
专业店	57106	46172	158189	93355	2178	3908	569	13004	6528	44413
专卖店	1035	1021	19456	14125	804	765	66	4418	2640	13697
购物中心	43994	41017	18035	45751	824	496	181	1960	211	45710
厂家直销中心			338	318	2	17	3	34	14	1106

11-6 续表16 （2010年） 单位:万元

指 标	投资收益	执行《2006年企业会计准则》企业的投资	补贴收入	营业外收入	利润总额	应交所得税	劳动、失业保险费	养老保险和医疗保险费
总计	**−600**	**4850**	**24321**	**24116**	**300342**	**89301**	**7392**	**30484**
批发	**−1477**	**3973**	**23735**	**20102**	**201584**	**52316**	**4949**	**20418**
#国有及国有控股	1114	1114	17023	11285	113374	33680	4580	12108
按登记注册类型分组								
内资企业	**−1477**	**3973**	**23735**	**20097**	**193259**	**51260**	**4917**	**20158**
国有企业	568	568	16945	10316	112941	25558	3614	8580
集体企业				3	−893	11	4	341
股份合作企业					4	1		6
有限责任公司	2814	2814	3782	4056	52318	11429	559	5280
国有独资公司				127	1032	269	164	193
其他有限责任公司	2814	2814	3782	3929	51287	11160	395	5087
股份有限公司	546	546	348	1181	6463	8449	622	2206
私营企业	−5405	45	2661	4538	22502	5804	115	3712
私营独资企业			1671	651	1410	165	4	50
私营合伙企业			20		−1	20	1	16
私营有限责任公司	−5405	45	970	3744	17844	5287	109	3625
私营股份有限公司				143	3248	332		21
其他企业				3	−75	7	3	35
港、澳、台商投资企业				**4**	**1560**	**303**	**8**	**180**
合资经营企业(港或澳、台资)				4	1011	259	1	24
港、澳、台商独资经营企业					549	44	7	157
外商投资企业				**1**	**6765**	**754**	**24**	**80**
中外合资经营企业					160	42	2	53
中外合作经营企业					210	55	21	8
外商投资股份有限公司					6395	657	1	19
按国民经济行业分组								
批发业	**−1477**	**3973**	**23735**	**20102**	**201584**	**52316**	**4949**	**20418**
农畜产品批发			**3511**	**1454**	**11474**	**2193**	**77**	**1418**
谷物、豆及薯类批发			2884	101	−1407	27	53	294
种子、饲料批发			434	835	12418	1882	13	910
棉、麻批发			169	291	−800	37	8	141
其他农畜产品批发			24	227	1263	247	3	73
食品、饮料及烟草制品批发			**8519**	**3058**	**83788**	**21256**	**448**	**5821**
米、面制品及食用油批发			8072	2812	3218	746	38	1509
糕点、糖果及糖批发					4340	1081		4
肉、禽、蛋及水产品批发					−34	5	9	64
盐及调味品批发				56	942	238	12	189
饮料及茶叶批发				4	192	79	8	69
烟草制品批发			447	184	75018	18953	380	3791
其他食品批发				3	113	155	1	194

(2010 年)

单位:万元

指标	投资收益	执行《2006年企业会计准则》企业的投资	补贴收入	营业外收入	利润总额	应交所得税	劳动、失业保险费	养老保险和医疗保险费
纺织、服装及日用品批发	**-5420**	**30**	**686**	**381**	**5446**	**1882**	**106**	**588**
纺织品、针织品及原料批发	-5420	30	540	150	-2391	811	65	228
服装批发			96	101	1556	378	37	228
鞋帽批发				12	-272	3	1	14
化妆品及卫生用品批发				118	6858	668	1	29
其他日用品批发			50	1	-305	22	3	89
文化、体育用品及器材批发	**432**	**432**		**905**	**7485**	**1836**	**135**	**854**
文具用品批发				8	-26	65	4	68
图书批发				11	5211	1303	18	464
音像制品及电子出版物批发					-46			6
首饰、工艺品及收藏品批发					11		1	38
其他文化用品批发	432	432		886	2335	467	112	279
医药及医疗器材批发	**10**	**10**	**292**	**2451**	**19283**	**4991**	**66**	**1304**
西药批发	10	10	50	299	9171	2218	31	801
中药材及中成药批发			2	1014	5830	1702	31	410
医疗用品及器材批发			241	1139	4282	1070	5	93
矿产品、建材及化工产品批发	**3485**	**3485**	**9504**	**10486**	**60525**	**15155**	**3948**	**7586**
煤炭及制品批发	2800	2800	675	3174	29835	3839	98	1531
石油及制品批发	546	546		696	-6458	6620	639	3497
非金属矿及制品批发	138	138	58	226	13521	799	12	240
金属及金属矿批发	-3	-3	1634	306	9813	1793	3154	563
建材批发	3	3	5537	5704	9783	1086	20	645
化肥批发			1549	20	-836	65	9	105
农药批发					200	47		9
其他化工产品批发			52	362	4667	906	15	997
机械设备、五金交电及电子产品批发	**15**	**15**	**343**	**1124**	**13404**	**4774**	**148**	**2280**
农业机械批发					-5	16		
汽车、摩托车及零配件批发	14	14	30	519	4820	1434	25	416
五金、交电批发				12	225	58	1	47
家用电器批发				258	2327	1021	37	798
计算机、软件及辅助设备批发			20	20	1786	460	14	240
通讯及广播电视设备批发				104	436	134	13	56
其他机械设备及电子产品批发	1	1	293	212	3816	1652	57	723
贸易经纪与代理			**5**		**7**	**2**		**4**
贸易经纪与代理			5		7	2		4
其他批发			**876**	**243**	**172**	**229**	**22**	**564**
再生物资回收与批发			876	1	-254	9	9	281
其他未列明的批发				242	426	221	13	283
零售	**877**	**877**	**586**	**4014**	**98758**	**36985**	**2443**	**10066**
#国有及国有控股				28	4587	1039	540	650

11-6 续表 18　　（2010 年）　　单位:万元

指　　标	投资收益	执行《2006年企业会计准则》企业的投资	补贴收入	营业外收入	利润总额	应交所得税	劳动、失业保险费	养老保险和医疗保险费
按登记注册类型分组								
内资企业			**551**	**3520**	**48536**	**20098**	**1609**	**8478**
国有企业				9	1757	185	536	548
集体企业				131	8612	1375	59	170
股份合作企业					257	42		
联营企业					75	8		
其他联营企业					75	8		
有限责任公司			442	1745	28936	12560	777	4234
国有独资公司				3	7		1	45
其他有限责任公司			442	1743	28929	12560	776	4189
股份有限公司				1121	1572	801	60	1582
私营企业			109	512	7110	4969	172	1926
私营独资企业				27	6088	347	1	32
私营合伙企业					1			
私营有限责任公司			109	481	700	4608	171	1891
私营股份有限公司				4	321	13		2
其他企业				1	218	160	5	19
港、澳、台商投资企业				**371**	**44994**	**14841**	**23**	**660**
合资经营企业（港或澳、台资）				18	374	116		71
港、澳、台商独资经营企业				353	44620	14724	23	589
外商投资企业	**877**	**877**	**35**	**123**	**5228**	**2046**	**811**	**927**
中外合资经营企业				31	1779	462	676	418
外资企业			35	46	−1980	149	111	226
外商投资股份有限公司	877	877		45	5429	1435	24	283
按国民经济行业分组								
零售业	**877**	**877**	**586**	**4014**	**98758**	**36985**	**2443**	**10066**
综合零售			**102**	**2375**	**52836**	**18362**	**345**	**4421**
百货零售			2	1808	45127	15728	259	2705
超级市场零售			100	567	237	1292	81	1471
其他综合零售					7473	1341	5	245
食品、饮料及烟草制品专门零售				**112**	**5877**	**1118**	**73**	**299**
粮油零售					664	14	1	1
糕点、面包零售					69	17	1	11
肉、禽、蛋及水产品零售				110	985	27	69	232
饮料及茶叶零售				2	3198	800	2	56
其他食品零售					961	261		
纺织、服装及日用品专门零售				**104**	**−6043**	**1301**	**109**	**710**
纺织品及针织品零售					189	18	1	17
服装零售				89	−9483	543	66	508
鞋帽零售					419	27		6
钟表、眼镜零售					2678	671	4	94
化妆品及卫生用品零售					40	12		
其他日用品零售				15	115	31	38	84

（2010 年）

单位:万元

指　　标	投资收益	执行《2006年企业会计准则》企业的投资	补贴收入	营业外收入	利润总额	应交所得税	劳动、失业保险费	养老保险和医疗保险费
文化、体育用品及器材专门零售			**2**	**12**	**601**	**139**	**525**	**351**
文具用品零售					19	5		9
体育用品零售					9	2		
图书零售				12	522	111	521	246
珠宝首饰零售					39	17	3	78
工艺美术品及收藏品零售			2		16	4	1	16
照相器材零售					−3			2
医药及医疗器材专门零售				**26**	**2868**	**940**	**18**	**473**
药品零售				26	2940	932	18	456
医疗用品及器材零售					−72	8	1	17
汽车、摩托车、燃料及零配件专门零售	**877**	**877**	**14**	**883**	**24595**	**12065**	**871**	**2483**
汽车零售	877	877	14	831	21492	11218	864	2355
汽车零配件零售					876	224	3	58
摩托车及零配件零售					1192	358	1	19
机动车燃料零售				52	1034	265	3	50
家用电器及电子产品专门零售			**468**	**353**	**13545**	**2655**	**484**	**1140**
家用电器零售			462	282	11157	1904	446	666
计算机、软件及辅助设备零售			6	23	253	115	16	242
通信设备零售				48	2098	615	6	197
其他电子产品零售					37	22	16	35
五金、家具及室内装修材料专门零售				**4**	**4054**	**291**	**6**	**112**
五金零售					3906	210	2	28
家具零售					673	78		1
其他室内装修材料零售				4	−524	3	4	84
无店铺及其他零售				**147**	**424**	**114**	**13**	**78**
生活用燃料零售				109	206	64	1	18
旧货零售				5	4	1		3
其他未列明的零售				33	215	48	12	56
按零售业态分组								
有店铺零售	**877**	**877**	**586**	**4014**	**98758**	**36985**	**2443**	**10066**
食杂店					684	226		
便利店					4335	953	3	184
超市			100	227	−3481	131	39	573
大型超市				438	5565	1904	35	825
百货店			2	1316	6586	1158	45	903
专业店	877	877	483	1456	26690	14824	2135	6015
专卖店				83	13559	2937	60	500
购物中心				494	43717	14826	126	1058
厂家直销中心					1105	28		9

11-6 续表 20 （2010 年） 单位：万元

指　　标	住房公积金和住房补贴	本年应付工资总额	#主营业务应付工资总额	本年应付福利费总额	#主营业务应付福利费总额	本年应交增值税	全部从业人员年平均人数(人)	资产减值损失	公允价值变动收益
总计	**7242**	**217300**	**208089**	**10680**	**10394**	**201889**	**81383**	**2459**	**19**
批发	**5845**	**107052**	**102962**	**6865**	**6699**	**104583**	**34405**	**1258**	**18**
#国有及国有控股	4458	53434	52331	4635	4598	41743	11412	1159	18
按登记注册类型分组									
内资企业	**5706**	**104227**	**100138**	**6602**	**6437**	**100649**	**33669**	**1205**	**18**
国有企业	3138	37060	36852	3540	3540	17358	7602	401	18
集体企业		2234	2234	9	9	789	973		
股份合作企业		44	44			68	37		
有限责任公司	1189	35613	33749	1802	1716	51709	13351	555	
国有独资公司	93	173	173	72	72	87	53		
其他有限责任公司	1096	35439	33576	1730	1644	51622	13298	555	
股份有限公司	743	10201	10038	702	684	15063	2080	249	
私营企业	630	18747	16893	510	450	15427	9457		
私营独资企业	524	2826	1674	24	24	2411	2727		
私营合伙企业	5	87	87			100	52		
私营有限责任公司	98	15255	14629	483	424	11993	6392		
私营股份有限公司	2	579	504	3	2	923	286		
其他企业	6	328	328	38	38	236	169		
港、澳、台商投资企业	**113**	**2264**	**2263**	**244**	**244**	**279**	**616**		
合资经营企业(港或澳、台资)	33	578	578			194	115		
港、澳、台商独资经营企业	80	1686	1686	244	244	85	501		
外商投资企业	**26**	**560**	**560**	**19**	**19**	**3656**	**120**	**54**	
中外合资经营企业	19	315	315	19	19	246	42	54	
中外合作经营企业		144	144			120	53		
外商投资股份有限公司	7	102	102			3290	25		
按国民经济行业分组									
批发业	**5845**	**107052**	**102962**	**6865**	**6699**	**104583**	**34405**	**1258**	**18**
农畜产品批发	**225**	**4735**	**4570**	**295**	**277**	**647**	**1574**	**4**	
谷物、豆及薯类批发	67	1209	1204	51	51	34	470		
种子、饲料批发	82	2713	2554	223	204	61	736	4	
棉、麻批发	44	482	480	8	8	253	231		
其他农畜产品批发	31	331	331	14	14	299	137		
食品、饮料及烟草制品批发	**2169**	**27984**	**27885**	**2337**	**2337**	**6553**	**5460**		
米、面制品及食用油批发	223	3687	3615	500	500	1122	1650		
糕点、糖果及糖批发		354	354	15	15	824	146		
肉、禽、蛋及水产品批发		383	383			70	237		
盐及调味品批发	86	1413	1413	166	166	186	489		
饮料及茶叶批发	11	770	770	22	22	502	290		
烟草制品批发	1850	19071	19071	1625	1625	2624	1848		
其他食品批发		2307	2280	9	9	1227	800		

(2010 年)

单位:万元

指 标	住房公积金和住房补贴	本年应付工资总额	#主营业务应付工资总额	本年应付福利费总额	#主营业务应付福利费总额	本年应交增值税	全部从业人员年平均人数(人)	资产减值损失	公允价值变动收益
纺织、服装及日用品批发	**181**	**4318**	**3904**	**126**	**106**	**5886**	**1655**		
纺织品、针织品及原料批发	81	1527	1300	62	47	856	582		
服装批发	2	1811	1768	42	39	1096	682		
鞋帽批发		135	104			19	27		
化妆品及卫生用品批发	12	371	276			3877	187		
其他日用品批发	86	475	455	22	21	38	177		
文化、体育用品及器材批发	**219**	**3317**	**3228**	**251**	**239**	**3009**	**848**	**60**	
文具用品批发	19	453	453	26	26	431	104	54	
图书批发	106	1572	1553	205	193	1901	448	5	
音像制品及电子出版物批发	6	55	55	1	1	16	13		
首饰、工艺品及收藏品批发		121	70			1	40		
其他文化用品批发	89	1116	1097	19	19	661	243	1	
医药及医疗器材批发	**89**	**10322**	**10296**	**610**	**594**	**20144**	**4116**	**242**	
西药批发	34	5208	5208	289	289	13013	2073	33	
中药材及中成药批发	55	4316	4290	246	230	5773	1708	210	
医疗用品及器材批发	1	797	797	75	75	1358	335		
矿产品、建材及化工产品批发	**2514**	**33334**	**31075**	**2605**	**2553**	**42294**	**11686**	**439**	**18**
煤炭及制品批发	1073	9793	7776	415	378	12836	4795		
石油及制品批发	840	11685	11648	1385	1372	15251	2727	36	
非金属矿及制品批发	95	1099	1099	31	31	988	333	301	18
金属及金属矿批发	204	2890	2789	191	190	4509	1198	52	
建材批发	181	4692	4631	439	439	4737	1448	51	
化肥批发	5	345	304	4	4	1563	213		
农药批发	2	139	139	9	9	4	32		
其他化工产品批发	115	2691	2689	131	131	2405	940		
机械设备、五金交电及电子产品批发	**364**	**20695**	**20305**	**623**	**575**	**23166**	**8144**	**514**	
农业机械批发		141	141	19	19	44	84		
汽车、摩托车及零配件批发	35	4370	4356	82	82	2357	1595		
五金、交电批发	7	658	658	19	19	384	255		
家用电器批发	145	4106	4105	154	154	6935	1779		
计算机、软件及辅助设备批发	58	2400	2282	60	40	933	868		
通讯及广播电视设备批发	6	707	692	28	28	320	261		
其他机械设备及电子产品批发	113	8314	8072	261	234	12194	3302	514	
贸易经纪与代理		**14**	**14**			**1**	**8**		
贸易经纪与代理		14	14			1	8		
其他批发	**83**	**2332**	**1686**	**19**	**19**	**2884**	**914**		
再生物资回收与批发	48	369	369	12	12	1775	169		
其他未列明的批发	35	1963	1317	6	6	1110	745		
零售	**1398**	**110249**	**105127**	**3816**	**3695**	**97306**	**46978**	**1201**	**1**
#国有及国有控股	195	5034	5007	347	333	2066	1993	-7	

11-6 续表22 （2010年） 单位:万元

指　　标	住房公积金和住房补贴	本年应付工资总额	#主营业务应付工资总额	本年应付福利费总额	#主营业务应付福利费总额	本年应交增值税	全部从业人员年平均人数(人)	资产减值损失	公允价值变动收益
按登记注册类型分组									
内资企业	**1043**	**94312**	**89595**	**3365**	**3284**	**72370**	**42272**	**1198**	**1**
国有企业	162	3647	3620	308	294	1057	1500		
集体企业		4262	4217	178	170	2395	3368		
股份合作企业		26	25	1	1	25	15		
联营企业		59	59			15	41		
其他联营企业		59	59			15	41		
有限责任公司	601	51253	48031	1616	1610	43166	19872	1198	1
国有独资公司	9	143	143	29	29	37	55	-7	
其他有限责任公司	592	51110	47888	1587	1580	43129	19817	1205	1
股份有限公司	95	4814	4646	325	308	1801	3083		
私营企业	184	29912	28657	910	875	23545	14154		
私营独资企业	1	1517	1491	51	51	515	1087		
私营合伙企业		9	2			1	5		
私营有限责任公司	184	28103	26917	848	819	22930	12891		
私营股份有限公司		283	247	11	5	99	171		
其他企业		340	340	27	27	367	239		
港、澳、台商投资企业	**181**	**9435**	**9435**	**226**	**226**	**21273**	**2050**		
合资经营企业(港或澳、台资)	3	1127	1127	49	49	634	419		
港、澳、台商独资经营企业	178	8308	8308	177	177	20639	1631		
外商投资企业	**174**	**6501**	**6097**	**225**	**185**	**3663**	**2656**	**3**	
中外合资经营企业	41	2666	2666	82	82	1025	1110		
外资企业	74	1585	1585	9	9	1000	884		
外商投资股份有限公司	60	2250	1846	134	94	1638	662	3	
按国民经济行业分组									
零售业	**1398**	**110249**	**105127**	**3816**	**3695**	**97306**	**46978**	**1201**	**1**
综合零售	**555**	**36259**	**33822**	**1115**	**1090**	**29895**	**18409**	**905**	
百货零售	390	21541	21393	645	623	26126	9563	786	
超级市场零售	134	11664	9413	328	326	2729	7193	118	
其他综合零售	31	3053	3016	142	142	1039	1653		
食品、饮料及烟草制品专门零售	**58**	**2185**	**2184**	**37**	**37**	**1244**	**1055**	**4**	**1**
粮油零售	1	50	50	3	3	7	42		
糕点、面包零售		189	189	27	27	43	102	2	1
肉、禽、蛋及水产品零售	35	1145	1145	8	8	179	661	2	
饮料及茶叶零售	22	518	518			966	132		
其他食品零售		282	282			50	118		
纺织、服装及日用品专门零售	**93**	**7872**	**7243**	**131**	**131**	**5138**	**3116**	**290**	
纺织品及针织品零售	3	537	534	19	19	186	339		
服装零售	74	5523	5120	78	78	4144	1914	290	
鞋帽零售		258	221	7	7	100	151		
钟表、眼镜零售	16	926	926			527	343		
化妆品及卫生用品零售		63	63			1	25		
其他日用品零售		566	379	27	27	180	344		

指　　标	住房公积金和住房补贴	本年应付工资总额	#主营业务应付工资总额	本年应付福利费总额	#主营业务应付福利费总额	本年应交增值税	全部从业人员年平均人数(人)	资产减值损失	公允价值变动收益
文化、体育用品及器材专门零售	**110**	**2974**	**2953**	**273**	**272**	**1068**	**1019**	**-7**	
文具用品零售		61	41	4	2	24	33		
体育用品零售		53	53			18	31		
图书零售	110	2492	2491	269	269	895	793	-7	
珠宝首饰零售		226	226	1	1	107	111		
工艺美术品及收藏品零售		119	119			22	40		
照相器材零售		24	24			1	11		
医药及医疗器材专门零售	**25**	**4548**	**4470**	**98**	**94**	**2520**	**2358**	**6**	
药品零售	24	4281	4205	89	85	2452	2220	6	
医疗用品及器材零售	1	266	265	9	9	67	138		
汽车、摩托车、燃料及零配件专门零售	**349**	**40158**	**38410**	**1868**	**1778**	**41483**	**12566**	**3**	
汽车零售	324	38113	36377	1760	1670	40543	11706	3	
汽车零配件零售	12	655	655	27	27	250	225		
摩托车及零配件零售		251	251	12	12	268	101		
机动车燃料零售	13	1140	1127	69	68	423	534		
家用电器及电子产品专门零售	**180**	**13653**	**13524**	**226**	**225**	**14431**	**7033**		
家用电器零售	121	8440	8438	189	189	12267	4349		
计算机、软件及辅助设备零售	21	1805	1678	33	33	646	951		
通信设备零售	11	3075	3075	1	1	1437	1539		
其他电子产品零售	27	333	333	3	3	81	194		
五金、家具及室内装修材料专门零售	**23**	**1833**	**1825**	**51**	**51**	**736**	**1102**		
五金零售		916	908	31	31	384	684		
家具零售		544	544	8	8	29	275		
其他室内装修材料零售	23	373	373	12	12	324	143		
无店铺及其他零售	**4**	**767**	**697**	**18**	**18**	**791**	**320**		
生活用燃料零售	3	232	232	5	5	359	124		
旧货零售		4	4			32	6		
其他未列明的零售	2	532	461	13	13	400	190		
按零售业态分组									
有店铺零售	**1398**	**110249**	**105127**	**3816**	**3695**	**97306**	**46978**	**1201**	**1**
食杂店		16	16			21	10		
便利店	27	1333	1333	88	88	532	553		
超市	98	5444	5291	313	313	1762	3602	121	
大型超市	30	8095	5992	93	90	2432	5005		
百货店	74	7751	7584	284	263	2792	5436	14	
专业店	833	64968	62423	2502	2406	59418	26417	294	1
专卖店	26	10224	10072	271	271	7911	3266		
购物中心	309	12250	12250	264	264	22399	2647	772	
厂家直销中心		167	167	1	1	39	42		

11-7 限额以上住宿和餐饮业法人企业财务状况

（2010 年）

单位：万元

指　　标	法人企业个数	执行《2006 年企业会计准则》企业数	年初存货	流动资产合计	#应收账款	存货	流动资产年平均余额	长期投资合计	固定资产合计
总计	**349**	**127**	**29892**	**421667**	**36283**	**28513**	**381773**	**14003**	**427830**
住宿	**164**	**71**	**20069**	**299367**	**23101**	**18339**	**268885**	**11390**	**359511**
#国有及国有控股	53	25	7995	67122	8300	5204	69767	4099	136800
按登记注册类型分组									
内资企业	**155**	**66**	**13381**	**158244**	**20539**	**11165**	**151656**	**11390**	**320264**
国有企业	43	22	7281	50856	7924	4505	52644	3912	116076
集体企业	8	6	352	5188	504	514	5771	737	10599
股份合作企业	1		25	12		12	30		330
联营企业	2		14	298	10	21	164		18
国有联营企业	1		4	161	10	9	50		14
其他联营企业	1		10	137		12	114		4
有限责任公司	50	23	3325	43491	3805	3447	42250	454	106098
国有独资公司	1		89	1451	192	94	1293		4019
其他有限责任公司	49	23	3236	42039	3613	3353	40958	454	102079
股份有限公司	5		282	26741	809	300	25264	3793	12856
私营企业	40	13	1889	28612	7215	2130	22004	2413	70377
私营独资企业	6	3	116	2501	710	215	1887	586	7051
私营有限责任公司	32	9	1741	22290	2795	1881	19797	1826	61764
私营股份有限公司	2	1	33	3821	3710	34	320		1562
其他企业	6	2	213	3047	271	236	3528	80	3911
港、澳、台商投资企业	**7**	**3**	**6667**	**139883**	**1538**	**7131**	**116001**		**39168**
合资经营企业（港或澳、台资）	6	2	6499	124459	1033	6919	102169		35321
合作经营企业（港或澳、台资）	1	1	168	15424	505	212	13832		3847
外商投资企业	**2**	**2**	**21**	**1240**	**1023**	**43**	**1229**		**79**
中外合资经营企业	1	1	18	1132	1019	40	1082		32
外资企业	1	1	3	108	5	3	147		47
按国民经济行业分组									
住宿业	**164**	**71**	**20069**	**299367**	**23101**	**18339**	**268885**	**11390**	**359511**
旅游饭店	97	34	13417	260681	19084	10616	228284	10796	278780

注：本表数据为按法人在地统计。

指　　标	法人企业个数	执行《2006 年企业会计准则》企业数	年初存货	流动资产合计	#应收账款	存货	流动资产年平均余额	长期投资合计	固定资产合计
一般旅馆	62	36	6593	37604	3802	7645	39787	446	78607
其他住宿服务	5	1	58	1082	215	78	815	149	2124
餐饮	**185**	**56**	**9824**	**122300**	**13182**	**10174**	**112888**	**2614**	**68319**
#国有及国有控股	1	1	4	86	19	4	86		456
按登记注册类型分组									
内资企业	**177**	**54**	**7706**	**99197**	**9560**	**7738**	**84201**	**2199**	**50914**
国有企业	1	1	4	86	19	4	86		456
股份合作企业	2	1	12	161	92	13	174		939
联营企业	1		1	12		1	12		11
其他联营企业	1		1	12		1	12		11
有限责任公司	46	22	2844	56593	4099	2779	49874	530	29299
其他有限责任公司	46	22	2844	56593	4099	2779	49874	530	29299
股份有限公司	4	2	733	1495	134	209	1174	138	212
私营企业	115	26	3456	39202	4831	4416	31532	1470	18773
私营独资企业	30	6	583	3856	1985	697	3243	4	5806
私营合伙企业	3		20	66	11	16	65		139
私营有限责任公司	76	18	2748	33816	2733	3484	26962	1466	12326
私营股份有限公司	6	2	105	1464	102	219	1263		502
其他企业	8	2	657	1648	385	317	1348	60	1225
港、澳、台商投资企业	**2**		**181**	**3734**	**3314**	**193**	**1977**		**294**
港、澳、台商独资经营企业	2		181	3734	3314	193	1977		294
外商投资企业	**6**	**2**	**1937**	**19369**	**308**	**2243**	**26710**	**415**	**17110**
外资企业	6	2	1937	19369	308	2243	26710	415	17110
按国民经济行业分组									
餐饮业	**185**	**56**	**9824**	**122300**	**13182**	**10174**	**112888**	**2614**	**68319**
正餐服务	172	53	8547	118944	12902	8853	101422	2614	60886
快餐服务	9	3	1169	2464	97	1246	10602		7194
饮料及冷饮服务	1		29	111	20		88		23
其他餐饮服务	3		79	781	163	75	776		216

11-7 续表 2　　　　（2010 年）　　　　单位:万元

指　　标	固定资产原价	累计折旧	#本年折旧	资产总计	流动负债合计	#应付账款	长期负债合计	负债合计	所有者权益合计	#实收资本
总计	**696455**	**268748**	**33179**	**996640**	**524182**	**70581**	**153570**	**710739**	**287316**	**345091**
住宿	**590026**	**230637**	**25048**	**759745**	**374043**	**48860**	**135910**	**521069**	**240090**	**290270**
#国有及国有控股	255714	118914	9200	224718	89599	17394	19749	116943	107775	114798
按登记注册类型分组										
内资企业	**506949**	**186807**	**19892**	**555906**	**249365**	**40179**	**71179**	**331661**	**225660**	**218773**
国有企业	222303	106228	7904	183040	73007	16155	16554	92846	90194	103126
集体企业	17010	6411	772	18974	9135	12	3809	14231	4743	7463
股份合作企业	425	95	95	342				211	131	40
联营企业	34	16	6	320	254	13		254	66	137
国有联营企业	29	15	5	176	38			38	137	37
其他联营企业	5	1	1	144	216	13		216	-72	100
有限责任公司	150240	44142	4883	170137	71740	5163	43241	120142	51410	64856
国有独资公司	4664	645	280	5693	532	370		532	5161	5000
其他有限责任公司	145575	43497	4603	164445	71208	4793	43241	119610	46249	59856
股份有限公司	27020	14165	1658	45966	16458	493	126	16631	29334	8993
私营企业	83671	13417	4149	128308	74014	15587	7450	82164	46143	31433
私营独资企业	7502	450	279	13989	5606	56	1173	7385	6604	7104
私营有限责任公司	74163	12522	3746	108329	63498	11219	6029	69621	38708	21229
私营股份有限公司	2007	445	124	5990	4910	4313	249	5158	831	3100
其他企业	6245	2335	426	8819	4757	2756		5182	3637	2726
港、澳、台商投资企业	**82758**	**43590**	**5132**	**202367**	**124324**	**8592**	**64730**	**189054**	**13313**	**69756**
合资经营企业(港或澳、台资)	69946	34625	4321	182696	120140	7886	41947	162087	20609	56389
合作经营企业(港或澳、台资)	12812	8965	811	19671	4184	705	22783	26967	-7296	13367
外商投资企业	**319**	**240**	**23**	**1473**	**355**	**89**		**355**	**1118**	**1740**
中外合资经营企业	197	165		1164	258	36		258	906	1250
外资企业	123	76	23	309	97	53		97	212	490
按国民经济行业分组										
住宿业	**590026**	**230637**	**25048**	**759745**	**374043**	**48860**	**135910**	**521069**	**240090**	**290270**
旅游饭店	479885	201227	21986	609016	300641	35934	93991	404960	205470	241025

11-7 续表 3　　　　(2010 年)　　　　单位:万元

指　标	固定资产原价	累计折旧	#本年折旧	资产总计	流动负债合计	#应付账款	长期负债合计	负债合计	所有者权益合计	#实收资本
一般旅馆	107769	29162	3045	144188	72379	12052	37354	110513	33675	48417
其他住宿服务	2372	249	16	6541	1024	874	4565	5596	945	828
餐饮	**106429**	**38110**	**8131**	**236895**	**150138**	**21722**	**17660**	**189670**	**47225**	**54821**
#国有及国有控股	852	396	17	542	199	57	20	219	323	610
按登记注册类型分组										
内资企业	**79674**	**28759**	**5928**	**182028**	**112780**	**14009**	**14363**	**149015**	**33014**	**45161**
国有企业	852	396	17	542	199	57	20	219	323	610
股份合作企业	1407	468	46	1426	960	80	49	1009	418	378
联营企业	42	31	11	25	4			4	21	50
其他联营企业	42	31	11	25	4			4	21	50
有限责任公司	48163	18865	3649	100208	65094	6070	5583	88480	11728	18790
其他有限责任公司	48163	18865	3649	100208	65094	6070	5583	88480	11728	18790
股份有限公司	255	43	39	1966	901	133		1024	942	610
私营企业	27494	8721	2111	74698	44818	7507	8712	57267	17432	23646
私营独资企业	7346	1540	315	14344	7123	992	467	8706	5638	4979
私营合伙企业	178	39	17	407	53	9		162	245	374
私营有限责任公司	19222	6896	1745	57851	36951	6316	7903	47337	10515	15538
私营股份有限公司	748	246	34	2097	691	191	341	1063	1035	2755
其他企业	1461	235	55	3163	805	162		1012	2151	1077
港、澳、台商投资企业	**475**	**181**	**125**	**4859**	**1817**	**977**	**167**	**1984**	**2875**	**2532**
港、澳、台商独资经营企业	475	181	125	4859	1817	977	167	1984	2875	2532
外商投资企业	**26281**	**9170**	**2079**	**50008**	**35541**	**6735**	**3130**	**38672**	**11336**	**7128**
外资企业	26281	9170	2079	50008	35541	6735	3130	38672	11336	7128
按国民经济行业分组										
餐饮业	**106429**	**38110**	**8131**	**236895**	**150138**	**21722**	**17660**	**189670**	**47225**	**54821**
正餐服务	94421	33535	7050	215074	137652	19768	17242	176764	38310	50826
快餐服务	10596	3402	826	20664	11334	1804	418	11754	8911	3064
饮料及冷饮服务	27	4		134	78	70		78	56	30
其他餐饮服务	1386	1170	255	1023	1074	79		1074	-51	901

11-7 续表4 （2010年） 单位：万元

指 标	国家资本	集体资本	法人资本	个人资本	港澳台资本	外商资本	主营业务收入	主营业务成本	主营业务税金及附加	主营业务利润
总计	**130529**	**11261**	**73942**	**61813**	**58852**	**8695**	**565680**	**219377**	**29903**	**316575**
住宿	**129887**	**9531**	**55858**	**37109**	**56319**	**1566**	**310560**	**98670**	**16242**	**195823**
#国有及国有控股	114378		300	120			118701	41749	6132	70821
按登记注册类型分组										
内资企业	**120448**	**9531**	**43958**	**37109**	**7728**		**262133**	**89448**	**13844**	**159016**
国有企业	103126						93131	33514	4855	54762
集体企业		7363		100			6897	1821	400	4676
股份合作企业		40					270	50	19	201
联营企业	88			49			1691	967	64	660
国有联营企业	37						1176	900	36	240
其他联营企业	51			49			515	67	28	420
有限责任公司	17233	1778	29817	8300	7728		88639	31823	4640	52350
国有独资公司	5000						2686	659	147	1880
其他有限责任公司	12233	1778	29817	8300	7728		85953	31164	4493	50470
股份有限公司		100	5812	3081			22800	5371	1195	16234
私营企业		250	7128	24055			41782	13253	2285	26243
私营独资企业		250	2358	4496			5293	2376	242	2675
私营有限责任公司			4770	16459			35324	10523	1982	22820
私营股份有限公司				3100			1164	354	62	748
其他企业			1201	1525			6924	2649	385	3889
港、澳、台商投资企业	**9439**		**10700**		**48591**	**1026**	**47499**	**8783**	**2352**	**36364**
合资经营企业（港或澳、台资）	9439		1986		43938	1026	36485	7372	1810	27303
合作经营企业（港或澳、台资）			8714		4653		11014	1411	541	9061
外商投资企业			**1200**			**540**	**929**	**440**	**47**	**443**
中外合资经营企业			1200			50	627	130	31	466
外资企业						490	302	310	15	−23
按国民经济行业分组										
住宿业	**129887**	**9531**	**55858**	**37109**	**56319**	**1566**	**310560**	**98670**	**16242**	**195823**
旅游饭店	115097	6771	43834	26547	47211	1566	244981	81838	12885	150432

指　　标	国家资本	集体资本	法人资本	个人资本	港澳台资本	外商资本	主营业务收入	主营业务成本	主营业务税金及附加	主营业务利润
一般旅馆	14632	2760	11904	10012	9109		63189	15461	3244	44484
其他住宿服务	158		120	550			2391	1371	114	906
餐饮	**642**	**1730**	**18084**	**24704**	**2532**	**7128**	**255121**	**120707**	**13661**	**120753**
#国有及国有控股	610						72	16	4	53
按登记注册类型分组										
内资企业	**642**	**1730**	**18084**	**24704**			**180184**	**94357**	**9864**	**75963**
国有企业	610						72	16	4	53
股份合作企业		378					1868	1218	40	610
联营企业			50				366	193	25	148
其他联营企业			50				366	193	25	148
有限责任公司	32	1000	9032	8726			57808	26650	3129	28029
其他有限责任公司	32	1000	9032	8726			57808	26650	3129	28029
股份有限公司			600	10			3420	1708	191	1521
私营企业		352	7821	15473			109225	59539	6205	43482
私营独资企业			2077	2902			17455	9856	1136	6463
私营合伙企业			62	312			1158	790	50	318
私营有限责任公司		352	5618	9569			86510	46574	4801	35135
私营股份有限公司			65	2690			4102	2318	218	1566
其他企业			581	496			7425	5034	271	2120
港、澳、台商投资企业					**2532**		**2692**	**1803**	**129**	**760**
港、澳、台商独资经营企业					2532		2692	1803	129	760
外商投资企业						**7128**	**72244**	**24548**	**3667**	**44029**
外资企业						7128	72244	24548	3667	44029
按国民经济行业分组										
餐饮业	**642**	**1730**	**18084**	**24704**	**2532**	**7128**	**255121**	**120707**	**13661**	**120753**
正餐服务	642	1730	17909	22622	2532	5390	203425	102437	11096	89892
快餐服务			45	1281		1738	46778	16087	2368	28323
饮料及冷饮服务			30				168	101	10	57
其他餐饮服务			100	801			4750	2081	187	2482

11-7 续表6 （2010年） 单位:万元

指　　标	其他业务收入	其他业务利润	营业费用	管理费用	#税金	差旅费	工会经费	财务费用	#利息支出	营业利润
总计	**10103**	**5855**	**181465**	**118711**	**6807**	**2303**	**664**	**11754**	**6243**	**10331**
住宿	**5221**	**2083**	**104025**	**85792**	**4878**	**1110**	**441**	**8074**	**4911**	**–156**
#国有及国有控股	3881	1117	41547	29388	1368	392	271	1289	541	–287
按登记注册类型分组										
内资企业	**4995**	**1883**	**89342**	**67517**	**4053**	**1038**	**441**	**3928**	**1625**	**–58**
国有企业	3662	1109	31277	25587	1201	364	256	917	540	–1910
集体企业	9	3	1757	2239	181	4	13	334	328	350
股份合作企业			23	10	2			3		165
联营企业			448	85	12		1	43		83
国有联营企业			68	36	12			40		96
其他联营企业			380	49			1	3		–13
有限责任公司	761	562	28268	22852	1410	248	121	1073	225	551
国有独资公司			677	1035	38	3		14	4	155
其他有限责任公司	761	562	27591	21817	1372	245	121	1059	221	396
股份有限公司			7829	6926	904	22	24	39		1441
私营企业	521	166	17488	8680	318	399	16	1400	448	–1158
私营独资企业	206	3	1150	574	31	286	8	262	181	692
私营有限责任公司	315	163	15907	7818	260	107	6	906	267	–1649
私营股份有限公司			430	288	27	6	2	232		–201
其他企业	42	42	2253	1138	25	1	10	120	84	420
港、澳、台商投资企业	**225**	**200**	**14392**	**18046**	**825**	**72**		**4143**	**3286**	**–17**
合资经营企业（港或澳、台资）	225	200	10896	14513	724	72		3139	2282	–1045
合作经营企业（港或澳、台资）			3496	3533	101			1004	1004	1029
外商投资企业			**291**	**229**		**1**		**4**		**–81**
中外合资经营企业			282	229				2		–46
外资企业			9	1		1		2		–35
按国民经济行业分组										
住宿业	**5221**	**2083**	**104025**	**85792**	**4878**	**1110**	**441**	**8074**	**4911**	**–156**
旅游饭店	4632	1855	79270	68731	3600	903	296	6165	4604	–2049

11-7　续表 7　　　　　　　　　　（2010 年）　　　　　　　　　　单位：万元

指　　标	其他业务收入	其他业务利润	营业费用	管理费用	#税金	差旅费	工会经费	财务费用	#利息支出	营业利润
一般旅馆	544	228	24362	16654	1242	203	143	1852	289	1844
其他住宿服务	45		393	407	36	4	2	57	17	49
餐饮	**4883**	**3772**	**77440**	**32919**	**1929**	**1193**	**223**	**3679**	**1332**	**10487**
#国有及国有控股			39	50	4		1			−36
按登记注册类型分组										
内资企业	**618**	**196**	**43414**	**25246**	**1888**	**631**	**165**	**2846**	**1086**	**4652**
国有企业			39	50	4		1			−36
股份合作企业	39	19	389	285	94	1	2	1		−45
联营企业			109	60	25					−20
其他联营企业			109	60	25					−20
有限责任公司	97	84	17925	9769	597	265	46	1208	499	−789
其他有限责任公司	97	84	17925	9769	597	265	46	1208	499	−789
股份有限公司			1034	338	69	7	2	44		105
私营企业	482	93	23072	14103	978	357	110	1538	584	4862
私营独资企业	23	15	2372	1740	252	28	25	372	20	1993
私营合伙企业	1	1	1	24	11		1	18	11	276
私营有限责任公司	459	77	20029	11738	688	326	84	1126	552	2319
私营股份有限公司			670	600	27	3	1	21		275
其他企业			847	642	121	1	5	55	4	576
港、澳、台商投资企业			**505**	**113**		**3**		**1**		**142**
港、澳、台商独资经营企业			505	113		3		1		142
外商投资企业	**4265**	**3576**	**33521**	**7560**	**41**	**559**	**58**	**832**	**246**	**5693**
外资企业	4265	3576	33521	7560	41	559	58	832	246	5693
按国民经济行业分组										
餐饮业	**4883**	**3772**	**77440**	**32919**	**1929**	**1193**	**223**	**3679**	**1332**	**10487**
正餐服务	4847	3758	56441	28309	1910	977	211	3232	927	5668
快餐服务	36	14	19249	3771	14	159	7	415	405	4901
饮料及冷饮服务				46				1		9
其他餐饮服务			1750	792	5	57	4	30		−91

11-7 续表 8 （2010 年） 单位:万元

指　标	投资收益	执行《2006年企业会计准则》企业的投资	补贴收入	营业外收入	利润总额	应交所得税	劳动、失业保险费	养老保险和医疗保险费
总计	**331**	**331**	**908**	**3273**	**10430**	**5337**	**1771**	**9165**
住宿	**331**	**331**	**882**	**2833**	**1544**	**2027**	**1035**	**6929**
#国有及国有控股	310	310	874	153	163	500	526	3315
按登记注册类型分组								
内资企业	**331**	**331**	**882**	**1450**	**1158**	**1783**	**955**	**5589**
国有企业	310	310	874	108	–1462	268	510	3096
集体企业	1	1		76	275	19	24	215
股份合作企业					110	4		
联营企业					83	23	8	7
国有联营企业					96	23	8	
其他联营企业					–13			7
有限责任公司	21	21		921	1245	494	285	1560
国有独资公司					155	8		14
其他有限责任公司	21	21		921	1090	486	285	1546
股份有限公司				259	1658	453	44	455
私营企业			8	48	–1209	447	84	218
私营独资企业				15	641	35		
私营有限责任公司			8	32	–1648	410	77	218
私营股份有限公司					–201	3	7	
其他企业				39	458	75	1	38
港、澳、台商投资企业				**1383**	**468**	**244**	**79**	**1330**
合资经营企业(港或澳、台资)				1383	325	209	67	1041
合作经营企业(港或澳、台资)					143	36	13	289
外商投资企业					**–82**			**11**
中外合资经营企业					–46			
外资企业					–36			11
按国民经济行业分组								
住宿业	**331**	**331**	**882**	**2833**	**1544**	**2027**	**1035**	**6929**
旅游饭店	310	310	874	2555	–505	1204	783	5568

11-7 续表 9　　　　　　　　（2010 年）　　　　　　　　单位:万元

指　　标	投资收益	执行《2006年企业会计准则》企业的投资	补贴收入	营业外收入	利润总额	应交所得税	劳动、失业保险费	养老保险和医疗保险费
一般旅馆	21	21	8	278	2001	785	242	1325
其他住宿服务					49	38	10	37
餐饮			**26**	**439**	**8885**	**3310**	**737**	**2235**
#国有及国有控股					-36		1	1
按登记注册类型分组								
内资企业			**26**	**328**	**3351**	**1839**	**152**	**946**
国有企业					-36		1	1
股份合作企业			4		-43		100	123
联营企业					-20	10		
其他联营企业					-20	10		
有限责任公司			22	85	-2132	428	25	196
其他有限责任公司			22	85	-2132	428	25	196
股份有限公司					105	26	1	11
私营企业				241	4903	1234	25	607
私营独资企业					1948	181	2	48
私营合伙企业				1	276	7		
私营有限责任公司				240	2407	961	23	553
私营股份有限公司				1	272	86		6
其他企业				2	574	141		7
港、澳、台商投资企业					**99**	**43**		**9**
港、澳、台商独资经营企业					99	43		9
外商投资企业				**112**	**5436**	**1429**	**584**	**1280**
外资企业				112	5436	1429	584	1280
按国民经济行业分组								
餐饮业			**26**	**439**	**8885**	**3310**	**737**	**2235**
正餐服务			26	407	4174	2094	693	1643
快餐服务				33	4796	1210	44	590
饮料及冷饮服务					8	3		
其他餐饮服务					-93	3		2

指　　标	住房公积金和住房补贴	本年应付工资总额	#主营业务应付工资总额	本年应付福利费总额	#主营业务应付福利费总额	本年应交增值税	全部从业人员年平均人数(人)	资产减值损失	公允价值变动收益
总计	**1951**	**88298**	**81979**	**4835**	**4542**	**24**	**47352**	**17**	**-1**
住宿	**1483**	**53468**	**47970**	**2870**	**2608**	**1**	**25968**	**17**	**-1**
#国有及国有控股	835	22423	20803	1447	1332	1	10386	16	
按登记注册类型分组									
内资企业	**1332**	**46614**	**42539**	**2642**	**2380**	**1**	**22645**	**17**	**-1**
国有企业	778	18126	16592	1241	1137		8371	6	
集体企业	137	1683	1657	192	184		779		
股份合作企业		102	102				26		
联营企业		194	194	4	4		106		
国有联营企业		98	98				48		
其他联营企业		96	96	4	4		58		
有限责任公司	307	15715	13863	561	425	1	7503	10	-1
国有独资公司	3	573	573	23	23		200		
其他有限责任公司	304	15142	13289	538	401	1	7303	10	-1
股份有限公司	99	2719	2703	33	33		1273		
私营企业	4	6811	6343	586	573		3889		
私营独资企业		813	801				596		
私营有限责任公司	4	5770	5314	563	550		3163		
私营股份有限公司		228	228	24	24		130		
其他企业	7	1265	1085	25	25		698		
港、澳、台商投资企业	**151**	**6736**	**5313**	**227**	**227**		**3224**		
合资经营企业(港或澳、台资)	151	6095	4672	138	138		2767		
合作经营企业(港或澳、台资)		641	641	90	90		457		
外商投资企业	**1**	**117**	**117**				**99**		
中外合资经营企业		85	85				73		
外资企业	1	33	33				26		
按国民经济行业分组									
住宿业	**1483**	**53468**	**47970**	**2870**	**2608**	**1**	**25968**	**17**	**-1**
旅游饭店	1274	41868	37879	2265	2088	1	20190	7	

指　　标	住房公积金和住房补贴	本年应付工资总额	#主营业务应付工资总额	本年应付福利费总额	#主营业务应付福利费总额	本年应交增值税	全部从业人员年平均人数(人)	资产减值损失	公允价值变动收益
一般旅馆	199	11268	9759	605	519		5562	10	-1
其他住宿服务	10	332	332				216		
餐饮	**467**	**34830**	**34010**	**1965**	**1934**	**22**	**21384**		
#国有及国有控股	1	36	11				40		
按登记注册类型分组									
内资企业	**53**	**26422**	**25602**	**1061**	**1030**	**20**	**16009**		
国有企业	1	36	11				40		
股份合作企业		245	201				217		
联营企业		101	101				60		
其他联营企业		101	101				60		
有限责任公司	4	9929	9560	489	469	14	5781		
其他有限责任公司	4	9929	9560	489	469	14	5781		
股份有限公司		552	533	32	32		293		
私营企业	48	14804	14440	440	429	6	9129		
私营独资企业		2660	2464	32	32	2	1620		
私营合伙企业		204	204				127		
私营有限责任公司	48	11233	11075	316	313	4	6928		
私营股份有限公司		708	698	92	84		454		
其他企业		755	755	100	100		489		
港、澳、台商投资企业		**151**	**151**				**103**		
港、澳、台商独资经营企业		151	151				103		
外商投资企业	**414**	**8258**	**8258**	**904**	**904**	**3**	**5272**		
外资企业	414	8258	8258	904	904	3	5272		
按国民经济行业分组									
餐饮业	**467**	**34830**	**34010**	**1965**	**1934**	**22**	**21384**		
正餐服务	231	29342	28553	1653	1622	18	16709		
快餐服务	236	5067	5037	313	313	3	4353		
饮料及冷饮服务		30	30				13		
其他餐饮服务		391	390			2	309		

11-8 限额以上住宿和餐饮业

（2010 年）

指　标	法人企业（个）	同行业附营产业活动单位（个）	外行业附营产业活动单位（个）	大个体（个）	年末从业人员（人）
总计	**349**	**443**	**8**	**393**	**65152**
住宿业	**164**	**187**	**8**	**31**	**28014**
#国有及国有控股	53	65			10843
按登记注册类型分组				**31**	**890**
内资企业	**154**	**177**	**8**		**23518**
国有企业	42	46	4		8662
集体企业	10	16			1197
股份合作企业	1	1			26
联营企业	2	2			91
国有联营企业	1	1			40
其他联营企业	1	1			51
有限责任公司	49	57	1		7643
国有独资公司	1	1			200
其他有限责任公司	48	56	1		7443
股份有限公司	5	10	1		1254
私营企业	39	39	1		3938
私营独资企业	6	6	1		649
私营有限责任公司	31	31			3189
私营股份有限公司	2	2			100
其他企业	6	6	1		707
港、澳、台商投资企业	**8**	**8**			**3484**
合资经营企业（港或澳、台资）	7	7			3034
合作经营企业（港或澳、台资）	1	1			450
外商投资企业	**2**	**2**			**122**
中外合资经营企业	1	1			98
外资企业	1	1			24
按国民经济行业分组					
住宿业	**164**	**187**	**8**	**31**	**28014**
旅游饭店	97	108	1	9	21131
一般旅馆	62	74	7	20	6591
其他住宿服务	5	5		2	292

注：本表数据为按法人在地统计。

经营情况

单位:万元

营业额					年末餐饮营业面积（万平方米）	年末床位数（万个）	年末餐位数（万个）
	客房收入	餐费收入	商品销售收入	其他收入			
773217	**168089**	**510671**	**51061**	**43397**	**81.29**	**6.03**	**24.57**
331969	**154055**	**117913**	**24710**	**35291**	**21.9**	**5.28**	**6.09**
119274	55111	40343	10259	13561	7.79	1.88	2.23
13894	**9824**	**3057**	**372**	**641**	**1.24**	**0.48**	**0.24**
263976	**121333**	**93335**	**21906**	**27402**	**18.92**	**4.45**	**5.33**
94386	40385	32764	9205	12033	6.79	1.49	1.82
8950	3730	2284	214	2722	1.09	0.22	0.42
267	267					0.01	
1691	1409	86	196		0.05	0.03	0.01
1176	980		196			0.01	
515	429	86			0.05	0.02	0.01
84927	41532	28827	6981	7586	6.26	1.48	1.66
2686	1117	1268	139	162	0.3	0.02	0.11
82241	40415	27559	6842	7424	5.96	1.45	1.55
23996	9060	8908	3311	2717	0.88	0.26	0.24
42203	21277	17169	1750	2007	3.12	0.79	0.90
5806	2226	2929	187	463	0.49	0.14	0.16
35233	18311	13887	1510	1526	2.6	0.6	0.71
1164	739	353	54	18	0.03	0.04	0.03
7556	3675	3296	249	337	0.74	0.19	0.29
53192	**22263**	**21249**	**2432**	**7247**	**1.7**	**0.31**	**0.51**
42177	16710	17142	1877	6450	1.56	0.28	0.47
11014	5553	4108	556	798	0.14	0.03	0.04
908	**636**	**272**			**0.04**	**0.03**	**0.02**
606	334	272			0.04	0.02	0.02
302	302					0.01	
331969	**154055**	**117913**	**24710**	**35291**	**21.9**	**5.28**	**6.09**
253880	106079	95692	23055	29055	15.47	3.32	4.43
75095	45856	21938	1397	5903	6.3	1.89	1.62
2994	2120	284	258	333	0.13	0.08	0.05

指　　标	法人企业（个）	同行业附营产业活动单位（个）	外行业附营产业活动单位（个）	大个体（个）	年末从业人员（人）
餐饮业	**185**	**256**		**362**	**37138**
#国有及国有控股	1	1			40
按登记注册类型分组				**362**	**15214**
内资企业	**177**	**181**			**16213**
国有企业	1	1			40
股份合作企业	2	2			246
联营企业	1	1			60
其他联营企业	1	1			60
有限责任公司	48	49			5868
其他有限责任公司	48	49			5868
股份有限公司	4	4			304
私营企业	113	116			9217
私营独资企业	29	30			1693
私营合伙企业	3	3			132
私营有限责任公司	75	76			6937
私营股份有限公司	6	7			455
其他企业	8	8			478
港、澳、台商投资企业	**3**	**29**			**681**
合作经营企业（港或澳、台资）	1	27			575
港、澳、台商独资经营企业	2	2			106
外商投资企业	**5**	**46**			**5030**
外资企业	5	46			5030
按国民经济行业分组					
餐饮业	**185**	**256**		**362**	**37138**
正餐服务	172	204		347	32117
快餐服务	9	48		12	4626
饮料及冷饮服务	1	1			13
其他餐饮服务	3	3		3	382

单位:万元

营业额					年末餐饮营业面积（万平方米）	年末床位数（万个）	年末餐位数（万个）
	客房收入	餐费收入	商品销售收入	其他收入			
441248	**14034**	**392758**	**26351**	**8106**	**59.38**	**0.75**	**18.48**
72	50	22			0.03	0.01	0.03
181786	**1226**	**169972**	**8965**	**1623**	**28.88**	**0.11**	**10.37**
180005	**12808**	**147404**	**13578**	**6215**	**25.16**	**0.64**	**6.26**
72	50	22			0.03	0.01	0.03
1907		1023	798	86	0.23		0.07
366		320	47		0.1		0.04
366		320	47		0.1		0.04
58578	6340	42318	5161	4759	9.29	0.36	2.07
58578	6340	42318	5161	4759	9.29	0.36	2.07
3436		3092	344		0.4		0.13
108164	6349	93844	6601	1370	13.99	0.26	3.50
16983	997	15247	680	59	3.09	0.07	0.97
1169		1158	11		0.28		0.07
85911	5335	73796	5578	1203	10.11	0.18	2.24
4101	17	3644	332	108	0.52	0.01	0.21
7482	69	6786	628		1.13	0.02	0.43
21325		**9853**	**1472**		**2.34**		**0.81**
18378		6906	1472		2.16		0.71
2947		2946			0.19		0.10
58133		**55529**	**2336**	**268**	**3**		**1.04**
58133		55529	2336	268	3		1.04
441248	**14034**	**392758**	**26351**	**8106**	**59.38**	**0.75**	**18.48**
385292	12854	340907	23561	7970	56.1	0.72	17.34
50317		47745	2535	36	2.51		0.94
168		168			0.06		0.01
5472	1179	3937	255	100	0.71	0.03	0.19

11-9 分县(市)区限额以上住宿和餐饮企业主要经济指标

(2010 年)

单位:万元

县(市)区	流动资产合计	#存货	固定资产原价	资产总计	所有者权益	#实收资本	主营业务收入
中原区	92994	2372	65647	136311	44065	47194	42080
二七区	53142	7349	115628	153530	14396	58951	76700
管城区	5231	1085	17355	24284	13563	15300	18828
金水区	209362	11775	272888	419408	94782	130092	325575
上街区	952	139	2451	3100	1839	2072	4193
惠济区	24889	1647	75195	80951	42262	31122	21214
中牟县	1161	100	6934	9627	-2749	331	3769
巩义市	1860	316	4935	13298	8677	9627	8743
荥阳市	3013	376	24893	33640	27801	2101	6043
新密市	1957	389	25315	22719	-1405	2418	6399
新郑市	1553	338	4718	6045	4540	2610	4534
登封市	11819	1546	44042	47069	20998	23617	18374
经济开发区	3090	211	5358	9084	7409	7849	3921
高新开发区	2889	200	10378	9363	3345	5000	4588
郑东新区	4339	475	2172	6847	2673	2109	14332
航空港区	3415	194	18544	21367	5120	4700	6388

11-9 续表

(2010 年)

单位:万元

县(市)区	主营业务成本	主营业务税金及附加	主营业务利润	营业费用	管理费用	#税金	营业利润	利润总额
中原区	14171	2288	25622	13146	12818	254	-589	-833
二七区	32666	3942	40093	24681	14462	1332	-530	-1073
管城区	7626	1250	9952	5297	4177	420	381	300
金水区	120986	17287	187302	109578	66740	3843	7952	8092
上街区	2236	223	1734	942	630	17	150	88
惠济区	6396	1058	13760	7354	7381	55	-800	-777
中牟县	1588	184	1997	1242	604	106	-82	-82
巩义市	5370	234	3140	913	356	57	1877	1824
荥阳市	2675	297	3246	2643	1112	206	-726	-723
新密市	2431	376	3591	3748	1725	63	-1893	-1644
新郑市	2440	219	1875	777	373	27	661	697
登封市	9269	1030	8075	3745	1943	203	2141	1861
经济开发区	993	217	2711	1390	1436	38	-155	-153
高新开发区	1589	273	2727	881	1586	94	34	818
郑东新区	5754	850	7729	4158	2193	79	1296	1418
航空港区	3188	177	3022	972	1177	13	616	616

11-10　分县（市）区限额以上住宿和餐饮业经营情况（万元）

（2010 年）

单位名称	营业额	客房收入	餐费收入	商品销售额	其他收入
中原区	60507	13760	36819	5564	4463
二七区	109703	26800	65303	8819	8782
管城区	34843	6409	27100	708	626
金水区	364585	83490	237801	23664	19630
上街区	10962	1263	9123	518	58
惠济区	38324	6900	25583	2051	3790
中牟县	9454	1601	6253	1130	471
巩义市	21755	3863	14961	1128	1803
荥阳市	16440	3053	12399	915	74
新密市	14466	3291	9414	1267	495
新郑市	38532	967	34413	2880	273
登封市	21987	7911	11826	836	1414
经济开发区	390[illegible]	1696	1872	169	167
高新开发区	4583	1306	1828	385	1069
郑东新区	1476[illegible]	3741	10351	517	157
航空港区	330[illegible]	2037	5625	510	128

11-11 限额以上批发、零售贸易业商品销售类值

（2010 年）

单位：万元

指　　标	批发业				零售业			
	销售额		零售额		销售额		零售额	
	2010 年	2009 年	2010 年	2009 年	2010 年	2009 年	2010 年	2009 年
总　　计	**15378950**	**11828006**	**971321**	**801885**	**6780701**	**5260439**	**6401825**	**4953538**
粮油、食品、饮料、烟酒类	1207025	961626	54833	39544	501309	412027	486693	397786
粮油、食品类	357701	314630	15585	12488	355092	290338	353055	287466
#粮油类	182649	121480	43	20	48458	39485	48192	39132
肉禽蛋类	70510	74832	358	238	70647	58700	69446	57598
水产品类	4986	3967			6879	5614	6819	5591
蔬菜类		158			15129	11847	15129	11847
干鲜果品类					17799	12889	17716	12889
饮料类	24789	9972	10569	7604	62914	51224	61583	50330
烟酒类	824536	637024	28679	19452	83303	70466	72055	59989
服装、鞋帽、针纺织品类	323947	296806	4150	3632	756413	654363	737124	637325
服装类	197167	183259	2625	2369	535588	463761	524748	455141
鞋帽类	29123	25105	1011	798	158891	136015	152597	129410
针、纺织品类	97657	88443	514	466	61934	54587	59779	52774
化妆品类	7287	5163	452	366	127568	101655	125379	101185
金银珠宝类					113080	97997	111658	97997
日用品类	160681	139574	9663	7406	247787	200434	247425	199761
#洗涤用品类	23960	22705	586	588	44453	39818	44415	39805
儿童玩具类	2275	1723	95	96	8231	7848	8227	7848
五金、电料类	34284	29329	6125	4899	74031	57544	65635	51256
体育、娱乐用品类	2536	2505	39	33	46516	35324	33151	23415
书报杂志类	201462	191283	5192	6271	41071	38954	40505	37910
电子出版物及音像制品类	4850	9251	419	722	4763	3452	4763	3452
家用电器和音像器材类	1133120	771678	99325	97277	521978	419045	514006	403064
中西药品类	1511143	1254226	8170	8170	175798	139778	170879	134267
#西药类	804555	674786	232	280	87785	68920	83676	64192
中草药及中成药类	88871	65065	77	102	15751	12006	14853	11286
文化办公用品类	358575	344661	62605	69884	128861	108984	110326	95573
家具类	7618	5980	317	369	29414	22145	29407	22136
通讯器材类	114182	97498	83	116	173261	148280	169528	141812
煤炭及制品类	1950635	1323914	4455	1203	10653	742	6206	738
木材及制品类	19850	31175						
石油及制品类	2110437	1820594	426991	355830	58811	50366	55484	45810
化工材料及制品类	695706	482308			42075	37665		
#化肥类	147282	102902			28991	26732		
金属材料类	1710001	1234288			4860	4537		
建筑及装潢材料类	103832	69834	484	591	16740	14452	15560	13447
机电产品及设备类	625861	552467	36384	24710	62651	47282	53769	38958
#农机类	6801	10918			601	735		
汽车类	1530673	1104960	245137	175223	3558657	2592607	3359116	2452476
种子饲料类	350513	305263			4114	3401		
棉麻类	217402	190534			964	1478	963	1035
其他类	997333	603089	6500	5638	79326	67931	64250	54135

本表统计范围为：限额以上批发和零售法人企业、限额以上个体户和非批发零售企业附营的限额以上批零产业活动单位。

11-12 限额以上批发、零售贸易业商品销售量

（2010 年）

单位：万元

指标名称	计量单位	销售量	
		2010 年	2009 年
粮食	千克	664417106	540743805
食用植物油	千克	24361154	22300502
猪及猪肉	千克	28766817	18439950
牛及牛肉	千克	167202	118925
羊及羊肉	千克	115165	70100
鲜蛋	千克	2872841	2617585
鲜奶	千升	15815967	17016974
卷烟	百支	181672324	173092144
酒	升	261843216	218100964
各种服装	百件	1406095	1687658
鞋	百双	399412	414679
#数码照相机	台	104302	79918
数码摄像机	台	32562	23720
彩色电视机	台	571286	486146
电脑（微型计算机）	台	817284	769882
电冰箱（家用电冰箱）	台	650706	356405
洗衣机（家用洗衣机）	台	382580	216445
家用空调器（房间空调器）	台	1322321	906090
微波炉	台	109888	57106
移动电话机	部	2815539	2394452
煤炭	吨	31251292	27498598
木材	立方米	59415	61942
汽油	吨	869501	930850
柴油	吨	2210715	2330075
化学肥料	吨	777834	620355
化学农药	吨	3743	2271
农用塑料薄膜	吨	4047	4101
钢材	吨	2682656	1965924
铜	吨	41757	53873
铝	吨	99910	117335
水泥	辆	112186	297720
摩托车	辆	512450	493584
自行车	台	12692	7959
农业机械	辆	3561	2373
汽车	辆	452536	350152
#轿车	辆	145056	112755

11-13 全市批发、零售贸易企业年销售额前50名排序

（2010年）

单位：万元

序号	批发企业		零售企业	
	单位名称	销售额	单位名称	销售额
1	大唐河南电力燃料有限公司	1103875	郑州丹尼斯百货有限公司	498775
2	郑州日产汽车销售有限公司	995769	大商集团郑州新玛特购物广场有限公司	202271
3	中国石油化工股份有限公司河南郑州石油分公司	905168	河南永乐生活电器有限公司	131591
4	郑州煤电物资供销有限公司	820187	河南省国美电器有限公司	130736
5	河南省烟草公司郑州市公司	683530	河南威佳汽车贸易有限公司	129415
6	河南诚信格力电器市场营销有限公司	453211	河南裕华江南汽车销售有限公司	123235
7	中国石油天然气股份有限公司河南销售分公司	436410	郑州之星汽车销售服务有限公司	119825
8	中国石油天然气股份有限公司河南郑州销售分公司	396832	河南中德宝汽车销售服务有限公司	113843
9	郑州海永蓝工贸有限公司	356153	河南豫海汽车销售有限公司	107439
10	郑州煤炭工业（集团）正运煤炭销售有限公司	313097	河南丰之元汽车销售服务有限公司	106582
11	河南九州通医药有限公司	283936	河南世纪联华超市有限公司	100978
12	河南阳光国际贸易有限公司	280333	河南长江汽车销售服务有限公司	99841
13	郑州市华丰钢铁有限公司	215385	河南新纪元汽车销售服务有限公司	84146
14	河南中油高速公路油品股份有限公司	199669	河南裕华金阳光汽车销售服务有限公司	79520
15	河南省新华书店	198294	河南骏驰实业有限公司	67591
16	河南同舟棉业有限公司	168161	河南苏宁电器有限公司	64447
17	河南省爱生医药物流有限公司	165703	郑州世纪鸿图丰田汽车销售服务有限公司	60928
18	河南鑫川实业有限公司	155954	郑州富达诚诚汽车销售服务有限公司	60377
19	河南省医药有限公司	150625	河南华通实业有限公司	59813
20	国药控股（郑州）九瑞股份有限公司	143651	河南国际汽车贸易有限公司	59794
21	河南裕隆金属材料有限公司	142495	河南华联商厦有限公司	57179
22	郑州美的空调销售有限公司	138275	郑州市豫北机电设备有限公司	57146
23	河南康信医药有限公司	130630	郑州利星汽车有限公司	56775
24	郑州经济技术开发区自备车运输贸易有限公司	121239	郑州裕华丰田汽车销售服务有限公司	56347
25	郑州通茂实业有限公司	117493	郑州新纪元汽车销售有限公司	55152
26	河南新亚实业有限公司	117448	郑州豫中丰田汽车销售有限公司	54766
27	郑州煤矿机械集团物资供销有限公司	116582	郑州远达雷克萨斯汽车销售服务有限公司	53516
28	郑州铁路华东实业总公司	110150	河南新希望汽车销售服务有限公司	53400
29	河南省永联民爆器材股份有限公司	108226	河南旭龙汽车销售服务有限公司	52830
30	郑州 TCL 电器销售有限公司	98935	河南昌河汽车实业有限责任公司	50886
31	郑州市钢联商贸有限公司	89903	上海大众汽车河南豫港销售服务有限公司	50425
32	郑州发展贸易有限公司	86516	河南万通一汽贸易有限公司	49866
33	河南省万隆医药有限公司	81100	郑州富达丰田汽车销售服务有限公司	48095
34	中国磨料磨具进出口公司	76108	大商集团（郑州）商贸有限公司	47385
35	河南千里马工程机械有限公司	71093	河南五星电器有限公司	46672
36	中国石油化工股份有限公司河南石油分公司	70843	河南思达连锁商业有限公司	46527
37	河南中原铁道能源有限公司	69740	郑州悦家商业有限公司北环店	45452
38	河南新世纪亚飞汽车贸易有限公司	62544	河南张仲景大药房股份有限公司	44916
39	郑州东方富邦石油钢铁有限公司	61731	河南泰菱实业有限公司	44569
40	河南省豫农农业生产资料有限公司	61628	河南万佳捷泰汽车贸易有限公司	43034
41	河南华融商贸有限公司	61299	郑州市易初莲花连锁超市有限公司	42699
42	完美（中国）用品有限公司河南分公司	60322	河南双仪汽车销售服务有限公司	40563
43	郑州铁路煤炭运销有限公司	60105	河南合众汇金实业有限公司	39615
44	河南省普众康医药有限公司	60044	河南众通商务有限公司	39177
45	中油淮海销售有限公司	59658	河南聚通汽车贸易有限公司	38680
46	河南陕汽重卡汽车销售有限公司	59389	河南威佳实业有限公司	37215
47	河南现代农业生产资料有限公司	58170	河南亚隆汽车服务有限公司	37094
48	河南海峡伟业电子有限公司	54405	河南东之杰运动产业发展有限公司	36995
49	郑州湘元三一工程机械有限公司	52467	河南天行健汽车服务有限公司	36421
50	河南新谷客粮食储贸有限公司	51711	河南智通汽车销售服务有限公司	36043

主要统计指标解释

社会消费品零售额 指各种经济类型的批发零售贸易业、住宿餐饮业和其他行业对城乡居民和社会集团的消费品零售额。这个指标反映通过各种商品流通渠道向居民和社会集团供应的生活消费品来满足他们生活需要，是研究人民生活，社会消费品购买力、货币流通等问题的重要指标。社会消费品零售额包括：1. 售给城乡居民作为生活用的商品和修建房屋用的建筑材料；2. 售给机关、团体、学校、部队、企业、事业单位的职工食堂和旅店（招待所）附设专门供本店旅客食用，不对外营业的食堂的各种食品、燃料；企业、单位和国营农场直接售给本单位职工和职工食堂的自己生产的产品；3. 售给部队干部、战士生活用的粮食、副食品、衣着品、日用品、燃料；4. 售给来华的外国人、华侨、港澳台同胞消费品；5. 居民自费购买的中、西药品、中药材及医疗用品；6. 报社、出版社直接售给居民和社会集团的报纸、图书、杂志、集邮公司出售的新、旧纪念邮票、特种邮票、首日封、集邮册、集邮工具等；7. 旧货寄售商店自购、自销部分的商品零售额；8. 煤气公司、液化石油气站售给居民和社会集团的煤气灶具和罐装液化石油气；9. 农民售给非农业居民和社会集团的商品。不包括售给国民经济各部门企业、事业单位（包括国有经济的农场）生产经营用的各种原材料、燃料、设备、工具等和售给批发零售贸易业、住宿餐饮业作为转卖用的商品、旧货寄售商店受托寄售卖出的商品、服务业的营业收入、邮局出售邮票的收入、自来水、电力、煤气生产（供应）单位的产品供应收入，也不包括农民之间的商品销售。

批发零售贸易业商品购、销、存总额 指以各种经济类型的批发、零售贸易业（不包括个体）为总体的商品购、销、存。

商品购进总额 指从本企业（单位）以外的单位和个人购进（包括从国外直接进口）作为转卖或加工后转卖的商品。这个指标反映批发零售贸易业从国内、国外市场上购进商品的总量。

商品购进总额包括：

1. 从工农业生产者购进的商品；2. 从出版社、报社的出版发行部门购进的图书、杂志和报纸；3. 从各种经济类型的批发零售贸易企业（单位）购进的商品；4. 从其他单位购进的商品，如从机关、团体、企业、单位购进的剩余物资，从餐饮业、服务业购进的商品，从海关、市场管理部门购进的缉私和没收的商品，从居民收购的废旧商品等；5. 从国（境）外直接进口的商品。不包括企业（单位）为自身经营用，和未通过买卖行为而收入的商品以及销售退回、商品升溢等。

商品销售总额 指对本企业（单位）以外的单位和个人出售（包括对国（境）外直接出口）的商品。这个指标反映批发零售贸易业在国内市场上销售商品以及出口商品的总量。商品销售总额包括：

1. 售给城乡居民和社会集团消费用的商品；2. 售给工业、农业、建筑业、运输邮电业、批发零售贸易业、住宿餐饮业、服务业等作为生产、经营使用的商品；3. 售给批发零售贸易业作为转卖或加工后转卖的商品；4. 对国（境）外直接出口的商品。不包括：出售本企业（单位）自用的废旧包装用品，未通过买卖行为付出的商品，经本单位介绍，由买卖双方直接结算，本单位只收取手续费的业务，购货退出的商品以及商品损耗和损失等。

批发零售贸易业年末库存 指年末各种经济类型的批发零售贸易企业（单位）已取得所有权的商品。它反映各地区、各批发零售贸易企业（单位）的商品库存情况，和对市场商品供应的保证程度。期末库存包括：

1. 存放在批发零售贸易业经营单位（如门市部、批发站、经营处）仓库、货场、货柜和货架中的商品；2. 挑选、整理、包装中的商品；3. 已记入购进而尚未运到本单位的商品，即发货单或银行承兑证已到而货未到的部分；4. 寄放他处的商品，如因购货方拒绝承付而暂时存放在购货方的商品和已办完加工成品收回手续而未提回的商品；5. 委托其他单位代销（未作销售或调出）尚未售出的商品；6. 代其他单位购进尚未交付的商品。不包括所有权不属于本单位的商品、拨付除批发零售贸易业以外的其他行业所属独立核算加工厂等加工生产尚未收回成品的商品、代国家物资储备部门保管的商品等。库存总额采用的计算价格是：农副产品采购单位按购进价计算；批发单位按进货价计算；零售单位按核算价格计算，即按什么价格核算就按什么价格计算。

连锁企业（或称连锁店、连锁公司） 指在核心企业或总店的领导下，由分散的、经营同类商品或服务的企业或活动单位，采取共同方针，实行集中采购和分散销售的有机结合，通过规范化经营，实现规模效益的经济连个组织形式。一般连锁店应有若干个分店组成。其经营特征:(1)经营同类商品;(2)使用统一商号;(3)统一采购配送,采购与销售相分离(部分商品可根据物流合理和保质保鲜原则,由供应商直接送货到门店,其余均由总部统一配送)。

连锁门店的形式分为直营连锁和加盟连锁。

直营连锁也叫正规连锁。指连锁店均由总部独资或控股开设,在总部的直接领导下统一经营。总部采取纵深似的管理方式,直接下令掌管所有的零售门店,零售门店也必须完全接受总部指挥。这是大型垄断商业资本通过吞并、兼并或独资、控股等途径,发展壮大自身实力和规模的一种形式。

加盟连锁包括特许连锁和自由连锁两种形式。

特许连锁指各连锁门店(被特许人)通过合同形式,取得使用总部(特许人)商标、商号、经营技术和销售总部开发的商品的特许权,各加盟连锁门店为独立法人,在总部指导下统一经营。

自由连锁也称自愿连锁。指连锁公司的门店均为独立法人,各自的资产所有权关系不变,在公司总部的指导下共同经营。各成员店实用共同的店名,与总部订阅有关购、销、宣传等方面的合同,并按合同开展经营活动。在合同规定的范围之外,各成员店可以自由活动。根据自愿原则,各成员店可自由加入连锁体系,也可自由退出。

十二、对外经济贸易和旅游

12-1 对外经济贸易

单位:万美元

项 目	2009年	2010年	2010年比2009年+-%
全市直接进出口总值(含省直公司)	**359965**	**515743**	**43.3**
#全市直接进口总值(含省直公司)	140111	170086	21.4
全市直接出口总值(含省直公司)	219854	345657	57.2
市属及以下直接进出口总值	**297863**	**452442**	**51.9**
#直接进口总值	97697	121170	31.5
直接出口总值	200166	331272	62.8
#国内企业	172154	287126	66.8
外资企业	28012	44146	57.4
新批外资企业	90	91	1.1
合同外资额	188896	191632	1.4
实际利用外商直接投资	162400	190015	17.0
国外经济合作合同金额	39069	67022	71.5
国外经济合作营业额	54810	79941	45.9
派出人员(人次)	8552	10178	19.0

12-2 郑州市分县(市)、区直接出口总值

单位:万美元

名 称	2009年	2010年	2010年比2009年+-%
合 计	**200166**	**331272**	**62.8**
郑州新区	38009	81021	113.2
郑东新区	13405	38961	190.6
经济开发区	18538	30600	65.1
#出口加工区	12617	23771	88.4
航空港区	424	1041	145.5
中牟县	5642	10419	84.7
高新开发区	17606	25856	46.9
中原区	14439	23336	61.6
二七区	6846	8900	30.0
管城区	11328	23387	106.5
金水区	66573	102302	53.7
上街区	17689	20827	17.7
惠济区	5112	5868	14.8
巩义市	8030	20622	156.8
荥阳市	5123	5905	15.3
新密市	5120	5362	4.7
新郑市	1660	2077	25.1
登封市	2631	3665	39.3
其 他		2144	

12-3 郑州市分县(市)、区实际使用外资情况表

单位:万美元

名　称	2009 年	2010 年	2010 年比 2009 年+-%
合　计	**162400**	**190015**	**17.0**
郑州新区	49003	55533	13.3
郑东新区	18028	10029	-44.4
经济开发区	23820	28264	18.7
航空港区	1000	10000	900.0
中牟县	6155	7240	17.6
高新开发区	8304	11548	39.1
中原区	7885	10370	31.5
二七区	9320	12247	31.4
管城区	8865	11134	25.6
金水区	19886	21880	10.0
上街区	4219	5208	23.4
惠济区	10262	12830	25.0
巩义市	15202	10398	-31.6
荥阳市	7013	8611	22.8
新密市	7340	8890	21.1
新郑市	10121	11632	14.9
登封市	7069	9734	37.7

12-4 向各大洲出口总额

单位:万美元

地　区	2009 年	2010 年	2010 年比 2009 年+-%
直接出口总值	**200166**	**331272**	**62.8**
亚洲	91199	139046	50.8
非洲	23419	32269	36.2
欧洲	40592	72617	68.3
拉丁美洲	17765	30463	62.8
北美洲	21412	46396	112.2
大洋州	3577	10482	172.7

注:本表不含省直公司。

12-5　出口总额分类

单位:万美元

类　　别	2009 年	2010 年	2010 年比 2009 年+-%
总计	**200166**	**331272**	**62.8**
动物类	4710	638	-86.5
植物类	489	510	4.2
食品、饮料、烟草及制品	4861	9966	105.0
矿产品	2764	5066	83.3
化学工业及相关工业的产品	21530	41698	93.7
塑料、橡胶及其制品	264	553	109.4
皮革制品	157	457	190.9
木及木制品	573	2308	303.0
木浆及其制品	435	1222	181.1
纺织原料及纺织制品	15791	25880	63.9
鞋、帽、羽毛及其制品	30938	44848	45.0
贱金属及其制品	35324	80982	129.3
机械、电气、图象、声音录放设备	39056	49099	25.7
交通运输设备	17121	31445	83.7
光学、计量、医疗设备、精密仪器	2471	3099	25.4
杂制品	10578	18673	76.5

注:本表不含省直公司。

12-6　与郑州市建立友好关系的城市

国　　家	城　　市	建立时间
日本	浦和市	1981.10
美国	里士满市	1994.9
罗马尼亚	克鲁日-纳波卡市	1995.5
韩国	晋州市	2000.7
俄罗斯	萨马拉市	2000.8
纳米比亚	马林塔尔市	2001.8
约旦	伊尔比德市	2002.2
巴西	若茵维莱市	2003.11
德国	什未林市	2006.4
保加利亚	舒门市	2007.4
意大利	那不勒斯市	2007.11

12-7 旅　　游

指　　标	单位	2009 年	2010 年	2010 年比 2009 年+-%
海内外游客	**万人次**	**4168**	**4832**	**15.9**
#国际旅游人数	万人次	32.1	34.9	8.7
#港澳台同胞	万人次	14.0	15.0	7.1
#香港同胞	万人次	5.7	6.2	8.7
澳门同胞	万人次	1.8	2.0	11.1
台湾同胞	万人次	6.5	6.8	4.6
国内旅游人数	万人次	4136	4797	16.0
旅游外汇收入	亿美元	1.2	1.3	11.5
国内旅游收入	亿元	391.0	500.5	27.9
旅游总收入	亿元	398.6	509.9	27.6
国际国内旅行社	家	246.0	215.0	-12.6
星级宾馆	个	115	111	-3.4
星级宾馆床位	张	20415	17210	-15.7
从业人员	人	145025	142369	-1.8

12-8 郑州市出口企业30强

(2010年)

单位:万美元

序号	企业名称	出口额	同比+-%	序号	企业名称	出口额	同比+-%
1	河南明泰铝业股份有限公司	15189	240.0	16	郑州宇通集团有限公司	3619	-7.5
2	中铝河南国际贸易有限公司	14602	81.5	17	河南当代国际贸易有限公司	3498	-2.7
3	郑州宇通客车股份有限公司	14386	222.7	18	郑州硕达钻石有限公司	3412	18.5
4	郑州海荣保税有限公司	11111	140.5	19	郑州喜万年食品有限公司	3373	329.4
5	中平能化国际贸易有限公司	8245		20	郑州欧亚美贸易有限公司	3353	
6	河南五丰粮油食品有限公司	7194	68.2	21	河南方正博研实业有限公司	3119	577.3
7	中国磨料磨具进出口公司	6126	71.0	22	郑州拓洋生物工程有限公司	3036	116.0
8	河南东方丝绸进出口有限公司	5919	32.1	23	河南省新异进出口贸易有限公司	2952	-11.6
9	河南浩丰化工有限公司	5427	125.5	24	河南悦源贸易有限公司	2730	23.7
10	白鸽集团进出口有限公司	5229	90.3	25	河南省光大纺织进出口有限责任公司	2605	-8.6
11	河南中艺进出口有限公司	4863	-10.4	26	河南雅顺商贸有限公司	2241	538.9
12	河南省通用机械进出口有限公司	4688	33.4	27	圣戈班陶瓷材料(郑州)有限公司	2193	137.3
13	郑州日产汽车有限公司	4451	53.0	28	巩义市恒星金属制品有限公司	1969	44.4
14	郑州明泰实业有限公司	4100	153.1	29	郑州国基机械设备有限公司	1933	72.1
15	河南益隆进出口有限公司	3778	48.7	30	河南纵横经贸有限公司	1877	41.2

主要统计指标解释

进出口总额　海关进出口总额指实际进出我国国境的货物总金额。包括对外贸易实际进出口货物，来料加工装配进出口货物，国家间、联合国及国际组织无偿援助的物资和赠送品，华侨、港澳台同胞、外籍华人的捐赠品的金额。租赁期满归承租人所有的租赁货物，进料加工进出口货物，边境地方贸易及边境地区小额贸易进出口货物（边民互市贸易除外），中外合资企业、中外合作经营企业、外商独资经营企业进出口货物和公用物品，到、离岸价格在规定限额以上的进出口货样和广告品（无商业价值、无使用价值和免费提供出口的除外），从保税仓库提取在中国境内销售的进口货物，以及其他进出口货物。进出口总额用以观察一个国家在对外贸易方面的总规模。我国规定出口货物按离岸价格统计，进口货物按到岸价格统计。

出口总值　指在对外贸易中实际离开我国口岸或边境直接出口或转口的商品，包括来料加工装配（工缴费）和补偿贸易出口。

进口总值　指在对外贸易中实际到达我国口岸或边境的进口商品。

利用外资　是指我国各级政府、部门、企业、中国银行和其他单位通过对外借款、吸收外商直接投资和外商其他投资方式，从国外和港澳台地区筹措的资金。

利用外资协议金额　是指在一定时期内，经主管部门批准的与境外政府、部门、银行、企业和国际组织新签订的借款或投资协议（合同）资金总额。包括大陆与港、澳、台同胞及华侨签订的协议金额。它是反映全国及各地区、各部门同境外发生借贷关系和利用外资规模、方式、来源、用途及其效益的重要统计指标。利用外资金额包括我国各级政府、部门、企业和其他经济组织的对外借款（政府贷款、国际金融组织贷款、出口信贷、外国银行商业贷款、对外发行债券股票），吸收外商直接投资（合资、合作、外商独资经营和合作开发），以及外商补偿贸易、加工装配、国际租赁等其他境外现汇、设备、技术投资。其计量单位都折算成美元统计。

外商直接投资　是指外国企业和经济组织或个人（包括华侨、港澳台胞以及我国在境外注册的企业）按我国有关政策、法规，用现汇、实物、技术等在我国境内开办外商独资企业、与我国境内的企业或经济组织共同举办中外合资经营企业、合作经营企业或合作开发资源的投资（包括外商投资收益的再投资）以及经政府有关部门批准的项目投资总额内，企业从境外借入的资金。

对外承包工程　指各对外承包公司以招标议标承包方式承揽的下列业务：1. 承包国外工程建设项目；2. 承包我国对外经援项目；3. 承包我国驻外机构的工程建设项目；4. 承包我国境内利用外资进行建设的工程项目；5. 与外国承包公司合营或联合承包工程项目时我国公司分包部分；6. 对外承包兼营的房屋开发业务。对外承包工程的营业额是以货币表现的本期内完成的对外承包工程的工作量，包括以前年度签订的合同和本年度新签订的合同在报告期内完成的工作量。

旅游人数　包括入境国际旅游者人数、出境居民人数和国内旅游者人数。1. 入境国际旅游者人数：指来我国参观、访问、旅行、探亲、访友、休养、考察、参加会议和从事经济、科技、文化、教育、体育、宗教等活动的外国人、华侨、港澳和台湾同胞的人数。不包括外国在我国的常驻机构，如使领馆、通讯社、企业办事处的工作人员；来我国常住的外国专家、留学生以及在岸逗留不过夜人员。2. 出境居民人数：指大陆居民因公务活动或私人事务短期出境的人数。公务活动出境居民人数包括在国际交通工具上的中国服务员工，因私出境居民人数不包括在国际交通工具上的中国服务员工，因私出境居民人数不包括在国际交通工具上的中国服务员工。3. 国内旅游者人数：指我国大陆居民和在我国常住 1 年以上的外国人、华侨、港澳台同胞离开常住地在境内其他地方的旅游设施内至少停留一夜，最长不超过 6 个月的人数。

旅游外汇收入　指国内各部门为来我国旅游的外国人、华侨、港澳和台湾同胞提供商品和劳务而获得的外汇收入。包括供应商品、饮食和提供住宿、交通、邮电文化娱乐、导游等各项服务所得到的全部外汇收入。

对外借款　指通过对外正式签订借款协议，从境外筹措的资金，包括外国政府贷款、国际金融组织贷款、外国银行商业贷款、出口信贷以及对外发行债券等。1996 年及以前还包括对外发行股票。该指标是我国利用外资的重要部分。

十三、财政金融

13-1　金融机构信贷收支

（2010 年底）

单位：万元

项　　目	合计	2010年比年初±%	市　区	中牟县	巩义市	荥阳市	新密市	新郑市	登封市	上街区
各项存款	**79908532**	**22.2**	**69699391**	**1189006**	**2046247**	**1236610**	**2049192**	**1359430**	**1634332**	**694324**
企业存款	31057774	19.8	29394290	274388	374940	175638	215739	227159	227395	168225
活期存款	22520275	20.1	21150750	231756	260987	153129	195055	192065	197830	138703
定期存款	8537499	19.1	8243540	42632	113953	22508	20685	35094	29565	29523
财政存款	2320717	73.6	2187177	34054	54718	21517	1729	7714	11885	1922
机关团体存款	3974564	13.7	3595376	42441	72309	76707	50736	66227	61280	9487
储蓄存款	29110048	15.9	21849948	739026	1330365	883024	1685164	878366	1264119	480036
活期储蓄	12538247	26.7	9520890	390871	526064	373145	705456	413720	445218	162882
定期储蓄	16571802	8.9	12329057	348155	804301	509879	979708	464646	818901	317154
农业存款	1054221	43.0	607393	72969	73146	55970	59182	148891	27252	9417
委托存款	1639415	63.0	1639149		35	4	14		4	209
其他存款	10751792	38.1	10426060	26128	140732	23750	36627	31072	42396	25026
各项贷款	**57175464**	**16.2**	**52127222**	**624253**	**1215609**	**760838**	**778110**	**852192**	**668999**	**148241**
短期贷款	17733467	8.8	14860677	356661	704261	401953	449361	454636	410613	95306
个人贷款及透支	2784980	58.5	1943438	198098	62184	143220	141321	157093	130570	9055
#个人消费贷款	937870	89.4	883424	9626	3513	5598	4491	18999	11459	761
单位贷款及透支	14072054	-0.1	12198598	115255	590203	254784	302659	295342	255773	59440
#经营贷款	13542751	1.2	11782406	115255	570203	199784	295209	295342	241335	43217
固定资产贷款	369187	-39.9	256076		20000	55000	7450		14438	16223
银团贷款	44978		44978							
贸易融资	788647	77.4	673664	500	51874	3948	5380	2200	24270	26811
中长期贷款	33664572	33.3	32124205	162523	362262	302640	271624	263430	124953	52935
个人贷款	9172549	46.0	8720213	93377	47084	113517	47291	88234	20752	42080
#个人消费贷款	8320657	44.7	7946380	72098	39514	96699	33632	77362	16052	38921
单位贷款	23029414	25.8	21966083	69146	315178	189122	199633	175196	104201	10855
#经营贷款	10839760	43.5	10578458	16666	77108	6228	59348	26496	74601	855
固定资产贷款	12185654	13.4	11383625	52480	238070	182894	140285	148700	29600	10000
普通并购贷款	32020		32020							
银团贷款	1420407	112.6	1395707				24700			
贸易融资	10182	204.3	10182							
委托贷款	995773	171.5	995773							
票据融资	4761726	-34.6	4127910	105069	147817	56246	57125	134126	133433	
#贴现	4761726	-34.6	4127910	105069	147817	56246	57125	134126	133433	
各项垫款	19927	-30.2	18657		1270					

13-2 金融机构现金收支

（2010 年底）

单位：万元

项目	合计	2010 年比 2009 年±%	市区	中牟县	巩义市	荥阳市	新密市	新郑市	登封市	上街区
收入合计	**11967648**	**16.0**	**9692246**	**358671**	**271837**	**313549**	**450493**	**405673**	**338526**	**136653**
商品销售收入	893399	39.6	751724	28270	19038	38006	14121	24779	11831	5630
服务业收入	240942	44.7	193424	7299	5613	8545	9598	6176	8116	2171
税款收入	30986	11.9	12743	3049	2583	427	7297	1462	3127	298
城乡个体经营收入	246747	33.9	139123	4409	5606	13340	17573	61654	2521	2522
储蓄存款收入	8959532	13.2	7193503	291920	228792	224057	388184	235779	294629	102669
其他金融机构收入	2976	-19.4	-6058	40		1876	30	6825	177	85
居民归还贷款收入	100785	0.8	32398	21352		18213		20366	8247	209
汇兑收入	67621	11.6	65861	5		8	1617	64		66
有价证券及其他投资性收入	14431	-44.1	4285	9			540	104	50	9444
其他收入	1410228	10.5	1305242	2319	10205	9077	11534	48464	9828	13559
支出合计	**11804829**	**16.8**	**9537082**	**355492**	**269000**	**314265**	**449088**	**405708**	**337371**	**136824**
工资性及个人其他支出	258485	11.6	202410	11609	4560	7447	8386	11767	10482	1824
农副产品采购支出	112690	6.1	71582	2279	36	9830	6106	18839	3811	208
工矿及其他产品采购支出	138809	18.3	53163	2095	2106	21336	28110	10593	6362	15045
行政企事业管理费支出	495250	33.5	391250	16496	24032	8377	15379	10442	16110	13165
城乡个体经营支出	452231	28.1	271362	26369	12559	31995	20996	75979	1021	11950
储蓄存款支出	9063438	14.4	7186876	312017	269747	236485	395719	234377	323722	104494
其他金融机构支出	15350	-25.7	14376	421		476		3		74
居民提取贷款支出	55504	-20.0	8007	448		9921		37128		
汇兑支出	72515	104.7	71782	1	2	10	514		205	
有价证券支出	12429	-41.6	9020	72	5	25	212	44	11	3039
其他支出	1128129	33.1	1257252	-16314	-44047	-11636	-26333	6535	-24353	-12975
投放（+）回笼（-）	**-162818**	**-9.1**	**-155164**	**-3179**	**-2837**	**716**	**-1405**	**35**	**-1155**	**170**

13-3　大型银行信贷收支

（2010 年底）

单位:万元

项　　　目	合　计	市　区	中牟县	巩义市	荥阳市	新密市	新郑市	登封市	上街区
各项存款	**37570644**	**30905728**	**580539**	**1355952**	**849292**	**1564708**	**692891**	**1044049**	**577485**
企业存款	13137027	11832446	200820	273095	153444	191410	172614	193350	119847
活期存款	9153372	8050265	180854	176229	144544	177515	148220	172421	103325
定期存款	3983655	3782181	19967	96866	8900	13896	24394	20929	16523
机关团体存款	2937830	2619529	33955	68450	70771	37799	38079	59760	9487
储蓄存款	19397255	14570275	326087	931519	602995	1314425	460861	766779	424315
活期储蓄	8569140	6409117	172966	403378	286194	584824	233200	335176	144284
定期储蓄	10828115	8161157	153121	528141	316801	729601	227660	431603	280031
农业存款	14165	9584	2859	116	76	254	427	738	109
其他存款	2084368	1873895	16818	82772	22006	20819	20910	23422	23726
各项贷款	**25208530**	**23093793**	**154589**	**638508**	**437868**	**371964**	**234990**	**190563**	**86256**
短期贷款	3679669	2813700	31605	307401	147095	142016	72430	105109	60313
个人贷款及透支	461087	301915	27685	24590	23700	27796	29410	19979	6012
单位普通贷款及透支	2634073	2042259	3420	230936	119447	108840	40821	60860	27490
贸易融资	549509	434526	500	51874	3948	5380	2200	24270	26811
中长期贷款	19791328	18648105	122984	241985	288831	225858	161559	76063	25943
个人贷款	5843960	5481862	73784	42205	103821	34323	76459	12563	23943
单位普通贷款	12734309	11982885	49200	199780	185009	166835	85100	63500	2000
票据融资	1733613	1628073		89122	1942	4090	1000	9390	

13-4　农村信用社信贷收支

（2010 年底）

单位:万元

项　　　目	合　计	市　区	中牟县	巩义市	荥阳市	新密市	新郑市（农村合作银行）	登封市	上街区
各项存款	**4440713**	**1603244**	**474520**	**460538**	**341685**	**441506**	**550812**	**533169**	**35241**
企业存款	106387	48239	20553	13117	13408	155	601	5760	4554
定期存款	106387	48239	20553	13117	13408	155	601	5760	4554
机关团体存款	17272			3859		11900		1513	
储蓄存款	3396583	1110649	383511	366152	272282	358104	398005	486493	21385
活期储蓄	1347850	559783	203425	104432	81633	115594	166784	106772	9427
定期储蓄	2048733	550866	180086	261720	190649	242510	231221	379721	11958
农业存款	879133	437758	69243	73030	55894	58928	148464	26514	9302
其他存款	41342	6598	1213	4380	101	12419	3742	12889	
各项贷款	**3312573**	**1170910**	**367283**	**350010**	**262845**	**330418**	**402362**	**409728**	**19017**
短期贷款	2080657	605649	236455	268138	195617	251461	249902	255395	18040
个人贷款及透支	849188	191703	170413	30950	118840	112872	110881	110516	3013
单位普通贷款及透支	1227469	409946	66042	237188	76777	138589	139021	144879	15027
中长期贷款	151447	−1950	25759	38191	12924	25922	19334	30290	977
个人贷款	60800	1035	19293	1953	9696	11274	8838	8189	522
单位普通贷款	90647	−2985	6466	36238	3228	14648	10496	22101	455
票据融资	1078399	566411	105069	42411	54304	53035	133126	124043	

13-5 财 政

（2010 年）

指 标	全市	市本级	中原区	二七区	管城区	金水区	上街区
一般预算收入	**3868040**	**1690713**	**151571**	**155627**	**149313**	**282672**	**58502**
税收收入	**3131475**	**1315590**	**148249**	**141470**	**132874**	**272129**	**50598**
增值税	316819	93283	16789	8338	12177	15014	10464
国内增值税	316819	93283	16789	8338	12177	15014	10464
国有企业增值税	35592	11197	6760	497	226	893	149
集体企业增值税	6770	937	39	181	406	193	120
股份制企业增值税	207805	53053	8109	4750	9322	10872	7896
联营企业增值税	18	2			1	1	
港澳台和外商投资企业增值税	40749	20112	1585	1408	898	1608	699
私营企业增值税	5526	398	25	35	25	30	1025
其他增值税	30246	9615	581	1929	1430	3034	865
增值税税款滞纳金、罚款收入	482	49	7	8	5	14	5
福利企业增值税退税	-10095	-2079	-247	-338	-83	-1346	-241
营业税	1192792	657483	49997	54974	41091	115940	12045
金融保险业营业税（地方）	249266	239454		190			517
一般营业税	941565	417160	49986	54540	41077	115576	11521
企业所得税	467219	242193	18103	17799	14772	31431	5158
个人所得税（款）	150327	85651	6582	7493	4310	9146	1942
个人所得税（项）	149926	85382	6580	7482	4309	9133	1939
利息所得税	992	739					14
其他个人所得税	148934	84643	6580	7482	4309	9133	1925
资源税	33465			112	1	4	723
城市维护建设税	169356	33798	12738	10613	12929	21975	4707
房产税	66805	11816	4266	12568	6531	13191	2353
印花税	45937	6799	4116	3400	2905	7134	1158
城镇土地使用税	89091	5473	4363	6302	7696	9652	5913
土地增值税	182696	1535	16818	16999	19288	47319	1267
车船税（款）	21240	16370					271
耕地占用税（款）	95266		14477	2872	11174	1323	1056
契税（款）	300067	161189					3541
烟叶税（款）	395						
非税收入	**736565**	**375123**	**3322**	**14157**	**16439**	**10543**	**7904**
专项收入	100248	50254		48			4369
排污费收入（项）	9443	2483					612
水资源费收入	8828	2222					1696
教育费附加收入（项）	77556	45475					2061
矿产资源补偿费收入	4200	74		21			

收 入

单位:万元

惠济区	经济开发区	高新开发区	郑东新区	航空港区	中牟县	巩义市	荥阳市	新密市	新郑市	登封市
76174	**74019**	**91744**	**220857**	**16008**	**121666**	**180916**	**116219**	**150857**	**161849**	**169333**
62728	**67026**	**80542**	**219049**	**12403**	**85430**	**139023**	**80134**	**107771**	**101453**	**115006**
2715	4827	13507	2080	1043	4940	32074	10772	37085	17068	34643
2715	4827	13507	2080	1043	4940	32074	10772	37085	17068	34643
382	62	342			569	3598	1687	5323	1074	2833
69	15	33	2		24	1421	530	1447	421	932
1028	3254	9413	308	174	3607	21709	5530	29451	14555	24774
						2	3	3		6
732	1280	2702	170	811	267	2304	1181	231	848	3913
50		9	224		220	3037	132	124	27	165
514	265	238	1384	56	340	3062	1736	1744	1075	2378
2	1	6	1	2	6	198	10	126	8	34
-62	-2	-2			-45	-3132	-271	-1309	-546	-392
19706	11519	12304	55422	6987	35110	31131	23055	23442	24826	17760
					605	2607	1463	1646	1508	1276
19526	11519	12304	55368	6986	34465	28468	21591	21783	23283	16412
5768	8746	14938	15871	1030	6679	20920	7608	14624	15575	26004
1725	1556	4409	2455	747	2689	6321	2616	4110	3589	4986
1724	1552	4384	2455	747	2678	6298	2608	4102	3576	4977
					21	34	29	66	32	57
1724	1552	4334	2455	747	2657	6264	2579	4036	3544	4920
					965	7630	2685	5013	1722	14610
3715	6214	7951	7533	479	2716	9639	3405	7461	16760	6723
1706	1669	3329	2596	96	667	2359	989	1187	943	539
2591	3016	1769	3127	184	1102	4506	988	1082	1086	974
4169	3039	5010	3375	1233	5226	14040	3574	2280	6327	1419
7618	4056	3822	47432	114	4567	2992	2250	1631	3670	1318
					790	1011	635	1181	438	544
13015	13096	6313	2700	291	11916	1609	6030	3404	3731	2259
	9288	7190	76458	199	8063	4791	15527	5271	5718	2832
										395
13446	**6993**	**11202**	**1808**	**3605**	**36236**	**41893**	**36085**	**43086**	**60396**	**54327**
	1456	3368		218	2274	8714	2572	9055	9588	8332
					349	1203	558	1848	551	1839
					234	2047	223	1201	643	562
	1456	3368		218	1691	4436	1791	4798	7728	4534
						1021		1135	650	1299

指标	全市	市本级	中原区	二七区	管城区	金水区	上街区
行政事业性收费收入	213373	119267	2287	2093	2579	8133	1424
公安行政事业性收费收入	23775	22823					43
法院行政事业性收费收入	12300	4748	228	800	695	2220	61
司法行政事业性收费收入	1727	1150	61		89		
财政行政事业性收费收入	1749	1171	54	3	2		24
人口和计划生育行政事业性收费收入	12347		120	438	772	2971	7
安全生产行政事业性收费收入	1757	257					
档案行政事业性收费收入	86	14		4		13	
人防办行政事业性收费收入	36403	28644					624
文化行政事业性收费收入	123	14			51		
教育行政事业性收费收入	46940	31653	135	4			
发展与改革（物价）行政事业性收费收入	244					1	
统计行政事业性收费收入	49	45					
国土资源行政事业性收费收入	30507	2422	1547	329	736	237	466
建设行政事业性收费收入	27261	19922		99	2	769	145
环保行政事业性收费收入	696	7					4
交通运输行政事业性收费收入	815	326	16				
工业和信息产业行政事业性收费收入	619	183				3	
农业行政事业性收费收入	952	139	2	9	5	217	7
林业行政事业性收费收入	1501	766	1		76	63	
水利行政事业性收费收入	429						
卫生行政事业性收费收入	4549	733	97	180	106	855	38
民政行政事业性收费收入	841	148	2	8	6	75	5
人力资源和社会保障行政事业性收费收入	3519	2850	8	17			
其他行政事业性收费收入	3052	272	16	202	34	709	
罚没收入	66076	25576	889	1170	2254	1290	684
公安罚没收入	29884	14949					366
检察院罚没收入	2610		495	185		73	81
法院罚没收入	2780	71	79	238	375	228	109
新闻出版罚没收入	89	26				61	2
海关罚没收入	116	116					
卫生罚没收入	180	33	1	1	41	18	
检验检疫罚没收入	22						
交通罚没收入	3013	337				51	4
审计罚没收入	803		4	3		66	
其他一般罚没收入	26527	10044	310	743	1838	793	110
国有资本经营收入	244954	176409		159			155
利润收入	15018						

单位:万元

惠济区	经济开发区	高新开发区	郑东新区	航空港区	中牟县	巩义市	荥阳市	新密市	新郑市	登封市
4989	4441	577	505	204	16900	10644	15381	10267	8388	5294
					60	117	36	333	154	209
363	1116	90			284	329	217	495	329	325
211					56	32	41	8	51	28
1		2		1	32	32	325	14	57	31
619	818	151		147	3090	502	304	690	996	722
						91	748	661		
11		37				6			1	
	2109	114			436	667	1461	101	1571	676
							9	38	11	
					3	3183	4735	3857	1580	1790
						24	213		6	
							2			2
3620					11889	3082	4230	356	1272	321
	134	125	504	41	605	1132	848	650	1846	439
					37	135		366	18	129
					17	16	9	417	14	
						433				
3				15	108	97	98	64	115	73
35					96	120	58	152	36	98
					6	3	120	139		161
99	263	10			111	142	1380	221	72	242
3	1	2			8	320	103	49	84	27
24		8	1		19	142	311	34	84	21
		38			41	39		1622	79	
1736	791	1093	102	456	2668	3970	6983	6474	4595	5345
					1010	1011	5960	2274	1903	2411
233		692				5	6	549	105	186
111	231	25			132	264	160	411	160	186
4			2		1	1	50	4	20	4
						13	9			
15					274	153	122	176	1629	252
9				3	39	57	196	303	3	120
1364	560	336	100	453	1212	2466	480	2757	775	2186
5506		1222			2608	15903	10518	952	15270	16252
										15018

指 标	全市	市本级	中原区	二七区	管城区	金水区	上街区
其他企业利润收入	15018						
股利、股息收入	1250	28					
其他股利、股息收入	1250	28					
产权转让收入	186189	176381					155
其他产权转让收入	186189	176381					155
其他国有资本经营收入	42497			159			
国有资源(资产)有偿使用收入	70156	955	146	10687	11572	1120	1260
利息收入	3538	696	129	19	35	109	123
国库存款利息收入	1917	676	42	19	35	86	25
财政专户存款利息收入	970		30			23	
其他利息收入	651	20	57				98
非经营性国有资产收入	12000	71	17	1365		1011	1133
其他国有资源(资产)有偿使用收入	54618	188		9303	11537		4
其他收入(款)	41758	2662			34		12
捐赠收入	1893				23		
国内捐赠收入	1893				23		
其他收入(项)	39865	2662			11		12
政府性基金收入	**2035129**	**925491**	**253**	**193**	**110**	**886**	**21114**
文化事业建设费收入	2570	662	253	191	107	886	13
残疾人就业保障金收入	4844	2853					379
政府住房基金收入	7764	7763					
上缴管理费用	2580	2580					
计提廉租住房资金	3593	3593					
其他政府住房基金收入	1590	1590					
国有土地使用权出让金收入	1672523	683359					20154
土地出让总价款	1257439	544459					20154
补缴的土地价款	176150	118000					
划拨土地收入	118181	18700					
其他土地出让金收入	120753	2200					
城市公用事业附加收入	18866	14361					
国有土地收益基金收入	42314	9652					
农业土地开发资金收入	8365	4354					
城市基础设施配套费收入	271419	201751					394
育林基金收入	720	7		2	3		2
森林植被恢复费	258						
地方水利建设基金收入	79						
散装水泥专项资金收入	1003	563					20
新型墙体材料专项基金收入	1597	166					152
其他政府性基金收入	2807						

单位:万元

惠济区	经济开发区	高新开发区	郑东新区	航空港区	中牟县	巩义市	荥阳市	新密市	新郑市	登封市
										15018
		1222								
		1222								
					2608	3980	1315	512	4	1234
					2608	3980	1315	512	4	1234
5506						11923	9203	440	15266	
928	305	4942	742	2679	11169	2662	232	236	8109	12412
23	54	102	375	75	661	587	129	136	159	126
23	54	17	375	11	143	264	36	24	20	67
		85		64	307	209	42	75	134	1
					211	114	51	37	5	58
	251	4840	367	2604				100	142	99
905					10508	2075	103		7808	12187
287			459	48	617		399	16102	14446	6692
				48				434	1222	166
				48				434	1222	166
287			459		617		399	15668	13224	6526
63	**82787**	**60941**	**598268**	**17089**	**92447**	**45221**	**70268**	**55838**	**26293**	**37867**
36	101	138	50		22	25	22	9	32	23
					82	424	192	304	367	243
						1				
	72230	58154	545877	17089	89366	43638	38851	52149	17589	34067
	72230		510279	17089	13275	2056	38851		9404	29642
			16100			39100			1333	1617
			19498		76091	344			1002	2546
		58154				2138		52149	5850	262
					283	859	415	850	1726	372
					964	42	26378	708	3880	690
					1325	116	1557	759		254
	10456	2649	52303				2285			1581
19					210	82	70	108	70	147
8					1		56	85	10	98
							30			49
			13		147	6	72	11	93	78
			25		47	28	340	43	531	265
								812	1995	

13-6 财 政

（2010 年）

指 标	全市	市本级	中原区	二七区	管城区	金水区	上街区
一般预算支出	**4267968**	**1638877**	**120702**	**135672**	**142977**	**239718**	**69624**
一般公共服务	548379	87947	33355	30038	36046	64535	15381
人大事务	9983	2630	498	487	568	1181	471
政协事务	8381	2666	397	669	599	623	415
政府办公厅(室)及相关机构事务	240842	19116	19057	16564	13739	26807	8666
发展与改革事务	11125	4422	179	577	737	250	310
统计信息事务	8563	1886	537	512	380	642	85
财政事务	26751	4372	1616	1011	732	2041	708
税收事务	4959	845					907
审计事务	5836	2011	178	503	154	366	103
人力资源事务	17781	6760	504	1222	652	1392	19
纪检监察事务	8514	1795	396	397	491	835	228
人口与计划生育事务	45857	2151	3226	2252	1646	6541	837
商贸事务	28998	6167	404	594	10472	528	669
知识产权事务	962	921					1
工商行政管理事务	934	441					
质量技术监督与检验检疫事务	199	30					
民族事务	645	445	40	13	38		18
宗教事务	794	130	3	57	68	136	10
港澳台侨事务	246	116					20
档案事务	5865	4472	52	132	97	133	68
共产党事务	60720	17686	3019	3942	5073	6791	1590
民主党派及工商联事务	1495	790		93	62	64	51
群众团体事务	8761	3646	297	343	538	971	205
其他一般公共服务支出(款)	50168	4449	2952	670		15234	
国防	4762	1232	352		214		
预备役部队	1242	415	94				
民兵	1511		188				
国防动员	368	117	16				
其他国防支出	1641	700	54		214		
公共安全	252158	136856	4755	4484	6375	6716	4683
武装警察	9503	5608	155			329	159
公安	154923	97378	92			1645	3216
国家安全	760	760					
检察	28509	8727	1552	1352	2419	1766	451
法院	34009	9786	2180	2694	2828	2151	574
司法	13818	4219	776	438	1128	825	283
监狱	2948	2948					
劳教	6580	6580					
其他公共安全支出	1108	850					

支　出

单位:万元

惠济区	经济开发区	高新开发区	郑东新区	航空港区	中牟县	巩义市	荥阳市	新密市	新郑市	登封市
88070	**90904**	**128690**	**195613**	**20200**	**225991**	**274991**	**183853**	**236536**	**218463**	**234238**
19040	16097	17442	24189	4133	40717	26705	24693	34800	32072	33340
484					550	521	623	930	545	495
367					493	393	411	437	375	536
7918	11451	8874	13845	1462	21112	12848	9330	14806	6760	16938
201	108	547		178	516	434	625	527	758	756
499	663		264	63	306	598	569	425	757	377
936	252	491	1	316	3231	1948	3135	2591	1675	1695
46	490		347	264		15	30	2015		
179	13			3	249	252	434	585	451	355
187	105	530		142	321	1349	1372	334	1314	278
525	161	251		81	465	471	942	493	537	446
2108	825	837	50	155	4950	3673	3849	4111	3982	4664
1006	1059	3066	1701	164	241	883	432	703	388	521
		4				34		2		
			50				132			311
	98						71			
32							59			
42		2			87		5	59	58	137
					4		55	12	39	
90					89	122	136	161	176	137
3831	27	331		85	2704	2688	2209	3019	3726	3999
53					2	54	30	133	130	33
536	34	30	45	31	338	241	231	301	425	549
	811	2479	2886	1189	5059	181	13	3156	9976	1113
267	85				152	395	287	863	556	359
186	85					80	113	4	148	117
60					114		48	859		242
21					22	66	126			
					16	249			408	
3571	4427	1670	1960	585	11241	13181	12321	12132	13065	14136
75	464		481	380		238	416	379	495	324
217	1531		1379	151	7762	7948	7916	7943	7871	9874
901	870	949			953	2298	1482	1589	1919	1281
1329	1562	721	70		1646	1773	1689	1404	1715	1887
1049				54	819	857	730	817	1065	758
			30		61	67	88			12

13-6 续表1 (2010年)

指　　标	全市	市本级	中原区	二七区	管城区	金水区	上街区
教育	673169	239659	24470	24799	17360	35302	12357
教育管理事务	9752	3450	289	63	420	407	200
普通教育	469624	113894	22106	21870	15020	31537	9352
学前教育	7207	808	401	270	470	321	185
小学教育	159752	635	9551	14244	11244	23507	4434
初中教育	127825	17010	3757	4830	2727	5273	2508
高中教育	91717	50230	314	1191	279	302	1807
高等教育	32171	32171					
化解农村义务教育债务支出	3380		11				
其他普通教育支出	47572	13040	8072	1335	300	2134	418
职业教育	87034	68560	5	138	299	20	356
中专教育	34612	29323					200
技校教育	18272	18133					6
职业高中教育	9860	54		133	299		
高等职业教育	17349	17349					
其他职业教育支出	6941	3701	5	5		20	150
成人教育	554						
广播电视教育	2644	2403					
特殊教育	3533	1111		693	118	125	
教师进修及干部继续教育	9061	3163	134	73	20	113	83
教育费附加支出	78279	36476	1931	1962	1483	2777	2062
其他教育支出	12688	10602	5			323	304
科学技术	95047	45279	1390	2139	2181	3942	1111
科学技术管理事务	3268	1319	90	119	230	223	93
基础研究	1162	1057					100
应用研究	90	90					
技术研究与开发	68503	41597	1271	1961	1927	3132	762
机构运行	198						
应用技术研究与开发	6900	2109		917			
产业技术研究与开发	42622	36142			1927		
科技成果转化与扩散	2426	992					2
其他技术研究与开发支出	16357	2354	1271	1044		3132	760
科技条件与服务	218	24					
科技条件专项	210	20					
其他科技条件与服务支出	6	4					
社会科学	418	86					
科学技术普及	2118	1004	29	59	24	95	41
机构运行	491	161	13	30		46	
科普活动	535	159	11	29	2	15	5
青少年科技活动	12	10					2
学术交流活动	20	20					
科技馆站	582	582					

单位:万元

惠济区	经济开发区	高新开发区	郑东新区	航空港区	中牟县	巩义市	荥阳市	新密市	新郑市	登封市
11985	11504	12381	10282	5373	40772	48789	38516	54289	41809	43522
340	236	215		8	412	195	186	1715	729	887
9661	9813	8960	10246	5115	34403	40620	31443	41558	29354	34672
			10		601	479	785	1097	619	1161
5522	3779	5062	1696	656	14151	16624	10927	12063	10918	14739
3319	6034	3098	7510	4038	12963	15886	8736	10333	9926	9877
573		800			4380	5859	6937	7498	5691	5856
64					511	496	341	459	1300	198
183			1030	421	1797	1276	3717	10108	900	2841
714					2141	2246	3623	3774	2814	2344
270					6	2246	717	3	339	1508
					10				123	
170					2125		2062	2699	1653	665
274							844	1072	699	171
101						166	5		282	
							241			
					104	79	293	175	418	417
199		6			2171	544	603	999	483	470
816	1455	3200		218	1449	4436	1547	6046	7728	4693
154			36	32	92	503	575	22	1	39
1195	2431	18762		514	1679	4509	2588	2091	2894	2342
90	7	110		43	97	168	137	106	339	97
						5				
1068	2086	3047		231	1470	4027	2170	1885	2	1867
							198			
1068					624	40	1920			222
		1095				2300	12	1146		
	175	400			382	60	40			375
	1911	1552		231	464	1627		739	2	1270
	190						2		2	
	190									
									2	
					3			6	323	
37	17			14	107	112	219	60	32	268
					12	61	49	52		67
25	17				20	51	108			93

13-6 续表 2 (2010 年)

指　　标	全市	市本级	中原区	二七区	管城区	金水区	上街区
其他科学技术普及支出	478	72	5		22	34	34
其他科学技术支出(款)	19270	102				492	115
其他科学技术支出(项)	19000	60				492	115
文化体育与传媒	92285	49358	495	674	845	1260	526
文化	42704	19329	243	619	730	805	260
图书馆	14305	9399				48	10
文化展示及纪念机构	5663	663					
艺术表演场所	885	793			6		
艺术表演团体	4273	3690					
文化活动	3239	2168			24		
群众文化	3280	603	126	139	9	14	76
文化创作与保护	595	401					
文化市场管理	1090	325	1	67			71
其他文化支出	6073	918	108	101	143	520	26
文物	12621	3330			73		3
文物保护	6475	1099			5		
博物馆	2271	1956					
体育	6041	3628		35	35	40	20
体育场馆	2169	1604					
群众体育	1492	353		15		20	20
广播影视	17890	13263	65	6		141	164
广播	1992	1503	65				
电视	10433	9403					
电影	460			6		10	
新闻出版	2557	1280	187	14	7	231	29
其他文化体育与传媒支出(款)	10472	8528				43	50
社会保障和就业	435633	221366	13808	19472	13928	22812	6098
人力资源和社会保障管理事务	29404	20253	409	650	895	1026	1063
综合业务管理	34			12			
劳动保障监察	1453	880		167	172		75
就业管理事务	1877	1740		10			51
社会保险业务管理事务	1						
金保工程	320	319					1
社会保险经办机构	8477	4322	319	457	412	492	203
劳动关系和维权	156	144					12
公共就业服务和职业技能鉴定机构	237	222					13
其他人力资源和社会保障管理事务支出	11779	11069	70			28	12
民政管理事务	17875	5927	1316	2429	1704	1895	318
行政运行	4490	1368	209	95	545	605	105
一般行政管理事务	432	171					48
机关服务	865			357			
拥军优属	775	178	69	40	32	52	35

单位:万元

惠济区	经济开发区	高新开发区	郑东新区	航空港区	中牟县	巩义市	荥阳市	新密市	新郑市	登封市
12				14	75		62	8	32	108
	131	15605		226	2	197	60	34	2196	110
	131	15605				197	60	34	2196	110
593	178	169	5073	50	2545	12310	2946	2834	4569	7860
549	118	119	5073	42	1225	5813	1558	1609	1670	2942
					122	4549	11	10	116	40
			5000							
									86	
					40	71	22	183	252	15
						29	83	8		927
157	82	40			463	639	165	250	223	294
						100		32		62
					12	123	150		242	99
107	10	79	73	42	505	248	546	1031	222	1394
					72	4697	179	193	494	3580
					30	4405	42	48	170	676
					20	170			125	
12	50	45			460	161	703	477	156	219
						115	450			
2	50	45			445	21	57	330	15	119
10	4	5			313	1322	345	433	1041	778
						161	106		68	89
					5	575	30			420
10	4	5			144	105	48		78	50
22	6			8	335	70	79	62	168	59
					140	247	82	60	1040	282
8987	345	3370	[illegible]179	1055	19421	21098	21459	21009	18616	21610
1081	55	115		2	549	505	161	1165	461	1014
	22									
13	10				104		22	10		
32	23									21
1										
161					443	502	121	584	22	439
							2			
1				2				491	47	59
675	13	25	138		509	326	834	564	766	436
319					308	96	145	85	392	218
186	4								8	15
							466	42		
72	4				50	43	79		73	48

13-6　续表 3　（2010 年）

指　　标	全市	市本级	中原区	二七区	管城区	金水区	上街区
老龄事务	246	19			28	30	40
民间组织管理	316	301			5	10	
行政区划和地名管理	212	100	12	8	10	59	
基层政权和社区建设	4973	49	937	1855	1040	834	30
部队供应	1072	1053					
其他民政管理事务支出	4494	2688	89	74	44	305	60
财政对社会保险基金的补助	82661	73479			4122	160	
财政对基本养老保险基金的补助	73250	68241			4122	160	
财政对失业保险基金的补助	234	1					
财政对基本医疗保险基金的补助	392						
财政对生育保险基金的补助	220						
财政对其他社会保险基金的补助	1958	1900					
行政事业单位离退休	166056	63787	9546	12314	3715	9127	3631
企业改革补助	1637						
就业补助	26065	13124	230	274	339	4954	299
扶持公共就业服务	103		60				
职业培训补贴	540			140			90
职业介绍补贴	13						
社会保险补贴	275						
公益性岗位补贴	359						
小额担保贷款贴息	2621	2144					130
补充小额贷款担保基金	1173						27
其他就业补助支出	20976	10980	170	134	339	4954	52
抚恤	15453	1922	917	630	371	1704	154
退役安置	27261	21687	339	569	423	1361	17
社会福利	12549	6744	65	91	91	15	34
残疾人事业	2060	516	154	94	191	154	74
城市居民最低生活保障	10047		733	1919	969	1292	402
其他城镇社会救济	1796	1330	5	98	4	86	13
自然灾害生活救助	1985	130	16	28	25	17	12
红十字事业	713	430		37	53	30	
农村最低生活保障	13231					12	14
其他农村社会救济	7633	60	41	117	92	74	43
其他社会保障和就业支出	19207	11977	37	222	934	905	24
医疗卫生	275857	111567	6748	8404	7311	16014	3002
医疗卫生管理事务	5342	928	280	333	575	399	192
公立医院	60455	41637	49	53	10	6171	
基层医疗卫生机构	25656	6091	538	388	1532	845	102
公共卫生	35353	9813	1490	1479	948	2606	513
疾病预防控制机构	7076	2556	148	369	226	654	161
妇幼保健机构	2391	309	33	27	8	193	47
医疗保障	140063	45382	4340	6098	4215	5862	1978

单位:万元

惠济区	经济开发区	高新开发区	郑东新区	航空港区	中牟县	巩义市	荥阳市	新密市	新郑市	登封市
51					8	12	18		10	30
					16			2	5	
8	4	25	63		16		16	24	56	16
						19				
39	1		75		111	156	110	411	222	109
83				759	851	17	1612	340		1238
				606	1		120			
83					90			60		
				153		17		222		
							78			142
								58		
5709		1518		15	6242	10007	11365	9375	10318	9387
		14			532	147	295	349		300
88	81	39	371	23	916	1581	1138	489	753	1366
				3	40					
	61				90					159
								13		
					228			7		40
					294			5		60
					170	112		22	43	
					50				300	796
88	20	39	371	20	39	1469	1138	442	410	311
340	60	130	37	46	1914	1718	1030	1824	1510	1146
12		3			179	611	771	441	225	623
264		11		51	1874	659	587	676	747	640
118	34	7			82	204	95	84	197	56
380		98	3	2	774	753	395	753	700	874
7					139	54		10	31	19
13	11	16		38	116	138	113	237	249	826
31	1				6	8	15	56	41	5
16	38	126		95	1986	2286	1951	2797	1631	2279
160	19	96		24	2645	656	825	1129	773	879
10	33	1172	530		107	1428	272	720	214	522
5877	938	3328	310	964	20078	18704	18579	16721	19673	17639
236	15	261		11	465	240	238	173	617	379
149				38	2551	2554	2090	13	4157	983
649	144	386	54	178	3221	1088	2929	2730	2385	2396
660	88	253	72	40	2379	5109	2038	2806	2037	3022
168					55	1669	200	489	64	317
36					29	1360	185	80	5	79
4104	683	2428	[illegible]76	694	11422	9587	11207	10876	10362	10649

13-6 续表4 (2010年)

指 标	全市	市本级	中原区	二七区	管城区	金水区	上街区
新型农村合作医疗	53685		1074	1814	1352	2305	684
农村医疗救助	1582		4	1	2	51	13
中医药	870	443	34	34	31	34	92
食品和药品监督管理事务	1648	1181	17	19		40	29
其他医疗卫生支出	6470	6092				57	96
环境保护	85452	36230	484	984	859	1005	1452
环境保护管理事务	9817	4611	215	100	88	523	232
环境监测与监察	563	41	92				
污染防治	37733	19603	2	20	4	2	990
自然生态保护	919						
退耕还林	4342						53
已垦草原退耕还草							
能源节约利用	11946	1821		806	762	67	1
污染减排	10715	2450	175	58	5	116	176
可再生能源	5785	5704					
资源综合利用	2800	2000					
城乡社区事务	625887	184622	17605	17767	10832	59681	11722
城乡社区管理事务	62012	14636	3142	6439	7228	5865	3718
城乡社区规划与管理	7700	347	130	40	422	210	194
城乡社区公共设施	320677	16991	573	1269	885	37109	549
城乡社区环境卫生	70802	18401	6861	5752	2266	10846	1783
建设市场管理与监督	1366	396		23		100	
其他城乡社区事务支出	163330	133851	6899	4244	31	5551	5478
农林水事务	303461	86706	3386	7325	3387	6762	6204
农业	150175	21188	2074	4512	2943	4796	2999
技术推广	6247	1243	3	522	27	215	105
技能培训	3107	452		82	48	110	100
病虫害控制	1836	515	51	12	17	33	19
农产品质量安全	3164	2118	11	10	21	152	21
耕地地力保护	590	159					
农业结构调整补贴	3209	287		200	80	90	200
农业生产资料补贴	11162	1125	53	18	206	298	62
农业生产保险补贴	590	33				1	
农民合作经济组织	1311	44	9	16	16	8	
农产品加工与促销	1147	71			20	340	
农村公益事业	6681	262	5	25			140
农业产业化	4726	168	10	65	200	646	
农村能源综合建设	1720						
农村人畜饮水	17585	1080	228	368	385		
农村道路建设	13087			2054	289		17
对村集体经济组织的补助	929				255		29
林业	55312	34797	76	179	61	853	146

单位:万元

惠济区	经济开发区	高新开发区	郑东新区	航空港区	中牟县	巩义市	荥阳市	新密市	新郑市	登封市
2381	675	1755	161	495	8033	7676	6669	6660	6199	5752
1	7	87		15	174	220		401	296	310
35						48	8			111
44	8				33	53	39	29	107	49
			8	3	7	25	30	94	8	50
519	247	648		615	4260	10008	5566	8742	5498	8335
151	29	190		61	81	714	655	412	743	1012
3	25			2	20	301	20	9		50
11		2		552	2387	4574	877	5106	2203	1400
35						53	800			31
50					467	1128	302	244	570	1528
6	177	446			377	2106	614	2392	691	1680
263	6				928	47	2298	579	1291	2323
										81
						800				
8805	34791	32110	150429	1284	22071	24169	7620	21707	13691	6981
3454	316	4137		433	1306	2203	2828	1720	4098	489
1110	415	20		169	520	514	490	1710	282	1127
1935	31901	21340	150000	354	17354	15767	1175	13737	7197	2541
2304	2103	3343	429	328	2474	4129	2633	4540	528	2082
						159				688
2	56	3270			417	1397	494		1586	54
8516	1413	2448	2676	716	30950	26034	22960	35531	30179	28268
5834	1141	2252	22	504	17700	16348	12589	24353	17011	13909
115	50	120			1358	150	661	355	289	1034
166	27				936	45	640	291	128	82
123	14	9		15	434	142	123	98	101	130
58					155	20	237	44	270	47
					88	30	131	50	49	83
300	120	388			80		974	210	280	
179	95	191			2679	1244	1410	920	1612	1070
				2	309	30			172	43
44					72	25	94	874	42	67
15	30		15		35			10	457	154
47		8		98	1024	3496	292	457	489	338
920	10	285		70	766	2	820	108	579	77
					577	239	357	85	223	239
152	170	213			1280	1905	2344	3300	3655	2505
		154			300	4248	700	3646		1679
117					70	458				
1184	229	162	2649	34	2656	3418	1511	1968	1538	3851

13-6　续表5　　(2010年)

指　标	全市	市本级	中原区	二七区	管城区	金水区	上街区
森林培育	7663	546	2	60	2	288	6
林业技术推广	45	10					
森林生态效益补偿	722	37					
林业自然保护区	45	45					
森林防火	412	90		6			6
林业有害生物防治	334	74					
林业工程与项目管理	186	120					
林业贷款贴息	360			40		120	
水利	50982	15582	112	861	247	282	1897
水利行业业务管理	640	148		10			
水利工程建设	8383	2087				95	
水利工程运行与维护	5183	4058					
防汛	1132	648	5	39	37	10	21
抗旱	313	45					
农田水利	14420	768	20	648	173	10	97
水资源费支出	7486	2001	28	113	19	16	1696
南水北调	13689	10121	833	584	30		30
扶贫	10796	1735	4	97			1042
农业综合开发	6983	1065		115	106	380	66
农村综合改革	12076	10	287	559		451	24
其他农林水事务支出	3448	2208		418			
交通运输	97925	52317	411	1055	152	2393	1012
公路水路运输	63059	21505	411	1055	152	2164	879
公路新建	1843					1654	
公路改建	11417	5809		191			239
公路养护	10394	5108	62	297	33	237	83
公路运输管理	2521	40	78	134		122	
车辆购置税支出	11636	1145	26	274	50	30	148
其他公路水路运输支出	19949	7960	43	36		36	159
石油价格改革对交通运输的补贴	21307	17823					133
对城市公交的补贴	11524	10928					33
对农村道路客运的补贴	1856	29					26
对出租车的补贴	7867	6854					72
石油价格改革补贴其他支出	60	12					2
其他交通运输支出(款)	13459	12989				229	
资源勘探电力信息等事务	302951	190098	4086	6097	2089	5280	2663
资源勘探开发和服务支出	5423	890					
制造业	11961	1477	727	80	60	460	
建筑业	184	154					
工业和信息产业监管支出	62503	55004	121	429	400	1738	58
安全生产监管	9474	2095	296	300	412	610	103
国有资产监管	3863	2739					348

单位:万元

惠济区	经济开发区	高新开发区	郑东新区	航空港区	中牟县	巩义市	荥阳市	新密市	新郑市	登封市
149	39	20			1121	1640	545	756	378	2111
10					5					20
17					14	132	97	26	19	380
32					20	128	1	50	2	77
17					60	31	24	10	28	90
6			60							
200										
882	36	19	5	7	6756	4099	2028	5296	7822	5051
					106	32		235	107	2
	8				1710	522	90	1329	1143	1399
41	25				20	15	40	316	520	148
84	3			7	65	26	70	40	20	57
28						5	20	95	55	65
380					3707	519	700	2031	3430	1937
39		19			207	2048	200		643	457
					707		726		658	
					347	260	2175	1711	316	3109
405		15			763	137	1786	132	1172	841
211	7			171	1513	1772	1897	2053	1614	1507
					508		248	18	48	
728	34	41			8133	6253	5695	4091	9811	5799
688	34	41			7691	5477	5178	3304	9188	5292
						189				
35					1271	561	685	286	913	1427
190	34	41			1104	364	1281	392	626	542
26					1118		40	225		738
96					3276	1711	1791	739	1243	1107
27					767	2200	941	1075	6006	699
					362	595	477	787	623	507
					95	144	116	133		75
					147	211	218	481	473	271
					115	235	137	167	142	145
					5	5	6	6	8	16
					20	181	40			
9077	15131	15283	315	1649	1791	12922	2685	5087	4672	14026
	30					886	674	2427		516
	8470	633							54	
									30	
300	825	1490		241	342	459	471	100	159	366
457	25	110		14	196	2272	493	385	511	1195
	21						162	498		95

13-6 续表 6 (2010 年)

指 标	全市	市本级	中原区	二七区	管城区	金水区	上街区
支持中小企业发展和管理支出	51887	9565	664	1369	485	1660	1964
其他资源勘探电力信息等事务支出(款)	157656	118174	2278	3919	732	812	190
商业服务业等事务	97765	36442	1275	1065	1917	2779	751
商业流通事务	45679	11580	1248	1044	1257	2299	741
其他商业流通事务支出	44064	10676	1248	1044	1257	2299	741
旅游业管理与服务支出	22454	3400	1			50	
涉外发展服务支出	9551	8446	26	21		30	10
其他商业服务业等事务支出(款)	20081	13016			660	400	
金融监管等事务支出	24357	23459					
粮油物资储备管理事务	13988	6781	623	653	593	750	190
粮油事务	13835	6781	623	653	536	750	190
物资储备	153				57		
国债还本付息支出	39443	10292		33		33	
国内债务付息	24565	8582					
国外债务付息	353	353					
补充还贷准备金	12800						
其他支出(类)	163222	67111	2409	5966	34822	1220	540
其他支出(款)	163222	67111	2409	5966	34822	1220	540
政府性基金支出	**1985422**	**1314108**	**80055**	**49676**	**80427**	**87849**	**21603**
一般公共服务							
文化体育与传媒	2279	561	177	155	2	1214	1
文化事业建设费支出	2279	561	177	155	2	1214	1
社会保障和就业	11453	2286	74	59	33	59	567
残疾人事业	4531	1587	62	59	2	59	554
城乡社区事务	1950002	1305087	79683	48917	80313	85916	20877
政府住房基金支出	5856	5800					18
国有土地使用权出让金支出	1672690	1075908	79683	48907	80293	85916	20226
城市公用事业附加支出	15202	11511					
国有土地收益基金支出	32733	60					
农业土地开发资金支出	3317	410		10			160
新增建设用地土地有偿使用费支出	7266	2022			20		79
城市基础设施配套费支出	212938	209376					394
农林水事务	9230	644	107	435	53	386	10
林业	8202	584	107	415	53	386	
水利	1028	60		20			10
资源勘探电力信息等事务	2779	1358					
制造业	737	409					
建筑业	2042	949					
其他支出	9679	4172	14	110	26	274	148
彩票事务	7538	4151	14	110	26	274	148
其他政府性基金支出	2141	21					

单位:万元

惠济区	经济开发区	高新开发区	郑东新区	航空港区	中牟县	巩义市	荥阳市	新密市	新郑市	登封市
5977	4419	1690	255	1244	1103	8995	405	1557	2955	1580
2343	1341	11360	60	150	150	310	480	120	963	10274
1562	3137	516	200	299	5797	8977	4514	4982	5035	14517
1061	1026	516		199	5573	3516	3627	4736	3788	3468
1061	1026	516		199	5505	3318	3389	4674	3788	3323
501	92				141	5087	887	34	1242	11019
	519				83	374		12		30
	1500		200	100				200	5	
					40	222	68		249	319
112	11				526	885	462	622	669	1111
112	11				526	885	462	622	584	1100
									85	11
3560		17419		33		83	4	51	7886	49
3526		4619					4		7834	
		12800								
266				2488	11031	26549	7351	2657	211	601
266				2488	11031	26549	7351	2657	211	601
1173	**82688**	**60375**	**569839**	**17089**	**99092**	**46619**	**74946**	**56774**	**29746**	**43354**
39					1	40	18	28	35	8
39					1	40	18	28	35	8
38	3	10			496	926	1598	1851	680	2786
38	3	10			93	304	163	1019	405	186
643	82685	60365	569839	17089	94681	44398	72441	51240	27214	38592
						1	37			
95	72232	57306	526000	17089	92088	43233	40941	50030	19464	35906
					283		460	850	1726	372
					958	762	26367		3880	706
548		410			60	191	1550	320	68	
					1292	211	805	40	2076	721
	10453	2649	43839				2281			887
358					3380	576	99	806	839	1537
358					3230	576	29	558	399	1507
					150		70	248	440	30
					147	20	545		624	85
					115		107		93	13
					32	20	438		531	72
95					387	659	245	2849	354	346
95					376	619	225	800	354	346
					11	40	20	2049		

主要统计指标解释

财政收入 国家财政参与社会产品分配所取得的收入，是实现国家职能的财力保证。财政收入所包括的内容几经变化，目前主要包括：增值税、营业税、企业所得税、企业所得税退税、外商投资企业和外国企业所得税、个人所得税、资源税、固定资产投资方向调节税、城市维护建设税、房产税、印花税、城镇土地使用税、土地增值税、车船使用税、屠宰税、筵席税、农业税、农业特产税、牧业税、耕地占用税、契税、国有资产经营收益、国有企业计划亏损补贴、行政性收费收入、罚没收入、土地和海域有偿使用收入、专项收入、其他收入。

财政支出 国家财政将筹集起来的资金进行分配使用，以满足经济建设和各项事业的需要，主要包括：基本建设支出、企业挖潜改造资金、简易建筑费、地质勘探费、科技三项费用、流动资金、支援农村生产支出、农业综合开发支出、农林水利气象等部门的事业费、工业交通等部门的事业费、流通部门事业费、文体广播事业费、教育事业费、科学事业费、卫生经费、税务统计财政审计等部门的事业费、抚恤和社会福利救济费、行政事业单位离退休经费、社会保障补助支出、国防支出、行政管理费、外交外事支出、武装警察部队支出、公检法司支出、城市维护费、政策性补贴支出、支援不发达地区支出、土地和海域开发建设支出、专项支出、其他支出、总预备费。

中央财政收入和地方财政收入 按财政体制划分的中央本级收入和地方本级收入。1994 年分税制财政体制以后，属于中央财政的收入包括关税、海关代征消费税和增值税，消费税，中央企业所得税，地方银行和外资银行及非银行金融企业所得税，铁道、银行总行、保险总公司等集中缴纳的营业税、所得税、利润和城市维护建设税，增值税的 75% 部分，海洋石油资源税和证券(印花)税 50% 部分。属于地方财政的收入包括营业税，地方企业所得税，个人所得税，城镇土地使用税，固定资产投资方向调节税，城镇维护建设税，房产税，车船使用税，印花税，屠宰税，农牧业税，农业特产税，耕地占用税，契税，增值税 25% 部分，证券交易税(印花税)的 50% 部分和除海洋石油资源税以外的其他资源税。

中央财政支出和地方财政支出 根据政府在经济和社会活动中的不同职责，划分中央和地方政府的责权，按照政府的责权划分确定的支出。中央财政支出包括国防支出，武装警察部队支出，中央级行政管理费和各项事业费，重点建设支出以及中央政府调整国民经济结构、协调地区发展，实施宏观调控的支出。地方财政支出主要包括地方行政管理和各项事业费，地方统筹的基本建设、技术改造支出，支援农村生产支出，城市维护和建设经费，价格补贴支出等。

信贷资金 国家银行用于发放贷款的资金叫信贷资金。中国人民银行信贷资金的来源有各项存款、对国际金融机构负债、流通中货币、银行自有资金及当年结益等。信贷资金的运用有各项贷款、黄金占款、外汇占款、财政借款及在国际金融机构中的资产等。

各项存款 企业、机关、团体或居民根据可以收回的原则，把货币资金存入银行或其他信用机构保管并取得一定利息的一种信用活动形式。根据存款对象的不同可划分为企业存款、财政存款、机关团体存款、基本建设存款，城镇储蓄存款、农村存款等科目。它是银行信贷资金的主要来源。

贷款 银行或其他信用机构根据必须归还的原则，按一定利率，为企业、个人等提供资金的一种信用活动形式。我国银行贷款分为流动资金贷款、固定资产贷款、城乡个体工商户贷款以及农业贷款等科目。

十四、教育、文化、卫生和科技

14-1 教育事业主要综合指标

（2010年）

单位：所、人

指标	数值	指标	数值
平均每万人拥有各类学校数（所）	2.00	**小学五年巩固率（%）**	**100.03**
高等学校	0.07	**小学学生缀学率（%）**	**-0.27**
中等职业学校	0.16	**初中学生毛入学率（%）**	**117.24**
技工学校	0.03	**初中三年巩固率（%）**	**92.68**
普通中学	0.45	**初中学生缀学率（%）**	**1.47**
普通小学	1.27	**初中毕业生升学率（%）**	**150.31**
平均每万人各类学校在校生数（人）	**2753.55**	**平均每万人各类学校教职工数（人）**	**203.21**
高等学校	991.32	#专任教师	154.30
中等职业学校	374.73	#高等学校	63.86
技工学校	87.62	中等职业学校	14.76
普通中学	543.14	技工学校	2.51
普通小学	755.32	普通中学	37.90
小学适龄儿童净入学率（%）	**100.00**	普通小学	40.09

14-2 学校教育基本情况

（2010 年）

单位:所、人

项　　目	全市	市区	县(市)	中牟县	巩义市	荥阳市	新密市	新郑市	登封市
各类学校教育合计数									
学校数	1611	627	984	226	151	87	176	168	176
毕业生数	608037	441896	166141	30860	26615	26329	30450	27315	24572
招生数	673168	502165	171003	29013	26101	27163	31870	27561	29295
在校学生数	2223217	1590599	632618	115924	97780	91305	121293	97698	108618
教职工数	164069	106230	57839	8401	10215	8614	12096	8171	10342
#专任教师	124583	76163	48420	7112	9200	7157	9924	6589	8438
高等学校									
学校数	54	54							
#普通本专科学校	48	48							
成人本专科学校	6	6							
毕业生数	242480	242480							
#普通本专科学校	175441	175441							
成人本专科学校	43906	43906							
招生数	263105	263105							
#普通本专科学校	205784	205784							
成人本专科学校	37969	37969							
在校学生数	800389	800389							
#普通本专科学校	649410	649410							
成人本专科学校	82898	82898							
教职工数	51562	51562							
#专任教师	34839	34839							
中等职业学校									
学校数	127	81	46	9	5	4	9	8	11
毕业生数	100034	81988	18046	6964	1698	2146	1702	2754	2782
招生数	114446	96216	18230	3024	1676	3173	2469	1825	6063
在校学生数	302556	248684	53872	10323	5007	8091	7772	9593	13086
教职工数	17424	13408	4016	1083	400	578	615	473	867
#专任教师	11914	8707	3207	777	326	470	497	398	739
技工学校									
学校数	25	19	6	1	1	1		3	
毕业生数	16689	10328	6361	99	268	3879		2115	
招生数	33131	20711	12420	19	601	6313		5487	
在校学生数	70747	47467	23280	99	890	14306		7985	
教职工数	2793	1631	1162	14	157	664		327	

（2010 年）　　单位：所、人

项　　目	全市	市区	县(市)	中牟县	巩义市	荥阳市	新密市	新郑市	登封市
#专任教师	2029	1104	925	11	142	481		291	
普通中学									
学校数	366	146	220	31	49	23	44	34	39
#高中	104	63	41	3	11	4	7	7	9
初中	262	83	179	28	38	19	37	27	30
毕业生数	156659	65407	91252	14463	16508	13031	18399	15345	13506
#高中	61874	25354	36520	4964	5874	5600	6499	8073	5510
初中	94785	40053	54732	9499	10634	7431	11900	7272	7996
招生数	148912	70525	78387	12801	15076	10561	15390	12504	12055
#高中	55928	25953	29975	4116	6736	3974	5509	5226	4414
初中	92984	44572	48412	8685	8340	6587	9881	7278	7641
在校学生数	438534	198810	239724	41725	42014	32199	47241	39562	36983
#高中	169751	77104	92647	13897	17317	12242	16584	18033	14574
#初中	268783	121706	147077	27828	24697	19957	30657	21529	22409
教职工数	36348	14152	22196	3012	4938	2894	4267	3695	3390
#专任教师	30601	11707	18894	2470	4643	2515	3653	2742	2871
小学									
学校数	1027	321	706	184	95	58	122	122	125
毕业生数	91996	41580	50416	9328	8126	7263	10336	7093	8270
招生数	113379	51496	61883	13138	8739	7105	14006	7730	11165
在校学生数	609846	294646	315200	63705	49779	36618	66131	40493	58474
教职工数	35004	14542	20462	3392	3310	2899	4518	2520	3823
#专任教师	32372	13219	19153	3272	3220	2732	4088	2418	3423
特殊教育学校									
学校数	11	5	6	1	1	1	1	1	1
毕业生数	136	70	66	6	15	10	13	8	14
招生数	167	84	83	31	9	11	5	15	12
在校学生数	994	452	542	72	90	91	149	65	75
教职工数	358	168	190	26	20	27	49	39	29
#专任教师	301	142	159	20	14	27	39	32	27
工读学校									
学校数	1	1							
毕业生数	43	43							
招生数	28	28							
在校学生数	151	151							
教职工数	24	24							
#专任教师	21	21							
幼儿园									
幼儿园数	(884)	(371)	(513)	(50)	(74)	(60)	(151)	(64)	(114)
入园幼儿数	(88924)	(33241)	(55683)	(12285)	(8746)	(6908)	(8939)	(8634)	(10171)
在园幼儿数	(222087)	(91128)	(130959)	(20182)	(21146)	(17743)	(27213)	(16596)	(28079)
教职工数	20556	10743	9813	874	1390	1552	2647	1117	2233
#专任教师	12505	6424	6082	562	855	932	1647	708	1378

注：1. 高等教育为省教育厅反馈数据，只有合计数；

2. 标注“( )”为不计合计数中；

3. 数据来源于市教育局、市人力资源和社会保障局。

14-3 全市教育部门教育经费收入

（2010 年）

单位:千元

类别	总计	预算内教育经费	教育事业费拨款	基本建设拨款	其他拨款	各级政府征收用于教育的税费	教育费附加	事业收入	学杂费	捐赠收入	其他收入
总计	**6976837**	**5774214**	**4532840**	**287973**	**953401**	**773186**	**773136**	**392067**	**266561**	**13790**	**23580**
高等学校	**199104**	**69127**	**57942**	**636**	**10549**	**65653**	**65653**	**64324**	**64105**		
中等职业学校	**665865**	**406451**	**318183**	**36080**	**52188**	**208257**	**208257**	**50100**	**48026**	**266**	**791**
中等专业学校	356494	228560	166896	35540	26124	106089	106089	21845	21725		
职业高中	271078	146787	126677	540	19570	99883	99883	23616	22189	1	791
成人中等专业学校	38293	31104	24610		6494	2285	2285	4639	4112	265	
中学	**2989677**	**2521266**	**1915661**	**215065**	**390540**	**269661**	**269661**	**192810**	**114983**	**1484**	**4456**
普通中学	2986756	2518345	1912837	215065	390443	269661	269661	192810	114983	1484	4456
普通高中	1137492	817094	586317	98359	132418	128801	128801	188009	114983	92	3496
普通初中	1849264	1701251	1326520	116706	258025	140860	140860	4801		1392	960
成人中学	2921	2921	2824		97						
普通小学	**2326388**	**2152373**	**1698310**	**18661**	**435402**	**134831**	**134831**	**21949**		**11344**	**5891**
特殊教育学校	**47213**	**41684**	**27979**	**6551**	**7154**	**3228**	**3178**	**142**		**656**	**1503**
幼儿园	**127580**	**72859**	**55717**		**17142**	**14119**	**14119**	**40066**	**39447**	**13**	**523**
教育行政单位	**146227**	**134137**	**122246**		**11891**	**5995**	**5995**	**4173**			**1922**
教育事业单位	**474783**	**376317**	**336802**	**10980**	**28535**	**71442**	**71442**	**18503**		**27**	**8494**

注:数据来源于市教育局。

14-4　分县(市、区)教育部门教育经费收入

(2010 年)　　　　单位:千元

类　别	总计	预算内教育经费	教育事业费拨款	其他拨款	各级政府征收用于教育的税费	教育费附加	事业收入	#学杂费	捐赠收入	其他收入
总　计	**6975837**	**5774214**	**4532840**	**953401**	**773186**	**773136**	**392067**	**266561**	**13790**	**23580**
本　级	1855887	1336478	973572	226080	355446	355396	163753	156143		210
中原区	335034	297546	224891	72655	19320	19320	16185	5029		1983
二七区	357588	312784	227638	85146	19620	19620	20348	2248		4836
管城区	239938	205200	158773	46427	14830	14830	4956	3738	11225	3727
金水区	406470	361856	322292	39564	27770	27770	10427	1508		6417
上街区	162210	136524	102118	34406	20618	20618	4734	2395		334
惠济区	157498	144417	103422	36244	8160	8160	4036	2516	787	98
中牟县	476450	429604	366600	63004	14487	14487	29855	12060	88	2416
巩义市	531605	485358	441221	44137	44359	44359	1888	1877		
荥阳市	408665	346002	292212	53790	15470	15470	47193	16300		
新密市	629592	537811	443804	94007	60393	60393	28724	28724	583	2081
新郑市	491184	375028	312445	56843	77056	77056	36994	16986	711	1395
登封市	513617	443633	344295	85558	46927	46927	22974	17037		83
经济开发区	115153	100490	42080		14550	14550			113	
高新开发区	139113	107113	91573	15540	32000	32000				
郑东新区	103103	102820	34354						283	
航空港区	53730	51550	51550		2180	2180				

注:数据来源于市教育局。

14-5 全市教育部门

(2010 年)

类别	总计	事业性经费支出	个人部分	工资福利支出	对个人和家庭的补助支出
总计	**4723747**	**4435774**	**2992432**	**2747644**	**244788**
高等学校	**57332**	**56696**	**45873**	**31456**	**14417**
中等职业学校	**361086**	**325006**	**251745**	**158236**	**93509**
中等专业学校	207208	171668	138405	78206	60199
职业高中	129448	128908	95935	65756	30179
成人中等专业学校	24430	24430	17405	14274	3131
中学	**2123484**	**1908419**	**1297757**	**1219773**	**77984**
普通中学	2120660	1905595	1295206	1217222	77984
普通高中	685033	586674	404177	382970	21207
普通初中	1435627	1318921	891029	834252	56777
成人中学	2824	2824	2551	2551	
普通小学	**1668937**	**1650276**	**1252108**	**1201167**	**50941**
特殊教育学校	**34647**	**28096**	**16882**	**16267**	**615**
幼儿园	**56138**	**56138**	**49342**	**49308**	**34**
教育行政单位	**124024**	**124024**	**20495**	**18891**	**1604**
教育事业单位	**298099**	**287119**	**58230**	**52546**	**5684**

注:数据来源于市教育局。

教育经费支出

单位:千元

公用部分	商品和服务支出	其他资本性支出	专项公用支出	专项项目支出	基本建设支出
1443342	**935378**	**507964**	**233266**	**274698**	**287973**
10823	**10823**				**636**
73261	**64120**	**9141**	**5808**	**3333**	**36080**
33263	27393	5870	4306	1564	35540
32973	29820	3153	1384	1769	540
7025	6907	118	118		
610662	**379874**	**230788**	**83592**	**147196**	**215065**
610389	379631	230758	83562	147196	215065
182497	103841	78656	30672	47984	98359
427892	275790	152102	52890	99212	116706
273	243	30	30		
398168	**272501**	**125667**	**47141**	**78526**	**18661**
11214	**4018**	**7196**	**1409**	**5787**	**6551**
6796	**5239**	**1557**	**588**	**969**	
103529	**71840**	**31689**	**5764**	**25925**	
228889	**126963**	**101926**	**88964**	**12962**	**10980**

14-6 分县(市、区)教育部门

(2010 年)

类　别	总计	事业性经费支出	个人部分	工资福利支出	对个人和家庭的补助支出
总　计	**4723747**	**4435774**	**2992432**	**2747644**	**244788**
本　级	1072086	935260	514359	439485	74874
中原区	224708	224708	153209	153169	40
二七区	228670	228670	167313	162747	4566
管城区	158773	158773	99381	98671	710
金水区	277968	277968	208674	195411	13263
上街区	90874	90874	82819	77181	5638
惠济区	107770	103019	74030	70613	3417
中牟县	365960	365960	262077	236332	25745
巩义市	441117	441117	275400	256614	18786
荥阳市	293510	293510	224170	206834	17336
新密市	443804	443804	297368	264717	32651
新郑市	318185	312445	230635	216166	14469
登封市	356509	342729	268695	242459	26236
经济开发区	100066	41656	30140	25716	4424
高新开发区	91509	91509	73018	71569	1449
郑东新区	100688	32222	19186	19186	
航空港区	51550	51550	11958	10774	1184

注:数据来源于市教育局。

教育经费支出

单位：千元

公用部分	商品和服务支出	其他资本性支出	专项公用支出	专项项目支出	基本建设支出
1443342	**935378**	**507964**	**233266**	**274698**	**287973**
420901	285986	134915	107344	27571	136826
71499	65344	6155	5216	939	
61357	28694	32663	25874	6789	
59392	21419	37973	7121	30852	
69294	46471	22823	19077	3746	
8055	7749	306	306		
28989	28574	415		415	4751
103883	48704	55179	15773	39406	
165717	161691	4026	4026		
69340	45495	23845	1580	22265	
146436	53755	92681	20682	71999	
81810	63093	18717	7393	11324	5740
74034	46791	27243	4314	22929	13780
11516	8819	2697	2697		58410
18491	11915	6575	6531	44	
13036	7865	5171	2543	2628	68466
39592	3012	36580	2789	33791	

14-7 艺术表演团体

（2010 年）

县(市)区	机构数(个)	从业人员(人)			国内演出场次(场)	
			#高级职称	#中级职称		#到农村演出
总　计	**18**	**1584**	**250**	**379**	**3323**	**2175**
市区	11	1317	228	333	1825	775
六县(市)	7	267	22	46	1498	1400
中牟县	1	44		3	130	130
巩义市	1	43	1	6	200	180
荥阳市	1	39	1	22	330	300
新密市	2	36	18	4	270	240
新郑市	1	65	2	10	218	200
登封市	1	40		1	350	350

14-8 图书馆、群众艺术馆、文化馆

（2010 年）

县(市)区	机构数(个)	从业人员(个)			年末总藏量(千册)	书刊文献外借(千册次)	举办展览个数(个)	举办训练班次(次)	组织文艺活动(次)
			#高级职称	#中级职称					
图书馆	**13**	**393**	**53**	**104**	**5173**	**1709**	**195**	**39**	
市区	7	302	51	7	4144	1456	178	29	
六县(市)	6	91	2	7	1029	253	17	10	
中牟县	1	10		1	70		2		
巩义市	1	14		1	450		2	2	
荥阳市	1	30	1		99	40	4	1	
新密市	1	8	1		197	19	5	3	
新郑市	1	21		4	148	164	4	3	
登封市	1	8		1	65	30		1	
群众艺术馆	**2**	**113**	**25**	**38**			**38**	**43**	**68**
市区	2	113	25	38			38	43	68
文化馆	**11**	**190**	**11**	**31**			**102**	**152**	**363**
市区	6	88	4	11	6	6	61	83	286
六县(市)	5	102	7	20			41	69	77
中牟县	1	15		2			8	7	5
巩义市	1	26	2	7			4	15	7
荥阳市	1	32		3			3	20	10
新郑市	1	20	5	6			6	21	35
登封市	1	9		2			20	6	20

注：数据来源于市文广新局。

14-9　艺术表演场馆基本情况

（2010 年）

县(市)区	机构数(个)	从业人员(个)	高级职称	中级职称	座席数(个)	演(映)出场次(场)	艺术演出场次	电影放映场次	观众人次(千人次)	艺术演出观众人次	电影放映观众人次
总　计	**12**	**488**	**4**	**35**	**10992**	**5326**	**407**	**4919**	**567**	**332**	**235**
市　区	9	391	4	32	6604	5014	349	4665	494	277	217
各县(市)	**3**	**97**		**3**	**4388**	**312**	**58**	**254**	**73**	**55**	**18**
巩义市	1	22			1488	30	18	12	30	20	10
新密市	1	24			1700	280	40	240	42	35	7
新郑市	1	51		3	1200	2		2	1		1

注:数据来源于市文广新局。

14-10　文物事业基本情况

（2010 年底）

县(市)区	机构数(个)	从业人员(个)	藏品数(件)	一级品	展览(次)	参观人次(千人次)
总　计	**18**	**987**	**231897**	**667**	**60**	**3572**
博物馆	7	572	224137	663	48	2371
#市区	4	491	149929	606	37	2199
文物保护管理单位	11	415	7760	4	12	1201
#县(市)合计	8	369	7595	4		861
中牟县	1	4	427	2		
巩义市	4	318	5866	1		859
荥阳市	1	29	1200	1		
新密市	2	18	102			2

注:数据来源于市文物局。

14-11　医疗卫生机构基本情况

（2010 年））

指　　标	机构数（个）	实有床位数（个）	人员数（人）	卫生技术人员							其他技术人员	管理人员	工勤人员
					执业（助理）医师	执业医师	注册护士	药师（士）	技师（士）	其他			
总　计	**1347**	**47094**	**60233**	**49519**	**19503**	**17040**	**19449**	**2623**	**2964**	**4980**	**2567**	**3323**	**4824**
市区	853	34344	42459	34697	14049	13016	14254	1703	2064	2627	1734	2470	3558
六县（市）	494	12750	17774	14822	5454	4024	5195	920	900	2353	833	853	1266
中牟县	58	1836	2339	1892	812	549	605	150	134	191	167	117	163
巩义市	121	2117	3409	2879	1002	800	1038	203	196	440	127	98	305
荥阳市	87	1644	2703	2268	768	540	794	111	135	460	106	119	210
新密市	75	2685	3484	2969	1123	880	1095	214	193	344	83	222	210
新郑市	44	1738	2325	1871	777	532	663	98	89	244	139	124	191
登封市	109	2730	3514	2943	972	723	1000	144	153	674	211	173	187
医院	**164**	**40035**	**42819**	**34899**	**13343**	**12194**	**14955**	**1872**	**2013**	**2716**	**1729**	**2502**	**3689**
综合医院	97	26905	27456	22554	8699	8027	9899	1120	1278	1558	1035	1468	2399
中医医院	30	6050	8232	6720	2724	2416	2550	507	381	558	340	447	725
中西医结合医院	1	65	78	63	33	27	17	6	7		6	6	3
专科医院	36	7015	7053	5562	1887	1724	2489	239	347	600	348	581	562
口腔医院	1	25	171	126	78	63	32	3	2	11	26	9	10
眼科医院	2	140	154	100	31	23	42	9	6	12	16	13	25
肿瘤医院	2	1929	1704	1502	419	419	720	35	65	263	96	27	79
心血管病医院	3	425	767	591	172	159	302	31	31	55	32	58	86
胸科医院	1	650	461	344	134	134	138	14	17	41	35	51	31
妇产（科）医院	3	97	255	200	62	52	100	12	19	7	11	17	27
儿童医院	2	1229	938	698	329	317	286	23	48	12	56	82	102
精神病医院	2	556	322	222	81	62	106	17	17	1	13	38	49
传染病医院	2	567	579	458	159	149	221	26	50	2	3	76	42
皮肤病医院	1	20	13	10	1	1		1	1	7	1	1	1
骨科医院	6	869	1014	813	261	222	325	38	51	138	24	142	35
康复医院	2	194	228	168	49	38	70	11	13	25	9	17	34
整形外科医院	1	45	80	46	15	13	22	2	3	4	8	12	14
其他专科医院	8	269	367	284	96	72	125	17	24	22	18	38	27
社区卫生服务中心（站）	**161**	**317**	**1882**	**1677**	**760**	**659**	**689**	**91**	**69**	**68**	**43**	**82**	**80**
卫生院	**107**	**4147**	**5202**	**4448**	**1639**	**875**	**1223**	**311**	**270**	**1005**	**264**	**175**	**315**
门诊部	**30**	**323**	**917**	**712**	**366**	**326**	**212**	**34**	**60**	**40**	**44**	**96**	**65**
诊所、卫生所、医务室	**825**		**2737**	**2635**	**1509**	**1332**	**812**	**146**	**43**	**125**			**102**
采供血机构	**1**		**217**	**105**	**16**	**14**	**30**		**30**	**29**	**35**	**40**	**37**
妇幼保健院（所、站）	**14**	**2185**	**3044**	**2572**	**947**	**835**	**1158**	**86**	**131**	**250**	**133**	**129**	**210**
专科疾病防治院（所、站）	**2**	**87**	**214**	**152**	**49**	**49**	**9**	**2**	**27**	**65**	**21**	**10**	**31**
疾病预防控制中心	**16**		**1778**	**1320**	**589**	**499**	**97**	**39**	**283**	**312**	**128**	**162**	**168**
卫生监督所（中心）	**11**		**442**	**296**						**296**	**32**	**72**	**42**
医学科学研究机构	**5**		**668**	**513**	**212**	**207**	**197**	**33**	**30**	**41**	**88**	**18**	**49**
医学在职培训机构	**5**		**187**	**106**	**51**	**38**	**22**	**6**	**7**	**20**	**46**	**16**	**19**
健康教育所（站、中心）	**3**		**26**	**11**	**4**	**3**	**3**	**1**		**3**	**3**	**6**	**6**
其他卫生机构	**3**		**100**	**73**	**18**	**9**	**42**	**2**	**1**	**10**	**1**	**15**	**11**

注：数据来源于市卫生局。

14-12　医疗机构门诊服务情况

（2010 年）

类　别	机构数（个）	总诊疗人次数（人次）	门、急诊人次	门诊人次	急诊人次	死亡人数	门急诊诊次占总诊次的（%）	观察室		观察室病死率（%）	健康检查人数（人）	急诊病死率（%）
								留观人数（人）	死亡人数			
总　计	**1303**	**34268206**	**32000309**	**30473597**	**1526712**	**2105**	**93.38**	**672838**	**134**	**0.02**	**2536537**	**0.14**
医院	**164**	**20095705**	**18777536**	**17675436**	**1102100**	**1951**	**93.44**	**576420**	**131**	**0.02**	**989443**	**0.18**
综合医院	97	13650037	12721796	12004194	717602	1643	93.13	321112	38	0.01	741568	0.23
中医医院	30	4241395	4142200	3906818	235382	290	97.66	46051	91	0.20	189124	0.12
中西医结合医院	1	10735	10735	10735			100.00	4812				
专科医院	36	2184538	1902805	1753689	149116	18	87.10	204445	2		58751	0.01
口腔医院	1	99025	99025	99025			100.00					
眼科医院	2	29956	29956	29680	276		100.00					
肿瘤医院	2	113311	108987	108986	1		96.18	86			4099	
心血管病医院	3	181078	177460	164122	13338	18	98.00	196	2	1.02	3773	0.13
胸科医院	1	44907	44907	44907			100.00				603	
妇产（科）医院	3	43127	43017	43017			99.74	31			4526	
儿童医院	2	919597	649713	553787	95926		70.65	195374				
精神病医院	2	137133	137133	129341	7792		100.00					
传染病医院	2	177176	177094	171475	5619		99.95	5990			13321	
皮肤病医院	1	12540	12540	12540			100.00					
骨科医院	6	301959	300778	279742	21036		99.61	1178			561	
康复医院	2	52114	50828	50828			97.53				21000	
整形外科医院	1	6155	5689	5689			92.28	97				
其他专科医院	8	66450	65678	60550	5128		98.84	1493			10868	
社区卫生服务中心（站）	**161**	**2061258**	**1718649**	**1656588**	**62061**	**102**	**83.38**	**31005**			**358253**	**0.16**
卫生院	**107**	**4746531**	**4643916**	**4421739**	**222177**	**27**	**97.84**	**53571**	**3**	**0.01**	**968398**	**0.01**
门诊部	**30**	**500746**	**499516**	**468605**	**30911**		**99.75**	**3840**			**84210**	
诊所、卫生所、医务室	**825**	**4639704**	**4190843**	**4190843**			**90.33**					
妇幼保健院（所、站）	**14**	**2166957**	**2113544**	**2004081**	**109463**	**25**	**97.54**	**8002**			**87989**	**0.02**
专科疾病防治院（所、站）	**2**	**56305**	**56305**	**56305**			**100**				**48244**	

注：数据来源于市卫生局。

14-13 医疗机构住院服务情况

（2010 年）

类别	入院人数（人）	出院人数（人）						治愈率%	好转率%	死亡率%	住院病人手术人次（人次）	住院危重病人抢救人次	抢救成功人次	住院危重病人抢救成功率(%)	每百门急诊的入院人数
			治愈	好转	未愈	死亡	其他								
总计	**1329101**	**1327462**	**812598**	**377806**	**22609**	**6537**	**107912**	**69.34**	**28.46**	**0.49**	**296021**	**101176**	**96160**	**95.04**	**4.78**
医院	**1079745**	**1077184**	**617386**	**344659**	**20668**	**6401**	**88070**	**65.49**	**32.00**	**0.59**	**266572**	**99744**	**94827**	**95.07**	**5.75**
综合医院	781357	779622	452928	231666	14342	5019	75667	67.80	29.72	0.64	193554	81888	78134	95.42	6.14
中医医院	156930	157363	71770	72297	2401	1033	9862	51.87	45.94	0.66	29454	10631	9746	91.68	3.79
中西医结合医院	1205	1208	1206	2				99.83	0.17		1196				11.22
专科医院	140253	138991	91482	40694	3925	349	2541	67.65	29.28	0.25	42368	7225	6947	96.15	7.37
口腔医院	61	61	61					100.00			61				0.06
眼科医院	2618	2613	2613					100.00			2160				8.74
肿瘤医院	45076	44857	21012	20138	1403	152	2152	51.64	44.89	0.34	11983	399	314	78.70	41.36
心血管病医院	5513	5440	4013	1178	96	45	108	75.75	21.65	0.83	2058	868	826	95.16	3.11
胸科医院	9440	9366	3537	5300	483	43	3	37.80	56.59	0.46	3228	569	526	92.44	21.02
妇产(科)医院	747	740	722	15	3			97.57	2.03		720				1.74
儿童医院	36344	36222	31666	3520	935	42	59	87.58	9.72	0.12	5753	2039	1997	97.94	5.59
精神病医院	6940	6878	3859	2760	259			56.11	40.13			3	3	100.00	5.06
传染病医院	9911	9765	4987	4274	438	56	10	51.17	43.77	0.57	321	3234	3178	98.27	5.60
骨科医院	18646	18259	15297	2451	296	6	209	84.92	13.42	0.03	13541	92	86	93.48	6.20
康复医院	1651	1633	655	965	12	1		40.11	59.09	0.06	126				3.25
整形外科医院	379	379	379					100.00			379				6.66
其他专科医院	2927	2778	2681	93		4		96.51	3.35	0.14	2038	21	17	80.95	4.46
社区卫生服务中心(站)	**3996**	**3683**	**2799**	**827**	**23**	**2**	**32**	**76.87**	**22.45**	**0.05**					**0.23**
卫生院	**129446**	**131007**	**111144**	**16414**	**985**	**39**	**2425**	**86.69**	**12.53**	**0.03**					**2.79**
门诊部	**3958**	**3810**	**2206**	**1596**	**8**			**57.90**	**41.89**			**9**	**9**	**100.00**	**0.79**
妇幼保健院(所、站)	**111319**	**111136**	**78890**	**13857**	**910**	**94**	**17385**	**86.63**	**12.47**	**0.08**	**29005**	**1423**	**1324**	**93.04**	**5.27**
专科疾病防治院(所、站)	**637**	**642**	**173**	**453**	**15**	**1**		**26.95**	**70.56**	**0.16**	**444**				**1.13**

注:数据来源于市卫生局。

14-14　医疗机构病床使用情况

（2010 年）

类　别	实有床位数（张）	实际开放总床位（床日）	平均开放病床（张）	实际占用总床日数（床日）	出院者占用总床日数	病床周转次数	病床工作日（日）	病床使用率（%）	出院者平均住院日（日）
总　计	**47094**	**16512755**	**45240**	**15030914**	**15121851**	**29.34**	**332.25**	**91.03**	**11.39**
医院	**40035**	**14031568**	**38443**	**13414727**	**13600043**	**28.02**	**348.95**	**95.60**	**12.63**
综合医院	26905	9440522	25864	9066478	9067824	30.14	350.54	96.04	11.63
中医医院	6050	2149203	5888	2093239	2037956	26.73	355.50	97.40	12.95
中西医结合医院	65	23725	65	8442	8456	18.58	129.88	35.58	7.00
专科医院	7015	2418118	6625	2246568	2485807	20.98	339.11	92.91	17.88
口腔医院	25	9125	25	875	875	2.44	35.00	9.59	14.34
眼科医院	140	50800	139	17038	17038	18.77	122.42	33.54	6.52
肿瘤医院	1929	680849	1865	705561	978278	24.05	378.25	103.63	21.81
心血管病医院	425	151360	415	101454	90671	13.12	244.65	67.03	16.67
胸科医院	650	215983	592	255358	253441	15.83	431.54	118.23	27.06
妇产（科）医院	97	35558	97	8794	5622	7.60	90.27	24.73	7.60
儿童医院	1229	369714	1013	389738	401507	35.76	384.77	105.42	11.08
精神病医院	556	202940	556	205843	188700	12.37	370.22	101.43	27.44
传染病医院	567	207140	568	160079	158961	17.21	282.07	77.28	16.28
皮肤病医院	20	7300	20						
骨科医院	869	312376	856	283148	278766	21.33	330.85	90.64	15.27
康复医院	194	70573	193	68838	59094	8.45	356.03	97.54	36.19
整形外科医院	45	16425	45	10056	10056	8.42	223.47	61.22	26.53
其他专科医院	269	87975	241	39786	42798	11.53	165.07	45.22	15.41
社区卫生服务中心（站）	**317**	**104142**	**285**	**37641**	**31788**	**12.91**	**131.93**	**36.14**	**8.63**
卫生院	**4147**	**1484910**	**4068**	**784600**	**725278**	**32.20**	**192.86**	**52.84**	**5.54**
门诊部	**323**	**85140**	**233**	**49222**	**47870**	**16.33**	**211.02**	**57.81**	**12.56**
妇幼保健院（所、站）	**2185**	**775240**	**2124**	**719304**	**691559**	**52.33**	**338.66**	**92.78**	**6.22**
专科疾病防治院（所、站）	**87**	**31755**	**87**	**25420**	**25313**	**7.38**	**292.18**	**80.05**	**39.43**

注：数据来源于市卫生局。

14-15 诊所、卫生所、

（2010 年）

类别	总计	按管理类别分		按经济类型分				
		非营利性	营利性	国有	集体	联营	私营	其他
机构总数（个）	**825**	**174**	**651**	**111**	**43**	**3**	**640**	**28**
总人员数（人）	**2737**	**778**	**1959**	**455**	**242**	**8**	**1952**	**80**
卫生技术人员	2635	718	1917	418	223	8	1908	78
执业医师	1332	380	952	234	116	5	940	37
#中医执业医师	187	53	134	34	16	3	129	5
执业助理医师	177	47	130	19	20		131	7
#中医执业助理医师	12	2	10	1	1		10	
注册护士	812	197	615	121	52	2	611	26
药剂师（士）	146	45	101	29	9	1	106	1
技师（士）	43	19	24	4	10		28	1
#检验师（士）	35	15	20	3	9		22	1
其他	125	30	95	11	16		92	6
工勤技能人员	102	60	42	37	19		44	2
房屋建筑面积（平方米）	**95777**	**25837**	**69940**	**12682**	**8659**	**165**	**70291**	**3980**
总收入（万元）	**12200.8**	**4994.3**	**7206.5**	**3855.6**	**607.6**	**285**	**6460.6**	**992**
#上级补助收入	448.2	403.3	44.9	378.5	17.8		29.9	22
医疗收入	5622.4	2314.5	3307.9	1800.5	235	173	2836.2	577.7
药品收入	5944.8	2234.8	3710	1649.2	345	112	3446.3	392.3
总支出（万元）	**7482.8**	**2014.3**	**5468.5**	**1292.6**	**478.8**	**37**	**5237.2**	**437.2**
#人员经费	2650.5	555.1	2095.4	263.3	199	2	2080.6	105.6
医疗支出	1741.7	491.1	1250.6	374	67.6	20	1143.4	136.7
药品支出	2761.2	833.9	1927.3	543.5	198.7	15	1879	125
诊疗人次数（人次）	**4639704**	**1034148**	**3605556**	**636304**	**276384**	**16700**	**3578516**	**131800**
#出诊人次数	448861	194905	253956	150186	42359		255186	1130

注：数据来源于市卫生局。

医务室基本情况

按设置/主办单位分			按诊所类别分				
政府办	社会办	私人办	普通	中医	中西医结合	口腔	其他
9	**163**	**653**	**455**	**92**	**25**	**68**	**185**
45	**720**	**1972**	**1325**	**266**	**84**	**266**	**796**
41	666	1928	1303	253	83	256	740
19	365	948	654	133	44	114	387
4	54	129	54	65	18	1	49
4	40	133	69	16	5	39	48
	2	10	2	4	2	2	2
8	187	617	445	52	25	85	205
5	36	105	48	43	8		47
	15	28	14	4		2	23
	13	22	12	3		1	19
5	23	97	73	5	1	16	30
4	54	44	22	13	1	10	56
1360	**22986**	**71431**	**46551**	**9059**	**3070**	**6988**	**30109**
152.4	**4915.8**	**7132.6**	**4682.7**	**924.6**	**326.1**	**971.2**	**5296.2**
11	407.3	29.9	6.3		1	19.6	421.3
81.4	2319.1	3221.9	1999.1	338.1	109.3	669.4	2506.5
59	2153.2	3732.6	2572	580	199.4	281.2	2312.2
84.7	**1954.2**	**5443.9**	**3657.8**	**682.5**	**236**	**652.5**	**2254**
36.8	507.6	2106.1	1430	213.3	68.6	273.8	664.8
23.2	482.1	1236.4	770	122.4	70.9	208.4	570
23.3	795.4	1942.5	1335.3	332.9	91.9	117.7	883.4
69900	**921388**	**3648416**	**2640964**	**537875**	**130193**	**264288**	**1066384**
45720	148145	254996	97548	191372	1528	1768	156645

14-16 医疗卫生机构收入与支出

（2010 年）

单位：万元

类　别	总收入	财政补助收入	上级补助收入	业务事业收入	总支出	业务事业支出	财政专项支出	总支出中：人员经费支出
总　计	**1565627.1**	**133850.0**	**12685.9**	**1397566.0**	**1449601.7**	**1371594.7**	**70568.4**	**315437.0**
医院	**1326005.8**	**75171.5**	**8066.7**	**1242767.6**	**1237696.0**	**1198360.8**	**39335.2**	**259290.7**
综合医院	921642.0	38720.9	7841.3	875079.8	855456.4	841002.2	14454.2	179751.0
中医医院	191459.9	24905.9	35.2	166518.8	181072.4	161694.5	19377.9	35180.2
中西医结合医院	130.2			130.2	64.3	64.3		39.6
专科医院	212773.7	11544.7	190.2	201038.8	201102.9	195599.8	5503.1	44319.9
口腔医院	2283.6			2283.6	2664.7	2664.7		1311.3
眼科医院	2113.5	11.0		2102.5	1688.4	1688.4		528.0
肿瘤医院	80286.8	2709.0	36.5	77541.3	71229.8	70014.2	1215.6	13971.6
心血管病医院	14774.0	651.5		14122.5	15664.7	15564.7	100.0	3151.3
胸科医院	20884.1	1431.5	65.9	19386.7	21501.5	19822.9	1678.6	4133.0
妇产（科）医院	2368.2			2368.2	1963.0	1963.0		365.1
儿童医院	33234.2	1135.7		32098.5	31972.7	31692.2	280.5	8468.2
精神病医院	9044.2	1467.1	85.8	7491.3	6934.1	6934.1		2289.0
传染病医院	14153.3	2411.5		11741.8	13768.1	11979.0	1789.1	3949.1
皮肤病医院	104.8		2.0	102.8	141.6	141.6		46.7
骨科医院	26907.4	1593.8		25313.6	26645.7	26316.4	329.3	4421.5
康复医院	2735.4	133.6		2601.8	2911.7	2801.7	110.0	624.3
整形外科医院	881.3			881.3	900.0	900.0		379.5
其他专科医院	3002.9			3002.9	3116.9	3116.9		681.3
社区卫生服务中心（站）	**9804.7**	**1321.6**	**340.9**	**8142.2**	**9690.6**	**9387.6**	**303.0**	**3248.3**
卫生院	**54071.6**	**15080.7**	**1949.9**	**37041.0**	**52035.7**	**47230.4**	**4805.3**	**13501.9**
乡镇卫生院	54071.6	15080.7	1949.9	37041.0	52035.7	47230.4	4805.3	13501.9
中心卫生院	18020.7	4221.6	518.8	13280.3	16550.4	15676.7	873.7	4604.6
乡卫生院	36050.9	10859.1	1431.1	23760.7	35485.3	31553.7	3931.6	8897.3
门诊部	**11589.7**	**2231.1**	**245.8**	**9112.8**	**10829.1**	**10601.5**	**227.6**	**2764.1**
综合门诊部	8593.4	2231.1	245.8	6116.5	7967.2	7824.6	142.6	2023.0

14-16　续表　（2010 年）

类　　别	总收入	财政补助收入	上级补助收入	业务事业收入	总支出	业务事业支出	财政专项支出	总支出中：人员经费支出
中医门诊部	40.0			40.0	36.0	36.0		12.5
专科门诊部	2956.3			2956.3	2825.9	2740.9	85.0	728.6
诊所、卫生所、医务室	**1220[illegible].8**		**448.2**	**11567.2**	**7482.8**	**4502.9**		**2650.5**
诊所	7287.4		26.9	7115.8	5536.1	3202.6		2133.6
卫生所、医务室	4913.4		421.3	4451.4	1946.7	1300.3		516.9
采供血机构	**9981.8**	**521.8**		**939.4**	**7858.5**	**7858.5**		**1965.3**
妇幼保健院（所、站）	**73401.3**	**3808.3**	**281.0**	**69312.0**	**59775.9**	**57829.8**	**1946.1**	**16362.1**
#省属	40345.0	733.6	63.7	39547.7	28767.4	28657.3	110.1	7157.0
省辖市（地区）属	14939.7	937.7		14002.0	14376.6	13922.3	454.3	3851.3
地辖市属	15988.9	1870.4	216.7	13901.8	15155.1	14040.0	1115.1	4929.4
县属	2127.7	266.6	0.6	1860.5	1476.8	1210.2	266.6	424.4
#妇幼保健院	71984.1	3284.5	117.2	68582.4	58423.4	56678.2	1745.2	15969.6
妇幼保健所	1417.2	523.8	163.8	729.6	1352.5	1151.6	200.9	392.5
专科疾病防治院（所、站）	**6488.4**	**3330.7**	**9.0**	**3148.7**	**5706.5**	**3422.8**	**2283.7**	**2288.7**
疾病预防控制中心	**43335.2**	**24019.0**	**1200.1**	**12757.6**	**46008.8**	**22484.7**	**20404.5**	**8260.5**
省属	17775.[illegible]	15299.9	600.3	1874.9	19954.8	4117.1	15837.7	3169.7
省辖市（地区）属	9304.4	2442.7	309.0	6421.2	9116.3	8118.6	997.7	1482.5
地辖市属	12029.[illegible]	6018.4	245.8	2986.2	12567.2	8098.9	3562.6	2856.6
县属	1756.3	258.0	23.0	1475.3	1905.8	1899.3	6.5	502.2
其他	2469.7		22.0		2464.7	250.8		249.5
卫生监督所（中心）	**2917.7**	**2677.9**	**82.8**	**40.0**	**3185.0**	**1742.5**	**623.0**	**1906.2**
省属	1016.6	946.3			1305.0	891.5	413.5	395.0
省辖市（地区）属	629.3	580.5	4.4		583.7	58.5		578.0
地辖市属	1271.8	1151.1	78.4	40.0	1296.3	792.5	209.5	933.2
医学科学研究机构	**13482.7**	**3977.9**		**2184.6**	**7008.1**	**6540.9**	**467.2**	**2298.8**
医学在职培训机构	**1019.4**	**586.4**	**21.0**	**392.1**	**1024.0**	**530.2**	**22.8**	**541.3**
健康教育所（站、中心）	**150.4**	**135.3**	**11.5**		**144.1**	**118.0**		**70.4**
其他卫生机构	**1177.6**	**987.8**	**29.0**	**160.8**	**1156.6**	**984.1**	**150.0**	**288.2**

注：数据来源于市卫生局。

14-17　村卫生室基本情况

（2010 年）

类　别	总计	按设置/主办单位分					按行医方式分		
		村办	乡医院设点	联合办	私人办	其他	中医为主	西医为主	中西医结合
机构数（个）	3040	2016	193	193	524	114	114	2124	802
执业（助理）医师（人）	917	663		79	155	20	18	671	228
注册护士（人）	185	111		30	35	9	2	125	58
乡村医生和卫生员（人）	6580	4830	251	395	855	249	200	4278	2102
乡村医生数	6384	4658	250	393	834	249	197	4176	2011
#大专及以上学历	389	249	25	30	77	8	13	214	162
中专学历及中专水平	5735	4195	216	345	741	238	177	3807	1751
在职培训合格者	202	166	7	16	13		6	118	78
卫生员	196	172	1	2	21		3	102	91
年总收入（万元）	17774	13755	505	937	2208	369	366	11491	5917
#上级补助收入	1749	987	17	184	552	10	34	1241	474
村或集体补助收入	346	338	8				3	325	17
医疗收入	3929	2796	351	271	431	79	112	2637	1179
药品收入	11336	9258	124	478	1203	273	209	7064	4063
年总支出（万元）	15606	12367	430	772	1690	348	378	9965	5264
#人员支出	5149	3889	164	332	604	159	121	3378	1650
药品支出	9965	8084	263	428	1004	187	203	6331	3431
诊疗人次数（人次）	13187728	10253378	525240	496183	1548156	364771	384571	8772989	4030168
#出诊人次数	1102387	836550	43588	49157	140256	32836	58191	678539	365657

注：数据来源于市卫生局。

14-18 分县(市、区)医疗机构收入与支出

(2010 年)

单位:万元

类　　别	总收入	财政补助收入	上级补助收入	业务事业收入	总支出	业务事业支出	财政专项支出	总支出中:人员经费支出
总　计	**1493562**	**100944**	**11342**	**1381092**	**1383217**	**1331336**	**48901**	**300106**
中原区	111169	6730	417	104018	107846	103200	4252	26861
二七区	431079	16983	7489	406607	391149	384297	6388	88833
管城区	76919	6462	300	70142	75248	72075	2857	15189
金水区	646656	51725	1079	593775	586859	557730	28539	113802
上街区	11738	343	160	11229	12855	12615	43	4025
惠济区	15212	1271	238	13688	17905	17368	438	4332
中牟县	29809	4437	369	25002	26383	24441	1859	7076
巩义市	38349	2422	54	35871	37115	36564	339	9729
荥阳市	26338	2034	98	24206	26047	25246	504	8027
新密市	42240	2791	122	39266	40362	39093	1133	8800
新郑市	32078	2991	414	28673	32273	30270	1966	5885
登封市	31975	2755	602	28614	29176	28439	584	7548

注:数据来源于市卫生局。

14-19 规模以上工业企业 R&D 人员情况

（2010 年）

单位：人、人年

	研究与试验发展(R&D)人员	本年度参加项目人员	科技管理和服务人员	女性	研究人员	全时人员	非全时人员	R&D 人员折合全时当量	研究人员
总　计	**21925**	**19731**	**2194**	**3621**	**7714**	**9689**	**12236**	**14969.6**	**5112.3**
按企业规模分组									
大中型企业	16596	14906	1690	2684	5936	7082	9514	10933.5	3758
大型企业	9178	8081	1097	1064	3181	3842	5336	5615.1	1715.4
中型企业	7418	6825	593	1620	2755	3240	4178	5318.4	2042.4
小型企业	5329	4825	504	937	1778	2607	2722	4036.1	1354.5
按隶属关系分组									
中央	2178	1870	308	584	1467	1493	685	1375.2	910.4
地方	19747	17861	1886	3037	6247	8196	11551	13594.4	4201.9
按登记注册类型分组									
内资企业	**18309**	**16570**	**1739**	**3124**	**7046**	**8478**	**9831**	**12154.9**	**4561.5**
国有企业	4289	3729	560	463	2622	1465	2824	2354.5	1403.6
集体企业	42	35	7	20	20	26	16	32.3	17.2
股份合作企业	85	81	4	6	13	76	9	56.5	9.9
有限责任公司	5364	4929	435	1139	1811	2557	2807	4161.8	1374.8
国有独资公司	162	119	43	44	198	94	68	112.7	140
其他有限责任公司	5202	4810	392	1095	1613	2463	2739	4049.1	1234.8
股份有限公司	5652	5203	449	1007	1693	3335	2317	3399	1106.5
私营企业	2877	2593	284	489	887	1019	1858	2150.8	649.5
私营独资企业	415	385	30	67	112	194	221	306.3	79.4
私营合伙企业	47	44	3	2	4		47	28.2	2.4
私营有限责任公司	1885	1724	161	355	643	616	1269	1336.3	447.5
私营股份有限公司	530	440	90	65	128	209	321	480	120.2
港、澳、台商投资企业	**1001**	**887**	**114**	**212**	**205**	**594**	**407**	**904.1**	**182.6**
合资经营企业(港或澳、台资)	553	492	61	146	102	354	199	501	85.7
港、澳、台商独资经营企业	448	395	53	66	103	240	208	403.1	96.9
外商投资企业	**2615**	**2274**	**341**	**285**	**463**	**617**	**1998**	**1910.6**	**368.2**
中外合资经营企业	1916	1719	197	198	358	308	1608	1576.6	311.8
外资企业	666	525	141	82	94	300	366	320.9	52
外商投资股份有限公司	33	30	3	5	11	9	24	13.1	4.4
按工业行业大类分组									
采矿业	**2071**	**1729**	**342**	**18**	**1125**	**208**	**1863**	**1245.3**	**672.5**
煤炭开采和洗选业	2066	1724	342	17	1124	208	1858	1240.3	671.5
有色金属矿采选业	5	5		1	1		5	5	1

（2010 年底）

单位：人、人年

	研究与试验发展（R&D）人员	本年度参加项目人员	科技管理和服务人员	女性	研究人员	全时人员	非全时人员	R&D 人员折合全时当量	研究人员
制造业	**18910**	**17121**	**1789**	**3467**	**6095**	**9248**	**9662**	**13340.1**	**4275.6**
农副食品加工业	465	425	40	81	178	273	192	322.8	137.5
食品制造业	1558	1360	198	509	310	652	906	994.9	201.3
饮料制造业	178	161	17	32	102	49	129	67.7	38.8
烟草制品业	191	187	4	19	38	51	140	154.8	31.5
纺织业	150	148	2	54	41		150	63.6	19.1
纺织服装、鞋、帽制造业	7	7		2	2		7	2.1	0.6
造纸及纸制品业	60	57	3	2	2		60	23.4	0.4
印刷业和记录媒介的复制	316	288	28	36	116	107	209	255.3	95.9
文教体育用品制造业	35	33	2	2	5	17	18	35	5
化学原料及化学制品制造业	387	358	29	100	149	213	174	299.8	114.6
医药制造业	861	788	73	285	244	441	420	669.9	191
橡胶制品业	43	41	2	3	24	24	19	34.4	19.2
塑料制品业	129	123	6	27	37	46	83	102.5	29.9
非金属矿物制品业	2736	2536	200	343	913	834	1902	2016.1	695.5
黑色金属冶炼及压延加工业	321	293	28	52	55	48	273	283.1	47
有色金属冶炼及压延加工业	1914	1657	257	259	360	214	1700	1370.7	222.2
金属制品业	428	328	100	117	308	264	164	337.8	222.4
通用设备制造业	1317	1232	85	204	750	1062	255	1003	614.4
专用设备制造业	2468	2257	211	462	829	1608	860	1859.3	591.1
交通运输设备制造业	2914	2634	280	359	899	2042	872	1446.4	394.8
电气机械及器材制造业	820	742	78	162	324	326	494	658.3	249.4
通信设备、计算机及其他电子设备制造业	1052	943	109	193	222	680	372	858	195.8
仪器仪表及文化、办公用机械制造业	417	390	27	111	150	183	234	344.2	123.8
工艺品及其他制造业	143	133	10	53	37	114	29	137	34.4
电力、燃气及水的生产和供应业	**944**	**881**	**63**	**136**	**494**	**233**	**711**	**384.2**	**164.2**
电力、热力的生产和供应业	923	864	59	127	478	231	692	370.2	153.5
水的生产和供应业	21	17	4	9	16	2	19	14	10.7
按控股类型分组									
国有控股	7559	6694	865	1081	3985	3128	4431	4278.5	2260.9
集体控股	449	417	32	130	216	187	262	304.5	149
私人控股	9323	8549	774	1647	2622	4605	4718	6794.1	2003.2
港澳台商控股	1760	1552	208	218	173	529	1231	1521.3	157.3
外商控股	954	792	162	119	127	380	574	521.2	73
其他	1880	1727	153	426	591	860	1020	1550	468.9

14-20 规模以上工业企业

（2010年）

	R&D经费内部支出合计	应用研究支出	试验发展支出	经常费支出	劳务费	资产性支出	土建工程支出
总　计	**343177**	**219.5**	**342957.5**	**272572.9**	**67818.9**	**70604.1**	**2258.5**
按企业规模分组							
大中型企业	268870.2	219.5	268650.7	222957.3	52437.6	45912.9	1781.6
大型企业	170273.3	219.5	170053.8	146378.3	33021.5	23895	1090.9
中型企业	98596.9		98596.9	76579	19416.1	22017.9	690.7
小型企业	74306.8		74306.8	49615.6	15381.3	24691.2	476.9
按隶属关系分组							
中央	31969.6		31969.6	22462.9	8097.8	9506.7	1078.7
地方	311207.4	219.5	310987.9	250110	59721.1	61097.4	1179.8
按登记注册类型分组							
内资企业	**274382.9**		**274382.9**	**226613.8**	**55648.1**	**47769.1**	**1946.8**
国有企业	41344.7		41344.7	31887.2	8390	9457.5	807.2
集体企业	517.7		517.7	511.7	112	6	
股份合作企业	2589		2589	1432.7	492.3	1156.3	102.3
有限责任公司	70455.1		70455.1	55713.3	16243.1	14741.8	257
国有独资公司	1274		1274	1206.3	856.9	67.7	
其他有限责任公司	69181.1		69181.1	54507	15386.2	14674.1	257
股份有限公司	116537.3		116537.3	105002.8	22394.9	11534.5	602.6
私营企业	42939.1		42939.1	32066.1	8015.8	10873	177.7
私营独资企业	6814.1		6814.1	4543.8	915	2270.3	18.9
私营合伙企业	655.1		655.1	551.1	66.1	104	4
私营有限责任公司	23407.3		23407.3	17153.3	4687.8	6254	71.5
私营股份有限公司	12062.6		12062.6	9817.9	2346.9	2244.7	83.3
港、澳、台商投资企业	**18603.5**		**18603.5**	**12145.4**	**2805.9**	**6458.1**	**175.6**
合资经营企业（港或澳、台资）	9418.1		9418.1	7524.5	1144.8	1893.6	174.4
港、澳、台商独资经营企业	9185.4		9185.4	4620.9	1661.1	4564.5	1.2
外商投资企业	**50190.6**	**219.5**	**49971.1**	**33813.7**	**9364.9**	**16376.9**	**136.1**
中外合资经营企业	34910.8		34910.8	22732.5	6878.7	12178.3	136
外资企业	14899.8	219.5	14680.3	10786.2	2416.2	4113.6	0.1
外商投资股份有限公司	380		380	295	70	85	

R&D 经费情况

单位:万元

仪器设备	政府资金	企业资金	国外资金	其他资金	R&D 经费外部支出合计	对国内研究机构的支出	对国内高等学校支出	对境外支出
68345.6	**12503.4**	**327343.9**	**122.7**	**3207**	**25550.4**	**17575.8**	**4368.8**	**29.6**
44131.3	8299.6	260254.2	59.4	257	23092	16350.1	3542.5	29.6
22804.1	4060.7	166212.6			17351	11241.1	2940	
21327.2	4238.9	94041.6	59.4	257	5741	5109	602.5	29.6
24214.3	4203.8	67089.7	63.3	2950	2458.4	1225.7	826.3	
8428	1420	30431.6	59.4	58.6	3860.8	2814.2	1046.6	
59917.6	11083.4	296912.3	63.3	3148.4	21689.6	14761.6	3322.2	29.6
45822.3	**10811.4**	**252704.6**	**122.7**	**744.2**	**15946.1**	**10722.4**	**3555.2**	**29.6**
8650.3	968	40269.9		106.8	6397.5	3495.3	1640	29.6
6	16	501.7						
1054	82.8	2506.2						
14484.8	3469	66542.5	59.4	384.2	5969.5	5330.2	565.9	
67.7	90.8	1123.8	59.4					
14417.1	3378.2	65418.7		384.2	5969.5	5330.2	565.9	
10931.9	4871.4	111665.9			2689.6	1780.5	898	
10695.3	**1404.2**	**41218.4**	**63.3**	**253.2**	**889.5**	**116.4**	**451.3**	
2251.4	330.1	6464.3		19.7	164.2	60	104.2	
100	80	575.1						
6182.5	690.6	22419.9	63.3	233.5	571.1	43.2	206.1	
2161.4	303.5	11759.1			154.2	13.2	141	
6282.5	**441.6**	**15699.1**		**2462.8**	**99.5**		**99.5**	
1719.2	298.1	9120			64.1		64.1	
4563.3	143.5	6579.1		2462.8	35.4		35.4	
16240.8	**1250.4**	**48940.2**			**9504.8**	**6853.4**	**714.1**	
12042.3	1019	33391.3			9384.8	6733.4	714.1	
4113.5	231.4	14668.4			120	120		
85		380						

14-20 续表 （2010 年）

	R&D 经费内部支出合计	应用研究支出	试验发展支出	经常费支出	劳务费	资产性支出	土建工程支出
按工业行业大类分组							
采矿业	**8802.5**		**8802.5**	**8543.4**	**2614.8**	**259.1**	**127.6**
煤炭开采和洗选业	8765.6		8765.6	8507.9	2592	257.7	127.6
有色金属矿采选业	36.9		36.9	35.5	22.8	1.4	
制造业	**323786.6**	**219.5**	**323567.1**	**255346.9**	**63591.9**	**68439.7**	**1985**
农副食品加工业	9565.5		9565.5	7262.6	1813.8	2302.9	13.6
食品制造业	20981.9	219.5	20762.4	17560.1	4337.3	3421.8	59.7
饮料制造业	2253.5		2253.5	1732.4	371.7	521.1	26.5
烟草制品业	5428.3		5428.3	4676.8	1463.6	751.5	
纺织业	907.4		907.4	907.4	203		
纺织服装、鞋、帽制造业	27		27	14	5.5	13	
造纸及纸制品业	746.5		746.5	572.6	50.8	173.9	1
印刷业和记录媒介的复制	6226.6		6226.6	3505.7	798.6	2720.9	11
文教体育用品制造业	142.4		142.4	134.2	50	8.2	0.4
化学原料及化学制品制造业	5843.6		5843.6	5186.6	943	657	13.9
医药制造业	8947.8		8947.8	7293.4	2203.6	1654.4	20.1
橡胶制品业	642.9		642.9	482.4	184.2	160.5	2.6
塑料制品业	2672.5		2672.5	1694.6	286.5	977.9	125
非金属矿物制品业	37698.1		37698.1	23599.7	6457.9	14098.4	177.4
黑色金属冶炼及压延加工业	8634.1		8634.1	5703.3	920.3	2930.8	3.7
有色金属冶炼及压延加工业	42503.4		42503.4	28068.5	5374.1	14434.9	744.7
金属制品业	3903		3903	3305	1892	598	5
通用设备制造业	13680.4		13680.4	11394.8	3327.4	2285.6	36
专用设备制造业	41065.9		41065.9	39321.6	9603.6	1744.3	28.8
交通运输设备制造业	79099.5		79099.5	71183.7	15543.6	7915.8	558.1
电气机械及器材制造业	9504		9504	6222.3	2517.3	3281.7	11.1
通信设备、计算机及其他电子设备制造业	18081.1		18081.1	10724.4	3192.9	7356.7	117.9
仪器仪表及文化、办公用机械制造业	4321.3		4321.3	3960.1	1810.6	361.2	28.5
工艺品及其他制造业	909.9		909.9	840.7	240.6	69.2	
电力、燃气及水的生产和供应业	**10587.9**		**10587.9**	**8682.6**	**1612.2**	**1905.3**	**145.9**
电力、热力的生产和供应业	10340.2		10340.2	8441.3	1536.2	1898.9	143.2
水的生产和供应业	247.7		247.7	241.3	76	6.4	2.7
按控股类型分组							
国有控股	131196.5		131196.5	116495.4	27881.1	14701.1	1496.3
集体控股	5422.8		5422.8	4787.7	1347.5	635.1	13.2
私人控股	123744.2		123744.2	92999.6	24736.7	30744.6	523.1
港澳台商控股	36726.7		36726.7	20836.7	4365.9	15890	180.5
外商控股	18249.1	219.5	18029.6	13259.8	3213.2	4989.3	0.6
其他	27837.7		27837.7	24193.7	6274.5	3644	44.8

单位:万元

仪器设备	政府资金	企业资金	国外资金	其他资金	R&D 经费外部支出合计	对国内研究机构的支出	对国内高等学校支出	对境外支出
131.5		**8802.5**			**627**	**81**	**546**	
130.1		8765.6			614.3	72.3	542	
1.4		36.9			12.7	8.7	4	
66454.7	**12257.6**	**308199.3**	**122.7**	**3207**	**22962.9**	**16849.2**	**3740.5**	**29.6**
2289.3	674.4	8767.5		123.6	606.1	230	376.1	
3362.1	533.2	20424		24.7	200.5	36.5	160.5	
494.6	32.8	2220.7			104.4	73.7	30.7	
751.5		5428.3			756.6	596.9	159.7	
		907.4						
13		27						
172.9		537.7		208.8				
2709.9	367.2	5859.4			38	18.6	19.4	
7.8		79.1	63.3		6.5	6.5		
643.1	308	5535.6			136.4	101.1	34.5	
1634.3	716.5	8118.4		112.9	503.4	413.6	81.8	
157.9	43.9	599			70.2	17.6	52.7	
852.9	165.8	2506.7			5		5	
13921	1143.9	36353.2	59.4	131.6	351	138.9	182.5	29.6
2927.1	149.3	8484.8			125	120	5	
13690.2	631.7	41871.7			5881	5155	725.7	
593	56	3847						
2249.6	1202.5	12477.9			280.3	185.1	91.2	
1715.5	2363	38603.5		94.4	1339.8	814.6	525.2	
7357.7	1669.3	77430.2			11874.9	8892.2	1045.7	
3270.6	341.7	9114.1		48.2	433.8	48.9	7	
7238.8	1520.7	14097.6		2462.8	242.5		230.3	
332.7	225.1	4095.2			2.5		2.5	
69.2	112.6	797.3			5		5	
1759.4	**245.8**	**10342.1**			**1960.5**	**645.6**	**82.3**	
1755.7	132.4	10207.8			1960.5	645.6	82.3	
3.7	113.4	134.3						
13204.8	4426	126604.3	59.4	106.8	11910.3	6446	2265.1	29.6
621.9	141.8	5281			111.6	73.7	37.9	
30221.5	6515.8	116551.3	63.3	513.8	7033.1	5517.4	1112.9	
15709.5	707.4	33556.5		2462.8	5907.4	5107.9	799.2	
4988.7	236.4	18012.7			125	120	5	
3599.2	476	27238.1		123.6	463	310.8	148.7	

14-21 规模以上工业企业全部 R&D 项目情况

（2010 年）

单位：个、人、人年、万元

	全部科技项目数	参加科技项目人员	参加项目人员折合全时当量	本年度项目经费内部支出
合计	**1838**	**19731**	**13474.5**	**317251.8**
按企业规模分组				
大中型企业	1230	14906	9831.5	249837.2
大型企业	548	8081	4926.7	160816
中型企业	682	6825	4904.8	89021.2
小型企业	608	4825	3643	67414.6
按隶属关系分组				
中央	183	1870	1205.4	26259.4
地方	1655	17861	12269.1	290992.4
按登记注册类型分组				
内资企业	**1620**	**16570**	**10997.8**	**255226.1**
国有企业	238	3729	2051.2	37480.2
集体企业	4	35	27.5	503
股份合作企业	10	81	53.2	2436
有限责任公司	595	4929	3815.6	64867.2
国有独资公司	29	119	82.3	899.8
其他有限责任公司	566	4810	3733.3	63967.4
股份有限公司	524	5203	3123.2	109421.2
私营企业	249	2593	1927.1	40518.5
私营独资企业	47	385	284.7	6432.2
私营合伙企业	2	44	26.4	629.5
私营有限责任公司	173	1724	1219.2	21720.1
私营股份有限公司	27	440	396.8	11736.7
港、澳、台商投资企业	**61**	**887**	**799.5**	**16682.3**
合资经营企业（港或澳、台资）	36	492	444.2	7931.6
港、澳、台商独资经营企业	25	395	355.3	8750.7
外商投资企业	**157**	**2274**	**1677.2**	**45343.4**
中外合资经营企业	75	1719	1413.5	31185.7
外资企业	81	525	251.8	13807.7
外商投资股份有限公司	1	30	11.9	350
按工业行业大类分组				
采矿业	**52**	**1729**	**1041.9**	**7522.1**
煤炭开采和洗选业	51	1724	1036.9	7486.6
有色金属矿采选业	1	5	5	35.5

	全部科技项目数	参加科技项目人员	参加项目人员折合全时当量	本年度项目经费内部支出
制造业	**1721**	**17121**	**12081.2**	**299359.7**
农副食品加工业	53	425	293.8	8807.5
食品制造业	149	1360	869.6	19787.3
饮料制造业	28	161	60.9	2088.2
烟草制品业	46	187	152.5	5422.5
纺织业	3	148	63	902.4
纺织服装、鞋、帽制造业	1	7	2.1	27
造纸及纸制品业	3	57	22.8	743
印刷业和记录媒介的复制	24	288	232.7	5045.1
文教体育用品制造业	7	33	33	137
化学原料及化学制品制造业	39	358	275.9	5533.9
医药制造业	182	788	609.9	8192.2
橡胶制品业	2	41	32.8	508.7
塑料制品业	11	123	97.5	1898.8
非金属矿物制品业	216	2536	1861.7	34612.4
黑色金属冶炼及压延加工业	14	293	259.4	8584.4
有色金属冶炼及压延加工业	87	1657	1184.4	39276.2
金属制品业	46	328	257	3477.8
通用设备制造业	101	1232	934.3	12625.7
专用设备制造业	282	2257	1691.7	38450.3
交通运输设备制造业	176	2634	1318.6	73577.1
电气机械及器材制造业	71	742	599.9	8330.4
通信设备、计算机及其他电子设备制造业	94	943	777.3	16637.9
仪器仪表及文化、办公用机械制造业	75	390	322.9	3829.8
工艺品及其他制造业	11	133	127.5	864.1
电力、燃气及水的生产和供应业	**65**	**881**	**351.4**	**10370**
电力、热力的生产和供应业	57	864	340.1	10150.6
水的生产和供应业	8	17	11.3	219.4
按控股类型分组				
国有控股	572	6694	3795.6	118824.2
集体控股	36	417	282.5	5195.1
私人控股	882	8549	6195.8	114455.9
港澳台商控股	63	1552	1340.4	35248.1
外商控股	94	792	437.4	17047.9
其他	191	1727	1422.8	26480.6

14-22 规模以上工业企业办科技机构情况

（2010 年）

单位：个、万元

	国内机构数	机构科技活动人员				机构内部开展科技活动经费支出	仪器设备原价		企业在国外设立的科技机构个数
			博士毕业	硕士毕业	本科毕业			进口	
总计	**312**	**16894**	**389**	**1763**	**8849**	**280990.9**	**208426.7**	**33817.5**	**2**
按企业规模分组									
大中型企业	156	12934	229	1215	6740	237621.7	171987.4	30378.1	2
大型企业	30	5950	80	496	2756	153585.5	96916.6	13935.3	1
中型企业	126	6984	149	719	3984	84036.2	75070.8	16442.8	1
小型企业	156	3960	160	548	2109	43369.2	36439.3	3439.4	
按隶属关系分组									
中央	20	1623	22	191	1006	20859.2	21693.8	5928.1	
地方	292	15271	367	1572	7843	260131.7	186732.9	27889.4	2
按登记注册类型分组									
内资企业	**281**	**13652**	**339**	**1521**	**7363**	**222844.1**	**167283.1**	**25168.9**	
国有企业	17	1193	32	230	616	14925.5	28361.9	8184.9	
集体企业	1	25	2	1	5	193.2	90		
股份合作企业	3	97	2	9	61	298	1256		
有限责任公司	145	4612	153	569	2494	67024.6	45640.8	5370.8	
国有独资公司	5	122		6	83	1020.8	68.4		
其他有限责任公司	140	4490	153	563	2411	66003.8	45572.4	5370.8	
股份有限公司	44	5127	78	492	3044	109942.9	71878.7	9416	
私营企业	71	2598	72	220	1143	30459.9	20055.7	2197.2	
私营独资企业	11	187	10	14	61	3382.2	4395	302	
私营合伙企业	1	50		2	20	629.5	100		
私营有限责任公司	51	1568	53	164	876	14367.2	13198.9	1632.6	
私营股份有限公司	8	793	9	40	186	12081	2361.8	262.6	
港、澳、台商投资企业	**10**	**771**	**16**	**85**	**376**	**15398.8**	**12845.9**	**2147.1**	
合资经营企业（港或澳、台资）	5	283	13	17	125	10402.8	10130.1	1347.1	
港、澳、台商独资经营企业	5	488	3	68	251	4996	2715.8	800	
外商投资企业	**21**	**2471**	**34**	**157**	**1110**	**42748**	**28297.7**	**6501.5**	**2**
中外合资经营企业	14	1887	9	109	727	24170.6	15350.1	4191	
外资企业	6	549	25	48	348	18227.4	12867.6	2310.5	2
外商投资股份有限公司	1	35			35	350	80		
按工业行业大类分组									
采矿业	**3**	**102**	**8**	**27**	**45**	**718.4**	**1220**		
煤炭开采和洗选业	2	95	8	25	40	700	1220		
有色金属矿采选业	1	7		2	5	18.4			
制造业	**305**	**16305**	**361**	**1593**	**8587**	**276462.2**	**195715.8**	**32570.5**	**2**
农副食品加工业	14	430	37	109	195	5238.5	3778.5	1288.8	

（2010 年）　单位:个、万元

	国内机构数	机构科技活动人员	博士毕业	硕士毕业	本科毕业	机构内部开展科技活动经费支出	仪器设备原价	进口	企业在国外设立的科技机构个数
食品制造业	17	874	39	99	636	26804.6	18097.9	707.8	1
饮料制造业	4	65	5	16	37	1027.9	1597.1	538.6	
烟草制品业	1	87	4	6	48	3667.2	3200	2200	
纺织业	2	67	2	9	15	145.2	1615	800	
纺织服装、鞋、帽制造业	7	310	2	11	148	2483.5	1430.3	700	
皮革、毛皮、羽毛(绒)及其制品业	1	42	2	3	5	565.1	59.6		
家具制造业	1	7			3	42	120		
造纸及纸制品业	3	59			1	427.4	56	24.8	
印刷业和记录媒介的复制	5	146	5	19	77	5322.2	4855.1	2027.3	
文教体育用品制造业	1	23	1	3	15	137	52	17	
化学原料及化学制品制造业	17	408	19	57	200	6628.3	4090.4	46	
医药制造业	30	779	28	167	366	7069.2	6363.2	397	
橡胶制品业	1	42		4	24	180	150	150	
塑料制品业	4	77	5	9	47	906	625		
非金属矿物制品业	61	1906	55	140	839	16333.4	21265.4	2314.8	
黑色金属冶炼及压延加工业	3	137	2	5	57	3054	3952.5	2310.5	1
有色金属冶炼及压延加工业	10	2149	26	124	544	24573.6	12676.4	1626.2	
金属制品业	5	573		11	146	2805	1816.4	360	
通用设备制造业	16	895	15	50	617	9171	9125.7	1438.3	
专用设备制造业	33	2132	30	242	1436	44103.1	43849.2	3233.4	
交通运输设备制造业	21	2539	17	145	1526	86499.1	35847.3	7362.5	
电气机械及器材制造业	12	549	15	51	314	7509.8	7328.4	1895.6	
通信设备、计算机及其他电子设备制造业	17	1128	32	186	737	14752.9	11901.9	3106.9	
仪器仪表及文化、办公用机械制造业	16	773	19	120	514	6522.8	1842.4	25	
工艺品及其他制造业	3	108	1	7	40	493.4	20.1		
电力、燃气及水的生产和供应业	**4**	**487**	**20**	**143**	**217**	**3810.3**	**11490.9**	**1247**	
电力、热力的生产和供应业	3	462	18	131	208	3580.3	10288.9	140	
水的生产和供应业	1	25	2	12	9	230	1202	1107	
按控股类型分组									
国有控股	43	4350	89	581	2795	117484.8	91115.3	19796.6	
集体控股	9	446	9	42	356	7182.4	2341.4	92.2	
私人控股	218	8627	220	853	4115	92162.3	64289.8	4665.1	
港澳台商控股	9	1713	14	96	461	23447.3	14166	3041.3	
外商控股	13	685	29	62	443	18904.6	14097.6	2810	2
其他	20	1073	28	129	679	21809.5	22416.6	3412.3	

14-23　规模以上工业企业自主知识产权及相关情况

（2010 年）

单位：个、篇

	专利申请数	发明专利	拥有发明专利数	国外授权	专利所有权转让及许可数	专利所有权转让与许可收入	发表科技论文	拥有注册商标数	境外注册	形成国家或行业标准数
总计	**2401**	**635**	**595**	**5**	**15**	**115.2**	**2288**	**1966**	**738**	**70**
按企业规模分组										
大中型企业	1592	455	386	3	5	115.2	2119	1677	736	42
大型企业	848	306	184	2	3	100.2	1765	1235	709	10
中型企业	744	149	202	1	2	15	354	442	27	32
小型企业	809	180	209	2	10		169	289	2	28
按隶属关系分组										
中央	202	86	194				346	167	33	17
地方	2199	549	401	5	15	115.2	1942	1799	705	53
按登记注册类型分组										
内资企业	**2066**	**559**	**550**	**5**	**14**	**15.2**	**2156**	**1715**	**708**	**58**
国有企业	569	240	40		1		1737	164	33	7
集体企业	1	1	1					3		
股份合作企业	5	5						4		
有限责任公司	642	125	133	2	11		175	249		23
国有独资公司	3		1				4	1		2
其他有限责任公司	639	125	132	2	11		171	248		21
股份有限公司	472	124	248	3	2	15.2	165	1003	647	16
私营企业	377	64	125				79	292	28	12
私营独资企业	30	7	7				7	23		4
私营合伙企业	7	2	7					1		
私营有限责任公司	214	53	92				70	258	27	6
私营股份有限公司	126	2	19				2	10	1	2
其他企业			3							
港、澳、台商投资企业	**122**	**22**	**16**				**20**	**213**	**30**	**9**
合资经营企业（港或澳、台资）	18	5	10				10	207	30	8
港、澳、台商独资经营企业	104	17	6				10	6		1
外商投资企业	**213**	**54**	**29**		**1**	**100**	**112**	**38**		**3**
中外合资经营企业	141	26	22		1	100	107	27		3
外资企业	72	28	7				5	10		
外商投资股份有限公司								1		
按工业行业大类分组										
采矿业	**2**	**1**	**2**		**1**		**152**			
煤炭开采和洗选业	2	1	1		1		152			
有色金属矿采选业			1							
制造业	**1955**	**433**	**574**	**5**	**14**	**115.2**	**739**	**1963**	**738**	**70**
农副食品加工业	38	13	7		1	15	26	54		3

14-23　续表　　　　（2010 年）　　　　单位:个、篇

	专利申请数	发明专利	拥有发明专利数	国外授权	专利所有权转让及许可数	专利所有权转让与许可收入	发表科技论文	拥有注册商标数	境外注册	形成国家或行业标准数
食品制造业	[illegible]	29	17				20	417	56	2
饮料制造业	18	1					39	33		
烟草制品业	38	12	7				38	156	33	1
纺织业			4				1	2		
纺织服装、鞋、帽制造业								10		
皮革、毛皮、羽毛(绒)及其制品业			3							
家具制造业	17							3		
造纸及纸制品业	[illegible]							1		
印刷业和记录媒介的复制	[illegible]	4	6				5	4		2
文教体育用品制造业	[illegible]	1	1					2	1	1
石油加工、炼焦及核燃料加工业			3							
化学原料及化学制品制造业	25	15	8				11	21		2
医药制造业	147	52	27		1		39	154		2
化学纤维制造业								1		
橡胶制品业	[illegible]	2					22	2		
塑料制品业	29	3	7					7		
非金属矿物制品业	234	68	99	1	3		74	67		14
黑色金属冶炼及压延加工业	8	2	2				3	5		
有色金属冶炼及压延加工业	101	50	174		2	100	111	3		8
金属制品业	64	11	8		1	0.2	8	17		2
通用设备制造业	96	25	29				133	33		11
专用设备制造业	230	38	32	2	6		70	34		4
交通运输设备制造业	151	30	14				100	857	646	9
电气机械及器材制造业	64	14	35	2			9	18		2
通信设备、计算机及其他电子设备制造业	187	45	19				10	31	1	
仪器仪表及文化、办公用机械制造业	120	16	58				20	22	1	7
工艺品及其他制造业	198	2	14					9		
电力、燃气及水的生产和供应业	**444**	**201**	**19**				**1397**	**3**		
电力、热力的生产和供应业	444	201	17				1382	3		
水的生产和供应业			2				15			
按控股类型分组										
国有控股	815	311	234	2	1		1923	1033	679	28
集体控股	29	4	12				42	43	1	2
私人控股	1173	241	292	1	13	15.2	185	595	28	30
港澳台商控股	144	24	15		1	100	53	211	30	6
外商控股	98	30	10				5	18		
其他	142	25	32	2			80	66		4

主要统计指标解释

普通高等学校 指按照国家规定的设置标准和审批程序批准举办的，通过全国普通高等学校统一招生考试，招收高中毕业生为主要培养对象，实施高等教育的全日制大学、独立设置的学院和高等专科室学校、高等职业学校和其他机构。

中等职业学校 指实施中等职业教育的学校，招生对象是初中毕业生和具有初中同等学历的人员，基本学制为三年制。

小学五年巩固率 指小学五年级在校学生中，能够从一年级连续学习五年的学生占入学时本年级学生数比重。计算方法：

$$小学五年巩固率=\frac{五年级在校学生数}{该年级入小学一年级时学生数}\times 100\%$$

艺术表演团体 指从事戏曲、音乐、舞蹈、杂技等专业艺术表演，有独立帐户，实行单独核算的团体，不包括半工半艺、半农半艺和民间职业剧团。

艺术表演场馆 指由各级文化主管部门、文化单位和其他部门（除部队系统处）举力的，具有观众厅设备，经常供专业艺术表演团体演出，并在工商、税务部门登记，公开售票的营业场所。

卫生机构 指从卫生、民政、工商行政、机构编制管理部门取得《医疗机构执业许可证》或法人单位登记证书，为社会提供医疗保健、疾病控制、卫生监督服务或从事医学科研和医学在职培训等工作的单位。

实有床位数 指年底固定实有床位数，包括正规床、简易床、监护床、超过半年加床、正在消毒和修理床位、因扩建或大修而停用床位。不包括产科新生儿床、接产室待产床、库存床、观察床、临时加床和病人家属陪侍床。

卫生技术人员 包括执业医师、执业助理医师、注册护士、药师（士）、检验及影像技师（士）、卫生监督员和见习医（药、护、技）师（士）等卫生专业人员。不包括从事管理工作的卫生技术人员（如院长、副院长、党委书记等）。

医院 包括综合医院、中医医院、中西医结合医院、民族医院、各类专科医院和护理院，不包括专科疾病防治院、妇幼保健院和疗养院。

十五、企业集团

15-1 按不同类型分的企业家信心状况

（2010 年一季度）

分类	本期实际				下期预计			
	乐观	一般	不乐观	景气指数	乐观	一般	不乐观	景气指数
总　体　状　况	**52.11**	**40.30**	**7.59**	**144.53**	**52.01**	**41.80**	**6.20**	**145.82**
按行业门类分								
工业	60.18	32.92	6.90	153.29	61.14	31.97	6.90	154.24
建筑业	48.80	51.20		148.80	33.72	66.28		133.72
交通运输、仓储和邮政业	34.54	48.27	17.19	117.34	45.65	42.72	11.64	134.01
批发和零售业	36.41	55.43	8.16	128.25	30.80	67.16	2.04	128.76
房地产业	57.89	36.84	5.26	152.63	63.16	36.84		163.16
社会服务业	32.00	52.00	16.00	116.00	28.00	60.00	12.00	116.00
信息传输、计算机服务和软件	36.36	54.55	9.09	127.27	50.00	40.91	9.09	140.91
住宿和餐饮业	45.45	51.52	3.03	142.42	30.30	66.67	3.03	127.27
按企业登记注册类型分								
国有企业	60.37	37.87	1.76	158.61	54.93	40.09	4.99	149.94
集体企业	45.45	45.45	9.09	136.36	45.45	36.36	18.18	127.27
股份合作企业	50.00	50.00		150.00	50.00	50.00		150.00
联营企业			100.00				100.00	
有限责任公司	43.61	49.77	6.62	137.00	39.91	56.42	3.68	136.23
股份有限公司	46.06	45.77	8.16	137.90	52.68	43.24	4.08	148.60
私营企业	25.00	58.33	16.67	108.33	25.00	66.67	8.33	116.67
港、澳、台投资企业	36.62	12.50	50.88	85.74	36.62	25.00	38.38	98.24
外商投资企业	43.97	46.50	9.52	134.45	48.74	46.50	4.76	143.97
按企业规模分								
大型	84.14	14.61	1.24	182.90	78.24	20.52	1.24	177.00
中型	48.51	43.56	7.92	140.59	53.47	40.59	5.94	147.52
小型	32.62	58.16	9.22	123.40	28.37	65.25	6.38	121.99

15-2 按不同类型分的企业综合经营状况

（2010 年一季度）

分类	本期实际				下期预计			
	乐观	一般	不乐观	景气指数	乐观	一般	不乐观	景气指数
总　体　状　况	**51.75**	**40.80**	**7.46**	**144.29**	**51.50**	**43.84**	**4.66**	**146.83**
按行业门类分								
工业	56.61	34.64	8.75	147.86	62.02	33.04	4.94	157.07
建筑业	47.91	45.64	6.45	141.45	36.05	63.95		136.05
交通运输、仓储和邮政业	45.91	54.09		145.91	41.62	58.38		141.62
批发和零售业	41.46	48.34	10.20	131.25	25.66	68.22	6.12	119.54
房地产业	70.89	29.11		170.89	55.11	44.89		155.11
社会服务业	32.00	68.00		132.00	44.00	44.00	12.00	132.00
信息传输、计算机服务和软件	36.36	50.00	13.64	122.73	45.45	45.45	9.09	136.36
住宿和餐饮业	40.66	50.25	9.09	131.57	19.45	71.46	9.09	110.36
按企业登记注册类型分								
国有企业	60.28	38.11	1.61	158.67	46.32	52.07	1.61	144.70
集体企业	27.27	54.55	18.18	109.09	45.45	36.36	18.18	127.27
股份合作企业	50.00	50.00		150.00		100.00		100.00
联营企业		100.00		100.00		100.00		100.00
有限责任公司	43.04	48.87	8.09	134.95	39.40	55.46	5.15	134.25
股份有限公司	55.64	38.23	6.12	149.52	57.95	37.96	4.08	153.87
私营企业	30.17	53.16	16.67	113.51	30.17	44.83	25.00	105.17
港、澳、台投资企业	21.64	39.98	38.38	83.26	34.14	27.48	38.38	95.76
外商投资企业	48.74	41.74	9.52	139.21	48.74	51.26		148.74
按企业规模分								
大型	85.25	14.17	0.57	184.68	75.41	24.01	0.57	174.84
中型	48.51	45.54	5.94	142.57	50.50	44.55	4.95	145.54
小型	34.04	54.61	11.35	122.70	29.08	63.12	7.80	121.28

15-3 按不同类型分的企业生产情况

（2010 年一季度）

分类	本期实际				下期预计			
	乐观	一般	不乐观	景气指数	乐观	一般	不乐观	景气指数
总　体　状　况	**33.03**	**37.49**	**29.48**	**103.55**	**42.02**	**37.92**	**20.06**	**121.96**
按行业门类分								
工业	36.98	37.64	25.38	111.60	45.94	32.34	21.72	124.22
建筑业	12.01	37.91	50.08	61.92	57.57	39.21	3.23	154.34
交通运输、仓储和邮政业	18.72	63.15	18.14	100.58	35.37	56.77	7.86	127.51
批发和零售业	20.66	21.07	58.27	62.39	22.90	49.25	27.85	95.05
房地产业	73.75	13.32	12.93	160.82	49.84	29.11	21.05	128.79
社会服务业	52.00	32.00	16.00	136.00	28.00	28.00	44.00	84.00
信息传输、计算机服务和软件	26.51	22.73	50.76	75.75	40.91	36.36	22.73	118.18
住宿和餐饮业	21.21	58.84	19.95	101.26	19.95	67.93	12.12	107.83
按企业登记注册类型分								
国有企业	27.50	30.67	41.83	85.67	32.16	41.48	26.36	105.80
集体企业	9.09	54.55	36.36	72.73	36.36	36.36	27.27	109.09
股份合作企业	50.00	50.00		150.00	50.00	50.00		150.00
联营企业	100.00			200.00		100.00		100.00
有限责任公司	28.27	38.17	33.57	94.70	40.94	40.67	18.38	122.56
股份有限公司	49.38	31.84	18.78	130.60	43.86	35.48	20.66	123.20
私营企业	30.17	53.16	16.67	113.51	13.51	36.49	50.00	63.51
港、澳、台投资企业	60.02		39.98	120.03	24.12	37.50	38.38	85.74
外商投资企业	41.46	35.84	22.69	118.77	47.62	29.69	22.69	124.93
按企业规模分								
大型	27.33	56.02	16.65	110.68	54.23	29.70	16.06	138.17
中型	41.58	25.74	32.67	108.91	47.52	32.67	19.80	127.72
小型	24.82	39.01	36.17	88.65	28.37	46.81	24.82	103.55

15-4 按不同类型分的企业赢利（亏损）状况

（2010 年一季度）

分类	本期实际				下期预计			
	乐观	一般	不乐观	景气指数	乐观	一般	不乐观	景气指数
总　体　状　况	**37.65**	**41.93**	**20.41**	**117.24**	**40.95**	**49.00**	**10.05**	**130.90**
按行业门类分								
工业	45.23	39.36	15.41	129.82	46.19	47.59	6.22	139.97
建筑业	12.95	53.72	33.33	79.62	48.87	47.91	3.23	145.64
交通运输、仓储和邮政业	24.27	52.03	23.69	100.58	18.19	46.48	35.33	82.86
批发和零售业	18.88	42.32	38.80	80.08	26.94	64.89	8.16	118.78
房地产业	57.96	26.25	15.79	142.17	52.70	42.04	5.26	147.44
社会服务业	20.00	68.00	12.00	108.00	28.00	56.00	16.00	112.00
信息传输、计算机服务和软件	40.15	23.49	36.36	103.78	35.60	41.67	22.73	112.88
住宿和餐饮业	37.63	45.45	16.92	120.71	36.36	51.52	12.12	124.24
按企业登记注册类型分								
国有企业	25.68	53.13	21.19	104.49	32.96	53.90	13.14	119.82
集体企业	9.09	63.64	27.27	81.82	9.09	72.73	18.18	90.91
股份合作企业	50.00	50.00		150.00	50.00	50.00		150.00
联营企业	100.00			200.00			100.00	
有限责任公司	32.51	43.83	23.66	108.85	35.72	53.25	11.03	124.69
股份有限公司	45.11	38.07	16.82	128.29	53.53	44.43	2.04	151.49
私营企业	13.51	61.49	25.00	88.51	13.51	69.83	16.67	96.84
港、澳、台投资企业	72.52	12.50	14.98	157.53	49.12	25.00	25.88	123.24
外商投资企业	51.47	30.60	17.93	133.54	38.58	56.66	4.76	133.81
按企业规模分								
大型	61.87	34.30	3.83	158.04	59.24	34.07	6.69	152.55
中型	37.62	37.62	24.75	112.87	48.51	45.54	5.94	142.57
小型	21.99	51.77	26.24	95.74	21.99	63.83	14.18	107.80

15-5 按不同类型分的企业流动资金状况

（2010 年一季度）

分类	本期实际				下期预计			
	乐观	一般	不乐观	景气指数	乐观	一般	不乐观	景气指数
总　体　状　况	**26.53**	**49.25**	**24.22**	**102.30**	**22.94**	**55.23**	**21.83**	**101.11**
按行业门类分								
工业	28.71	45.31	25.98	102.72	29.00	51.12	19.88	109.12
建筑业	12.83	67.81	19.35	93.48	5.97	45.21	48.82	57.15
交通运输、仓储和邮政业	17.36	71.53	11.11	106.25		83.33	16.67	83.33
批发和零售业	3.04	48.16	48.80	54.23	5.61	73.44	20.95	84.66
房地产业	54.03	19.66	26.32	127.71	48.76	30.18	21.05	127.71
社会服务业	52.00	40.00	8.00	144.00	20.00	72.00	8.00	112.00
信息传输、计算机服务和软件	40.99	49.92	9.09	131.90	36.45	31.73	31.82	104.63
住宿和餐饮业	22.48	62.37	15.15	107.33	16.42	68.43	15.15	101.26
按企业登记注册类型分								
国有企业	12.87	53.60	33.52	79.35	13.17	57.99	28.84	84.33
集体企业		81.82	18.18	81.82		81.82	18.18	81.82
股份合作企业	50.00	50.00		150.00	50.00	50.00		150.00
联营企业		100.00		100.00		100.00		100.00
有限责任公司	28.99	47.48	23.53	105.46	20.20	56.21	23.59	96.61
股份有限公司	35.96	36.97	27.07	108.89	35.32	46.17	18.51	116.81
私营企业	21.84	69.83	8.33	113.51	13.51	69.83	16.67	96.84
港、澳、台投资企业	25.00	36.62	38.38	86.62	25.00	36.62	38.38	86.62
外商投资企业	38.58	43.49	17.93	120.65	29.05	61.42	9.52	119.53
按企业规模分								
大型	54.86	33.80	11.34	143.53	51.29	36.38	12.33	138.96
中型	27.72	42.57	29.70	98.02	25.74	51.49	22.77	102.97
小型	16.31	57.45	26.24	90.07	9.22	65.25	25.53	83.69

15-6 按不同类型分的企业货款拖欠状况

（2010 年一季度）

分类	本期实际				下期预计			
	乐观	一般	不乐观	景气指数	乐观	一般	不乐观	景气指数
总　体　状　况	**30.05**	**54.56**	**15.39**	**114.65**	**30.97**	**60.37**	**8.67**	**122.30**
按行业门类分								
工业	29.38	49.51	21.12	108.26	38.45	56.50	5.05	133.40
建筑业	40.73	50.49	8.78	131.95	5.17	50.13	44.70	60.48
交通运输、仓储和邮政业	42.72	51.20	6.08	136.64	48.80	51.20		148.80
批发和零售业	25.16	68.71	6.12	119.04	12.92	83.00	4.08	108.84
房地产业	30.50	69.50		130.50	18.58	58.97	22.45	96.13
社会服务业	16.00	68.00	16.00	100.00	8.00	80.00	12.00	96.00
信息传输、计算机服务和软件	40.23	59.77		140.23	31.14	59.77	9.09	122.05
住宿和餐饮业	6.06	75.76	18.18	87.88	9.09	87.88	3.03	106.06
按企业登记注册类型分								
国有企业	25.08	54.49	20.42	104.66	26.74	62.65	10.62	116.12
集体企业	36.36	45.45	18.18	118.18	36.36	54.55	9.09	127.27
股份合作企业	50.00	50.00		150.00		100.00		100.00
联营企业			100.00		100.00			200.00
有限责任公司	33.00	57.04	9.95	123.05	22.40	67.59	10.01	112.39
股份有限公司	24.62	67.22	8.16	116.45	29.71	66.20	4.08	125.63
私营企业	41.67	41.67	16.67	125.00	11.49	66.67	21.84	89.65
港、澳、台投资企业	12.50	49.12	38.38	74.12	38.38	49.12	12.50	125.88
外商投资企业	3.64	77.31	19.05	84.60	17.93	77.31	4.76	113.17
按企业规模分								
大型	54.23	34.82	10.95	143.28	54.65	36.55	8.80	145.85
中型	24.75	62.38	12.87	111.88	22.77	67.33	9.90	112.87
小型	23.40	61.70	14.89	108.51	17.73	73.76	8.51	109.22

15-7 按不同类型分的企业用工状况

（2010 年一季度）

分类	本期实际				下期预计			
	乐观	一般	不乐观	景气指数	乐观	一般	不乐观	景气指数
总 体 状 况	**28.06**	**58.31**	**13.63**	**114.43**	**20.89**	**65.25**	**13.85**	**107.04**
按行业门类分								
工业	33.74	61.37	4.90	128.84	21.52	64.08	14.40	107.12
建筑业	18.35	20.79	60.86	57.49	45.90	35.38	18.72	127.18
交通运输、仓储和邮政业	21.39	76.31	2.30	119.09	11.11	86.59	2.30	108.81
批发和零售业	6.17	49.59	44.24	61.92	5.89	62.95	31.16	74.74
房地产业	5.26	84.21	10.53	94.74	17.18	77.55	5.26	111.92
社会服务业	24.00	68.00	8.00	116.00	16.00	80.00	4.00	112.00
信息传输、计算机服务和软件	9.09	63.64	27.27	81.82	9.09	81.82	9.09	100.00
住宿和餐饮业	70.96	26.01	3.03	167.93	37.63	53.28	9.09	128.54
按企业登记注册类型分								
国有企业	22.16	52.26	25.58	96.58	16.82	53.79	29.39	87.43
集体企业	18.18	72.73	9.09	109.09	9.09	81.82	9.09	100.00
股份合作企业		100.00		100.00		50.00	50.00	50.00
联营企业		100.00		100.00		100.00		100.00
有限责任公司	28.31	50.08	21.61	106.70	21.44	66.80	11.76	109.67
股份有限公司	25.14	64.26	10.60	114.54	20.25	62.34	17.41	102.84
私营企业	25.00	75.00		125.00	21.84	69.83	8.33	113.51
港、澳、台投资企业	12.50	87.50		112.50	12.50	87.50		112.50
外商投资企业	29.05	61.42	9.52	119.53	24.29	75.71		124.29
按企业规模分								
大型	10.04	81.75	8.21	101.83	5.77	75.20	19.03	86.74
中型	26.73	53.47	19.80	106.93	27.72	58.42	13.86	113.86
小型	31.91	47.52	20.57	111.35	19.15	67.38	13.48	105.67

15-8 按不同类型分的企业固定资产投资状况

（2010 年一季度）

分类	本期实际				下期预计			
	乐观	一般	不乐观	景气指数	乐观	一般	不乐观	景气指数
总 体 状 况	**17.02**	**61.43**	**21.55**	**95.47**	**26.83**	**61.63**	**11.54**	**115.29**
按行业门类分								
工业	17.66	69.05	13.29	104.37	30.51	58.96	10.53	119.98
建筑业	9.68	44.73	45.59	64.08	38.17	43.12	18.72	119.45
交通运输、仓储和邮政业	12.64	57.86	29.51	83.13	34.55	65.45		134.55
批发和零售业	15.02	57.06	27.92	87.11	4.28	91.10	4.63	99.65
房地产业	5.26	78.95	15.79	89.47	15.79	68.42	15.79	100.00
社会服务业	48.00	44.00	8.00	140.00	8.00	56.00	36.00	72.00
信息传输、计算机服务和软件	18.94	40.15	40.91	78.03	27.95	58.41	13.64	114.31
住宿和餐饮业	16.42	26.01	57.58	58.84	13.39	65.40	21.21	92.17
按企业登记注册类型分								
国有企业	14.12	52.80	33.08	81.04	18.60	57.83	23.57	95.03
集体企业		90.91	9.09	90.91	9.09	90.91		109.09
股份合作企业		100.00		100.00		100.00		100.00
联营企业			100.00		100.00			200.00
有限责任公司	19.92	53.55	26.53	93.39	27.14	59.62	13.24	113.90
股份有限公司	22.69	54.80	22.51	100.17	29.17	64.71	6.12	123.05
私营企业	16.67	50.00	33.33	83.33		100.00		100.00
港、澳、台投资企业	12.50	87.50		112.50	12.50	87.50		112.50
外商投资企业	16.80	68.92	14.29	102.51	10.00	75.71	14.29	95.72
按企业规模分								
大型	9.24	79.04	11.71	97.53	53.36	40.20	6.44	146.92
中型	21.78	57.43	20.79	100.99	25.74	59.41	14.85	110.89
小型	17.73	48.94	33.33	84.40	12.06	73.76	14.18	97.87

15-9　按不同类型分的企业产品订货状况

（2010 年一季度）

分类	本期实际				下期预计			
	乐观	一般	不乐观	景气指数	乐观	一般	不乐观	景气指数
总　体　状　况	**41.00**	**47.45**	**11.54**	**129.46**	**39.16**	**44.54**	**16.30**	**122.86**
按行业门类分								
工业	50.51	40.58	8.90	141.61	48.49	34.15	17.36	131.12
建筑业	24.32	33.95	41.73	82.59	51.48	45.29	3.23	148.25
交通运输、仓储和邮政业	24.27	73.42	2.30	121.97	33.33	64.36	2.30	131.03
批发和零售业	16.86	77.02	6.12	110.74	10.64	58.27	31.09	79.55
房地产业	47.44	50.16	2.41	145.03	18.26	71.21	10.53	107.74
社会服务业	40.00	48.00	12.00	128.00	28.00	60.00	12.00	116.00
信息传输、计算机服务和软件	31.06	41.67	27.27	103.78	13.64	46.13	40.23	73.40
住宿和餐饮业	30.30	54.55	15.15	115.15	18.18	72.73	9.09	109.09
按企业登记注册类型分								
国有企业	32.62	54.05	13.32	119.30	28.94	51.81	19.24	109.70
集体企业	18.18	63.64	18.18	100.00	27.27	36.36	36.36	90.91
股份合作企业	50.00	50.00		150.00	50.00	50.00		150.00
联营企业	100.00			200.00		100.00		100.00
有限责任公司	37.30	46.94	15.76	121.54	34.13	50.43	15.44	118.69
股份有限公司	41.02	53.57	5.41	135.61	37.73	36.63	25.64	112.08
私营企业	38.51	53.16	8.33	130.17	21.84	78.16		121.84
港、澳、台投资企业	47.52	27.48	25.00	122.52	34.14	39.98	25.88	108.26
外商投资企业	53.02	37.46	9.52	143.49	30.60	51.47	17.93	112.67
按企业规模分								
大型	60.65	36.99	2.37	158.28	64.56	25.84	9.59	154.97
中型	41.58	45.54	12.87	128.71	40.59	45.54	13.86	126.73
小型	28.37	53.90	17.73	110.64	18.44	59.57	21.99	96.45

15-10　按不同类型分的企业融资状况

（2010 年一季度）

分类	本期实际				下期预计			
	乐观	一般	不乐观	景气指数	乐观	一般	不乐观	景气指数
总　体　状　况	**16.04**	**56.63**	**27.33**	**88.72**	**14.10**	**61.31**	**24.59**	**89.51**
按行业门类分								
工业	18.98	46.67	34.35	84.64	19.94	51.43	28.63	91.30
建筑业	3.23	81.65	15.13	88.10	3.23	74.12	22.65	80.58
交通运输、仓储和邮政业	24.26	59.08	16.67	107.59		83.33	16.67	83.33
批发和零售业	2.91	55.17	41.92	60.99	4.42	65.91	29.67	74.75
房地产业	5.26	78.95	15.79	89.47		73.68	26.32	73.68
社会服务业	12.00	84.00	4.00	108.00	12.00	80.00	8.00	104.00
信息传输、计算机服务和软件	26.60	68.86	4.55	122.05	26.60	68.86	4.55	122.05
住宿和餐饮业	12.20	84.22	3.57	108.63	6.06	80.05	13.89	92.17
按企业登记注册类型分								
国有企业	3.77	66.32	29.91	73.85	8.33	57.78	33.89	74.44
集体企业	9.09	27.27	63.64	45.45		27.27	72.73	27.27
股份合作企业		100.00		100.00		100.00		100.00
联营企业		100.00		100.00		100.00		100.00
有限责任公司	17.35	60.83	21.83	95.52	14.12	67.99	17.89	96.23
股份有限公司	24.04	50.93	25.03	99.01	22.00	57.05	20.95	101.05
私营企业		81.82	18.18	81.82		91.67	8.33	91.67
港、澳、台投资企业	12.50	75.00	12.50	100.00	12.50	72.52	14.98	97.52
外商投资企业	5.24	85.23	9.52	95.72	4.76	85.71	9.52	95.24
按企业规模分								
大型	41.98	47.25	10.77	131.21	41.56	47.26	11.18	130.38
中型	13.13	58.59	28.28	84.85	13.86	63.37	22.77	91.09
小型	6.52	66.67	26.81	79.71	3.55	69.50	26.95	76.60

15-11 按不同类型分的企业家信心状况

（2010 年二季度）

分类	本期实际				下期预计			
	乐观	一般	不乐观	景气指数	乐观	一般	不乐观	景气指数
总　体　状　况	**43.57**	**48.90**	**7.53**	**136.04**	**43.74**	**47.39**	**8.87**	**134.87**
按行业门类分								
工业	48.15	43.16	8.69	139.46	48.69	40.85	10.46	138.23
建筑业	47.95	52.05		147.95	44.73	52.05	3.23	141.50
交通运输、仓储和邮政业	21.34	78.66		121.34	31.87	68.13		131.87
批发和零售业	46.21	42.25	11.54	134.67	37.73	54.58	7.69	130.04
房地产业	18.19	71.28	10.53	107.67	23.46	62.08	14.46	109.00
社会服务业	33.33	55.56	11.11	122.22	33.33	51.85	14.81	118.52
信息传输、计算机服务和软件	48.00	44.00	8.00	140.00	56.00	28.00	16.00	140.00
住宿和餐饮业	43.69	50.25	6.06	137.63	28.54	71.46		128.54
按企业登记注册类型分								
国有企业	50.74	40.26	9.00	141.75	41.00	48.51	10.49	130.51
集体企业	45.45	45.45	9.09	136.36	45.45	36.36	18.18	127.27
股份合作企业	50.00	50.00		150.00	50.00	50.00		150.00
联营企业		100.00		100.00		100.00		100.00
有限责任公司	40.74	52.22	7.04	133.69	37.92	55.19	6.89	131.03
股份有限公司	50.47	40.59	8.93	141.54	57.78	31.40	10.82	146.96
私营企业		83.33	16.67	83.33		83.33	16.67	83.33
港、澳、台投资企业	33.33	32.55	34.11	99.22	33.33	24.43	42.24	91.10
外商投资企业	34.21	53.48	12.31	121.91	38.76	48.93	12.31	126.45
按企业规模分								
大型	72.15	18.88	8.98	163.17	68.31	18.64	13.06	155.25
中型	46.30	47.22	6.48	139.81	46.30	44.44	9.26	137.04
小型	29.17	61.11	9.72	119.44	27.08	64.58	8.33	118.75

15-12 按不同类型分的企业综合经营状况

（2010 年二季度）

分类	本期实际				下期预计			
	乐观	一般	不乐观	景气指数	乐观	一般	不乐观	景气指数
总　体　状　况	**46.89**	**42.08**	**11.03**	**135.87**	**44.02**	**48.07**	**7.92**	**136.11**
按行业门类分								
工业	53.40	33.83	12.77	140.63	52.10	37.78	10.12	141.99
建筑业	31.82	49.46	18.72	113.11	41.50	58.50		141.50
交通运输、仓储和邮政业	29.94	70.06		129.94	26.61	73.39		126.61
批发和零售业	33.30	53.24	13.46	119.84	17.37	73.01	9.62	107.76
房地产业	65.63	29.11	5.26	160.37	44.58	44.89	10.53	134.05
社会服务业	37.04	62.96		137.04	33.33	59.26	7.41	125.93
信息传输、计算机服务和软件	40.00	48.00	12.00	128.00	56.00	36.00	8.00	148.00
住宿和餐饮业	45.45	48.48	6.06	139.39	25.51	71.46	3.03	122.48
按企业登记注册类型分								
国有企业	50.52	34.30	15.18	135.33	31.63	58.00	10.36	121.27
集体企业	45.45	36.36	18.18	127.27	45.45	36.36	18.18	127.27
股份合作企业	100.00			200.00		100.00		100.00
联营企业		100.00		100.00		100.00		100.00
有限责任公司	38.64	54.32	7.04	131.60	36.46	59.31	4.23	132.24
股份有限公司	50.45	37.90	11.65	138.80	51.99	40.13	7.88	144.11
私营企业	38.51	44.83	16.67	121.84	30.17	44.83	25.00	105.17
港、澳、台投资企业	32.55	33.33	34.11	98.44	30.35	35.54	34.11	96.23
外商投资企业	43.31	48.93	7.76	135.54	43.31	44.39	12.31	131.00
按企业规模分								
大型	64.20	23.06	12.74	151.46	53.41	38.53	8.07	145.34
中型	46.30	45.37	8.33	137.96	45.37	47.22	7.41	137.96
小型	34.72	54.86	10.42	124.31	28.47	63.19	8.33	120.14

15-13　按不同类型分的企业生产状况

（2010 年二季度）

分类	本期实际				下期预计			
	乐观	一般	不乐观	景气指数	乐观	一般	不乐观	景气指数
总　体　状　况	**45.66**	**30.29**	**24.04**	**121.62**	**38.73**	**40.80**	**20.47**	**118.26**
按行业门类分								
工业	49.24	22.60	28.15	121.09	43.32	38.94	17.74	125.59
建筑业	43.40	36.91	19.69	123.70	42.34	44.76	12.90	129.43
交通运输、仓储和邮政业	35.70	59.03	5.26	130.44	49.95	33.76	16.29	133.67
批发和零售业	35.28	28.18	36.54	98.74	8.16	41.55	50.29	57.87
房地产业	63.23	36.77		163.23	44.58	44.89	10.53	134.05
社会服务业	59.26	33.33	7.41	151.85	14.81	40.74	44.44	70.37
信息传输、计算机服务和软件	38.48	33.52	28.00	110.48	48.15	27.85	24.00	124.15
住宿和餐饮业	21.21	54.55	24.24	96.97	15.15	80.05	4.80	110.36
按企业登记注册类型分								
国有企业	41.11	28.77	30.11	111.00	21.29	54.51	24.20	97.09
集体企业	9.09	36.36	54.55	54.55	18.18	45.45	36.36	81.82
股份合作企业		100.00		100.00	50.00	50.00		150.00
联营企业	100.00			200.00			100.00	
有限责任公司	40.26	33.79	25.95	114.31	35.55	45.39	19.06	116.48
股份有限公司	66.72	23.65	9.63	157.09	32.22	33.67	34.11	98.12
私营企业	21.84	53.16	25.00	96.84	21.84	36.49	41.67	80.17
港、澳、台投资企业	32.55	11.11	56.34	76.22	75.57	22.22	2.21	173.36
外商投资企业	45.91	35.03	19.05	126.86	51.94	26.40	21.66	130.28
按企业规模分								
大型	68.45	17.20	14.36	154.09	47.61	29.41	22.98	124.63
中型	50.00	32.41	17.59	132.41	38.89	43.52	17.59	121.30
小型	28.47	36.81	34.72	93.75	22.92	49.31	27.78	95.14

15-14　按不同类型分的企业赢利(亏损)状况

（2010 年二季度）

分类	本期实际				下期预计			
	乐观	一般	不乐观	景气指数	乐观	一般	不乐观	景气指数
总　体　状　况	**42.94**	**34.95**	**22.11**	**120.84**	**35.74**	**48.38**	**15.87**	**119.87**
按行业门类分								
工业	52.94	27.40	19.66	133.28	43.51	42.17	14.31	129.20
建筑业	23.63	52.72	23.65	99.98	18.25	78.52	3.23	115.02
交通运输、仓储和邮政业	35.70	38.77	25.53	110.18	19.42	44.03	36.55	82.87
批发和零售业	14.34	48.10	37.56	76.78	12.38	70.49	17.13	95.26
房地产业	42.17	26.25	31.58	110.59	38.24	42.04	19.73	118.51
社会服务业	29.63	59.26	11.11	118.52	25.93	59.26	14.81	111.11
信息传输、计算机服务和软件	37.54	34.46	28.00	109.54	53.54	26.46	20.00	133.54
住宿和餐饮业	33.33	57.58	9.09	124.24	30.30	61.87	7.83	122.48
按企业登记注册类型分								
国有企业	36.22	47.69	16.09	120.13	25.95	56.74	17.32	108.63
集体企业	45.45	36.36	18.18	127.27	18.18	72.73	9.09	109.09
股份合作企业		100.00		100.00		100.00		100.00
联营企业	100.00			200.00			100.00	
有限责任公司	32.55	40.76	26.70	105.85	34.65	54.05	11.30	123.35
股份有限公司	46.66	32.64	20.70	125.95	38.87	41.26	19.87	119.00
私营企业	13.51	61.49	25.00	88.51	13.51	61.49	25.00	88.51
港、澳、台投资企业	30.35	13.32	56.34	74.01	45.23	33.33	21.44	123.78
外商投资企业	56.48	18.64	24.88	131.61	38.30	44.85	16.85	121.45
按企业规模分								
大型	50.14	34.58	15.28	134.87	41.26	43.33	15.41	125.85
中型	43.52	35.19	21.30	122.22	39.81	46.30	13.89	125.93
小型	28.47	43.75	27.78	100.69	24.31	61.11	14.58	109.72

15-15 按不同类型分的企业流动资金状况

(2010 年二季度)

分类	本期实际				下期预计			
	乐观	一般	不乐观	景气指数	乐观	一般	不乐观	景气指数
总 体 状 况	**23.01**	**50.22**	**26.77**	**96.25**	**19.85**	**57.97**	**22.18**	**97.67**
按行业门类分								
工业	23.93	44.06	32.01	91.92	23.93	49.71	26.36	97.57
建筑业	18.87	68.22	12.90	105.97	12.42	63.93	23.65	88.77
交通运输、仓储和邮政业	2.18	87.29	10.53	91.66	2.18	85.85	11.97	90.21
批发和零售业	10.15	43.68	46.17	63.98	10.15	69.95	19.90	90.25
房地产业	57.96	10.46	31.58	126.38	43.50	24.92	31.58	111.92
社会服务业	51.85	48.15		151.85	14.81	85.19		114.81
信息传输、计算机服务和软件	33.68	50.32	16.00	117.68	25.68	58.32	16.00	109.68
住宿和餐饮业	15.15	78.79	6.06	109.09	9.09	84.85	6.06	103.03
按企业登记注册类型分								
国有企业	17.08	56.93	25.99	91.08	12.60	65.80	21.60	91.00
集体企业		81.82	18.18	81.82		81.82	18.18	81.82
股份合作企业		50.00	50.00	50.00		100.00		100.00
联营企业		100.00		100.00		100.00		100.00
有限责任公司	26.06	47.82	26.12	99.94	17.61	63.25	19.14	98.48
股份有限公司	24.46	41.54	34.00	90.46	26.35	47.61	26.05	100.30
私营企业	21.84	61.49	16.67	105.17	13.51	69.83	16.67	96.84
港、澳、台投资企业	19.23	46.65	34.11	85.12	11.11	43.66	45.23	65.89
外商投资企业	40.91	38.76	20.33	120.58	27.27	55.87	16.85	110.42
按企业规模分								
大型	38.22	45.87	15.92	122.30	38.06	47.49	14.44	123.62
中型	25.00	46.30	28.70	96.30	22.22	53.70	24.07	98.15
小型	18.06	54.17	27.78	90.28	7.64	72.22	20.14	87.50

15-16 按不同类型分的企业货款拖欠状况

(2010 年二季度)

分类	本期实际				下期预计			
	乐观	一般	不乐观	景气指数	乐观	一般	不乐观	景气指数
总 体 状 况	**21.32**	**58.25**	**20.43**	**100.90**	**28.09**	**62.03**	**9.88**	**118.21**
按行业门类分								
工业	20.26	51.85	27.88	92.38	33.70	53.77	12.53	121.17
建筑业	32.05	49.49	18.46	113.59	11.62	71.17	17.20	94.42
交通运输、仓储和邮政业	33.76	66.24		133.76	39.52	60.48		139.52
批发和零售业	13.01	73.29	13.70	99.32	10.78	85.37	3.85	106.94
房地产业	8.05	80.03	11.92	96.13	13.32	76.16	10.53	102.79
社会服务业	14.81	77.78	7.41	107.41	18.52	77.78	3.70	114.81
信息传输、计算机服务和软件	35.57	47.76	16.67	118.91	35.57	56.09	8.33	127.24
住宿和餐饮业	12.12	84.85	3.03	109.09	9.09	90.91		109.09
按企业登记注册类型分								
国有企业	16.50	64.79	18.71	97.79	22.40	71.12	6.48	115.91
集体企业	45.45	27.27	27.27	118.18	27.27	54.55	18.18	109.09
股份合作企业	50.00		50.00	100.00		100.00		100.00
联营企业		100.00		100.00	100.00			200.00
有限责任公司	18.03	67.70	14.27	103.76	25.76	67.14	7.10	118.66
股份有限公司	20.68	57.74	21.58	99.09	26.43	58.66	14.91	111.52
私营企业	36.49	41.67	21.84	114.65	3.16	96.84		103.16
港、澳、台投资企业	45.23	54.77		145.23		65.89	34.11	65.89
外商投资企业	12.57	62.77	24.66	87.90	21.66	69.25	9.09	112.57
按企业规模分								
大型	12.57	71.44	16.00	96.57	47.69	46.96	5.35	142.35
中型	20.37	60.19	19.44	100.93	20.37	68.52	11.11	109.26
小型	22.92	61.81	15.28	107.64	18.06	73.61	8.33	109.72

15-17 按不同类型分的企业用工状况

（2010 年二季度）

分类	本期实际				下期预计			
	乐观	一般	不乐观	景气指数	乐观	一般	不乐观	景气指数
总　体　状　况	**30.26**	**57.08**	**12.66**	**117.59**	**27.28**	**60.21**	**12.51**	**114.78**
按行业门类分								
工业	30.84	59.43	9.73	121.10	30.20	54.72	15.08	115.12
建筑业	39.17	37.18	23.65	115.52	38.55	58.22	3.23	135.33
交通运输、仓储和邮政业	26.97	67.27	5.76	121.21	26.97	73.03		126.97
批发和零售业	9.98	53.15	36.87	73.12	0.37	74.51	25.13	75.24
房地产业	17.18	77.55	5.26	111.92	17.18	77.55	5.26	111.92
社会服务业	29.63	66.67	3.70	125.93	11.11	77.78	11.11	100.00
信息传输、计算机服务和软件	32.80	47.20	20.00	112.80	32.80	59.20	8.00	124.80
住宿和餐饮业	63.64	30.30	6.06	157.58	40.66	51.52	7.83	132.83
按企业登记注册类型分								
国有企业	23.53	59.87	16.60	106.93	13.17	62.54	24.29	88.87
集体企业	18.18	63.64	18.18	100.00	18.18	63.64	18.18	100.00
股份合作企业		100.00		100.00	50.00		50.00	100.00
联营企业			100.00			100.00		100.00
有限责任公司	36.48	45.86	17.66	118.82	31.30	56.73	11.97	119.33
股份有限公司	26.74	65.52	7.74	119.00	23.31	71.50	5.19	118.12
私营企业	30.17	53.16	16.67	113.51	30.17	61.49	8.33	121.84
港、澳、台投资企业	13.32	86.68		113.32	22.22	75.57	2.21	120.01
外商投资企业	25.12	65.79	9.09	116.03	5.00	90.45	4.55	100.46
按企业规模分								
大型	16.75	82.36	0.89	115.87	35.27	57.45	7.28	127.98
中型	30.56	56.48	12.96	117.59	23.15	60.19	16.67	106.48
小型	34.72	43.06	22.22	112.50	21.53	65.97	12.50	109.03

15-18 按不同类型分的企业固定资产投资状况

（2010 年二季度）

分类	本期实际				下期预计			
	乐观	一般	不乐观	景气指数	乐观	一般	不乐观	景气指数
总　体　状　况	**24.83**	**56.05**	**19.13**	**105.70**	**23.68**	**63.69**	**12.63**	**111.05**
按行业门类分								
工业	27.32	57.30	15.39	111.93	27.62	59.20	13.18	114.44
建筑业	18.87	63.93	17.20	101.67	33.63	66.37		133.63
交通运输、仓储和邮政业	27.47	65.34	7.19	120.28	21.71	78.29		121.71
批发和零售业	8.41	51.47	40.12	68.29	0.70	92.85	6.46	94.24
房地产业	10.53	73.68	15.79	94.74	21.05	57.89	21.05	100.00
社会服务业	48.15	40.74	11.11	137.04	18.52	37.04	44.44	74.07
信息传输、计算机服务和软件	28.08	39.92	32.00	96.08	17.74	62.26	20.00	97.74
住宿和餐饮业	19.45	29.04	51.52	67.93	16.42	62.37	21.21	95.20
按企业登记注册类型分								
国有企业	17.18	56.95	25.86	91.32	18.47	66.43	15.11	103.36
集体企业		81.82	18.18	81.82		81.82	18.18	81.82
股份合作企业	50.00	50.00		150.00	50.00	50.00		150.00
联营企业	100.00			200.00		100.00		100.00
有限责任公司	30.77	45.23	24.00	106.77	27.98	57.23	14.79	113.19
股份有限公司	17.43	54.07	28.50	88.92	15.65	73.62	10.73	104.92
私营企业	16.67	33.33	50.00	66.67		91.67	8.33	91.67
港、澳、台投资企业	11.11	77.78	11.11	100.00	11.11	77.78	11.11	100.00
外商投资企业	14.10	76.81	9.09	105.00	9.55	63.18	27.27	82.28
按企业规模分								
大型	35.86	44.92	19.22	116.65	42.74	54.67	2.59	140.15
中型	25.00	59.26	15.74	109.26	23.15	63.89	12.96	110.19
小型	18.06	49.31	32.64	85.42	11.81	66.67	21.53	90.28

15-19 按不同类型分的企业产品订货状况

（2010 年二季度）

分类	本期实际				下期预计			
	乐观	一般	不乐观	景气指数	乐观	一般	不乐观	景气指数
总　体　状　况	**42.01**	**46.00**	**11.99**	**130.02**	**34.58**	**47.45**	**17.97**	**116.61**
按行业门类分								
工业	51.84	35.70	12.45	139.39	44.82	37.52	17.67	127.15
建筑业	29.49	43.63	26.88	102.61	36.89	53.44	9.68	127.21
交通运输、仓储和邮政业	35.70	64.30		135.70	27.76	55.95	16.29	111.47
批发和零售业	14.02	78.29	7.69	106.33	9.93	60.15	29.92	80.01
房地产业	36.91	55.42	7.67	129.24		83.13	16.87	83.13
社会服务业	37.04	51.85	11.11	125.93	11.11	74.07	14.81	96.30
信息传输、计算机服务和软件	24.74	55.26	20.00	104.74	32.74	35.26	32.00	100.74
住宿和餐饮业	28.54	62.37	9.09	119.45	13.39	80.55	6.06	107.33
按企业登记注册类型分								
国有企业	32.26	52.50	15.24	117.03	27.17	54.65	18.18	108.99
集体企业	27.27	36.36	36.36	90.91	27.27	27.27	45.45	81.82
股份合作企业		100.00		100.00	50.00	50.00		150.00
联营企业	100.00			200.00			100.00	
有限责任公司	36.34	51.51	12.15	124.19	31.07	49.76	19.18	111.89
股份有限公司	38.53	55.89	5.57	132.96	23.22	59.96	16.83	106.39
私营企业	30.17	61.49	8.33	121.84	16.67	83.33		116.67
港、澳、台投资企业	41.46	13.32	45.23	96.23	56.34	24.43	19.23	137.10
外商投资企业	38.76	56.69	4.55	134.21	25.12	62.31	12.57	112.55
按企业规模分								
大型	51.33	46.61	2.06	149.27	50.08	47.46	2.46	147.62
中型	40.19	48.60	11.21	128.97	34.58	47.66	17.76	116.82
小型	27.27	55.24	17.48	109.79	16.78	58.04	25.17	91.61

15-20 按不同类型分的企业融资状况

（2010 年二季度）

分类	本期实际				下期预计			
	乐观	一般	不乐观	景气指数	乐观	一般	不乐观	景气指数
总　体　状　况	**13.64**	**56.77**	**29.59**	**84.05**	**13.08**	**61.37**	**25.54**	**87.54**
按行业门类分								
工业	16.23	45.86	37.91	78.32	17.11	51.52	31.37	85.75
建筑业	6.67	86.67	6.67	100.00	10.00	75.56	14.44	95.56
交通运输、仓储和邮政业	12.45	71.76	15.79	96.66		89.47	10.53	89.47
批发和零售业	2.64	57.26	40.11	62.53	4.60	72.94	22.46	82.14
房地产业		68.42	31.58	68.42		57.89	42.11	57.89
社会服务业	22.22	77.78		122.22	18.52	77.78	3.70	114.81
信息传输、计算机服务和软件	18.15	61.02	20.83	97.32	18.15	61.02	20.83	97.32
住宿和餐饮业	16.67	83.33		116.67	10.86	77.02	12.12	98.74
按企业登记注册类型分								
国有企业	8.05	64.09	27.86	80.19	7.80	66.19	26.01	81.79
集体企业	9.09	18.18	72.73	36.36	9.09	27.27	63.64	45.45
股份合作企业		50.00	50.00	50.00		100.00		100.00
联营企业		100.00		100.00		100.00		100.00
有限责任公司	18.10	57.62	24.29	93.81	15.13	64.95	19.92	95.21
股份有限公司	12.68	60.98	26.34	86.35	12.68	63.29	24.02	88.66
私营企业		63.64	36.36	63.64		75.00	25.00	75.00
港、澳、台投资企业		65.89	34.11	65.89	2.21	63.68	34.11	68.09
外商投资企业	4.55	81.82	13.64	90.91	13.64	63.64	22.73	90.91
按企业规模分								
大型	32.08	53.04	14.88	117.21	31.99	53.81	14.19	117.80
中型	11.21	58.88	29.91	81.31	11.11	62.96	25.93	85.19
小型	8.51	62.41	29.08	79.43	6.99	67.13	25.87	81.12

15-21 按不同类型分的企业家信心状况

（2010 年三季度）

分类	本期实际				下期预计			
	乐观	一般	不乐观	景气指数	乐观	一般	不乐观	景气指数
总　体　状　况	**48.70**	**45.75**	**5.54**	**143.16**	**49.45**	**46.62**	**3.92**	**145.54**
按行业门类分								
工业	51.99	42.53	5.47	146.52	56.19	40.10	3.70	152.49
建筑业	56.40	40.37	3.23	153.17	43.42	53.35	3.23	140.20
交通运输、仓储和邮政业	35.28	59.72	5.00	130.28	40.28	59.72		140.28
批发和零售业	46.60	45.56	7.84	138.76	44.64	51.44	3.92	140.72
房地产业	27.39	62.08	10.53	116.87	27.39	67.34	5.26	122.13
社会服务业	37.04	51.85	11.11	125.93	29.63	59.26	11.11	118.52
信息传输、计算机服务和软件	53.67	46.33		153.67	53.67	34.33	12.00	141.67
住宿和餐饮业	48.48	48.48	3.03	145.45	33.33	66.67		133.33
按企业登记注册类型分								
国有企业	56.41	40.65	2.94	153.47	46.10	49.49	4.41	141.68
集体企业	36.36	45.45	18.18	118.18	45.45	36.36	18.18	127.27
股份合作企业	50.00	50.00		150.00	50.00	50.00		150.00
联营企业		100.00		100.00		100.00		100.00
有限责任公司	42.68	51.69	5.63	137.05	42.49	54.70	2.82	139.67
股份有限公司	57.41	38.74	3.85	153.57	57.41	38.74	3.85	153.57
私营企业	16.67	75.00	8.33	108.33	16.67	75.00	8.33	108.33
港、澳、台投资企业	43.66	11.11	45.23	98.44	32.55	22.22	45.23	87.33
外商投资企业	38.76	56.69	4.55	134.21	43.31	56.69		143.31
按企业规模分								
大型	73.88	25.68	0.44	173.44	73.26	26.31	0.44	172.82
中型	49.53	43.93	6.54	142.99	51.40	42.99	5.61	145.79
小型	34.48	57.93	7.59	126.90	28.97	65.52	5.52	123.45

15-22 按不同类型分的企业综合经营状况

（2010 年三季度）

分类	本期实际				下期预计			
	乐观	一般	不乐观	景气指数	乐观	一般	不乐观	景气指数
总　体　状　况	**50.15**	**40.96**	**8.89**	**141.26**	**50.95**	**44.12**	**4.92**	**146.03**
按行业门类分								
工业	56.39	31.45	12.16	144.23	60.02	34.01	5.97	154.05
建筑业	48.32	48.46	3.23	145.09	51.54	48.46		151.54
交通运输、仓储和邮政业	31.37	68.63		131.37	30.28	69.72		130.28
批发和零售业	46.63	41.61	11.76	134.87	35.12	59.00	5.88	129.23
房地产业	60.37	29.11	10.53	149.84	44.58	50.16	5.26	139.32
社会服务业	29.63	70.37		129.63	37.04	55.56	7.41	129.63
信息传输、计算机服务和软件	37.67	62.33		137.67	49.67	46.33	4.00	145.67
住宿和餐饮业	36.36	60.61	3.03	133.33	22.48	71.46	6.06	116.42
按企业登记注册类型分								
国有企业	50.77	39.08	10.15	140.61	40.05	52.73	7.21	132.84
集体企业	36.36	36.36	27.27	109.09	36.36	54.55	9.09	127.27
股份合作企业	100.00			200.00	50.00	50.00		150.00
联营企业		100.00		100.00		100.00		100.00
有限责任公司	38.51	57.26	4.23	134.29	38.58	58.60	2.82	135.76
股份有限公司	72.86	17.52	9.62	163.25	67.34	26.89	5.77	161.57
私营企业	13.51	78.16	8.33	105.17	38.51	53.16	8.33	130.17
港、澳、台投资企业	43.66	22.22	34.11	109.55	52.57	13.32	34.11	118.45
外商投资企业	38.76	56.69	4.55	134.21	43.31	52.15	4.55	138.76
按企业规模分								
大型	79.11	19.14	1.74	177.37	70.36	27.89	1.74	168.62
中型	49.53	42.06	8.41	141.12	52.34	42.06	5.61	146.73
小型	30.34	60.00	9.66	120.69	28.28	65.52	6.21	122.07

15-23　按不同类型分的企业生产状况

（2010年三季度）

分类	本期实际				下期预计			
	乐观	一般	不乐观	景气指数	乐观	一般	不乐观	景气指数
总　体　状　况	**41.95**	**34.43**	**23.63**	**118.32**	**48.41**	**34.42**	**17.17**	**131.24**
按行业门类分								
工业	50.44	23.53	26.04	124.40	55.16	28.87	15.97	139.19
建筑业	22.63	36.08	41.30	81.33	57.83	29.27	12.90	144.92
交通运输、仓储和邮政业	21.37	78.63		121.37	49.53	35.00	15.47	134.05
批发和零售业	14.64	46.13	39.23	75.40	22.84	53.98	23.19	99.65
房地产业	66.02	26.32	7.67	158.35	52.63	36.84	10.53	142.11
社会服务业	55.56	40.74	3.70	151.85	11.11	44.44	44.44	66.67
信息传输、计算机服务和软件	33.68	38.32	28.00	105.68	42.48	33.52	24.00	118.48
住宿和餐饮业	31.57	62.37	6.06	125.51	25.51	66.67	7.83	117.68
按企业登记注册类型分								
国有企业	34.47	32.37	33.16	101.32	39.96	37.35	22.69	117.26
集体企业	9.09	45.45	45.45	63.64	36.36	45.45	18.18	118.18
股份合作企业	50.00	50.00		150.00	50.00	50.00		150.00
联营企业		100.00		100.00			100.00	
有限责任公司	41.18	34.15	24.67	116.51	36.80	42.58	20.62	116.19
股份有限公司	39.57	50.43	10.00	129.56	47.58	40.46	11.96	135.61
私营企业	33.33	58.33	8.33	125.00	33.33	50.00	16.67	116.67
港、澳、台投资企业	53.35	24.43	22.22	131.13	64.46	22.22	13.32	151.14
外商投资企业	47.85	39.58	12.57	135.28	47.85	35.03	17.11	130.74
按企业规模分								
大型	49.62	29.73	20.65	128.98	67.42	24.22	8.36	159.07
中型	45.28	38.68	16.04	129.25	45.28	38.68	16.04	129.25
小型	29.66	40.69	29.66	100.00	25.52	48.97	25.52	100.00

15-24　按不同类型分的企业赢利（亏损）状况

（2010年三季度）

分类	本期实际				下期预计			
	乐观	一般	不乐观	景气指数	乐观	一般	不乐观	景气指数
总　体　状　况	**31.05**	**48.56**	**20.39**	**110.65**	**43.49**	**41.98**	**14.52**	**128.97**
按行业门类分								
工业	34.52	47.20	18.28	116.24	52.75	34.89	12.35	140.40
建筑业	23.04	53.65	23.31	99.73	32.72	64.06	3.23	129.49
交通运输、仓储和邮政业	21.37	54.38	24.25	97.12	8.45	52.30	39.25	69.19
批发和零售业	14.07	54.74	31.19	82.88	36.65	55.51	7.84	128.80
房地产业	43.50	35.45	21.05	122.45	48.76	35.45	15.79	132.97
社会服务业	29.63	55.56	14.81	114.81	25.93	51.85	22.22	103.70
信息传输、计算机服务和软件	31.35	40.65	28.00	103.35	44.15	31.85	24.00	120.15
住宿和餐饮业	40.66	48.48	10.86	129.80	33.33	57.58	9.09	124.24
按企业登记注册类型分								
国有企业	27.71	56.13	16.16	111.55	29.72	54.60	15.67	114.05
集体企业	9.09	63.64	27.27	81.82	45.45	45.45	9.09	136.36
股份合作企业	50.00	50.00		150.00	50.00	50.00		150.00
联营企业		100.00		100.00		100.00		100.00
有限责任公司	25.31	52.09	22.59	102.72	38.88	49.66	11.46	127.42
股份有限公司	40.82	42.03	17.15	123.67	59.54	26.65	13.81	145.73
私营企业	21.84	53.16	25.00	96.84	30.17	36.49	33.33	96.84
港、澳、台投资企业	11.11	19.23	69.65	41.46	56.34	21.44	22.22	134.11
外商投资企业	52.40	27.27	20.33	132.07	42.85	48.06	9.09	133.76
按企业规模分								
大型	16.33	74.94	8.72	107.61	60.61	36.13	3.26	157.35
中型	41.12	42.99	15.89	125.23	49.53	37.38	13.08	136.45
小型	25.52	44.83	29.66	95.86	26.90	54.48	18.62	108.28

15-25 按不同类型分的企业流动资金状况

（2010 年三季度）

分类	本期实际				下期预计			
	乐观	一般	不乐观	景气指数	乐观	一般	不乐观	景气指数
总 体 状 况	**21.76**	**51.19**	**27.05**	**94.71**	**18.52**	**55.30**	**26.17**	**92.35**
按行业门类分								
工业	23.37	45.65	30.98	92.39	23.15	48.22	28.63	94.52
建筑业	10.81	67.47	21.71	89.10	7.25	39.42	53.33	53.91
交通运输、仓储和邮政业	11.37	73.63	15.00	96.37	6.37	78.63	15.00	91.37
批发和零售业	10.06	49.29	40.64	69.42	10.06	72.16	17.78	92.28
房地产业	48.76	19.66	31.58	117.18	26.32	42.11	31.58	94.74
社会服务业	40.74	51.85	7.41	133.33	14.81	85.19		114.81
信息传输、计算机服务和软件	27.21	56.79	16.00	111.21	23.21	56.79	20.00	103.21
住宿和餐饮业	15.15	78.79	6.06	109.09	9.09	81.82	9.09	100.00
按企业登记注册类型分								
国有企业	10.61	62.60	26.79	83.82	10.52	60.88	28.60	81.92
集体企业		81.82	18.18	81.82	9.09	45.45	45.45	63.64
股份合作企业	50.00	50.00		150.00	50.00	50.00		150.00
联营企业		100.00		100.00		100.00		100.00
有限责任公司	23.06	48.62	28.32	94.73	15.82	60.53	23.65	92.17
股份有限公司	27.12	40.37	32.51	94.61	27.12	50.18	22.70	104.42
私营企业	21.84	69.83	8.33	113.51		83.33	16.67	83.33
港、澳、台投资企业	22.22	32.55	45.23	77.00	11.11	43.66	45.23	65.89
外商投资企业	40.91	51.07	8.02	132.89	27.27	68.18	4.55	122.73
按企业规模分								
大型	38.00	48.63	13.37	124.63	36.85	45.22	17.93	118.91
中型	26.17	46.73	27.10	99.07	20.56	52.34	27.10	93.46
小型	13.10	56.55	30.34	82.76	7.59	68.97	23.45	84.14

15-26 按不同类型分的企业货款拖欠状况

（2010 年三季度）

分类	本期实际				下期预计			
	乐观	一般	不乐观	景气指数	乐观	一般	不乐观	景气指数
总 体 状 况	**25.77**	**53.76**	**20.46**	**105.31**	**29.68**	**56.78**	**13.53**	**116.15**
按行业门类分								
工业	30.67	41.60	27.73	102.94	40.17	42.92	16.91	123.27
建筑业	27.75	54.79	17.45	110.30	9.13	63.74	27.13	82.00
交通运输、仓储和邮政业	21.37	73.63	5.00	116.37	26.37	71.55	2.07	124.30
批发和零售业	15.68	76.48	7.84	107.83	3.91	90.21	5.88	98.03
房地产业	8.05	80.03	11.92	96.13	19.97	69.50	10.53	109.45
社会服务业	25.93	66.67	7.41	118.52	18.52	77.78	3.70	114.81
信息传输、计算机服务和软件	14.15	69.19	16.67	97.48	18.31	73.35	8.33	109.98
住宿和餐饮业	15.15	75.76	9.09	106.06	15.15	84.85		115.15
按企业登记注册类型分								
国有企业	14.53	62.70	22.76	91.77	23.41	64.42	12.17	111.23
集体企业	45.45	36.36	18.18	127.27	36.36	63.64		136.36
股份合作企业	100.00			200.00	50.00	50.00		150.00
联营企业		100.00		100.00		100.00		100.00
有限责任公司	28.83	57.36	13.81	115.01	26.07	62.23	11.70	114.37
股份有限公司	12.79	62.16	25.05	87.74	18.67	64.24	17.09	101.58
私营企业	36.49	41.67	21.84	114.65	25.00	75.00		125.00
港、澳、台投资企业	45.23	54.77		145.23		65.89	34.11	65.89
外商投资企业	12.57	73.79	13.64	98.93	26.21	69.25	4.55	121.66
按企业规模分								
大型	33.74	48.01	18.24	115.50	42.98	51.17	5.84	137.14
中型	20.75	63.21	16.04	104.72	19.81	64.15	16.04	103.77
小型	23.45	59.31	17.24	106.21	20.69	68.97	10.34	110.34

15-27 按不同类型分的企业用工状况

（2010 年三季度）

分类	本期实际				下期预计			
	乐观	一般	不乐观	景气指数	乐观	一般	不乐观	景气指数
总 体 状 况	**31.01**	**56.37**	**12.62**	**118.38**	**31.36**	**56.23**	**12.41**	**118.96**
按行业门类分								
工业	32.96	59.08	7.96	124.99	37.57	48.40	14.03	123.54
建筑业	45.47	25.50	29.03	116.44	31.85	64.92	3.23	128.63
交通运输、仓储和邮政业	20.62	73.90	5.47	115.15	22.70	72.30	5.00	117.70
批发和零售业	10.02	52.39	37.59	72.43	8.06	70.24	21.70	86.36
房地产业	27.71	61.76	10.53	117.18	27.71	72.29		127.71
社会服务业	22.22	70.37	7.41	114.81	7.41	81.48	11.11	96.30
信息传输、计算机服务和软件	20.08	51.92	28.00	92.08	28.08	51.92	20.00	108.08
住宿和餐饮业	63.64	34.60	1.77	161.87	39.39	51.52	9.09	130.30
按企业登记注册类型分								
国有企业	34.36	50.84	14.80	119.56	16.23	61.30	22.46	93.77
集体企业	18.18	63.64	18.18	100.00		90.91	9.09	90.91
股份合作企业	50.00	50.00		150.00	50.00		50.00	100.00
联营企业			100.00			100.00		100.00
有限责任公司	28.60	50.98	20.42	108.18	36.56	49.86	13.57	122.99
股份有限公司	28.95	63.16	7.89	121.06	23.18	72.97	3.85	119.33
私营企业	30.17	53.16	16.67	113.51	21.84	69.83	8.33	113.51
港、澳、台投资企业	22.22	64.46	13.32	108.90	33.33	55.56	11.11	122.22
外商投资企业	33.76	66.24		133.76	22.73	72.73	4.55	118.18
按企业规模分								
大型	21.81	77.53	0.66	121.14	44.10	49.11	6.79	137.30
中型	30.84	54.21	14.95	115.89	30.84	56.07	13.08	117.76
小型	31.72	46.21	22.07	109.66	20.69	63.45	15.86	104.83

15-28 按不同类型分的企业固定资产投资状况

（2010 年三季度）

分类	本期实际				下期预计			
	乐观	一般	不乐观	景气指数	乐观	一般	不乐观	景气指数
总 体 状 况	**26.78**	**56.18**	**17.04**	**109.73**	**28.37**	**57.93**	**13.70**	**114.67**
按行业门类分								
工业	28.53	58.06	13.41	115.12	33.47	53.03	13.50	119.97
建筑业	18.69	55.50	25.81	92.88	28.08	52.57	19.35	108.72
交通运输、仓储和邮政业	41.10	52.07	6.83	134.27	32.70	67.30		132.70
批发和零售业	6.36	69.78	23.86	82.50	7.69	88.26	4.05	103.64
房地产业	15.79	73.68	10.53	105.26	15.79	68.42	15.79	100.00
社会服务业	51.85	33.33	14.81	137.04	18.52	33.33	48.15	70.37
信息传输、计算机服务和软件	26.48	37.52	36.00	90.48	30.48	53.52	16.00	114.48
住宿和餐饮业	18.18	36.36	45.45	72.73	12.12	69.70	18.18	93.94
按企业登记注册类型分								
国有企业	23.66	52.46	23.88	99.77	25.35	56.91	17.74	107.61
集体企业		81.82	18.18	81.82	9.09	81.82	9.09	100.00
股份合作企业	50.00	50.00		150.00	50.00	50.00		150.00
联营企业	100.00			200.00		100.00		100.00
有限责任公司	29.33	44.61	26.06	103.28	26.57	54.35	19.08	107.49
股份有限公司	25.90	66.06	8.04	117.86	29.31	62.73	7.96	121.34
私营企业	16.67	58.33	25.00	91.67	8.33	91.67		108.33
港、澳、台投资企业	11.11	66.67	22.22	88.89	11.11	66.67	22.22	88.89
外商投资企业	13.64	69.51	16.85	96.78	18.18	68.18	13.64	104.55
按企业规模分								
大型	47.93	46.96	5.11	142.82	61.96	37.66	0.38	161.58
中型	21.70	62.26	16.04	105.66	24.53	56.60	18.87	105.66
小型	20.00	47.59	32.41	87.59	11.72	68.28	20.00	91.72

15-29 按不同类型分的企业产品订货状况

（2010 年三季度）

分类	本期实际				下期预计			
	乐观	一般	不乐观	景气指数	乐观	一般	不乐观	景气指数
总体状况	**42.04**	**49.45**	**8.51**	**133.53**	**39.25**	**44.48**	**16.27**	**122.99**
按行业门类分								
工业	53.77	40.62	5.61	148.16	51.95	35.68	12.37	139.59
建筑业	49.00	28.08	22.92	126.08	25.31	45.96	28.73	96.58
交通运输、仓储和邮政业	21.37	78.63		121.37	28.45	61.08	10.47	117.97
批发和零售业	10.69	85.38	3.92	106.77	22.91	48.54	28.55	94.36
房地产业	21.05	50.16	28.79	92.26	22.45	69.88	7.67	114.78
社会服务业	40.74	51.85	7.41	133.33	11.11	66.67	22.22	88.89
信息传输、计算机服务和软件	19.35	52.65	28.00	91.35	16.94	39.85	43.21	73.73
住宿和餐饮业	22.48	68.43	9.09	113.39	13.39	77.52	9.09	104.29
按企业登记注册类型分								
国有企业	37.67	56.37	5.97	131.70	19.03	55.59	25.37	93.66
集体企业	27.27	54.55	18.18	109.09	36.36	36.36	27.27	109.09
股份合作企业	50.00	50.00		150.00	50.00	50.00		150.00
联营企业		100.00		100.00			100.00	
有限责任公司	34.94	54.33	10.73	124.21	29.93	54.32	15.75	114.18
股份有限公司	39.81	55.91	4.28	135.53	48.77	33.87	17.37	131.40
私营企业		61.49	38.51	61.49	30.17	69.83		130.17
港、澳、台投资企业	45.23	35.54	19.23	125.99	56.34	32.55	11.11	145.23
外商投资企业	36.82	54.09	9.09	127.73	34.21	53.22	12.57	121.65
按企业规模分								
大型	53.93	44.60	1.47	152.46	56.59	34.11	9.31	147.28
中型	40.57	50.00	9.43	131.13	40.57	47.17	12.26	128.30
小型	25.52	61.38	13.10	112.41	15.86	59.31	24.83	91.03

15-30 按不同类型分的企业融资状况

（2010 年三季度）

分类	本期实际				下期预计			
	乐观	一般	不乐观	景气指数	乐观	一般	不乐观	景气指数
总体状况	**16.09**	**57.21**	**26.69**	**89.40**	**16.56**	**58.77**	**24.67**	**91.89**
按行业门类分								
工业	19.88	46.74	33.37	86.51	20.77	48.51	30.72	90.05
建筑业	6.67	80.00	13.33	93.33	11.11	65.56	23.33	87.77
交通运输、仓储和邮政业	21.83	68.17	10.00	111.83	5.00	85.00	10.00	95.00
批发和零售业	2.53	65.89	31.57	70.96	4.49	75.70	19.81	84.68
房地产业		56.50	43.50	56.50		73.68	26.32	73.68
社会服务业	22.22	74.07	3.70	118.52	33.33	59.26	7.41	125.93
信息传输、计算机服务和软件	13.98	69.35	16.67	97.32	13.98	69.35	16.67	97.32
住宿和餐饮业	10.00	90.00		110.00	21.21	70.96	7.83	113.39
按企业登记注册类型分								
国有企业	8.05	62.66	29.28	78.77	13.74	54.87	31.39	82.34
集体企业	9.09	36.36	54.55	54.55	9.09	27.27	63.64	45.45
股份合作企业	50.00	50.00		150.00	50.00	50.00		150.00
联营企业		100.00		100.00		100.00		100.00
有限责任公司	18.10	58.33	23.57	94.52	19.45	60.70	19.86	99.59
股份有限公司	13.85	66.72	19.43	94.42	13.85	70.57	15.58	98.27
私营企业		69.83	30.17	69.83		83.33	16.67	83.33
港、澳、台投资企业	22.22	32.55	45.23	77.00	11.11	41.46	47.43	63.68
外商投资企业	12.31	83.15	4.55	107.76	21.40	74.06	4.55	116.85
按企业规模分								
大型	35.84	52.44	11.72	124.12	35.98	52.73	11.30	124.68
中型	13.33	60.95	25.71	87.62	15.89	60.75	23.36	92.52
小型	7.69	65.03	27.27	80.42	10.42	63.89	25.69	84.72

15-31 按不同类型分的企业家信心状况

（2010 年四季度）

分类	本期实际				下期预计			
	乐观	一般	不乐观	景气指数	乐观	一般	不乐观	景气指数
总 体 状 况	**49.88**	**45.56**	**4.56**	**145.32**	**47.23**	**48.31**	**4.46**	**142.77**
按行业门类分								
工业	55.11	40.26	4.63	150.48	54.72	39.75	5.52	149.20
建筑业	61.15	38.12	0.73	160.42	31.96	66.90	1.14	130.81
交通运输、仓储和邮政业	30.28	69.72		130.28	40.28	59.72		140.28
批发和零售业	42.94	49.21	7.84	135.10	37.06	60.98	1.96	135.10
房地产业	23.46	71.28	5.26	118.19	28.72	71.28		128.72
社会服务业	33.33	55.56	11.11	122.22	25.93	66.67	7.41	118.52
信息传输、计算机服务和软件	53.67	38.33	8.00	145.67	60.00	24.00	16.00	144.00
住宿和餐饮业	50.00	46.88	3.13	146.88	32.55	67.45		132.55
按企业登记注册类型分								
国有企业	52.98	47.02		152.98	41.16	57.27	1.58	139.58
集体企业	27.27	63.64	9.09	118.18	36.36	54.55	9.09	127.27
股份合作企业	50.00	50.00		150.00	50.00	50.00		150.00
联营企业		100.00		100.00		100.00		100.00
有限责任公司	44.91	50.07	5.02	139.88	39.36	57.74	2.90	136.47
股份有限公司	62.55	33.53	3.92	158.63	64.45	29.67	5.88	158.57
私营企业	8.33	75.00	16.67	91.67	8.33	75.00	16.67	91.67
港、澳、台投资企业	24.43	19.23	56.34	68.09	22.22	32.55	45.23	77.00
外商投资企业	43.31	52.15	4.55	138.76	55.61	44.39		155.61
按企业规模分								
大型	74.23	25.16	0.62	173.61	73.26	26.02	0.72	172.54
中型	54.72	40.57	4.72	150.00	51.89	42.45	5.66	146.23
小型	31.25	61.11	7.64	123.61	25.69	69.44	4.86	120.83

15-32 按不同类型分的企业综合经营状况

（2010 年四季度）

分类	本期实际				下期预计			
	乐观	一般	不乐观	景气指数	乐观	一般	不乐观	景气指数
总 体 状 况	**50.46**	**41.71**	**7.83**	**142.63**	**49.34**	**45.04**	**5.63**	**143.71**
按行业门类分								
工业	58.87	34.22	6.91	151.96	58.91	35.97	5.13	153.78
建筑业	30.84	65.94	3.23	127.61	39.86	60.14		139.86
交通运输、仓储和邮政业	26.37	59.38	14.25	112.12	28.20	57.55	14.25	113.95
批发和零售业	44.55	41.73	13.73	130.82	32.53	63.55	3.92	128.61
房地产业	61.70	33.04	5.26	156.43	45.91	54.09		145.91
社会服务业	37.04	51.85	11.11	125.93	37.04	48.15	14.81	122.22
信息传输、计算机服务和软件	40.00	52.00	8.00	132	52.00	40.00	8.00	144
住宿和餐饮业	45.05	51.82	3.13	141.93	26.30	70.57	3.13	123.18
按企业登记注册类型分								
国有企业	45.20	45.10	9.70	135.5	40.76	52.49	6.76	134
集体企业	45.45	54.55		145.45	27.27	63.64	9.09	118.18
股份合作企业	100.00			200	50.00	50.00		150
联营企业		100.00		100		100.00		100
有限责任公司	45.28	48.34	6.38	138.89	40.57	56.60	2.84	137.73
股份有限公司	69.60	24.51	5.88	163.72	62.31	33.77	3.92	158.39
私营企业	21.84	53.16	25.00	96.84	30.17	53.16	16.67	113.51
港、澳、台投资企业	22.22	32.55	45.23	77	22.22	43.66	34.11	88.11
外商投资企业	43.31	56.69		143.31	55.61	39.84	4.55	151.07
按企业规模分								
大型	78.36	18.89	2.75	175.62	78.38	18.88	2.75	175.63
中型	50.94	43.40	5.66	145.28	46.23	50.94	2.83	143.4
小型	34.03	54.86	11.11	122.92	28.47	63.89	7.64	120.83

15-33 按不同类型分的企业生产状况

（2010年四季度）

分类	本期实际				下期预计			
	乐观	一般	不乐观	景气指数	乐观	一般	不乐观	景气指数
总体状况	**45.01**	**33.81**	**21.19**	**123.81**	**32.25**	**45.36**	**22.40**	**109.85**
按行业门类分								
工业	49.14	31.39	19.48	129.66	35.19	41.51	23.30	111.90
建筑业	42.89	18.40	38.71	104.18	32.35	48.88	18.76	113.59
交通运输、仓储和邮政业	28.45	56.08	15.47	112.97	33.68	54.25	12.07	121.60
批发和零售业	29.05	28.34	42.61	86.44	13.96	49.46	36.57	77.39
房地产业	46.29	40.78	12.93	133.36	43.57	45.91	10.53	133.04
社会服务业	48.15	44.44	7.41	140.74	11.11	44.44	44.44	66.67
信息传输、计算机服务和软件	51.20	32.80	16.00	135.20	47.06	40.94	12.00	135.06
住宿和餐饮业	48.18	43.75	8.07	140.11	18.75	68.75	12.50	106.25
按企业登记注册类型分								
国有企业	41.33	32.03	26.64	114.69	25.35	48.86	25.79	99.55
集体企业	45.45	18.18	36.36	109.09	18.18	36.36	45.45	72.73
股份合作企业	50.00	50.00		150.00	50.00	50.00		150.00
联营企业			100.00		100.00			200.00
有限责任公司	36.90	39.47	23.63	113.27	30.85	48.16	21.00	109.85
股份有限公司	58.71	23.14	18.15	140.55	33.27	33.84	32.89	100.38
私营企业	41.67	50.00	8.33	133.33	3.16	71.84	25.00	78.16
港、澳、台投资企业	56.34	30.35	13.32	143.02	42.24	46.65	11.11	131.13
外商投资企业	47.85	31.82	20.33	127.52	35.03	52.40	12.57	122.46
按企业规模分								
大型	45.58	37.43	16.99	128.59	47.62	30.00	22.38	125.24
中型	49.06	35.85	15.09	133.96	32.08	49.06	18.87	113.21
小型	34.72	35.42	29.86	104.86	20.14	52.08	27.78	92.36

15-34 按不同类型分的企业赢利（亏损）状况

（2010年四季度）

分类	本期实际				下期预计			
	乐观	一般	不乐观	景气指数	乐观	一般	不乐观	景气指数
总体状况	**43.83**	**35.01**	**21.15**	**122.69**	**35.09**	**43.80**	**21.11**	**113.97**
按行业门类分								
工业	53.77	29.56	16.66	137.11	38.61	34.68	26.70	111.91
建筑业	30.29	37.46	32.26	98.03	54.98	41.79	3.23	151.75
交通运输、仓储和邮政业	23.45	41.83	34.72	88.72	21.85	51.83	26.32	95.52
批发和零售业	10.38	51.13	38.49	71.90	5.87	84.00	10.12	95.75
房地产业	54.03	26.25	19.73	134.30	59.29	35.45	5.26	154.03
社会服务业	29.63	59.26	11.11	118.52	14.81	62.96	22.22	92.59
信息传输、计算机服务和软件	42.26	37.74	20.00	122.26	29.54	54.46	16.00	113.54
住宿和餐饮业	46.88	41.93	11.20	135.68	37.50	53.13	9.38	128.13
按企业登记注册类型分								
国有企业	31.37	43.90	24.74	106.63	33.87	51.63	14.50	119.37
集体企业	27.27	45.45	27.27	100.00	18.18	63.64	18.18	100.00
股份合作企业	50.00	50.00		150.00	50.00	50.00		150.00
联营企业			100.00		100.00			200.00
有限责任公司	41.16	35.95	22.89	118.27	25.40	53.08	21.51	103.89
股份有限公司	39.53	41.25	19.21	120.32	39.95	45.11	14.94	125.00
私营企业	30.17	53.16	16.67	113.51	30.17	44.83	25.00	105.17
港、澳、台投资企业	45.23	22.22	32.55	112.67	11.11	66.67	22.22	88.89
外商投资企业	68.79	23.19	8.02	160.77	55.15	40.30	4.55	150.61
按企业规模分								
大型	55.66	31.48	12.86	142.80	24.28	39.30	36.42	87.86
中型	46.23	33.96	19.81	126.42	45.28	40.57	14.15	131.13
小型	29.86	43.75	26.39	103.47	22.92	61.81	15.28	107.64

15-35　按不同类型分的企业流动资金状况

（2010 年四季度）

分类	本期实际				下期预计			
	乐观	一般	不乐观	景气指数	乐观	一般	不乐观	景气指数
总　体　状　况	**24.81**	**50.92**	**24.26**	**100.54**	**22.93**	**56.36**	**20.72**	**102.21**
按行业门类分								
工业	28.13	48.97	22.90	105.22	28.35	53.73	17.92	110.44
建筑业	10.47	49.44	40.09	70.39	7.25	36.86	55.90	51.35
交通运输、仓储和邮政业	7.07	62.30	30.62	76.45	7.07	67.30	25.62	81.45
批发和零售业	12.02	48.74	39.23	72.79	12.02	71.61	16.37	95.65
房地产业	48.76	35.45	15.79	132.97	42.17	42.04	15.79	126.38
社会服务业	40.74	51.85	7.41	133.33	18.52	77.78	3.70	114.81
信息传输、计算机服务和软件	41.67	46.33	12.00	129.67	33.67	42.33	24.00	109.67
住宿和餐饮业	12.50	79.43	8.07	104.43	6.25	82.55	11.20	95.05
按企业登记注册类型分								
国有企业	9.20	59.00	31.80	77.40	9.20	63.69	27.11	82.09
集体企业	9.09	54.55	36.36	72.73		90.91	9.09	90.91
股份合作企业	50.00	50.00		150.00	50.00	50.00		150.00
联营企业		100.00		100.00		100.00		100.00
有限责任公司	26.61	50.95	22.45	104.16	18.29	62.22	19.49	98.81
股份有限公司	32.38	53.20	14.42	117.97	36.30	51.80	11.90	124.40
私营企业	21.84	61.49	16.67	105.17	13.51	61.49	25.00	88.51
港、澳、台投资企业	11.11	41.46	47.43	63.68	19.23	33.33	47.43	71.80
外商投资企业	48.67	43.31	8.02	140.65	44.13	51.33	4.55	139.58
按企业规模分								
大型	41.27	41.62	17.11	124.16	42.03	45.59	12.39	129.64
中型	28.30	48.11	23.58	104.72	25.47	53.77	20.75	104.72
小型	15.28	61.11	23.61	91.67	8.33	71.53	20.14	88.19

15-36　按不同类型分的企业货款拖欠状况

（2010 年四季度）

分类	本期实际				下期预计			
	乐观	一般	不乐观	景气指数	乐观	一般	不乐观	景气指数
总　体　状　况	**26.41**	**48.84**	**24.75**	**101.66**	**31.42**	**58.21**	**10.37**	**121.05**
按行业门类分								
工业	29.86	35.31	34.82	95.04	41.91	46.32	11.77	130.13
建筑业	32.51	55.07	12.42	120.09	20.02	60.63	19.35	100.66
交通运输、仓储和邮政业	15.00	77.93	7.07	107.93	17.07	77.45	5.47	111.60
批发和零售业	15.62	74.25	10.12	105.50	6.74	91.30	1.96	104.78
房地产业	21.05	78.95		121.05	21.05	68.42	10.53	110.53
社会服务业	22.22	66.67	11.11	111.11	11.11	77.78	11.11	100.00
信息传输、计算机服务和软件	28.80	45.68	25.52	103.29	36.80	59.20	4.00	132.80
住宿和餐饮业	20.57	66.93	12.50	108.07	12.50	79.43	8.07	104.43
按企业登记注册类型分								
国有企业	19.56	58.97	21.47	98.08	27.32	63.76	8.92	118.41
集体企业	18.18	36.36	45.45	72.73	27.27	63.64	9.09	118.18
股份合作企业	50.00		50.00	100.00		50.00	50.00	50.00
联营企业		100.00		100.00			100.00	
有限责任公司	34.58	48.21	17.21	117.37	26.22	62.44	11.35	114.87
股份有限公司	18.79	59.71	21.50	97.29	28.18	65.06	6.76	121.41
私营企业	25.00	58.33	16.67	108.33	16.67	75.00	8.33	108.33
港、澳、台投资企业	2.21	63.68	34.11	68.09	11.11	86.68	2.21	108.90
外商投资企业	15.79	61.49	22.73	93.06	30.75	64.70	4.55	126.21
按企业规模分								
大型	43.36	45.54	11.10	132.25	40.67	56.12	3.22	137.45
中型	23.58	51.89	24.53	99.06	27.36	58.49	14.15	113.21
小型	22.92	56.25	20.83	102.08	22.22	69.44	8.33	113.89

15-37 按不同类型分的企业用工状况

（2010 年四季度）

分类	本期实际				下期预计			
	乐观	一般	不乐观	景气指数	乐观	一般	不乐观	景气指数
总 体 状 况	**42.11**	**47.81**	**10.07**	**132.03**	**21.66**	**61.96**	**16.38**	**105.27**
按行业门类分								
工业	53.86	41.44	4.69	149.17	24.05	58.72	17.23	106.82
建筑业	42.42	25.33	32.26	110.16	28.39	37.35	34.25	94.14
交通运输、仓储和邮政业	13.45	81.08	5.47	107.97	6.37	86.08	7.55	98.83
批发和零售业	10.02	52.39	37.59	72.43	2.73	75.57	21.70	81.03
房地产业	22.45	73.62	3.94	118.51	31.65	68.35		131.65
社会服务业	11.11	85.19	3.70	107.41	14.81	77.78	7.41	107.41
信息传输、计算机服务和软件	23.13	60.87	16.00	107.13	23.13	64.87	12.00	111.13
住宿和餐饮业	71.88	25.00	3.13	168.75	40.63	50.00	9.38	131.25
按企业登记注册类型分								
国有企业	30.64	57.50	11.86	118.78	14.38	58.16	27.47	86.91
集体企业	45.45	36.36	18.18	127.27	9.09	63.64	27.27	81.82
股份合作企业	50.00	50.00		150.00		50.00	50.00	50.00
联营企业			100.00				100.00	
有限责任公司	38.62	42.74	18.63	119.99	24.92	61.36	13.72	111.21
股份有限公司	33.93	59.99	6.08	127.85	20.27	66.56	13.17	107.11
私营企业	38.51	61.49		138.51	30.17	69.83		130.17
港、澳、台投资企业	35.54	56.34	8.12	127.42	19.23	80.77		119.23
外商投资企业	34.21	61.24	4.55	129.67	18.18	81.82		118.18
按企业规模分								
大型	43.96	54.66	1.38	142.59	7.63	76.31	16.06	91.57
中型	37.74	50.94	11.32	126.42	26.42	59.43	14.15	112.26
小型	33.33	47.22	19.44	113.89	21.53	62.50	15.97	105.56

15-38 按不同类型分的企业固定资产投资状况

（2010 年四季度）

分类	本期实际				下期预计			
	乐观	一般	不乐观	景气指数	乐观	一般	不乐观	景气指数
总 体 状 况	**34.32**	**49.23**	**16.45**	**117.86**	**19.77**	**58.86**	**21.37**	**98.40**
按行业门类分								
工业	38.11	51.10	10.80	127.31	18.32	58.55	23.13	95.19
建筑业	30.72	26.55	42.73	87.99	36.86	30.73	32.42	104.44
交通运输、仓储和邮政业	41.10	47.07	11.83	129.27	25.62	63.90	10.47	115.15
批发和零售业	12.48	61.70	25.82	86.66	6.53	87.14	6.33	100.20
房地产业	19.97	74.76	5.26	114.71	30.50	53.71	15.79	114.71
社会服务业	44.44	48.15	7.41	137.04	7.41	51.85	40.74	66.67
信息传输、计算机服务和软件	36.00	40.00	24.00	112.00	26.48	61.52	12.00	114.48
住宿和餐饮业	23.18	29.95	46.88	76.30	16.93	54.95	28.13	88.80
按企业登记注册类型分								
国有企业	21.24	56.48	22.28	98.95	18.24	56.10	25.66	92.58
集体企业	9.09	45.45	45.45	63.64	9.09	72.73	18.18	90.91
股份合作企业	50.00	50.00		150.00		100.00		100.00
联营企业	100.00			200.00			100.00	
有限责任公司	31.25	43.80	24.96	106.29	14.54	60.20	25.26	89.29
股份有限公司	36.88	57.04	6.08	130.80	26.35	65.14	8.51	117.83
私营企业	41.67	33.33	25.00	116.67	33.33	58.33	8.33	125.00
港、澳、台投资企业	22.22	66.67	11.11	111.11	11.11	77.78	11.11	100.00
外商投资企业	23.19	67.72	9.09	114.10	14.10	72.27	13.64	100.46
按企业规模分								
大型	53.59	45.63	0.78	152.82	24.52	41.90	33.58	90.95
中型	24.53	58.49	16.98	107.55	21.70	63.21	15.09	106.60
小型	22.92	45.14	31.94	90.97	10.42	67.36	22.22	88.19

15-39　按不同类型分的企业产品订货状况

（2010 年四季度）

分类	本期实际				下期预计			
	乐观	一般	不乐观	景气指数	乐观	一般	不乐观	景气指数
总　体　状　况	**47.59**	**40.65**	**11.76**	**135.83**	**32.06**	**49.82**	**18.13**	**113.94**
按行业门类分								
工业	60.02	32.47	7.51	152.50	40.72	41.47	17.81	122.92
建筑业	35.64	24.85	39.51	96.14	38.80	51.11	10.09	128.71
交通运输、仓储和邮政业	23.45	61.08	15.47	107.97	26.85	61.08	12.07	114.77
批发和零售业	19.18	72.65	8.16	111.02	9.87	61.26	28.87	81.01
房地产业	31.58	56.82	11.60	119.97	17.18	75.15	7.67	109.52
社会服务业	37.04	48.15	14.81	122.22	11.11	66.67	22.22	88.89
信息传输、计算机服务和软件	35.92	44.08	20.00	115.92	9.52	51.27	39.21	70.31
住宿和餐饮业	45.05	46.88	8.07	136.98	15.63	71.88	12.50	103.13
按企业登记注册类型分								
国有企业	41.63	41.69	16.68	124.95	14.68	60.87	24.45	90.24
集体企业	45.45	27.27	27.27	118.18	27.27	54.55	18.18	109.09
股份合作企业	50.00	50.00		150.00	50.00	50.00		150.00
联营企业			100.00		100.00			200.00
有限责任公司	41.71	45.15	13.15	128.56	29.44	51.21	19.35	110.09
股份有限公司	38.50	57.58	3.92	134.58	27.91	48.31	23.78	104.13
私营企业	16.67	66.67	16.67	100.00	13.51	78.16	8.33	105.17
港、澳、台投资企业	56.34	22.22	21.44	134.89	45.23	54.77		145.23
外商投资企业	45.91	49.54	4.55	141.37	30.49	61.49	8.02	122.46
按企业规模分								
大型	55.48	42.74	1.78	153.70	42.98	48.11	8.91	134.07
中型	48.11	38.68	13.21	134.91	30.19	53.77	16.04	114.15
小型	32.17	51.05	16.78	115.38	16.78	57.34	25.87	90.91

15-40　按不同类型分的企业融资状况

（2010 年四季度）

分类	本期实际				下期预计			
	乐观	一般	不乐观	景气指数	乐观	一般	不乐观	景气指数
总　体　状　况	**14.84**	**57.59**	**27.57**	**87.27**	**14.02**	**60.31**	**25.68**	**88.34**
按行业门类分								
工业	17.79	51.83	30.38	87.42	18.69	53.96	27.35	91.34
建筑业	7.49	62.06	30.45	77.04	7.49	52.82	39.69	67.80
交通运输、仓储和邮政业	16.83	48.45	34.72	82.11	5.00	65.28	29.72	75.28
批发和零售业	4.69	64.40	30.91	73.78	4.69	74.40	20.91	83.78
房地产业	5.26	73.68	21.05	84.21	5.26	63.16	31.58	73.68
社会服务业	23.08	69.23	7.69	115.38	11.54	80.77	7.69	103.85
信息传输、计算机服务和软件	18.41	77.59	4.00	114.41	18.41	77.59	4.00	114.41
住宿和餐饮业	3.13	84.38	12.50	90.63	6.25	81.25	12.50	93.75
按企业登记注册类型分								
国有企业	7.71	57.33	34.96	72.75	9.05	56.37	34.58	74.48
集体企业	9.09	36.36	54.55	54.55		45.45	54.55	45.45
股份合作企业	50.00	50.00		150.00	50.00	50.00		150.00
联营企业			100.00				100.00	
有限责任公司	18.14	59.50	22.36	95.78	14.69	67.32	17.99	96.71
股份有限公司	11.34	69.67	18.99	92.35	13.34	67.67	18.99	94.35
私营企业		100.00		100.00		100.00		100.00
港、澳、台投资企业	22.22	43.66	34.11	88.11	11.11	43.66	45.23	65.89
外商投资企业	12.31	78.60	9.09	103.22	16.85	74.06	9.09	107.76
按企业规模分								
大型	40.18	40.38	19.43	120.75	35.96	48.20	15.84	120.12
中型	11.32	66.98	21.70	89.62	12.26	65.09	22.64	89.62
小型	7.04	66.20	26.76	80.28	4.93	71.13	23.94	80.99

十六、统计大事记

一　月

4 日　郑州市统计局召开中层以上领导干部会议，安排部署市级政府统计机构改革相关准备工作。

6 日—7 日　郑州市统计局召开了 2009 年全市社会科技统计工作会议。

7 日　河南省统计局对郑州市统计局的农林牧渔业、农业产值、农村住户调查、农产量抽样调查、农户固定资产投资调查和县乡村基本情况统计等专业的统计业务规范化建设情况进行了考核验收。通过各专业网上自评、省局专业平时考核记录、实地抽查，经综合评审，全部被河南省统计局确定为业务规范化建设示范专业。

7—8 日　郑州市第二次全国 R&D 资源清查统计系统数据处理培训会在军供宾馆召开。

8 日　《郑州统计年鉴——2009》被国家统计局评为二等奖。

11 日　根据市委的统一安排，以市委常委、政法委书记高建慧为组长的市委第九考核组对我局 2009 年度反腐倡廉建设工作进行考核。局党组书记、局长李德耀代表班子进行了述职述廉。

22 日　郑州市副市长孙金献对郑州市统计局撰写的统计报告《2009 年郑州市工业经济运行分析与展望》作出批示："2009 年，市统计局在认真做好工作的同时，针对工业经济面临的严峻形势，加强统计分析，为全市工业经济平稳较快增长做出了积极贡献。希望在新的一年内进一步加强予警和研判，及时提供建议性意见和建议，为经济决策提供依据和支撑。"

25 日　郑州市副市长张建慧在市统计局局长李德耀、市房管局局长王万鹏和二七区区长王鹏的陪同下，到二七区五里堡办事处河医社区了解郑州市住房现状及需求调查工作，看望了工作在一线的调查员和调查督导员，并接受了郑州市新闻媒体对这次调查的专访。

23—27 日　郑州市统计局在全市范围内开展 2010 年城镇居民住房现状及需求调查，调查对象是市区 50 个社区的 1 万户家庭，以问卷形式调查居民的住房现状、以及 1 ~ 5 年内对住房的需求。

27 日　郑州市统计局召开廉政谈话会。局党组书记、局长李德耀传达了省委常委、市委书记王文超在全市领导干部 2010 年春节廉政谈话会上的讲话，并开展廉政谈话。

28 日　郑州市统计局进行了新邮件系统培训。

30 日　临近春节，郑州市统计局局长李德耀带着党和政府的关怀，带着米、面、油和慰问金，来到"一对一"帮扶对象家里，送上节日的祝福和问候。

二　月

2 日　副调研员郭莉带领局驻村办的同志，对二七区马寨镇王庄村贫困老党员、困难户进行春节慰问。

3 日　韩彦北副局长带队到巩义市涉村镇北坡村慰问计划生育贫困户。

21 日　郑州市统计局召开局长办公会，安排布置节后八项重点工作。

21 日　省局召开关于进一步做好城乡划分清查数据质量核查工作视频会议，郑州市统计局有关领导和县市区主管领导和负责城乡划分清查工作同志二十余人参加了会议。

25 日　郑州市局副局长江滨、总经济师芦珊分别带队奔赴荥阳市、巩义市督导城乡划分清查数据质量核查工作。

24 日　中共郑州市委、郑州市人民政府发文表彰郑州市对外开放工作先进单位，郑州市统计局再获佳绩。

26 日　郑州市政府召开全市跨越式发展工作会议。表彰 2009 年度跨越式发展先进单位，在会上，郑州市统计局荣获全市跨越式发展综合服务先进单位，并作为先进单位代表上台领奖。

24 日—26 日　召开郑州市第二次全国 R&D 资源清查汇审会议。

三　月

8 日　为欢庆"三八"国际劳动妇女节 100 周年，组织全局女同志通过座谈会、外出考察等形式使大家愉快的度过了自己的节日。

16 日　郑州市国民经济和社会发展统计公报在《郑州日报》第六版全发刊发。该公报简要汇编了 2009 年郑州市国民经济和社会发展的主要统计数据。

15 日　郑州市统计局组织召开了全市社会统计工作会议，市人大、政协、市教育局、市卫生局、市科技局等38个部门的统计负责人和统计业务人员参加了会议。

16日 郑州市人民政府表彰创建国家科技进步示范市创建工作先进单位,郑州市统计局荣获全市创建国家科技进步示范市先进单位,并作为先进单位代表上台领奖。

19日 郑州市监察局到市统计局调研《统计违法违纪行为处分规定》的贯彻实施情况,并与统计部门共同研究商讨今年的落实措施。

22日 郑州市召开2010年全市统计工作会议,总结2009年统计工作情况,分析当前经济形势,部署2010年统计工作。市委常委、常务副市长胡荃、郑州市政府副秘书长郑灏东、郑州市统计局局长李德耀等领导出席了会议。胡荃充分肯定了2009年统计工作的成绩,对2010年统计工作提出四点要求。

25日 郑州市统计局召开了工业统计主要数据质量控制及评估办法研讨会。

25日 河南省统计局陈向平副局长带领省局能源处一行五人,莅临郑州市指导能源统计工作。

25日 郑州市政府副市长王跃华对郑州市统计局撰写的统计分析《2009年郑州市农村经济形势分析》作出批示:"近年来市农调队,为市委、市政府提供了大量真实、有价值的关于三农方面的数据和调查分析文章,为领导决策提供了依据。希望今后要再接再励,继续努力,为我市三农发展做出新的贡献"。

26日 郑州市统计局组织召开了2010年度全市统计教育培训工作会议。

29日 在全省统计服务工作暨一季度经济形势分析会上,郑州市统计局荣获2008—2009年度河南省统计服务工作先进单位,并作为先进单位代表上台领奖。

31日 郑州市统计局召开了2009年度目标考核暨2010年度目标签订会议,局中层以上人员参加了大会。会议通报了2009年工作目标和精神文明建设目标完成情况,对自1996年以来开展目标管理工作情况进行了回顾点评,各部门负责同志分别和分管领导签订了2010年度目标考核责任书。

3月 郑州市政府正式下发《郑州市人民政府办公厅关于印发郑州市统计局主要职责内设机构和人员编制规定的通知》(郑政办〔2010〕11号)(简称"三定"规定)。对市统计局的主要职责和人员编制给予重新明确,增设统计监测评价考核处,调整后的内设机构达到15个。

四 月

1日—2日 河南省统计局在郑州召开了全省统计系统2010年纪检监察工作会议,会议表彰了全省统计系统2009年政风行风建设优秀单位和先进单位,郑州市局名列第一。

7日 郑州市召开2010年郑州慈善总会理事会暨2009"郑州慈善日"表彰大会。郑州市统计局被评为2009"郑州慈善日"活动先进单位。

9日 郑州市召开了2010年全市党史工作会议,表彰了2009年度郑州市党史工作先进集体。郑州市统计局被评为2009年度全市党史工作先进集体。

9日 郑州市统计局召开了由各县(市)、区统计局分管法制工作的领导和法制科长参加的全市法制工作会议。

21日 郑州市统计局召开一季度全市工业统计数据联审会,总统计师张庆华到会并做了讲话。

21日 郑州市统计局、郑州市发改委、郑州市建委在嵩山饭店联合召开了建立固定资产投资项目管理信息抄送制度工作会议。郑州市大项目办及各县(市)区发改、建设局、统计局有关人员参加了会议。

22日 为积极响应党中央、国务院的号召,按照市委市政府统一安排,郑州市统计局开展了向青海玉树地震灾区献爱心捐款活动,共捐款贰万捌仟零伍拾元整。

23日 市委常委、常务副市长、市第六次全国人口普查领导小组组长胡荃主持召开郑州市第六次全国人口普查领导小组第一次会议。

23日 郑州市统计局下发了《关于举办2010年全市统计从业资格和继续教育(年检)调查分析师(初级)培训班的通知》和《关于在全市开展统计从业资格认定考前培训的通知》,决定从4月开始举办统计从业人员继续教育(年检)和调查分析师(初级)培训班。

27日 郑州市统计局召开一季度全市能源统计工作会议,郑州市统计局副局长赵广程出席了会议。

28日 受郑州市政府办公厅邀请,在市政府综合楼会议室,郑州市统计局局长李德耀作了《从数字看郑州》的专题讲座。讲座由市政府副秘书长冯卫平主持,市政府秘书长张学军、市直机关事务管理局局长王微、市政府办公厅纪检组长马运生及办公厅全体人员和市政府法制局、市直机关事务管理局、市接待办、市统计局中层以上领导干部聆听了专题讲座。

29日 郑州市统计局召开全市贸易统计改革暨数据质量控制座谈会。市统计局副局长赵广程出席会议并讲话。

29 日　郑州市统计局开展了“进社区、送文化”捐赠图书活动。市统计局党组书记、局长李德耀带领我局部分党员干部为联建点三磬社区捐赠了 200 余本图书。

五　月

5 日　郑州市统计局召开庆祝“五四”青年节座谈会。

10 日　郑州市统计局在黄河饭店召开了 2010 年全市统计系统纪检监察工作会议。

11 日　在全市人口和计划生育工作会上，郑州市统计局荣获 2008 年落实人口和计划生育工作职责先进单位，并作为先进代表上台领奖。

11 日　郑州市统计局召开了 2010 年全市劳动力月度调查布置培训工作会议。

12—14 日　郑州市统计局相关人员到上街区和金水区的调查小区实地进行入户调查。

21 日　人口普查国家督导组副组长、国家统计局人口司司长冯乃林及人口计生委发展规划司副司长宋晨阳、统计局人口司普查处处长崔红艳、人口计生委发展规划司处长黄燕妮一行到郑州市督导调研人口普查工作。河南省统计局副局长、省人普办主任安建军和省人普办常务副主任王健、郑州市常务副市长市人口普查领导小组组长胡荃、市政府副秘书长市人口普查领导小组副组长郑灏东、市统计局局长市人口普查领导小组副组长李德耀等陪同调研。

17 日—20 日　郑州市统计局副调研员、市人口普查常务副主任蔡江水和市人普办副主任徐红带领县（市）区有关人员到安徽省合肥市对第六次全国人口普查国家级综合试点工作进行调研学习。

17—21 日　由郑州市承办的第八届全国大中城市统计法制工作经验交流会在郑州嵩山饭店隆重召开。

21 日　郑州市统计局召开创先争优活动动员会，传达学习郑州市委关于在党的基层组织和党员中深入开展创先争优活动的文件精神，全面安排部署全局深入开展创先争优活动。

25 日　郑州市统计局常务副局长张向明带领投资处一行到巩义市调研今年投资运行情况。

26 日　郑州市统计局下发文件，开展统计从业资格专项检查工作，计划 6 月底结束。

24 日至 27 日　郑州市人口普查办公室在巩义市竹林镇召开郑州市第六次全国人口普查区域划分、地址编码和地图标绘培训会议。

28 日　郑州市召开专题会议，落实投资项目清查核查工作。

六　月

1 日　郑州市统计局召开了全市 2008 年 GDP 修订情况及 2010 年季度核算工作会议。

2 日　郑州市人普办召开了宣传部及新闻媒体座谈会，共同讨论商议第六次人口普查宣传工作。市委宣传部新闻处副处长崔元，郑州日报社党委委员、副总编许聪，郑州电视台副台长陈玉成、总编办副主任马俊华，郑州人民广播电台台长助理、新闻部主任谢宏亮，郑州晚报新闻研究室副主任李光俭，中原网新闻中心副主任主滨，郑州日报经济新闻部主任陈锋和其它相关媒体主持人、记者参加了座谈。

3 日　郑州市召开专题会议对楼市调控政策对房地产企业影响的专项调查进行了安排部署，并结合郑州实际对调查工作提出三项要求。

3 日　郑州市人普办在市局六楼会议室召开普查区清单确定和边界争议协调工作会议。

4 日　郑州市统计局召开由各县（市）、区统计局有关负责人参加的统计执法大检查动员部署会议，拉开了全市统计执法检查的序幕。

5 日　按照河南省经普办的统一部署，经郑州市人民政府批准，郑州市第二次经济普查领导小组办公室和郑州市统计局联合发布了全市第二次经济普查第一、二、三号公报。

8 日　郑州市市长助理、市政府秘书长张学军，带领市政府办公厅各处室负责人，就办公厅“作风建设年”活动到统计局征求意见。

9 日　郑州市统计局对中原区的投资及房地产项目情况进行了全面调研。

9 日　郑州市委、市政府在青少年宫召开了 2010 年优化经济发展环境工作会议，会上表彰了 2009 年优化经济发展环境先进单位，郑州市局榜上有名，这是该局连续三年获此殊荣。

11 日　郑州市统计局党组书记、局长李德耀带领部分班子成员和全体党员深入巩义市竹林镇开展党建学习活动，受到了全国人大代表、郑州市人大副主任、竹林镇党委书记赵明恩的热情接待。

12日　河南省统计局投资处罗勤礼处长一行三人，对郑州市中牟县的投资项目情况进行了调研，郑州市统计局常务副局长张向明同志陪同调研。

第二十二届全国省会暨重点城市农村统计工作交流会于2010年6月7日—6月11日在沈阳市召开，30个城市的代表90余人参加了会议，郑州市统计局参加了本届会议。

12—13日　郑州市统计局组织全体党员及群众观看了红色电影《铁人》，为全局干部职工送上精神大餐。

22日—28日　受郑州市人民政府委托，郑州市统计局、国家统计局郑州调查队联合于六月下旬开展了全市交通流量和居民出行情况调查。

29日　郑州市统计局党组书记、局长李德耀与党组副书记、常务副局长张向明，纪检组长王停军一同走访慰问了我局建国前入党的老党员，向老党员致以节日的问候。

30日　召开由县（市）、区能源统计骨干参加的单位GDP能耗及相关统计工作会议。

30日　为了庆祝中国共产党建党89周年，郑州市统计局全体党员上了一堂生动的党课，并进行新党员入党宣誓。

七　月

2日　郑州市第六次人口普查综合试点动员暨培训会议在管城区航海办事处召开。

5日　郑州市统计局、国家统计局郑州市调查队、郑州市监察局、郑州市司法局组成的全市统计执法大检查联合检查组一行18人，由市统计局副局长祝遵刚带队，到金水区开展为期三天的统计执法大检查工作。

6日　郑州市第六次全国人口普查综合试点宣传启动仪式在管城区航海东路办事处富田中心广场隆重召开。

12日　郑州市统计人员从业资格培训班全面启动，上半年全市报名人数已突破千人。

13日　郑州市统计局召开会议，在全省率先安排布置了单位名录库与专业字典库的核查工作。

13日　郑州市统计局召开中层以上干部会议，传达全市领导干部会议精神，安排部署近期工作。

14日　郑州市人大经济委员会组织部分市人大常委会组成人员和人大代表对市统计局贯彻实施“一法一条例”情况进行了检查。

16日　在郑州市政府视频会议室分会场，郑州市参加了第六次全国人口普查电视电话会议和河南省人口普查电视电话动员会议。市委常委、常务副市长胡荃出席，市第六次人口普查工作领导小组成员单位和市人大、市政协相关委员会的负责同志及市人口普查办公室成员参加了会议。

18日　郑州市召开2010年上半年GDP数据联审会议。会议传达了全省GDP数据联审会议精神，联审了郑州市各县（市）区上半年GDP数据，通报了上半年全市核算工作中存在的主要问题。

22日　郑州市统计局邀请国家统计局新闻发言人，综合司副司长盛来运莅郑进行商都讲坛第十四期报告会讲学。

27日　河南省统计局核算处张树琼处长一行两人莅临郑州，对郑州新区、产业集聚区统计工作进行调研，郑州市统计局常务副局长张向明同志陪同调研。

八　月

4日—5日　郑州市召开了第六次人口普查综合试点总结会议。

5日　河南省统计局农业处处长冯建中一行到郑州市，对畜牧业生产情况和大棚蔬菜种植情况进行调研。

6日　郑州市统计执法大检查领导小组办公室组织市大检查成员单位及统计局中层以上干部和县（市）、区统计局有关领导和法制科长，集中收看了省统计执法大检查工作视频会。

7日　郑州市第六次全国人口普查动员会在市政府四楼会议室召开。常务副市长胡荃出席会议并作重要讲话。

11日　郑州市局召开了七月份工业统计数据联审会议。

15日　由中国统计出版社出版、郑州市统计局和国家统计局郑州调查队联合编辑的《2010郑州统计年鉴》正式出版。

10—13日　国家统计局、福建省统计局、浙江省统计局、新疆维吾尔自治区统计局数据质量抽查小组一行7人，在省局副局长马树祥、社科处处长何卓亚陪同下，到郑州市统计局进行数据质量抽查。

13日　邀请郑州航空工业管理学院朱杰堂教授来局就科研课题写作进行了精彩专题讲座。

17日　由河南省司法厅副巡视员万峰、省统计局政法处处长黄长林及部分地市业务骨干组成的河南省统计执法大检查联合检查组莅临新密，开始对郑州市统计执法大检查工作进行检查验收。

25日　郑州市统计局召开上半年能源统计工作会议，各县（市）、区能源主管领导带领能源科长及业务骨干参加了会议。

26日　郑州市统计局在黄河饭店举办了运用统计数据解读经济形势讲座，邀请河南省统计局综合处处长王作成担任主讲。

27日　郑州市统计局召开上半年工作总结会议，市局领导班子成员、各部门负责同志、各县（市）、区统计局长参加了会议。

28日　市委宣传部长丁世显对郑州市统计局撰写的统计报告《郑州文化产业稳步发展》作出批示："本期报告很好，总结了近几年的成绩，客观反映了存在的不足，建议有针对性。感谢统计局对文化产业发展的一贯关注和支持。希望在文化产业指标体系建设上继续努力。"

九　月

3日　省统计局副局长、省人口普查办公室主任安建军率常务副主任王建、副主任王静、刘晓峰等一行6人，到郑州市检查、指导人口普查前期准备工作。

3日　郑州市召开全市第六次全国人口普查宣传工作会议。市人口普查办公室主任江滨、市委宣传部副部长李平、市人口普查办公室副主任徐红出席了会议并作了讲话。

7日　郑州市召开文化产业统计工作会议。

7日　郑州市统计局和郑州市农业农村工作委员会联合召开全市新农村建设示范村基本情况统计工作会议。

18日　全国统计从业资格考试在全国范围内同时举行。郑州市共1360人在5个考点33个考场参加了考试。

21日　国家统计局人口司杨建春和武超处长在省统计局人口处王健处长、王静副处长、郑州市统计局江滨副局长等领导陪同下，到郑州市管城回族区调研了大城市月度劳动力调查工作开展情况。

22日　郑州市统计局在2009年度郑州市全民健身活动中，被郑州市人力资源和社会保障局、郑州市体育局联合评为先进单位，并颁发了奖牌和证书。

26日　郑州市常务副市长胡荃对郑州市统计局撰写的统计分析《郑州市节能降耗成效初显端倪》做出批示："这篇分析写的很好。很透彻，希望加大对节能降耗工作运行情况的深入调查分析，及时监测，为全市节能工作的决策提供真实可靠的依据。"

29日　郑州市在紫荆山广场隆重举行了第六次全国人口普查宣传月启动仪式。

十　月

9日起　郑州市统计局抽调4名同志参与市政府督查组，对各县（市）区的节能工作进展情况进行督查。

9日　郑州市统计局召开会议安排布置全市统计用区划代码和城乡划分代码更新维护工作。

10日起　郑州市每天在郑州电视台《郑州新闻》、《郑州政务》、《郑州大民生》后黄金时段播放人口普查宣传标语口号和倒计时。

12日　郑州市人口普查领导小组组长、市委常委、常务副市长胡荃，河南省人口普查办公室主任、省统计局副局长安建军，郑州市人口普查办公室主任江滨应邀走进郑州电视台"周末面对面"栏目演播厅，录制了"人口普查，用微笑支持，用行动参与"主题访谈节目。

11—12日　郑州市统计局对登封市各专业及乡镇的统计基础建设工作进行检查验收。

14日　郑州市统计局到中原区绿东村办事处三磨研究所社区捐赠一台电脑，这是统计局与基层社区开展联点共建系列活动内容之一。

15日　在全市慈善活动日仪式上，郑州市统计局全体干部职工捐款1.6万元。

16日　省委常委、郑州市委书记连维良约见了郑州市统计局党组书记、局长李德耀，听取了李局长对郑州市统计工作情况和统计改革发展建议的专题汇报，并对全市统计工作特别是加强节能降耗和服务业统计作出了重要指示,提出了明确要求。

21 日　郑州市召开各县(市)、区统计局局长会议。就能源和三产统计工作进行重点安排。

22 日　为使广大人民群众全面了解、配合并支持人口普查,郑州市人口普查办公室主任江滨,郑州市人口普查办公室副主任杜九利共同走进郑州人民广播电台“百姓阳光热线”,就人口普查有关问题进行访谈。

31 日　省人口普查工作督导组成员、省统计局办公室副主任付杰、局贸易处调研员孟刚一行到郑州市督查人口普查登记工作。

10 月　由郑州市人民政府主编,郑州市农村社会经济调查队具体承办的《郑州农村发展报告 2010》由中国统计出版社出版发行。

十一月

1 日　省委常委、常务副省长、省人口普查领导小组组长李克,在市委常委、常务副市长、市人口普查领导小组组长胡荃,省统计局副局长、省人口普查办公室主任安建军,市统计局局长、市人口普查领导小组副组长李德耀,市统计局副局长、市人口普查办公室主任江滨,金水区区长赵书贤,常务副区长、区人口普查领导小组组长许广佑等的陪同下,深入到金水区文化路街道办事处农科路社区绿洲银郡小区,随普查员一同入户普查登记。

1 日　省人口普查督导组付杰副主任、孟刚调研员一行在市统计局副局长、市人口普查办公室主任江滨陪同下,来到郑州高新开发区检查指导人口普查登记工作。

4 日　郑州市市委常委、常务副市长胡荃对郑州市统计局撰写《郑州与全国部分城市工资水平比较》进行批示,要求市财政局和市人事局对我市工资收入情况进行专题调研,并提出相应的对策和建议。

5 日　省督导组付杰副主任、孟刚调研员一行在郑州市人口普查办公室常务副主任蔡江水陪同下,到管城回族区检查指导人口普查登记工作。

5 日　郑州市局召开由各县(市)、区能源主管局长、能源科长参加的 2010 年三季度能源核算会议。

12 日　郑州市召开县(市)区负责名录库管理的主管领导和业务骨干会议,安排布置 2010 年度基本单位名录库年报工作。

9 日—10 日　郑州市组成 9 个人口普查督导组深入到 16 个县市区进行人口普查登记质量抽查。

15 日　郑州市统计系统岗位练兵专项业务技能竞赛拉开战幕,竞赛内容涉及统计业务、计算机软件和法律法规等方面知识,来自全市统计系统各个县市区统计局和市局各业务处室经过层层选拔出来的 50 多名业务精英参加了竞赛。

17 日　郑州市统计局局长李德耀来到局机关分包联系的路口——嵩山路与汝河路交叉口,看望慰问在路口执勤的机关工作人员。

18 日　郑州市统计局全体行政执法人员向全社会公开承诺文明执法,并公布了集体承诺书。

25 日　郑州市统计局和发改委联合对 2010 年前三季度全市及各县(市)、区节能降耗指标情况进行了通报。

28 日　郑州市统计局召开领导班子集体学习会议,市统计局 30 多名中层以上领导干部参加了集体学习。对设管、核算、工业、能源、投资、贸易、人口等 6 个专业统计制度及最新变化情况进行了讲解和探讨。

十二月

1 日　郑州市局召开全市 2010 年年(定)报视频会议,主要议题是研究和部署今年年报和明年定期报表统计工作。

1 日　全市能源统计工作会议在郑州嵩山饭店召开。

6 日　根据郑州市机构编制委员会办公室《关于郑州市统计局计算中心更名为郑州市统计局数据管理中心的批复》(郑编办〔2010〕78 号)文件,原郑州市统计局计算中心更名为郑州市统计局数据管理中心。

7 日　郑州市委副书记、市长赵建才,市委常委、常务副市长胡荃,带领市发改委,市重点项目办,市金融办,市工信委、市交通委、市商务局有关领导,莅临市统计局调研指导统计工作,并听取了统计工作情况汇报。

7 日　郑州市第六次全国人口普查领导小组副组长、市统计局局长李德耀深入中原区、二七区巡视人口普查光电录入现场工作情况，看望慰问人口普查光电录入一线工作人员。

7 日　郑州市人普办主任江滨一行到中原区调研指导人口普查光电录入工作。中原区区委常委、区政府常务副区长、区人口普查领导小组组长陈宏伟，中原区发改统计局局长、区人口普查办公室主任樊志锋及相关人员陪同调研。

7—8 日　郑州市局召开了 2010 年全市贸易外经统计工作年报会议。

9 日　是国际反腐败日　郑州市统计局领导班子成员集体到省人民会堂观看了由唐河县豫剧团演出的现代豫剧《铁窗》。

10 日　郑州市人普办主任江滨一行到登封市调研指导人口普查光电录入工作。登封市统计局局长、人口普查办公室主任冯颖灿及相关人员陪同调研。

9—10 日　郑州市局召开了 2010 年全市工业统计工作会议。

14 日　郑州市召开全市统计局长会议，市局副县以上领导、各县市区统计局长、开发区统计部门负责人参加了会议。传达了市委副书记、市长赵建才和市委常委、常务副市长胡荃到统计局调研的讲话精神，传达了市统计局关于贯彻落实市领导到统计局调研精神的措施。

15 日　郑州市王跃华副市长对统计信息《11 月份郑州工业生产提速》做出批示："很好，请每月报一次，便于掌握各个行业调控。"

15 日　郑州市政府印发了《关于建立郑州市产业集聚区统计监测考核评价体系的通知》（郑政办［2010］89 号），对产业集聚区考核评价的范围、内容、频率、组织模式、经费等方面做出了明确规定。

20 日　郑州市第六次全国人口普查领导小组副组长、郑州市统计局局长李德耀一行莅临新郑市检查指导第六次全国人口普查光电录入工作。

21—22 日　郑州市局召开了 2010 年全市产业集聚区统计工作会议。会议传达了全省产业集聚区统计工作会议精神，总结了 2010 年度全市产业集聚区统计工作，对 2011 年度全市产业集聚区统计工作进行了安排。市统计局总统计师张庆华出席会议并讲话。

24 日　郑州市统计局进行了腾讯通电子政务系统的培训。

24 日　郑州市政府印发了《关于建立全市月度统计联席例会制度的通知》（郑政办［2010］92 号），要求每个月由秘书长召集召开统计联席例会。

30 日　郑州市统计局召开 2010 年交通运输邮电统计年报会议。

中国统计出版社最新图书简目
（仅供参考，以最后出书为准）

统计资料

中国统计年鉴-2011

2011 中国发展报告

中国劳动统计年鉴-2011

中国建筑业统计年鉴-2011

中国商品交易市场统计年鉴-2011

中国民政统计年鉴-2011

中国科技统计年鉴-2011

中国高技术产业统计年鉴-2011

全国农产品成本收益资料汇编-2011

大中型批发零售和住宿餐饮企业统计年鉴-2011

中国县(市)社会经济统计年鉴-2011

第二次全国 R&D 资源清查资料汇编–综合卷

中国统计摘要-2011

中国第三产业统计年鉴-2011

中国社会统计年鉴-2011

中国人口和就业统计年鉴-2011

中国房地产统计年鉴-2011

中国贸易外经统计年鉴-2011

中国农村统计年鉴-2011

中国教育经费统计年鉴-2010

中国科学技术协会统计年鉴-2011

中国农村住户调查年鉴-2011(中、英文)

第二次全国 R&D 资源清查资料汇编–工业企业卷

国际统计年鉴-2011

中国区域经济统计年鉴-2011

中国城市统计年鉴-2009

中国工业经济统计年鉴-2011

中国能源统计年鉴-2011

2011 中国地区经济监测报告

中国农产品价格调查年鉴-2011

中国农村贫困监测报告-2011

工业企业科技活动资料-2011

中国城市(镇)生活与价格年鉴-2011

中国农村全面建设小康监测报告-2011

中国零售和餐饮连锁企业统计年鉴-2011

2010 年中国第六次人口普查公报

2011年省级综合统计年鉴系列

北京　天津　河北　山西　内蒙古

河南　湖北　湖南　广东　广西

新疆　新疆生产建设兵团

辽宁　吉林　黑龙江　上海　江苏

海南　重庆　四川　贵州　云南

浙江　安徽　福建　江西　山东

西藏　陕西　甘肃　青海　宁夏

2011年市(县)级综合统计年鉴系列

天津滨海新区

运城　忻州　临汾　呼和浩特

上海浦东新区

杭州　宁波　绍兴　台州　温州

厦门经济特区　南昌　上饶

十堰　荆州　咸宁　长沙　广州

贵阳　昆明　庆阳　西安

石家庄　唐山　邯郸　太原　大同

包头　沈阳　大连　长春　吉林市

苏州　无锡　常州　徐州　南通

金华　嘉兴　衢州

济南　青岛　潍坊　郑州

东莞　惠州　深圳　桂林　南宁

兰州　银川　乌鲁木齐

长治　阳泉　晋城　朔州　晋中

四平　哈尔滨　黑龙江垦区

盐城　镇江　江阴　丹阳

福州　福州经济技术开发区

洛阳　三门峡　南阳　武汉　宜昌

柳州　来宾　河池　海口　成都　绵阳

“十一五”规划教材

非参数统计　医学统计学

多元统计分析　经济计量学教程

统计数据处理概论

企业经营管理统计

统计学:从数据到结论

概率论与数理统计　统计学

应用时间序列分析

质量管理统计方法　社会统计学

市场调查与预测

国民经济核算教程(国民经济统计学)

现代金融投资统计分析

统计指数理论及应用

多元统计分析实验

统计学原理(非统计专业使用)

概率论与数理统计(经济、管理类专业使用)

重点图书

挑大学选专业2011—高考志愿填报指南

挑大学选专业2011—考研择校指南

欲购以上图书请与中国统计出版社发行部联系

电话:(010)63376907,63376908　同楫行书店电话:68783171,68783172

通讯地址:北京市西城区三里河月坛南街57号　　邮政编码:100826